JN419004

Alcohol : No Ordinary Commodity

술

일반상품이 아니다

저 Thomas Babor 외 / 역 천성수 외

계축문화사

한국어판 서 문

밝고 행복한 사회를 만드는 일에 기여하는 것이 이 책의 한국어판을 출판하게 된 동기이다. 행복이란 추구하는 과정을 통해 이룰 수 있지만, 불행의 요소를 미리 예방함으로 행복할 수 있다. 아무리 멋지고 아름다운 대부분의 요소를 갖추었다고 하더라도 나와 내 주변의 사람들이 불행한 사건과 사고, 위험한 질병과 사망에 노출되어 있으면 행복을 유지하기 어렵다. 음주로 인해 교통사고나 불의의 사고를 당하거나, 폭력이나 사건에 연루되거나, 내 뜻과 상관없이 주변 사람들에게 피해를 끼치거나, 치명적인 위험에 노출된다면, 그동안 추구하고 간직하였던 수많은 행복의 요소들이 의미를 상실하게 된다. 술이 인간사에 기여하는 원리가 바로 그렇다.

흔히 술로 인한 문제는 개인의 문제이므로 개인이 알아서 책임을 져야 한다고 말한다. 물론 개인책임이 있다. 그러나 자동차의 예를 보자, 도로환경이 열악하거나 교통규칙이 지켜지지 않는다면, 개인이 아무리 방어운전을 하고 조심한다고 하더라도 위험을 피하기 어렵다. 마찬가지로 음주하는 환경과 그에 따른 질서가 지켜지지 않는다면, 알코올로 인한 질병과 사망, 폭력과 사고들로 인해 우리사회는 항상 불안하고 불행할 것이다. 알코올은 마약으로 분류되어 있다. 중독을 일으키고 이성을 혼미하게 함으로 개인 스스로를 통제하기 어려운 물질이라는 뜻이다. 마치 운전자들로 하여금 규칙 없이 스스로 알아서 자동차를 운행하라고 할 때의 혼란상황을 상상해보라. 우리나라에서는 언제 어디서나 원하는 양보다 더 많은 술을 마실 수 있다. 심지어 길거리에서도 술을 팔고 청소년들도 쉽게 술을 구입해서 공공연히 마신다. 법이나 규칙이 거의 존재하지 않는 듯하다. 그로인해 사고와 폭력, 살인과 자살, 질병과 장애, 개인과 가정의 불행이 무방비 상태로 노출되어 있다. 시급한 대책이 요구된다.

이제까지 이 보다 더 명확하게 알코올과 관련된 폐해와 정책효과에 대한 근거를 제시하는 책은 이 지구상에 없었다. 전 세계에서 가장 저명한 학자들이 세계적으로 발표된 2만여 편의 알코올관련 연구물들을 객관적으로 고찰하여 순간의 망설임도 없이 명쾌한 결론을 내리고 있다. 첫 페이지부터 흥미 진지한 논리가 전개된다. 효과가 있는 것은 "효과가 있다"고 말하며, 폐해가 되는 것은 "폐해가 있다"고 말한다. 그러므로 이 글의 목적은 매우 분명하다. "없어도 되는 폐해는 줄이자"는 것이다. 저자들은 진심으로 인간다운 삶에 대해 고민하고 있다. 우리의 지성을 일깨우는, 그리고 기존의 고정관념을 이성을 통해서 바꾸게 하는 힘이 있는 책이다.

이 책의 저자인 미국 코네티컷대학교의 Thomas Babor교수와 뉴질랜드 메시대학교의 Sally Casswel교수가 지난 2010년 한국알코올과학회가 주최한 국제학술대회에 초청되어 내한 하였을 때, 마침 이 책의 두 번째 판이 출판된 기념으로 역자에게 선물로 기증하면서 한국어판 출판에 대한 합의가 전격적으로 이루어졌다. 그동안 팬아메리카보건기구(Pan American Health Organization, PAHO)와 출판사(옥스포드대학교 출판사)로부터 한국알코올문제연구소에서의 한국어판 출판에 대한 허가를 득하고 번역작업에 착수하였다.

한국어판이 완성될 때까지 수많은 분들의 도움을 받았다. 2만여 편의 연구물을 리뷰한 책이라 원서의 내용을 일관되게 우리말로 옮겨내기란 여간 어려운 작업이 아니었기에 약 2년여의 긴 기간이 소요되었다. 그래서 노고를 아끼지 않은 한분 한분을 거명하지 않고서는 감사의 뜻을 전할 길이 없어 여기에 이름을 밝혀 기록한다.

먼저 번역에 참여한 분으로 한국알코올문제연구소의 행정실장인 윤선미연구위원의 노고를 잊을 수 없다. 바쁜 일정에도 불구하고 헌신적인 노력을 아끼지 않았다. 또한 우리연구소의 김정현연구원, 김다윗연구원, 오현경연구원, 김형태연구원, 김혜경연구원, 이정림연구원, 이순희연구원, 심성호연구원, 홍영선연구원, 최명화연구원, 서선화연구원, 원소희연구원, 조경은연구원이 번역에 참여하였다. 교열과 교정에 기여하신 분으로 이금선 임상연구실장의 노고와 김선희연구원의 수고를 언급하지 않을 수 없다. 그리고 김민애, 김성옥, 김제화, 이수정, 윤수린, 주의종, 최은진선생님, 그리고 강병록, 김성은, 신정훈조교선생도 큰 도움을 주었다. 우리연구소의 마이클 웰치(Michael E. Welch) 부소장은 영어식 표현으로 인해 우리들에게 생소하거나 애매한 어의를 명확하게 하는데 큰 도움을 주었다. 흔쾌히 의미 있고 값진 한국어판을 출판할 수 있도록 도움을 주신 계축문화사의 주영일사장님께도 감사를 드린다.

술은 일반상품이 아니다. 왜냐하면 다른 중독성 약물처럼 좀 더 특별하게 관리되고 다루어져야 하는 물질이기 때문이다. 이제 모든 사람들이 우아한 행복을 누리도록 환경을 가꾸어야 할 때가 되었다. 음주와 관련된, 그리고 주류를 관리하는데 특별한 법과 규칙이 필요한 시점이다. 이것이 인류의 번영을 위한, 사회적으로나 환경적으로 맑고, 건강하고, 푸른 세상을 만들기 위한 중요한 요소이기 때문이다.

대표역자 천 성 수
한국알코올문제연구소장

추천의 글

알코올은 많은 소비자들에게 즐거움의 원천이기도 하지만 그것은 개인과 사회 전반에 걸쳐 괴로움의 문제를 동반하는 주원인이다. 최근 세계 여러 곳에서 이러한 문제들이 증가하는 강력한 증거들이 나타나고 있다. 과도한 알코올 소비와 비전염성질환 및 상해 사이의 연관은 논의를 할 필요가 없고 연관성이 적어 보이던 전염성 질환과의 관련성도 오늘날 결핵이나 에이즈(HIV/AIDS) 같은 질병에 대한 알코올의 부정적인 영향력을 보여주는 연구들에 의해 확인되고 있다(Rehm et al. 2009).

오늘날 우리가 보건과 복지에 있어서 알코올의 영향에 대해 알고 있는 대부분의 지식은 기본적으로 서구의 산업사회에서 이루어진 연구물들을 통해서이다. 그러나 최근 개발도상국들에서 알코올의 문제에 대한 우리의 지식은 날로 증가하고 있다(Room et al. 2002). 개발도상국 사회 대부분에서 나이든 성인 중 음주를 하지 않는 사람들이 많고 여성들이 남성들보다 훨씬 적은 수가 술을 마신다. 그러나 소비의 형태는 대부분 취하기 위해 술을 마시는 특징을 보이고 있다. 본서에서 보고된 바와 같이 세계보건기구(WHO)의 노력을 통해 이러한 소비의 형태가 질병 부담을 위한 위험 요소로서 작용한다는 사실을 알게 되었다(WHO 2002 ; 2008). 이와 같은 지식을 통해서 알코올을 통제하는 것이 글로벌 공중보건적 대안임이 분명함에도 불구하고 적절하게 정책들에 접목이 되지 못하였다.

당시만 해도 모호한 부분이 있었으나, 2003년 「술, 일반상품이 아니다(Alcohol : No ordinary commodity)」의 초판이 출판되면서 알코올통제정책의 역사에 획기적인 획을 긋게 되었다. 본서의 영향력을 측정하기는 어렵지만 책이 출판된 이래 세계의 알코올정책은 달라졌다. 전문가들과 정책 수립자들 사이에 사회 속에서의 알코올의 역할에 대한 지식이 더 잘 알려지게 되었다. 본서는 알코올 문제가 건전한 공중보건 정책으로서 반응한다는 사실을 우리에게 분명하게 알려 준다. 인기 있는 정책이 항상 효과적인 것만은 아니기 때문에 정책은 최상의 가능성이 있는 증거에 의해 개발되어야 한다. 실제적으로 본서는 여러 나라들에서 알코올정책 훈련 워크숍과 정책 개발에 주요 자료로서 사용되어져 왔다. 나는 본서의 예찬자들이 "알코올정책의 성서"라고 표현하는 것을 들었으며 음해자들이 본서의 영향력을 약화시키지 못하였다.

향후의 개정판에서는 개발도상국으로부터 더 많은 정보와 경험을 통해서 근거가 더욱 강력해 지길 희망한다. 「술, 일반상품이 아니다(Alcohol : No ordinary commodity)」의 연구와 모니터링이 결국에는 알코올이 경제적인 발달을 촉진하거나 기여할 수 없다는 논점을 제시하게 될 것이며, 아울러 알코올이 사회의 발전에 도움을 주기는커녕 오히려 방해가 된다는 사실이 글로벌 알코올연구와 정책분야에서 크게 흥미를 일으키게 될 것이다. 본서에서 제시된 기본 정보들은 어느 나라, 어느 지역을 막론하고 경험을 통해 체득한 교훈들을 따르지 않을 어떠한 핑계도 대지 못할 것이다.

어떤 것이 효과적이고 그렇지 못한 것인지에 대한 논쟁의 시기는 지나갔다. 대신에 이제는 글로벌 사회와 협력하여 함께 활동을 할 시기가 되었다. 이 특이한 상품의 소비로 인하여 발생하는 폐해를 감소시키기 위하여 세계보건기구(WHO)의 지도 아래 효과적인 국가전략들이 개발되고 시행되어져야 할 것이다.

References

Rehm J., Anderson P., Kanteres F., Parry C.D, Samokhvalov A.V, and Patra J. (2009) Alcohol, social development and infectious disease. Stockholm : European Union.

Room R., Jernigan D., Carlini-Marlatt B., et al. (2002) Alcohol in developing societies : A public health approach. Geneva : WHO.

World Health Organization (2002) The world health report 2002 : Reducing risks, promoting healthy life. Geneva : WHO.

World Health Organization (2008) The global burden of disease : 2004 updates. Geneva : WHO.

• **Isidore S. Obot, PhD, MPH**
Professor and Head
Department of Phychology
University of Uyo
And
Director
Centre for Research and
Information on Substance
Abuse (CRISA)
Uyo, NIGERIA

저자들의 개정판 서 문

공중보건의 관점에서 볼 때 알코올의 소비는 전 세계적으로 장애와 질병 및 사망을 일으키는 주요 요인으로 작용한다. 또한 가족의 기능을 파괴하고 폭력을 일으키며 정신장애를 일으키는데 지대한 영향을 끼치고 있다. 알코올의 생산과 거래 그리고 마케팅의 전 세계적인 증가와 더불어 알코올통제정책의 필요성에 대한 이해는 단순히 국가 차원에서 뿐만 아니라 세계적인 관점에서 이해되어져야 한다.

지난 50년 동안 알코올과 건강 사이의 과학적인 이해는 눈에 띄게 증가하였다. 이상적인 방법으로 모아진 연구의 근거는 대중토론과 정부정책 수립자들에게 과학적인 기반을 제공하여야 한다. 그러나 학계에서 발표되는 과학적인 근거를 가진 보고서에 의하면 예방 전략이나 치료정책에 대해서는 매우 드물게 언급되고 있다. 이것을 언급하기 위해서는 알코올정책 연구의 최근의 흐름과 역사의 고찰이 필요하다. 1992년 에드워드(Griffith Edward) 교수의 지도 아래 소그룹의 전문가들이 알코올과 공공정책 프로젝트(Alcohol and Public Policy Project : APPP)를 시작하였다. 이 그룹은 과학자들의 국제 연구팀을 모집하고 2년 동안 세계적인 전문가들의 협의를 거처 공공 정책 분야에 있어서 알코올 문제를 어떻게 다룰 것인가에 대해 모아진 지식을 면밀히 평가하였다. 이 일의 결과는 「알코올정책과 공익(Alcohol policy and the public good)」(Edwards et al. 1994)과 「알코올과 공공정책 : 근거와 이슈(Alcohol and public policy : Evidence and issues)」(Holder and Edwards 1995)이다.

1998년, 미국 일리노이 주에서 열린 알코올정책 학술대회에서 알코올과 공공정책 프로젝트(APPP)의 저자들 중에서 구성된 소위원회는 증가하는 지식의 토대와 알코올정책 환경의 변화, 그리고 음주문제의 국제적인 경향을 기본으로 하여 새로운 저서에 대한 계획을 시작하는데 동의하였다. 저서의 제목을 「술, 일반상품이 아니다 – 연구와 공중보건(Alcohol : No Ordinary Commodity – Research and Public Policy)」(Babor et al. 2003)이라고 결정하고 배경이 될 논문들의 개발을 비롯하여 다섯 번의 다른 지역에서 열린 전체 회의(plenary meeting)와 여러 단계의 초안을 거처 진행되었다. 이 시리즈의 이전 책들처럼 「술, 일반상품이 아니다(No Ordinary Commodity)」는 개정된 책이 아니고 저술된 저서이며 관련된 모든 사람들의 협력으로 이루어져 독자들에게 한 목소리를 내고 있다. 세계보건기구(WHO)와 영국중독학회(UK Society for the Study of Addiction)의 후원으로 이루어진 이 책의 주요 목적은 왜 알코올이 실제적으로 평범한 상품이 아닌지를 알리는 일 뿐만 아니라 지역사회, 국가, 그리고 국제 수준에서의 정책 수립자들에게 근거가 뒷받침된 정책수립을 가능하게 하는 새로운 지식의 보고로 주의를 집중시키기 위한 것이다.

비록 알코올이 태고로부터 그것의 제조와 이용성에 있어서 특별한 통제가 요구되는 제품으로 인식되어 왔음에도 불구하고 19세기에 이르러서야 개인이나 대중들에게 알코올정책의 효과가 어떠한지에 대하여 학계가 관심을 표명하기 시작하였다. 이 전통을 수립하면서 1975년 「공중보건 관점에서의 알코올통제정책(Alcohol Control Policies in Public Health Perspective)」의 출판으로 어떻게 알코올정책이 역학적이고 이론적이며 중재 연구에 의해 새롭게 집대성 되어질 수 있는지를 보여주는 특색 있는 알코올정책 연구의 새 시대를 열었다. 이 맥락에 이어 「술, 일반상품이 아니다」의 초판은 무엇이 국제적 수준의 알코올정책에 새로운 것이며, 어떤 것이 연관이 있는지에 대한 종합적인 시도를 하였다. 우리는 본서가 영국의학협회(British Medical Association)에 의해 의학도서 대회에서 공중보건 분야 도서 중 2004년 1위를 차지하였고 알코올에 있어서 글로벌 전략을 개발하기 위한 계획에 권위 있는 출처로 세계보건기구(WHO)에 의해 지속적으로 인용되고 있음을 매우 기쁘게 생각한다.

개정은 효과적인 알코올정책을 위한 과학적인 증거들이 여러 분야에서 급속하게 증가하고 있으며, 정기적으로 최신정보와 새로운 지식의 분야로의 확장되어야 할 필요성을 인식함으로서 태동하게 되었다. 특히 정책관련 연구들이 절실하게 필요 되면서도 자료가 부족한 나라들에서는 지역사회와 국가의 정책적 필요 자체가 알코올관련문제의 새로운 유행과 더불어 변화한다. 특히 아시아나 아프리카 그리고 라틴 아메리카 지역의 전통적으로 알코올통제정책이 약하고 알코올소비가 낮은 국가들에서 주류회사들이 전개하는 뛰어난 마케팅전략과 상업 제품의 확장에 의해 큰 위협이 되고 있다. 이런 위협은 알코올관련문제에 대한 이들 국가들의 민감성을 증가시키는 경향이 있다.

이 상황은 저자들로 하여금 술이 일반상품이 아니라고 하는 원래 주제를 기초로 한 역학적 자료를 재검토 하도록 하였으며 알코올통제 심의에서 이전에 무시되어 온 주류회사들의 역할에 비판적인 평가를 하게 되었다. 주류세와 이용성의 제한 효과에 대한 새로운 연구, 알코올 마케팅의 영향력에 대한 새로운 정보, 그리고 근거를 바탕으로 한 다른 정책들의 다양한 확장의 요인들과 더불어 저자들은 2차 개정판의 필요성을 직감하였다. 그러므로 저자들은 본서를 2010년 세계보건기구(WHO)가 세계보건회의(World Health Assembly)에서 제안한 알코올의 글로벌 전략을 어떻게 형성하며 이행하고 지속할 것인지에 관한 문제에 가장 큰 기여를 제공하고자 하는 것이었다.

초판의 서문에서 언급했듯이 본서의 목적은 지역과 국가, 그리고 세계적인 수준에서의 알코올정책의 발달에 직접적인 연관성이 있는 최근의 진보된 연구를 소개하기 위해서이다. 이 초점은 변하지 않았고 알코올통제전략의 효과와 그리고 비용의 평가를 제공하고, 다양한 정보를 업데이트 하고자 하는 저자들의 관심도 변하지 않았다. 저자들은 시야를 넓히고 과학의 기초를 갱신함으로 「술, 일반상품이 아니다」의 개정판이 정책 논의에 있어서 정보를 제공하고, 정책 수립자들에게 계속하여 권한을 부여하며, 연구가 어떻게 알코올 소비와 관련된 사회적・개인적 폐해를 감소시키고, 공공정책에 어떻게 향상적 반응을 하는데 기여할 수 있을 것인지에 대하여 설명해 주기를 기대한다.

전문 용어 및 기술 용어

일반 독자들에게 친숙하지 않은 기술적 문구나 의미를 가진 주요 용어들은 본서의 뒷부분 용어사전에서 정의하였다. 이 용어들은 거의 모든 경우에 역학, 알코올 연구, 중독의학 또는 세계 여러 다른 지역의 보편적 문화에서 사용되는 단어와 개념들이다.

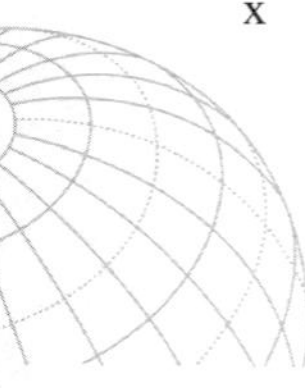

서 문

유해한 알코올사용은 알코올의존뿐 아니라 폭력, 상해, 자살, 만성질환, 정신건강장애 등의 부담을 주도하는 주요 위험요인이다. 알코올의 부적절한 사용은 특히 저소득국가와 중간소득국가의 개인과 가족, 그리고 사회에 부적절한 영향을 미치며, 건강불평등에 결정적으로 기여를 하고 있다. 어린 시기의 음주는 알코올의존을 유발하는 최고의 위험요인으로 밝혀진 과학적인 증거에도 불구하고 술을 마시는 나이가 더 어려지고 있으며, 뿐만 아니라 젊은이들 사이에서 알코올소비가 최근 급증하고 있다.

팬아메리칸보건기구(The Pan American Health Organization : PAHO)에서는 알코올관련문제들에 대응하기 위해 이 지역 국가들 간에 기술적인 협력을 강화시키고 있다. 2005년 팬아메리칸보건기구는 브라질 정부의 지원으로 제 1회 알코올공중정책 팬아메리칸 학술회의(*First Pan American Conference on Alcohol Public Policies*)를 개최하였으며, 26개 나라의 참가자들이 브라질선언(Brasilia Declaration)에 서명하였다. 또한 팬아메리칸보건기구는 알코올과 가정폭력에 대한 연구를 주도하였으며, 아울러 알코올문제가 발생될 수 있는 위험에 처한 사람들을 찾아내고 1차 보건의료 환경에서 간단한 중재가 가능한 보건전문인 양성훈련을 지원하고 있다. 팬아메리칸보건기구는 2009년 지역상담회의 개최, 다양한 문서와 전문가 회의, 그리고 회원국 간에 정책토론에 기술적 전문성에 기여함으로써 세계보건기구의 "알코올의 유해한 사용을 감소하기 위한 전략"의 개발에 기여하여 왔다.

수많은 알코올정책들의 효과성, 비용, 그리고 일반화 가능성에 대한 증거와 알코올 산업을 포함한 다양한 정책관여자들의 상대적 역할에 대한 증거의 필요에 부응하기 위하여, 지난 2003년 옥스퍼드대학출판사(Oxford University Press)와 세계보건기구에 의해 출판되었던, 근거중심의 알코올문헌의 새로운 이정표가 된 이 책의 개정판을 소개하게 되어 너무나 기쁘다. 팬아메리카보건기구(PAHO)는 아메리카지역의 수많은 독자들에게 다가가기 위해 스페인어 버전 출판도 지원할 예정이다.

이 책의 출판으로 인해 유해한 알코올 사용을 감소시키기 위한 글로벌 차원에서의 논의에서 뿐 아니라, 국가차원의 효과적인 대책들을 지지하는데 크게 기여하길 원한다.

Mirta Roses Periago
팬아메리칸보건기구 사무처장

감사의 글

모든 저자들은 본서의 태동에 기초를 놓은 초판 출판 시 지원을 제공하신 세계보건기구(WHO) 코펜하겐 지역사무국과 제네바 본부, 그리고 업무조직을 위한 재원을 담당하신 영국의 중독학회에 진심으로 감사를 드린다. 본서를 출판하는 프로젝트와 관련하여 저술, 상담 업무와 문헌고찰의 어느 단계에서도 사례가 주어지지 않았다. 모든 저자들은 세계보건기구(WHO) 이해저촉확약서(Conflict of Interest assurances)에 동의하였으며 이 확약서는 첫 번째 저자에게서 확인 가능하다. 저자들의 시간적 헌신과 더불어 이 프로젝트를 위한 대부분의 여행경비와 원고의 준비는 저술에 참가한 저자들이 속한 기관이나 대학교에서 지원하였다. 비록 이 프로젝트에서 주 저자가 전반적인 조율과 협력을 지도하였지만 다른 저자들도 개정판 출판에 있어 실제적인 일을 하는데 동일한 기여를 했음을 나타내기 위하여 저자명이 알파벳순으로 기록되었다. 저자들은 제 11장을 완성하는데 중요한 기여를 하신 캐나다 토론토의 정신보건 및 중독센터(Centre for Addiction and Mental Health)의 로버트 만(Robert Mann) 박사님의 노고를 인정하며, 13장을 위해 자료와 문서를 수집하고 조합하는데 기여하신 허니 불룸벌그(Honey Bloomberg)께도 진정한 감사를 드린다. 또한 특별히 이 프로젝트의 부 편집장으로 수고한 진 오레일리(Jean O'Reilly) 박사에게 심심한 감사를 전한다.

저자들에게 급여와 여행 경비를 부담했기 때문에 다음의 기관들과 자금 제공자들에게 감사의 마음을 표하고 싶다. 토마스 베이버(Thomas Babor)의 참가는 미국 국립알코올남용 및 중독연구소(NIAAA)와 커네티컷대학교(University of Connecticut) 보건대학원의 지역사회의료 및 공중보건학과에서 지원을 받았다.

셀리 케스웰(Sally Casswell)은 뉴질랜드의 메씨 대학교(Massey University)의 SHORE 연구소에서 지원을 받았다.

케터린 그레함(Kathryn Graham)과 놀만 기스브레캇(Norman Giesbrecht)은 캐나다 토론토 온타리오에 있는 중독 및 정신보건센터의 지원을 받았고, 글로벌 알코올 모니터링 역을 맡은 린다 힐(Linda Hill)은 일차적으로 세계알코올연맹(Global Alcohol Policy Alliance)의 알코올연구소(IAS : International for Alcohol Study)에서, 나중에는 메씨대학교의 SHORE연구소에서 지원되었다.

마이클 리빙스톤(Michael Livingston)은 호주의 알코올 교육 및 재활재단(Alcohol Education and Rehabilitation Foundation)에서 재정 지원을 받았다.

이자 오스털벌그(Esa Österberg)의 프로젝트 참여는 2008년까지 국립 보건복지연구개발센터(National Research and Development Centre for Welfare and Health)에서

지원을 받았고 2009년 초부터는 국립 보건복지연구소(National Institute for Health and Welfare)에서 지원을 받았다.

욜간 렘(Jurgen Rehm)의 참여는 2008년까지 온타리오 중독 및 정신보건센터와 스위스 공중보건 및 중독연구소의 지원에 의해 가능하였다. 이에 더하여 그의 기초 작업은 세계보건기구의(WHO) 스위스국립과학재단과 세계질병과 상해부담연구에 의해 지원되었다.

인게보그 로소우(Ingeborg Rossow)의 참여는 노르웨이알코올 및 약물연구소에 의해 가능하였다.

저자들

- **Thomas Babor, PhD, MPH**
  Professor and Chairman
  Department of Community Medicine and Health Care
  University of Connecticut School of Medicine
  Farmington, Connecticut, United States of America

- **Raul Caetano, MD, MPH, PhD**
  Professor of Epidemiology and Regional Dean
  The University of Texas School of Public Health, Dallas Regional Campus
  Dallas, Texas, United States of America ;
  Professor of Health Care Sciences and Psychiatry
  Dean, Southwestern School of Health Professions
  University of Texas Southwestern Medical Center
  Dallas, Texas, United States of America

- **Sally Casswell, PhD**
  Professor of Social and Health Research
  Director, Centre for Social and Health Outcomes Research and Evaluation
  Massey University, Auckland, New Zealand

- **Griffith Edwards, DM**
  Emeritus Professor of Addiction Behaviour
  National Addiction Centre, London, United Kingdom

- **Norman Giesbrecht, PhD**
  Senior Scientist, Section Public Health and Regulatory Policies
  Social, Prevention and Health Policy Research Department
  Centre for Addiction and Mental Health, Toronto, Ontario, Canada

- **Kathryn Graham, PhD**
  Senior Scientist and Head, Social and Community Prevention Research
  Centre for Addiction and Mental Health
  Adjunct Research Professor, Department of Psychology
  University of Western Ontario, London, Ontario, Canada ;
  Professor (Adjunct), National Drug Research Institute
  Curtin University of Technology, Perth, Western Australia

- **Joel Grube, PhD**
  Director and Senior Research Scientist, Prevention Research Center
  Pacific Institute for Research and Evaluation
  Berkeley, California, United States of America

- **Linda Hill, PhD**
  Senior Researcher
  Centre for Social and Health Outcomes Research and Evaluation
  Massey University, Auckland, New Zealand

- **Harold Holder, PhD**
  Senior Research Scientist, Prevention Research Center
  Pacific Institute for Research and Evaluation
  Berkeley, California, United States of America

- **Ross Homel, PhD, AO**
  Foundation Professor of Criminology and Criminal Justice
  Director, Griffith Institute for Social and Behavioural Research
  Griffith University, Queensland, Australia

- **Michael Livingston, BA**
  Research Fellow, AER Centre for Alcohol Policy Research

Turning Point Alcohol and Drug Centre, Fitzroy, Australia

- **Esa Österberg, MSc**
  Senior Researcher, Department of Alcohol, Drugs and Addiction
  National Institute for Health and Welfare, Helsinki, Finland

- **Jürgen Rehm, PhD**
  Senior Scientist and Co-Head, Section Public Health and Regulatory Policies
  Centre for Addiction and Mental Health, Toronto, Canada ;
  Professor and Chair, Addiction Policy, Dalla Lana School of Public Health
  University of Toronto, Toronto, Canada ;
  Head, Epidemiological Research Unit, Technische Universität Dresden,
  Klinische Psychologie & Psychotherapie, Dresden, Germany

- **Robin Room, PhD**
  Professor, School of Population Health
  University of Melbourne, Melbourne, Australia ;
  Director, AER Centre for Alcohol Policy Research
  Turning Point Alcohol and Drug Centre, Fitzroy, Australia ;
  Professor, Centre for Social Research on Alcohol and Drugs
  Stockholm University, Stockholm, Sweden

- **Ingeborg Rossow, PhD**
  Research Director
  Norwegian Institute for Alcohol and Drug Research
  Oslo, Norway

차 례
CONTENTS

제 1 장

정책 아젠다의 형성

제1장

정책 아젠다의 형성

1.1 개 요

1998년, 러시아 핏카란타(Pitkäranta, Russia)에 사는 45세의 벌목꾼 아나톨리 아이버리아노브(Anatoly Iverianov)는 자신이 두 번이나 심장마비로 고생한 이유에 대하여 술과 담배를 과다하게 사용한 결과라고 말했다. 그는 자신에 대한 뉴스 인터뷰가 있은 바로 직후 세 번째 심장마비로 인해 그의 생애를 마감하였다(Wines 2000). 부검 결과 만성 알코올중독이 유력한 사망 원인이었다. 이와 마찬가지로 러시아의 다른 지역에서도 지난 십 여 년 동안 알코올로 인한 폭력, 자살 그리고 심혈관 질환들이 기대수명의 급격한 감소를 가져오는 주원인으로 증명되었다. 알코올통제정책은 1985년에 실행되어 음주를 줄이고 기대수명을 늘렸지만 그 정책들은 곧 반전되었다.

핀란드의 이웃나라로 러시아 국경 건너편에 있는 북 카렐리아(Karelia)공화국에서 진행된 역학 연구에서는 한 때 팀벌 공장(Timber Industry)에서 일하면서 러시아인들처럼 술과 담배를 과다하게 했던 사람들은 두 지역 모두 세계에서 가장 높은 심혈관질환을 가지고 있다고 보고하였다. 이에 핀란드는 북 카렐리아 프로젝트(North Karelia Project)를 시행하여 대응하였다(Wines 2000). 이 프로젝트는 건강 증진과 질병 예방, 경제적인 보상을 동원하여 사람들의 식생활, 운동, 흡연과 음주의 습관을 바꾸는 것을 목표로 5년간 실행되었다. 정책이 시행된 지 25년 이후 노동연령의 주민들 사이에 심장질환이 눈에 띄게 낮아졌는데 이것은 위험요소들을 감소시킨 긍정적인 결과로 볼 수 있다(Vartiainen et al. 2000).

케냐(Kenya)의 수도 나이로비(Nairobi)에서는 2000년 11월 한 달 동안 메탄올을 이용하여 가내에서 생산된 알코올로 인해 121명이 사망하였으며 495명이 병원에 입원하였고 20명은 맹인이 되었다(Mordwall 2000). 이러한 사망률은 특히 도시 근교 빈민가에 거주하며 도시에서 직장을 구하려고 시골에서 올라온 이주민들을 상대로 영업하는 무면허 카페들과 불법 양조장들이 있는 도시 변두리의 빈민가에서 현저하게 높게 나타났다. 불법 알코올 증류(distillation)와 무면허 알코올성 음료 판매를 제한하는 정책들은 집행되기가 어려웠다.

동경에서는 신문의 머리기사에 "망년회가 만취객들을 일본의 기차에 쏟아 부었다"고 신정연휴인 보낸까이(bonenkai) 때 보도되었다. 철도 관계자는 이 시기에 적어도 60%의 승객이 취객들이었다고 추정하였다. 이에 대응되는 두 개의 정책이 실행되었는데 하나는 더 많은 안전 요원을 고용하여 사고를 최소화하고 또 하나는 성폭력을 예방하기 위하여 '여성 전용' 칸을 만들어 운행한 것이다. 그러나 이 기사는 이 정책들이 의도한 효과에 대해서는 언급하지 않았다(Zielenziger 2000).

호주 텐난트 크릭(Tennant Creek)의 원주민 그룹(aboriginal group)에서는 4리터들이 와인 판매와 포장판매 시간 그리고 목요일 무역(Thursday Trading–payday for social security checks) 규제를 성공적으로 추진시켰다. 이 '목마른 목요일'(Thirsty Thursday) 정책은 알코올과 연관된 경찰 관련 사건과 입원, 그리고 피해 여성의 쉼터 사용의 감소에 기여하였으며, 같은 기간 동안 알코올소비량도 19% 정도 감소하였다(Brady 2000).

이 각각의 사례들은 어떤 공통점이 있는가? 이들은 모두 개인이나 대중의 알코올소비의 영향과 건강을 보호하며 장애 예방을 위한 정책들을 찾는데 주의를 기울이고 알코올성 음료의 오용으로 발생되는 사회문제를 강조하고 있다. 본서는 알코올정책이 무엇이며 왜 필요한지 어떤 중재가 효과적이고 어떻게 정책이 만들어지며 또 과학적인 증거가 어떻게 정책 결정에 정보를 제공하는지 등 알코올정책에 대한 과학적인 논문의 핵심서이다.

1.2 알코올정책의 역사

고대 그리스, 메소포타미아, 이집트와 로마의 도시지역에서 지역 행정부에 의해 알코올의 생산, 유통, 소비의 통제가 먼저 시행되었다(Ghalioungui 1979). 기원전 6세기의 그리스 정치가들은 술 취하는 것을 조장하는 디오니시안 연회에 대한 대안을 제공하기 위하여 통제된 축제를 소개하였다. 594년 솔론(Solon : 그리스 7인의 현인 중 한 사람)은 술 취한 행정관들에게 사형을 선고하였으며 와인을 판매하기 전에 물과 섞어서 팔 것을 요구하였다. 2천 년이 넘도록 알코올관련문제들을 예방하기 위하여 군주, 정부 및 성직자들에 의해 독창적인 전략들이 고안되어 왔지만, 현대 의학의 발전과 19세기에 출현된 세계 절제-금주, 금연운동이 시작되어서야 알코올정책은 공중보건 분야의 도구로써 더 커다란 잠재력을 얻게 되었다(Babor and Rosenkranz 1991).

알코올소비에 영향을 미치는 법안들은 이제 전 세계적으로 법적인 규제 제도의 일반화된 형태가 되었다. 모든 정부들이 알코올과 알코올성 음료에 대하여 어떤 방향으로든 소비제품으로 다룰 수밖에 없게 되었다. 그러나 특별히 사회와 보건문제로서 혹은 포괄적인 규제를 위한 대상으로 알코올을 다루는 공공정책은 일반적이지 않았다. 초기에는 알코올성 음료들이 특수상품으로 인정되었는데 예를 들어 이것은 어떤 회사들에게 특정 분야에서 알코올성 음료 무역에 전매를 주거나 알코올성 음료를 주(state) 세금 수입의 기반으로 사용하였다(Österberg 1985 : Room 1993). 19세기에 특별히 앵글로 색슨(Anglo Saxon)과 북방민족들의 국가에서 국가별, 지방별 그리고 지역별로 절제-금주, 금연운동들과 연관된 알코올정책들이 시작되었다. 1914년에서 1921년 사이에 캐나다, 핀란드, 아이슬랜드, 노르웨이, 러시아와 미국에서는 거의 모든 유형의 알코올음료들의 제조와 판매를 금지하는 법이 받아들여졌다(Paulson 1973). 대부분의 이 법률들은 1920년대와 1930년대에 철회되었으나 알코올의 제조와 판매에 규제가 가해진 법률과 정책들로 대체되어 허용되었다. 알코올정책을 주류 판매 금지의 측면에서 집중하여 본다면 대부분의 지난 세기들의 정책 안건에서는 사람들의 적당한 음주에 대한 권리의 존중이나 신중함이 무시되어 왔다. 그러나 완전한 금주는 주로 이슬람 국가들과 인도의 주(states)들에서 아직도 정부의 어떤 정책에 중대한 부분으로 남아있다.

유럽에서는 지난 50년 동안 알코올정책의 복합성을 보여 왔다. 1950년대 초반 북유럽 국가들의 알코올정책은 사회정책과 공중보건 문제에 기초하였으며, 알코올성 음료에 대한 높은 소비세의 의무를 포함하여 생산과 판매를 위한 알코올 독점 체계의 이해단계, 알코올 이용성의 철저한 통제에 기반을 두어 왔다(Karlsson and Osterberg 2001). 지중해의 와인 제조국들은 1950년대 초 알코올 통제수단들이 극소수였으며 대부분 주류

[박스 1.1] 항상 공공정책이 공중보건 정책을 의미하는 것만은 아님

북유럽에서는 유럽연합(UN) 상업정책이 이전의 국가 알코올정책에 강한 영향을 미쳤다(Holder et al. 1998 ; Sulkunen et al. 2000). 결과적으로 현재 알코올관련문제들을 다루기 위해 지역적으로 더 큰 관심들이 생겨나게 되었다(Larsson and Hanson 1999). 예를 들어 스웨덴의 1995년 주류 법률에는 알코올의 수입, 수출, 분배 및 생산에서의 주(state) 전매가 폐지되었을 뿐 아니라 소매점의 면허와 허가장소 통제의 책임이 25개 주에서 272개의 지방자치단체로 이양되었다(Romelsjö and Andersson 1999). 마찬가지로 북미의 여러 곳에서도 정부의 소매 독점권이 부분적 혹은 전체적으로 민영화되었고(Her et al. 1999), 정부운영 독점권에서 상업적인 핵심부분에 대해 상업적인 측면으로의 이임이 강조되고 있다.

제조회사와 상업적인 관심에 의해 시작되었다. 아일랜드와 영국 같은 북유럽과 지중해 연안의 어떤 나라들에서는 소매판매점(on-premise)에서의 알코올성 음료 판매에 강력한 면허제도가 발효되었고, 벨기에와 네덜란드에서는 종전의 알코올 통제체계를 그대로 사용하고 있다.

20세기 후반, 현 유럽연합(UN)의 회원국들의 알코올 융합(convergence) 정책은 알코올 통제의 다른 분야들과 분리하여 볼 때 잘 이해될 수 있다. 한 측면에서는 유럽연합 회원국 내의 알코올 생산과 분배, 판매의 통제는 감소되었다(박스 1.1을 보라). 이에 반하여 지난 50년 동안 알코올 수요와 음주자들을 목표로 한 교육과 음주운전 대책안 등이 일반화되고 강력하게 적용되었다. 유럽연합 회원국에서 알코올정책의 융합이 약화되었음에도 불구하고 알코올성 음료에 세금을 부과하는 측면에서는 융합의 경향을 보여 주고 있다.

북미에서는 최근 수십 년 동안 대부분의 사법권들에서 알코올 통제가 서서히 감소되어 가고 있다. 미국의 여러 주(state)와 캐나다의 1개 도(province), 그리고 여러 관할권들에서 정부의 힘이 약해지고 알코올 소매판매가 완전히 민영화 되는 등 극적인 변화들이 일어나고 있다. 지난 20년 간 분리된 알코올 가격정책은 두 방향에서 명백하게 진행되었다. 캐나다에서는 알코올가격이 소비자 물가지수와 평행을 이루어 변동하는 경향이 있는 반면에 미국에서는 여러 관할권 내에서 실제적인 가격이 일반적으로 낮아졌다. 알코올관련 세금은 인플레이션에 맞추어 증가되지 않았다. 두 나라 모두, 특히 미국에서는 알코올광고에 있어서는 다소 느슨한 통제를 가지고 있지만 그와는 반대로 음주운전 통제에 대해서는 집중적인 교육과 효과를 위한 법률시행령을 가지고 있다.

[박스 1.2] 전환기 동안의 알코올정책

알코올정책의 거대한 공백은 소련연방의 붕괴 이후 각 나라에서 공공행정과 정치권력의 변천도중 결속력이 약해지면서 시작되었다. 소련연방 붕괴 이전 국가 정책에 대해 논의할 가능성이 있었을 때에도, 소련 정부는 1991년 이후 알코올정책이 분류된 지역에 존재하는 국가체제로서 설명하기가 더 적절하였다(Nemtsov and Krasovsky 1996 ; Reitan 2000). 더 나아가 공산주의의 몰락에 따른 동부 유럽 정부들의 취약점은 예방적 알코올정책을 수립하는데 심각한 장애물이었다(Simpura 1995). 알코올 무역과 주류회사의 저항을 통제하기에 부족하였던 공권력으로 인해 알코올의 교류와 공공통제를 이루는 일이 매우 어려웠다.

이와 비슷한 시도들이 세계의 여러 다른 지역에서 이루어졌다. 예를 들어, 구 소련정부의 붕괴된 공산당 체계(박스 1.2를 보라)와 여러 동유럽 국가에서의 알코올 통제들 –

그 중 특히 알코올 이용 가능성의 통제 - 들은 그 효과를 잃어가고 있다(Moskalewicz 2000 ; Reitan 2000). 다른 방편으로는 1990년대 유럽의 알코올실행계획(European Alcohol Action Plan)의 권위 아래 많은 동부 유럽 국가들이 국가 알코올 프로그램을 수용하거나 지역 알코올 통제정책 강화를 목표로 한 프로젝트에 참가하였다.

많은 선진국에서는 일반적인 알코올정책들이 전 국민에게 영향을 미치며 이러한 정책들이 끊임없는 공격의 대상이 되어가는 가운데, 종전에 남아 있던 정책(예를 들어, 독점권의 민영화, 인플레이션에 의한 세금의 감소, 폐점 시간의 연장과 같은 정책)들이 서서히 감소되었다. 그러나 같은 시기에 정치적인 관건에 의해 간헐적으로 나타났지만 음주운전에 관한 염려나 축구 경기 같은 공공장소에서 이루어지는 만취행위의 증가 등 알코올관련문제에 대한 대중적인 우려들이 일어났다. 이러한 대중들의 우려의 증가는 알코올과 관련된 문제들이 증가되는 것을 반영하는 것이었다. 공중보건에 대한 옹호활동(Public health advocacy)과 음주로 인해 야기되는 보건사회적인 문제에 대한 과학적인 보고는 이러한 관심을 증가시키는데 기여하고 있다.

일반적으로 알코올관련폐해를 줄이기 위하여 여러 국면에서 가장 크고 광범위한 가능성을 가진 중재들을 포함한 알코올통제정책들이 거절되어 왔다. 그러나 공교롭게도 그런 중재들이 효과적이라고 보고한 많은 연구들은 그런 전략들이 약화되거나 사라졌기 때문에 정책 효과성의 측정이 가능하게 되었다는 점이다.

개발도상국들의 경우는 기록들이 많지 않다(Room et al. 2002). 파푸아뉴기니와 같은 세계의 다른 지역에서는 식민지 지배 세력에 의해 음주와 서양식 음료의 사용에 대해 자치권과 특권을 동원하여 금주에 대한 강요가 1960년대까지 지속되었다. 남아프리카공화국의 지방자치제 소유인 맥주홀(beer hall)과 같은 알코올통제정책들은 국제개발기구(International Developed Agencies)의 '구조 조정' 프로그램으로부터 압력을 받아 여러 장소들에서 약화되거나 해체되었다. 개발도상국에서는 알코올광고, 알코올교육과 음주운전 등이 쟁점이 되어왔다. 그들 중 많은 나라들이 음주운전을 줄이기 위한 중재 프로그램과 동시에 큰 효과를 보지 못하였음에도 불구하고 교육 프로그램을 증가시켰다.

1.3 알코올정책의 과학적인 연구

만약 알코올정책이 긴 역사를 가지고 있다면 공중보건 전략으로서의 알코올정책을 위한 과학적인 연구는 훨씬 짧은 역사를 가지고 있다. 본서에서 제시하는 알코올정책에 있어서의 증가하는 관심은 1960년대(e.g., Seeley 1960)에 시작한 알코올 문제연구를 뒷받침으로 성숙해 가는 과정이며 특별히 '공중보건적 전망에서의 알코올통제정책'(Alcohol Control Policies in Public Health Perspective)(Bruun et al. 1975)을 계승하는 것이다. 이는 또한 세계보건기구(WHO)에서 지원받은 알코올 문제의 예방 가능한 본질 뿐만 아니라 효과적인 알코올정책과 합리적인 논술에 있어서 국가 정부와 국제기구(International agencies)의 역할에 주의를 끌게 한 전공서적이다. 알코올통제정책은 교육계 뿐만 아니라 정책 입안자들과 의료계에도 뜨거운 논쟁을 일으켰다(Edwards et al. 1995). 본서에서 가장 중요하게 강조되는 점은 알코올의 평균 소비량이 높은 사회일수록 소비 경험으로 야기되는 문제의 발생률이 훨씬 높다는 것이다. 결과적으로 알코올 문제를 예방하기 위한 특별한 한 가지 방법은 이용성 제한 정책과 같은 평균 알코올소비의 감소를 유도하는 정책이다.

1990년대 초, 알코올정책에 대한 세계 수준의 문헌을 검토하는 새로운 프로젝트가 세계보건기구에 의해 위임되었다. 이에 따라 알코올정책과 공공 이익(Alcohol Policy and the Public Good)이라는 새로운 연구가 시작되었고(Edwards et al. 1994), 본서의 선임자(Bruun et al. 1975)가 사용한 핵심 주제가 잘 다듬어져 새 주제에 대하여 요약하고, 알코올통제정책을 위한 공중보건 의제가 제안되었다(Edwards et al. 1994). 본서의 알코올관련 공중보건 정책들은 1975년부터 광범위하고 세련된 과학적인 연구들로부터 도출된 강력한 증거들을 토대로 제시되었기 때문에, 괄목할만한 성장을 이루게 되었다고 결론지었다. 알코올의 세금징수, 알코올 이용의 제한, 음주운전 대책, 학교에서의 교육, 지역사업프로그램(community action program)과 치료중재에 대하여 검토를 한 이후에 이렇게 결론지었다.

① 연구는 효과성이 입증된 공중보건 정책들이 알코올 사용으로 인해 발생되는 고통과 광범위한 비용을 줄이는 공공재로서의 역할을 수행할 수 있을 것인지에 대한 의구심을 사라지게 한다.

② 그런 점에서 국민들에 의해 소비된 알코올의 총소비량과 알코올관련문제와 관련된 고위험요인과 음주행위 모두에 영향을 미치는 대응들을 보여주는 것이 적절하다. 모순적 대안임에도 본질적으로 상호보완적인 접근방법을 상상하는 것은 실패할 가능성이 크다.

세계보건기구와 국제 알코올 연구자들 사이에서 협력의 전통을 확립하기 위하여 본서의 초판을 준비하는 것은 다음의 세 가지 이유에서이다. 첫째, 글로벌 질병 부담

(Global Burden of Disease)의 새로운 역학적인 연구는 세계 여러 지역에서 알코올이 사망과 장애의 주된 위험 요소 중의 하나임을 나타내고 있다. 둘째, 알코올 문제에 있어서 신속하게 변화하는 경향들 때문에 예방 프로그램과 치료의 보조를 포함한 보건정책의 적용이 국가와 지역 정부의 중요한 책임으로서 국제적인 관심이 증가하고 있다. 셋째, 알코올 문제들의 연구방법에서 향상된 점은 알코올정책에 나타난 과학적인 증거들이 증가된 연구들이다. 이 증거들은 알코올은 더 이상 일반상품이 아니라는 근거를 명백하게 확립하였다. 이러한 이유로 다양한 정책들은 개인과 국민 모두를 타겟으로 고위험 음주자들과 함께 소비의 총량을 목표로, 공중보건과 사회안녕을 위해 알코올의 위협을 관리할 필요성이 있음을 알리는 것을 목적으로 한다.

이 개정판의 저술의 착수 이유는 몇 가지가 있다. 첫째, 정책 수립자들과 공중보건 사회에서 제시하는 결론들이 무엇이든지 '알코올은 일반상품이 아니다'라는 사실이 명백하게 되었다. 공중보건의 대응은 알코올성 음료가 생산되어 소비자에게까지 도달되는 전체적인 제조 과정에 초점을 맞출 필요가 있다. 최근까지도 공중보건적인 측면에서 주류회사에 관심이 아주 미약하였으며 정책수립 과정에서 주류회사의 역할은 더욱 미비하였다. 이에 새로 시도하는 개정판은 알코올이 일반상품이 아니라는 관점에서 초판의 주요 주제에 더욱 힘을 실어주고 그 결점을 바로 잡으며 급속하게 확장되는 정책과 예방관련 문헌들의 최신 정보를 얻고자 노력하였다.

1.4 알코올정책의 정의

1975년 브룬(Bruun)과 그의 동료들은 알코올통제정책을 보건교육과 태도변화를 포함하여 알코올 이용성에 영향을 미치는 정부차원에서 고안된 모든 전략으로써 공중보건적 접근의 범위를 넘어서는 비공식적 사회통제를 포함하는 것으로 정의하였다. 1994년, 국가적이고 역사적인 관심에 의해 에드워드(Edwards)와 그의 동료들에게 공중보건 사업의 책임으로 알코올정책이 고려되어야 한다는 광범위한 요구가 제시되었다. 비록 알코올정책의 본질에 대한 명확한 정의가 없음에도 불구하고, 그 의미는 알코올에 대한 세금징수, 알코올의 이용성에 대한 법률제정 통제, 알코올 구매연령제한, 매체 정보 캠페인과 학교에서의 교육 등 여러 가지의 다른 정책 반응들이 포함된 자료로부터 추론되어질 수 있다.

본서는 알코올정책의 정의를 이전 개념으로부터 차용하여 사용할 것이나 공중보건에 있어서 국가적이고 국제적으로 발전된 개념은 보존하면서 확대시키고 있다. 공공정책들은 정부에 의해 법률과 규정들 그리고 법규 등을 통하여 제정되어 권위를 갖게 된다(Longest 1998). '권위'라는 용어는 이 결정들이 개인 기업이나 관련 지지단체로부터가 아니라 입법자들의 합법적인 권한과 다른 공공기관 관계자들로부터 왔다는 것을 암시한다.

공공정책이 알코올과 보건 및 복지와 관련이 있을 때 그것들은 알코올정책으로 여겨진다. 그러므로 위반자를 처벌하기 위해서가 아니라 알코올관련 교통사고를 예방하기 위하여 제정된 음주운전 법규는 알코올정책으로 간주된다. 일반적으로 알코올정책들은 미성년 음주자나 보건제도 안에 있는 프로그램이나 서비스가 필요되는 것과 같은 기관사업에 영향을 끼친다. 그들의 본질과 목적을 기반으로 한 알코올정책들은 할당과 규제의 두 항목으로 분류되어질 수 있다(Longest 1998).

할당 정책은 공공의 목적을 달성하기 위하여 특별한 그룹이나 조직에 자금과 자원들을 제공하려는 의도가 있다. 학교 내에서 알코올교육을 지원하거나, 종업원들에게 주류판매의 책임성을 갖도록 훈련하거나, 알코올의존자들을 위해 치료 목적의 지원금을 제공하는 일 등은 알코올로 인한 폐해의 감소를 기대하거나 특정 인구집단의 서비스 이용성을 증가하기 위한 정책들의 예시이다.

할당 정책과 반대로 규제 정책은 개인이나 조직에 직접 통제를 가하여 음주 행동과 태도, 그리고 다른 결정들에 영향을 미치는 것을 목적으로 한다. 가격 통제와 세금 징수를 통한 경제적 규제는 빈번히 알코올성 음료의 수요 감소와 세수 창출을 위하여 적용된다. 최소구매연령의 제한과 판매시간규제 같은 법규는 오랫동안 건강과 안전을 위한 명목으로 알코올의 사용을 금지하는데 적용되어 왔다. 주류광고를 규제하고, 주류구매 시간과 음주장소를 규제하는 등의 연방정부나 지방정부의 법규들은 규제 정책들의 다른 예들이다.

본서의 관점에서 알코올정책의 중심 목적은 음주 행태, 음주 환경 그리고 문제 음주자들을 치료하는 의료 서비스의 가능성과 같은 보건과 사회적인 결정요인들에 영향을 주어 공중보건과 사회복지에 기여하게 되는 것이다. 제 2장에서 논의하겠지만 혈중알코올농도를 빠르게 증가시키는 음주 행태는 급성 중독과 연관되어 사고, 상해, 폭력과 같은 문제를 일으킨다. 또한 잦은 알코올소비와 과음을 동반하는 음주 행태는 간경화, 심혈관 질환과 우울증과 같은 만성적인 건강 문제로 이어진다.

알코올관련폐해의 환경적 결정요인들은 알코올의 물리적 이용가능성과 알코올 사용의 적합성(예를 들어, 음료로서나 취하게 하는 것으로서 혹은 약으로서)의 정의인 사회적 규범, 음주 시의 태도와 알코올의 사용을 촉구하는 경제적인 동기 등이 포함된다.

제 5장에서 언급되겠지만 알코올관련산업은 그것의 판촉활동과 제품설계를 통하여 알코올관련문제에 기여하는 중요한 환경적 영향으로 확인되어 왔다. 알코올의 이용과 그것의 사용에 대한 사회적 상황과 소매가격에 영향을 미치는 보건과 사회의 정책들은 알코올이 사회에서 일으키는 폐해를 감소시킬 가능성이 있다.

알코올과 관련해서 건강상에 영향을 미치는 중요한 결정요인은 특히 알코올의존과 알코올관련장애에 대한 보건서비스의 가능성과 접근성이다. 알코올과 연관된 보건서비스들은 예방과 재활이 가능하며 자발적일 수도 있고 강제적일 수도 있다. 할당 보건정책들은 헬스 케어(Health Care)의 제정과 이 체제의 조직을 통하여 국가 내 알코올치료와 예방서비스들의 가능성에 지대한 영향을 미치고 있다.

1.5 공중보건과 공익

본서에 제시된 알코올정책의 정의는 때로 일반인이나 보건전문가들에 의해 잘 이해되어지지 않는 분야로 이는 지식과 행동에 있어서 공중보건에서 매우 특화된 분야에서 기인된 개념에 강하게 의존하고 있다. 공중보건은 인구집단의 관리와 질병의 예방, 그리고 상해에 관심을 두고 있다. 개인의 질병의 관리와 치료에 초점을 맞추는 임상의학과는 달리 공중보건은 인구라고 통칭하는 개인들의 집단을 다룬다. 알코올정책에 있어서 사람들의 사고의 가치는 건강 위험요소의 확인과 적절한 중재로 가장 다수에게 유익을 주는 것에 두고 있다. 인구(population)의 개념은 알코올관련문제들을 포함하여 질병과 장애에 대한 그들의 위험을 증가시킬 성별, 환경(마을, 도시, 국가)이나 직업(알코올성 음료 판매나 서비스 종사자) 등 개인들에게 있는 공통성을 집단적으로 추정한 것을 기본으로 한다(Fos and Fine 2000). 지역적 경계에 따른 '인구'의 정의는 때때로 같은 의미가 아니기 때문에 총인구보다는 부차집단에 초점을 두고 결론을 얻을 수 있다. 이 점에서 본서와 총인구로 알코올통제정책의 분석을 제한한 1975년에 출판된 '공중보건적 시각에서 보는 알코올정책'(Alcohol Policies in Public Health Perspective)과의 사이에 주요 차이점이 나타난다(Bruun et al. 1975).

알코올정책의 논의에 있어서 공중보건의 개념이 왜 중요한가? 20세기 동안 공중보건 정책은 전 세계적으로 인류의 건강에 지대한 효과를 가져왔으며 이 시기에 기대수명도 급격하게 증가되었다. 공중위생의 향상과 환경오염의 감소, 그리고 전염병과 감염의 예방을 설계하고 추진해 온 공중보건 정책의 적용에 감사를 표하는 바이다(WHO 1998). 그러나 감염과 전염병 유행의 감소에도 불구하고 생활양식의 태도와 만성 질병과 관련된 건강 위험요소는 사망률과 유병률을 발생시키는 주요 원인으로 대두되었다. 개인 수준의 의료 접근 대신에 인구 접근법이 사용되어질 때 건강과 질병에 대한 효과는 훨씬 크게 나타난다.

본서가 보여 주듯이, 공중보건 개념은 알코올의 이용 및 남용과 관련된 국민의 건강을 관리할 중요한 수단을 제공한다. 개개인의 환자들에게 지향하는 의학적인 접근이 알코올의존과 알코올관련장애에 영향을 받을 수 있음에도(제 12장) 불구하고 인구기반의 접근법은 집단, 지역사회, 그리고 국가로 하여금 예방적이고 치료적인 서비스에 인적, 물적 자원을 할당하는 것을 향상시킨다. 또한 추이를 모니터링하는 역할 자료를 제공하며, 더 나은 중재를 설계하고, 프로그램과 서비스를 평가한다.

이 상황에서 효과적인 알코올정책에 의해 제공되는 '공익'은 모든 사회 구성원들에게 유익하게 제공되는 것이다. 말라리아의 근절이나 에이즈(HIV) 감염의 예방이 그들의 국제적인 차원 때문에 '글로벌 공익'으로 여겨지는 것처럼 알코올관련폐해도 효과적인 중재 도구에 의해서 효과적으로 예방될 수 있는 것이다(Smith et al. 2003). 공중보건적인 관점으로 알코올정책이 알려졌을 때 공익을 제공하고자 하는 목적이 더욱 잘 전달될 수 있다. 모든 정책이 그런 것은 아니지만 어떤 정책들은 효과가 적고 비생산적이나 공익을 위한 것들이 많다. 그러므로 본서를 쓰는 목적은 어떤 정책들이 공익을 위한 것인지와 아닌지를 결정하려는 것이다.

1.6 알코올, 보건, 그리고 공공정책

본서는 알코올정책의 위치를 경제적, 형사적인 측면 혹은 사회복지 측면에서가 아니라 공중보건과 사회 정책의 영역에 둠으로 중앙 및 지방 정부로 하여금 알코올이 질병을 일으키는 주요 요인으로 접근하는 경향이 증가되고 있음을 주목하도록 유도한다. 현대사회에서 가장 중요한 가치로 인정되는 건강 추구는 알코올정책에 대한 관심이 증가하는 주요한 이유가 된다. 그러나 이것은 또한 공중보건이 자유 무역, 시장의 개방과 개개인의 자유를 주장하는 사회의 다른 가치들과 자주 경쟁을 일으키기 때문에 특별한 도전이 발생된다. 본서에서의 건강은 단순히 질병이나 부상이 없는 상태로서가 아니라 매일의 삶에서 개인의 신체적, 정신적, 사회적 기능들이 최상의 상태가 되는 것을 의미한다(Brook and McGlynn 1991). 건강이 사회 안에서 정의되고 가치 있게 여겨지는 방법은 알코올정책에 있어서 중요한 의미를 지닌다. 만약 건강이 질병이 없는 것처럼 단순한 협의의 의미로 정의된다면, 알코올의존의 치료나 간경화와 외상치료 같은 알코올관련장애들의 임상관리에 초점을 맞출 것이다. 만약 건강이 더 넓은 의미로 정의된다면 알코올정책은 건강의 가장 바람직한 단계에서 더 많은 사람들에게 도움을 주는 핵심적 중재방법으로 이끌어질 수 있을 것이다.

1.7 책의 구성

제 2장은 공중보건의 관점에서 알코올이 왜 일반상품이 될 수 없는지를 설명한다. 알코올은 일정한 시간에 많은 양을 마셨을 때 독이 될 뿐만 아니라 급성중독 메카니즘과 알코올의존을 통하여 음주자들의 건강에 나쁜 영향을 미친다.

다음 두 장은 알코올의 사용과 오용의 역학적 관점에 대하여 다룬다. 역학이란 인구집단에서 질병과 다른 건강관련 조건들(예, 상해)의 발생과 원인에 대해 과학적으로 연구하는 학문이며, 보건문제의 통제에 이 정보를 적용하는 학문이다. 건강은 사람들이 살고 있는 신체적, 사회적, 경제적, 환경적 요인과 유전적인 구성, 개인 생활양식, 그리고 그들이 이용할 수 있는 보건서비스 등 다양한 요소에 의해 영향을 받는다. 제 3장과 제 4장에서 보여 주듯이 알코올과 관련된 보건과 사회의 문제들은 같은 요소에 의해 영향을 받는다. 이것은 다음의 알코올정책들이 공중보건과 사회복지의 효율적인 수단으로써 반드시 고려되어야 한다는 것을 의미한다. 만약 그렇지 않다면, 병원체로 알코올을 인식함으로 만성적 음주의 결과로 이르러 오는 알코올의존과 같은 제한된 분야에 한정되게 된다.

알코올 역학의 글로벌 개관에 따라서 제 5장과 6장에서 글로벌 상품으로 알코올시장에서 중요하게 된 주류 산업과 국제적인 무역 상황을 다루고 있다.

본서의 핵심이라고 할 수 있는 제 7장에서 14장까지는 근거가 확실한 7가지 주요한 알코올정책들을 체계적으로 논의하고 있다. 7가지 주요 알코올정책은 가격과 세금 정책, 실제적인 알코올 이용성 규제, 음주상황 통제, 음주운전 정책, 알코올 광고 규제, 기본적인 예방프로그램, 치료 및 조기개입 수단 등이다.

제 15장은 알코올정책 수립 과정을 이해하기 위한 종합적인 체제와 그것이 공중보건과 사회복지의 관심을 끌 수 있는 방법들을 소개하고 있다. 본서의 마지막 장에서는 정책으로 전환될 수 있는 근거기반의 중재 방법들을 통합하는 시도를 하였다. 정책의 효과성, 과학적인 지지, 일반화 가능성, 그리고 비용 면에서 중재 전략의 상이성을 비교함으로써 단독이든 조합된 것이든, 현재의 문제나 미래의 필요에 있어서 상대적 적절성을 평가하였다. 이로써 알코올정책이 과학적인 기초의 형태를 이루며, 알코올 문

제를 예방하는데 절대적인 단일 정책은 존재하기 어려우며, 전략과 정책의 조화가 필요하다는 점을 분명히 한다. 만약 이러한 실제 상황이 진지하고 심각하게 다루어지게 되면 책의 각 페이지마다 논쟁과 설득이 진행될 것이며 알코올정책이 공중보건의 관심에 부응하기 위하여 매번 지속적으로 변경되는 과정이 필요할 것이다.

1.8 특별한 수단

일본 동경의 공휴일의 환락이든, 호주 텐난트 계곡(Tennant Creek)의 원주민의 봉급날의 폭음이든, 러시아 핏카란타(Pitkäranta)의 개혁(Perestroika blues)에 대한 기억을 지우기 위한 음주이든, 알코올은 전 세계의 어느 지역을 막론하고 사회생활의 여러 국면에 실제적으로 침투되어 있다. 그러나 본서의 페이지가 더해 가면서 보여 주듯이, 알코올은 일반상품이 아니다. 이 이유 때문에 공중보건의 대응이 알코올관련문제 예방에 특별한 수단을 요구한다. 어떤 것들은 사회 제도에 적용시키기에 무난하지만 다른 어떤 것들은 자원과 창의력 그리고 공공지원 문제에 있어 엄청난 고통을 요구하기도 한다.

제 2 장

술은 일반상품이 아니다

제2장

술은 일반상품이 아니다

2.1 개 요

맥주와 와인 그리고 증류주들은 시장에서 매매되는 일반상품인 동시에 알코올 자체는 취하게 하고 의존을 유발시키는 독성효과가 있는 본질적으로 위험한 약물이다. 제2장에서는 일반상품이면서도 동시에 약물인 알코올의 대조되는 두 가지 측면의 역할에 초점을 두어 고찰하고 있다.

이 두 가지 측면의 차이를 이해하는 것이 이 책의 필수적인 주요한 목적이다. 최근 알코올정책의 일반적인 논의에서, 시장성이 있는 다른 제품들과 같이 알코올도 그저 단지 일반상품에 불과하다는 개념이 수용되면서 그것의 본질과 폐해적인 영향력, 이 두 가지에 대한 이해의 필요성이 자주 무시되거나 경시되어 왔다. 이에 대하여 타당성 있는 의문이 제기되면서 알코올의 중독성과 의존성, 그리고 알코올이 여러 신체 기관에 미치는 독성효과로 기인된 알코올소비로 인한 광범위한 부정적인 결과에 대한 증거들이 끊임없이 보고되고 있다.

2.2 알코올의 문화적 · 상징적 의미

알코올성 음료의 역사를 살펴볼 때 사회적으로나 개인적으로 술은 여러 가지 목적으로 제공되어온 것으로 나타났다. 헬스(1984)는 알코올은 음식임과 동시에 약물이며, 또한 중요한 상징적인 의미를 지닌 매우 정교화된 문화적 상징물이라고 언급하였다. 요즈음 알코올 제품들은 주로 식사와 함께 갈증해소나 사회적 교류와 향유의 수단으로, 또는 접대의 도구로 사용되고 있다.

초기에는 알코올성 음료들이 약용으로 자주 사용되었다(Edwards 2000). 최근에 알코올이 약용으로 사용되어지는 가장 흔한 예는 심장질환을 예방하기 위하여 섭취하는 경우인데 이는 HDL 콜레스테롤을 증가시키고 항 응고성인 알코올의 성질을 활용하여 소량의 알코올을 이틀에 한번 정도 정기적으로 마시는 것이 심장병의 감소와 관련이 있는 것으로 이해되어져 왔다(Corrao et al. 2000 ; Suh et al. 1992). 그러나 본서 4장의 심장보호 효과에서 보여주듯이 알코올의 심장보호 효과는 주로 45세 이상의 남성들에게서 나타나나 전체의 국민들의 건강에 있어서는 효과가 없는 것으로 나타났다(Ramstedt 2006).

19세기 말 유럽과 미국에서 안전한 식수공급이 이루어지기 전까지 알코올성 음료는 오염된 물보다는 건강에 유리한 대용품으로 취급되었다(Mäkelä 1983). 알코올성 음료는 여러 다른 문화에서 공적이거나 사적인 매우 다양한 사회적 상황에서 사용되었다. 알코올성 음료는 생일을 축하하기 위하여 혹은 침례식과 결혼식 등의 기념식에도 사용되었다. 종교계에서는 일반적으로 알코올 사용이 제한되었으나, 가톨릭의 미사나 유대인의 유월절 같은 의식에서는 가벼운 음주가 죄로 여겨지지 않았다. 예를 들어, 아프리칸 브라질 사람들의 종교의식에서 최면을 유도하기 위하여 알코올이 사용될 때에는 과음이나 취하는 것도 허용되었다. 알코올은 자주 안정제와 사회생활의 활력제로 사용되었다. 어떤 지역에서는 사회교류 행사에 술을 대량으로 공급하는 것이 의무였으며 이것은 술을 접대하는 사람들의 부와 권력의 과시를 나타내는 것이었다.

알코올의 의미는 개인이 다른 성장단계로 진입하게 됨에 따라 변화하게 되며, 그에 따라 적절하거나 수용적인 음주로 사회적 규범이 변화된다(Fillmore et al. 1991). 음주는 청소년기의 반항과 독립에 대한 표현일 수도 있으나 청소년의 음주폐해는 세계 각 사회에서 우려되는 관심 사항이다. 역학적인 증거들을 다룬 제 3장과 제 4장에서는 이 우려에 대한 타당한 이유들을 설명하고 있다. 예를 들어 26개 선진국의 연구에 의하면 교통사고 사망자가 남자는 20~24세 여자는 15~19세 사이가 가장 절정을 이루고 있다(Heuveline and Slap 2002). 그러므로 알코올소비에 아주 관대한 정책을 가진 지역들을 포함해서 거의 모든 사회가 알코올은 어린이들이나 십대들이 쉽사리 이용할 수 없도록 만드는 일에 동의한다. 음주자들의 인구특성이나 문화적인 요인에 따라 달라지기도 하지만, 음주는 인생의 후반기보다는 성인기의 초기에 더 자주, 더 많이 접하게 된다(Fillmore et al. 1991). 또한 성별에 따라 음주의 문화적인 의미의 중요한 차이점들이 있다. 어떤 사회에서는 음주행위가 남자들의 독점물로 되어 있으며(Roizen 1981), 인도에서 아직도 그렇게 인식되고 있는 점이 좋은 예에 해당된다(Room et al. 2002). 일반적으로 대부분의 지역에서 성인 여성들의 비음주자 비율이 높음에도 불구하고 유럽의 여러 국가에서는 성별 차이가 그리 크게 나타나지 않았다(Simpura and Karlsson 2001). 오늘날 산업화된 국가의 여성들이 전체 알코올의 1/5에서 1/3 정도를 소비하고 있으며(제 3장을 보라), 몇 몇 국가에서는 소비 비율이 더 높게 나타나고 있다(Bloomfield et al. 2001).

알코올 사용에 대한 사회적인 규범의 기대는 연령별로 다양하다. 많은 사회에서 금주율은 남녀 모두 인생의 후반기로 갈수록 증가한다(Demers et al. 2001 ; Taylor et al. 2007). 뿐만 아니라 비건강은 사회규범으로 반영되고 있다. 노인들은 대다수 젊은 이들이 즐기고 취하는 파티와 같은 장소에 잘 참여하지 않는다. 이렇게 산업화된 국가의 사람들이 더 오래 건강하게 사는데, 아마도 노년층의 적절한 음주에 대한 문화적 관점이 이러한 변화를 가져온 것으로 판단된다.

알코올은 사회의 여러 상황에서 광범위하게 사용되는 약물이다. 청소년으로부터 노인에 이르기까지 삶의 긍정적인 측면과도 많이 연관되어 있다. 알코올은 여러 장소에서 전통적인 사회의식에서도 사용된다. 어떤 의식에서는 취하는 것도 수용이 되며 즐거운 일로 보이기도 한다. 그러나 이러한 상황은 파티에서 음주했던 손님들이 호전적이 되거나 집으로 가기 위해 차를 운전하기 시작할 때 '알코올 안전' 지대에서 '알코올 위험' 지대로 급속히 바뀌어 진다.

2.3 일반상품으로서의 술

알코올성 음료들은 4가지 방법으로 생산되고 공급된다(Jernigan 2000 ; Room et al. 2002). 첫 번째로 자가양조나 가내생산으로 공급되는 증류주와 전통 발효주 등의 공급방식이다. 두 번째로 남아프리카의 치부쿠(Chibuku), 한국의 소주(Soju), 멕시코의 풀큐(Pulque) 같은 전통주류들이 생산되어 상업적으로 공급되는 방식이다. 세 번째로 인도의 국내산 위스키와 멕시코의 코로나(Corona) 같은 큰 통맥주처럼 외국제품들이지만 국내에서 생산되어 공급되는 방법이다. 네 번째는 범세계적인 시장화로 판매증가일로에 있는 브랜드화된 외제주류 생산과 공급방식이다. 이들의 구조적인 문제들은 제 5장에서 더 자세히 다루고 있다.

여러 국가에서 알코올성 음료의 생산과 판매는 중요한 경제활동에 속한다. 생산자나 광고업자와 투자자들이 발생시키는 이윤들은 고용의 기회를 제공하고 수출하는 음료들로부터 외화를 벌어들이며 정부를 위해 세금 수입을 올려준다. 알코올은 호텔과 식당들을 포함한 관광과 접대업계의 판매와 이윤의 주요 원천이다. 이러한 이유로 알코올의 생산과 판매의 지속과 성장을 지원하기 위하여 견고한 기득권자들이 많이 생겨나게 되었다. 현대화된 큰 규모의 양조장을 운영하는 데는 단지 몇 백 명의 고용인을 필요로 할지 모르나 맥주 등이 식료품 가게나 식당에서 판매되는 경우는, 소매상에게와 서비스업과 판매업자들에게 고용을 창출하고 소기업자들에게 이윤을 주는 상당히 의미 있는 원천이 된다. 그러나 룸(Room)과 저니건(Jernigan) (2000)이 고찰한 바와 같이 개발도상국 사회에서 알코올 산업이 가져다 준 산업화의 확대는 실제적으로 고용증가나 세금확보에 분명하게 기여하지 못하였다고 하는 점은 중요한 사실이다.

알코올성 음료들, 특히 와인과 맥주는 여러 선진국에서 농업제품으로 간주된다. 프랑스와 이탈리아 그리고 스페인 같은 국가에서 와인은 농업 경제에 특별히 중요한 역할을 담당한다. 이탈리아에서 알코올 제품은 대부분 포도재배 농가에서 생산되고 있으며, 고용인들의 수가 약 백오십만 명에서 이백만 명에 이르는 것으로 추정된다. 맥주와 증류주 또한 분명히 농업과 연관이 되어 있으므로 여러 국가에서 이 생산 활동은 산업부의 관할 하에 이루어지고 있다. 와인생산과는 대조적으로 여러 선진국에서 맥주와 특히 증류주는 대부분 대기업들에 의해 대량으로 생산된다. 알코올성 음료의 소비자들은 지방 자치구나 주(state) 또는 정부의 인기 있는 세금수입을 제공해 준다. 알코올에 대한 세금은 많은 국가에서 다양한 부서에서 다양한 이름으로 부과되므로, 알코올의 생산과 판매로부터 징수되는 세금의 총 금액을 추정하는 것은 쉽지 않은 일이다. 2006년 미국에서 주(state)세와 지방세에 알코올성 음료가 기여한 총 금액은 370억 달러였다. 그 액수 중 190억 달러는 알코올 산업에 의해 발생된 법인이나 개인 수입, 자산과 기타 세금 등 간접세 형식의 수입이었다(Distilled Spirits Council of the United States 2007).

요약하자면, 알코올은 복잡한 공급 체계와 상당수의 인력의 고용을 기본으로 하는 중요한 일반상품이다. 이 제품은 제조되어진 후 포장되어야 하며 상표를 붙여 보관되는 과정을 거친 후에 분배되어 판매되어지고, 영업 활동이 필요하며 광고도 되어져야 하는 단계에 많은 인력이 필요된다. 그리고 알코올 무역에 관여하는 기초 제조자와 모든 중개인 그리고 보조역할로 관련된 모든 사람들을 위하여 이윤이 필요된다. 또한 구매를 위해 많은 수요가 발생되어 세계적으로 소비되는 일반상품이 알코올인 것이다. 알코올성 음료의 과세는 대소 간에 주(state) 예산에 수익을 가져온다. 알코올성 음료들은 어떠한 계산으로든 경제적 동기가 있는 중요한 일반상품이다. 그러나 이 장에서 상기시켜 준 결과를 보면 이 일반상품의 제조, 판매, 그리고 사용에 연관된 이익들이 사회에 막대한 대가를 지불하게 한다. 알코올이 이익이 되는 일반상품이라는 점과 폐해의 주요인이라는 서로 다른 두 국면을 기억하지 못하는 공중보건 전문가와 정책수립자들은 위험을 감수하지 않으면 안 될 것이다(Edwards and Holder 2000).

2.4 음주폐해의 메카니즘 : 급성중독, 독성, 그리고 의존

지난 30년을 돌아보면, 특히 지난 십여 년 간, 과학자들이 '모호한 분자'로 불리던 알코올이라는 물질을 소비하는 인간의 기호를 이해하기 위해 생물학적, 화학적, 그리고 심리학적인 설명을 더해가면서 이 물질의 유해한 효과들에 대한 과학적인 이해를 향상시키는데 괄목할 만한 성과를 이루었다(Edwards 2000). 이들 지식들은 알코올의 독성, 중독, 그리고 의존에 대한 알코올의 파괴적 능력을 이해하는데 매우 중요하다. 이 장의 나머지 부분에서 음주와 그것이 만들어내는 여러 종류의 폐해 사이의 관계에 있어 중요한 매개체들을 이해하는 최신의 과학적 성과에 초점을 맞출 것이다.

[그림 2.1]은 매개 요인으로써 알코올소비, 급성중독 및 의존과 다양한 유형의 폐해의 관계를 보여준다. 음주의 유형은 음주의 빈도나 한번 마시는 양에 의해서만 정해지는 것이 아니라 한 번의 음주 기회와 다른 기회 사이의 다양성에 의해서도 특징지어진다. 음주유형은 음주자가 주어진 기간의 틀 속에서 일정한 양의 알코올을 소비하는 방법을 나타낸다. 알코올소비의 총량과 음주의 유형은 서로가 연관되어져 있다. 예를 들어 높은 도수의 알코올을 섭취하는 것은 불가피하게 급성중독 즉 고위험 음주유형이 된다.

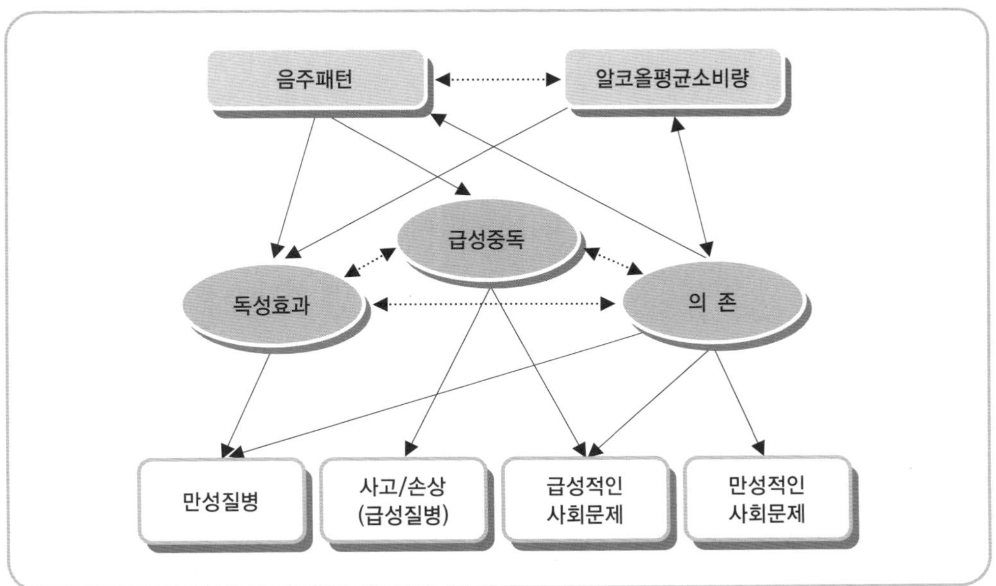

[그림 2.1] 알코올소비, 중재변수, 단기적 및 장기적 결과의 관계도

다른 음주유형은 다른 형태의 문제를 유도한다. 와인을 마시는 나라에서 보편적인 음주유형인 누적된 과음주는 급성중독을 일으키기보다는 조직의 손상이나 알코올의존을 유도한다. 매일 적당한 양의 와인을 오랜 기간 마신 경우 알코올이 간에 누적되는 증상 때문에 간경화를 일으킬 수 있다. 반대로, 음주의 빈도가 상대적으로 낮으나 음주 시 많은 양의 술을 마시는 유형에서는 급성중독 현상을 통하여 사고, 상해, 개인 간의 폭력, 그리고 특정한 형태의 조직 손상 같은 의학적이고 사회적인 문제들이 다양하게 발생될 수 있다. 결론적으로 지속적인 음주는 알코올에 의존하게 되는 결과를 가져올 것이다. 의존이 발현되면 전체적인 음주의 양과 음주 양상 모두가 증가된다. 의존은 또한 급성적인 의료문제를 유발할 뿐 아니라 만성적인 사회문제와 함께 만성적인 건강문제를 유도한다.

2.5 독성물질로서의 알코올

알코올은 신체 조직과 기관계의 넓은 범위에 직·간접적으로 영향을 미치는 독성 물질이다. 오랜 기간 음주를 했거나 지속되는 음주의 문제가 없는 사람들이라 할지라도 건강을 위협하는 알코올의 영향들이 급성중독이나 폭음의 결과를 유발시킬 수 있다. 술독(alcohol poison : Poikolainen 2002)과 급성 췌장염(Imrie 1997), 그리고 급성 심장부정맥(Peters 1998)은 그런 종류의 위험을 말해주는 것이다. 때때로 어떤 상황들은 치명적인 결과들을 가져오는데, 어떤 종류의 폐해는 '급성이나 만성'으로 분류된다. 예를 들어 만성 과음자의 폭음이 단순한 간 손상을 간 부전으로, 혹은 급성 뇌손상으로 유도한다.

폐해의 세 번째 유형은 높은 도수의 알코올에 장기간 노출됨으로써 걸리게 되는 암, 간경화 같은 만성 질환이다. 제 4장에서 구체적으로 논의하겠지만 구강암, 식도암, 후두암, 인두암을 포함하여 여러 다른 암의 발병에 알코올이 원인을 제공한다는 명확한 증거가 있다. 간경화도 간염과 지방간과 더불어(Sherman and Williams 1994) 알코올의 직접 독성 작용이 주요 원인(Lieber 1988)임이 연구에 의해 밝혀지고 있다. 알코올에 의한 조직 손상과 관련이 있는 다른 증상들은 심근질환과 심장부정맥(Peters 1998), 췌장염(Searles et al. 1996), 뇌졸중 위험인자인 고혈압(Peters 1998), 사지 근육의 손실(Urbano-Márquez and Fernández-Solà 1996), 말초신경염과 여러 종류의 뇌손상(Lishman 1998) 등이다.

임산부의 과음은 태아에게 손상을 가져올 수 있다(Clarren and Smith 1978 ; Astley

and Clarren 2000). 태아알코올스펙트럼장애(Foetal Alcohol Spectrum Disorders : FASD)라는 용어는 태아알코올증후군으로 불리는 것으로, 출생 시 결함이 연속적인 현상으로 나타나는 극단적인 형태로 특정 안면장애를 비롯하여 청각장애, 발육부진과 심장장애로 나타난다. 이것과 연관되어 알코올 노출의 강도와 시간에 따라 태아에게 어떤 정도의 손상과 형태가 영향을 미치는지는 아직도 불확실하다.

요약하면, 알코올성 음료들은 많은 의식적인 행사에 사용되는 것들을 포함하여 소비성 있는 제품일 뿐만 아니라 많은 사람들의 생계를 위한 중요한 일반상품이다. 그러나 우리로 하여금 사회의 관습과 경제적인 이윤 때문에 알코올이 독성물질이라는 사실을 잊어버리게 해서는 안 된다. 알코올은 신체의 거의 모든 기관과 조직에 불리한 영향을 줄 가능성을 가지고 있다. 어떠한 상품들, 심지어 담배조차도 이처럼 광범위하게 신체에 해로운 영향을 일으키지는 않는다. 알코올의 잠재적인 독성작용을 제거하는 일은 공중보건 정책에 있어서 매우 중요한 과제이다.

2.6 알코올 급성중독

알코올중독 또는 그것의 한 부분으로 음주와 관련된 모든 문제들을 바라보려는 경향이 보편적인 시각이다. 그러나 음주행태와 관련문제에 대한 연구를 통해 알코올중독 이외에도 매우 광범위한 음주문제들이 많이 나타나고 있다(Cahalan and Room 1974). 1970년대 중반, 일반 인구집단이 표본이 된 많은 연구들로부터 알코올이 사회에 미치는 광범위한 문제들이 도출되었다(Bruun et al. 1975). 이러한 새로운 접근은 알코올중독만이 확실한 논점을 만든다는 좁은 관점의 한계로부터 벗어나게 하였다. 알코올관련 사회문제, 대인관계의 문제와 급성 건강문제들은 일반대중 전체로 넓게 확산되었고, 예방 역설(Kreitman 1986)은 음주를 하는 일반대중에게 전반적으로 광범위한 알코올관련문제들에 주의를 기울이게 하였다. 일반대중에게 있어서 알코올관련폐해의 주요 원인 중의 하나는 알코올의 급성중독이다.

여기서 알코올 급성중독이라는 용어는 알코올의 섭취로 인해 심리적으로나 정신활동성 수행에 다소 짧은 시간 동안 기능이 손상되는 상태로 정의된다. 알코올 급성중독으로 인해 나타나는 기능손상의 주요 유형은 [박스 2.1]에 묘사되어 있다. 알코올에 의해 유발되는 손상들은 대부분 용량과 관련되어 있으며 주로 복잡한 다중의 신체 기능들과 연관되어 있다. 분명치 않은 발음과 같은 행태는 알코올에 의해 영향을 받은 사실이 명확하며 쉽게 식별이 가능하나, 운전능력과 같은 형태는 매우 미묘하여 검사를 통해

[박스 2.1] 알코올의 급성중독으로 인해 유발되는 장애의 종류

- **정신운동 장애**(Psychomotor impairment) : 알코올은 다양한 종류의 사고 위험을 증가시키는 균형과 동작기능에 장애를 일으킬 수 있다.
- **반응속도의 둔화**(Lengthened reaction time) : 교통사고의 원인적 역할과 관련되어 있으므로 매우 관심을 끄는 것이 양-관련 장애이다.
- **판단장애**(Impairment of judgment) : 판단장애로 인해 술 취한 상태에서 차에 뛰어 올라 위험하고 공격적으로 자동차를 운전하는 등의 결과를 가져올 수 있다.
- **정서의 변화와 사회적 기대에 대한 민감성의 감소**(Emotional changes and decreased responsiveness to social expectations) : 감정과 정서 상태, 그리고 사회적 민감성에 기여하는 알코올의 기여과정은 복잡하여, 심리적, 사회적 요인에 신체적 반응이 서로 상호작용하여 나타난다. 이 변화의 특성 때문에 급성중독은 다른 사람들에게 대한 폭력의 위험뿐만 아니라 의도적인 자해를 일으킨다.

서만 가려진다. 이들 중의 몇 몇 효과들은 혈중알코올농도로부터 직접적으로 확인되지만, 다른 영향들은 개인의 특성, 알코올에 대한 예전 경험과 기대 등에 의존하게 된다. 향정신성 의약품, 특히 중추신경조직 억제제는 알코올로 인해 효과가 상승되어 쉽게 위험한 상황에 이르게 한다.

[박스 2.1]에서 강조하듯이 급성중독과 동반되는 행동의 변화는 알코올의 혈중 농도에 의해서 뿐만 아니라 문화와 개인적인 기대 그리고 이해정도에 달려 있다. 인류학적 문헌에는 오래전부터 술 취함에 대한 문화들 간의 큰 차이를 보여주고 있다(Room 2001 ; MacAndrew and Edgerton 1969). 같은 문화 내에서도 '만취'의 의미는 시간에 따라 변할 수 있다. 1979년 미국에서 알코올소비가 20세기 중 가장 높은 기록을 보여주었을 때, 성인 남성들은 그들이 만취한 느낌을 느끼기 위하여 평균 9.8컵(에탄올 약 118 mg)을, 음주의 효과를 알기 위해서는 5.4컵을 마셔야 한다고 보고한 반면, 1995년 미국의 알코올소비량이 21%가 감소한 이후에는 남성들이 만취한 느낌을 느끼기 위해서는 7.4컵, 음주의 효과를 느끼기 위해서는 4.6컵을 마셔야 한다고 보고하였다(Midanik 1999). 여성들도 만취한 느낌을 느끼기 위해서는 5.7컵에서 4.7컵으로, 음주한 느낌을 느끼기 위해서는 3.7컵에서 3.2컵으로 줄어든 양이 보고되었다. 최근의 분석(Kerr et al. 2006)은 미국의 설문 응답자들이 만취한 느낌을 느끼기 위해 마시는 알코올의 양이 더 많이 감소되었음을 보여준다. 2000년에는 남성들이 만취한 느낌을 느끼기 위하여 6.6컵, 여성은 4.1컵이 필요하다고 보고하였다. 1995년부터 2000년 사이에 나타난 이러한 감소치는 기본적으로 14세 이상 국민의 총알코올소비량이 1995년 에탄올 2.15갤런에서 2000년에는 2.18갤런으로 안정되었기 때문이다(Lakins et al.

2007).

수시로 혹은 정기적으로 술 취하는 것은 의존과 관련되어 음주의 부정적인 결과를 낳는 위험요인이 된다. 그러나 만취와 관련된 행동의 변화는 사회적, 문화적 기대에 의해 영향을 받게 되며, 이 행동들은 급성중독과 부정적인 폐해, 특히 사회적인 폐해와 깊이 연결되어 있다. 이런 폐해의 유형은 가족, 직업 및 공공질서와 연관된 중요한 사회적 임무 수행에 실패하는 것으로 정의되어 왔다(Room 2000). 급성중독은 공공장소에서의 술 취함, 음주운전, 결근이나 실업과 같은 직업관련 문제들, 별거나 이혼과 같은 가족 문제들처럼 사회에서 인식되어지는 사회적 폐해의 주요 메커니즘 중 하나이다. 많은 사람들에게 있어서 매일 또는 거의 날마다 음주가 이루어지는 곳이나, 과음이 허용되는 결혼식이나 카니발과 같은 특별 행사장에서는 술 취함에 대한 반응이 일정 기간이 걸려 나타나게 될 것이며 사회적 폐해도 매우 둔감하게 드러나게 될 것이다. 거의 모든 사람들이 음주를 하지 않는 '금주' 문화권에서는 술 취함에 대한 규율이 매우 엄격하고 급성중독과 연관된 작은 행위에 대한 반응도 사회적 폐해로 인식시키는 정도가 매우 빠르고 심할 것이다.

사회적인 폐해는 음주하는 장소와 관련된 일반적인 환경에서 뿐만 아니라 음주자의 특성들로부터 발생한다. 기혼자라면 배우자가 알코올관련문제를 발견할 것이다. 또한 직장에서의 문제는 동료들이 직무가 잘 마무리 되었는지 감독하는 과정에서 발견될 것이다. 외부에서 일을 하는 영업사원의 음주문제는 같은 사무실 내의 동료와 바로 옆자리에서 정규적으로 일을 하지 않는 한 상당 기간 발견되지 않고 진행될 수도 있다. 사회적 폐해는 음주자들의 동료, 가족 및 친구들과의 직접적인 사회관계에도 영향을 미친다. 사회적 폐해는 사회 전반에 집단적으로 영향을 줄 수도 있으며, 직장에서의 근로 손실은 보편적인 사회적 폐해이다. 공공연한 술 취함, 폭력, 그리고 음주운전 등은 예산의 지출을 발생시키며, 경찰력과 법적제도에 의한 책임이 요구된다. 이러한 행위는 지역사회의 보안과 안전에 대한 지각에도 영향을 미친다. 제 4장에서 중독이 가져오는 사회의 부정적 결과로 인한 폭력(Room and Rossow 2001)과 교통사고 피해자 발생(Hurst et al. 1994) 및 다른 상해들과 같은 사회적 폐해에 대하여 명확하고 강력하게 논하고 있다.

아래의 결론들은 이러한 분석으로부터 얻어졌다.

① 알코올은 향정신성물질로 운동능력과 판단장애를 일으킬 수 있다. 급성중독으로부터의 손상은 생물학적 결과이지만 급성중독에 이르는 과정은 사회적 규범과 사회적 기대로부터 영향을 받는다.

② 자주 급성중독 상태까지 이르는 음주행위가 음주자들 사이에 상당히 보편적으로 발생된다. 급성중독은 비록 자주 발생하지 않는다 하더라도 그것이 심각한 사회적인 피해를 가져올 수 있고, 손상 등의 결과를 유발하기도 한다. 실제로 자주 음주하는 사람들 보다 자주 음주하지 않는 사람이 급성중독이 되었을 때 알코올 폐해를 입을 기회가 더 높게 나타난다(Hurst et al. 1994 ; Room et al. 1995).

③ 알코올의 급성중독을 예방하는 것이 알코올로 인해 발생하는 폐해의 많은 부분을 예방하는 근본적이고 강력한 전략이다.

④ 급성중독과 폐해간의 연결고리가 사회적이고 물리적인 상황에 의해 매우 큰 영향을 받기 때문에, 과음하는 음주행태를 차단하면 그로 인한 폐해도 잠재적으로 피할 수 있다. 폐해를 차단하는 방법은 물리적(음주를 안전하게 할 수 있는 장소를 만드는 것), 또는 임시적(경계를 요구하는 활동과 음주허용을 구분하는 방법)인 여러 다양한 방법을 적용할 수 있다.

⑤ 사회적 폐해의 다양성과 복잡성, 그와 수반되는 상호작용(Room 2000), 개개인들에게 미치는 영향과 지역사회에 집약적으로 미치는 영향 등은 본질적으로 다양하며 환경적인 상황에 기초한 예방정책들을 요구한다.

2.7 알코올의존

1976년 에드워드와 그로스(Edward and Gross)는 의존 증후군(dependence syndrome)의 개념에 대하여 제안하였다. 이 새로운 지표의 핵심개념의 설정으로, 알코올관련문제들이 의존이 없이도 발생할 수 있으나 의존으로 인해 더 많은 문제들이 동반된다는 사실을 확인하였다. 이것은 본질적으로 두 국면으로 나타나는데 한 국면은 알코올의 사용이 다른 행위들에 비해 더 높은 선호도를 차지하며 신체적 정신적 상호관계의 형성을 언급하는 증후군 개념에 의해 나타난다. 알코올과 관련된 두 번째 국면은 개인이 알코올의존의 유무에 관계없이 음주의 결과로 얻어지는 폐해를 언급한다.

증후군의 개념은 미국정신의학회(American Psychiatric Association)의 진단통계규정집 (Diagnostic and Statistical Manual : DSM)과 국제질병분류집 제10차 개정판(ICD-10, WHO 1992)에서 공식적으로 인정되어 왔다(American Psychiatric Association 1994). 가장 최근에 분류된 알코올의존의 진단을 위한 기준은 [박스 2.2]에서 보여주고 있다. 알코올의존의 양성 진단을 위해서는 지난 12개월 동안에 6개 기준 중 3개 항목이 반드시 나타나야 한다.

[박스 2.2] ICD-10에 의한 의존진단기준

1. 술 취하거나 원하는 효과를 얻기 위하여 눈에 띠게 알코올 양을 증가 하거나, 지속되는 효과가 빠르게 소실되는 등 알코올의 효과에 대한 내성의 증거
2. 알코올의 사용이 감소되었거나 멈추었을 때의 생리적인 금단현상, 약물의 특징적인 금단증상 증후군의 증거, 또는 금단증상을 의도적으로 경감시키거나 피하기 위해 동일하거나 효과가 있는 물질(약물)의 사용
3. 음주자가 실제적으로 폐해를 의식적으로 인지하고 있고, 알코올로 인한 해로운 결과가 명백히 나타남에도 불구하고 지속적으로 알코올 사용을 고집함
4. 알코올 사용의 몰두, 즉 알코올을 얻거나 소비하기 위해 또는 그것의 효과로부터 회복되기 위해 필요한 활동에 보내는 많은 시간 때문에 중요한 대안적 즐거움이나 흥미를 포기하거나 감소시킬 정도로 알코올의 사용에 몰두함
5. 음주행위 통제능력의 장애, 즉 원래 의도했던 것보다 많은 양을 마시거나 긴 시간 동안 마시는 것 또는 알코올의 사용을 줄이고자 하는 지속적인 노력에도 불구하고 알코올 사용의 통제에 실패하는 등의 명백한 음주행위 통제능력 장애
6. 알코올 사용에 대한 강한 욕구나 충동감

알코올의존을 일으키는데 기여하는 2가지 요소는 부정적이든 긍정적이든 강화(reinforcement)와 신경적응(neuroadaptation)이다(Roberts and Koob 1997). 강화는 자극(예, 알코올로 인한 유도 도취감이나 흥분상태)이 어떤 반응의 가능성(예, 높아진 혈중알코올농도 수준을 유지함)을 증가시킬 때 일어난다. 신경적응은 지속적인 약물의 사용으로 초기 약물의 효과가 강화되거나 약화되는 생리적인 과정을 말한다. 급성 약물강화는 뇌신경 보상회로의 한 부분인 신경전달 체계와 더불어 중독약물의 상호작용 때문에 일어난다. 이 체계의 변경은 급성 금단증상 이후에 지속되고 재발 가능성을 증가시킨다. 뇌의 변연계 도파민 시스템(mesolimbic dopamine system)은 코카인이나 암페타민 같은 정신활동 자극제에 의존성을 유발하는 주요한 역할을 하며, 알코올 역시 동일한 메카니즘으로 의존성을 유발한다. 몰핀 같은 신경전달물질의 역할을 하는 내인성 아편계(Opioid endogenous system)는 아편제제, 알코올 및 니코틴의 양성강화에 중요한 역할을 한다. 그러므로 날트렉손(naltrexone)과 같은 아편 길항제는 사람과 동물 모두에게 알코올의 강화효과를 감소시킨다. 세로토닌계(Serotonin system)도 알코올의 소비를 조절하는데 중요한 역할을 한다.

결론적으로, GABA(gamma-aminobutyric acid) 시스템은 뇌의 주요 억제체계이다. 알코올과 다른 신경안정제(벤조디아제핀-benzodiazepines)들은 이 체계의 수용기를 조절한다. 로버트와 쿠브(Roberts and Koob : 1997)에 따르면 이 신경전달 체계의 변화는 양성 강화효과를 증가시키는 민감화(sensitisation)와 부정적인 강화효과

를 증가시키는 반적응(counter-adaptation)으로 유도한다. 신경생리학 연구의 괄목할만한 발전으로 인해 알코올의 정신활성적 성질이 알코올의존을 유발하는 결정적인 요소라는 점을 지적하고 있다.

알코올의존의 유병률은 인구집단의 음주정도에 따라 다양하다. 음주유형과 인구집단의 사회적, 정신적, 생물학적 특성의 다양성이 또한 의존률에 영향을 미친다. 미국 정신의학회의 진단통계규정집 제4차 개정판의 진단기준에 따르면 미국의 성인 인구의 12개월 동안의 알코올의존의 유병률은 3.81%이다(Grant et al. 2004). 의존율은 여성보다 남성에게서 더 높으며 18~29세 연령대에서 다른 어느 연령대보다 가장 높게 나타났다. 세계의 다양한 지역에서의 알코올의존 유병률은 3장에 소개되어 있다.

다수의 음주 유형과 알코올의존과의 관계를 규명한 연구들이 있다. 어떠한 방법으로 측정 했는지에 관계없이(Hall et al. 1993 ; Dawson and Archer 1993) 많은 인구집단에서 지속되거나 반복되는 과도한 알코올소비가 더 높은 알코올의존률을 나타내었다(Rehm and Eschmann 2002). 평균적으로 마시는 음주량과 한 번에 많은 양을 마시는 음주유형 모두 의존 유병률과 관련이 있는데(Caetano et al. 1997), 음주가 증가할수록 의존의 위험이 증가한다. 그러나 인과관계의 본질과 방향은 명확하지는 않다. 즉 의존이 과음을 지속하게 하는지 아니면 과음이 의존의 진전에 기여하는 것인지, 또는 두 체계가 동시에 작동되는 것인지는 명확하지 않다. [박스 2.2]에서 제안된 바와 같이 알코올의존은 알코올관련문제에 직·간접적으로 영향을 미친다.

알코올이 자기강화의 잠재력을 가지고 있다는 사실은 인구집단과 그들의 음주사이의 역동성을 이해하는데 근본적으로 중요하다. 알코올은 일반적인 소비물질이 아니고 의존의 가능성이 높은 약물이다.

알코올의존증후군 개념은 본래 환자들의 치료를 위하여 임상에서 적용하려고 개발되었다. 그러나 최근의 증거자료들은 가벼운 정도의 의존증이 전 인구집단에 널리 퍼져있으며, 이에 연루된 문제들이 증가하고 있음을 강력하게 시사한다. 특히 이러한 현상이 젊은 층에서 많이 관찰된다. 의존증은 임상에서 보는 극단적인 상황 보다는 훨씬 광범위하고 지속적인 문제이다. 가벼운 의존증은 그것이 매우 일반화된 문제이므로 명확히 공중보건에 있어 부담이 될 수밖에 없다.

알코올의존은 유전적인 민감성을 포함하여 여러 다른 요인들이 관여하나, 반드시 의존은 알코올의 노출에 의해 발생된다. 알코올을 더 많이 마시는 사람일수록 위험성은 증가한다. 공중보건의 도전은 음주자들이 의존성에 연루되지 않도록 하고 음주행위로 인해 개인에게 손상을 입히고 사회에 비용을 발생시키는 만성적 결과를 줄일 수 있는 정책들을 수립하는 것이다. 알코올의존이 한번 시작되면 개인의 음주경력에 있어 더 많은 문제가 발생되어 그들의 음주행동에 만성적으로 영향을 미친다는 사실이 인구집단을 대상으로 하는 전략이 필요하다는 점에 설득력을 더해준다.

2.8 결 론

이 장에서 살펴본 공중보건적인 적용을 위한 중요한 근거를 다음과 같이 요약할 수 있다. 알코올로 인한 위험들은 그 종류와 강도에 있어서 복합적이고 다양하게 나타난다. 전체는 아니지만 어떤 것들은 알코올의 양과 관련이 있으며 그것들은 직접적으로 알코올의 영향이나 다른 요소들과의 상호작용으로부터 온 결과일 수도 있다. 급성중독은 폐해의 중요한 중개과정이다. 그리고 알코올의존은 위험을 매우 악화시킬 수 있으며 장기적으로 위험에 노출시키는 주요원인이다. 공중보건의 대응책은 인구집단에 미치는 폐해에 더욱 효과적으로 대처하기 위하여 반드시 위험요인의 복잡한 상황들과 잘 조화롭게 대처되도록 해야 한다.

인구집단을 대상으로 하는 정책(보편적인 중재)들은 이미 문제가 발생된 자들과 고위험 음주자에게 직접 겨냥된 대안과 함께 고려되어야 한다(Institute of Medicine 1989). 이 대안의 내용에는 평범한 일반상품류와는 거리가 먼 알코올의 본질에 대한 진보된 이해가 반드시 있어야 한다.

제 3 장

알코올소비 동향과 음주패턴

제3장

알코올소비 동향과 음주패턴

3.1 개 요

이번 장에서는 글로벌 관점에서 알코올소비 동향과 음주패턴을 설명하고 있다. 음주 빈도와 알코올의 1인당 소비량은 국가와 지역의 차이는 물론 시간과 다른 인구집단 사이의 상황에 따라서 매우 다양하게 나타난다. 아울러 이번 장에서는 음주패턴의 다양성이 알코올관련문제비율과 알코올정책수단의 선택에 어떠한 영향을 미치는지에 관하여 살펴보게 될 것이다.

알코올소비의 두 측면은 인구집단 간, 그리고 측정 시기 간의 비교를 위하여 특히 중요하다. 먼저 인구의 총알코올소비는 과다한 알코올의 양에 노출된 인구의 규모에 대한 중요한 지침이 된다. 두 번째는 알코올 총 소비량과 폐해 사이의 관계가 인구집단 내의 음주자 수와 음주의 패턴이라고 불리는 알코올이 소비되는 방법에 의하여 정해진다는 점이다.

많은 연구물들은 국가와 각기 다른 집단의 음주문화를 이해하는데 매우 중요한 가치를 부여하여 왔다. 그러나 조사연구에 있어서 오류와 편견이 완전히 배재될 수는 없다. 전반적으로, 알코올의 생산과 판매 자료들을 분석해 보면 음주문화를 연구하는 조사 자료들은 한 국가의 알코올소비를 과소평가하는 경향이 있다. 불행하게도, 과소평가된 수치가 30%에서 70%사이로 너무나 다양하기 때문에 국가들 간의 비교에 신뢰성을 갖기 어려운 부분이 있다.

3.2 음주자 비율과 알코올소비 수준

3.2.1 알코올소비의 추정과 보고 방법

인구집단의 총알코올소비 수준은 일반적으로 인구 1인당 사용한 에탄올(100% 알코올 혹은 순수 알코올)의 리터로 표시한다. 또 하나의 방법은 15세 이상 인구의 평균 에탄올 소비량을 리터로 나타내는 것이다. 대부분의 국가에서 어린이들은 알코올성 음료를 마시지 않는 최소한의 연령으로서 선정된 나이가 15세로, 많은 국가들에서 대부분의 음주자들을 위한 정책이 정하는 기준이기도 하며, 특히 시장경제에서는 일반적으로 이 연령에서 몇 년 지나지 않아 음주를 시작하는 것으로 나타난다. 알코올소비 수준을 표현하는 다른 방법으로는 금주자들을 제외한 음주자의 1인당 알코올소비량을 리터 단위로 나타내는 방법이 있다. 이 방법은 인구집단 중 금주자 비율의 추정을 필요로 하는데, 통상적으로 금주자를 지난 12개월 동안 알코올성 음료를 전혀 마시지 않은 사람으로 정의하고, 주로 설문조사의 인터뷰 답변으로부터 얻는다. 음주자 1인당 알코올소비 리터 표시는 비록 음주를 하는 인구의 비율에 차이가 있다 하더라도 서로 다른 국가의 음주자들 간의 음주수준을 비교할 수 있도록 해준다.

금주자의 비율은 서로 다른 사회에서 매우 다양하게 나타난다. 대부분 유럽 국가에서의 음주는 성인에게는 일상적이며 적어도 기회가 있을 때에만 마시는 음주자의 비율이 80%에서 95% 정도에 이른다(WHO 2004). 음주자의 비율은 아메리카 대륙의 국가들에서는 상당히 다른 양상으로 나타난다. 아르헨티나(84%)와 캐나다(78%)의 추정치는 유럽 국가들에 근접한 반면 미국(66%), 멕시코(58%), 브라질(49%), 자메이카(42%)는 유럽국가들 보다 낮은 수치를 보이고 있다(WHO 2004). 아프리카 20개 국가의 조사연구에서 음주자의 비율은 일반적으로 50% 이하이고, 이슬람 국가를 포함한 몇몇 국가의 음주자의 비율은 0%에 가깝게 나타났다(Clausen et al. 2009). 중국(51%)과 일본(86%)에서의 음주자의 비율은 높은 수치를 나타내는 반면, 태국과 인도, 스리랑카에서의 음주자 비율은 약 20%에서 30% 정도이다(WHO 2004). 서태평양 지역의 음주자 비율은 뉴질랜드와 호주에서는 80% 이상이고, 파푸아뉴기니에서는 45%로 상당히 차이가 있다(WHO 2004). 지중해 동부 연안국들과 여러 이슬람국가들에서의 음주자 비율은 대부분 0%에서 10%로 매우 낮게 나타난다(WHO 2004).

결과적으로 모든 성인들의 평균량이 아니라 성인 음주자 1인당 소비량으로 비교해 볼 때, 덴마크에서는 비록 국민 1인당 소비가 미국보다 40%가 높았지만, 음주자 1인당 소비는 덴마크보다 미국에서 조금 더 높게 나타난 것을 발견할 수 있다. 또한 중국과 페루의 국민 1인당 알코올소비는 거의 비슷한 수준이지만, 음주자 1인당 소비는 중국이 페루보다 거의 40%정도 더 높다. 룸(Room, 2002) 등의 지적에 의하면, 인도에서 음주하는 남자 1인당 평균 알코올소비량은 약 9리터로, 이 양은 여러 유럽 국가에서의 음주자 1인당 평균 연간 섭취량에 해당되는 양과 거의 동일하다.

여러 선진국의 연간 알코올소비량의 추정치는 생산과 무역 혹은 판매와 관련된 통계자료로부터 얻어진다. 이처럼 공식적으로 '보고된 소비' 뿐만 아니라 대부분의 국가들에는 국내에 거주하는 외국인, 가내 양조, 비공식적인 불법 제조, 여행자들의 불법 반입 등과 같은 다른 경로로부터 '보고되지 않은 알코올성 음료의 소비'가 있다. 대부분의 기존 시장경제에서, 보고되지 않는 소비의 양은 총 소비의 약 25% 이하 정도를 차지한다(Leifman 2002). 그러나 그 외 지역에서는 보고되지 않은 알코올소비의 양은 매우 높은 비율을 차지한다. 구 소련공화국의 몇몇 지역, 터키와 인도대륙 지역에서는 약 3분의 2 이상이 보고되지 않은 알코올소비의 비율로 추정되며(Rehm et al. 2003), 동아프리카에서는 약 90%로 추정된다(WIllis 2001). 이러한 국가에서의 총알코올소비의 추정치는 농업적인 자원과 현장조사 연구로부터 산출하므로, 단순히 기존 과세정보나 무역통계 등으로 추정해서는 안된다(Rehm and Eschmann 2002 ; WHO 2004).

3.2.2 전 세계의 지역별 음주자와 음주실태의 추정

이 장에서의 주요 초점은 전 세계 국가들을 15개 지역으로 나누어 배치하는 일이다. 부록 3.1에 묘사된 이들 지역은 아프리카, 아메리카 대륙, 중동지역, 구소련의 모든 후속국가들을 포함한 유럽, 남-동 아시아와 서태평양 지역으로, 글로벌질병부담(GBD) (Murry and Lopez 1996)을 추정하기 위하여 세계보건기구가 구분한 지역이다. 각 국가들은 일반적인 지리적 영역 내에서 성인과 영아사망률(WHO 2000)의 관점에서 세분화되었다. 15개 지역적 그룹의 음주자들과 음주 추정치는 각 나라의 인구-가중치의 평균으로부터 도출된다. 서유럽과 북미지역에서의 수치는 대부분 국가수준의 실증적 자료에서 얻어지지만, 그 외 지역들의 수치는 상당한 추론적 요소와 전문가의 판단을 포함하여 얻어진다. 우리가 제시하는 실상은 어떤 정확한 것이기 보다 대략적인 추정치를 나타내고 있지만, 이는 글로벌 토대에서 알코올소비를 평가하는 기본 틀을 제공해 주고 있다.

〈표 3.1〉은 세계의 각 지역에서 가장 지배적인 형태의 주류부터 시작하여 알코올소비의 가장 두드러진 특성을 보여주고 있다. 〈표 3.1〉의 3번 째 열은 15개 지역 그룹에서 15세 이상의 주민 1인당 알코올소비의 기록들을 보여준다. 알코올소비에 대한 기록은 전 세계적으로 경제 선진국들에서 가장 높게 나타난다(예 ; 미국 A, 유럽 A지역). 이와는 반대로, 라틴 아메리카와 아프리카, 그리고 아시아 일부 국가에서의 소비 기록

〈표 3.1〉 2003년 세계 여러 지역(인구 평균가중치 적용)의 알코올소비의 특성(consumption data underlying Rehm et al., 2009)

(1) 세계보건기구 지역 (3장 뒤편의 부록 3.1 참조)	(2) 지배적인 알코올성 음료	(3) 보고된 소비량[1]	(4) 총소비량[2]	(5) 남성 음주자 비율 (%)[3]	(6) 여성 음주자 비율 (%)[4]	(7) 음주자가 소비하는 량[5]	(8) 평균 음주 패턴[6]	(9) 알코올 의존자 비율 (%)[7]
아프리카 D (나이지리아, 알제리 등)	발효주	5.0	7.3	41.0	31.0	20.3	2.8	0.7
아프리카 E (에티오피아, 남아프리카 등)	발효주와 맥주	4.0	6.7	45.0	27.0	18.8	3.1	1.6
아메리카 A (캐나다, 쿠바, 미국 등)	맥주 50% 이상, 증류주 약 25%	8.3	9.4	68.0	48.0	16.4	2.0	5.1
아메리카 B (브라질, 멕시코 등)	맥주가 1위, 그 다음이 증류주	5.7	8.1	81.0	61.0	11.4	3.1	3.5
아메리카 D (볼리비아, 페루 등)	증류주가 1위, 그 다음이 맥주	3.6	7.5	68.0	49.0	12.8	3.1	3.2
중동 B (이란, 사우디아라비아 등)	증류주와 맥주	0.3	1.0	12.0	5.0	12.0	2.6	0.0
중동 D (아프가니스탄, 파키스탄 등)	증류주와 맥주	0.1	0.6	9.0	1.0	11.6	2.6	0.0
유럽 A (독일, 프랑스, 영국 등)	와인과 맥주	10.7	12.0	88.0	76.0	14.7	1.5	3.4
유럽 B1(불가리아, 폴란드, 터키 등)	증류주	5.3	8.3	61.0	36.0	17.1	2.9	0.8
유럽 B2 (아르메니아, 아제르바이잔, 타지키스탄 등)	증류주와 와인	2.1	4.1	67.0	39.0	7.9	2.9	0.2
유럽 C (러시아, 우크라이나 등)	증류주	9.0	15.1	87.0	73.0	19.0	3.9	4.8
남-동 아시아 B (인도네시아, 태국 등)	증류주	1.3	2.3	22.0	3.0	18.4	3.0	0.4
남-동 아시아 D (방글라데시, 인도 등)	증류주	0.3	1.9	21.0	2.0	16.6	3.0	0.8
서태평양 A (호주, 뉴질랜드, 일본 등)	맥주와 증류주	7.7	9.4	87.0	71.0	11.9	2.0	2.1
서태평양 B (중국, 필리핀, 베트남 등)	증류주	4.9	6.0	74.0	37.0	10.9	2.2	0.9

주 1) 15세 이상 주민 1인당 보고된 알코올소비량(순수 알코올 리터)
2) 15세 이상 주민 1인당 알코올소비 추정치
3) 15세 이상 남성 음주자의 비율 추정
4) 15세 이상 여성 음주자의 비율 추정
5) 성인 음주자 1인당 총알코올소비(순수 알코올 리터) 추정치
6) 유해 음주 점수 추정치(1 = 낮은 위험 수준, 4 = 국가의 지배적인 음주 형태와 연관된 고위험 수준)
7) 15세 이상 알코올의존자 비율 추정

출처 : 2000년 글로벌질병부담(GBD)의 세계보건기구(WHO)의 비교위험분석(CRA) 자료(Rehm et al. 2001a, b, 2009).

이 낮고, 인도대륙이나 역사적으로 이슬람 국가였던 지역에서는 특히 더 낮게 나타난다(예 ; 아메리카 D, 아프리카 D와 E, 중동 B와 D, 동-남 아시아 D지역).

보고된 소비는 공식통계 혹은 주류회사의 통계로부터 얻어졌고, 보고되지 않은 소비는 다양한 근거로부터 추정되었다. 남녀의 음주자 비율은 지난 12개월 동안의 음주자로서 조사가 가능한 지역에서는 지역조사를 통해 얻어졌다. 국가자료를 사용하기가 불가능할 경우, 음주문화가 비슷한 인근 국가의 자료로부터 남녀 음주자 비율을 추정하였다. 위험음주의 패턴은 국가적인 수준에서 실시된 조사 자료와 전문가의 판단으로부터 얻어진 추정치이다. 국민의 총 알코올의존율 추정은 특별히 국가 조사 자료인 세계정신건강조사(World Mental Health Survey)로부터 얻어졌다(WHO 2002).

보고되지 않은 알코올소비의 추정치를 더하면 통계결과가 어느 정도 바뀐다. 〈표 3.1〉의 네 번째 열은 15개 지역에서 15세 이상 주민 1인당 총알코올소비 수준의 추정치를 보여준다. 서유럽과 러시아, 그리고 구소련의 이슬람 지역이 아닌 유럽 A, B, C 지역은 국민 1인당 알코올소비 수준이 매우 높으며, 라틴아메리카(아메리카 B지역)의 소비수준도 그에 버금가는 수준의 소비를 보인다. 비례적인 관점에서, 보고되지 않은 알코올소비 자료가 가장 크게 기여하는 곳은 아프리카와 인도대륙이다. 15세 이상 주민 1인당 총 소비 추정의 관점에서 소비가 가장 높게 추정되는 지역(유럽 C)과 가장 낮게 추정되는 지역(중동 D) 사이에는 13배 이상의 차이가 나타난다.

모든 지역에서 남성은 여성보다 음주자가 될 가능성이 더 높다. 〈표 3.1〉의 다섯 번째와 여섯 번째 열은 각각의 지역에서 남녀 음주자 비율 추정치를 보여준다. 위에서 언급한 바와 같이, 동서 유럽과 일본, 호주를 포함한 지역의 대부분의 성인은 음주자들이다. 미국 성인의 대다수는 음주자들이지만 약 삼분의 일 정도는 금주를 하고 있다. 세계의 나머지 지역들은 성인의 소수만이 음주자이다. 인도대륙과 인도네시아, 그리고 중동지역에서는 특히 여성 음주자를 만나기가 쉽지 않다. 음주자의 비율에 있어서 남성과 여성의 차이점은 중국, 동아시아 및 남아시아에서 현저하게 나타나고 있다.

〈표 3.1〉의 일곱 번째 열은 각 15개 지역의 음주자 1인당 총 소비량을 보여 주는데 이것은 알코올의 소비량을 계산할 때 기본인구에서 금주자를 제외한 수치이다. 이 지표를 기준으로 볼 때, 세계 지역들 사이의 편차 범위는 러시아, 남아프리카, 서유럽을 포함한 그룹들 간에 차이가 감소되고 있고, 중국, 볼리비아, 그리고 파키스탄을 포함한 그룹에서도 서유럽과 매우 유사한 양상을 보이고 있다. 이 의미는 글로벌 관점에서 볼 때 그 나라의 금주율이 성인 1인당 알코올소비 수준에 매우 중요한 영향을 미치는 것을 의미한다.

3.3 1인당 알코올소비 경향과 극적 변화

3.3.1 1인당 알코올소비 경향

오랜 기간 동안 알코올소비 수준변화의 국제적인 비교는 보고된 알코올소비만을 바탕으로 비교 가능하였다. 이러한 비교는 보고되지 않은 알코올소비 수준에 대한 어떤 변화의 결과도 알아낼 수 없다.

세계의 1인당 알코올소비 경향을 살펴보면, 1970년대 초반부터 2000년대 초반에 걸쳐 높은 알코올소비를 나타낸 국가들 중 다수국가에서 감소 양상이 나타나는 것으로 보여진다(그림 3.1). 이 사실은 특히 프랑스, 이탈리아, 포르투갈과 같은 유럽의 전통적인 포도주 생산국가의 경우이며, 이곳에서의 감소 양상의 원인은 주로 와인 소비 감소에서 기인되고 있다(Gual and Colom 1997 ; World Drink Trends, 2005). 비슷한 경향 역시 아르헨티나와 칠레 같은 남미의 와인 생산국에서도 볼 수 있다. 1인당 알코올소비가 비교적 높은 캐나다와 미국 등과 같은 선진국에서 비록 소비수준이 1990년대 중반 이후 증가되었지만, 지난 10년 이상 미미하지만 주목할 만한 감소 현상이 관찰되고 있다.

키프로스, 아일랜드, 일본과 같이 전통적으로 소비 수준이 낮거나 중간 정도인 몇몇의 선진국들에서는 반대되는 추세가 나타난다(World Drink Trends 2005). 선진국에서의 일반적인 경향과는 대조적으로 많은 개발도상국에서는 1인당 보고된 알코올소비의 증가가 관찰된다(WHO 2004). 그러나 어느 정도의 보고된 알코올소비의 증가는 종종 주류산업에서의 생산과 수입의 증가로 인해 그에 상응하는 만큼의 보고되지 않은 알코올소비의 감소를 반영할 수 있다. 이 사실로 인해 국제적 동향에 대하여 기술할 때 특히 주의해야 할 필요성이 있음을 지적하지 않을 수 없다.

전반적으로, 알코올소비에 있어서의 전환 현상은 지난 30년 이상 선진국과 개발도상국 사이에서 뿐 아니라 선진국 간에도 나타나고 있다. 이러한 결론은 세계보건기구(WHO)의 글로벌 알코올소비 보고서(Global Status Report on Alcohol)로부터 제공된 보다 체계화된 자료에 의해 지지되었다(WHO 2004). 유럽 A그룹(예 ; 프랑스)과 B그룹의 성인 1인당 알코올소비는 장기간 하향추세를 보이는 경향으로 나타난다(Mäkelä et al. 1981 ; Simpura 1998). 유럽 C그룹은 보다 다양한 추세를 나타내고 있다. 1980년대 말의 알코올소비의 현저한 감소는 구소련(예 ; 러시아) 고르바초프 시대(1985~1988)의 강력한 반 알코올 캠페인의 중재 때문이다(Whie 1996 ; Fig. 3.1).

동부 지중해의 B와 D지역과 아프리카 D지역에 나타나는 뚜렷한 경향은 없다. 서태평양지역은 상향 추세를 보였으나, 이 경향은 1980년대 말 경에 멈추었다. 서태평양 B지역과 동-남아시아 B지역(예 ; 태국)의 알코올소비는 확실하게 증가되었다. 아메리카 대륙의 경우는 아메리카 A지역에서의 알코올소비 증가 후 감소 추세가 장기간에 걸쳐 나타났고 최근에는 다시 증가되는 추세이다.

와인 생산 국가인 아메리카 B그룹의 칠레와 아르헨티나의 알코올소비는 프랑스와 비슷하게 유의한 감소 추세를 나타낸 반면 브라질과 같은 다른 나라들은 소비에 있어서는 증가 추세가 발견된다(그림 3.1).

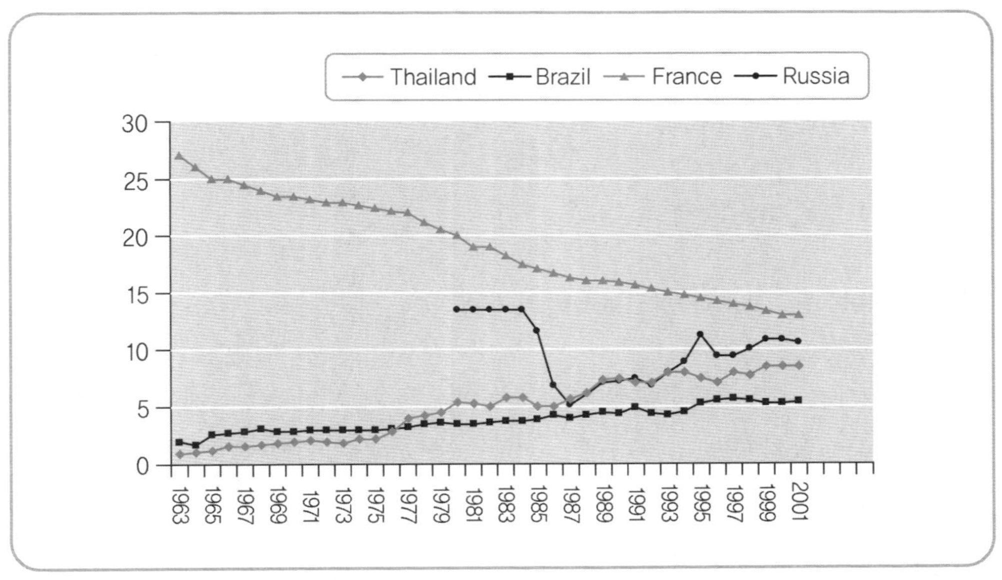

[그림 3.1] 브라질, 프랑스, 러시아 및 태국에서의 15세 이상 주민의 1인당 보고된 알코올소비 곡선

3.3.2 알코올소비의 현저한 변화

알코올소비에 있어서 주목할 만하고 갑작스러운 어떤 변화들은 최근 수십 년에 걸쳐 일어났으며, 이 변화는 공중보건 관점에서의 특별한 관심사이다. 이미 기술한 바와 같이, 여러 개발도상국들에서 1인당 보고된 알코올소비가 눈에 띠게 증가하였다. 더욱이 몇 나라들에서 단기간의 갑작스런 변화들이 관찰되었다.

폴란드에서는 보고된 1인당 알코올소비가 1980년과 1981년 사이에 두드러지게 감소되었는데(성인 주민 1인당 순수 알코올소비가 8.4리터에서 6.4리터로 24% 감소), 이 사실은 '무역연대' 운동에 의한 반 알코올 캠페인과 정부의 계엄령 선언 및 알코올 배급제도의 도입 등이 동시에 이루어졌기 때문이다(Moskalewicz 2000).

구소련에서, 이와 유사한 감소가 1980년대 중반 고르바쵸프 시대의 반 알코올 캠페인 기간 중에 관찰되었다(White 1996 ; Reitan 2000). 캠페인은 1985년 음주로 인한 막대한 보건과 사회적 비용에 대한 대응차원에서 시작되었고 알코올의 생산과 이용을 감소시키기 위한 수단으로 진행되었다. 주류의 불법생산과 정부의 수익손실 등으로 인해 1987년부터 캠페인이 점차 탄력성을 잃게 되었다. 소련 연방에서 보고된 1인당 순수알코올소비량은 1984년 8.4리터에서 1987년 3.3리터로 감소되었다(Ivanets and Lukomskaya 1990). 불법 생산이 고려된다 하더라도, 반 알코올 캠페인이 진행되는 동안 25%라는 큰 폭의 감소를 가져온 것으로 보인다(Shkolnikov and Nemtsov 1997). 캠페인이 중단되었을 때 알코올소비는 이전 수준으로 되돌아갔다.

3.4 총알코올소비량의 영향

3.4.1 인구집단 내에서 알코올소비의 분포

여러 국가에서 수행된 연구에서 볼 수 있듯이 알코올소비가 사람들에게 고르게 나타나지는 않는다. 일반적으로 많은 부분의 알코올소비가 상대적인 소수 음주자들에 의해서 행해진다. 레멘즈(Lemmens 1991)가 1980년대 중반기 동안 네덜란드의 알코올소비를 추정한 연구에 따르면, 음주자 상위 10%가 총알코올소비량의 3분의 1 이상을 소비하고, 상위 30%가 총 소비량의 4분의 3 이상을 소비하는 것으로 추정하였다. 그린필드와 로저스(Greenfield and Rogers 1999)는 미국의 자료에서 훨씬 더 극단적인 결과를 발견하였다. 그들은 음주자 상위 20%가 90%의 알코올을 소비하며, 성인인구의 약 4분의 1인 젊은이들(18세에서 29세)이 약 50% 이상의 알코올을 소비한다고 하였다. 캐나다의 연구에서는 음주자 상위 10%가 알코올소비량의 50%를 소비한다고 추정하였다(Stockwell et al. 2009). 중국에서는 음주자의 상위 11%(전체 인구의 7% 정도의 수준)가 알코올 전체 양의 55%를 소비한다고 추정하였다(Hao et al. 2004).

스코그(Skog 1991)는 낮은 알코올소비 국가인 노르웨이와 높은 알코올소비 국가인 프랑스의 알코올소비의 분포를 비교하였다. 노르웨이에서 음주자의 상위 10%가 총 소비의 50%의 양을 소비하는 반면 프랑스 음주자의 상위 10%는 총 소비의 30% 정도를 소비한다. 스코그(Skog)는 이것을 일반적인 양상의 예로 설명하였다. 알코올의 소비가 낮은 국가들일수록 작은 인구집단에 알코올소비가 더 많이 집중될 가능성이 있는 반면에, 1인당 알코올소비가 높은 나라에서는 알코올소비가 작은 인구집단에 집중될 가능성이 적다. 이 소비 분포의 불균형은 또한 다른 방법으로 설명될 수 있는데 음주자의 극히 일부(예, 10%에서 15%)는 전체 인구의 모든 음주자의 평균 소비량보다 두 배 이상을 더 소비한다는 것이다(Skog 1985). 또한 알코올의 소비분포에 대한 연구는 음주자 간의 평균 소비와 다양한 소비자 그룹의 소비 수준 사이의 연관성에서 중요한 규칙을 보여준다. 즉, 전체 인구의 평균소비가 높아질수록, 그 인구집단 내에서 가장 평범한 정도의 음주자의 알코올소비 수준이 높아지며(예, 백분율의 25번째), 이 현상은 과음자(예, 백분율의 50번째와 75번째) 뿐 아니라 폭음자들(예, 백분율의 90번째나 혹은 95번째)에게도 마찬가지로 나타난다(Skog 1985 ; Lemmens 1991). 이것은 전체 인구의 알코올총소비량과 과음자들의 발생률 사이에 강한 관련성이 있다는 것을 의미한다.

그러나 알코올소비의 분포에 대한 연구가 평균적으로 소비를 하는 광범위한 범위의 많은 인구집단 내에서 수행되었다 하더라도, 이러한 연구들이 광범위하게 알코올소비가 형성된 시장경제 내에서 한정되어 수행된 점을 주지하여야 한다. 즉, 분포양상은 소비의 보다 엄격하고 비공식적인 사회통제와 같은 다른 사회-문화 제도에서 실제적으로 벗어나는 경우가 가능할 수 있다는 점이다(Skog 1985).

3.4.2 총알코올소비와 과음자 비율과의 관계

연간 높은 수준의 알코올소비가 있을 때, 소비량의 증가에 따라 과음자의 비율이 증가하는 경향이 관찰되는데, 이를 알코올 총 소비모델이라고 한다. 과음자들이 총알코올소비에서 상당한 비율의 소비를 담당하기 때문에, 그들의 음주의 증가 없이 알코올 총소비 수준이 증가되기는 쉽지 않다. 과음자들 자신의 알코올소비 뿐 아니라 전체 알코올총소비의 증가에도 영향을 미친다는 사실이다. 총 소비의 증가는 모든 소비자 그룹에서의 알코올소비가 증가되는 것을 의미한다.

핀란드에서 알코올의 총 소비는 알코올 이용도의 급격한 증가 여파로 1968년부터 1969년 사이에 46%나 증가하였고, 소비의 증가는 새로운 과음기회의 증가에 의해 가장 큰 영향을 받았다(Mäkelä 1970). 알코올소비의 증가는 모든 그룹에서 관찰되었으나, 과소비 그룹에서 더 높은 증가를 보였다(Mäkelä 2002).

전체 인구집단에서 과음자와 총 소비수준 사이의 연관성은 또한 대부분 음주의 사회성에 의해 설명되어진다. 사람들은 다른 사람들과 함께 술을 마시는 동안 과음을 하는 그들 자신의 음주행위로 서로에게 영향을 미치며 알코올의 소비가 증가할 때 더 많이 마시려고 하는 경향이 나타나게 된다(Bruun et al. 1975 ; Skog 1985, 2001).

3.5 음주패턴

'음주패턴'이라는 용어는 규칙성을 반영하는 것으로 일정한 기간 동안 소비하는 알코올의 빈도, 양과 종류, 그리고 음식과 함께 술을 마시는지 아니면 술만 마시는지 등의 규칙적인 패턴을 말한다. 음주패턴은 음주자의 혈중알코올농도에 직접적으로 영향을 끼치고, 개개인의 음주로 인해 폐해에 이르게 하는 가능성 등 여러 측면들 때문에 중요하다.

3.5.1 술의 종류

음주패턴의 한 측면은 소비되는 알코올성 음료의 종류이다. 2장에서 언급한 바와 같이, 알코올 도수가 다른 알코올성 음료는 매우 다양한 종류들이 있다. 많은 지역에서는 한 두 종류의 알코올성 음료가 알코올소비의 대부분을 차지한다.

비록 역사적인 예외가 있지만, 지배적인 음료의 종류는 문화적인 면에서 상대적으로 서서히 변화하는 경향이 있다. 예를 들어, 1917년 덴마크에서 아콰비트(aquavit : 스칸디나비아 증류주)에 대한 세금을 대폭 인상함으로 지배적인 알코올성 음료가 순식간에 증류주에서 맥주로 변경되었다. 소비세 비율이 증류주는 12배, 맥주는 두 배가 인상되었던 것이다. 증류주의 소비는 맥주의 소비보다 감소하였고, 그 결과 총 알코올의 소비비율에서 맥주가 차지하는 비율이 증가되었던 것이다(Thorsen 1990).

역사적으로, 증류주의 소비는 종종 와인이나 맥주와 같은 발효성 알코올 음료의 소비보다 더 많은 문제가 있는 것으로 간주되었다. 의학적인 관점에서, 알코올성 음료의 종류는 오랜 기간 간경화(Smart 1996)와 구강 및 상부소화기관(Bofetta and Hashibe 2006)의 암과 같이 건강에 미치는 결과에 거의 차이가 없다. 그 이유는 음료의 유형에 관계없이 독성효과를 유발하는 순수한 알코올의 총 양의 소비와 관련된 것이기 때문이다.

그러나 증류주 소비는 특별한 문제를 유발한다. 치명적인 알코올의 급성중독과 공격적인 행동은 알코올성 음료의 다른 종류들보다 증류주와 더 강한 연관성이 있는 것으로 보인다(Mäkelä et al. 2007). 아직까지는 특정 음료의 해로운 효과는 서로 다른 알코올성 음료의 특별한 문화적 연관성보다 더 작은 영향을 미치며, 오히려 음주패턴과 더 강한 연관성이 있는 것으로 나타났다. 미국과 영국에서는 도수가 강한 알코올성 음료에 비해 맥주가 가장 위험한 음주와 연관이 되어 있는데(Rogers and Greenfield 1999 ; Naimi et al. 2007), 이는 오락적인 음료로써 문화적 의미의 일부를 차지하기 때문인 것으로 보인다.

핀란드에서 맥주와 사이더(약한 도수의 과일주)는 알코올소비 총량의 3분의 2를 차지하지만, 폭음의 경우에는 증류주가 차지하는 비율이 더 높다(Mäkelä et al. 2007). 노르웨이에서 20~30년 전에는 과음자의 대부분이 증류주를 소비하였으나, 현재는 맥주와 와인을 더 많이 소비한다(Horverak and Bye 2007).

〈표 3.1〉의 두 번째 열은 세계 15개 지역에서의 지배적인 알코올성 음료 종류의 목록이다. 와인은 비록 남부유럽과 같은 특정 지역에서 매우 지배적이지만, 글로벌 토대에서 보면 와인은 알코올소비에서 상대적으로 중요성이 낮다. 전통적으로 곡주라 불리는 쌀을 사용하여 만든 발효 음료들은 일본과 같은 몇몇 아시아 국가의 중요한 알코올성 음료인데, 이는 소주와 같은 중간-강도의 증류주(~25%)이다. 아라크(Arrack : 쌀, 야자로 만든 독한 술)와 다른 증류주는 알코올소비가 가장 낮은 지역에서 우세한 경향이 있고, 유럽의 슬라브권과 같이 알코올소비가 가장 높은 지역에서는 보드카와 같은 증류주가 우세하다. 아프리카와 라틴 아메리카에서는 수수맥주(sorghum), 용설란술(pulque : 용설란 식물로 만든, 멕시코 술)과 치차(chicha : 옥수수로 만든 술)와 같은 전통적인 발효주류가 현재 그들의 생산 산업화에 중요한 역할을 수행하고 있다.

그러나 개발도상국의 거의 모든 지역에서는 유럽 스타일의 저장맥주가 상용하는 알코올성 음료 중에 가장 명성 있는 상품이다(Jernigan 200). 다국적 기업이나 그들의 동업자들에 의해 생산되고 대표적으로 홍보되는 맥주의 이러한 형태는 개발도상국 대부분의 지역에서 소비가 증가되고 있다.

3.5.2 음주상황

개인적인 장소보다 공공장소(예 ; 선술집, 바, 레스토랑)에서 소비되는 알코올은 해로운 결과(특히 폭력)를 유발할 뿐 아니라 예방 전략에도 영향을 미친다. 음주상황에 대한 통계적 자료는 매우 희박하다(Single et al.1997). 6개의 유럽 국가의 자체보고

비교 자료에 따르면, 바나 레스토랑에서의 음주 기회가 약 10%~25%로 약간의 차이를 보인다(Leifman 2002). 반면에, 보고된 알코올소비 자료로부터의 추정치(Brewers Association of Canada 1997)는 국가들마다 공공장소에서 소비하는 알코올의 비율이 큰 폭으로 차이가 있음을 보여주는데 예를 들면, 덴마크와 캐나다에서는 약 20% 정도이며 아일랜드에서는 약 75% 정도에 이른다.

음주의 상황과 알코올 문제 간의 연관성은 문화와 시간에 의해 다양하게 나타난다. 예를 들어, 1950년대 핀란드의 음주자는 각 음주 시마다 공공음주장소보다 자신의 집에서 더 많은 알코올을 소비하였으나, 1960년대 중반에 이르러서는 헬싱키의 음주자들 사이에서 알코올소비의 장소에 의한 차이가 사라졌다(Partanen 1975).

비록 여러 국가의 조사연구들에서 완전히 일치하지는 않지만(Demers 1997 ; Kairouz et al. 2002), 공공장소에서의 음주행위는 특히 과음 및 중독과 관련성이 있는 것으로 보고되었다(Cosper et al. 1987 ; Single et al. 1997 ; Mustonen and Mäkelä 1999 ; Horverak and Bye 2007).

3.5.3 음주빈도와 음주 시 알코올 섭취량

알코올총소비는 음주의 빈도와 음주 시 마시는 평균소비량의 각각의 분포와의 조합으로 간주될 수 있다. 총 소비량의 이러한 두 가지의 동등한 분포는 음주 빈도와 양의 서로 다른 조합으로도 구성이 될 수 있다. 정기적인 음주가 비정기적인 과음 행위와는 다르게 건강에 영향을 미친다고 가정할 때, 이 두 경우 거의 같은 수준의 음주를 했을지라도 전혀 다른 결과가 일어날 수 있다. 그러므로 총알코올소비를 단순하게 평가하는 것은 잘못된 결론으로 유도될 수도 있다.

예를 들어, 눕펄(Knupfer 1987)은 심혈관질환 위험에 대한 여러 역학 연구를 언급하면서 하루에 마시는 알코올소비의 평균치를 설명하고 있음에도 불구하고, 이것을 매일 마시는 특정 양으로 잘못 이해하고 있다고 하였다. 그녀는 미국의 조사연구에서 매일 소량을 마시는 음주자는 드물고, 매일 마시는 음주자는 대부분 과음주자들이라고 지적하였다.

같은 맥락에서 볼 때 레맨즈(Lemmens 1991)는 음주의 빈도와 음주 시 마시는 양은 밀접하게 연관되어 있는 사실을 발견하였다. 비슷한 결과가 캐나다에서(Parardis et al. 2009) 보고되었는데 음주자의 단 6% 만이 음주 시에 보통 한두 잔을 마시며, 일주일에 5내지 7번의 음주를 하는 것으로 나타나, 음주빈도와 음주 시마다 소비하는 음주량 사이에 양(positive)의 상관관계를 보였다.

가벼운 음주자의 비율은 브라질(Kerr-Correa at al. 2005)과 우간다(Tumweesigye and Kasirye 2005)에서 다소 높은 것으로 보고되고 있으나, 인도(Benegal et al. 2005), 멕시코(Mendoza et al. 2005), 스리랑카(Hettige and Paranagama 2005) 등 세계의 다른 지역에서는 낮은 편이다.

알코올에 대한 금지가 지배적인 아프리카 국가의 최근 조사에서도 음주자들 사이에서 가벼운 음주자의 비율이 낮게 나타나고 있다(Clausen et al. 2009).

3.5.4 급성중독

2장에서 논의하였듯이 급성중독은 알코올로 인한 폐해를 일으키는 주요 기전(mechanism)이다. 급성중독이란 용어는 단순히 소비된 알코올의 양보다 더 큰 의미를 차지하지만, 급성중독의 결과는 한 번에 많은 양의 알코올을 마시는데서 나타난다. 우리는 총 소비의 의미를 이해하기 위하여 마시는 양이 매번 다른 음주자와 매번 동일한 양을 지속적으로 마시는 음주자를 구분하여 이해하여야 한다. 매일 저녁 세병의 맥주를 마시는 사람과 매일 한 병을 마시고 토요일 밤 15병을 마시는 사람에게 있어서 음주의 빈도와 평균 소비량은 같으나 위험은 상당히 다르다. 술 취하는 방식의 문화적 다양성은 음주패턴의 특징으로 나타난다.

또한 문화적 다양성으로 인해 사람들이 급성중독에 도달되는 과정과 술 취하였을 때 어떻게 행동하는지가 다르게 나타난다(Room and Mäkelä 2000). 인구집단에서 술 취하는 방식과 음주패턴은 오랜 기간 동안 매우 안정적으로 유지되어왔기 때문에 전체 알코올소비량에서도 거의 변화가 없다(Horverak and Bye 2007).

〈표 3.1〉의 여덟째 열은 15개 지역의 각각의 평균 음주패턴의 점수이며 이것은 포함된 국가의 인구가중치를 고려한 평균 점수이다. 이 점수는 조사 자료, 외삽추정, 그리고 전문가 판단으로 산출되었다. 각 국가에서의 지배적인 음주패턴과 관련된 해로운 수준을 제시하는 점수로 1에서 4까지의 점수가 할당되었다(Rehm et al. 2001a,b). 금주자의 비율이나 알코올소비량과 상관없이 독립적으로 점수를 부여하도록 하였다. 그렇게 함으로 부여된 점수가 국가나 지역에서 지배적인 음주패턴과 관련된 문제의 다른 위험을 측정할 수 있도록 하였다. 급성중독이 그 국가 내에서 알코올소비와 사회적, 원인적 폐해 사이에 특징적인 매개 지표로 보여 질 수 있다.

위험한 음주패턴의 평균 점수가 가장 낮은 두 지역은 유럽 A와 서태평양 A지역이다. 특히, 유럽 A지역은 음주패턴의 점수가 평균 점수보다 높게 부여된 국가들이 포함되어 있는 지역이다. 예를 들어, 스웨덴, 노르웨이, 핀란드에 부여된 점수는 3점이나, 전체적으로 그 지역의 점수는 인구밀도가 높은 국가에 의해 영향을 받음으로써 위험한 음주패턴의 점수가 낮아지게 되었다. 러시아와 우크라이나(유럽 C)가 포함된 지역은 가장 높은 음주패턴 점수를 가지지만, 아프리카, 라틴 아메리카, 동유럽, 그리고 인도 또한 높은 점수를 기록했다. 이와 같이 위험수준은 성인 1인당 알코올소비 수준과 상대적으로 연관성이 거의 없다. 위험한 음주패턴은 크게 높은 소비수준의 인구집단과 낮은 소비수준의 인구집단 모두와 연관되어 있다.

급성중독은 다양한 문화에서 십대와 젊은 층 음주의 특징으로 알려져 있다. 그들은 비교적 음주에 초보자이기 때문에, 그들의 급성중독 상황은 특이하게 유해한 결과를 초래할 수도 있다. 학생들의 음주습관과 약물사용에 관한 최근의 다국적 연구는 유럽 국가들 뿐만 아니라 미국에서도 비교 연구를 위한 기초를 제공해 주고 있다(Hibell et

〈표 3.2〉 국가별 청소년 및 성인의 음주 및 급성중독의 평균빈도, 음주빈도 대비 급성중독의 비

(1) 국가	청소년			성인		
	(2) 음주빈도(D)	(3) 급성중독의 빈도(I)	(4) 음주빈도 대비 급성중독의 비	(5) 음주빈도(D)	(6) 급성중독의 빈도(I)	(7) 음주빈도 대비 급성중독의 비
덴마크	22.1	6.1	0.28	139	11	0.08
핀란드	8.3	2.9	0.35	53	13	0.25
프랑스	12.5	1.5	0.12	91	7	0.07
독일	19.7	2.5	0.13	76	9	0.11
이탈리아	11.3	1.3	0.12	150	18	0.12
노르웨이	6.4	2.3	0.36	47	6	0.13
러시아	10.5	2.2	0.21	61	15	0.25
스웨덴	7.3	2.2	0.30	31	8	0.27
우크라이나	10.7	1.8	0.17	53	16	0.30
영국	16.9	4.7	0.28	92	32	0.33
미국	5.9	3.0	0.51	103	12	0.12

주 : 청소년자료는 2007년에 실시된 알코올과 약물에 대한 유럽 학교프로젝트(ESPAD) 자료를 기초로 계산하였다(reported in Hibell et al. 2009). 여기서의 급성중독빈도, 음주 및 급성중독비 등의 통계치는 척도의 변화로 인해 베이버 등(2003)의 책에서 보여주었던 ESPAD조사의 통계치들과 비교 불가능하다. 성인표본에서 음주와 급성중독(매 음주 시 마다 5잔 혹은 6잔 이상을 마시는 경우) 빈도의 평균치는 메킬라 등(Mäkelä et al. 2001)(덴마크와 노르웨이) ; 레이프만(Leifman 2002)(핀란드, 프랑스, 독일, 이탈리아, 스웨덴, 그리고 영국) ; 포멜류 등(Pomerleau et al. 2005)(러시아와 우크라이나) ; 다우슨(Dawson 2000)(미국)의 보고 자료에 기초하였다. 러시아와 우크라이나에서는 급성중독 상태에서 더 많은 양의 알코올이 소비된다(Pomerleau, McKee, Rose, et al., 2008). 포엘류 등의 자료로부터 성별 자료를 계산하였다(Pomerleau et al. 2005).

al. 2009).

〈표 3.2〉의 두 번째 열은 2007년에 조사된 연구로, 대부분의 유럽국가에서 표집된 15~16세의 지난 한 해 동안의 음주 사건의 평균 빈도를 보여주고 있다. 세 번째 열은 같은 표본에서 전년도의 급성중독의 평균 횟수를 나타낸다. 네 번째 열은 음주기회에 대비한 급성중독의 비를 보여준다. 따라서 이 비는 만취 상태가 되는 음주행위의 비율을 나타내며 많은 국가들에서 급성중독에 이르는 음주행위에 대한 상대적으로 유의미한 지표가 된다. 다섯 번째, 여섯 번째, 일곱 번째 열은 동일한 국가의 성인 표본으로부터 동일한 지표들을 보여주고 있다. 이미 제시되었듯이, 음주빈도에 대비한 급성중독 빈도의 비는 국가들 사이에 큰 차이가 있고, 유럽 국가들을 가로질러 북-남 위도를 따라 하락되는 경향이 있다. 북유럽 국가들과 비교하면 남유럽 국가들에서의 음주빈도의 비율이 낮은 측면은 오히려 주관적인 급성중독의 높은 비율을 보여준다.

무엇보다 우리는 급성중독을 일으키는 음주상황이 성인보다 청소년 사이의 음주 기회에서 일어날 가능성이 높은 것을 알 수 있다. 급성중독의 기회가 되는 음주 기회의 다양한 내용들이 [그림 3.2]에 묘사되어 있다.

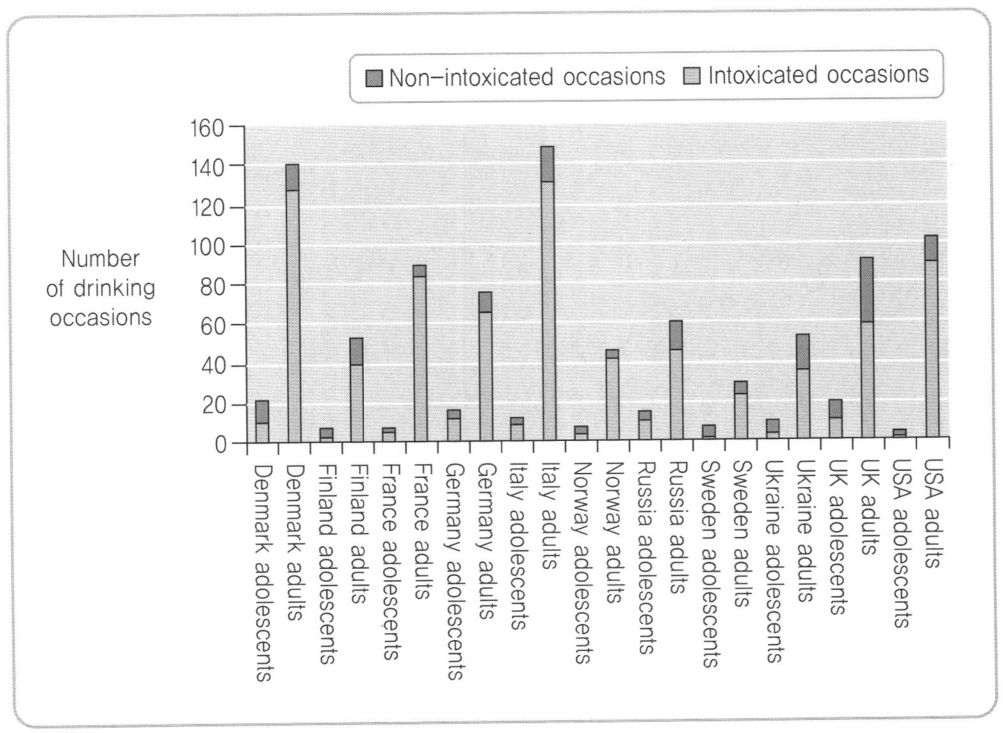

[그림 3.2] 국가별, 성인 · 청소년의 평균 음주빈도, 급성중독과 비급성중독 빈도

3.5.6 알코올의존

2장에서 논의된 것처럼, 알코올의존은 알코올소비와 알코올과 관련된 문제 사이의 중간 매개이다. 즉, 알코올의존이 있는 사람은 어떠한 방법으로든 지속적인 음주를 계속함으로 인해 건강과 사회적 폐해의 결과가 더 높게 나타난다. 정신건강 역학조사의 진일보한 토대로 인해, 이제는 세계보건기구가 세계적으로 실시한 조사로부터 알코올의존율을 추정하는 것이 가능하게 되었다(표 3.1의 마지막 열, Rehm and Eschmann 2002). 일반적으로 글로벌 한 지역에서 추정된 성인 1인당 알코올총소비와 알코올의존율 추정 사이에는 강한 연관성이 있다.

또한 고위험음주 점수에 반영된 음주패턴으로부터 알코올의존을 추정할 수 있다. 또한 세계보건기구가 수행한 알코올의존 기준의 교차문화연구(Room et al. 1996)에서 제안한 바와 같이, 알코올에 의해 영향을 받은 상태에 대한 인식과 경험과 속성에서의 문화적 차이가 알코올의존율과 관련되어 있다. 미국의 세 지역, 유럽의 C(러시아가 대표), 그리고 동남아시아의 A(인도가 대표) 지역에서의 의존율은 성인 1인당 총 소비 비율에서 기대되는 것보다 체계적으로 더 높게 나타나는 것으로 보인다.

3.6 인구학적 하위집단과 생애주기에 따른 음주의 분포

3.6.1 성

음주패턴의 조사에 일차적 목적을 둔 많은 연구문헌들은 남성과 여성, 청년과 노인, 민족과 종교집단의 음주패턴에 상당한 차이가 있다는 점을 끊임없이 보여준다.

〈표 3.1〉에서와 같이 남성이 음주자가 될 가능성이 더 높든지, 여성이 금주자가 될 가능성이 높든지에 상관없이 남녀 간에는 큰 차이가 있다. 음주자들 중에서 남성 음주자가 여성 음주자보다 평균적으로 더 많이 마신다. 남성에 의해 소비되는 총 알코올의 비율에서 국가 간에 다양한 차이가 있지만, 70% 미만의 나라부터(덴마크, 스위스, 미국), 80% 이상 되는 나라까지(프랑스와 러시아) 북미와 유럽에서의 편차의 범위는 그리 크지 않다(Simpura et al. 1997 : 102). 어떤 개발도상국들에서는 남성이 소비하는 몫이 훨씬 크다. 예를 들어, 중국의 조사 자료에 따르면 알코올의 약 93%가 남성들에 의해 소비된다고 하였으며(Hao et al. 2004), 비슷한 수치가 세이셸(Seychelles : 아프리카 대륙 동부에 위치한 섬나라)에서도 보고된 적이 있다(Perdrix et al. 1999). 어

떤 연구에서는 몇몇 국가들의 음주자 성별 차이가 시간이 흐를수록 줄어든다고 보고하였으나, 이 연구가 진행되는 선진국들에서는 그런 현상이 보고되지는 않았다(Holmila and Raitasalo 2005).

더구나 남성은 여성보다 과음(예 ; 급성중독에 이르기까지 혹은 한 번에 많은 양을 마심)을 더 많이 한다. 이 사실은 많은 나라에서 지속적으로 보고되고 있다(WHO 2004 ; Wilsnack et al. 2005). 따라서 남성들에게 과음자와 과음을 하는 기회가 더 많으며 결과적으로 유해한 음주는 여성보다는 남성에게서 더 특정적으로 발생할 가능성이 높다. 비록 증거는 여전히 확실치 않지만 이 현상은 개발도상국에서 더 두드러지는 것으로 보인다(Room et al. 2002).

3.6.2 연령그룹과 생애주기

다양한 연령대의 음주습관에 대한 국가 간 비교는 인구집단조사에서 사용된 연령그룹 분류와 음주측정도구의 차이로 인해 쉽지 않다. 더구나 다양한 연령대의 음주를 비교한 대부분의 조사들은 북미와 유럽 등 견고한 시장경제 체제에서 수행되었으므로, 그 결과치가 세계의 다른 지역에 적용될 필요가 없을지도 모른다. 그럼에도 불구하고 일반적인 자료들은 이러한 연구들로부터 얻어진다. 금주나 드문 음주는 주로 노인층에서 일어나고, 급성중독이나 과음행위는 청소년이나 젊은 층 사이에서 상대적으로 빈번하게 일어난다. 이러한 결과는 북유럽(Mäkelä et al. 1999), 캐나다(Demers 1997), 미국(Dawson 1998), 네덜란드(San Jose et al. 2000) (표 3.2 참조) 등의 국가에서 보고되었다. 반면에 독일(Bloomfield 1998), 미국(Weisner et al. 2000), 북유럽(Mäkelä et al. 1999)과 세이셜(Perdrix et al. 1999)의 연구에서는 평균적인 소비 혹은 과소비를 하는 소비자의 비율의 차이가 전 연령대에 걸쳐 다양하게 나타나지는 않았다.

젊은이들에게서 이루어지는 위험음주에 대해서 많은 국가들에서 특별한 관심을 보인다. 알코올을 소비하는 대부분의 국가들은 유럽과 아메리카 대륙, 뉴질랜드, 호주 등으로 넓게 분포되어 있고, 때로 청소년이 마시는 알코올소비량이 큰 비율을 차지한다(Hibell et al. 2000 ; WHO 1999).

2007년 알코올과 약물에 관한 유럽학교프로젝트(ESPAD : Hibell et al. 2009) 자료는 36개 참가국 중 34개국의 15~16세의 학생들 대부분이 지난 일 년 동안 음주한 것으로 보고하였음을 보여주었다. 조사대상 국가 중 4분의 3개국의 음주자들은 대부분은 지난 일 년 동안 열 번 미만으로 술을 마셨다고 보고하였다. 절반 이상의 국가들에서 학생들의 대부분은 14세 이전에 처음으로 술을 마신 경험이 있는 것으로 나타났다(Hibell et al. 2009).

서방 선진국의 여러 연구들은 젊은이들이 중년이나 노년들보다 바(bars)나 까페(cafes) 같은 공공 음주장소에서 알코올을 더 자주 더 많이 소비하고(Cosper et al. 1987 ; Single 1993 ; Demers 1997), 젊은이들이 소비하는 알코올의 더 많은 비율이 바와 호프집(pubs)에서 이루어지는 경향이 있다고 보고하였다(Engel et al. 1999).

최근의 횡단연구(cross-sectional studies)에서 묘사된 음주수준과 금주자의 연령 성숙 현상은 연령효과(예, 나이가 들어가면서 술을 덜 마시거나 금주자가 되는 것), 코호트 효과(예, 20세기 후반에 성장한 사람은 나이든 집단보다 많이 마시거나 더 과음을 하는 것으로 사회화가 되거나 배우게 되는 것), 혹은 두 가지 효과가 합쳐진 것을 설명한다. 종단연구(Longitudinal studies)에서는 중년층과 노년층이 젊은이들보다 음주가 감소하거나 금주자가 될 가능성이 높고, 젊은이들보다 음주를 늘리거나 과음을 하는 것에 대한 가능성이 훨씬 낮다는 것을 보여준다(Fillmore et al. 1991 ; Mulder et al. 1998 ; Hajema al. 1997). 미국 원주민(Navajo) 집단의 음주경력에 대한 연구에서, 쿠니츠(Kunitz et al 1994) 등은 알코올중독으로 분류되었던 젊은이들이 나이가 들어가면서 적정음주를 하거나 술을 끊는 경향이 있는 것을 발견하였다.

그러나 나이가 들어감으로 인한 과음감소의 범위와 시기에는 문화적 차이가 있다. 케타노(Caetano, 1997)의 범민족 연구(cross-ethnic study)에서는 미국의 일반 국민들 중에 문제음주의 발생률과 증가율이 백인보다는 라틴아메리칸과 흑인에게서 높다는 것을 보여 주었다.

3.6.3 원주민 소수그룹

선진국에서의 금주의 비율은 흔히 주변 다른 인구집단에서 보다 원주민 소수그룹에서 높게 나타난다(예, Hunter et at.1992 ; Brady, 2000). 그러나 호주와 북미의 원주민에 대한 연구에서 보면, 집단들 사이의 편차를 고려한다 하더라도(Health 1983), 원주민들이 보통 인구집단에서 보다 유의미하게 많은 양의 알코올을 섭취하는 것으로 나타난다(See Brady 2000 for a review). 1980년대 그린랜드(Greenland)의 1인당 알코올총소비(주로 이뉴잇족－Inuit)는 덴마크의 나머지 주민에 비해 거의 두 배 정도 높았던 반면(National Institute for Alcohol and Dug Research 2001), 노르웨이의 싸아미(Saami)족과 일반주민 사이의 소비량은 차이가 없었다(Larsen and Saglie

1996). 그러나 원주민 소수그룹들 간 알코올소비 패턴에 대해 특별한 관심이 있었다.

아주 적은 수의 원주민들만 매일 음주를 하고, 급성중독 상태까지 될 수 있는 양을 마시므로 음주행위가 더욱 위험한 경향이 있다(Dawson 1998 ; Brady 2000). 뉴질랜드에서의 조사에서는 비록 마오리족의 음주빈도가 낮게 보고되었지만, 그들의 일상적인 음주라도 마오리족이 아닌 사람들에 비해 상당히 많이 마시는 것으로 보고되었다(Bramley et al. 2003).

3.7 요약과 시사점

시장경제 체제의 알코올판매 자료를 보면, 전통적으로 알코올소비가 높은 국가와 낮은 국가 간에 알코올소비량이 중간으로 모이는 경향을 보여줄 뿐 아니라, 최근 전반적으로 알코올소비가 조금씩 감소되고 있다.

그러나 특히 우려되는 것은 일부 개발도상국가에서의 알코올소비의 증가가 이들 각 국가의 국민 소수에 집중적으로 나타난다는 점이다. 알코올소비 수준이 세계의 한 지역과 다른 지역에서 큰 차이가 있는 것은 이 편차가 모든 음주패턴과 금주자의 비율 차이에서 기인된다. 음주자로만 제한한 연구에서 알코올의 소비가 가장 높은 지역의 알코올소비 수준은 가장 낮은 소비 지역 수준에 비해 약 3배 이하의 차이가 나는 것으로 나타난다.

이 사실은 특히 여러 개발도상지역들에서는 금주자가 상대적으로 큰 비율을 차지하지만, 만약 이들 지역에서 금주자의 비율이 감소한다면 주민 1인당의 알코올총소비량은 급격히 증가될 것임을 시사해 주는 것이다. 이것은 단순히 건강과 사회적 문제와 관련이 있는 알코올총소비 수준 뿐 아니라, 음주패턴과 음주에 대한 사회적 반응 역시 고려할 가치가 있는 중요한 사항임을 강조해 준다. 따라서 여러 다른 사회들에서 알코올이 같은 양으로 소비된다 하더라도 그 결과는 매우 다른 수준의 문제들을 일으킬 수 있다.

하위인구집단 간 알코올 총 소비량과 알코올관련문제를 야기하는 음주패턴의 다양성 역시 한 국가 내에서도 고르게 분포되어 있지 않다. 알코올소비와 건강과 사회문제 사이의 매개자들에 대하여 2장에서 이미 논의하였다. 음주가 급성중독으로 집중되는 기회는 국가들 간에 매우 차이가 있다.

우리는 세계 각 지역을 위한 해로운 음주패턴점수(hazardous drinking pattern score)의 데이터를 제시하였다. 그것은 해당 지역의 음주상황에서의 급성중독을 일으키는 상대적 지표이다. 우리는 또한 소비수준과 건강과 사회문제 발생 사이의 두 번째 매개자인 알코올의존율의 추정치를 제시하였다.

알코올의존자로 보고된 음주자의 비율이 음주자 1인당의 소비수준과 비교될 경우 세계는 두 그룹으로 나뉘어져 나타난다. 아메리카 대륙과 동유럽, 그리고 인도아대륙과 같은 세계의 어떤 지역들에서는 음주자 개인이 보고한 소비보다 실제 의존율이 더 높은 경향이 있다.

그러나 지역의 각 집단 내에서 음주자 1인당 평균소비와 의존율 사이에는 상관관계가 있는 것으로 보인다. 우리가 다음 장에서 다루게 될 세계의 여러 다른 국가들과 지역 간의 음주량과 패턴의 차이점은 음주로 인해 야기되는 건강과 사회문제의 구조와 조합에 있어서의 차이점을 시사한다. 이 차이점은 또한 서로 다른 사회에서 다양한 예방과 중재전략이 적절히 조합되어야 함을 제시해 주는 것이다.

[부록 3.1]

아래의 15개 지역은 191개 유엔회원국들로 세계보건기구에 의해 성인과 영아사망률의 수준(상・중・하)과 지리적 위치를 토대로 하여 나뉘었다. 세계보건기구의 유럽연합 B지역은 구소련의 남부공화국으로부터 분리되어 상대적으로 알코올소비가 낮은 지역으로 세분화되었다.

아프리카	D	알제리, 앙골라, 베냉, 부르키나 파소, 카메룬, 카보 베르데, 차드, 코모로, 적도 기니, 가봉, 감비아, 가나, 기니, 기니-비사우, 라이베리아, 마다가스카르, 말리, 모리타니, 모리셔스, 니제르, 나이지리아, 상 투메, 프린시 페, 세네갈, 세이셜, 시에라 리온, 토고
아프리카	E	보츠와나, 부룬디, 중앙아프리카 공화국, 콩고, 코트디부아르, 콩고민주공화국, 에리트레아, 에티오피아, 케냐, 레소토, 말라위, 모잠비크, 나미비아, 르완다, 남아프리카 공화국, 스와질란드, 우간다, 탄자니아 공화국, 잠비아, 짐바브웨
아메리카	A	캐나다, 쿠바, 미국
아메리카	B	앤티가 바부다, 아르헨티나, 바하마, 바베이도스, 벨리즈, 브라질, 칠레, 콜롬비아, 코스타리카, 도미니카, 도미니카 공화국, 엘살바도르, 그레나다, 가이아나, 온두라스, 자메이카, 멕시코, 파나마, 파라과이, 세인트 키츠 네비스, 세인트 루시아, 세인트 빈센트 그레나딘, 수리남, 트리니다드 토바고, 우루과이, 베네수엘라
아메리카	D	볼리비아, 에콰도르, 과테말라, 하이티, 니카라구아, 페루
동부지중해	B	바레인, 키프로스, 이란(이슬람교 공화국), 요르단, 쿠웨이트, 레바논, 리비아, 오만, 카타르, 사우디 아라비아, 시리아, 튀니지, 아랍 에미리트
동부지중해	D	아프가니스탄, 지부티, 이집트, 이라크, 모로코, 파키스탄, 소말리아, 수단, 예멘
유럽	A	안도라, 오스트리아, 벨기에, 크로아티아, 체코 공화국, 덴마크, 핀란드, 프랑스, 독일, 그리스, 아이슬란드, 아일랜드, 이스라엘, 이탈리아, 룩셈부르크, 몰타, 모나코, 네덜란드, 노르웨이, 포르투갈, 산 마리노, 슬로베니아, 스페인, 스웨덴, 스위스, 영국
유럽	B1	알바니아, 보스니아 헤르체고비나, 불가리아, 그루지야, 폴란드, 루마니아, 슬로바키아, 마케도니아 구 유고슬라비아 공화국, 터키, 유고슬라비아
유럽	B2	아르메니아, 아제르바이잔, 키르키즈스탄, 타지키스탄, 투르크메니스탄, 우즈베키스탄
유럽	C	벨로루시, 에스토니아, 헝가리, 카자흐스탄, 라트비아, 리투아니아, 몰도바 공화국, 러시아, 우크라이나
동-남아시아	B	인도네시아, 스리랑카, 태국
동-남아시아	D	방글라데시, 부탄, 대한민국, 인도, 몰디브, 미얀마, 네팔
서태평양	A	호주, 브루나이, 일본, 뉴질랜드, 싱가포르
서태평양	B	캄보디아, 중국, 쿡 제도, 피지, 키리바시, 라오스인민 민주 공화국, 말레이시아, 마샬 군도, 미크로네시아 (연방), 몽골, 나우루, 니우에, 팔라우, 파푸아 뉴기니, 필리핀, 북한, 사모아, 솔로몬 제도, 통가, 투발루, 바누아투, 베트남

제 4 장

알코올소비로 인한 글로벌 부담

제4장

알코올소비로 인한 글로벌 부담

4.1 개 요

이 장에서는 알코올과 관련된 광범위한 문제들을 크게 두 종류로 분류하였다. 첫째는 개인과 사회로부터 파생된 질병부담에 알코올이 미친 영향이며, 둘째는 가족, 공동체 및 국가와 같은 각각의 사회 구조에 미친 알코올의 폐해이다. 또한 적절한 알코올 사용에 따른 잠재적인 건강이익에 관해 논하고자 한다. 핵심 용어와 정의는 이 책의 후반부의 용어사전에서 설명하고 있다.

알코올소비가 특정 사회문제와 건강문제의 직접적인 원인이 된다는 가정은 공중보건에서 매우 중요한 문제이다. 만약 사회문제나 건강문제가 음주에 조금이라도 영향을 미친다면, 그것은 문제를 예방하거나 통제하기 위한 특별한 수단을 제안하는데 도움이 될 것이다. 사회 및 건강문제와 음주행위 간의 관련성에 대한 강도를 수량화한다는 것은 특정한 문제의 확산 뿐만 아니라 정책의 우선순위에 대한 결정을 내리는데 있어서도 부가적인 도구가 될 수 있다. 예를 들어, 혈중알코올농도를 측정하는 신뢰할만한 도구의 개발로 인해 음주운전 행위에 관한 과학적 연구방법이 가능하게 되었다. 그 결과로 음주는 교통사고 사망자수와 관련하여 우리가 예상했던 것보다 훨씬 더 많은 원인을 제공한 것이 분명해졌고 이러한 사실은 마침내 음주운전과 관련된 실제적인 정책변화를 끌어내었다. 이 장에서는 역학자들이 언급한 음주와 그 결과와의 관계를 논의하고 음주로 인한 건강문제를 다음과 같이 세 부분으로 나누어 살펴보고자 한다.

① 질병 및 장애에 대한 글로벌 부담에서의 알코올의 역할
② 알코올과 사망원인
③ 사망과 질병의 특정 원인과 알코올의 관련성

다양한 사회문제와 음주와의 관련성은 그 다음에 논의될 것이다. 1985~1987년 알코올 반대 캠페인 기간 동안 러시아인의 경험에 관한 사례 연구는 알코올소비의 감소

에 따르는 건강과 사회문제의 잠재적인 변화를 설명한다. 결론을 내리기 전에 음주로 인한 건강과 사회 문제의 상대적인 규모를 알아볼 수 있는 증거들을 고려하여야 한다.

4.2 측정과 추론적 논점들

4.2.1 건강 및 사회문제의 본질

건강과 사회의 다양한 난제들은 객관적인 요인과 함께 사회적 정의(social definition)와 관계된 요소를 내포하고 있다. 사망이란 현상은 객관적이고 신뢰할 만한 방법으로 측정될 수 있다. 하지만 우리가 관습적으로 말하는 '사망원인'과 같이 '사망'을 여러 가지 범주로 분류하고자 할 때에는 사회적 정의가 중요하다. 급성 및 만성 사망원인에 대한 기록과 부호화 작업은 여러 국가들에서 다양한 방법으로 실행되고 있다(Ramstedt 2002). 사망 이외의 모든 건강문제에 대한 사회적 정의는 더 큰 역할을 담당한다. 예를 들어, 잠재적인 장애가 사회적인 주목을 받게 되는 어떤 한계치는 사실 문화에 따라 차이가 난다(Room et al. 2001). 앞서 언급한 것과 같은 어려움에도 불구하고 1992년 세계보건기구 제10차 개정판에 언급된 질병 및 관련된 보건 문제에 관한 국제분류와 같이 다양한 문화에서도 운용될 수 있도록 작성된 사망원인 및 질환에 관한 표준코드의 발효(發效)를 위한 국제적인 노력과 더불어 괄목할 만한 발전을 이루고 있다. 이와 함께, 글로벌질병부담에 관한 연구처럼 오늘날의 비교통계는 코딩 작업에 있어서의 문화적 차이를 교정해 준다(Lopez et al. 2006). 이러한 노력들이 역학 및 다양한 보건과학 분야의 발전에 기여해 온 것은 사실이지만(WHO 2001), 국제분류체계의 분명한 목적은 사회적 정의의 구성요소로 하여금 알코올과 관련된 폐해를 명확히 인식시키는데 있다.

오랫동안 사망원인에 관한 국제비교통계가 발표되면서 시장경제 국가에서의 질환원인별 입원기간에 대한 유사한 자료가 축적되어 왔으나, 장애에 대한 범국가적 비교자료는 전무한 실정이다(Goerdt et al. 1996 ; Rehm and Gmel 2000a). 장애라는 문제에 대한 분류 및 리코딩을 위한 개정 체계는 근자에 들어서야 세계보건기구에 의해 채택되었다(the International Classification of Function, Disability and Health (ICF) : cf. WHO 2001). 알코올은 사망보다는 장애에 더욱 긴밀한 연관이 있다. 사망과 특히 장애에 관한 정보의 부족은 알코올의 기여도를 추측함에 있어 대단히 심각한 문제가 아닐 수 없다(Murray and Lopez 1996 ; Rehm et al. 2004).

문자 그대로 사회적 정의의 요소라는 것은 사회 문제에 있어 더욱 중요하다. 어떤 사회에서는 아동의 혼례와 일부다처제 등이 허용되기도 하지만 다른 사회에서는 사회적 문제로 거론되거나 범죄로 인식될 수도 있다. 사회적인 문제의 존재는 기성 사회에서조차 평가와 논쟁의 쟁점으로 부각된다. 커플 관계를 맺고 있는 배우자는 상호관계의 갈등이 있다는 사실에 대해 인정하려 들지 않을지도 모른다. 또한 기존 사회에서 사회적 문제가 인식되는 방식도 여러 차례 바뀌는 것이 보편적이다. 한 예로, 1900년경 영어권 국가들에서는 이혼이 매우 빈번한 사회문제로 발생되었다. 또한 상대 배우자가 술에 취해서 혹은 습관적으로 술에 취하는 등의 '술버릇' 때문에 초래된 이혼처럼, 이혼의 복잡하고 다루기 어려운 특성에도 불구하고 '법률적으로 정의된 이혼 분류'를 만들어 내었다. 최근 10년 동안 많은 사법부에서는 '당사자 쌍방의 책임을 묻지 않는 이혼'을 인정하며 기존의 이혼 분류를 변경하였다(Room 1996).

4.2.2 원인으로서의 알코올

제 2장에서 언급한 바와 같이 음주로 인한 손상이나 폐해를 초래하는 알코올은 세 부분으로 생각해 볼 수 있다. 불건강과 손상을 일으키는 알코올의 역할과 주로 관련이 있는 알코올소비로 인한 글로벌부담을 추정하는데 있어 각각 다른 역할을 한다. 여러 만성질환에 있어 중요한 문제는 무엇보다도 축적된 음주량으로 인한 독성효과일 것이다. 반대로 크고 작은 일상적인 행사에서 술에 취하거나 술을 마시는 상황 역시 손상의 위험성을 높이는 주요 원인 중 하나로 꼽을 수 있다. 이유가 무엇이든지간에 음주와 관련된 이 모든 요인들은 만성질환 및 손상의 발생과 밀접한 상관성을 갖고 있다. 질병부담과 관련된 지구촌 곳곳의 보건자료들에 의하면 다른 어떤 건강 위험요인보다도 정신장애와 같은 의존성 질환이 발생하고 있다는 점이다. 여러 건강 문제와 관련된 의존성 질환은 대개 많은 알코올소비와 과음의 소비행태에서 비롯된다.

질환이나 범죄를 분류함에 있어 몇 몇 분류는 알코올에 있어 특이적이다. 예를 들어 국제질병분류표(International Classification of Diseases ; ICD)에 표기된 '알코올 중독'의 범주는 구체적으로 사망이나 손상 등에 원인이 된 알코올의 역할을 말한다. 그러므로 알코올이 원인이라고 추정되는 경우의 비율인 기여위험도는 1.0이거나 100%가 된다. 그러나 이러한 범주 안에서 만들어진 인과 귀인은 사회적 요인에 의해 상당한 영향을 받는다. 알코올의 귀속성을 인식하고 있는 의사나 보건관련 종사자들은 쉽게 드러나지 않는 알코올의 속성에 대해 지나치게 민감할 수도 있다. 그러나 종종 사망증명서를 작성하는 과정에서 의료인이 알코올과 사망 간의 관련성을 간과할 가능성은 존재하며, 경우에 따라서는 고인의 명성을 위해 일부러 묵과(黙過)될 가능성도 있다. 10개국의 12개 도시에서 수행된 획기적인 한 연구에서는 병원기록, 임상의와 가족 구성원들이 참여한 인터뷰와 추가적인 정보를 충분히 고려한 이후에, 알코올중독증과 함께 국제질병분류표의 '간경변'에 포함되는 사망자의 수가 135%까지 상승했다는 사실을 밝혀내었다. 문제의 심각성은 새로운 환자의 대다수가 예전에는 알코올중독증을 동반하지 않은 간경변증 환자로 기록되었다는 것이다(Puffer and Griffith 1967).

사망, 질병, 장애 또는 범죄에 대한 분류에서 알코올의 연관성은 어떤 확실성의 문제라기보다는 가능성을 높이는 요인이 된다. 전에 술을 마셨었던 운전자를 포함한 교통사고 사망자들 중 몇 몇은 그들이 과거에 술을 마시지 않았다 하더라도 자신들의 운명을 피할 수 없었을지도 모른다(Reed 1981). 왜냐하면 다른 운전자의 실수가 있을 수 있기 때문이다. 수많은 분류 속에서 알코올의 역할에 관한 적절한 조치를 취하기 위해서는 알코올에 잠재적으로 내재된 각각의 질병분류에 대하여 상대적인 위험성 측정을 위한 역학연구의 수행이 요구된다(예, 음주의 특이 단계 및 음주패턴별 사망률과 유병률의 증가). 몇 몇 사망 원인에 있어 상대적인 위험성은 나라와 문화권에 따라 다양한 양상을 띤다. 결국 관련되는 음주패턴이나 단계에 관한 폭 넓은 자료에 근거를 둔 상대적인 위험성에 대한 정보를 결합시키는 과정에서 특정 사회에 대한 기여 위험도의 산출이 가능해진다.

사회문제와 보건문제에 있어 알코올은 그 문제에 책임이 있는 몇 요인 중 유일한 인과관계 요인이라는 점에 주목할 필요가 있다. 예를 들어 간염이나 영양실조와 함께 과음도 간경화성 사망의 원인이 될 수 있다. 도로위의 빙판이나 거리의 희미한 가로등 등은 음주운전자와 마찬가지로 교통사고의 흔한 원인일 것이다. 우리가 염두에 두고 있는 가장 희박한 인과성은 다음과 같은 질문에 기초를 두고 있다. 술만 안 마셨다면 그 일이 일어나지 않았을까? [박스 4.1]은 인과관계에 대하여 근래의 역학적 사고에 더 깊은 통찰력을 더해준다.

[박스 4.1] 역학자들이 추정하는 사망, 질병 및 사회적 폐해에 대한 알코올 기여도 산출방식

과학에 내재되어 있는 인과성에 관한 논리에 의하면, 인과관계의 확인은 여러 가지 결과들 사이에 다양하게 존재할 것이다(Rehm and Fischer 1997 ; see also Pernanen 2001). 건강이라는 성과물을 위해 스트레스는 지속적인 관련이 있을 뿐만 아니라 생물학적 대사경로가 될 수도 있다는 평범한 역학적 정의가 사용되어 왔다(Rothman et al. 2008). 따라서 수많은 역학적 연구에서 밝혀진 알코올과 폐암 간의 지속적인 관련성(English et al.1995)은 여기에서 알코올 원인성 질환으로 포함시키지 않았다. 그 이유는 그 어떤 생물학적 대사경로도 밝혀진 바 없기도 하고, 음주자들에서 더 많은 폐암건수는 흡연에 의해 야기되었다고 믿기 때문이기도 하다(Bandera et al. 2001).

또 다른 시각으로 볼 때, 다음의 예는 매우 흥미롭다. 어떤 사람은 흡연이 알코올과 연관된 원인 고리의 일부가 될 수 있다는 논쟁을 펼칠 수 있을 것이다(Rothman et al.2008). 만약 이러한 인과관계가 성립된다면 발생된 폐암의 몇 건은 음주에서 기인되었다고 할 수 있을 것이다. 알코올과 흡연 간의 지속적인 관련성에도 불구하고, 흡연을 유발하는 음주에 대한 증거가 충분히 판단되지 않았기 때문에 이번 장에서는 폐암을 포함시키지 않았다. 현재의 지식수준에 의하면 흡연과 음주행위 모두 공통된 제3의 원인요인에서 기인한다는 것을 알려주고 있다(Little 2000). 이러한 이유로 인해 알코올의 영향을 과장하지 않으면서 치료가 이루어졌다.

알코올과 건강 간의 인과성 관계가 종종 잠재적인 생물학적 대사경로의 타당성 여부에 의존하는 반면 알코올과 사회적인 폐해 간의 인과성 관계는 주로 이러한 방식으로 결정되기는 어렵다. 다만 공격적인 행동은 예외인데, 주취(술취함)와 공격성 간의 인과관계는 알코올과 공격적인 행동간의 관련성을 구체적으로 생물학적 기전에 의해 알려주는 연구 뿐만 아니라 역학연구 및 실험연구에 의해 꾸준히 지지되어 왔기 때문이다. 이러한 관련성이 성별과 개인적 특성에 의하여 명확히 통제되었다 하더라도(Graham et al. 1998 ; Lipsey et al. 1997), 많은 실험연구들은 알코올과 공격성 간의 인과관계를 보여주고 있다(Bushman 1997 ; Bushman and Cooper 1990). 알코올이 공격행위를 증가시킨다는 사실을 통하여 생물학적 대사경로를 알려주는 또 다른 증거가 있다(Pihl et al. 1993 ; Miczek et al. 1993, 1997). 알코올은 문제해결능력을 감소시켜(Sayette et al. 1993) 인지기능에 손상을 입힘으로써(Peterson et al. 1990) 공격성을 야기하는 원인이 될 수 있다.

다른 사회적인 문제에 대해 알코올 원인 기여도의 추정만으로는 손쉬운 해결책을 얻기 어렵다. 여러 사회적 문제들에 대해 경찰, 사회복지사, 또는 다른 전문가들이 보유한 자료들이 있을 것이다. 인구조사에서 사용된 수많은 자료들은 알코올에 대한 음주자의 인과적인 속성과 동시에 음주자 가족간, 친구들, 주변인 혹은 희생자들의 인과적인 속성도 보여준다. 같은 현상에 대해 관찰자들 사이에서조차 종종 귀속성에 대해 상당한 차이가 존재하며, 이러한 방법론은 조사응답자들의 속성이 인과성의 증거로는 불충분할 수도 있기에 비판이 되어 왔다(see Gmel et al. 2000). 그러나 그러한 귀속성은 때론 사회적 문제의 핵심을 이루기도 하는데 그 결과 그 자료의 일부가 되기도 한다. 만약 누군가가 자신의 배우자의 음주원인에 대해 고민하고 있다면 그 자체만으로 음주와 관련된 인간관계 문제가 있음을 보여준다.

이러한 모든 자료에서 얻는 일관된 실증적인 증거와 더불어 이론적인 뒷받침과 방법론은 사회적인 폐해의 원인이 되는 알코올을 추론하는데 있어 중요한 역할을 한다.

4.2.3 평균음주량과 음주패턴의 역할

지금까지 우리는 알코올과 여러 문제들과의 관련성에 관하여 개략적으로 알아보았다. 그러한 관련성에 대해 더욱 명확한 이해를 돕기 위해서는 알코올소비에 대한 다양한 관점에서 명확한 구분이 선행되어야 한다. 이번 장에서는 평균 알코올소비와 음주패턴에 대해 알아보고자 한다(정의에 관해서는 제 3장 또는 용어 사전 참조). 무절제한 과음을 제외한 음주패턴의 예를 들어보자. 연구결과, 경도에서부터 중등도의 남성 음주자(하루 0~2회 음주자)들 가운데 만약 가끔씩 한꺼번에 과음을 하는 경우라면 총 사망률이 두 배 가량 높아지는 것으로 알려졌다(Rehm et al. 2001a). 1회의 과음은 비단 사망률 뿐만 아니라 사고나 부상과 같은 심각한 결과를 일으킨다. 따라서 알코올 소비와 그 결과 간의 관계에 대한 논의가 필요하고, 이와 관련된 문제(건강 vs 사회) 및 음주에 대한 다양한 차원(평균 음주량 vs 음주패턴) 등의 고려가 요구된다.

4.2.4 알코올의 역할에 대한 증거 : 개인과 집단수준의 연구

사망, 장애 및 사회적인 문제들은 개인에게 발생하며 그에 따른 원론적인 관심도 이어지고 있다. 개인수준에서 알코올의 득과 실은 무엇일까? 공중보건의 관점에서 보았을 때 핵심적인 질문은 다음과 같다. 집단수준에서 알코올소비의 증가나 감소 혹은 음주패턴의 변화는 어떤 영향을 끼칠 것인가라는 의문이다. 이에 대한 해답은 대개 같은 곳을 향하기도 하지만 늘 그런것은 아니다(Skog 1996). 이 논쟁의 복잡성은 각각의 분석 단계에 따른 측정 및 인과성 귀인에 대한 어려움에서 비롯된다. 종합적인 측면에서 인과성을 규명하는 것은 통제가 쉽지 않은 혼란변수로 인해 더 복잡하게 얽혀 있다(Morgenstern 1998).

이러한 현상에 대한 이해를 돕기 위하여 역학자들은 집단수준의 분석 뿐만 아니라 임상표본에 초점을 맞춘 다양한 연구방법을 개발하여 왔다. 음주와 관련된 수많은 보건 및 사회문제와 더불어 알코올과의 인과성을 개인적인 상황에서 식별해 내기란 매우 어렵다. 원인의 규정은 거대한 표본 속에서 통계적인 연관성의 정도에 따른다. 따라서 보편적으로 의학 역학분야에서의 인과관계에 관한 연구초점은 거대한 표본연구 뿐만 아니라 개인적인 결과에 대한 요약 및 비교를 포함한다.

그럼에도 불구하고, 대부분의 연구에서 표본이 전 인구의 경험을 대표하지 못한다. 이런 경험은 다른 종류의 증거에 의해 대표될 수 있다. 예를 들어, 시간 내에 한 시점에서 다른 시점에 도달하는 알코올과 관련된 어떤 변수와 그에 따른 잠재적 결과에 대한 변수 사이의 공변이를 집단수준에서 분석하는 시계열분석을 떠올릴 수 있다. 최근 들어 시계열 분석의 사용은 알코올관련분야에서 괄목할 만한 성과를 거두고 있다.

만약 개인 및 집단수준의 연구에서 얻은 결과가 한결같은 목소리를 낸다면 수많은 연구의 발전에 있어 큰 힘이 되리라 확신한다. 비근한 예로, 살인과 음주의 관련성에 관한 연구분야가 하나의 실례가 될 수 있을 것이다. 그러나 그 결과가 같은 의미를 제시하지 않는 경우라면 다른 여러 연구에서 얻어진 증거에 비중을 두고 판단해야만 할 것이다. 알코올과 그 문제점 간의 인과관계 정립과정의 복잡성과 그러한 관련성에 대한 강도를 측정하고자 할 때 발생되는 여러 난제에도 불구하고, 이 장의 후반부에서 보여주는 바와 같이, 알코올 역학 학문은 매우 많은 건강문제와 사회문제에 기여한 알코올의 특이적 역할을 더욱 명쾌하게 밝히는데 혁혁한 공을 세우고 있다.

4.3 알코올소비와 그에 따른 건강문제

알코올과 관련된 건강문제로 귀결된 질병부담을 측정하기 위해서는 그러한 문제들이 인체에 어떤 유해성 혹은 이로움이 있는지를 고려할 필요가 있다. 인체에 대한 유해성은 사고, 부상 및 급성중독 뿐만 아니라(감염성 질환을 제외한 그 밖의 모든 목록은 Rehm et al. 2004 참조) 보통은 만성질환이나 감염성질환의 상태에 영향을 주는 알코올로부터 비롯된다. [박스 4.2]는 알코올과 관련된 병적 상태 그리고 사망률과 연관된 주요 건강상태를 보여주고 있다.

그 밖에 몇 가지 특이 음주패턴은 관상동맥질환과 뇌경색 등에 긍정적인 영향을 주는 것으로 알려져 있다(참조 contributions in Chadwick and Goode 1998 ; Puddey et al.1999). 알코올소비와 당뇨병 간의 관계는 사실 분명하지는 않지만 꽤 타당성 있어 보이는 생리적 기전이 발표되었고, 경도 음주와 중등도 음주에 대한 긍정적인 추정도 이루어지고 있다(참조 Ashley et al. 2000).

[박스 4.2] 상병과 사망에 기여하는 주요 알코올관련질병

- **암** : 두경부암, 간암, 대장암, 여성유방암
- **신경정신병적 질환** : 알코올의존증후군, 알코올남용, 우울
- **당뇨병**(예방효과)
- **심혈관 질환** : 허혈성심질환, 고혈압, 심뇌혈관질환(예방효과와 악영향)
- **소화계질환** : 간경화, 췌장염
- **감염성질환** : 결핵, 폐렴
- **주산기질환** : 저체중아 출산, 태아알코올증후군
- **급성중독효과** : 알코올급성중독
- **사고** : 도로 및 기타 교통상해, 낙상, 익사 및 화상, 산업재해
- **자해손상** : 자살
- **폭행치사** : 폭행상해

* 질환에 대한 알코올의 인과성이 입증된 질환들만 나열되었다(see Rehm et al. 2004 ; Lönnroth et al. 2008 ; see text for detail on definition of causality). 알코올은 상대적으로 일반적이지 않은 질병과 사망에서도 중요한 역할을 한다. 대부분의 신경정신병적 질환처럼 알코올과 관련된 더 많은 질환들이 존재한다.

관상동맥질환, 유방암, 결핵, 자동차 사고와 자살 등과 같은 알코올과 관련된 매우 중요한 질환과 조건에 대해 다음 단락에서 살펴보자. 개인수준의 연구와 집단수준의 연구(집합적인 수준)에서 얻은 연구결과들은 표에 요약되어 있다. 교통사고를 제외한 이 연구의 초점은 일차적으로 사망률에 두고 있다. 메타 분석적인 재검토 과정과 핵심 연구에서 수집된 여러 증거들은 전체 알코올소비량에 따른 결과, 적정음주, 음주패턴, 매우 타당성이 있어 보이는 생물학적 메카니즘 등의 내용에서 확인할 수 있다. 또한 알코올과 그에 관련된 여러 상황 간의 관련성에 있어 영향을 주거나 반대로 완화시켜 주는 요인들의 상호작용에 관한 언급도 덧붙였다.

4.3.1 관상동맥 심장질환

관상동맥 심장질환에 대한 알코올의 영향은 [박스 4.3]에 정리되어 있다. 주로 선진국에서 이루어진 개인수준의 연구들을 살펴보면 알코올의 심장보호효과를 지적하고는 있지만 전반적으로 알코올소비와 관상동맥 심장질환 간의 관련성에 대하여 부정적인 입장을 취하고 있다. 앞서 언급한 바와 같이 절대 금주자들에 비해 경도 음주자들의 사망률이 조금 낮다.

이러한 결과는 잠재적인 교란요인(예, 다이어트 : Rehm et al. 1997 ; 사회적 고립 : Murray et al. 1999)을 조정한 후에도 계속 나타나고 있다. 또한 최근에 어떤 질환에 이환되어 어쩔 수 없이 술을 끊게 된, 다시 말해 과거 음주 경력을 갖고 있는 금주자를 의미하는 '식쿼터(Sick quitter) : 몸이 안 좋아져서 금주하게 된 자'들은 효과를 교정한 후에도 일관된 결과를 보였다. 그러나 최근에 그러한 효과에 대한 증거들은 뜨거운 논쟁의 대상이 되어 왔으며(Fillmore et al. 2006), 결국 빈약한 연구설계에서 과대평가된 결과였다는 결론에 이르렀다. 생물학적 기전에 대한 증거는 강력하긴 하지만 완전히 결정적인 증거가 되기에는 다소 무리가 있다(e.g., Zakhari 1997 ; Puddey et al. 1999 ; Rehm et al. 2003). 그러나 주로 혈전 예방적인 차원에서 고려한다고 해도 최소한 그러한 효과의 반 정도만 단기간에 가능하리라 생각된다. 그렇기 때문에 개도국들의 가장 일반적인 음주패턴 중 하나인 산발적인 음주의 이득은 별로 없을 것이다.

과음의 결과에 대해 아직 명확하지는 않지만 전반적인 폐해의 대부분이 밝혀졌고 특히 여성에게 미치는 문제점에 대해서는 구체적으로 나타났다. 특히 러시아에서의 일상적인 폭음은 관상동맥 심장질환으로부터 기인된 사망률 증가와 관련되어 있다. 그 결과 1995년부터 1998년까지 전체 알코올소비량이 25% 수준까지 하락했던 러시아에서

[박스 4.3] 허혈성심질환에 대한 알코올의 효과(ICD10 : I20-I25)

개인수준의 연구				
알코올의 양	적정음주	음주패턴	메카니즘	상호작용
메타분석 결과, 가벼운 음주부터 적정량의 음주에 걸쳐 유의미한 이로운 효과들이 있으나(e.g., Maclure 1993 ; English et al. 1995 ; Single et al. 1999 ; Corrao et al. 2000), 과도한 음주에 대해서는 모든 면에서 해로운 결정적인 증거들이 있다(Rehm et al. 1997 ; Corrao et al. 2000). 최근 연구방법이 정교화되면서 알코올에 이로운 효과가 없다는 점은 설득적이지 않으나 알코올의 효과들이 오랫동안 과대하게 추정되어온 점은 사실이다(e.g., Fillmore et al. 2006).	메타분석연구결과 과음을 하지 않는 적정음주자에 한해서 유의한 이로운 효과가 있다.	불규칙적인 과음 기회는 관상동맥심질환에 해로운 영향을 미친다(Puddey et al. 1999 ; Rehm et al. 2003). 메타분석결과 과음으로 인한 알코올소비량의 효과가 교란된 것으로 분석된다(Bagnardi et al. 2008).	몇 가지 메카니즘에 대한 충분한 증거(혈중지질, 혈액응고 : Mukamal and Rimm 2001)와 몇 가지 질병에 대한 증거가 있다(예, 감염증 : see Puddey et al. 1999 ; Rehm et al. 2003).	일관된 상호작용이 발견되지 않는다. 단, 어떤 알코올성 음료들은 좀 더 예방적이라는 것이 밝혀졌지만 이는 알코올성 음료의 선호도가 기타 보호요인에 대한 단순 표식자라는 것을 알려줄 뿐이다(see also Rimm et al. 1996).

는 관상동맥 심장질환과 더불어 순환계 질환과 관련된 사망률이 남성의 경우는 9%, 여성은 6%까지 감소되었다(Leon et al. 1997 ; Shkolnikov and Nemtsov 1997).

몇 가지 집합적 수준으로 수행된 연구들에 의하면 예상을 뒤엎는 어떠한 결과에 대한 보고도 없는 것으로 보여진다(e.g., Hemström 2001). 주민들 사이에서 관측되는 음주수준의 변화로 인한 결과는 결국 전체집단으로 확산된다는 가설(Skog 1996) 역시 앞서 언급된 결과와 일맥상통하고 있다. 또한 알코올소비의 증가 때문에 이익을 얻는 특정인들과 반대로 그로 인해 피해를 입는 특정인들과의 대립은 당연한 결과일 것이다.

다층분석 결과 역시 개인수준에 대한 연구결과와 일관성 있는 결론을 짓고 있는데 예를 들어 대부분 일정한 음주패턴을 보이는 국가들에서 음주의 긍정적 영향이 보고되고 있는 반면, 비정형적인 음주패턴을 보인다든지 혹은 과음과 같은 양상이 심각한 국가들에서는 음주로 인한 부정적인 결과가 보고되고 있다(Rehm et al. 2004).

결론적으로 개인의 규칙적이고 가벼운 음주 혹은 적정음주는 심장을 보호하는 효과가 있다는 논쟁에 대한 충분한 증거가 있다는 사실이다. 이러한 결론은 주로 관상동맥 경화성 심질환의 주요 위험군인 45세 이상의 그룹에게 유용할 것이다(e.g., Lopez et al. 2006 ; for the relationship to alcohol by age, see Rehm and Sempos 1995a, b).

하지만 음주가 인체에 미치는 몇 몇 긍정적인 영향에 관한 연구결과와 공중보건 간의 복잡 미묘한 긴밀성은 상당히 제한적인 부분이 있다. 대부분의 집합적 수준에서 수행된 연구결과들은 집단수준의 알코올소비 증가로부터 얻을 수 있는 에누리 없이 순수한 예방 효과라는 것은 존재하지 않는다고 경고하고 있다.

과음과 같은 문제성 음주패턴이 산발적으로 목격되는 사회에서는 관상동맥경화성 심질환에 대한 알코올 효과를 기대하기 매우 어려운 상황이며, 오히려 폐해에 대한 우려가 매우 높다. 개인수준에서 알코올의 심장질환 예방에 관한 관련성을 공중보건학적 관점에서 고려한다면 과음자의 수는 억제하면서 가볍게 정기적으로 술을 즐기는 음주자의 수는 늘리는 전략을 세우기 위해 각고의 노력을 기울여야 한다. 만약 집단의 어느 한 부류가 매일 혹은 하루걸러 한 잔 정도만 마시도록 격려를 받게 된다면 알코올과 관련된 많은 문제에 노출되지 않으면서도 심장을 보호하는 여러 효과를 얻을 수 있을 것이다(Criqui 1994, 1996). 그렇지만 이러한 목적을 얻기 위한 효과적인 전략에 대한 연구결과는 매우 미비한 실정이다. 만약 가벼운 음주자 집단에서 알코올소비의 증가가 나타난다면 과도한 음주자 집단에서도 역시 이와 비례하는 현상이 나타날 것이다. 앞서 언급한 바와 같이 이러한 경향은 관상동맥경화성 심장질환 연구결과에 있어 어떠한 유의한 결과도 얻지 못했다는 결론과도 일관된 입장을 보이는 것이다.

그러므로 어떤 집단의 과음주자군으로 하여금 가벼운 음주자나 적정음주자 수준으로 알코올소비를 감소시키기 위해서는 잠재적인 이점을 극대화시킬 수 있는 더욱 안전한 전략이 마련되어야 할 것이다.

4.3.2 유방암

[박스 4.4]에서 보여주듯이 유방암은 알코올의 적은 투입량에도 상관성을 갖는 것으로 보인다(e.g., Singletary and Gapstur 2001). 특히 알코올은 여성 호르몬의 일종인 에스트로겐과 같은 호르몬과의 상호작용의 가능성을 만든다. 음주패턴과 관련하여 폭음은 더욱 높은 위험성을 가지고 있으나 그 증거는 단지 추측일 뿐이다. 몇 몇 연구결과들은 알코올과 유방암과의 관련성에 있어 알코올성 음료에 따른 많은 차이점을 보

이고 있다. 그러나 주류의 선호도는 그 밖에 다른 요인과 관련된 표식자의 역할을 할 수 있으리라 보인다. 결론적으로 유방암과 음주량은 연관성이 있다. 매일 한 잔의 음주에 대한 유방암 발생의 위험성의 비례관계가 이미 입증되었으며 더 나아가 평균적으로 더 많은 음주는 더 높은 유방암 발생의 위험성을 내포한다(Baan et al. 2007 ; Hamajima et al. 2002).

[박스 4.4] 유방암과 혹은 유방의 상피내암에 대한 알코올의 효과(ICD-10 : C50/D05)

개인수준의 연구				
알코올의 양	적정음주	음주패턴	메카니즘	상호작용
잉글리쉬 등(English et al. 1995)의 보고 이후 모든 메타분석 결과는 유의미한 해로운 효과를 보고하고 있다(Smith-Warner et al. 1998 ; Corrao et al. 1999 ; Single et al. 1999 ; Gutjahr et al. 2001). 5만 이상의 사례와 함께 53개의 개인수준의 통합연구 결과 명백한 양-반응 결과가 입증되었다(Hamajima et al. 2002).	직선 모양이 아닌 범주화로 검증되었다 하더라도 메타분석 연구에서의 결정적인 해로운 효과가 입증되었다(Hamajima et al. 2002 ; Corrao et al. 1999). 하루 평균 한 잔의 음주에서도 위험성이 증가한다(Hamajima et al. 2002).	폭음경향에 더욱 유의미하다(Kinney et al. 2000) ; Kohlmeier and Mendez 1997).	아직 명백하지 않으나 가능성 있는 가설이다(Baan et al. 2007). 국제암연구기관의 유방암에 대한 알코올의 기여영향력에 관한 유의한 증거를 발견하였다(Baan et al. 2007).	에스트로겐, 에스트라디올(폐경 이전과 이후 여성)에 관한 연구에서 상호작용이 발견되었다(Ginsburg et al. 1996 ; Ginsburg 1999).

4.3.3 결핵

1785년, 미국 내과의 벤자민 러쉬(Benjamin Rush)는 결핵과 폐렴을 지속적인 과음으로 인한 감염성 후유증으로 기재하였다(Rush 1785). 그 이후부터 알코올 및 알코올 사용장애와 결핵 간의 연관성을 설명하는 수많은 발표가 이어졌다(e.g., Jacobson 1992 ; Szabo 1997a).

그러나 앞서 언급한 세 가지 변수들 간의 인과관계는 의학 역학자들이 면역학 연구를 통한 새로운 증거의 발견과 교란변수의 통제를 위한 효과적인 통계방법을 이용하여 실마리를 풀 때까지 명확하게 증명되지는 못하였다. 전반적으로 결핵의 발병에 있어 알코올의 기여에 관한 분명한 증거가 제시되었다(참조 박스 4.5 ; Parry et al. 2009). 하지만 유방암과는 달리 그러한 결과는 단지 과음, 알코올남용 및 알코올의존의 경우에만 관찰되고 있을 뿐 가벼운 음주나 혹은 적정음주의 경우에는 그 예를 찾기 어렵다.

그 외에도 알코올소비는 질환의 경과를 악화시킬 수 있고 면역계 손상이나 약물치료의 순응도를 감소시켜 치료 성공률을 저하시키기도 한다(e.g., Jakubowiak et al. 2007). 이와 같이 알코올은 약물내성 결핵의 발생과도 관련이 있다(Fleming et al. 2006).

[박스 4.5] 결핵에 대한 알코올의 영향

개인 수준 연구				
알코올의 양	절주	음주의 유형	메카니즘	상호작용
알코올남용(매일 40g 또는 그 이상의 알코올 사용으로 정의됨, 또는 알코올 사용 장애로 임상 진단받음)으로 인해 감염된 결핵 위험의 메타분석은 3개 이상의 모든 연구를 통해 관련 위험성을 상당히 이끌어 냄(Lönnroth et al. 2008)	론로쓰(Lönnroth et al. 2008) 등은 40g 이하와 소비량 사이에는 관련성을 찾지 못하였음	알코올의 영향은 과음에 의한 것이며 부가된 요인으로써 규칙적인 음주는 아직 분명히 밝혀지지 않았음	두 개의 가설 : 1) 알코올의 영향과 면역체계(Szabo 1997a) 2) 알코올중독자의 사회적 이동의 효과. 전문적인 검토는 알코올이 결핵에 원인을 제공하였다고 결론지음(Parry et al. 2009)	빈곤, 영양 상태와 공동감염은 결핵에 있어 알코올의 영향을 유의적으로 중재시킴
집합적 연구				
어떤 연구도 사용할 수 없음				

4.3.4 교통사고 상해와 사망

자동차 사고와 알코올은 서로 분명히 관련이 있다. 문제를 일으킬 수 있는 역치[1]점으로 제시된 40mg%의 혈중알코올농도와 더불어 운전 직전의 음주량 상태와 생리학적인 효과 간의 관련성은 꾸준히 입증되어 왔다(.04%, Eckardt et al. 1998). 생물학적 증거 역시 이러한 관련성을 지지해 주고 있다. 음주 경험이 많은 음주자들을 대상으로 한 연구에서 보면, 사고 같은 문제가 야기될 수 있는 역치에 해당하는 혈중알코올농도보다 더 낮은 농도에서 분명 알코올의 효과라고 예측되는 몇 가지 징후가 있기는 하지만 그 증거는 그다지 광범위하지 못하다. 일반적으로 사고와 평상 시 주량 간의 관련

1) 역치 : 생물의 감각에 반응을 일으키게 하는 최소한의 자극의 강도

성이 있다고 간주되고는 있으나 그것이 음주패턴과는 별개의 변수인지에 관해서는 아직 명확하게 밝혀지지 않고 있다.

집단수준에서 보면 적법한 혈중알코올농도의 수준변화는 자동차 사고율에 영향을 미친다. 특히 음주운전으로 발생한 야간 단독 차량 사고의 경우는 혈중알코올농도 수준의 변화와 더욱 밀접한 관련이 있다(Mann et al. 2001). 이러한 사실은 자동차 사고에 있어 알코올이 미치는 중대한 역할에 대한 개인수준의 사례 통제 연구에서 얻은 결과를 매우 강력하게 지지해 준다.

[박스 4.6] 자동차 사고로 인한 손상 및 사망에 있어 알코올의 효과(ICD-10 : V codes)

개인수준의 연구				
알코올의 양	적정음주	음주패턴	메카니즘	상호작용
알코올 섭취량은 교통사고 위험과 깊은 관련이 있다(Midanik et al. 1996). 그러나 이러한 결과가 음주패턴과 독립적인지는 명백하지 않다(see Rehm and Gmel 2000b). 예를 들어 그와 같은 상관성이 단순히 과음빈도, 음주량 및 음주횟수 등 음주패턴으로 인한 것인지 아니면 음주량으로 인한 것인지 확인이 필요하다	혈중알코올농도가 40mg%이거나 이상일 때(약 0.4g 순수 알코올/kg)를 주관적이고 정신역동성과 측정에 대한 알코올의 부정적 영향의 역치점으로 판단한다. 순수 알코올 0.25g/kg 또는 10mg%부터 30mg%의 혈중알코올농도만큼 낮은 상태에서 '술에 취했다는' 주관적인 느낌이 발생한다(Eckardt et al. 1998). 주관적 측정에 대한 J형 용량반응곡선의 암시와 정신역동성과 측정이 있다. 매우 낮은 소비상태에서 긍정적인 효과가 발생한다.	정신역동성은 알코올의 섭취 속도와 관련이 있으며, 술을 빨리 마셨을 때 강력한 영향을 미친다(e.g., Eckardt et al. 1998 ; Gruenewald et al. 1996 ; Rossow et al. 2001).	신경화학적 수준에서 에탄올은 감마아미노낙산(GABA), 글루타민산성(glutamatergic), 세로토닌성(serotonergic), 도파민작용성(dopaminergic), 콜린성(cholinergic), 아편성(opioid) 신경체계에 영향을 미친다. 에탄올은 이러한 체계에 직접적인 영향을 미치며, 상호작용은 이러한 시스템들 사이에서 그리고 이러한 시스템 내에서 에탄올 작용의 표출에 있어 중요하다(Eckardt et al. 1998).	경험이 있는 음주자에게서 적응, 학습, 그리고 수행상 역효과의 증거가 더 낮다(Rossow et al. 2001 ; Cherpitel 1996). 주종 간의 차이에 관한 몇 가지 증거가 있으나, 그러나 알코올성 음료들은 기타 변수들 중 하나이다(Gruenewald and Ponicki 1995).

집합적 연구
많은 유럽 국가들에서 치명적인 사고율은 1인당 알코올소비량의 증가와 함께 증가한다(Skog 2001). 수많은 연구를 통해서 법적 혈중알코올농도를 감소시키는 것이 교통사고의 감소에 크게 연관이 있다는 사실을 말해준다(Mann et al. 2001).

4.3.5 자살

과도한 음주자들에게 있어 알코올과 자살 혹은 자살 시도 간의 관련성은 개인수준 연구와 집합적 수준의 연구 모두에서 분명히 입증된 바 있다(Rossow 2000)(박스 4.7). 전체적인 관련성의 강도는 여러 문화에 따라 다양하게 나타나고 있다. 개인수준의 연구와 집합적 수준의 연구 모두 음주패턴(예, 불규칙적인 음주, 과도한 음주 등)이 자살사고와 동반 상승되고 있음을 시사하고 있다.

[박스 4.7] 알코올의 자살에 대한 기여(ICD-10 : X60-X84, Y870)

개인수준의 연구				
알코올의 양	적정음주	음주패턴	이론적 근거	상호작용
몇 연구는 소비수준과 자살행위의 위험성 간에 직선 관계를 보여준다(e.g., Andréasson et al. 1988 ; Dawson 1997). 수많은 연구는 알코올남용자들과 과음자에게서 자살의 위험성과 자살시도가 유의미하게 높다는 점을 지적하고 있다(Rossow 2000 ; Rossow et al. 2001).	적정음주가 예방적 효과가 있다는 증거가 없고 오히려 위험성이 증가한다(e.g., Andréasson et al. 1988 ; Dawson 1997).	몇 몇 연구는 급성중독의 빈도가 증가함에 따라 자살시도 위험성이 증가하며(Rossow and Wichstrøm 1994 ; Dawson 1997), 알코올소비량보다는 술 취하는 빈도와 더 강한 연관성이 있다(Dawson 1997).	사회적 와해, 사회적 손실과 정신적 질환 등은 중간 매개요인이라는 가설이 제시된다(Skog 1991 ; Murphy 2000).	정신질환에 동시에 이환될 때 알코올남용자들 사이에 자살행위의 위험성이 증가된다(Murphy 2000). 그 관련성은 문화적 규범에 따라 매우 다양하다.

4.3.6 알코올과 총 사망률

총 사망률은 다양한 알코올의 효과를 결합시키는데 도움을 주는 일종의 잠재적인 약식 척도라 할 수 있다. [그림 4.1]은 알코올이 45세 미만의 성인 남자에게 끼친 영향을 보여준다(Rehm et al. 2001b). 45세 미만의 연령 그룹에서 평균 음주량과 총 사망률 간의 관련성은 거의 직선형을 나타내고 있다. 또한 알코올소비 수준이 증가함에 따라 사망의 위험성이 함께 증가된 사실도 반영되었다.

그러나 사망률에 있어 알코올의 유익한 효과가 나타나기 시작하는 45세 이상의 인구층에서는 다소 다른 유형도 보인다. [그림 4.2]와 [그림 4.3]은 남성노인 그룹과 여성노인 그룹 각각의 평균 음주량과 총 원인별 사망률 간의 관계를 보여주고 있다

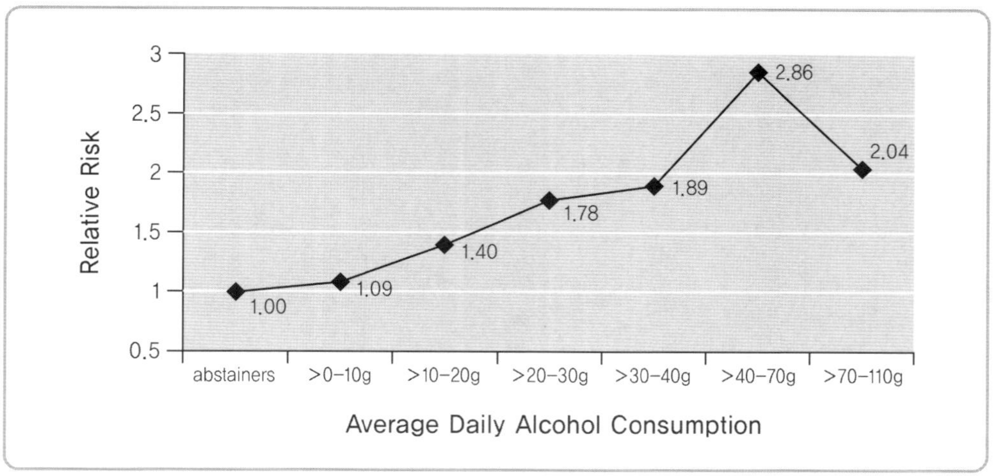

[그림 4.1] 하루 평균 알코올소비량(g)과 알코올기여 사망위험비
(남성, 45세 미만, Rehm et al., 2001a, b)

(Rehm et al. 2001b). 두 그룹 모두 J-형 곡선을 보이지만, 여성노인 그룹의 경우 낮은 음주수준에서도 알코올의 해로운 영향을 경험한 것으로 나타났다.

J-형 곡선은 다른 여러 만성 질환에 대한 알코올의 부정적인 영향을 시사하고 있다. 하지만 한편으로는 관상동맥 심장질환(박스 4.3 참고) 및 허혈성 뇌졸중 등의 질환에 있어서는 적정음주가 유익한 효과가 있음을 보여주고 있다.

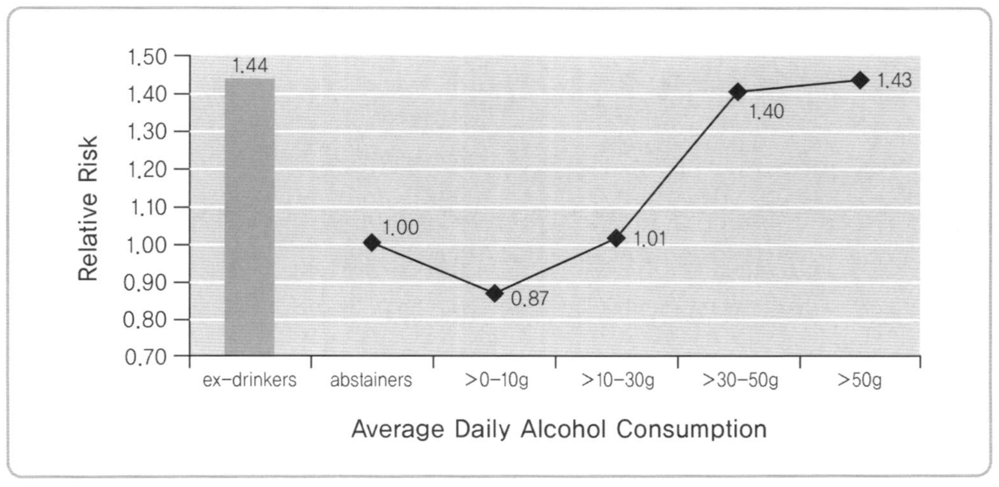

[그림 4.2] 하루 평균 알코올소비량(g)과 알코올기여 사망위험비
(여성, 45세 이상, Rehm et al., 2001a, b)

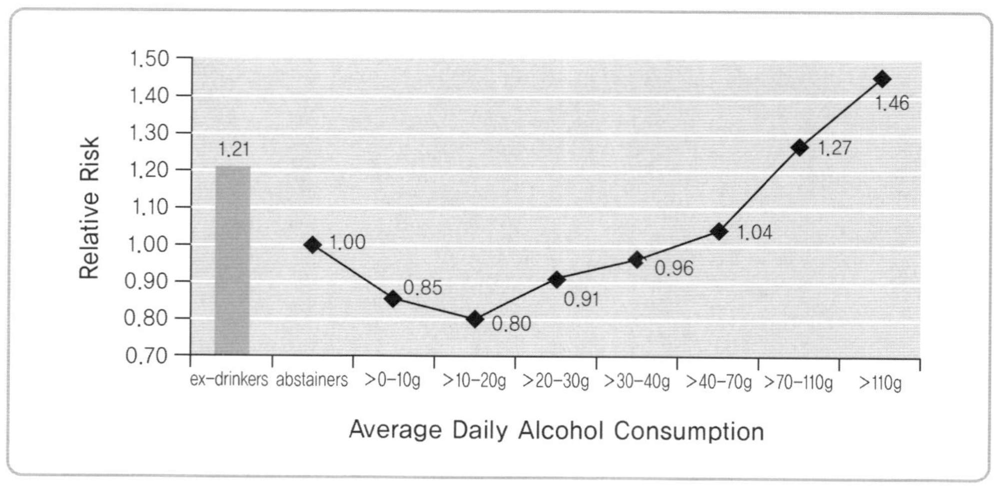

[그림 4.3] 하루 평균 알코올소비량(g)과 알코올기여 사망위험비
(남성, 45세 이상, Rehm et al., 2001a, b)

지금까지 우리는 단순히 평균 음주량에 관하여 논하였다. 음주패턴과 총 사망률에 관한 최근 연구에 의하면 알코올의 유익한 효과는 과도한 음주의 횟수 및 빈도와 역상관성이 있음을 추측할 수 있다(Rehm et al. 2001a).

성별, 연령 그 외에도 다양한 요소와 함께 작용하는 음주는 총 원인별 사망률과 관련된 알코올 효과에 영향을 미친다. 이 외에도 총 사망률에 있어 여러 가지 사망원인의 잠재적인 혼효[2)]는 위험 곡선의 정밀한 형태에 영향을 준다.

4.3.7 알코올과 건강문제

이상을 요약한 결과는 다음과 같다.

① 음주량은 특정용량반응 관련성에 의하여 대부분의 질환으로 이어진다. 이러한 관련성은 J-형 곡선(심장질환 혹은 총 사망률의 경우) 또는 가속곡선(간경변 혹은 자동차 사고의 경우) 그리고 직선형곡선(유방암 혹은 자살의 경우)으로 나타날 수 있다.

② 결핵과 같은 몇 가지 질환별 범주에서는 과도한 음주나 알코올 사용장애만이 이러한 질환과 관련이 있어 보이는 것은 역치효과로 인한 것일 가능성이 크다.

③ 음주패턴은 질병에 대한 부담과 음주로 인한 건강유익이라는 두 사실 모두에 매

2) 혼효 : 서로 뒤섞임

우 중요한 작용을 한다. 음주패턴의 역할은 관상동맥 심장질환, 자동차 사고, 자살 그리고 특히 유방암과의 관련성을 갖고 있다.

④ 적정음주는 긍정적인 건강효과 뿐만 아니라 동시에 부정적인 건강효과를 지니고 있다. 하지만 그것이 관상동맥 심장질환에 있어 어느 정도 효과가 있다 하더라도 암 혹은 다른 질환의 위험성 증가와 무관하다고 할 수는 없다.

⑤ 많은 질병의 상태와 다른 여러 요인들 간에는 서로 상호작용이 일어난다. 이러한 상호작용은 질병의 원인으로 귀결시킬 수 있는 알코올의 기여도 측정을 쉽지 않게 한다.

⑥ 어떤 질환의 조건에 대한 개인수준 및 집단수준의 분석은 일관된 결론을 유지하고 있지 못하다. 개인수준 연구에서 생물학적으로 타당한 유익성을 제시한 관상동맥경화성 심장질환 사례가 그러한 예이다. 이와는 달리 집단수준의 연구에서의 제한된 증거는 이러한 효과를 나타내지는 않는다.

4.4 글로벌질병부담과 알코올

지금까지 음주와 가장 필수적인 건강조건들 사이의 관련성에 대하여 설명하였다. 그러나 알코올은 여러 질환들과 관련되며 질병이환율과 사망률에 영향을 미친다.

세계보건기구와 세계은행이 함께 후원했던 글로벌질병부담에 관한 연구에 의하면 (Murray and Lopez 1996 ; WHO 1999) 1990년, 수명과 장수와 관련된 총비용 중 3.5%가 알코올과 관련된 사망 및 장애 때문이라고 보고하였다. 최근 연구에 의하면 20세기 마지막 십년 간 알코올이 세계보건에 끼친 영향은 장애보정손실년수(DALYs)로 수량화된 수치가 4.6%로 보고되었다.

[박스 4.8] 장애보정손실년수(DALYs)

'장애보정손실년수(disability adjusted life years : DALYs)'는 각 나라의 질병부담률을 측정하기 위해 사용되는 간단한 종합 건강 측정방법을 의미한다(Murray et al. 2000). 장애로 인한 손실년수에 조기사망으로 인한 손실년수가 합쳐진다. 이러한 계산법에서, 장애는 질환에 이환되어 살아온 시간에 특이질환 가중치를 곱한 이환율에서 간접적으로 계산된다.

예를 들어, 심각한 우울증은 0.6의 가중치를 갖는데 이는 2년 간 지속되는 개인별 우울증의 증상이 1.2 DALYs (2 x 0.6)로 계산된다는 것을 의미한다. 질환별 가중치는 표준 방법을 사용한 전문가의 평가(자세한 내용 참고 Murray and Lopez 1997)로부터 얻어졌다(Drummond et al. 1997).

'글로벌질병부담 연구'의 결과를 평가할 때 우리는 이러한 측정치들이 보수적인 가설에 토대를 두고 있다는 것을 명심해야 한다. 또 명심해야 할 점은 감염성 질환은 제외시키고 있다는 점이다.

〈표 4.1〉 주요 질병분류에 따른 알코올의 글로벌알코올질병부담(2004년, DALYs in thousands)*

질병분류	M*	W*	Total M & W	%M	%W	Total % M & W
모성주산기질환 (저체중출산)	64	55	119	0.1	0.5	0.2
암	4,732	1,536	6,268	7.6	13.5	8.6
당뇨병	0	28	28	0	0.3	0.0
신경정신병적 장애	23,265	3,417	26,682	37.6	30.1	36.4
심혈관 질환	5,985	939	6,924	9.7	8.3	9.5
간경화	5,502	1,443	6,945	8.9	12.7	9.5
비의도적인 손상	15,694	2,910	18,604	25.4	25.6	25.4
의도적인 손상	6,639	1,021	7,660	10.7	9.0	10.5
장애보정손실년수에서 '기인된' 알코올관련 부담	61,881	11,349	73,231	100.0	100.0	100.0
당뇨병	−238	−101	−340	22.2	8.1	14.6
심혈관질환	−837	−1,145	−1,981	77.8	91.9	85.4
장애보정손실년수에서 '예방된' 총 알코올관련 부담	−1,075	−1,246	−2,321	100.0	100.0	100.0
전체알코올관련 장애보정손실년수	60,806	10,104	70,910	100.0	100.0	100.0
전체 장애보정손실년수	799,536	730,631	1,530,168			
알코올이 원인이 된 순수장애보정손실년수의 백분률	7.6%	1.4%	4.6%			
CRA 2000 상대위험도 (비교를 위해)	6.5%	1.3%	4.0%			

*See Rehm et al. 2009 for a description of the underlying study.
M = Men남자, W=Women여자 ;
CRA = Comparative risk assessment 상대위험도 평가
DALY = disability-adjusted life-year 장애보정손실년수
*숫자들은 가장 근접한 천단위에서 반올림. 0은 질환범주에서 알코올기여 장애보정손실연수 500미만을 말함. 백분율은 알코올에 의해 기인하거나 예방된 모든 장애보정손실연수를 뜻함

〈표 4.1〉은 2004년 한 해 동안 알코올이 기여한 글로벌 장애보정손실년수를 보여주고 있다(Rehm et al. 2009). 장애보정손실년수는 사망 또는 수명손실년수보다 비율적으로 더 크다. 그 이유는 단순한 측정방법이 사망하기 전의 장애를 가지고 살았던 년수를 설명하기 때문이다. 또한 많은 알코올 기인(起因)성 질환은 치명적이지는 않기 때문이다. 장애보정손실년수에 있어 알코올 기인성 신경정신병적 장애의 부담은 대략 결합된 전 손상범주의 부담과 동등하다. 신경정신병적 질환과 관련된 장애보정손실년수는 대부분 알코올 사용장애에서 기인하는데 그 중에서도 특히 알코올의존과 많은 관련이 있기 때문이다.

전반적으로 신경정신병적 질환은 측정된 장애보정손실년수에 있어 알코올 기인성 질환의 부담률(36.4%) 원인 중 주요부분을 차지한다. 앞에서 언급된 알코올 기인성 질환의 부담률(36.4%)의 대부분은 알코올 사용장애가 차지하는데 특히 알코올의존과 음주폐해가 포함된다.

그 밖의 우울증과 같은 신경정신병적 장애는 치명적이지는 않지만 종종 장애를 유발한다. 알코올 기인성 질환의 부담에 있어 두 번째 주요한 범주로는 고의적인 상해보다 더 중요한 의미를 갖는 비의도적인 상해를 포함한 상해(35.9%)가 차지하고 있다. 그 다음 범주는 규모면에서 간경변, 관상동맥질환 등 그 각각이 지구촌 질병 부담의 9.5%를 설명한다는 점에서 대략 동일하다.

[그림 4.4]에서와 같이 약 5.5에서 1의 비율로 남성은 여성보다 더 많은 알코올관련 질환에 노출되어 있다(남성의 알코올관련 질병부담률 7.6%, 여성의 알코올관련 질병부담률 1.4%). 특히 개발도상 지역에서는 음주자의 대다수가 남성들로 한정되기 때문에 이러한 국가들에서 남성의 알코올관련 질병 비율은 여성보다 훨씬 높은 양상을 보이고 있다. 종합적으로 볼 때, 이와 같은 비율은 동부지중해에서는 0.5% 정도로 보고되었고, 유럽에서는 11.6% 이상에 이르는 등 지역에 따라 현저한 차이를 나타내고 있다. 세계 10대 인구보유국 가운데 러시아의 최대 알코올 기인 질병부담률은 28.1%를 차지하는 것으로 드러났고, 그 뒤를 브라질(17.7%), 중국(12.9%) 그리고 독일(12.8%)이 각각 차지하고 있다. 일반적으로 가난한 인구집단과 저소득 국가들은 고소득 인구집단과 국가들과 비교했을 때 소비알코올 단위당 더 높은 알코올관련 질병부담률을 갖고 있다.

전 생애에 걸쳐 알코올관련 질환부담률 가운데 33.6%가 15~29세의 연령군에서 발생하였고, 31.3%가 30~44세 연령군에서 22.0%가 45~59세 연령군에서 각각 발생한 것으로 나타났다(Rehm et al. 2009). 물론 알코올로 인한 결과는 대부분 초기 및 중기 성년기에 나타나는 것으로 공식적으로 발표된 바 있으나 신생아기(0.3%)부터 노년기

(70세 이상의 3.7%)에 이르기까지 전 생애 주기에 걸쳐 영향을 미치는 것으로 보인다.

담배, 고콜레스테롤혈증 그리고 고혈압과 같은 전통적인 건강위험 인자들과 비교해 보았을 때 2000년도 알코올관련 질병부담률은 담배로 인한 질병부담률과 거의 동일한 수준을 나타내었다. 선진국에서는 알코올이 세번 째로 유해한 위험요인으로 꼽힌 반면 중국과 같은 신흥 경제국에서는 26개의 다른 위험요인들 가운데 제 1의 유해한 위험요인이 알코올인 것으로 평가되었다.

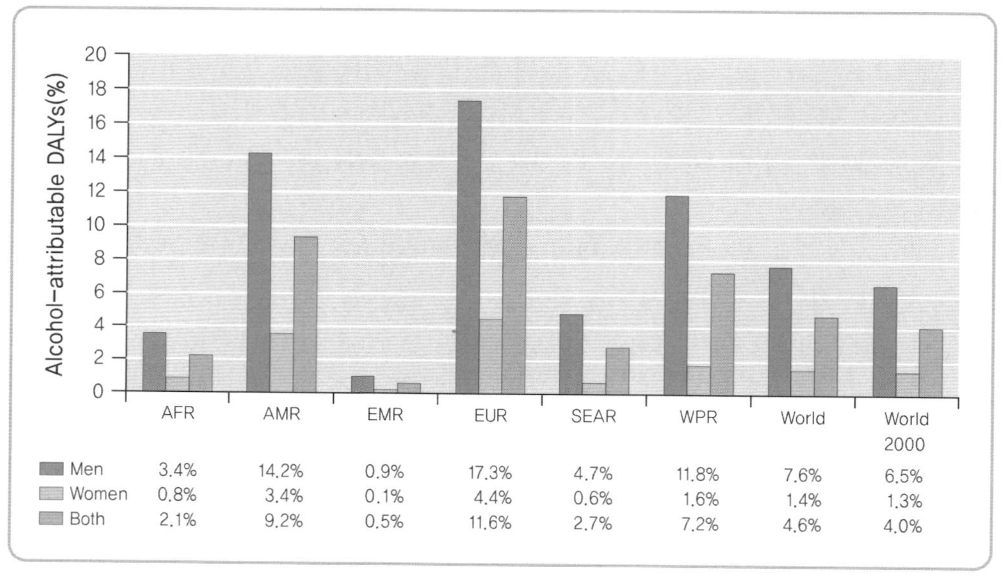

	AFR	AMR	EMR	EUR	SEAR	WPR	World	World 2000
Men	3.4%	14.2%	0.9%	17.3%	4.7%	11.8%	7.6%	6.5%
Women	0.8%	3.4%	0.1%	4.4%	0.6%	1.6%	1.4%	1.3%
Both	2.1%	9.2%	0.5%	11.6%	2.7%	7.2%	4.6%	4.0%

[그림 4.4] WHO 지역별, 성별 장애보정손실연수의 비율로서 알코올 기여 질병부담

- AFR = African region 아프리카지역 • AMR = American region 아메리카지역
- EMR = Eastern Mediterranean region 동부지중해지역 • EUR = European region 유럽지역
- SEAR = Southeast Asian region 남동아시아지역 • WPR = Western Pacific region 서태평양지역

Source : Rehm et al. (2009)

4.5 알코올소비와 사회적 폐해

질병이나 기타 의학적인 상태와 연관된 알코올관련 문제들에 대한 공공토론의 시간이 점점 많이 할애되어 왔다. 하지만 알코올은 오랫동안 '잊혀진 차원'으로 회자되면서 사회적 영역 안에서 중대한 영향력을 발휘한다(Klingemann and Gmel 2001). [박스 4.9]는 마른땅에 물이 스미듯 잊혀진 차원 속으로 흡수된 영역들을 설명하고 있다.

여기서 우리는 건강과 관련된 주요 알코올의 영향력과는 반대로 술을 마시는 음주자보다는 술을 마시지 않는 그 외의 다른 사람이 사회적 폐해의 부담을 떠안게 된다는 사실에 주목해야 할 필요가 있다. 타인의 음주로 인한 폐해에 관한 체계적인 고찰이 좀 더 이루어져야 하지만 분명한 사실은 알코올소비가 폭력, 가정폭력, 재산 피해, 가정의 기능장애, 교통사고, 직장문제, 알코올관련 범죄 및 알코올관련 폐해의 사회적 총비용 등과 같은 외적인 결과를 초래한다는 것이다.

[박스 4.9] 알코올과 관련된 사회적 폐해 범주

폐해의 범주
• 폭력[a]
• 공공기물 파손
• 공중질서 위반
• 가족문제 : 이혼, 결혼생활 문제, 아동학대
• 기타 개인 간 문제
• 재정문제
• 작업사고보다는 업무관련문제[b]
• 교육문제
• 사회적 비용

[a] 폭력으로 인한 손상 이환율과 사망률 부문에서 사고 및 손상에 포함된다.
[b] 작업관련사고는 이환율과 사망률 부문에서 사고 및 손상에 포함된다.

이러한 여러 사회적 결과에 대한 개념적 포괄성은 체계적으로 알코올 분야를 평가하는 문제를 상당히 어렵게 만들고 있다. 위에서 제시된 바와 같이 사회적인 결과와 임상적인 결과 간의 비교를 허용한다 하더라도 그 어떤 공통된 가치도 찾기 어려울 뿐만 아니라 사회적인 결과 그 한 면만을 고려한다 하더라도 그 결과는 마찬가지이다. 사회적 비용에 관한 연구가 제안되어 왔지만, 자료의 부족으로 인하여 가정문제와 같은 사회적인 문제점들은 자주 배제되었다(Single et al. 1998). 비용에 관한 연구결과에서 얻은 종합적인 수치 역시 생산성 손실과 같은 간접비용에 상당히 의존하고 있는 것으로 나타났다.

두 번째 가능성은 고용기록, 사회복지자료 및 법원 기록 등을 사용하는 것이다. 음주문제는 흔히 사회복지사, 경찰 혹은 고용주와 같은 제 3자에 의해 인지된다. 하지만 위에서 언급한 여러 기록에서 알코올의 속성은 보통 유지가 안 되거나 이용하기 어려운 경우도 있다. 알코올과 관련된 사회문제에 대해 정기적으로 몇 가지 자료를 제공해 주는 주요 사회기록체계로써 경찰에 의한 체포와 그 밖의 형사사법조치 등이 있다(Aarens et al. 1977).

전과 기록에서 종종 과소 기인되었다 하더라도 알코올 특이적 범죄가 있었다거나 또는 음주와 관련하여 체포된 사례들은 자료제공에 도움이 될 것이다. 범죄피해조사(Victimization surveys)[3]는 알코올관련 범죄를 추정하기 위한 하나의 대안적 방안을 제공해 주고 있지만 조사 과정에 있어 응답자의 속성에 대한 타당도에 대하여 수많은 의문이 제기되고 있다. [박스 4.10 ~ 4.13]은 선별된 사회적 결과들에 대한 물증으로서 몇 가지 통찰력을 보여주고 있다. 폭력을 제외하고는 사회문제에 있어 알코올의 역할 범위에 대한 역학적 증거는 다소 약하다.

[박스 4.10] 폭력에 대한 알코올의 영향

개인수준의 연구				
알코올의 양	적정음주	음주패턴	이론적 근거	상호작용
많은 연구들에서 알코올 소비수준과 폭력사건에 연루될 위험성과의 직선형적인 관련성을 보여준다(Dawson 1997 ; Rossow 2000 ; Wells et al. 2000). 많은 수의 연구물들이 알코올남용자들과 과음자들이 폭력에 연루될 위험성이 유의하게 높다는 점을 증명하였다(Pernanen 1991 ; Rossow et al. 2001). 다수의 연구에서는 과음주자들이 폭력의 희생자가 될 가능성이 높음을 보여주고 있다(Room and Rossow 2001 ; Rossow et al. 2001)	연구물들은 적정음주가 폭력 예방적 효과가 없음을 보여주며, 오히려 위험성이 조금 증가하였음을 지적해 주고 있다(Dawson 1997 ; Rossow 2000 ; Wells et al. 2000). 그러나 실험연구는 매우 낮은 혈중알코올농도에서 알코올이 공격성에 영향을 준다는 신뢰할 만한 결과가 없음을 제시하고 있다(Graham et al. 1998).	여러 연구를 통해서 술에 취하는 빈도와 관련하여 폭력사건의 증가된 위험성을 입증하였으며(Dawson 1997 ; Rossow et al. 1999, Wells et al. 2000), 그것은 알코올소비수준보다 오히려 술에 취하는 빈도와 매우 강력한 연관성이 있음을 지적하고 있다(Dawson 1997 ; Wells et al. 2000).	여러 근간이 되는 설명가능한 메카니즘이 제시되었다(see Pernanen 1991 ; Galanter 1997 ; Graham et al. 1998, 2000 ; Gustafson 1993).	개인적 성향과 여러 환경적 특성들이 알코올과 폭력간의 관련성에 매개변수로 작용한다(Gustafson 1993 ; Pernanen 1996 ; Graham et al. 1996, 1998).

*집합적 연구

몇 연구에서는 보고된(치명적이지는 않은) 폭력의 비율이 인구집단의 총 소비량의 증가와 함께 증가하며(Skog and Bjørk 1988 ; Lenke 1990 ; Norström 1993, 1998), 살인율 역시 함께 증가하였음을 발견하였다. 연관성의 강도는 다양하며, '폭발적인' 음주유형을 갖고 있는 나라에서 더 높은 경향이 있다(Lenke 1990 ; Norström 1998 ; Parker and Cartmill 1998 ; Rossow 2001). 음주패턴의 영향은 집합적 수준의 연관성에 대한 문화비교를 통해 지지되고 있다(Lenke 1990 ; Rossow 2001). 이를테면, 급성중독이 더욱 지배적인 음주문화권에서 더 강한 연관성이 있다(Lenke 1990 ; Rossow 2001).

3) National Crime Victimization Survey (NCVS) '국가 범죄피해조사'는 미국사법부 통계국에 의해 약 49,000에서 77,400 가구를 대상으로 1년에 2회 실시되는 일종의 국가조사이다.

4.5.1 폭력

집단수준의 연구와 마찬가지로 개인 알코올소비와 폭력간의 인과관계를 보여주고 있다(Room and Rossow 2001)(박스 4.10). 그 관계의 강도는 문화적 의존성이 있다고 보여진다. 특히 알코올중독과 같은 음주패턴은 폭력을 유발시키는데 한 몫을 차지한다. 가까운 반려자에 대한 폭력은 소비되는 알코올량과 밀접한 관련이 있다.

4.5.2 이혼과 결혼생활의 문제

대표적으로 결혼생활의 어려움들 중 이혼과 알코올소비 간의 인과관계에 대한 역학적인 증거는 다소 빈약하다(박스 4.11). 많은 국가에서 배우자의 과도한 음주는 흔한 법적 이혼사유에 속했다. 특히 이혼을 위한 명분이 필요하거나 개인적인 다툼이 생길 때 더욱 그러하였다(Rehm et al. 1999). 알코올소비가 이혼의 사유가 될 수 있다는 명제는 주의깊게 통제된 역학적인 연구결과에 근거한 찬성 혹은 반대라는 증거들이 결여된 상태이다.

[박스 4.11] 이혼 및 결혼문제에서의 알코올의 영향

개인수준의 연구				
알코올의 양	적정음주	음주패턴	이론적인 근거	상호작용
대규모 횡단연구들은 과도한 음주와 이혼간의 유의미한 상관성을 입증하였으나 몇 아주 잘 고안된 연구에서만 기혼 알코올남용자와 과음주자 가운데서 다른 대상자와 비교했을 때 상당히 증가된 별거 또는 이혼위험성이 증명되었다(Leonard and Rothbard 1999). 소비량과 이혼의 위험성 간에 양반응관계에 대한 연구결과는 없다. 푸와 골드만(Fu and Goldman 2000) 역시 알코올소비와 이혼에 대한 유의한 관련성을 발견하지 못하였다. 다수의 알코올소비와 부부싸움(see Quigley and Leonard 1999)에 관한 연구에서는 남편의 과도한 음주가 결혼폭력의 예측인자가 될 수 있음을 보여주고 있다.	적정음주와 관련된 이혼 및 결혼생활문제와의 관련성에 대한 체계적 연구가 없음	부부관계와 이혼에 있어 알코올소비의 영향력은 음주패턴이 아닌 과음 및 알코올남용과 연관되어 왔다.	체계적인 이론이 없다.	결혼만족도 같은 매개변수의 영향을 받는다(Leonard 1990).

*집합적 연구

한 연구에서 이혼율이 인구 1인당 알코올소비의 증가와 함께 증가되었으며(Cases et al. 1999), 가정폭력비율(대부분 배우자의 폭력) 역시 인구 1인당 알코올소비의 증가와 함께 늘어났다(Norström 1993).

4.5.3 아동학대

알코올소비와 아동학대 사이의 어떤 인과관계에 관한 체계적인 실증적 증거는 그렇게 강하지 못하다(박스 4.12 ; Rossow 2000). 다만 과도한 음주의 영향, 알코올남용 혹은 알코올의존 등에서만이 알코올과의 인과성이 밝혀졌을 뿐이다.

[박스 4.12] 아동학대에 대한 알코올의 영향

개인 수준 연구				
알코올의 양	절주	음주의 유형	이론의 기초	상호작용
다수의 연구들은 비록 그 연구들이 적절하지 못한 연구방법론을 사용하였다고 비판을 받았을지라도 불우한 어린 시절의 아동이 다른 아이들에 비해 과음자가 더 많다고 보고함(Barber and Gilbertson 1999 ; Rossow 2000). 잘 설계된 최근의 몇몇 보고는 과음하는 관리인이나 돌보미가 있는 가정에서 아동학대 지표의 높은 위험성이 제시됨(see Rossow 2000 for a review). 소수의 연구들이 음주의 수준과 아동학대의 위험 간에는 특별한 관계가 없다고 제안함	이 관계에 대한 체계적인 연구는 발견되지 않음	아동학대에서의 알코올의 영향은 과음과 알코올남용과는 관계가 있으나 음주 유형에는 관계가 없음	체계적인 이론이 없음	아마도 가족의 자원과 재정면에 상호관계가 있음(Windle 1996)
집합적 연구				
놀스트롬(Norström 1993)은 1인당 총 소비량과 아동의 신체 학대간의 관계를 스위스 자료를 사용하여 시계열로 분석하였는데 미미한 양성의 결과가 나타났으나 통계적으로는 유의성이 나타나지 않았음				

4.5.4 업무관련 문제

작업장에서의 알코올소비와 다양한 결과변수들 간에는 분명 어떠한 연관성이 있다(박스 4.13). 그러나 유감스럽게도 인과성의 경향과 성향은 때때로 분명치가 않다(Rehm and Rossow 2001). 하지만 분명한 것은 어떠한 혈중알코올 수준에서도 '보호효과'가 입증되지 않았다는 점이다.

[박스 4.13] 작업사고보다는 업무관련 문제에 대한 알코올의 영향

개인수준의 연구				
알코올의 량	적정음주	음주패턴	이론적 근거	상호작용
알코올의 양(다음의 결과가 항상 명확하게 알코올의 양과 관련되지는 않지만 대부분은 관련이 있다고 보여진다(Rehm and Rossow 2001). • 질병 또는 징계 등으로 인한 결근(지각, 조퇴 등)으로 생산성 저해 • 알코올의 사용으로 인한 조기사망, 징계 또는 생산성 감소로 인한 이직 • 부적절한 행동(징계 받을 수도 있는 행동) • 절도 등 기타 범죄 • 낮은 동료애와 저조한 작업 의욕	부정적인 영향은 적정음주와 관련이 있다는 예가 있다(Mangione et al. 1999).	술에 취하거나 과도한 음주를 하는 경우에는 음주량을 통제한 이후에도 직장문제와 관련이 된다(Rehm and Rossow 2001). 알코올남용과 알코올의존은 직장문제와 관련이 많다(Rehm and Rossow 2001).	다양한 이론이 있지만 종종 이론적 토대가 약하다. 에임스와 제인과 같이 절충적인 이론이 있다(Ames and Janes 1992).	업무문제를 야기하는데 있어 알코올과 상호작용하는 많은 요인들이 알려져 있다. 개인적 요인들, 환경적 요인들 및 업무관련요인들이 그런 요인들이다(Rehm and Rossow 2001). 업무와 관련된 대부분의 결과는 다른 변수들에 의해 영향을 받은 것으로 보인다.
*집합적 연구 수준				
연구물 없음				

4.5.5 알코올과 사회문제 : 전반적인 발견

알코올의 사회적인 결과와 관련된 상황은 다음과 같이 요약될 수 있다. 그 중 하나는 분명히 알코올은 우려할 만한 수많은 사회적 결과와 무관하지 않다는 점이다. 여러 가지 알코올과 관련된 변수(특히 알코올남용 혹은 알코올의존 등)와 수많은 사회적 결과들 간의 상관관계가 이를 입증한다. 하지만 알코올과 관련된 인과관계의 입증을 위한 이들의 결과물들은 자세히 확립되지 않았다. 수많은 경우에서 볼 수 있듯이 취약한 연구설계가 사용되고 있으며, 종단연구 및 실험연구 등은 매우 부족한 실정이다. 알코올은 그 자체의 결과가 의존적이거나 또는 다양한 수준에서 다른 수많은 요인들에 의해 변형되는 '복합 인과관계망'의 일부로 간주되며 더욱 복잡한 양상을 띤다(e.g., Murray and Lopez 1999 ; Rehm 2000).

4.6 알코올소비의 변화와 관련문제의 비율 변화 : 러시아의 사례

20세기 후반, 러시아의 사망률 변화는 한 사회에서 소비된 알코올 양의 유의한 변화가 관상동맥질환과 폭력 등의 알코올관련 사망률에 어떻게 기여했는가에 관하여 극적인 예를 시사해주고 있다. 러시아인들의 경험들은 우리에게 세 가지 지식을 제공한다. 우선, 세계에서 가장 넓은 국가 중 하나인 러시아에서의 알코올소비패턴과 소비량이 어떻게 사망률 증가 및 확산에 기여하는지를 알려준다. 또한 알코올 확산이 어떻게 이러한 추세를 설명해 주는지를 증명해 주고 있다. 마지막으로 일반인들의 지지가 부족했던 여러 국가들에서 알코올정책의 효과를 저해하는 정치 경제적 영향력에 대한 좋은 사례를 보여준다.

1960년대 초, 서유럽지역에서 서서히 감소했던 것과는 대조적으로 러시아와 다른 동유럽지역의 사망률은 증가하기 시작했다. 1985년부터 1988년까지 러시아와 소비에트 연방의 다른 지역에서의 사망률은 긍정적인 방향으로 급격하게 선회하였다. 1990년부터 1994년까지 급격한 사망률의 증가를 보인 이후 이러한 추세는 순조롭던 산업화 사회에서 그 유래를 찾기 어려울 정도로 역전되었다. 1995년 이후, 사망률은 1998년경에 1984년도 수준까지 재역전되며 다소 감소되는 양상을 보였다(Shkolnikov et al. 2001). 1998년 이후 2002~2004년까지 2년에 거쳐 사망률은 최고점에 달하였고 1994년도와 비슷한 새로운 상승양상을 보였다(Zaridze et al. 2009).

1980년대 개선된 사망률 추세는 고르바쵸프 정권에서 펼친 반알코올 캠페인 시기와 일치하고 있다. 그 이후의 사망률 감소 경향은 소비에트 연방의 해체 그리고 국가의 알코올시장에 대한 통제력 상실 등이 동반되었다. 2001년 쉬콜니코브(Shkolnikov et al. 2001) 등의 학자는 1990년대 후반의 사망률 반등의 원인을 1990년대 초반과 비교해 볼 때 주류의 할인에서 기인했다고 보고 있다. 1990년도 이후로 다른 여러 변화들이 일어났던 반면 최근 분석은 알코올이 2000년대 초반과 1990년대 러시아와 그 주변 국가들에서 급격한 사망률 증가의 위기를 초래한 주도적인 역할을 했다는 입장에 힘을 더해주고 있다(Ramstedt 2009 ; Zaridze et al. 2009). 알코올이 러시아인의 사망률에 있어 심각한 등락의 상당한 부분을 설명해주고 있을 뿐만 아니라 최근 수년간 알코올은 15~54세 사이의 모든 러시아인 사망의 절반 이상의 원인이었다고 밝히고 있다(Zaridze et al. 2009).

1980년대 반알코올 캠페인의 효과에 대해 초점을 맞추고 있는 이 시기의 변화들은 상당히 극적인 요소가 있었다(표 4.2). 1984년~1987년 사이, 연령표준화사망률은 남성 12%, 여성 7%까지 하락하였다(Leon et al. 1997). 이러한 변화를 설명해주고 있는 사망원인들은 매우 구체적이었다. 남성들이 알코올이 원인이 되는 사망에 대부분 큰 영향을 받았다(Leon et al. 1997). 그 비율은 56%에 달하였는데 사고나 폭력으로 인한 사망률이 36%, 폐렴이 40%, 그 밖의 호흡기 질환이 20%, 그리고 감염성 질환이 25%를 차지하였다. 또한 총 사망자들의 절반 이상을 차지하는 순환계 질환에 의한 사망자 비율은 남성이 9%를 차지하였다. 이러한 추세는 여성의 경우에서도 유사하였으나 그 변화폭은 훨씬 더 완만하였다. 암 사망의 경우는 이와 같은 보편적인 추세를 따르지 않았고 실제로 약간의 증가를 나타내기도 하였다.

〈표 4.2〉 러시아의 성별 연령별표준화사망률(1987년과 1984년의 비교, 1994년과 1987년의 비교, 유럽인구를 표준화 함*)

단위 : 백만명당 비율

사망원인	1984 (비율/백만명당)		비 (1987/1984 비율)		비 (1994/1987 비율)	
	남	여	남	여	남	여
모든 사인	21,293	11,606	0.88	0.93	1.37	1.20
사고 및 폭력	2,519	597	0.64	0.76	2.26	1.91
알코올 기인 원인	455	123	0.44	0.48	4.29	3.90
폐렴	279	118	0.6	0.68	2.29	1.26
기타 호흡기질환	1,531	523	0.8	0.78	1.16	0.94
감염성질환 및 기생충성질환	308	88	0.75	0.77	1.60	1.15
순환기질환	11,798	8,037	0.91	0.94	1.29	1.17
모든 신생물(암종류)	5,252	1,488	1.04	1.03	1.04	1.05

*Source : recalculated from Leon et al. (1997)

알코올소비에 대한 여러 추정치들(Shkolnikov and Nemtsov 1997)은 공식적인 것과 비공식적인 것을 모두 포함한 것으로 1984년 1인당 14.2리터에서 1987년 1인당 10.7리터로 감소된 총 에탄올 소비량을 보여주고 있다. 이는 공식적인 판매량 감소에도 훨씬 못 미치는 수치이지만 약 25%의 감소를 나타내고 있다.

1980년대 중, 후반기 소비에트 연방의 경험은 알코올 공급의 대폭적인 축소는 국민건강에 있어 상당한 이득효과를 가져올 수 있음을 보여주고 있다. 러시아에서는 1인당 1리터의 에탄올 소비가 감소되었기 때문에 연령표준화사망률이 2.7%로 하락하였다. 따라서 알코올은 국민건강에 대해 기존의 연구결과들이 제시했던 결과보다 훨씬 더 많은 영향을 미칠 수 있다. 이러한 수치는 사망률에 있어 1인당 1리터의 소비량 감소로 인하여 1.3%의 순감소를 나타내었고, 이는 서유럽인의 경험에서 추정된 것보다 훨씬 더 높았다(Her and Rehm 1998 ; see also Norström 1996). 이러한 차이는 건강과 질병에 대해 정해진 알코올 용량의 효과가 사회마다 다양할 수 있음을 설명해준다. 이러한 관련성에 있어 중요한 영향을 끼칠 수 있는 요인들 사이에는 한 사회의 두드러진 음주패턴이 존재하고 있다. 러시아와 수많은 신흥 독립 국가들에서는 오랫동안 지속되어 온 과도한 폭음의 전통이 있다. 특히 남성들 사이에서 더욱 빈번하다. 이러한 음주패턴은 서유럽에서와 마찬가지로 러시아에서의 사망률에 있어 1리터의 에탄올이 대략 두 배나 높은 영향을 준다는 결과와 강한 연관성을 보여주고 있다.

이러한 경험에서 얻은 두번 째 중요한 교훈은 음주와 심장질환 간의 관계와 연관된다. 즉, 음주패턴이 중요한 변수가 된다는 사실이다. 그러므로 심장질환으로 인한 사망자수는 1990년대 초, 다시 급격한 상승을 보이기 이전인 1980년대 반알코올 캠페인 기간 동안 러시아에서 감소했었다(Ramstedt 2009). 의학 역학연구는 알코올이 심장에 대해 뚜렷한 보호효과를 갖는다는 생각에 몰두하였기 때문에 초기 이 연구결과는 알코올이 소비에트에서 1980년대 후반기의 사망률 개선과 1990년대 초반의 사망률 악화에 있어 어떠한 역할도 하지 못했다고 해석되었다. 예전의 소비에트 연방처럼 문화적인 맥락에서 알코올이 심장의 발달에 이롭다기보다는 오히려 해롭다고 인정하기까지는 다소 시간이 걸렸다.

4.7 음주로 인한 건강과 사회적 폐해의 비교

비록 음주로부터 야기되는 사회적인 문제와 건강문제의 상대적인 강도를 측정하기 위한 어떤 적절한 비교방법은 현재 없지만 사회서비스와 보건서비스에 있어 알코올 문제의 상대적인 부담의 측정에 관한 근본적인 문제와 관련이 있는 몇 가지 비교는 가능하다. 그러한 추정은 사람들이 공공기관의 관심을 받게 되는 경우를 제외하고는 가족의 삶 혹은 업무 역할의 붕괴와 같은 개인적 비용과 문제들을 고려하고 있지는 않다.

알코올로 인한 경제비용의 질병비용분담 연구는 알코올 문제를 가지고 있는 대상자들에게 사용되는 건강 및 사회적 서비스에 관한 직접비용 추정치를 내포하고 있다. 일반적으로 이러한 문제를 해결하기 위해 사회에 투입되는 비용은 보건분야보다는 사회복지분야와 형사사법부에서 훨씬 더 많을 것으로 추정되고 있다. 예를 들어, 스코트랜드의 한 연구(CATALYST2001)에서는 알코올 기인 보건비용을 956백만 파운드(약 1조6천억 원 이상), 사회복지비용을 859백만 파운드(약 1조4천억 원 이상), 그리고 형사사법부와 소방서 비용을 2,679백만 파운드(약 4조5천억 원 이상)로 각각 추정하였다.

북부 캘리포니아에 있는 도농복합지역, 교외지역과 농촌지역에서는 소위 '문제 음주'(과도한 음주를 하는 경우, 심각한 사회적인 결과를 초래, 또는 의존과 관련된 증상들과 연계된 것으로 정의)로 보고되어 한 군데 혹은 여러 다른 시스템으로 치료를 위해 온 대상자들이 다음과 같이 분포되어 있다. 41.0%가 형사사법부에 의해, 8.0%는 사회복지부에 의해, 42.1%는 일반보건체계에 의해(1차 의료기관과 응급실), 3.1%는 공공 정신건강체계에 의해, 그리고 5.9%는 공공 알코올 또는 마약 치료기관에 의해 발견되었다(Weisner 2001). 캘리포니아에서는 많은 자원들이 음주와 관련된 건강문제를 다루고 있는 기관들만큼 음주와 관련된 사회문제에 투입되고 있다.

건강 및 사회에 대한 상대적 부담을 추정하기 위한 세 번째 방법은 음주자나 또는 음주자의 주변인들에 의해 기여하는 건강과 사회적 폐해를 조사연구하는 방법이다. 예를 들어, 전화 조사방법에 따르면 캐나다 사람들은 최근 12개월 내에 7.2%가 술을 마시던 사람으로부터 밀치거나 폭행이나 학대를 당했다고 말하였다. 또한 6.2%는 타인의 음주로 인하여 친구관계에 금이 갔다고 하였고, 7.7%는 그 밖의 다른 사람의 음주로 인해 가족문제 혹은 결혼문제가 발생했다고 말하였다. 또한 음주를 하는 사람 가운데 2.3%는 과거에 가정생활 혹은 결혼생활에 좋지 않은 영향을 받았다고 말하였다. 5.5%의 응답자는 신체적 건강에 좋지 않은 영향을 받았다고 말한 반면 3.7%의 응답자는 사회생활과 교우관계에 해가 되었다고 말하였다(recalculated from pp. 258, 274 of Eliany et al. 1992).

특히 이러한 건강문제에 대한 측정자료(Bondy and Lange 2000 ; Greenfield 1995)들의 정확성에 대하여 의문이 제기되었는데, 그 이유는 바로 '건강'에 대한 응답자들의 각각 다른 태도 때문이었다. 한편 지속적인 연구결과들은 음주로 인한 사회적 문제는 음주로 인한 건강문제보다 훨씬 더 국민들에게 광범위하게 확산된다는 것이다.

4.8 대부분의 음주폐해가 폭음자에게만 발생되는가? – 예방 패러독스

물론 폭음자들이 다른 유형의 음주자들에 비해 여러 가지 알코올관련폐해에 대해 더욱 심각한 위험에 노출되어 있을 수도 있다. 그러나 반드시 폭음자가 대부분의 알코올 문제의 부담 원인이 된다고 하기는 어렵다. 특히 알코올성 급성폐해와 연결지어 논의하자면, 이는 종종 대개의 음주폐해가 명확하게 구분되는 소수의 폭음자로 인한 것은 아니라는 것이다. 그보다는 오히려 약한 강도의 음주자들이나 혹은 적정음주자 등 나머지 다수가 알코올성 급성폐해와 더욱 밀접한 관련성이 있다고 할 수 있다(Jones et al. 1995 ; Leifman 1996 ; Stockwell et al. 1996 ; Skog 1999 ; Gmel et al. 2001 ; Rossow and Romelsjö 2006). 예를 들어, 존스 등(Jones et al., 1995)은 상위 10%의 음주자들이 알코올관련 결근의 41%를 차지하고 있는 것으로 보고하고 있다. 스코그(Skog, 1999) 역시 상위 5%의 음주자들에 의해 알코올관련 시비의 18%를 차지하였음을 보고하였다. 로쏘우와 로멜쥐(Rossow and Romelsjö, 2006)는 알코올관련 싸움의 40%가 상위 10% 음주자에 의해 발생되었음을 보고하였다. 가끔은 과하게 술을 마시지만 전반적으로 술을 조금 혹은 적정하게 마시는 음주자들이 앞서 언급한 사회문제의 대부분을 일으킨다. 이러한 근거 하에 왕왕 논쟁이 되고 있는 문제는 예방방법이 심각한 폭음자에 해당되는 소수(고위험 집단을 대상으로 한 전략)에게 집중되기 보다는 모든 음주자들(국민을 대상으로 한 전략)에게 직접적으로 적용되어야 한다는 것이다. 이러한 문제는 자주 예방에 있어서의 패러독스로 언급되고 있다(Rose 2001 ; Kreitman 1986).

4.9 결 론

알코올은 글로벌질병부담의 심각한 이유 중 하나이고 수많은 사회적 문제와 관련이 있다. 물론 사회적인 면에서 도출된 여러 문제에 대한 직접적인 인과성이 명쾌하게 밝혀지지는 않았지만 알코올정책에 대한 결론은 동일하다. 알코올이 어떤 결과에 대한 원인요인인지, 기타 수많은 결과들 가운데에서 원인요인인지, 또는 다른 원인요인에 영향을 주는 매개요인이든지간에 무관하게 모든 상황에서 알코올은 사회적 부담이 되며 공공정책은 이를 줄이기 위해 최선을 다해야만 한다. 음주로 인한 심리적 효익은 어느 부분에서 상쇄될 수도 있지만(Peele and Brodsky 2000), 음주로 인한 사회적 폐해를 최소화시키기 위한 최적의 방법은 알코올소비를 줄이는 일이다.

건강적인 측면에서 결론을 내기란 매우 복잡하다. 개별수준에서는 술이 관상동맥심질환에 이로운 효과가 있다고 볼 수 있다. 또한 생물학적 경로와 몇 가지 실험적인 증거에 의해 타당성도 보인다. 비록 인구집단에 일괄적으로 적용하는 점이 논쟁거리가 되고는 있지만 이러한 점들로 인해 공공보건정책을 수립하는데 이슈가 되고 있다.

관상동맥질환의 예방적 효과에 관해 알코올의 호영향에 편승하는 정책결정을 하는 경우에도 약한 강도의 음주에 대한 위험성에 있어 균형을 잃지 않도록 해야 한다(예, 유방암 및 알코올남용이나 알코올의존의 위험성을 발전시키는 알코올의 영향).

결론적으로 한 집단의 건강과 사회적인 안녕을 위해 전반적인 알코올소비의 수위가 중요하다는 사실이다. 또한 한 집단에서의 지배적인 음주패턴은 잉여 알코올소비로 인한 피해 정도에 있어 중요한 영향을 미칠 수 있다. 다수가 피해를 입을 수 있는 음주패턴으로는 술에 취하도록 마시는 것과 반복적인 폭음 등이 있다. 요약하자면, 알코올정책에 관한 전체적인 결론은 알코올이 사회적 부담과 건강부담에 기여한다는 사실과 공공정책 역시 이러한 부담을 줄이기 위해 힘써야 한다는 것이다.

알코올은 건강과 사회문제에 있어 광범위한 위험요인이다. 알코올은 담배와 마찬가지로 사망과 장애를 예방할 수 있는 최선두에 서 있는 매우 위험한 요인으로서, 전 세계적으로 약 4%의 사망과 4.65%의 질병부담비율을 차지하고 있다.

제 5 장

주류산업 : 글로벌 구조와 전략

제5장

주류산업 : 글로벌 구조와 전략

5.1 개 요

알코올관련폐해를 줄이기 위한 정책의 의사결정 과정에서 고려하여야 할 요소들 중 하나가 주류산업의 역할, 전략, 그리고 영향이다. 음주패턴이 학습되고 실습되는 환경의 한쪽 면을 연구해보면, 주류산업이 얼마나 중요한 역할을 수행하는지 이해할 수 있다. 주류산업은 급속한 성장과 함께 새로운 제품과 최신 디자인 등 수준 높은 마케팅 기술을 통해 전 세계로 확산되고 있다. 이러한 이유로 인하여 글로벌 주류산업의 구조 뿐만 아니라 알코올소비를 부추기는 역할에 대해 심도 깊은 이해가 필요하다.

국가수준에서의 주류산업은 크고 작은 맥주, 와인 혹은 증류주의 생산자와 수입업자 뿐만 아니라, 바, 레스토랑, 주류판매점, 대중에게 술을 판매하는 일반 음식점 등을 포함하고 있다. 이러한 크고 작은 사업자들도 서로 다른 관심사를 가지는 동시에 정책체계에 관해 공통적인 관심을 가지고 있다. 이 장에서는 앞으로의 장들에 대한 배경지식으로 국가, 지역 및 글로벌 시장을 지배하는 대형 주류기업들에 의해 최근 점점 더 강화되고 글로벌화되어 가는 알코올의 생산, 유통, 그리고 마케팅의 형태를 살펴보게 될 것이다. 정책형성 과정에서 주류산업의 역할은 15장에서 논의하고 있다.

세계화로 인한 변화로 서구의 경제는 제조업 기반에서 서비스 부문에 더 의존하게 되었고, 경제사회 분석가들은 사회를 생산시스템으로 보다는 소비자시장의 집합으로 설명하기 시작하였다(Haywood and Hobbs 2007).

공공의 의료서비스와 건강증진을 책임지는 공중보건 분야에서도 소비자의 음주습관과 그에 따른 폐해에 초점을 두게 되었다. 이러한 관점에서 알코올소비와 알코올관련문제는 수요에 의한 것으로 개인 음주자들의 옳고 그른 판단에 의한 결과인 것처럼 취급되었다. 이 관점은 어리거나 취약한 음주자의 폐해를 줄이는 정책과 활동에 초점을 두며, 어떻게 책임음주의 관리를 통하여 고위험상황에서 음주자의 행동에 영향을 미칠 수 있을 것인지에 관심을 두게 한다. 하지만 최근에는 알코올을 생산하는 업계의 역할에 보다 큰 관심이 모이고 있다(Anderson 2009 ; Babor 2009 ; Jernigan 2009 ; Ziegler 2009 ; Anderson and Baumberg 2006 ; Room 2006 ; Holder 2000 ; Jernigan 2000 ; Grieshaber-Otto et al. 2000). 알코올의 생산자와 공급자는 공급과 마케팅뿐 아니라 정치적으로 알코올판매를 증가시키려 하므로 알코올의 지속적인 소비수준의 유지와 그에 따른 문제에 대해 결정적인 역할을 한다. 생산관점에서 볼 때, 알코올시장은 많은 업자들이 소비자 환경에 대응하기 위해 경쟁하는 순수한 고전적인 이상적 시장과는 상당히 멀어졌다.

최근 글로벌 산업동향은 마케팅 촉진에 그 특징이 있다(Klein 2000 ; Room et al. 2002). 알코올시장은 현재 세계 신흥시장에서 소비자들의 선호도를 창출하고 성장을 촉진하는 매우 수준 높은 마케팅에 거액을 쏟아 붓는 기업들에 의해 지배된다. 주류기업들은 3장과 4장에 설명된 바와 같이 질병, 상해, 사회문제에 직·간접적으로 기여하는 위험성이 높은 제품을 홍보하고 판매하고 있다. 비아뜨리쎄 마누이 이티가노(Beatrice Majnoui D' Intignano)는 알코올관련폐해를 담배와 같은 '산업전염병' 즉, 자연 매개체나 전파력이 아닌 상용생산품에 의해 발생한 전염병으로 설명하고 있다. 이 전염병은 적어도 부분적으로는 소매, 광고, 미디어산업, 그리고 생산기업들 간의 결합에 의해 발생한다(Jahiel and Babor 2007 ; Majnoni d'Intignano 1998).

이 장에서의 주요 초점은 주류산업에 있어서 가장 빠르게 확장되고 있고 정치적으로도 가장 강력한 다국적 기업과 알코올의 글로벌시장이다. 그러나 전 세계 알코올 공급의 절반 이상은 아직도 다국적 생산자의 범위 밖인 일반적으로 전통 알코올성 음료를 가정에서 '비공식적으로' 생산하는 자들과 산업화된 전통 알코올성 음료나 국제적으로 알려진 음료의 지역생산자에 의한 것이다. 이러한 분야도 알코올 산업이 세계적으로 강화됨에 따라 알코올의 판매에서 그들 간의 관계와 공통 관심사를 중심으로 간단히 설명하였다.

5.2 미등록 알코올의 공급

비공식적인 생산이란 일반적으로 '미등록' 소비라 일컬어지는 것의 일부로 관세 또는 세금관리에 있어 세금 당국에 의해 등록되지 않은 것을 말한다. 다른 출처에서 공급되는 알코올이다. '비공식적인' 생산에는 집에서 만드는 발효주나 증류주, 남아프리카의 치부쿠(chibuku), 한국의 소주, 멕시코의 풀큐(pulque) 같은 지역단위의 소규모 전통주생산 등이 포함된다. 또한 미등록 소비에는 국경을 넘어서 구입하거나, 관세 또는 세금을 피하기 위해 밀수되거나, 국내에서 불법으로 생산되는 알코올이 포함된다. 미등록 알코올은 대규모의 상업적인 생산과 마케팅을 갖춘 선진국의 알코올시장의 총 소비에 비해서는 상대적으로 낮은 비율을 차지하지만, 개발도상국 시장에서는 높은 것으로 추정된다.

많은 경우 과대평가되고 있기는 하지만, 집에서 양조한 맥주와 불법 증류주생산과 관련된 건강상의 위험이 있을 수 있다(Lachenmeier과 Rehm 2009). 생산과정의 규제와 조세정책을 통해 음주자들에게 강도가 낮은 주류를 권장하는 것이 건강상의 혜택을 가져올 수 있다. 비공식적으로 생산된 발효주는 일반적으로 산업적으로 생산된 제품보다 약하다. 그러나 정부의 주요 관심사는 세수손실과 과도한 음주를 일으킬 가능성이 있는 미등록 알코올의 저렴한 가격이다. 밀수와 국경을 가로질러 이루어지는 쇼핑은 가격 및 가용성 정책을 약화시킬 수 있다. 저렴한 가격과 비공식적이고 불법적인 알코올의 유통이 납세하는 생산자 및 수입업자에게는 시장에서 자신들의 제품의 판매를 약화시킬 수 있는 염려의 대상이 된다.

여러 국가들에서 비공식적인 생산과 불법유통을 과세 및 규제체제 아래 두는 정책을 검토하고 있다. 신흥시장으로 이동하는 글로벌 기업들은 잠재적 시장경쟁자들을 억제할 수 있는 이러한 정책을 옹호한다. 그들은 그들의 품질 높은 생산과정을 강조하며, 기술적 조언을 제공하고, 모든 종류의 알코올에 대한 규제와 과세를 지원한다(International Center for Alcohol Policy 2008). 일부 글로벌 기업들은 전통 있는 산업화된 주류를 홍보함으로 비공식적인 주류 생산자들과 직접적인 경쟁에 돌입하였다. 예를 들어, 사브밀러(SABMiller)는 지역에서 생산되던 사탕수수로부터 만들어지던 전통적인 탁한 맥주(cloudy beer)를 남아프리카공화국의 주류면허제도 아래에서 생산하고 판매하는 역할을 하였으며(Parry 1998), 지금은 사탕수수 맥주를 판매할 뿐 아니라 상당히 큰 규모의 기업으로서 역할을 한다. 일본의 주류 거물인 기린과 아사히는 감자와 쌀로 만들어진 증류주 '쇼쿠(shochu)'와 지역의 다른 특산주류들을 자신의 회사가 국제적으로 수입한 맥주, 증류주와 함께 생산하고 판매한다.

5.3 알코올 소매업자

알코올은 유흥과 소매부문의 사업기회와 일자리 창출에 크게 기여를 하는 것으로 인식되고 있다. 고소득국가에서와 마찬가지로 저소득국가에서도 알코올의 판매는 여행과 관광산업의 이익원이다. 많은 도시와 마을에서 밤 문화, 특히 클럽, 술집, 바 등에서의 음주는 점점 더 중요한 경제적 역할을 하고 있다. 예를 들어, 뉴욕의 밤 문화에 대한 시장조사보고서는 '뉴욕시에서 유흥업으로 인한 경제활동으로 년 매출 추정액이 97억 달러에 달하고, 순 수익 26억 달러(주로 임금)와 95,500개의 직업창출 효과가 있었으며, 뉴욕시에서 3억 9천백만 달러의 세수와 뉴욕 주에서 추가적으로 3억 2천백만 달러의 세수가 발생한 것으로 추정하였다(Audience Research and Analysis 2004). 과거 황폐한 지역을 유흥가가 활성화시키는 역할을 하는 경우 작은 지역사회에 미치는 영향은 뉴욕시의 기록보다 상대적으로 더 중요할 수도 있다. 홉스(Hobbs et al. 2003)는 영국에서 도심지역의 슬럼가를 주거지역으로 바꾸면서 야간시간의 경제활동이 도시의 활성화에 중요한 역할을 했다고 지적하였다.

많은 유흥지역의 문제가 나이트클럽의 수와 밀도 그리고 크기와 관련이 많은 것으로 인식되고 있으나, 사실은 이들로 인한 사회비용이 종종 지역경제의 혜택을 초과한다. 이러한 경제적 해석들이 효과적인 규제를 부과하고 적용하는 것을 저항하는 원인이 되고, 알코올판매점을 제한하거나 규제하여 폐해를 줄이고자 하는 지역사회의 노력과 상반되게 도시와 국가는 성공적이고 활발한 밤 문화를 촉진시키는데 더 많은 관심을 두고 있다(Greater London Authority 2002 ; Hayward and Hobbs 2007 ; Hobbs et al. 2003 ; Roberts 2004).

대부분의 주류법은 최소구매연령 및 음주운전 단속법과 같은 소비자들과 연관된 수단들을 통해 주류소매상들을 규제한다. 안정된 주류시장에서는 상점의 안과 밖에서 술을 파는 주점과 주류소매점이 공급을 규제하고, 책임있는 관리를 보장하며, 유해성을 감소하기 위해 주류취급면허제도를 통하여 규제하는데 이는 주로 미성년자나 이미 술에 만취한 음주자들에 대한 술의 판매를 금지하는 법의 준수를 보장하는 방법이다.

주점과 주류소매상들은 지역사회의 일원으로 그들의 지역차원에서 관리될 수 있다(Ayres and Braithwaite 1992 ; Hauritz et al. 1998). 접대산업은 음식, 커피, 오락, 그리고 술 판매를 통해서 이윤을 얻으며, 술을 마시는 장소 안에서 술 취한 고객을 관리하는데 관심이 있다. 이는 음주가 행해지는 장소와 관련된 지역사회의 피해를 줄이는 기회를 제공하는 방법으로 9장과 10장에서 논의하고 있다.

술을 판매하는(take-away) 형태로 알코올을 판매하는 소매점들도 판매에 대한 면허를 부여받지만, 음주와 그에 따르는 위험성이 다른 장소에서 발생하므로 주의가 필요되고, 특히 주류의 가격이 대체로 음주가 직접 행해지는 장소에서보다 훨씬 저렴하다는 점에 과소비의 우려가 있다. 몇몇 국가에서는 대형마켓 체인점들이 맥주와 와인의 주 소매상이다. 이들은 소비자들을 유인하여 구매하도록 하기 위해, 이러한 주류들을 저렴한 가격의 '특매품'이라고 홍보하기 시작하였다. 호주에서는 두 대형마켓체인들이 대량 구매력을 통해 다른 주류소매상의 도매가보다도 저렴한 '특가품'을 판매하고 있다(Television New Zealand 2008).

어떤 소매상과 주점상들은 특가와 이벤트 홍보를 광고하기도 하지만 대부분의 소매상들은 그들이 판매하는 주류 브랜드의 홍보를 위해 대형생산주인 그들의 공급처에 의존하고 있다. 이들 소매상들의 관심은 공급계약, 금융대출, 혹은 소유권 등 대형주류생산업자들의 관심과 밀접하게 연결되어 있다.

영국의 주점들은 국가독점위원회에 의해 소유권을 포기하도록 요구받아, 현재는 그들의 대부분이 대형 주점과 가격에 근거하여 계약을 맺은 대규모의 주점소유기업('pubcos')들의 손에 놓여 있다. 2002년에는 상위 10개 호프집 운영자들이 전 주점의 약 50% 정도를 소유했으며, 독특한 스타일의 음주를 일반화시킴으로써 독립적 운영자와 유사한 시설의 주점 운영 기회를 줄이는 결과를 가져왔다(Chatterton and Hollands 2002 ; Davies and Mummery 2006). 이러한 대형회사들이 보다 안전한 투자로 여겨지기 때문에, 지역적으로 경제적 이익 면에서 체인 주점을 선호할 수 있다(Chatterton and Hollands 2002 : Davies and Mummery 2006).

뉴질랜드의 주점들은 주류에 대한 면허와 광고의 규제가 더 자유로워지면서 주점소유권을 포기하고 대신 주류판매체인을 소유하거나 프랜차이즈를 가지고 텔레비전을 통해 브랜드를 홍보하였다. 생산자, 도매업자, 그리고 소매업자 사이의 복잡한 관계로 인해 유흥과 주류산업의 어떠한 규제문제에 관하여는 서로 다른 견해를 가지지만 어떤 문제들에 있어서는 주류생산자들과 동조한다.

모든 알코올이 개별사업에 의해 팔리는 것은 아니다. 미국의 여러 주와 대부분의 캐나다 관할권, 북유럽 국가들과 다수의 인도의 주를 포함한 전 세계 16개 국가에서, 대부분의 주류유통은 판매점(take-away) 독점 소매업자에 의해서 이루어진다(WHO 2004 ; Kortteinen 1989). 이러한 현상은 무역협정에 의해 정부의 부적절한 행위라는 이의가 제기되었지만, 2009년까지도 독점업체들은 안정적인 상태를 유지하였다.

알코올 소매시장의 정부독점 또는 부분 독점은 대중의 건강보다는 종종 매출, 세수, 무역의 보호, 고용 등 다른 이익을 위한 경우가 많다. 그러나 소매상 수의 감소는 공중보건의 관심 사안이었다. 예를 들어 남아프리카에서, 공영 소유의 맥주가게는 알코올 음료의 주 소매상이 되어 왔다. 짐바브웨에서의 지방주의 소유였던 호프집의 민영화는 소매업자의 수를 급격하게 늘리는 결과를 가져왔다(Jernigan 1999). 알코올 생산이나 유통의 정부독점은 알코올 가용성을 확장하려는 옹호세력의 주요 근원을 제거하거나 막아버리는 역할을 한다.

5.4 알코올 생산자

선진국의 경우 알코올의 생산과 유통에 대한 지방정부 통제가 점점 약화되는 추세이다. 러시아, 독립국가연합, 에스토니아, 그리고 최근에는 스웨덴까지, 지방정부의 알코올생산 민영화가 지역과 글로벌 기업을 위한 기회를 제공해 왔다.

그러나 중국과 같은 몇몇 경제가 성장하는 나라에서는 알코올, 특히 맥주가 지방정부 소유의 기업이나 합작투자에 의해 생산된다. 지방정부 생산을 민영화함으로써 에스토니아는 주류생산자들에게 면허를 주었다. 2001년 68명의 에스토니아인들이 메탄올이 함유된 불법생산 제품을 마신 후 사망하는 사건을 통해 생산에 있어 지방정부의 통제를 어느 정도 유지하는 명분이 서게 되었다(Paasma et al. 2007).

생산자들이 알코올 음료의 주 광고주임에도 불구하고, 정부는 법에 의해 직접적으로 생산자를 통제하기보다는 주류가 등장하는 미디어를 통제하여 알코올 광고를 제한하고 있다. 주요 생산자들은 광고, 후원, 소매업자들에게 제공하는 매장에서의 진열 등의 직접적인 마케팅을 통해 알코올 브랜드를 홍보한다. 그러므로 시장의 소비를 브랜드광고와 홍보를 통해 이끌어가는 것은 바로 이러한 대형 주류회사들이다.

대부분의 글로벌 주류기업들은 대중의 건강과 관련된 결정을 내리는 자들과는 매우 다르게 국가적이고 국제적인 관점을 제시하는 주식회사들이다. 이러한 기업들의 규모와 수익성은 미래성장을 보장할 수 있는 새로운 시장을 형성하며, 글로벌 세계로 확장 가능케 해 준다. 범국가적이고 글로벌적인 기업합병은 이러한 거대 다국적 기업들에게 정책에 영향을 미칠 수 있는 기회를 제공하고(15장 참고) 알코올 브랜드와 음주문화를 촉진시킬 수 있는 능력을 성장시켜준다.

5.5 알코올 소유권의 글로벌 합병

글로벌 알코올시장은 현재 소수의 대기업에 의해 지배되고 있다. 이러한 합병은 기업들이 규모의 경제와 이윤의 성장을 통하여 신흥시장으로 들어가고 알코올상품을 홍보하며 정책에 영향을 미칠 수 있는 전례없는 자원을 제공하기 때문에 공중보건에 크게 영향을 끼친다. 대부분의 글로벌 기업들은 한 두 세기 전의 작은 지역양조장이나 증류업자들에서 비롯된 역사를 상표 이미지에 포함시킨다.

이러한 회사들은 1960년대와 70년대의 인수합병을 통해 성장하여 1980년대에는 국제적으로 활동하며 지역적으로는 합병을 시작하였고, 이후 1990년대에 이르러 세계화되었다. 거대기업 중의 하나인 사브밀러(SABMiller)는 2000년 이후로 상위 20개 양조사들이 총 미화 80억불 이상의 거래가치를 가진 280건 이상의 인수 합병에 참여했다고 보고하였다(SABMiller 2007). 24개의 거대 알코올 기업들의 연간보고, 사내정책, 보도자료, 홈페이지들의 보고를 보면, 2000년 이후의 세계 신흥시장으로의 빠른 확장의 일환으로 신속한 주식합병이 이루어졌음을 알 수 있다.

[박스 5.1] 글로벌 맥주회사 상위 10위

	기업이름 (등록국가)	2006년 수익 (미국 백만달러)	소유주 (2006년에서 2008년 중반까지 변화)
1	SABMiller(남아프리카)	15,744.0	
2	Inbev(벨기에)	15,448.6	
3	Heineken(네덜란드)	14,841.4	
4	Anheuser-Busch(미국)	12,386.4	Inbev
5	Asahi Breweries(일본)	8,227.7	
6	Scottish & Newcastle(영국)	7,644.3	Heineken/Carlsberg
7	Calsberg(덴마크)	6,902.4	
8	Molson Coors(캐나다/미국)	5,845.0	SABMiller
9	FEMSA(멕시코)	3,261.3	미국에서 A-B에게 허가받음
10	Sapporo Holdings(일본)	2,905.8	

출처 : Datamonitor 2007

주요합병 내용을 요약하면 다음과 같다. [박스 5.1]에 실린 상위 10개의 증류회사는 2003년에 9리터들이 상자 3억 600만개에 달하는 증류주를 생산했다. 2006년에 이르러서는 전 세계 와인 생산량의 대부분을 디아지오(Diageo)와 뻬르노드 리까르도(Pernod Ricard) 단 두 개의 기업에 의해 독점되었다. 디아지오(Diageo)는 맥주(특히 기네스)와 주요 증류주 상표와 와인을 포함하여 전 세계적으로 가장 큰 회사이다. 이는 1997년 아일랜드와 영국의 이해관계에 의한 합병의 결과였다. 2001년에 이 기업은 캐나다 증류회사 세그람즈(Seagram's)의 60%를 매수했고, 세그람즈의 나머지는 엘라에드 도멕(Allied Domecq)으로 매수되었다. 또한 이 기업은 모엣 핸네시(Moët Hennessy) 와인과 코냑의 삼분의 일을 소유하였다. 프랑스 증류회사 뻬르노드 리까르도(Pernod Ricard)는 2004년에 당시 두 번째 선두주자였던 엘라에드 도멕(Allied Dolmecq)을 사들이고 진 빔(Jim Beam)의 상품 폴춘(Fortune) 상표에 몇몇 상품을 주면서 전 세계 제2의 선두주자가 되었다.

2006년에 이르러서는 뻬르노드 리까르도(Pernod Ricard)의 매출의 절반이 미국과 아시아에서 이루어졌다. 2008년에 뻬르노드 리까르도(Pernod Ricard)는 순 보드카와 다른 상표로 세계적으로 성공한 스웨덴 지방정부 소유의 기업인 브이 엔드 에스(V&S) 그룹을 사들였다. 뻬르노드 리까르도(Pernod Ricard)는 56억 2천 6백만 유로의 자산 지출에 대해 약 4년 내에 수익을 낼 것을 기대했다. 이 인수를 통해 뻬르노드 리까르도(Pernod Ricard)는 디아지오(Diageo)와 함께 세계 와인과 증류주 산업의 공동 선두주자가 되었다.

2005년 세계 상업맥주의 60%가 글로벌 기업에 의해서 생산되었고 44%는 다음의 4대 기업(Inbev, Anheuser Busch, SABMiller, Heineken)에 의해 생산되었다. 전 세계 맥주시장의 약 14%를 차지한 인베브(Inbev)는 라틴 아메리카와 캐나다, 벨기에, 그리고 유럽의 양조장에 대한 이해관계가 합쳐진 엠베브(Ambev)와 인터브루(Interbrew)의 2004년 합병으로 인해 설립되었다.

미국의 최대 양조사인 엔하우절 부쉬(Anheuser Busch)는 전 세계 독보적인 맥주 상표인 버드와이져를 만들었다. 국제적 인종차별(apartheid) 정책에 대한 보이코트가 종료된 이후에 세계화된 남아프리카 양조회사(SAB)는 2002년 중앙아메리카의 이윤을 가지고 미국의 두 번째로 큰 양조사인 밀러(Miller) 양조사의 지배적 이권을 사들였다. 아프리카에서의 사브밀러(SABMiller)의 경험은 사회기반 시설이 부족한 다른 시장에서의 빠른 성공에 기여했다. 2007년 미국의 사업체들은 캐나다와 미국의 2004년 합병회사인 몰손 콜스(Molson Coors)와 합병했다. 하이네켄(Heineken)은 스스로 65개국에서 115양조사와 170브랜드를 가진 '가장 국제적인 양조회사'로 묘사한다.

2008년 하이네켄(Heineken)과 칼스버그(Carlsberg)는 100억 파운드로 영국의 선두주자이고 6번째로 큰 양조사인 스코티쉬와 뉴케슬(Scottish & Newcastle)을 사들였고 그들 사이에 구역을 분할하였다. 이로 인해 칼스버그(Carlsberg)는 스코티쉬와 뉴케슬(Scottish & Newcastle)과 공동 소유했던 동유럽과 러시아의 대형 양조사인 비비에이치(BBH)에 대한 전적인 통제권을 갖게 되었다. 이후 2008년 중반에는 인베브(Inbev)가 엔하우저 부쉬(Anheuser Busch)를 매수함으로 인베브(Inbev)는 미국 시장에서 뿐 아니라 전 세계적으로 최대 양조사로 올라설 수 있었다.

특정 지역에서 큰 시장 점유율을 차지하는 호주, 태평양, 동남아시아의 포스털즈(Fosters), 아시아의 일본 기업인 기린(Kirin)과 아사히(Asahi)와 같은 회사들은 세계

24위 기업들에 속한다. 또한 브이 엔 에스(V&S Group : Absolut), 바카르디 폴만 브라운(Bacardi, Forman Brown : Jack Daniels) 그룹들도 글로벌 브랜드화에 초점을 맞추고 있다.

이러한 다국적 기업들은 알코올 생산을 몇몇 기업의 손에 집중시켰을 뿐 아니라 자신들의 글로벌 사업을 통합하고 있다. 상위 24개 글로벌 알코올 업체들이 일반적으로 사용하는 전략은 [박스 5.2]에 요약되어 있다.

대부분은 그들의 핵심 산업인 알코올에 초점을 맞추기 위해 1990년대에 사업의 다양화를 벗어 던졌다. 이들의 대부분은 무알코올 음료사업을 유지하고 있는데 이는 전략적인 것으로 보인다. 예를 들어, 아프리카에 상업주류산업은 아직 발달하지 못했고 사브밀러(SABMiller)는 현재 전 지역에서 음료의 용기, 저장맥주(lager), 사탕수수맥주(sorghum) 그리고 무알코올 음료 등을 생산하고 있다. 대부분의 글로벌 기업들은 현재 거대한 브랜드 영역을 소유하고 있지만 지역 핵심상표와 더불어 제한된 수의 고가의 프리미엄 글로벌 브랜드를 홍보하는 전략을 채택하고 있다.

2006~2007년, 정상급 기업들은 인수합병에 따른 생산, 분배, 백 오피스의 역할 등을 합리화하며 공고히 하기 위한 조직적인 변화들을 보고하였다. 이것의 처음 목적을 상당한 비용 절감을 달성하여 브랜드 가치에 투자하기 위한 것이라고 밝혔다. 이는 기존시장 뿐 아니라 새로운 시장에서 알코올의 광고, 후원, 홍보 등에 대한 지출이 증가될 것을 의미한다.

[박스 5.2] 24개 글로벌 주류기업들의 공통전략

주주들을 위한 연례보고서(2003-2007)에서 발췌(Hill 2008)
- '핵심주류사업' 재조명
- 보다 더 높은 가격의 '프리미엄' 브랜드의 글로벌 마케팅
- 경제성장 또는 경기회복 중인 경제신흥 주류시장을 겨냥함
- 현지의 가장 큰 경쟁사의 인수 또는 부분인수 후, 국제적 지역적 브랜드의 공동운영
- 인수합병을 통한 통합 후 절약된 비용을 브랜드 마케팅에 투자함
- 기업의 사회적 책임성 정책을 채택함
- 장벽과 경쟁에 대한 장벽을 극복하고자 자유무역협정을 지지함

5.6 새로운 시장의 확보

규모의 경제(economies of scale)는 세계적인 회사들에 이득을 준다(Jernigan 2009 ; Mackay 2003). 규모의 경제는 개발된 국가에서의 안정된 알코올소비와 함께 규제가

완화된 동유럽 국가들의 새 시장에 대한 쟁탈전과 라틴아메리카와 아시아의 경제성장을 통하여 이루어졌다.

일부 경제학자들은 글로벌 경제가 과생산과 침체로 인해 자연적인 한계에 이르렀다고 생각하지만(Bello 2006), 그들 각자의 국가 밖에서는 알코올 기업이 여전히 고속성장을 하고 있다. 그들은 주주들에게 현재 개발되거나 경제가 회복되고 있는 국가들, 두터워지는 중산층과 그리고 젊은 층의 인구증가로 인해 새로운 시장에서의 매출이 더 많이 성장할 것이라고 말한다.

특별히 중국은 2005년 엔하우저 부쉬(Anheuser-Busch) 보고서에서 '현재 일인당 소비수준이 다른 선진국들의 20% 정도'라고 밝힌 바와 같이 잠재적인 큰 매출이 기대되는 곳이다. 그러나 세계보건기구는 전체적으로 낮은 사망률을 가진 개발도상국에서 조차도, 알코올은 이미 상해와 질병의 주된 위험요인이라고 보고하고 있다. 세계보건기구의 연구는 알코올 문제가 개발과 함께 증가하고 있음을 보여주고 있다. 개발도상국은 종종 알코올관련법과 정책이 부족하거나 적절하게 시행되지 않고 있다.

산업화된 알코올의 공급은 저소득국가에 긍정적인 경제효과를 가져올 것으로 추정하지만 이것의 증거는 모호하고 특히 직업 창출 분야에서는 더욱 그러하다. 어떠한 혜택보다 증가된 알코올소비로 인한 부정적인 사회경제적 영향이 더 클 것으로 예상된다. 예를 들어, 인도에서의 알코올의 사회경제적 영향에 관한 세계보건기구의 보고는 인도 정부가 연간 주세로 2,160억 루피를 얻지만 알코올 사용의 직접적인 결과를 처리하는데 약 2,440억 루피를 소비하고 있다고 추정하였다.

글로벌 기업들은 2000년대 초기에 7~12%의 성장으로 인한 흑자를 유통파트너 및 필요에 따라서는 합작회사와 기존회사의 주식구매, 새 공장의 준공 또는 흔히 지역경쟁사를 매입하는 등의 방법으로 새로운 시장으로의 진입에 필요한 돈을 마련하였다. 지역적 합병은 글로벌기업에게 생산 설비, 유통망, 마케팅을 위한 문화적 지식 등을 제공한다. 뻬르노드 리까르도, 하이네켄과 칼스버그, 인베브(Pernod Ricard, Heineken and Carlsberg, Inbev) 기업들 모두가 2008년에 그랬듯이 글로벌 경쟁사를 사들여 수익성 있는 브랜드들을 획득하고 기존의 시장과 새로운 시장의 일부를 얻는 방법이 새로운 시장으로의 진출을 더욱 빠르게 하는 통로이다.

그들의 목표는 글로벌 성장이지 국가적인 독점은 아니다. 몇 개의 브랜드를 협력 경쟁사에 매각함으로써 모든 공정거래 규제들을 충족할 수 있다. 시장에서의 모든 브랜드가 아닌 가장 성공적인 브랜드 몇몇을 소유하여 수익성을 얻는 방법을 취한다.

연간보고서에서 확인된 전략은 각 나라에서 가장 성공적인 지역상품을 획득하고 그것들을 고가의 글로벌 브랜드와 함께 홍보하는 것이다(Hill 2008). 최근산업의 분석에서는 '글로벌 브랜드'를 지역의 '상품'과 대비한다(Impact Databank 2007 ; International Center for Alcohol Policies 2006). 그러나 연간보고서는 단지 글로벌 브랜드가 아닌 지역브랜드가 글로벌 기업의 수익성에 중요하다는 것을 보여준다. 그것은 '가치와 양' 양면 전략의 일부분이다. 사브밀러(SABMiller)는 2005년 보고서에서 이 전략이 새로운 음주자들에게도 적용된다고 제안하였다.

- 우리는 현재 신생사업에서부터 성장한 사업의 연속성을 통해 양과 질 두 가지의 혜택을 누릴 수 있다.
- 많은 경우, 소비자들이 처음에는 저가시장에서 소비를 시작하여 점점 고가의 프리미엄 상품으로 이동하며 높은 가치의 브랜드를 향해 상승하는 경향이 있다.

글로벌 알코올 기업의 새로운 시장으로의 진입 예는 투자자들이 BRIC국가들이라 부르는 나라, 브라질, 러시아, 인디아, 중국(Brazil, Russia, India, China)과 같은 급격한 경제성장 국가들에서 잘 나타난다(박스 5.3에서 5.6까지 참고). 예를 들어, 2005년 디아지오(Diageo)는 증류주 양이 전 세계적으로 3% 성장한 것과 비교하여 브라질, 러시아, 인디아, 중국에서는 각각 21%, 51%, 26%, 78% 증가했다고 보고하였다. 디아지오(Diageo)는 이러한 신흥시장에서의 수익이 10년 후에는 디아지오(Diageo)의 전체 수익률에서 더 큰 비중을 차지할 것을 기대하며 이러한 나라들에서의 투자를 증가할 계획을 세웠다(Walsh 2005).

중국은 인구의 규모로 2002년 이후 가장 크고 빠르게 성장하는 맥주시장이 되었다. 2004년에는 필리핀과 태국에서도 엄청난 성장이 있었고, 러시아와 브라질은 상위 5위 안에 들었다. 글로벌 기업들은 일단 BRIC 국가들 사이에 설립되면 그것을 기반으로 주변 지역의 도시, 주, 혹은 국가들로 그들의 생산, 마케팅, 유통, 그리고 매출을 늘려간다.

[박스 5.3] 브라질과 라틴 아메리카 시장

브라질에서 현재 주류 소비는 15세 이상 성인 1인당 평균 6리터이며 1960년대의 2리터에서 늘어난 것이지만 이미 성장한 주류시장 평균 보다는 낮다. 미국의 16.5%(판매되는 주류의 45%를 소비한다)와 비교하여 브라질은 18~29세 인구의 구성 비율이 35%이다. 10대들의 폭음과 음주운전, 술취한 상태에서의 살인이 매우 널리 퍼져있다. 알코올의존은 18세 이상에서 9.4~11.2%로 추산되며, 이들 지역에서의 알코올관련 질병부담은 국제적인 평균보다 매우 높다(Babor and Caetano 2005 ; Monteiro 2007).

글로벌 양조회사들은 현재 중남미 12개 국가 시장의 절반 이상을 통제하고 있으며, 이들 중 8개 국가에서는 맥주판매량의 90% 이상이 이 회사들의 제품이다.

2005년 '인베브(벨기에 맥주생산업체)'는 브라질 맥주 시장의 68%를 차지했고 브라질과 남부 남미 지역에서의 확실한 수익으로 세계적인 성장을 이루고 있다. 2006년 '인베브'는 2002년부터 아르헨티나, 볼리비아, 칠레, 파라과이와 우루과이에 주 공급회사인 룩셈부르크소재 양조 지주회사였던 '퀸사'의 소유권을 공동소유에서 완전소유로 변경했다.

2001년 캐나다의 맥주양조업자 몰슨(Molson)은 브라질의 두 번째로 큰 양조장인 카이저(kaiser)를 매입했고, 2004년엔 20%의 주식을 가진 하이네켄(Heineken)과 함께 바바리아(Bavaria)브랜드와 양조장을 구매했다. 2005년 사브밀러(SABMiller)는 바바리아(Bavaria)의 주식을 인수했고 몰슨은 쿠어스(Coors)와 합병하면서 15%만 유지하고 나머지 주식을 펨사(Femsa)에 양도했다. 몰슨(Molson), 하이네켄(Heineken), 펨사(Femsa)는 중앙아메리카와 북아메리카에서도 협력하고 있다. 뻬르노드 리까르도(Pernod Recard)는 엘라이드 돌멕(Allied Dolmecq) 브랜드를 포함하여 2005년 12%의 판매 성장으로 브라질 증류주 시장에서 가장 많은 지분을 소유했다. 2006년과 2007년에 디아지오(Diageo)는 광범위한 유통과 새로운 광고 캠페인으로 브라질(Brazil), 파라과이(Paraguay), 우루과이(Uruguay)에서 위스키와 즉석음료 상품에 대한 큰 성장을 기록하였다. 이 회사의 조니워커(Johnnie Walker) 브랜드는 '상 · 하 라인' 모두 즉, 광고뿐 아니라 후원과 직접적인 홍보와 같은 마케팅으로 브라질에서 이익을 가지며 40% 성장했다. 전 지역에 걸쳐 와인의 소비량은 줄고 증류주나 맥주의 소비량이 증가하는 것은 소유주들의 합병과 이러한 주류에 대한 집중된 마케팅의 결과이다(Caetano and Laranjeira 2005 ; Jernigan 2005). 예를 들어, 2001년에 브라질에서 광고와 마케팅에 들인 지출이 1억6백만 달러였다. 생산가는 낮고 알코올이 널리 퍼져있어, 맥주 한 캔은 코카콜라의 반값에 팔린다. 아메리카 대륙의 25개국 중에 브라질의 알코올정책의 개선이 가장 시급한 것으로 파악된다(Babor and Caetano 2005).

[박스 5.4] 러시아

러시아는 증류주 소비량이 과중하게 많고 국가통제와 주류과세 등의 전통이 있는 나라이다. 4장에서 살펴본 바와 같이, 1985에서 1987까지의 반알코올 캠페인으로 정부가 판매하는 주류판매점에서의 알코올판매가 63% 감소되었다. 가정에서 증류하는 것이 증가한 것을 감안하면 전체 소비량이 1인당 14ℓ에서 10.5ℓ로 실제 25% 감소된 것으로 추정되었다. 이후 3년 만에 남성의 평균수명이 62세에서 65세로 증가되었다. 1992년의 친 시장 정책으로의 개혁으로 정부가 독점적으로 운영하던 알코올정책은 폐지되었다. 소비량이 변동을 거듭했지만 2001년에는 1인당 소비량이 15ℓ로 증가되었고 남성의 기대수명은 59세로 떨어졌다. 알코올이 보건통계지표를 악화시키고 폭력을 증가시키는 주요요인임이 증명되었다(Nemtsov 1998 ; Nemtsov 2005 ; Pridemore 2002).

이 거대한 알코올시장의 자유화는 다국적 기업들을 매료시켰다. 뻬르노드 리까르도(Pernod Ricard)는 현재 러시아의 가장 거대한 증류주 회사이다. 이 회사의 꼬냑 판매는 매년 19%의 성장률을 보이고 있고, 이 회사의 지역 상표들 또한 두 배의 판매 성장을 기록하고 있다. 2006년 이 회사는 러시아산 보드카 브랜드를 전 세계적으로 판매하기 위해 동업자 관계를 협정했다. 디아지오(Diageo)는 합작투자회사의 지분 75%를 통하여 러시아 내에서 증류주와 맥주를 판매한다. 이를 통해 디아지오는 2006년 현지의 스미르노브 보드카(Smirnov vodka) 브랜드를 완전히 매수하여 기존의 소유주였던 국제 스미르노프(Smirnoff) 브랜드와 통합했다. 디아지오(Diageo)는 2005년과 2006년 사이에 러시아에서의 입지를 굳히고 74개 도시로 확장시키기 위해 '러시아에 운명을 걸었다'. 2007년에는 판매량과 판매수익이 약 25% 증가하였다.

상대적으로 낮은 러시아의 맥주 소비량이 맥주 양조회사를 매료시켰다. 1992에 칼스버그와 스코티쉬 앤 뉴캐슬(Carlsberg and Scottish & Newcastle)은 원래 스웨덴과 핀란드의 합작투자회사인 발틱 비버리지 홀딩스(Baltic Beverage Holdings, BBH)를 러시아 연방국가였던 우크라이나, 카자흐스탄, 발틱 국가들을 겨냥하기 위해 사들였다. 현재 러시아는 유럽에서 두 번째로 가장 크고 가장 빠르게 성장하는 맥주시장이며 세계에서는 다섯 번째로 큰 시장이다. 맥주에 대한 소비량이 1999년 1인당 37ℓ에서 2003년에 51ℓ로 증가하였다. BBH는 맥주 시장의 38%를 점유하고 있고, 판매량과 이윤은 해마다 18~25% 내외로 증가하고 있다. BBH의 공인된 전략은 '양적 배분을 위해 지역성과 함께 지역적 브랜드를 홍보하는 것과 공유가치의 증가를 위해 국가적, 국제적 프리미엄 브랜드를 홍보하는 것'이다. 하이네켄과 칼스버그(Heineken and Carlsberg)가 스코티쉬 앤 뉴캐슬(Scottish & Newcastle)을 매수함으로 이제 칼스버그(Calsberg)가 BBH를 완전히 소유하게 되었다.

인베브와 하이네켄(Inbev and Heineken) 또한 러시아의 맥주공장들을 사들이고 있다. 인베브(Inbev)는 연간 두 배의 성장을 기록하고 있는 8개의 맥주공장들과 시베리아에 건설 중인 또 다른 건물을 소유한, 러시아에서 두 번째로 거대한 맥주양조회사이다. 하이네켄(Heineken)은 세 번째로 거대하며 독일과 벨기에 내에서 보유 주식 수를 감축시킨 후 현금으로 일부 매입한, 러시아의 10개의 맥주공장들로 시장의 20% 장악을 목표로 하고 있다. 2006년 이후로 하이네켄은 러시아 시장에서의 자격증을 갖고 버드와이저 (Budweiser)를 양조하고 있다.

러시아 정부가 세금을 인상하고, 공중파 매체에서 증류주 광고뿐 아니라 맥주광고를 금지하고, 맥주광고를 밤 10시 이후에만 허용하였을 때, BBH는 이 조치에 대해 서로 다른 지역성을 지닌 15개의 브랜드와 그들 각각의 타깃에 맞춘 20가지의 대규모 맥주축제를 모스크바(Moscow)에서 블라디보스톡(Vladivostok)까지 16개 도시에서 전개하며 대응하였다.

[박스 5.5] 인도

인도국민의 1인당 적은 알코올소비량과 절제된 종교적인 문화 등으로 인해 전통적으로 많은 남성 음주자들과 그리고 음주를 시작하는 평균연령이 점점 낮아지고 있는 점 등이 잘 드러나지 않는다(Prasad 2009). 소비된 알코올의 95% 내외가 증류주이고 나머지는 주로 맥주이다. 식민지 지배하에 아라크(arrack, 인도의 국주 : 사탕수수로 만드는 증류주임)는 주류판매허가를 받고 세금이 부과된 더 도수가 강하고 비싼 제품으로 서서히 대체되기 시작하였다. 인도에서의 알코올정책은 국가수준으로 위임되었다. 비록 헌법이 마약류를 금지하지만 현재 단지 두 개의 관할 지역에서만 알코올이 금지되고 있다. 다른 지역에서는 일반적으로 판매하는 가격에 따르는 주세가 부가세 다음으로 가장 큰 정부의 수입원이며, 정부세수의 15~20%를 제공하고 있다. 여러 주에서는 소매업 면허에 대한 갱신은 엄격한 판매 할당량에 달려있다(Benegal 2005). 그러나 최근 뱅갈로르(Bangalor)의 한 연구는 알코올남용에 대해 정부가 들이는 직·간접비용이 주세로부터 벌어들인 수입의 세 배 이상이 되고 있음을 보고하였다(Prasad 2009).

세계화와 자유경제, 그리고 세계무역기구의 회원국으로의 입장 등으로 알코올 사용이 일반화되었다. 마을단위의 알코올 생산은 침체되어 왔지만, 비전통적인 맥주인 백주와 와인은 도시 중상류층의 음주율 증가와 함께 2000년대 초에 7~8%의 성장을 하였다. 작게 포장된 맥주와 새로운 맛의 상품들, 그리고 멋진 시간과 매력적인 라이프스타일을 묘사하는 신선한 광고는 여성들과 젊은 사람들을 겨냥한 것이다(Benegal 2005 ; Euromanitor 2005).

인도에는 맥주양조회사들과 증류회사를 가진 자국의 주류 거대기업인 유비그룹(the UB Group)이 있다. UB는 최고의 증류주와 최고의 맥주브랜드를 판매하고 있다. 이 회사는 유럽 증류주회사들을 매입하고('세계의 증류주들을 인도로 가져오기'), 글로벌기업들 간의 합병으로 현재는 세계에서 세 번째로 큰 증류주 생산자가 되었다. 사브밀러(SABMiller)는 2000년에 나랑 양조장(the Narang brewery)을 매입함으로서 시장에 진입한 인도에서 두 번째로 거대한 맥주업자이다. 2003~2005년에 UB의 맥도웰 증류주(McDowell Spirits)는 사브밀러(SABMiller)의 자회사인 마이소르 양조장(Mysore Breweries)에게 양도될 이 회사의 양조장들과 함께 회사의 증류주 생산을 위해 인도회사 쇼 월리스(Shaw Wallace)를 사들였다. 이후 UB와 사브밀러(SABMiller)는 함께 맥주와 증류주 각각 판매량의 50%와 70% 이상을 차지했다. 이것은 2001년 인도가 세계무역기구에 가입한 이후에 합병되고 획득한 소동의 일부분이었다. 2006년 사브밀러(SABMiller)는 포스터(Foster)의 인도 경영과 브랜드를 1억 2천 7백만 달러를 주고 사들였다.

2002년에 스코티쉬 앤 뉴캐슬(Scottich & Newcastle)은 전략적 동맹에 들어간 다음 UB와 제휴를 맺으며 UB의 지분 37.5%를 가져왔다. 2008년 스코티쉬 앤 뉴캐슬(Scottish & Newcastle)이 매각되면서, 이 회사의 인도 소유재산은 하이네켄(Heineken)으로 이전되었다. 하이네켄(Heineken)은 마가라시트라(Magarashta)와 고아(Goa)에 있는 제조공장과 함께 아시아 태평양연안의 양조장들(Asia Pacific Breweries)에 대한 회사 절반의 지분을 통해 인도의 지역적, 국제적 브랜드를 시장에 내놓았다. 2006년 칼스버그(Calsberg)는 서벵갈(West Bengal)과 라자스탄(Rajasthan), 마하라시트라(Maharashtra)에 있는 설비 공장, 뉴델리 근처의 히마찰 프라데시(Himachal Pradesh)에 있는 양조장을 인수하여, 남아시아 양조장(South Asia Breweries)이라 불리는 합작투자를 결성했다. 알코올을 개발사업으로 하는 것을 반대하는 세계은행문서(the World Bank Note)의 경고에도 불구하고 남아시아 양조장의 10%가 개발도상국가들을 위한 덴마크의 산업화 기금이 소유하고 있다(World Bank 2000). 2007년에 인베브(Inbev)는 남인도에 있는 크라운 비어(Crown Beers)와 함께 앤하우저 부시(Anheuser Busch)를, 뭄바이(Mumbai)에 있는 RJK와 함께 합작투자회사를 세웠다.

빼르노드 리까르도(Pernod Ricard)는 스스로를 인도에서 가장 큰 외국산 포도주와 증류주 사업자라고 설명한다. 높은 관세가 지속되는 동안에도, 이 회사는 지역 브랜드 뿐만 아니라 수입품 시장을 소유하고, 2006년에는 판매량의 18%의 성장을 기록하며 인도에서 네 번째로 큰 지역 증류주 생산자였다. 디아지오(Dageo)는 유통업자들을 통하여 글로벌 브랜드를 판매하고, 2006년에 인도인이 만드는 외래주에 대한 지역브랜드를 생산하기 위해 인도에서 두 번째로 큰 주류 회사인 라디코 크하이탄(Radico Khaitan)과 함께 합작회사를 설립하였다.

다국적 그리고 UB(United Breweries 2006~7)의 가파른 성장에 의한 '고공행진'과 함께, 알코올 판매는 현재 해마다 약 20%의 성장을 하고 있는 중이다. 인도인이 만드는 외국산 증류주의 소비량이 53% 성장하는 동안 맥주 소비량도 2002년에서 2006년까지 51%가 증가되었다(Lal Pai 2008).

[박스 5.6] 중국

중국은 알코올 생산과 음주, 특별히 증류주에 대해 오랜 역사를 가지고 있다. 알코올의 소비에 있어서는 지역마다 큰 차이를 보이며 중국 북부와 도시지역, 일부 소수민족 집단 내에서 더 흔하다. 남성의 25%와 여성의 60% 이상이 음주를 하지 않지만 세계보건기구가 지원하는 중국의 5개 지역에서의 대규모 설문조사에 따르면 과음주자가 표본의 6.7%나 되었고 소비된 알코올의 55.3%가 그들에 의한 것이었다(WHO 2001). 알코올소비량은 텔레비전에서의 알코올 광고 등으로 인해 1980년대와 1990년대 사이에 두 배 이상 증가되어, 정부의 즉각적인 개입이 필요해졌다. 글로벌 기업들을 포함한 기업합병은 브랜드화된 주류의 마케팅을 증가시키는 데 기여한다. 2003년에 알코올에 대한 TV광고에 3억 5천 7백만 달러가 소비되어졌다.

1994년 사브밀러(SABMiller)는 정부관계기관인 중국자원기업(China Resources Enterprises)과 함께 중국에서 두 번째로 거대한 양조장에 대한 공동관리를 성사시켰다. 그 외에도 호주의 양조업자인 라이온 나단(Lion Nathan, 현재는 일본인 양조업자인 기린의 소유)이 북서부 중국의 대표적인 양조장(후에 매각됨)인 하빈(Harbin)의 지분 30%를 인수하고 합작투자를 시작한 사례가 있다. 2004년 사브밀러(SABMiller)는 중국에서 33개의 양조장을 가진 가장 거대한 외국인 맥주양조업자이었다. 2006년 차이나 리소어스 스노우(China Resources Snow)는 국가가 주도하는 맥주브랜드 스노우(Snow)와 함께 판매량과 양조능력으로 중국에서 가장 큰 맥주양조회사가 되었다.

앤하우저 부쉬(Anheuser Busch)는 중국의 가장 큰 맥주양조회사와 브랜드인 티싱타오(Tsingtao)의 5%의 지분을 가지고 1993년 시장에 진입했다. 그런 다음 이 회사는 위안(Wuhan)에 회사 소유의 버드와이저(Budweiser) 양조장을 설립했다. 2000년대에 그 회사는 빠르게 확장되었다. 버드와이저와 버드 아이스(Budweiser and Bud Ice)는 2002년에 중국에서 판매량이 21.5% 증가했고 2003년에는 최고 고가(the premium-priced)의 맥주 시장의 거의 절반을 차지했다. 2003년에 앤하우저 부쉬(Anheuser Busch)는 티싱타오(Tsingtao-50개의 양조장 소유)와 전략적 제휴를 체결했고 보유주식을 27%까지 증가시켰다. 2004년에 이 회사는 할빈(Harbin-13개의 양조장)을 사들인 후 버드와이저(Budweiser)의 도매 네트워크와 마케팅 능력을 통해 할빈(Harbin)의 판매 영역을 확장시키고 있다. 2007년 이 회사는 맥시코 파트너인 모델로 그룹(Grupo Modelo)을 대신해 중국에서 코로나(Corona)를 판매하기 시작했다. 앤하우저 부쉬(Anheuser Busch)의 2007년 보고서에 따르면 중국이 과거 5년 이상 국제 맥주량 증가의 45%를 차지했고 이 회사는 견고한 미래 장기 성장에 참여하기 위한 훌륭한 위치를 가지게 되었다.

1980년대 중국 맥주양조회사에 기술적인 지원을 제공한 후, 인베브(Inbev)는 1997년에 두 개의 양조회사를 구매했고 다른 중국 기업에 대해 공동소유를 획득했으며 후에 그것의 지분을 늘려가고 있다. 2004년에 이 회사는 거의 3천 5백만 헥토리터(100 ℓ)를 생산하는 39개의 현장을 가지고 있었고 그것이 운영되어지는 각 지역들에서 가장 큰 시장 지분을 가졌다. 중국은 2002~2004년 연속으로 인베브(Inbev)의 아시아 태평양 지역 내에서 투자의 8~11%를 회수하는 주요한 공헌자였다. 2006년 두 개를 더 매수함으로 중국의 중앙과 동부에서 회사의 위치를 강화시켰다. 이 회사의 전략은 중국 시장의 최대 이윤 부분에 초점을 맞추는 것과 지역적 브랜드를 강화시키는 것이다. 일본 알코올 기업인 아사히와 기린(Asahi and Kirin) 또한 중국 내에서 확실히 자리를 잡았고 현재 성장 중이다.

낮은 관세와 거대한 판매 잠재력 또한 국제 증류주 생산자들을 매료시켰고, 주로 무역과 도시 슈퍼마켓을 통해 판매를 해오고 있다(Euromonitor 2006). 2003년 이후로 뻬르노드 리카르도(Pernod Recard)는 후원과 라이프스타일 캠페인을 통해 비즈니스 엘리트들에게 브랜디를 마케팅 함으로 폭발적인 양적 성장을 기록했다. 중국은 또한 중국에서 2007년 57%의 판매 성장을 기록한 디아지오(Diageo) 성장에 있어 핵심동력 국가이다. 디아지오 성장의 중요한 부분은 아시아 전역에 걸쳐 세간의 이목을 끄는 '함께 걸어요('Walk On')' 캠페인과 함께 광고되어진 조니워커 위스키(Johnnie Walker whisky)이다.

5.7 알코올의 '상품사슬'

글로벌화에 대한 폭넓은 이해는 글로벌화된 알코올 다국적기업이 원하는 알코올정책이 무엇인지를 이해하는 데 도움이 된다. 상품의 사슬의 개념 즉, 여러 국가들을 통해 사업하는 다국적기업의 생산 네트워크에 대한 이해는 오늘날 파워의 역동성과 이윤취득을 분석하는데 사용될 수 있다. 글로벌화란 운송기술과 커뮤니케이션의 발전으로 인해, 노동시장 사이의 비용차이에서 이득을 취하는 시스템을 말한다. 이러한 시스템은 체인의 어떠한 부분이 하도급 계약없이 기업에 의해 직접적으로 소유되어야 할지에 대한 결정에 영향을 준다. 저니건(Jernigan)은 이 개념을 알코올 산업의 지역생산자, 수입자, 광고자 그리고 유통업자 네트워크에 적용한다. 수출, 유통계약, 자격증을 가진 양조행위, 합작회사, 부분소유권, 지역공장 또는 기업의 구매 등은 모두 알코올 기업의 국제적인 확장에 있어서 선택할 수 있는 사항들이다. 상품사슬에 대한 분석에 따르면, 기업들이 주식보유자에게 이윤이 발생하는 것을 확실히 보장하기 위해서는, 광고와 마케팅 그리고 디자인과 레시피 이 두 개의 부분에 있어서는 기업이 직접적인 관리를 해야 한다.

저장맥주(lager)나 특별한 종류의 증류주의 디자인과 레시피는 전체적으로 유사하기 때문에, 제품을 프리미엄으로 만드는 것은 부분적으로는 최고가의 시장을 목표로 하는 마케팅 전략에 달려있다.

브랜드 이미지는 사회의 특정그룹이나 틈새시장을 노리기 위해 맞춰진다. 이미지, 가격, 마케팅 전략은 모두 시장에서의 가장 높은 양을 차지하기 위해 중요하다.

마케팅은 글로벌 알코올 생산 네트워크의 주요 형태이다(Jernigan 2009). 그것의 중요성은 이들 기업들의 연간보고서에 설명된 것처럼 브랜드에 투자되는 매출의 비율에 의해서 증명된다.

2006년 하이네켄(Heineken)은 순 매출의 12.6%(약 19억 8천 5백만 달러)를 마케팅에 지출했다고 보고했다. 같은 해 디아지오(Diageo)는 15.5%(미화 약 22억 4천 6백만 달러)를, 뻬르노드 리까르도(Pernod Ricard)는 17%(미화 약 33억 6천 7백만 달러)를 마케팅에 소비했다. 마케팅과 광고에 대한 노출을 제한하는 정책들은 매출, 소비수준 그리고 수익에 영향을 미칠 수 있다.

이것이 주류기업으로 하여금 알코올 광고의 자기규제와 마케팅 수행의 자발적인 코드를 유지하기 위해 다각적으로 로비하는 이유이다. 이 점에 대해서는 15장에서 기술하고 있다.

5.8 최근 시행되고 있는 마케팅의 방법들

소량생산자들은 주로 질과 가격으로 시장거래를 하는 반면에, 글로벌 알코올 산업은 마케팅에 주력한다(Room et al. 2002). 이제 기존의 시장에서 알코올은 다른 많은 제품에 비해 더 많이 홍보되고 있다. 예를 들어 미국에서 1975년 이후부터 측정된 알코올 광고의 성장은 물가 상승률의 20%를 능가해왔다(Jernigan and O'Hara 2004).

글로벌 브랜드와 지역 브랜드는 광고, 후원, 직접적인 마케팅 등을 사용하는 단계화된 브랜드 캠페인을 통하여 홍보되었다. 텔레비전, 라디오, 신문기사와 같은 전통적인 미디어는 알코올 홍보에 중요하다.

전 세계 알코올 광고의 콘텐츠에는 많은 공통점이 있다. 광고는 성적이며 사회적인 고정관념을 강조하는 점에서 다양성이 부족하다. 주류광고의 공통된 요소는 유머, 사회성, 육체적 매력, 성공, 로맨스, 모험, 즐거운 활동, 유명 인사들의 추천, 만화와 음악 등이다. 더 최근에는 아이러니와 파괴적인 메시지가 반복적인 부분이 되고 있다. 주류광고는 음식과 연계되는 경우가 거의 없고 부정적인 결과는 보여지지 않는다(Austin and Hust 2005 ; McCreanor et al. 2005 ; Zwarun 2006).

전통적인 매체가 여전히 중요하지만, 미국에서의 추정에 따르면 알코올 홍보 총 지출의 삼분의 일에서 절반 정도만이 관측된 매체를 통한 것이라는 점을 주목할 필요가 있다(Jernigan 2005). 스포츠, 음악, 문화행사의 알코올 후원은 알코올 브랜드와 상품을 레저 활동을 하는 사람들의 즐거움에 직접적으로 주입시키려는 마케팅 전략이다(Buchanan and Lev 1989 ; Klein 2000). 그것은 개인, 팀, 클럽에 의한 과음과 연관되어 있다(O'Brien and Kypri 2008). 그러나 그것의 주요한 목적은, 알코올 브랜드를 소비하는 대중이 선호하는 스포츠와 연관시키는 것이다. Anheuser Busch, Heineken, Carlsberg는 국제적인 팬들을 매료시키는 중요한 국제적 스포츠 이벤트 후원에 규칙적으로 약 2천만 달러를 소비한다.

예를 들어, 버드와이저(Budweiser)는 2008년 베이징 올림픽의 공식적 국제적 맥주였으며, 2007년 중반부터 중국에서 올림픽과 관련한 마케팅을 시작하였다. 국제 스포츠이벤트를 통한 마케팅은 브랜드의 개성을 강조하고, 브랜드화된 상품을 포함하며, 전 세계 소매점에서 티켓 경쟁을 유도하는 등 조직화된 캠페인을 수반한다.

브랜드 홈페이지(Montgomery 1997), 후원된 텔레비전 사이트(Hurst 2006), 소셜 네트워킹 사이트 등 인터넷을 통한 측정되지 않은 마케팅 활동들도 증가하였다. 예를 들어 유튜브에 게시된 디아지오(Diageo)의 광고 두 개는 각각 삼백만 번 이상 조회되었다(Jernigan 2009). 전자기기 마케팅은 인터넷뿐 아니라 휴대폰을 통하여 직접적인 바이러스성 마케팅을 포함한다(Casswell 2004).

알코올은 텔레비전을 통해 알코올 후원 스포츠(Madden and Grube 1994 ; Zwarun 2006)와 영화에서의 음주장면이나 협찬형식을 통하여 간접적으로 홍보되기도 한다(Dal Cin et al. 2008).

직접적인 마케팅은 가격할인(Center for Disease Control and Prevention 2003 ; Jones and Lynch 2007 ; Kuo et al. 2003), 브랜드화된 상품, 알코올을 주제로 한 장난감 등을 포함한(Austin and Knaus 2000) 홍보성 아이템(Henriksen et al. 2008 ; Hurtz et al. 2007) 등의 매장을 통한 홍보가 포함된다.

젊은 사람들은 알코올 산업에 이윤을 더해 주는 주요 성장요소이며, 브랜드 로열티를 제공하는 전략적으로 중요한 고객이다. 연구에 따르면 미국에서의 젊은 층(Jernigan 2005)과 흑인(Alaniz 1998 ; Dal Cin et al. 2008)이나 젊은 여성(Jernigan et al. 2004)과 같이 평균적으로 소비가 적은 그룹이 알코올 광고에 불균형적으로 많이 노출되고 있다. 젊은이들의 삶에 브랜드가 미치는 영향 때문에(Casswell 2004 ; Klein 2000), 그리고 새로운 기술이나 락 콘서트와 힙합 아티스트들의 브랜드 후원과 같이 그들을 매료시키는 방법 때문에, 알코올 마케팅은 젊은 층에게 특히 깊은 영향을 미친다.

이러한 마케팅 전략들은 젊은 청중에게는 쉽게 접근하지만 장년층과 정책입안자들에게는 대부분 잘 드러나지 않는다는 특성을 고려해 보면, 취약한 계층을 보호하기 위한 현재의 정책들이 어느 정도 적절한 것인지 고려해 보아야 할 것이다.

알코올 생산자들은 새 음료의 디자인과 포장을 통해서도 젊은이들을 겨냥하고 있다. 영국에서의 특별한 알코올 생산품을 위한 유통 및 홍보 전략을 분석한 결과, 어떻게 이러한 전략들이 음주를 처음 시작하는 층(11~15세)과 기존 음주자인 젊은 청년들(16~24세)과 같은 시장의 특정 부분을 겨냥하는지 보여준다.

호주에서는 즉시 마실 수 있는 달콤한 알코올 음료가 젊은이들, 특히 음료의 알코올 성분을 쉽게 인식하지 못하는 미성년 음주자에게 인기가 있다(Choice 2008 ; Copeland et al. 2007). 미국에서 지속적으로 마케팅을 한 결과, 2005년에 이르러서는 이러한 달콤한 알코올성 음료가 17, 18세 어린 여자 아이들이 과음할 때 선호하는 음료가 되었다.

알코올 마케팅에 비용을 지출하는 것이 특별히 아직 광고가 포화 상태에 이르지 않은 새로운 시장에서 효과적일 수 있다. 디아지오(Diageo)의 2006년 연간보고서에 따르면, 마케팅 지출비용이 28% 상승하자, 매출량이 전 세계적으로는 6% 상승한 것에 비해 미국과 유럽시장 밖에서 팔린 양은 14%나 상승하였다.

5.9 결 론

지난 10여 년간 알코올 산업의 글로벌화는 알코올 생산과 유통구조뿐 아니라 알코올 마케팅의 본질 자체에 급격한 변화를 가져왔다. 이들 기업들의 규모와 수익성은 글로벌 차원의 조직화된 마케팅을 지원한다. 엄청난 수익 규모로 인해 상당한 자금이 주류산업의 이익을 위한 정책을 추진하는 데 직·간접적으로 사용되는데, 이와 관련된 내용은 15장에서 다루어진다. 앞에서 논의된 주류 공급 측면에서의 발전은 우리가 어떻게 국가의 알코올시장을 이해할 것인지와 얼마나 효과적인 알코올정책이 필요한지에 대한 함의를 제공해 준다.

대부분의 글로벌 알코올 기업은 오랜 전통주를 보유하고 있으면서 알코올 소매판매에서 통제를 받아온 산업화된 나라들에서 유래하고 있다. 이들 국가들이 직면한 도전은 주류회사들이 정책에 영향을 미치기 위해 매우 정교하고, 통합된 마케팅 전략과 풍부한 자금을 통해 여러 가지 기울이는 노력들이다.

현재 글로벌 기업들은 아직 음주가 일반화되어 있지 않고 효과적인 예방책이나 사회적인 폐해를 감소하려는 정책들이 거의 없는 개발도상국들에서의 신흥시장을 통해 대부분 그들의 성장과 수익성을 찾으려고 하고 있다. 이 도전은 알코올성 음료의 광범위한 사용으로 인한 건강상의 문제와 사회적 폐해를 최소화하기 위한 연구자들, 공중보건 분야, 그리고 정부가 힘을 합하여 국가와 글로벌 차원의 공중보건 전략을 통해 대처해야 하는 힘든 과제들이다.

제 6 장

알코올정책의 국제적 상황

제6장

알코올정책의 국제적 상황

6.1 개 요

제 2장에서 논의된 바와 같이 이 책의 기본 전제는 알코올이 일반상품이 아니라는 것이다. 여러 국가의 역사를 살펴보면 알코올성 음료는 특별관리상품으로 취급되어 왔으며 현재에도 여전히 특별상품으로 다루어지고 있다.

몇몇 국가들에서는 알코올성 음료를 완전히 금지했으며 여전히 그렇게 하고 있다. 여러 국가들에서 알코올 음료의 취급 및 구입이 제한되어 왔고 오늘날에도 마찬가지로 그렇게 취급하고 있으며, 최근 들어 이들 대부분의 국가들에서 알코올 음료에 대하여 특별세를 징수하고 있다(Hurst et al. 1997 ; Österberg and Karlsson 2002 ; WHO 2004 ; Anderson and Baumberg 2006 ; Karlsson and Österberg 2007).

약 1세기 전의 한 사례를 살펴보면, 국제적 수준에서의 일련의 협약이 아프리카에 알코올의 수출을 금지함으로써 '증류주무역' 시장을 통제하려고 시도한 일이 있었다(Bruun et al. 1975). 그러나 최근 수십 년에 걸쳐 국제협약이 집행한 수출에 상정된 물품 중 알코올성 음료는 빵, 우유, 커피, 차 등과 같은 일반상품으로 취급되어 왔다.

우리가 이미 제 5장에서 살펴보았듯이, 증가하는 국제무역과 알코올 음료산업의 글로벌화가 이루어지는 상황에서 위 사실이 의미하는 바는 국제적 수준에서 내려진 결정으로 인하여 범국가적이고 지역적인 알코올통제정책에 대한 압력이 증가되고 있다는 점이다.

이 장에서는 이와 같은 압력들이 발생하게 된 원인과 그 압력들이 국가와 지역의 알코올 통제와 글로벌 수준에서의 알코올 통제에 미치는 영향과 전망에 대해서 다루고 있다. 국제무역과 시장체제에 있어서의 현재 상황은 공중보건과 사회복지의 이익을 대변하기 위한 목적적 행위에 의해 변경될 수 있다는 점도 논의되고 있다. 이번 장이 기반을 두고 있는 많은 소재는 유럽연합에서 가지고 온 것이지만, 유럽국가들에서 얻을 수 있는 교훈은 전 세계 여러 다른 지역과도 관련성이 있다. 알코올에서 야기되는 질병의 부담을 다루고 알코올이 일반상품이라는 견해를 반박하기 위하여, 공중보건기구들은 정부가 자국민의 건강을 보호하기 위해 사용할 수 있는 전략과 중재를 형성하기 시작하였다.

따라서 이 장의 마지막 부분에서는 알코올정책의 국제적 현실에 관한 광범위한 견해를 제공하기 위하여 세계보건기구의 역할을 논의하고 있다.

6.2 국제무역협정과 경제조약

제2차 세계대전 이래, 상품에 대한 자유무역을 장려하기 위하여 지역적 차원에서 많은 국제협약과 경제조약이 설계되고 체결되어 왔다. 2000년 초에, 127개의 지역적이고 다양한 종류의 무역협정이 세계무역기구에 등록되었다(Andriamananjara 2001). 글로벌 수준에서 1995년에 조세와 무역에 대한 일반협정(GATT)을 승계한 세계무역기구의 현재 주 업무는 다국간의 무역협정이다. GATT는 1947년에 체결되었고 1994년에는 그들의 총 무역수지가 국제무역의 거의 90%를 차지하는 125개국의 회원국들이 가입하였다(WTO 2008).

2008년 7월 기준으로 세계무역기구는 153개의 회원국을 보유하고 있었다(WTO 2009). 1995년 이래로 세계무역기구에 새로 가입하는 국가들은 GATT와 그 확대기구인 GATS(서비스무역에 관한 일반협정)의 영향 아래 놓이게 되었다. 세계무역기구 회원국이 관련되어 있는 어떠한 양자간 또는 지역적인 무역협정은 세계무역기구의 유사한 규정과 원칙에 의거하여 진행되어야만 한다(Kelsey 2008). 세계무역기구의 원칙적인 목적은 경제성장과 발전을 장려하기 위하여 국제무역을 자유화 및 안정화시키는 것이다. 세계무역기구는 무역협정에 대한 규제법규를 제도화하고 무역분쟁을 해결하기 위한 시행체계를 제공해 준다. 세계무역기구의 장관 및 관료 회의는 국가들이 무역의 문제들과 무역 자유화에 관한 협상을 논의할 수 있는 포럼이다. 세계무역기구 무역협정의 목적은 시장접근과 국제무역을 규제하는 다양한 국가적 제약에 관한 통제를 줄이는 것이며 이 목적은 연속적인 협상 방침에서 점진적인 자유화를 위한 요구를 통해 성취된다(Kelsey 2008).

여러 관점에서 볼 때, 1951년에 탄생한 유럽연합은 지역 수준에서 가장 중요한 다국간 경제협정기구이다. 1993년에 유럽단일시장이 결성되었고 그 후 유럽연합은 더 많은 발전을 이루어 지역에서 무역을 장려하는 것이 포괄적인 국제적 기관과 협력일환의 중요한 부분이 되었다(Österberg and Karlsson 2002). 유럽연합 회원국의 수가 6개에서 27개로 늘었고, 유럽의 다른 나라들이 회원국이 되기 위해 협상을 벌이거나 가입을 고려하고 있어, 유럽연합에서 나오는 조약과 결정은 대부분의 유럽 국가들의 알코올정책에 영향을 주고 있다(Anderson and Baumberg 2006).

유럽 이외의 지역에서 경제적으로 가장 중요한 무역협정은 1994년에 효력이 발생한 캐나다, 멕시코, 미국이 회원국인 북미자유협정이다(North American Free Trade Agreement, NAFTA). 상품에 대한 무역 외에도 NAFTA는 투자와 서비스 무역과 같은 영역도 다룬다.

알코올 음료의 무역에 적용되고, 국가적이거나 지역적인 알코올통제정책에 영향을 미칠 수 있는 세계무역기구 회원국과 더불어 다양한 발전 단계에 있는 지역적이고 양자간의 여러 다른 무역협정도 존재한다.

6.3 알코올정책에 있어서 동등한 처리원칙의 영향들

무역협정은 정부가 종국에는 모든 국제무역에 대한 관세를 감소시키고 비관세 장벽을 허물어야 한다고 요구한다. 세계무역기구의 핵심 원칙 중 하나는 회원국들이 국내 소비자와 판매자에게 부여되는 호의적 처우를 해외 소비자와 판매자에게까지 확장시켜야 한다는 것이다(Grieshaber-Otto et al. 2006). 이러한 보장은 국제적인 세금 및 규제정책이 국내제품에 대한 별다른 보호없이 국내상품 뿐만 아니라 수입제품에도 동등하게 적용된다는 것이다.

이와 같은 국가적인 적용원칙은 GATS에서 상품들 이외로도 확장되었다(Grieshaber-

[박스 6.1] 서비스분야 무역에 관한 일반 협정(GATS)

목적	세계적으로 서비스의 자유로운 이동을 촉진시키기 위함
서비스 포함 사항	파트너 국가 간에 기업들은 정부를 위해 이미 파기된 어떤 계약이 있더라도 특히 정부의 알선조항을 포함한 모든 수준의 공공서비스를 위하여 상대국과 경쟁할 수 있다.
국내 규정	국내 규정과 관련한 특별한 요구는 서비스를 보장하기 위하여 필요한 범위를 넘어서는 부담이나 규제를 주지 않는다.
주류관련서비스의 예시	주류 생산, 분배, 그리고 마케팅 ; 곡물 생산 ; 양조와 증류를 위한 곡물의 운송 ; 주류 생산품의 서비스와 마케팅 ; 주류생산설비 투자
알코올정책의 실행	GATS는 중요한 공중보건상의 결과를 가져올 수 있는 알코올과 관련된 서비스와 다른 서비스를 구분하지 않는다. 비록 조약이 예외와 배제를 포함한다 할지라도, 그것들은 협소하게 해석되어질 수 있으며 예방적인 알코올 통제 조치를 위한 중요하고도 지속되는 보호책이 제공되지 않을 수도 있다. 다른 국제조약들과 마찬가지로 GATS는 어떤 알코올정책 수단에 대한 미래의 가능성을 효과적으로 규제한다. 예를 들면, 주류독점기업에 관한 규정들은 가장 우호적인 국내 규정을 따라야 한다.

Otto and Schacter 2002). 이 GATS의 목적은 서비스 무역에 대한 장벽을 줄이는 것이고 GATS의 알코올정책에 관한 영향력은 [박스 6.1]에서 논의되어 있다.

2006년에 결정된 GATS에 관한 협상은 주로 농업무역에 관한 것이었으나 다수의 양자간 그리고 지역적인 협정이 제품을 넘어 국가적 처리 원칙의 대상으로 확대되었다. 동등한 조건 상태에서 국내상품과 해외상품에 대한 규정은 어떤 제품이 대용품 혹은 생필품으로 해석되어야 하는가의 문제를 가지고 온다. 유럽사법재판소(The European Court of Justice, ECJ)는 알코올음료에 관하여 이 문제를 수차례 다루어왔다(Österberg and Karlsson 2002). 두 사례가 [박스 6.2]와 [6.3]에 소개되어 있다.

[박스 6.2] 아콰비트와 피클 청어 샌드위치

사례 171/78, '유럽위원회 대 덴마크'

덴마크산 아콰비트 증류주에 진이나 위스키 같은 다른 증류주에 대한 소비세보다 35퍼센트 낮은 소비세를 부과하는 덴마크의 규정을 다루었다.

덴마크정부는 아콰비트 증류주가 주로 피클된 청어로 만든 샌드위치 같은 덴마크 전통음식과 함께 식사처럼 먹는 주류이기 때문에 덴마크인의 이러한 음주관습에 비추어볼 때 다른 주류와 아콰비트를 구분하는 것은 적절하다고 논박하였다. 그러므로 덴마크 정부에 따르면 실제 소비자들은 아콰비트와 맥주냐 아니면 아콰비트와 와인이냐를 놓고 선택하는 것이지, 아콰비트와 다른 증류주를 놓고 선택하지는 않기 때문에 아콰비트는 다른 증류주와 같이 취급될 수 없다. 다시 말하면, 아콰비트와 다른 증류주는 서로 대체될 수 없는 상품이라는 것이다.

하지만, 유럽사법재판소는 이러한 해석을 수용하지 않았다. 유럽사법재판소의 견해에 의하면 아콰비트는 어떤 경우에 있어서 다른 주류와 대체할 수 있기 때문에 다른 증류주들과 경쟁관계에 있는 상품으로 분류 되어질 수 있다고 보았다(Germer 1990 : 482).

아콰비트 : Aquavit : 감자로 빚은 북유럽 증류주

[박스 6.3] 와인에 맥주보다 더 높은 세금이 매겨질 수 있는가?

사례 170/78, '유럽위원회 대 영국'

영국이 맥주보다 더 높은 세금을 와인에 부과할 수 있는지에 대해 조사하였다.

이 경우에 영국정부는 와인과 맥주 사이에 경쟁관계가 존재한다는 것과 서로가 대체 가능성이 있다는 것을 부인하였고 유럽위원회는 와인과 맥주는 서로 최소한의 잠재적인 대체성을 가지고 있다고 논박하였다. 이 두 가지는 갈증 해소와 음식에 동반되어 섭취하는 용도 또한 자연발효 상품이라는 동일한 주류 범주에 속하여 사용된다(cf. Germer 1990 : 485).

유럽사법재판소는 유럽위원회의 주장이 근거가 있다고 결정하였다. 더 나아가서 유럽사법재판소는 가입국의 세금정책은 관련국 산업에 우호적이라는 편견을 갖게 되기 때문에 현재의 소비자의 습성을 구조화하지 말아야 한다고 공표하였다(Germer 1990 : 485).

한편, 유럽사법재판소는 맥주와 와인의 소비세를 비교하기 위한 단일 기준 안을 수락하라는 유럽위원회의 제안을 수용하지 않았다. 또한 이들의 비교를 위해 어떤 지침이 사용되던지 간에 영국의 세금체계는 수입와인에 대비해 자국의 맥주생산을 보호했으며, 이것이 대체되어야 한다고 공표하였다.

특정 알코올 음료들이 상호 대체될 수 있기 때문에 동일한 조건으로 처리될 필요가 있는지에 대한 문제는 GATT와 세계무역기구 체제 내에서 주로 서로 다른 지역에서와 수입된 알코올 음료에 대한 세금 처리의 균등성의 차원에서의 문제가 발생되어 왔다. 1996년 일본의 전통주인 쇼주(shochu)는 보드카와 같은 제품으로 여겨졌으며 또한 순차적으로 다른 진(gin), 럼(rum), 브랜디, 위스키와 같은 여러 다른 수입 증류주 등과 같은 제품으로 여겨지게 되었다. 그 결과 균등한 세금 처리가 이 모든 주류상품에 적용되었다. 1999년 유럽연합은 한국의 증류주를 위한 세금 제도를 바꾸기 위해 세계무역기구의 규정을 성공적으로 이용하였다.

칠레에 반대되는 사례로 세계무역기구 패널은 칠레산 주류인 피스코(pisco)보다 높은 알코올 도수의 수입 주류에는 더 높은 세금을 부과시키지 않겠다는 판결을 내렸는데 그 이유는 수입 주류에 대한 더 높은 세금부과가 자국 주류생산을 보호할 수 있는 효과를 나타내기 때문이었다(Grieshaber-Otto et al. 2000 ; Ziegler 2006). 이러한 결정 후에 따라오는 정치적인 역동성의 결과로, 일반적으로 앞의 조처에 영향을 받은 알코올성 음료에 대해 순 세율을 낮추는 것이다.

6.4 유럽연합에서의 단일시장, 시장개방, 그리고 세금의 조화

2009년 초기까지는 유럽연합 국가들 사이에서 남유럽과 중앙유럽의 15개 국가에서 생산된 와인에는 소비세를 부과하지 않았으나, 덴마크, 핀란드, 아일랜드, 스웨덴, 영국의 경우엔 비교적 높은 세율을 알코올에 부과하는 등 다양한 범위의 세금이 부과되고 있었다. 이러한 차이는 지난 30년간 유럽연합 국가들이 서로 다른 세율이 단일 유럽시장의 효율적 운영을 방해한다는 이유로 알코올 세율의 조화를 모색하려고 한 반복적인 노력에도 불구하고 행해져 온 조치였다(Österberg and Karlsson 2002).

1993년 초에 일반적인 소비세 구조가 유럽연합에 적용되었는데, 이것은 다른 변화들 중에서도 유럽연합 국가들 간의 알코올소비세율을 비교하는 것을 훨씬 더 용이하게 해 주었다. 이 조처는 그 해로부터 유럽연합 국가들이 주류범주에 매겨지는 일반적인 소비세율에서 벗어나는 어떤 제품에 대해서도 특정한 세금을 부과할 수 없었다는 것을 의미한다.

예컨대, 1995년 유럽연합에 가입하기 전의 핀란드에서는 젊은이들과 많은 소비자들이 좋아하고, 건강에 특별한 폐해를 끼치는 특정 알코올성 음료의 가격을 인상하는 것이 가능했었다. 유럽연합 규정은 스웨덴에서 높은 도수의 맥주보다 현저히 낮은 알코올 도수를 가진 3.5%의 도수의 맥주에까지 세금을 현저히 낮추도록 압력을 가하였는데, 그 이유는 유럽연합 국가에서 세금이 매겨지기 시작하는 도수의 알코올은 2.8% 맥주부터로 알코올 도수 당 세금을 부과하도록 하였기 때문이다(Holder et al. 1998).

1993년 이래로, 모든 유럽연합 국가들에서는 맥주, 와인, 중등도 알코올 음료, 그리고 증류주 등 알코올 음료의 네 가지 범주에 속하는 모든 제품들은 기본적으로 소비세 의무와 관련하여 동등하게 취급되어야 한다. 하지만 작은 양조장에서 만들어진 주류나 위의 네 가지 주류 범주내의 낮은 알코올 함량의 제품, 그리고 그리이스의 우조(ouzo)와 같은 특정지역의 특정 음료 등에는 예외가 적용된다. 일반 규정에 대한 예외사항은 일반적으로 감소된 소비세율의 방향으로 적용한다.

하지만 젊은 음주자들을 유혹하는 알코팝이나 혼합 알코올성 드링크(Ready-to-Drink, RTD)제품 등은 일부 유럽연합회원 주(state)들에서 특별추가세금이 부과된다(see Excise Duty Tables : European Commission 2009).

유럽연합위원회가 행정적 결정을 통하여 주류 소비세율을 조율하는 것이 실패하였을 때 위원회는 시장의 힘에 의존하기 시작했다. 위원회는 날로 증가되는 여행자들이 자기나라의 접경지역에서 추가적인 세금의 지불 없이 알코올을 사서 국경을 넘을 수 있는 권리가 증가됨에 따라 인접한 이웃나라에서도 주류세를 인하함으로 주류세를 이웃나라와 비슷하게 유지하도록 하게 되는 압력이 되기를 희망했었다(Tigerstedt 1990). 1993년 유럽 단일시장이 출범했을 때 여행자의 면세주류수입품에 대한 양적인 할당제가 폐지되었다(Österberg and Karlsson 2002). 이 정책은 특별히 북유럽 나라들에서 알코올소비세율의 감소를 이끌어내었다. 유럽연합국가들 간에는 개인적인 용도를 위해 알코올을 구매할 때 관세를 폐지하자는 유럽연합의 주장으로 인해 주류세를 인하하고자 하는 도미노 현상이 나타났다. 독일의 낮은 주류 소비세율 효과를 저지하기 위하여, 덴마크는 1991년과 1992년에 맥주와 와인에 대한 소비세율을 절반으로 낮추었으며, 2003년 10월에는 증류주에 대한 세율도 절반으로 낮추었다(Karlsson and Österberg 2009). 유럽연합에 합류하고 유럽연합의 낮은 주류 소비세율 정책에 참여하리라는 사실이 확실해지자, 핀란드는 여행객들에 의한 주류수입이 증가할 것에 맞서기 위하여 2004년 3월에 알코올소비세를 평균 33% 정도 인하하였다(Mäkelä and Österberg 2009).

최근 몇 년 동안 유럽사법재판소(ECJ)는 유럽연합국가들 사이에서 행해지는 주류수입과 세금부과, 판매 등에 대한 우려의 말을 해왔다. 2006년 11월에 유럽사법재판소의 관할 하에 있던 조스트라(Joustra)의 경우에 다른 유럽연합국가에서 주류를 구매한 소비자들은 자신이 직접 국경을 넘어서 주류를 운송한 경우에 한하여 자국에서의 소비세를 면제받았다(Baumberg and Anderson 2008). 더 나아가 2007년 6월에 유럽사법재판소의 관할 하에 있던 스웨덴의 로젠그렌(Rosengren)의 경우에는 인터넷을 통한 주류의 개인적 수입 금지조치는 상품의 이동에 관한 부당한 장벽이므로 유럽연합법에 어긋나는 사항이었다. 결과적으로 인터넷을 통하여 유럽연합의 다른 나라에서 주류를 구매하고 자국에 소비세를 지불하는 경우에는 완벽하게 적법한 것으로 인정되었다.

국경의 개방이 이웃나라의 세금제도의 변화를 유도하였다면, 더 높은 주류소비세를 부과하였던 나라가 세율을 낮추는 것이 일반적이다. 이와 연관된 경우가 1995년 7월에 발효되었던 우루과이 라운드 협상에서 보여졌는데 이 협상은 유럽연합 비가입국으로부터 유럽연합가입국가로 낮은 가격에 와인을 수입하는 것을 가능하게 함으로써 유럽연합의 와인 무역제도를 근본적으로 바꾸었다(Österberg and Karlsson 2002). 이것은 유럽연합국가에서 긍정적인 소비세율을 부과하는 것이 매우 어려운 일임을 설명해주는 또 하나의 이유이다. 대부분의 유럽연합 가입국에서 와인에 대한 소비세를 저세율이거나 무관세로 부과하는 한, 맥주나 중등도의 알코올 도수 제품들과 증류주에 대한 소비세를 올리는 것은 어려운 일이다.

6.5 알코올 공급 통제와 마케팅 통제에 미치는 영향

다수의 국제무역 협정들과 경제조약들은 국가의 기업들과 그들의 독점행동에 영향을 끼쳐왔다. 대부분의 그러한 협정들은 상대국이 독점기업을 경영할 권리를 인정하는 반면 그들의 활동을 규제한다. 이는 독점의 정의가 의미하듯이 개인적인 국제 무역상들의 기회를 감소시키기 때문이다. 이러한 이유로 핀란드, 아일랜드, 노르웨이, 스웨덴 등은 유럽경제지역(EEA)협상에 들어섰을 때 그들이 비록 독점적인 주류의 상품 소매상은 유지시켰다 할지라도 주류의 수입, 수출, 도매, 그리고 독점기업 등은 민영화를 강요 받았다(Holder et al. 1998). 또한 GATT하에서 유럽연합과 미국이 제기한 캐나다 지방의 주류독점사업에 관한 무역불만이 온타리오 독점기업의 약화와 맥주의 최저가격의 인하를 초래하였다(Giesbrecht et al. 2006).

세계무역기구의 불만은 틀림없이 국가정부에 의하여 제기되어지는 반면에 유럽연합을 배경으로 한 불만은 상업적 기업이나 개인들에 의해 제기되어질 수 있다. 북유럽국가의 주류 독점기업을 세우는 데 있어서 도움이 되었던 두 가지 사례가 [박스 6.4]와 [6.5]에 기술되어 있다. 이러한 예시가 보여 주듯이 자유시장경쟁과 상품, 서비스, 노동력, 자본 등의 자유로운 흐름에 관한 원칙들은 국가의 주류독점체제를 공중보건과 사회복지를 위한 도구로 이용하는 것과 같은 국가적 주류정책의 주요 요소에 영향을 끼친다.

[박스 6.4] 레스타말크 사례(The Restamark case)

이번 사례는 핀란드, 노르웨이 그리고 스웨덴의 부분적인 반 독점주류시장에 중요한 역할을 하였다(Holder et al. 1998 ; Ugland 2002).

1994년 1월, 핀란드의 레스토랑과 카페테리아 연합이 소유하고 있던 핀란드인 기업인 레스타말크는 배를 이용하여 핀란드로 주류를 수입하려고 하였다. 이것은 당시의 핀란드 주류법 조항에 어긋나는 것이었다. 하지만 수입업자는 1994년 초에 설정된 EEA 협정에 따라서 그것의 합리화를 주장하였다.

이 사례는 유럽자유무역 지역법정에 회부되었다. 1994년에 법원은 핀란드 주류수입의 독점은 EEA 협정과 양립될 수 없으므로 폐지되어야 한다는 결론을 내렸다(Alavaikko and Österberg 2000).

이러한 규정은 노르웨이와 스웨덴의 주류수입 독점제에도 영향을 미쳤다. 핀란드와 스웨덴은 1995년에 주류의 생산, 수입, 수출 그리고 도매에 대한 그들의 독점제를 폐지하였으며 노르웨이는 1996년에 그들의 선례를 따랐다.

[박스 6.5] 프렌젠 사례(The Franzén case)

1994년 1월 1일, 스웨덴 상점주인 해리 프렌젠은 그의 상점에서 와인의 판매를 시도하였다. 혼돈스런 상황에서 마침내 그는 와인 가격을 받지 않고 그의 고객들에게 와인을 기부하였다. 프렌젠의 목적은 기소를 당하는 것이었기 때문에 1994년 4월과 1995년 1월 1일에 그는 또 다시 관련법을 어기려는 시도를 하였다. 이러한 두 번의 경우에서 프렌젠은 그의 상점에서 와인을 판매함으로 경찰에 의해 판매를 제지당했고, 랜즈크로나 지역법원에 기소되었다. 법원에서 프렌젠은 스웨덴에서 주류법은 유럽연합조약에 모순되므로 자신은 혐의가 없음을 주장하였다.

결과적으로, 랜즈크로나 법원은 유럽사법재판소에 예비규칙을 요청하였다. 이 사례에서 유럽사법재판소(ECJ)는 스웨덴 주류소매 독점조직인 시스템볼라겟(Systembolaget)은 공정한 절차로 구성되었으며 유럽연합조약에 모순되지 않는다고 발표하였다(Holder et al. 1998). 북유럽주류 체계에 영향을 준 프란젠의 사례는 매우 중요한데 그 이유는 그 사례가 주류소매독점이 유럽연합조약에 모순된다는 것을 입증하기 위하여 수행되는 법적 분쟁을 종식시켰기 때문이다.

소매면허 과정에 대한 유럽연합의 감독은 민영화된 주류소매판매점에 대한 국가적 통제를 약화시키는 원인이 된다. 일례로, 핀란드는 주류소매판매점의 면허과정에서 과세부가의 필요성을 포기할 수밖에 없었다. 대부분의 유럽연합 국가들에서는 범죄기록이 없어야 하고 미납된 세금이 없어야 한다는 등의 기본적 요구사항을 만족시킨 모든 지원자들에게 자동적으로 주류소매판매자격이 주어지기 때문에 면허정책은 형식적 과정일 뿐이다.

유럽연합 수준에서의 텔레비전 방송 내용은 '국경 없는 텔레비전'이라고 불리는 유럽연합지시문서(89/552/EEC)에 의해 규정된다. 1989년에 승인된 이 문서의 주요목표는 문화적 다양성을 보장하고 소비자들 특히, 사회적 약자들을 보호하기 위하여 단일시장 내에서 텔레비전 방송의 자유로운 활동을 위해 필요한 조건들을 만들어 내는 것이다. 결과적으로 이 문서는 방송매체에서 주류광고 내용에 어떤 규제를 둔다는 내용을 포함하고 있다(Österberg and Karlsson 2002).

주류광고에 관한 사항 또한 유럽사법재판소에서 다루어 왔다. 1990년대 초에 카탈로니아(Catalonia)의 주류광고를 다룬 유럽사법재판소는 도수 23퍼센트 이상의 주류는 광고 할 수 없다는 규정이 어떤 지역에서는 그것의 목적하는 바와 비례해서 적용되므로 유럽연합조약을 위반한 것이 아니라는 사실을 발견하였다(Österberg and Karlsson 2002). 1998년에 스웨덴은 유럽사법재판소에게 전문인들을 위한 잡지로 적법하게 주류광고를 싣고 있는 골멧(Gourmet)이라는 잡지와 관련한 판결을 요청하였다. 하지만 그 잡지는 또한 법과 반대 입장에 있는 스웨덴의 주류소비자에게도 보내어졌다. 유럽사법재판소는 만약 이것이 유럽연합무역거래에 영향을 미치지 않는다면, 유럽연합조약 하에서 서비스를 제공할 자유가 공중보건을 지키기 위한 주류광고 금지를 제한하지 않는다고 규정했다. 그리고 유럽사법재판소는 그 경우를 이와 같은 비례에 관한 질문에 관련된 스웨덴법정의 판례에 비추어 언급했다(ECJ C-405/98). 스웨덴법정은 그것의 목적에 비례해서 적용되는 주류광고의 금지령을 발견하지 못하였고, 2003년에 스웨덴 정부는 알코올 함유 15퍼센트 이상의 주류만을 모든 대중매체의 광고에서 금지시키기로 알코올 법(Alcohol Act)을 수정하였다. 알코올 함유 15퍼센트 미만의 주류는 정기간행물이나 다른 언론매체에서 광고가 허가되었다(Baumberg and Anderson 2008). 1991년에 프랑스의 로이 에빈(Loi Evin)법은 모든 직·간접적인 주류광고를 금지함으로써 유럽국가에서 가장 제한적인 주류광고 정책을 제시하였다. 주류산업은 이 사항을 단일시장규율에 대한 엄격한 침해로 여겨왔다. 2002년에 유럽연합위원회와 바칼디(Bacardi)는 스포츠의 후원사와 관련광고에 주류산업을 제한한 로이 에빈(Loi Evin)법에서 야기된 프랑스정부에 대항하는 각 분야의 사례들을 모았다. 유럽사법재판소는 로이 에빈(Loi Evin)법이 유럽연합 국가들 내에서 서비스를 제공할 자유에 모순되며 공중보건의 보호의 목적에 비례해서 시행되어야 한다고 판결하였다(ECJ C-262/02, C-429/02).

광고상의 제한에 관한 이러한 예시들이 유지되었음에도 불구하고 무역협상회원국들에게 형식적인 정책과정 밖에서의 반응은 냉담하였다(Baumberg and Anderson 2008).

태국의 한 신문은 외국의 사업단체가 "만약 태국에서 주류광고금지법이 강제로 실행된다면, 태국정부를 세계무역기구에 제소할 것이라고 협박했다"고 보도하였다(Casswell and Thamarangsi 2009). 또한 경제적 통합으로 인해 무역장벽으로 해석되어지는 다른 조치들이 영향을 받게 되었다. 1970년대 후반의 케씨스 떼 디욘(Cassis de Dijon) 원칙의 경우에 유럽사법재판소의 결정이 하나의 유럽연합 가입국에서 적법하게 거래되는 알코올음료는 다른 유럽연합 가입국에서도 적법하게 거래될 수 있다는 일반적인 해석을 이끌어내었다. 이러한 판결이 가져온 하나의 실증적인 결과로 스웨덴 주류소매독점기업이 알코팝이나 혼합 알코올성 음료(RTD)를 주류의 범주에 포함시켜야만 하였다(Romanus 2000).

6.6 국제재정기관들과 국가 알코올정책들

최근까지는 국가적, 지역적인 수준의 알코올정책에 큰 영향을 미치는 세계은행인 국제통화기금(IMF)과 같은 재정기구들과 국제개발기구들은 알코올 이슈에 비교적 관심이 거의 없었다. 경제적 발전에 관심을 기울이는 국제기관들은 생산품의 정부소유와 분배기능에 반대하는 강한 이념적 편견을 가져왔다. 그들은 종종 개발보장의 조건으로 정부의 독점기업의 판매나 해체를 장려해왔는데, 특별히 다른 상품과 주류를 차별화하지 않고 재정적 어려움에 처한 나라들을 위한 구조적인 적응 프로그램을 만드는 것을 장려해왔다.

국제재정기관은 일반적인 경제발전 촉진정책의 일환으로써 또한 새롭거나 현대화된 주류 생산공장에 재정을 일정부분 투입하는 것으로 주류시장에 관여해왔다. 예컨대, 세계은행그룹은 한때 증류주가 아닌 맥주 양조장에나 포도주 제조 등에도 재정을 투입한 일이 있다.

주류의 생산은 또한 정부 대 정부의 지원책으로도 가능할 수 있다. 예를 들면, 2000년대 초에 뉴질랜드는 부탄의 곡물을 사용하여 주류를 생산함으로 곡물의 가격을 인상시킴으로써 부탄을 도와주었다. 뉴질랜드 팀은 주류로 인한 지역의 문제를 자각하고 그들의 지원 프로젝트에 건강증진기준에 대한 조언을 구하였다.

2000년에 중요한 발전으로 세계은행그룹(WBG)은 주류생산에 대한 투자는 매우 민감한 사안이라는 것을 인식하였다. 따라서 세계은행그룹 임원은 공중보건의 문제와 사회적 정책에 부합되는 강력한 발전적 영향을 가진 프로젝트에만 선별적으로 지원할 수 있는 권한을 위임 받았다(World Bank Group 2000).

6.7 국제적 수준에서의 알코올 통제 : 공중보건의 전망

이와 같이 우리는 지금까지 주류산업에 우호적인 방식으로 영향력을 행사해 온 국제무역 기관들의 관점으로부터 주류통제의 국제적 환경을 고찰하였다. 이번 부분은 웰빙과 건강증진에 책임이 있는 국제기관의 역할에 대해 살펴보기로 한다.

제2차 세계대전 이래로 주류와 관련된 폐해를 감소시키기 위해 노력한 국제적 수준의 협의는 거의 없었다. 이것의 한 가지 예외는 국제노동기구(ILO)의 임금보호와 관련된 협약인데 이것은 높은 도수의 주류 같은 형태로 임금을 지불하는 것과 선술집의 자체 고용인이 아닌 자에게 선술집에서 임금을 주는 것을 금지하였다(Article 13, Section 2 ; ILO 1949).

국제적 수준의 경제정책들이 주류소비와 관련된 문제를 통제하기 위하여 국가와 지역정부의 권한을 상당히 제한한 것이 확실하며, 사실상 정부의 주류문제 통제력을 향상시킬 국제적 수준의 사업은 아무것도 진행되어온 바가 없다. 주류에 관한 상황은 공중보건을 위한 실행에 있어서 다른 약물들과는 양상이 매우 다르다. 20세기 초반의 유럽 식민지 시대로 거슬러 올라가면 일련의 국제협약은 아편, 코카인, 마리화나 등의 통제를 위한 일반적인 제도를 설립했었다. 1971년 이래로 벤조다이아제핀류와 암페타민과 같은 향정신성 약품을 파는 시장은 국가적이고 지역적인 수준의 통제노력을 기울일 것을 선서하는 국가들이 동참하는 국제협약에 의해서 통제되어 왔다. 1988년 이후에는 통제의 범위가 점차적으로 향정신성 약물을 통제하기 위해 화학적 전구체로 작용하는 물질까지도 포함하도록 확장되었다(Room and Paglia 1999).

국제적 수준에서의 주류에 관한 향후의 진로 가운데 국제마취통제위원회(International Narcotics Control Board : INCB)를 모델로 한 국제알코올통제위원회(International Alcohol Control Board : IACB)를 포함하지는 않을 것 같다. 하지만 특별히 세계보건기구 내의 알코올로 인한 국제질병부담위원회(GBDA)의 국제적 통제하에서 실시된 통계에 의하면 알코올은 모든 약물들과 비교하여 여섯 배나 더 질병의 부담이 높다는 것을 감안할 때, 알코올과 통제 받는 약물들 사이의 대조점이 명백하다고 볼 수 있다(Murray and Lopez 1996).

알코올에 관한 미래의 국제협약을 위하여 좀 더 가능성 있는 모델은 세계보건기구(WHO)의 후원 아래서 첫 번째 조약의 협상이 이루어진 담배규제기본협약(FCTC)이다(Room 2006). 세계보건기구의 담배규제기본협약(WHO FCTC)은 모든 인류가 건강의 기준을 최고로 향상시킬 권리를 재확인하고 중독성 물질을 구분 짓기 위한 통제 전략의 모색으로 발상을 전환시킬 것을 천명하였다(WHO 2009a). 이전의 약물통제전략과는 대조적으로 세계보건기구의 담배규제기본협약(WHO FCTC)은 [박스 6.6]에 기술된 문제점들을 충족시키는 것뿐만 아니라 감소 전략을 요구하는 것의 중요성을 주창하

[박스 6.6] 세계보건기구의 담배규제기본협약(WHO FCTC)에 의한 담배시장규제정책들

A. 국내규제정책

제조, 분배 및 소매 면허	선택(§15.7)
내용물의 시험, 측정, 규제	필수(§9)
내용물 표시	성분과 발행처(§11.2)와 판매될 장소명시(§15.2.a) 필수
포장물 취급 유의사항	세부적 명시 필수(§11)
세금	효과적이고 중요한 것으로 권고(§6)
배급 또는 소량팩	금지(§16.2 & 3)
자동판매기에 의한 판매	선택적 금지조항(§16)
셀프 서비스 판매	선택적 금지(§16.1.b)
미성년자에게 판매	금지(§16)
제조자나 판매자의 책임성	담배규제목적을 위하여 장려(§19)
불법무역금지 법률제정	필수(§15.4.b)
광고	법적으로 허가되었으면 금지 ; 그렇지 않으면 제한(§13)
판촉과 후원	법적으로 허용되어 있으며 금지 ; 그렇지 않으면 제한(§13)
시간과 장소의 제한	공공장소와 작업장 내에서 흡연금지를 통한 보호 필수(§8)
치료의 제공과 확장	장려(§14.2)
공중의식 확산	필수(§12)

B. 국제적 규제에 대한 협력

불법무역에 대항하는 법률제정과 강화	필수(§15.4.b)
다른 국가들과 국제기관과의 협력	적절한 정책(§5)과 전문적이고 보완적인 상호간의 동의(§22) 장려
수출입 권한의 요구	실제적인 추적제도 개발 고려(§15.2.b)
비과세 및 면세제품의 판매와 수입	'적절한' 금지와 제한(§6.2.b)
생산지와 판매지를 상품에 표시하기	필수(§15.2)
포장과 운송과정에서 상품에 대한 감시와 통제	세금이나 관세에서 이동되거나 보관된 상품에 필수(§15.4.d)
불법무역의 제조설비나 상품의 압수나 몰수	압수된 설비와 상품의 파기 필수(§15.4.c)
불법무역으로부터 발생한 상품의 압수	'적절하게' 채택하기
국경을 초월한 광고, 마케팅, 후원의 제거	국내홍보에 대한 벌칙과 동등한 기준에서 국경을 초월한 마케팅에 대한 벌칙과 금지(§13.7)
다른 국가의 민사 또는 형사상의 책임에 대한 원조	장려(§19.3)
국제기구의 요구사항 보고	법률, 감시, 세금, 무역 등의 내용과 동의된 일정에 대한 정기적인 보고(§21)

였다. 이 협약은 2005년 2월에 실행에 들어갔고 그 이후 168개의 가맹국을 얻었다. 그리고 2009년 6월 중순까지 이들 가맹국 중 164 개국에 의해서 인준되거나 승인되었다(WHO 2009b).

알코올과 담배의 상황들 간에는 여러 가지의 유사점이 있다. 이 두 물질 모두 광범위하게 사용되는 잠재적인 의존성 물질이며 건강을 파괴하는 등의 나쁜 영향을 미치는 향정신성약물로 사용되고 있다. 이 두 물질에 대한 현재의 소비습관을 변화시키기는 쉽지 않다. 그리고 세계보건기구의 담배규제기본협약의 안건에 상정된 많은 문제들 중에는 알코올시장을 규제하는데 발생하는 문제점들에 동일하게 적용된다.

이러한 문제점들은 다음과 같다.

① 공중보건을 증진시킬 수 있는 방향에서의 세금의 국제적 조화
② 밀수금지법 강제화를 위한 국가들 간의 공동체적 협력을 포함한 밀수 감소책 마련
③ 여행자의 면세허용금지와 면세판매폐지 동의
④ 브랜드와 제조회사에 의한 광고와 후원 규제
⑤ 생산품의 순도검사, 경고표시, 포장규제에 관한 국제기준 마련과, 원료에 관한 농업장려금의 지급금지(Joossens 2000)

국제적 수준에서 알코올정책에 대한 이슈가 여기까지 이르게 된 것은 유엔의 분과인 세계보건기구의 역할에 의해서이다. 과거에는 알코올문제에 있어서 세계보건기구의 역할이 제약되어 있었던 반면(Room 1984), 특히 1990년대 세계보건기구의 유럽지역 사무실은 유럽인을 위한 알코올 활동계획(EAAP)의 보급을 위해 굉장히 활동적이었다(Gual and Colom 2001). 이러한 활동은 세계보건기구와 가입국 사이의 국제적 협력을 통해 국가알코올정책을 발전시키기 위한 노력의 한 가지 실례이다.

[박스 6.7]은 지난 15년 동안 알코올 분야에서 활동한 세계보건기구의 활동 목록을 보여준다. 2001년에 세계보건기구의 사무총장은 알코올 분야에서 세계보건기구의 업무를 개발하기 위하여 알코올정책전략자문위원회(APASC)를 발족하였다. 2005년에 58차 세계보건회의(World Health Assembly : WHA)에서 알코올의 해로운 사용으로 인해 발생되는 공중보건 문제에 대한 해결안이 채택되었으며, 그로부터 3년 후 61차 세계보건회의에서 알코올의 해로운 사용 감소를 위한 전략에 대한 해결안이 채택되었다. 이 해결안은 정부들과의 협력을 통해 2010년 5월 63차 세계보건회의에 제출된 글

로벌알코올정책(GAP)의 전략을 도출해 내는 결과를 가져왔다.

2006년에 세계보건기구의 서태평양 지역과 동남아시아지역 가입국의 보건부장관의 지역모임에서 알코올과 관련된 폐해를 줄이기 위한 정책을 정부에 권장하는 해결책을 채택하였다. 알코올과 관련된 공중보건에 관한 관심은 증가되고 있다.

2001년에 유럽연합은 젊은 층의 주류소비와 관련한 해결책을 채택하였고 2006년에는 알코올관련폐해를 줄이기 위하여 활동하는 회원국을 지원하기 위한 유럽연합의 공식적인 의사소통 전략집을 발간하였다(COM/2006/625 final). 이러한 의사소통과 관련하여 유럽연합은 알코올 산업기관들과 공중보건 NGO 단체를 포함하는 알코올과 건강포럼(AHF)의 활동을 시작하였다. 알코올에 관한 이와 같은 관심은 유럽연합의 책임감을 증가시킨 암스테르담 조약(AT) 하에서 공중보건이 유럽연합의 공식적 관심사가 되었다는 사실을 반영하여 준다(Österberg and Karlsson 2002).

하지만, 알코올과 건강포럼(AHM)에서 취해진 알코올 산업과 공중보건 사이에 야기된 서로 상충되는 이해관계 사이의 접점을 발견하기 위한 주도권이 결여되어 효과적인 결론을 유도하는데는 한계가 있었다.

[박스 6.7] 알코올 분야에서의 세계보건기구(WHO)의 활동

세계보건기구 유럽지역
- 2005년 9월 루마니아 부카레스트에서 열린 제55차 세계보건기구 유럽지역위원회에서 세계보건기구 유럽지역에서의 알코올정책의 골격이 서명되었다.

세계보건기구 서태평양지역
- 2006년 9월 21일에 알코올관련폐해를 줄이기 위한 지역 전략이 채택되었다(WPR/R57.R5).

세계보건기구 남동아시아지역
- 2006년 8월 25일 남동아시아 지역에 알코올소비통제-정책적 선택이 채택되었다(SEA/RC59/15).

세계보건기구 제네바
- 2005년 5월 '알코올 사용으로 인한 공중보건문제들'이란 세계보건회의 해결안(A58/26)을 채택하였다.
- 2007년 알코올소비와 관련된 문제에 관한 세계보건기구 전문가위원회가 개최되었다.
- 두 번째 제네바 보고서 : 세계보건기구가 기술적 보고서 944를 발간하였으며 이곳에서 볼 수 있다. http://www.who.int/substance_abuse/expert_committee_alcohol_trs944.pdf.
- 2008년 5월 세계보건회의의 '알코올의 유해한 사용을 감소시키기 위한 전략' 의안을 채택하였다(A61/13).

6.8 결론 : 알코올, 무역협상, 그리고 공중보건

제2차 세계대전 이래로 대부분의 국제무역협상과 경제조약은 자유무역과 글로벌 자유시장경제의 기조아래 형성되어 왔다. 무역협상과 경제조약은 지역산업을 위한 정부 보조금, 정부 또는 사기업 독점계약, 양적인 무역제한, 국내생산품에 우호적인 세금정책, 관세장벽 등과 같은 자유무역과 생산에 방해가 되는 요소들을 규제하는 방법으로 경제성장을 지원하는 것을 목표로 한다. 국제무역협정과 경제조약들 내에서 알코올은 항상 일반상품으로 취급되어 왔다.

알코올이 특별 공산품으로 취급될 때 조차도 그 이유가 알코올이 공중보건에 해를 끼쳐서가 아니라 보조금이 지급된 농업생산품의 범주로 여겨지기 때문이었다. 정부가 알코올 음료를 특별상품으로 통제하기 위해 개발된 정부정책이 있다 하더라도 동등취급의무가 있다.

공중보건과 사회정책의 관점에 의해 소비자들의 전통적인 상품에 대한 선호도를 떨어뜨리거나, 새로운 형태의 알코올의 기호도를 위축시키는 방법은 아마도 매우 민감한 사안일 것이다. 하지만 세계무역기구나 유럽연합 그리고 NAFTA는 그러한 조치를 위법적인 보호주의로 간주하고 있다. 외국의 투자나 서비스 생산자에 대한 효과적인 동등한 기회부여원칙, 투자에 대한 평등한 취급기준의 적용은 미래의 알코올통제정책에 있어서 특별한 문제가 발생될 상황이다. 제2차 세계대전 이래로 알코올과 관련된 폐해를 줄이기 위한 국제수준의 협의는 거의 이루어지지 않았다.

알코올정책이슈의 국제적 수준에서 주요한 발의자는 세계보건기구이며, 알코올과 관련된 그들의 활동이 증가하고 있다. 하지만, 많은 알코올관련문제들은 일반적으로 보건상의 규정에만 얽매이는 것이 아니라 법의 적용이나 사회복지기구와 같은 정부의 다른 기구들의 관심사인 것이다. 따라서 알코올 문제에 있어서의 국제적인 협력 활동의 범위를 세계보건기구의 역할을 넘어서 확장시키는 것이 요구된다.

본서의 2, 3, 4장이 보여주었듯이 알코올은 술을 마시는 사람들을 포함하여 사회전체에 사회적, 보건적, 그리고 경제적인 문제를 일으키는 상품이다. 이러한 문제점들 때문에 많은 국가들과 몇몇 지역사회들은 7장부터 14장에서 논의되는 바와 같은 알코올소비로 인해 유발되는 문제들을 줄이기 위한 다양하고 광범위한 정책들을 수행해왔다. 가장 효과적인 정책은 알코올 무역과 생산을 위한 면허제도나 정부 독점기업의 운영 또는 시장통제에 의한 알코올의 물리적 가용성을 제한하는 것 뿐만 아니라 알코올에 대한 특별세 부과를 통해 알코올의 가격을 인상하는 것 등이다. 주류시장 활동에 규제를 가하는 것 또한 효과적이다.

더욱 효과적인 정책은 국제무역협정분쟁에 의해 위협을 받거나 약화되는 정책들이 실제로 효과성이 높은 것들이다. 알코올이 일반상품으로 취급되는 한 이러한 협정과 조약들은 효율적인 알코올통제정책을 실행하는데 심각한 장애물이 된다. 이 장에서 자유무역과 자유시장에서 점점 강조되는 점들과 세계무역기구와 같은 국제조직들이 알코올 공급 규제정책과 국가 알코올 독점과 같은 효과적인 알코올통제조치들을 폐지하도록 강요해 왔다는 점을 보여주었다.

반면에 알코올 구매자의 법정최소연령과 운전자 혈중알코올농도와 같은 많은 알코올 규제조치들은 무역이나 일반시장 협정에 의해 영향을 받지 않아 왔으며 일부는 도전을 견뎌내었다. 세계무역기구와 유럽연합 그리고 NAFTA는 그들의 능력범위를 뛰어넘을 수 없으며, 공중보건이나 사회정책 등의 목표에 의해 순수하게 동기 부여된 알코올통제정책에 영향을 가할 수 없다. 이러한 상황들이 오랫동안 지속되기 힘들다 하더라도 정부가 국제무역협정에 대한 일시적 예외로써 일부 산업이나 생산품을 특정화할 수는 있다.

하지만, 국가수준의 효과적인 알코올정책들이 결여되어 있다는 이유만으로 국제무역협정과 경제조약들의 효과가 완전히 비난을 받을 수는 없다. 비록 국제무역협정과 경제조약들이 정부의 알코올통제조치를 실행하는 것을 제한해왔다 할지라도, 국가와 국제보건기구들이 당장은 크게 유리해 보이지 않아도 알코올관련폐해를 줄이기 위한 충분한 가능성을 가지고 있다.

제 7 장

알코올관련폐해 감소를 위한 전략과 중재방법

제7장

알코올관련폐해 감소를 위한 전략과 중재방법

7.1 개 요

1장에서 설명된 바와 같이 알코올정책은 넓은 의미에서 알코올로 인해 초래되는 결과들을 최소화하고 그것들을 예방하기 위한 정부와 비정부기관의 의도적인 노력 또는 권위 있는 결정으로 정의된다. 정책에는 알코올 문제와 관련이 있는 주류세 인상 같은 구체적인 전략 수행이나, 예방 또는 치료노력에 관한 우선순위를 반영하는 자원의 배분 등이 있다. 이 장에서는 전통적인 알코올정책에 앞서 구체적인 알코올정책의 영향, 학교에서의 알코올 교육, 예방전략 및 고위험음주자를 위한 간이선별검사와 상담 등, 중재방법의 영향평가를 위한 연구방법에 대해 설명함으로써 이어지는 장(chapter)들을 위한 기본적인 틀을 마련해 준다.

전략에 문제가 있음에도 정책을 고집한 결과, 알코올관련문제를 감소시키는 영향력이 미미한 데 그치는 경우도 있다. 이 장에서 고찰된 연구물에서 설명되듯이, 알코올정책분석 분야에서는 정책 성패의 요인을 이해하기 위해 정책을 결과에 연계시키는 메카니즘을 고려하기 시작하였다.

7.2 증거의 규칙

알코올정책과 예방 및 치료전략들의 영향을 평가하기 위하여 다양한 방법론적 접근법이 사용되었다. 평가연구방법에는 실험연구, 설문조사연구, 기록 및 공식통계분석, 시계열분석, 질적연구와 자연실험이 포함되어 있으며, 많은 연구들에서 준실험연구설계(quasi-experimental research designs)방법이 사용되기도 하였다. 이러한 연구들은 일반적으로 특정 그룹과 사회 또는 관할지역의 중재(실험조건) 노출 전후를 측정하고, 중재(통제조건)에 노출되지 않은 비교그룹 또는 사회를 비슷한 방법으로 측정한다. 이것은 실제실험의 일부분인 조건들에 대해서 무작위 할당이 결여되어 있기 때문에 준 실험이라고 불린다. 또한 준 실험설계유형의 하나인 자연실험은 일부 중재의 평가에 특히 중요한 역할을 담당했다. 예를 들어, A라는 관할구역에서는 음주운전단속(11장 참조)을 시행하고, 그 옆의 B라는 관할구역에서는 시행하지 않음으로, 시간을 두고 사고율이나 음주운전 체포율과 같이 기록된 자료의 비교분석을 통해 정책의 상대적인 영향을 검사할 수 있다.

알코올정책 평가를 위한 해당 연구방법론의 적절성은 연구 중의 자연적인 현상, 지식의 현재 상태, 유효한 측정 절차의 가용성, 그리고 정보가 사용될 방법에 달려 있다(McKinley 1992). 일반적으로, 행동과학과 의학에서의 가장 결정적인 증거는 치료받지 않은 대조군과 중재가 이루어진 그룹을 비교하는 무작위 임상실험이나 무작위 대조실험연구로부터 나온다. 정책과 예방분야에 관련된 위와 같은 실험의 예로는 학교에서 학생들을 무작위로 선정하여 일부는 중재가 없는 대조군에, 또 다른 일부는 알코올 저항능력을 강화시키는 학교차원의 예방 프로그램에 배정하여 그 결과를 평가하는 것이다. 그러나 잘 고안되어진 설계라도 실험대상인 개인이 적절한 분석단위가 아닌 경우가 있기 때문에 알코올 예방연구에 적용할 때 함정이 있을 수 있다. 예를 들어, 학교에서 행하는 중재에 있어서 저항기술 교육은 주로 교사가 학생이 가득 찬 교실에서 수행했으며, 교실수준에서 이루어지는 사회적 상호작용은 설계와 분석의 일부로써 고려되어야 한다.

여전히 드물기는 하지만 이제는 하나의 커뮤니티를 무작위처리 단위로 지정하는 평가연구가 있으며(Wagenaar et al. 2000), 일부 연구들에서는 한 국가 내에서 각기 다른 지역을 무작위로 선정하고 중재 및 통제조건 그룹으로 지정하여 알코올통제조치의 영향을 실험하는 연구도 있다(e.g, Skog 2000 ; Norström and Skog 2005). 무작위 대조군연구는 정치적, 윤리적인 면과 비용 문제 등의 이유로 알코올정책분야에서는 거의 실시되지 않는다. 예를 들어, 임의로 지역을 나누어 선정해 한 지역에는 주류세를 높게 부과하고, 다른 비교그룹 지역에는 낮게 부과하기란 일반적으로 불가능하다.

그러므로 알코올정책에 대한 대부분의 증거는 편향과 혼동(confounding)의 가능성이 항상 존재하는 준 유사실험연구에서 도출된다. 예를 들어, 정책의 변화가 계획된 실험연구의 결과로서가 아니라 자연적으로 발생하게 되면, 결과에 있어서 얼마만큼의 변화가 정책변화의 결과에 의한 것인지 아니면 다른 요인들의 영향은 어느 정도 받았는지 등에 대한 부분들을 평가하기가 어렵다. 그렇기 때문에 보다 정확한 결론을 위해서는 각기 다른 디자인의 여러 연구를 수행하는 것이 매우 중요하다.

알코올정책의 효과에 대한 가장 직접적인 증거는 중재의 변화가 없는 다른 시간 또는 장소와 중재가 적용 또는 제거될 때 발생하는 현상을 비교하는 연구에서 기인된다. 그러한 중재를 미리 계획하게 되면 수집하기에 가장 적절한 정보의 종류를 생각할 수 있을 것이다.

유용한 자료에는 변경 전후 인구조사(가능하다면 중재 전과 후 모두 조사에 참여한 응답자들의 답을 포함하여), 건강, 정책 및 기타 사회적 응답기관의 관심사례들의 이벤트자료 모음, 그리고 변경기간 동안 사회적 과정과 관련하여 진행된 관찰적이고 질적인 인터뷰 자료 등이 있다. 그러나 연구자의 관점으로부터 정치적 과정이 자연적 실험으로 생성될 때에는 그러한 계획이 부재일 때라도 유용한 평가가 종종 수행될 수 있다. 이 경우 연구자는 중재 후의 자료와 변화 이전의 다른 목적으로 수집된 자료를 연결시키는 방법으로 평가한다.

평가연구는 그러한 자료의 가용성에 의존하고, 이러한 정보는 잘 세팅된 알코올시장을 갖춘 선진국에서 대부분 쉽게 얻을 수 있다. 아시아와 아프리카 일부의 여러 알코올 신흥시장에서처럼 연구자원과 정보수집 역량이 부족할 경우, 정책입안자들은 국가의 상황에서 얻어지는 증거가 자국의 알코올관련정책 및 자료와 일치하지 않는다 하더라도 그러한 증거에 의존할 수밖에 없다.

알코올정책 효과에 대한 가장 가치 있는 증거는 중재의 시행 또는 중단 등에 의한 변화와 관련된 연구에서 얻을 수 있다. 또한 다른 정책들이 시행되는 현장들을 비교하는 단면연구에서도 자료를 얻을 수는 있으나 혼란변수원이 많기 때문에, 이러한 연구에서 얻어지는 효과의 증거는 약할 수밖에 없다. 각기 다른 정보수집의 형태마다 장단점이 있다. 예를 들어, 사회조사는 일반적으로 음주자 개개인에게 직접적으로 설문조사를 시행해 그들의 태도와 행동을 평가한다.

설문조사 자료에 기반을 둔 연구는 설명적이고, 상호 관계적이며 자기 보고식의 한계점이 있다. 사회 및 보건 관련 기관에서 수집한 경찰 통계자료, 병원 입·퇴원계, 사망자 수 기록 같은 자료에는 서로 다른 강점과 약점이 있다. 물론 각 분야마다 기관응답에 대한 자세한 설명을 제공하지만, 이러한 데이터는 문화적 인식, 각 기관의 우선순위 및 기록관행 등에 의해 영향을 받는다. 사회적 조사와 같은 양적 연구방법은 소그룹토의식 인터뷰, 참가자 관찰, 사례연구와 핵심그룹 활동과 같은 질적 연구로 보완될 수 있다.

확증, 반증, 인과 추정과 일반화 가능성의 표준 과학적 원칙이 적용되는 이상 여러 방법과 전략을 사용한 연구는 효과적인 알코올정책을 개발할 수 있는 탄탄한 증거 기반을 형성할 수 있다.

다른 유형의 증거들을 결합하는 가치는 각각의 방법이 그 나름대로 장점이 있다는 사실이다. 일반적으로 개인수준에서 대중수준의 중재로 이동해 감에 따라 실험방법의 유용성은 문제가 생길 수 있다. 한 가지 이유는 대조실험군이 복잡한 실생활 환경에서의 행동과 결과를 평가하는 가장 좋은 방법이 아니라는 점이다. 일반대중이나 지역사회수준에서 사람이나 정책을 실험적으로 조정하는 것이 가능하지 않는 경우도 있다. 이러한 이유로 다양한 연구접근법, 측정절차와 자료수집 기법은 모두 알코올정책의 이해에 기여할 수 있다.

평가연구는 정책의 영향력을 평가하고 이 분야에서 장래성이 있는 새로운 독창력과 연결되어 있는 높은 기대에 대한 '현실 확인조사'를 제공하는 데 필요하다. 또한 평가는 지속적으로 진행되어야 한다. 어느 한 시대에 나온 증거가 다른 시대에 발생되는 상황에 반드시 적용되는 것은 아니며, 선진국에서 나온 증거가 개발도상국에 항상 적용되지 않을 수 있다. 더 나아가 지역사회는 타 지역의 오래된 정보를 찾는 데 의존하기보다는 근거리 지역에 기반을 둔 증거나 최소한의 증거들이 거주지 가까운 곳에서 그들의 중재를 정당화하기를 원한다.

알코올 문제축소에 있어 공급과 수요, 알코올에 대한 접근성의 역할 등에 대해 일반적인 합의가 있을 수는 있지만, 정책입안자들은 이러한 연구결과들을 각자의 관할구역에 적용시킬 수 있을지에 대해서 의구심을 품을 수도 있다.

평가조사는 유용하지만 의사결정자들에게는 활용되지 않는 방법들을 종종 제공한다. 영향력이 미미한 정책에 자원을 투입해야 할까? 아니면 보다 광범위하고 확실성이 있는 정책으로 방향을 돌려야 할까? 어떤 전략을 실행하고, 조정하며 수정할 것인지에 대한 결정은 체계적인 평가에서 나오는 결과에 의해 제공되어져야 한다. 이러한 방법론적 가치를 염두에 두고, 이 책의 8장부터 14장에서 논의된 정책 전략과 중재는 다음의 증거법칙을 기반으로 체계적으로 평가되었다.

먼저, 저자들은 다른 전문가들을 외부 평가자로 모시고 각 분야의 세계적인 문헌들을 재검토하고 비평적으로 평가하였다. 본서의 초판이 발행된 이래 급격한 연구의 증가로 지난 10년 동안의 연구개발에 특별한 관심이 기울여졌다. 가장 큰 강조점은 연구에 있어 대조군 또는 비교조건을 갖춘 실험 또는 준 실험설계 같은 항상 진보된 연구설계가 있었다. 다양한 접근법, 광범위한 문헌조사 및 전문가 참여 등으로 인해 기존의 증거를 상세히 검토하고 신중히 평가할 수 있었다. 그러나 파악하지 못한 연구물들과 선택상의 문제 등으로 잠재적인 편견이 여전히 존재한다. 일부 정책과 중재의 경우에 연구기반이 상대적으로 약하다.

이와 같은 종류의 연구에는 한계가 있다. 알코올 분야에 대한 과학적 문헌의 기원을 고려할 때, 이 책의 중재 장(chapters)들에서 검토한 연구의 대부분은 영어권 국가들에서 시작되었다. 세계의 다른 지역에서 일어나는 연구의 상대적인 결여를 보상하기 위하여 저자들은 특정한 연구에서 나오는 결과의 국가적인 일반화 가능성을 신중하게 고려하라는 요청을 받았다. 마침내 각 장의 내용, 결과와 결론을 검토하고 비판하기 위하여 일련의 회의를 가졌다.

7.3 중재 장(chapters)의 개요

다음 7개의 장에 나오는 정책, 전략 및 중재들은 검토가 가능한 관련연구에 기반이 되어 있으므로 최근 가장 선호 받고 있고 선택할 수 있는 정책들에 대해 다룬다.

8장에서는 가격규제와 과세를 통해 알코올의 가격 적정성을 변화시키는 것을 목표로 하는 정책에 중점을 둔다. 9장은 알코올의 물리적 가용성를 변화시키는 것을 목적으로 하는 정책을 검토한다. 10장과 11장은 중요한 알코올관련폐해와 결과를 예방하거나 최소화하는 것을 목표로 하는 광범위한 전략에 대해 다룬다. 12장은 마케팅의 영향에 대한 증거와 알코올 장려 규제에 대한 현재의 접근법을 검토하고, 13장은 1차 예방을 위한 교육 및 설득 접근법을 검토하며, 이 두 장에서 모두 알코올에 대한 개인적 인식에 영향을 미치기 위해 일반적으로 시도하는 전략을 다룬다. 마지막으로 14장에서는 공중보건관점에서 치료 프로그램의 유효성과 알코올 문제의 진행을 예방하기 위해 설계된 조기중재의 설계에 대해 논의한다.

[박스 7.1]에서는 이러한 장들에서 다룬 광범위한 알코올정책의 기저가 되는 이론적 가정을 요약하고 있다. 이러한 가정은 알코올소비와 알코올관련문제를 수요 감소, 공급 규제, 환경적 제한, 억제, 처벌, 사회적 압력, 건강정보, 사회적 모델링에 대한 노출 감소, 치료와 조기중재를 포함한 다양한 메카니즘으로 감소시킬 수 있다고 제안한다.

8장과 14장에서는 세계 각지에서 알코올관련문제들의 예방 및 치료에 적용 가능하며 타당하고 일반화할 수 있는 이론적 가정을 소개한다. 이러한 중재와 효과적인 알코올정책의 발전을 이끄는 것을 기반으로 하는 가정을 어떻게 사용할 수 있는지는 이 책의 마지막 장에서 논의하고 있다.

알코올은 그 유해성에 있어서는 일반상품이 아니지만, 규제조치의 효과 면에서 볼 때는 상당히 일반적인 상품이다. 예를 들어 알코올소비는 가격 및 구매가능성의 변화에 따라 달라진다.

다음 중재 장에서 나오는 내용은 담배규제와 같은 공중보건연구의 다른 분야에서 나온 결과와 맥락을 같이한다. 담배규제는 글로벌 질병유행에서 새로 등장하는 성공적인 스토리의 하나로써 증명되어서, 훌륭한 역학적 연구가 예방 및 치료에 관한 연구와 관련된 정책으로 보완될 때, 질병부담에 있어서 상당한 변화를 이룰 수 있다는 것을 입증한다.

[박스 7.1] 일곱 가지 광범위한 알코올정책 영역의 기저가 되는 이론적 가정

정책 접근법	이론적 가정
주류세와 다른 가격규제	대체 상품과 관련된 알코올의 경제적 비용을 늘리면 수요가 줄어들게 될 것이다.
알코올소비의 시간, 장소와 밀도에 대한 규제를 통해 물리적 가용성 규제	물리적 가용성을 제한하여 공급을 줄이면 알코올을 확보하기 위한 노력이 커져서 알코올관련문제 뿐만 아니라 총 소비량이 줄어들게 될 것이다.
음주상황의 변경	환경적, 사회적 제약을 형성하면 알코올소비가 제한되고 알코올관련 폭력이 줄어든다.
음주운전 대응	금지, 처벌과 사회적 압력은 음주운전을 줄인다.
교육과 설득 : 특히 매스 미디어와 학교에서 실시하는 알코올 교육 프로그램을 통해 성인과 청소년에게 정보 제공	지식을 늘려주고 태도를 변화시키는 건강정보는 음주 문제를 예방한다.
알코올 광고와 기타 마케팅 규제	음주를 일반화하는 마케팅에 대한 노출을 줄이고 이를 사회적 목표와 연계시키면 음주자 발생 속도가 느려지고 청소년층의 과도한 음주가 줄어들게 된다.
보건의료 시설에서 검사와 간단한 중재 수행 ; 치료 프로그램의 유용성 증가	과음자로 하여금 음주를 절제하도록 동기를 부여하므로 알코올의존은 예방될 수 있다. 다양한 치료를 통한 중재는 알코올의존자들로 하여금 금주자의 비율을 높여준다.

제 8 장

가격 통제 : 가격과 과세

제8장

가격 통제 : 가격과 과세

8.1 개 요

알코올관련문제에 영향을 미치는 다양한 측정도구들 중에 주 정부들이나 여러 국가들에서 가장 흔히 사용되는 도구는 주세(alcohol tax)와 가격규제이다. 이는 정부들이 재정적인 공급원이 필요하고 대부분이 알코올에 부과하는 세금을 포함하여 조세로 그것들을 확보하기 때문이다. 알코올 수입에 관세를, 국내 제조품에 소비세를 부과하는 것은 국가들의 오래된 관행이다. 알코올 생산이 점점 상업화되고 중앙 집중화됨에 따라 세금 징수는 더 쉬워졌다. 한 세기가 넘도록 알코올성 음료의 세금은 정부에 의하여 음주 폐해를 줄이기 위해 사용되어 왔다. 세계의 많은 선진국들과 어떤 개발도상 지역들에서 수행된 경제 연구들은 주세(alcohol tax)와 가격인상이 알코올사용과 관련 문제들의 감소와 관련이 있음을 증명하였다.

이 장에서는 목표, 기전, 주세와 가격의 영향, 그리고 알코올관련문제들의 예방을 위하여 강한 영향력을 가지고 있는 중요한 두 가지 경제적 전략들을 검토할 것이다. 경제 연구와 다른 연구들은 알코올가격이 알코올소비에 어떻게 영향을 미치며, 가격변동의 영향을 완화시키는 요인이 무엇인지를 평가하기 위하여 재고되고 있다. 어떤 경제전문가들은 금전적 가치와 시간 그리고 그것을 획득하기 위해 요구되는 노력들 두 가지를 모두 포함하는 알코올의 전체가격(full price)이라는 단어를 사용한다(Chaloupka et al. 2002). 그러나 다음 장에서 비 금전적 제한에 초점을 두므로 이 장에서는 금전적 비용에 전적으로 초점을 맞추고 있다.

8.2 알코올성 음료 가격에 대한 전통적 통제의 목적

알코올성 음료의 가격에 대한 전통적 통제가 없다면, 생산, 분배, 그리고 판매가 공급과 수요의 기초 위에 시장의 조건에 따라 순수하게 형성될 것이다. 그러나 대부분의 국가들은 특별 주세와 다른 가격 통제를 통하여 생산과 분배비용, 그리고 이윤 통제와 같은 알코올성 음료의 소매가격을 인상하고 있다. 일반적인 비율보다 상대적으로 더 높은 특별소비세, 부가가치세 또는 판매세 등과 같은 알코올성 음료의 세금에 대하여 일반 대중에게 합리적인 설명이 명확하게 제시된 적이 많지 않다.

여러 나라들에서 알코올뿐 아니라 다른 의존을 일으키는 물질들은 공중보건과 사회정책 사안들 때문에 다른 소비 생산품과는 다르게 취급되고 있다. 특정 기간 동안 알코올성 음료의 세금은 주정부의 매우 중요한 수입원이었다. 예를 들어, 1911년에서 1917년 사이 미국 세금의 3분의 1이 넘는 금액이 알코올성 음료에서 징수되었다(Landis 1952). 거의 비슷한 수치들이 아일랜드, 네덜란드, 영국, 북유럽 국가들(덴마크, 핀란드, 아이슬란드, 노르웨이, 스웨덴)에서도 발견되고 있다. 특히 20세기에 들어 현대식 갑근세와 일반 부가가치세의 출현 이후, 대부분의 기존 시장경제에서 정부세입의 주 수입원으로써 주류세금의 중요성은 하락하였다. 또한 주세율의 하락으로 국가 예산에서의 주세 할당도 감소하였다. 예를 들어 아일랜드는 국가 총 수입과 관련된 주류 세입이 1970년 16.5%(Davies and Walsh 1983)에서 1996년에는 5.0%(Hurst et al. 1997)로 감소하였다.

이러한 경향에도 불구하고, 알코올을 통한 재정은 여러 선진국가들에서 여전히 중요한 국고수입의 의미를 가지고 있으며(Hurst et al. 1997), 어떤 개발도상국들에서는 알코올로 인한 과세가 정부의 중요한 수입원으로 남아있다. 인도에서는 주류세가 다른 주들에서 징수된 총 세금의 23%를 차지할 정도로 국가 수준에서의 수익의 주 수입원이다(Room et al. 2002). 카메룬에서는 1990년에 정부 세입의 43%가 맥주와 청량음료에 부가된 세금에서 나왔다. 그 외 다른 개발도상국에서는 정부 세입의 비율이 선진국가들에서와 같은 범위 안에 있다. 나이지리아 2%, 남아프리카 2.3%, 스리랑카 4%, 그리고 캐냐 10% 등이다(Room et al. 2002). 1991년에 유럽 공동체(EC)의 12개국의 해당 수치는 2.4%였다.

여러 개발도상국들에서 직면하고 있는 문제는 주류세가 징수되지 않고 세금 인상의 효과를 둔감하게 하는 알코올성 음료의 '비공식'적인 시장의 실제적인 존재이다.

8.3 메카니즘 : 공급과 수요

기본 경제이론은 알코올 가격이 알코올성 음료의 수요와 소매업자들을 통한 공급이나 가용성 사이에 균형을 가져온다고 단정한다(Pindyck et al. 1989). 수요에 비해서 공급이 줄어들거나 공급에 비해서 수요가 증가할 때 가격은 더 높아진다. 비슷한 원리에 따라, 수요에 비해서 공급이 증가하거나 공급에 비해서 수요가 감소할 때 가격은 낮아진다. 이 원리는 가격에 있어서의 신중한 변화는 공급과 수요의 관계에 영향을 줄 수 있다는 말이다. 과하게 부과된 알코올소비세 같이 외부의 도구에 의해 인상된 시장의 알코올성 음료가격은 소비자가 큰 가격으로 적은 양의 음주밖에 할 수 없을 것이므로 알코올소비를 감소시킬 것이다.

더 많은 세입을 창출하기 위하여 정부는 알코올소비세를 부과, 인상하거나 또는 어떠한 방법으로든 판매되는 각각의 단위들에서 더 많은 경제 이득을 얻기 위하여 알코올성 음료의 가격을 올릴 수 있다. 인상된 소비세율은 통상적으로 알코올성 음료의 가격인상을 유도하고, 음료가격의 인상은 알코올소비의 감소로 연결된다. 인상된 세율과 주류가격에도 불구하고 알코올소비에 변동이 없다면, 정부는 새로운 세입의 형식에서 소비자들의 모든 새로운 지불을 받아들이는 것이다. 이 예에서 알코올성 음료의 수요는 인상된 세금으로부터 오는 어떠한 가격의 변화에도 반응이 없다. 그러나 실제로 이러한 일은 거의 일어나지 않는다.

가격을 증가시킬지 감소시킬지 혹은 알코올성 음료에 대한 수요의 반응이 어떠할지는 가격변동 만이 알코올소비에 어떤 변화를 가져올지를 결정할 것이다. 경제학자들은 가격 변동의 소비민감도를 측정할 때 수요의 가격탄력성이라는 용어를 사용한다. 수요의 가격탄력성은 1%의 가격 변동에서 일어나는 소비에 있어서 비율의 변화로 정의된다. 예를 들어, 가격에서 1% 인상을 암시하는 −0.5의 알코올에 대한 가격탄력성은 0.5%의 알코올소비를 감소시킬 것이다. 만약 수요의 가격탄력성이 0.0과 −1.0 사이에 값이 있다면, 상품에 대한 수요는 소비에 있어 비교적 적은 변화에 변동된 가격의 결과로써 그것만의 가격에 있어서는 비탄력적이라고 이야기한다. 비율적으로 −1.0 아래 값의 수요는 그것의 소비에 더 큰 변화를 유도하는 가격 변동으로써 가격 탄력이 있다고 이야기한다.

분명한 것은 매우 비탄력적인 수요의 상품들이 세입의 목적을 위하여 최선의 대안들이다. 이 장에서 나중에 논의 되겠지만 알코올성 음료에 대한 수요는 종종 비탄력적이다. 그러나 가격인상은 그 상품의 가격이 비탄력적일지라도 그 값이 0이나 그 이상이 아니라면 소비에 있어 어떤 감소가 있을 것이다. 그것의 가격에 대한 알코올소비의 반응은 세입을 발생시키는 특별 주류세의 효능뿐 아니라 더 높은 주류 가격에 반응하는 잠재적인 건강에의 혜택에도 영향을 준다.

알코올의 고 탄력적 수요는 알코올사용의 비율적인 감소에서 더 균형적으로 그것의 가격이 증가한 것, 실질적인 건강에의 유익이 더 높은 알코올가격으로 발생한다는 것을 제안하고 전체적인 알코올소비와 관련 문제들 사이에 긍정적인 일정한 관계를 추정하는 것을 암시할 것이다. 탄력성의 값이 영(zero)에 가까워질 때 혜택은 감소하고 영에 다다르면 인상된 주류가격으로부터 오는 부가적인 건강에의 혜택이 없어진다. 이리하여 세입발생과 감소된 알코올문제들은 주류가격의 인상에 대한 다소 다른 관계와 함께 다른 목적임에도 불구하고, 주류세가 어떻게 정해지고 변동하는지에 따라 서로 다른 것을 존중하며 최적화될 수 있다.

8.4 알코올성 음료에 대한 과세

알코올성 음료는 그들의 해로운 사회 및 공중보건학적 결과 때문에 세금을 부과해야 하는 특별한 상품이라는 것이 검증되었다. 여러 나라들에서 주류과세 체계는 다른 알코올음료 분류에 따라 여러 다른 세율을 적용하고 있다. 일반적으로 증류주 소모로 인한 특정 문제 뿐만 아니라 알코올 센티리터 당 생산 및 유통비용이 와인과 맥주보다 증류주가 낮다는 사실을 반영하여, 와인이나 맥주보다 증류주에 알코올 리터당 더 높은 세율을 부과한다. 이는 증류주에 맥주와 와인에 매겨지는 알코올소비세율은 비슷하게 적용하면, 알코올 1리터가 와인이나 맥주의 형태보다 증류주 형태에서 더 싸게 팔릴 수 있다는 의미 때문이다.

어떤 나라들에서는 아주 낮은 알코올 도수의 음료는 알코올의 대용물로써 사람들의 소비를 권장하기 위하여 아예 세금을 부과하지 않거나 아주 낮은 세율로 세금을 부과해왔다. 이와 유사하게 몇몇 나라들에서는 젊은 음주자들에게 인기를 얻기 위하여 미리 섞어서 달게 만든 알코팝(alcopops)에 특별세를 부과하였다.

주 정부가 관여하지 않았더라면 제조자들, 도 소매상들이 품질의 등급 간에 상당한 가격 차이를 포함하여 서로 경쟁하기 위해 가격을 자유롭게 정하였을 것이다. 어떤 지역들에서는 정찰제와 최저가격 요구가 강요되는데, 이는 주류 시장에서 가격선택이 제한될 수밖에 없다. 예를 들어, 캐나다 퀘벡과 온타리오 주는 공중보건과 질서에 기여하는 것으로 간주되어 맥주에 최저 가격 수준을 정하였다(Giesbrecht et al. 2006).

여러 국가들에서 알코올성 음료에 대한 실제 가격이 1950년 이후로 매우 낮아졌다(e.g., Cook 2007 ; Leppänen et al. 2001 ; Österberg and Karlsson 2002). 이러한 경향은 1996년부터 2004년 사이의 최근 몇 년간 알코올 구매력이 증가를 보이면서 조사된 20개국 중 19개의 유럽 국가들에서 주류 가격 상대평가가 가처분소득과 함께 계속 이루어졌다(Rabinovich et al. 2009). 주류가격이 낮아진 주요 원인은 소비세가 주로 고정된 지역 화폐의 금액으로 정해져 새로운 세금의 수준을 정하는 새 법안이 없는 한 인플레이션도 자동적으로 저들의 가치를 감소시킨 이유이다. 세율을 감소시키는 인플레이션에 대한 해결책은 고정가치를 적용하기 보다는 세율이 오르고 내리는 생계비(a cost-of-living index)에 묶이는 방법이다. 이 사례는 6개월마다 소비가격지표(the Consumer Price Index)에 따라 알코올소비세를 조정하는 호주의 사례이다(Australian Tax Office 2006).

8.5 탄력성 연구와 해석

알코올소비에 있어서 가격 변동의 효과는 다른 어떤 잠정적인 알코올통제 수단보다 더 광범위하게 연구되어 왔다. 이러한 효과들을 연구하기 위하여 계량경제학 방법이 가장 흔한 도구로 사용되었다.

최근 출판된 세 종류의 연구들은 계량경제학적 연구의 체계적인 결과들을 요약하려고 시도된 것이다(Fogarty 2006 ; Gallet 2007 ; Wagenaar et al. 2009b). 이 연구서들은 오스트리아, 호주, 벨기에, 캐나다, 중국, 사이프러스, 덴마크, 핀란드, 프랑스, 독일, 그리스, 인도, 아일랜드, 이탈리아, 일본, 캐냐, 네델란드, 뉴질랜드, 노르웨이, 폴란드, 포르투갈, 스페인, 스웨덴, 영국, 그리고 미국으로부터 조사 연구되었다.

이 목록 가운데, 그 연구서들의 대부분은 캐나다, 미국, 영국과 북유럽 국가 같은 선진국에서 주로 이루어진 알코올소비에서 알코올가격 변화의 효과에 대하여 정보를 표시하였다. 이 세 종의 리뷰는 모두 유사한 결과를 보여준다. 알코올의 수요는 가격에 반응하고, 비탄력적이며, 주종에 따라 다양하다. 전반적으로, 총 알코올은 약 −0.5의 단기적인 평균 가격탄력성이 있다. 맥주는 −0.4, 와인과 증류주는 약 −0.7의 평균 가격탄력성을 가지고 있다.

더 큰 범위의 연구들도 최근에는 알코올의 구매 가능성 사이의 관계에 초점을 맞춘 체계적인 평가들이 있는데, 가격과 폐기처분으로 인한 수입 모두를 결합시키는 변화가 1996년과 2003년 사이에 유럽의 20개 국가에서 0.32로 알코올구매가능탄력성을 가졌다고 보고하였다(Rabinovich et al. 2009). 이 말은 알코올구매가능성이 10% 증가하면 알코올소비는 3.2%로 증가한다는 의미이다.

〈표 8.1〉 알코올가격과 알코올소비에 관한 세 개의 메타 분석에서 보고된 탄력성

보고서	가격탄력성 중위값			
	알코올	와인	맥주	증류주
Fogarty (2006)	n.a.	−0.77	−0.38	−0.70
Gallet (2007)	−0.52	−0.70	−0.36	−0.68
Wagenaar et al.(2009b)	−0.51	−0.69	−0.46	−0.80

이러한 리뷰들을 통해 제시된 결과 값에서의 전체적인 유사점은 국가 간과 시간흐름 모두에서 자체가격탄력성에서의 고려할 만한 편차와 기초연구들의 결과들 사이의 실재적인 변동이 가려진다는 점이다. 포갈티(Fogarty, 2006)는 편차에 있어 나라들 사이에 탄력성이 시장 지분에 관련이 있다는 것을 설명하는 대신에 특별한 국가적인 효과가 없다는 것을 발견하였다. 바꾸어 말하면 맥주가 우세한 알코올성 음료인 사회에서 와인과 증류주가 비탄력적이라면, 맥주 역시 상대적으로 비탄력적이라는 것이다. 맥주를 주로 마시는 국가를 대상으로 연구된 알코올 가격탄력성에 대한 연구결과는 앞서 논의되었던 리뷰에서 발견된 것처럼 지속적으로 낮은 맥주의 가격탄력성을 설명할 것이다. 이것은 각 문화에서의 우세한 음료는 빵처럼 기본 식사에서 요구하는 것으로 여겨졌고 매일의 식사에 포함되지 않는 음료나 사치스러운 다른 음료들에 비해 가격 변화에 있어서도 적게 반응한다는 점을 설명해주는 것이다(Österberg 1995 ; Leppänen et al. 2001).

이것과 관련해서 〈표 8.2〉에서 가격탄력성에 대한 세 가지 스웨덴에서의 연구결과를 보여준다. 스웨덴에서 가장 흔한 알코올음료였던 증류주는 20세기 전반기에 가격탄력성이 가장 낮은 알코올음료였다. 1960년에서 1986년 사이에는 스웨덴 사람들에 의해 맥주의 일상적인 사용의 증가에 따르는 맥주와 증류주가 와인보다 가격탄력성이 상당히 적었다. 최근 연구에서는 알코올성 음료의 가격탄력성은 와인의 인기에서 최근 증가를 반영되면서 마침내 평균화가 되었다.

〈표 8.2〉 스웨덴에서의 알코올 가격탄력성 변화 추이

기간	맥주의 탄력성	증류주의 탄력성	와인의 탄력성	출처
1920~1951	−1.2	−0.5	−1.6	Bryding and Rosén (1969)
1968~1986	−0.4	−0.2	−0.9	Selvanathan (1991)
1984~2004	−0.9	−0.8	−0.6	Norström (2005)

국가 간 알코올소비에 있어서 가격 효과에 대한 변수는 리패넨(Leppänen et al. 2001) 등이 수행했던 유럽의 연구결과에 의해 〈표 8.3〉에서 증명되었다. 이 결과들은 프랑스, 이탈리아, 스페인, 포르투갈과 같이 와인을 곁들인 식사를 하는 정기적인 단골손님으로 많이 이용되는 와인 생산 국가들 간에는 가격이 소비에 크게 영향을 주지 못한다는 분명한 결과를 보여준다.

〈표 8.3〉 국가 간 알코올 가격탄력성 차이(1980년)

국 가	알코올가격탄력성
호주	−0.17
벨기에	−0.43
덴마크	−0.50
핀란드	−0.86
프랑스	−0.12
그리스	−0.17
아일랜드	−0.62
이탈리아	−0.14
네덜란드	−0.52
노르웨이	−1.15
포르투갈	−0.16
스페인	−0.13
스웨덴	−0.97
영국	−0.63

출처 : Leppänen et al. (2001)

포갈티(Fogarty 2006)와 갈레(Gallet 2007)는 오랜 기간 탄력성의 추정치에서 변수를 체계적으로 조사하면서 최근 몇 년간 알코올의 가격탄력성이 적어지고 있다고 지적하고 있다. 알코올의 가격탄력성이 시간이 지나면서 감소하고 있다는 많은 증거는 핀란드(Ahtola et al. 1986)와 영국(Mazzocchi 2006)에서 이루어졌다.

비록 1인당 알코올총소비가 높을 때 탄력성이 낮을 수 있다 할지라도 이러한 경향은 부의 증가를 반영하는 것일 수 있다(Holder and Edwards 1995). 뿐만 아니라 장소에 따른 다른 알코올통제수단들에서 소비에 미치는 가격 효과는 달라질 수 있다고 연구들에서 제시되고 있다. 후잇트펠트(Huitfeldt)와 조멀(Jorner 1972)은 1955년 스웨덴에서 시행된 브렛배급제도(Bratt rationing system)가 그곳의 알코올의 가격을 더

탄력적으로 만들었다는 것을 발견하였다. 유사하게도, 미국에서는 트롤달(Trolldal)과 포닉키(Ponicki 2005)가 알코올통제를 강하게 실시하는 주(state)들에서 일반적으로 알코올의 가격탄력성이 더 적은 것을 발견하였고 렉수떼(Laixuthai)와 찰룹카(Chaloupka 1993)는 최소 법정음주연령이 21세로 높아진 이후에 젊은 층의 알코올소비에 대한 가격효과가 감소되었음을 발견하였다.

선진국 밖에서 진행된 몇 개의 연구들은 비슷한 관계를 폭넓게 제시한다. 인도에서 진행한 −0.4와 −0.1 사이의 알코올 가격탄력성을 측정한 두 개의 연구(Musgrave and Stern 1988)와 터키에서 진행한 −0.37의 맥주 가격탄력성이 측정된 맥주수요에 대한 연구가 바로 그것이다(Özgüven 2004). 아프리카에서 진행된 연구들의 결과는 다양하게 나타났다. 캐냐에서는 팔타낸(Partanen 1991)이 서양식의 맥주 탄력성이 단기적으로는 −0.33이고 장기적으로는 −1.00으로 보고하였다. 그러나 더 최근의 캐냐의 분석(Okello 2001)에 따르면 전통적이거나 다른 지역에서 양조된 알코올과 전통 맥주가 아닌 시장의 맥주를 조사하여 장기적으로 각각 −1.11과 −5.49의 탄력성을 발견하였다. 탄자니아에서는 오소로(Osoro et al. 2001)가 전통 맥주와 비전통 맥주 사이에 탄력성이 −0.44와 −0.31로 차이가 적음을 발견하였다.

셀바나탄과 셀바나탄(Selvanathan S. and Selvanathan E.A. 2005a)은 43개국의 알코올 가격탄력성을 측정하기 위하여 국가 회계자료를 사용하였는데 그 결과 벨기에의 −0.014에서부터 푸에르토리코의 −1.422 사이의 범위로 계산되었다. 24개의 선진국과 19개의 개발도상국으로 결과가 각각 나뉘었을 때 그들의 평균 유사 가격효과를 제시하는 평균 알코올탄력성 측정치는 −0.442와 −0.568였다(Selvanathan S. and Selvanathan E.A. 2005a).

위에 요약된 통계 경제학 문헌들을 장기적으로 점진적인 가격변화의 효과와 각 지역간의 단면적인 차이에 초점을 맞추어 정리하였다. 몇 개의 연구만이 알코올가격의 급진적인 변화의 효과를 조사하였다. 가장 인상적인 자연 실험은 1917년 세계 1차 대전 중 12개의 요인에 의하여 가격이 인상되었던 덴마크에서였으며 모든 것이 부족한 상황에서 세금의 변화를 위하여 맥주가격이 거의 두 배가 되었다. 이러한 가격의 인상은 2년 내에 알코올소비를 4분의 3이나 떨어뜨리는 즉각적인 효과를 가져왔다(Bruun et al. 1975). 스코그(Skog)와 멜벌그(Melberg 2006)는 이러한 변화를 조사하면서, 증류주의 가격탄력성을 −0.5로 추정하였다. 유사하게도, 캔들(Kendell et al. 1983) 등은 스코틀랜드에서 비록 평균에 대한 회귀를 통제하지 못하여 효과가 과장되었을지라도 다른 상품과 비교하여 알코올가격이 약 11% 증가하면 정기적인 음주자 표본에서 전체 알코올소비가 약 15% 감소하였음을 발견하였다.

최근에는 스위스에서 국내 생산 증류주의 가격에 많은 변동이 없었음에도 증류주의 수입 관세의 감소가 수입 증류주의 가격을 30%~50% 감소시킨 결과를 보였다(Heeb et al. 2003). 이러한 변화의 결과를 조사하는 두 연구에서 증류주 소비의 유의적인 증가를 발견하였다. 히브(Heeb et al. 2003) 등은 가격 변경 3개월 후 증류주의 소비가 30% 증가한 것으로 보고하였고 이어진 후속 연구에서 쿠오(Kuo et al. 2003a) 등은 40%가 증가한 것을 발견하였다. 반면에, 매켈래(Mäkelä et al. 2008) 등과 매켈래와 외스털버그(Mäkelä and Österberg, 2009)는 덴마크와 핀란드에서 인상된 여행자 수당에 따른 알코올 세금 감소의 영향에 대한 요약을 제시한다. 세금의 변화가 덴마크의 증류주에는 제한되었지만, 핀란드의 모든 종류의 음료에 영향을 주었다. 패널 조사로부터 얻어진 개인수준 자료의 분석에서는 핀란드나 덴마크 모두 세금 변경에 따른 눈에 띄는 소비 증가는 찾을 수 없었다. 집단수준의 연구에 따르면 덴마크에서의 증류주 소비는 증가했지만, 전반적인 소비는 떨어진 것으로 추정한다.

세금의 변화가 거의 또는 전혀 영향을 미치지 않는 몇몇 경우를 포함하여 탄력성 값의 상당수의 변화는 항상 다른 것들이 같다는 조건(ceteris paribus)에서 과거의 연구에 근거한 효과예측 시 주의하여야 한다. 탄력성 값을 변경할 수 있는 조건들이 위에서 언급한 공급배당과 아래에서 논의할 사회적 부요 등이다. 사회의 구조와 문화적 변화는 소비에 대한 세금 변동의 효과에 영향을 미칠 수 있는 다른 요인들에 포함되어 있다(Room et al. 2009).

국가 간 탄력성의 변화는 알코올이 매일의 일반상품으로 취급되는 문화에서보다 소비에 있어 더 높은 가격이 효과를 보는 사치스러운 사회 내에서 알코올의 문화적 역할에 더 큰 영향을 받는다. 탄력성 값은 오히려 정확한 예측보다는 스스로 예상할 수 있는 것에 대해 일반적인 지침을 제공한다.

8.6 음료에 따른 차등가격

이미 언급한 바와 같이, 정부는 자주 다른 음료들 보다 하나의 음료에 집중하는 수단으로 차등 과세를 사용해왔다. 가장 일반적인 차별화는 강한 증류주에 알코올의 단위 당 높은 세율을 적용하고 있는 것이다. 공중보건의 관점에서 오늘날 러시아에 대한 기대는 가격차별화가 20세기에 들어오면서 증류주를 주로 마시던 모든 북유럽 국가들이 점차적으로 맥주를 마시는 국가로 변화된 사례가 영향을 미칠 것이라는 점이다(Treisman, 2008).

매켈래 등(Mäkelä et al. 2007)은 특정 알코올의 소비와 알코올관련폐해 사이의 연관성을 재검토하였다. 그들은 증류주가 다른 음료에 비해 알코올중독과 연관될 가능성이 높은 반면 폐해의 수준은 일반적으로 주어진 알코올 양에 비해 음료 종류에 따라 크게 다르지 않다는 것을 발견하였다. 반면에 그들은 증류주의 소비가 전반적으로 높은 알코올소비와 관련이 있으며 높은 가격을 통하여 소비를 감소시킬 수 있는 증거를 발견하였다. 알코올소비량과 패턴이 대부분의 알코올문제에 있어서 알코올의 형태보다 더 중요하며, 특히 강한 알코올성 음료의 과다한 사용은 사망과 관련되어 많은 문제를 야기한다. 비슷한 맥락에서 몇몇 정부들은 세금 감면을 통하여 고농도의 알코올에 대한 대안으로 알코올 함량이 낮은 음료로의 대체를 장려하였다.

예를 들어, 스웨덴에서는 용량이 2.8%보다 낮은 맥주에는 주세를 청구하지 않았으며(Olsson et al. 2002), 호주에서는 맥주에서 알코올 1.15%에 대해서는 과세하지 않기 때문에 약한 맥주를 선호한다(Econtech 2004). 노르웨이에서의 연구(Skog 1988)는 더 강한 맥주 대신에 더 저렴한 저 알코올 맥주가 소비되었던 증거를 찾아 저렴한 저 알코올 맥주도입이 어떻게 전체 소비에 영향을 주었는지를 조사하였다. 호주에서는 주(state)가 알코올에 과세를 매기는 것이 법에 어긋났던 1997년까지 저, 중 강도의 맥주에 대하여 주(state)에서 과세수준은 매우 낮았다. 이것은 비록 술집(on-premise)에서의 음주에 관한 소규모의 실험연구가 저렴한 저알코올 음료를 제공하는 것은 전체적인 소비 수준에 미세한 영향을 끼친다고 하더라도(Mugford 1984), 가벼운(light) 맥주에 대한 낮은 연방 소비세율과 연결되어 저알코올 맥주의 가격에 현저한 이점을 이끌어내었고 그 결과 알코올도수가 높은 음료들로부터 도수가 낮은 맥주로 실질적인 대체가 이루어져 맥주에서 소비하는 알코올의 양이 감소되었다(Stockwell and Crosbie 2001). 그러므로 알코올 함량이 높은 주류의 가격을 올리고 낮은 주류의 가격을 내리는 것은 알코올소비의 총량과 알코올관련문제의 감소를 가져올 수 있다는 몇몇 증거들이 나타나고 있다.

최근 몇 년 동안, 청소년의 알코올소비와 그와 관련된 폐해에 있어서 이미 혼합된 증류주(pre-mixed spirits), 미리 준비된 증류주(ready-to-drink spirits) 또는 디자이너 음료(designer drinks)로 알려진 알코팝(alcopops)의 역할에 대한 우려가 커지고 있다(Sutton and Nylander 1999). 메츠너와 크라우스(Metzner and Kraus, 2008)의 문헌 검토에서 알코팝(alcopops)이 다른 알코올 음료에 비해 더 문제가 있다는 작은 증거의 발견에도 불구하고 단맛을 내는 이러한 음료는 젊은이들에게 매력적이며, 알코팝(alcopop)의 마케팅도 청소년을 대상으로 진행되고 있다. 최근 몇 년 동안 여러 나라들에서 특히 젊은이들의 위험음주를 줄이기 위한 시도로써 알코팝(alcopop)에 세금을 인상시켜 왔다(Metzner and Kraus).

오스트리아에서는 세금의 인상 없이도 이루어진 유사한 감소가 몇 가지 의문을 제기하지만(Uhl 2007), 독일(Deutsche Bundesregierung 2005)과 스위스(Niederer et al. 2008)의 연구에서는 이러한 음료의 소비에 있어서 실제적인 감소를 발견하였다. 호주에서는 최근 알코팝(alcopops)에 대한 소비세의 인상이 이러한 음료의 판매에 실질적인 감소를 가져왔고 총알코올소비에도 전반적으로 감소되는 결과가 있었다(Chikritzhs et al. 2009). 이 증거는 알코팝(alcopops)의 가격인상이 이러한 음료들의 소비를 감소 시켰음을 보여준다. 그러나 이러한 변화가 알코올관련폐해를 줄이는 변화에 대해 이용 가능한 증거가 부족하다.

특정 주류에 대해 가격 관련 중재에 초점을 맞추는 것은 주류를 대체하는 것과 같은 중요한 문제이다. 만약 알코올성 음료에 특정 유형의 세금이 인상된다면 음주자들은 단순히 저들이 마시던 음료를 다른 음료로 바꾸던지 아니면 실제적인 소비의 감소를 기대할 수 있지 않을는지? 알코올성 음료들의 목록 간 교차가격탄력성의 체계적인 리뷰는 없었으며 대부분의 연구들이 오랜 시간에 걸친 점진적인 가격변화나 서로 다른 지역에서의 가격변화에 초점을 맞추었다.

셀바나탄과 셀바나탄(Selvanathan S. and Selvanathan E.A. 2005b)은 열 개의 선진국들에서 30년에 걸친 교차가격탄력성의 조사에서 의미는 있지만 낮은 교차가격탄력성을 발견하고 소비자들이 가격이 변동될 때 전체는 아니지만 그들이 소비하는 음료를 바꾼다는 것을 확인하였다. 지속적이지는 않지만 몇 몇 연구들이 대체효과의 증거들을 찾지 못하였어도(Godfrey 1988 ; Huang 2003 ; Mangeloja and Pehkonen 2009), 이러한 발견은 여러 다른 경제학적 연구를 지지해왔다(Okello 2001 ; Osoro et al. 2001 ; Özgüven 2004 ; Ramful and Zhao 2008).

어떠한 연구도 가격변화에 부합하는 음료 유형 간의 완전한 대체를 찾지 못하였다. 음료 대체에 대한 연구는 일반적으로 자체 가격탄력성의 추정과 함께 통계경제적 방법을 사용하였고, 음료의 특별 세금에 있어서 극적인 변화의 영향력을 조사한 연구들과 더불어 점진적인 가격변화에 초점을 맞추었다. 이미 언급된 1917년 덴마크의 예에서 증류주 가격의 급격한 인상에 의한 반응으로 인하여 맥주의 소비는 약간 증가하였지만 알코올의 전반적인 소비는 여전히 크게 낮아졌다(Skog and Melberg 2006). 스위스에서는 증류주 세율의 인상과 그에 따른 증류주소비의 상당한 감소가 다른 음료로의 대체로 이어지지 않았다(Heeb et al. 2003).

음료대체에 관한 이슈에서 특정 알코팝에 세금을 부과하여 소비자가 증류주를 기본으로 혼합한 음료로 대체할 수 있느냐 하는 쟁점이 주요 관심사이다. 불행하게도 알코팝 세금의 영향에 대한 분석은 제한적이어서 대체의 정도는 불분명한 상태로 남아있다. 스위스에서의 자료는 증류주를 기반으로 한 알코팝 소비의 실제적인 감소가 주로 맥주와 와인을 기반으로 한 알코팝 소비와 병에 담긴 증류주의 소비 증가에 의해 크게 상쇄되었다는 것을 제시하고 있다(Niederer et al. 2008). 독일의 결과는 다소 불분명하다. 더 최근에 진행된 후속 연구에서 알코팝 소비의 감소가 맥주와 증류주 소비의 증가에 의해 상쇄되었다는 것을 발견한 반면, 초기의 분석은 음료 대체에 대한 증거가 매우 적었다. 호주에서는 인상된 알코팝의 세금이 증류주와 맥주소비에서의 소량의 증가를 일으켰으며, 총 알코올의 소비에 있어서도 전반적으로 감소되어, 초기연구의 증거들이 입증되었다(Chikritzhs et al. 2009).

알코팝 세금효과에 대한 불일치는 알코올시장의 복잡성에 의해 부분적으로 설명될 수 있다. 교차가격탄력성은 일반적으로 품질이나 가격의 차이를 기본으로 한 같은 종류의 음료 내에서의 대체 가능성을 무시하고 다양한 음료 종류들의 평균가격을 사용하여 계산된다. 그러나 연구들은 소비자가 같은 종류의 음료들 내에서 각자에게 가능한 가격의 범위를 가지고 있음을 증명하고 있다.

캘리포니아의 트레노(Treno et al. 1993) 등도 각각의 음료 부문에서 가장 인기 있는 열 개의 제품들의 가격이 60개의 요인에 의해 다르다는 것을 보여주고 있다. 이러한 가격의 불일치는 여러 나라들의 젊은이들 사이에서 종종 바나 클럽 같은 야간 유흥업소에 가기 전에 이미 술에 취해 있으므로 더 많은 양의 음주를 하게 하는 결과를 갖게 하였다(e.g., Brunet 2007 ; Hughes et al. 2008 ; Wells et al. 2009). 확실하게 소비자들은 다양한 방법으로 알코올의 가격변동에 대응한 것이다.

비록 주류소매판매점(off-premise)보다는 업소판매점(on-premise)에서 맥주를 더 많이 마시는 영국에서의 경우이지만 가격변화가 술집이나 주류판매점에서 소비되는 알코올 양에 어떻게 영향을 끼치는지에 대한 소규모의 연구가 진행되어 왔다(Huang 2003). 술집에서의 맥주 소비량이 주류판매점에서보다 가격에 적게 반응하므로 둘 사이에는 유의적인 대체가 이루어진다. 품질의 대체라는 측면에서 그류네월드(Gruenewald et al. 2006) 등은 소비자가 다른 음료 종류로 대체하거나 같은 음료 종류 내에서 다른 품질의 제품을 대체하는 두 가지 모두를 통해 가격변화에 대응한다는 것을 보여준다. 특히 그들의 결과는 가격 범위의 가장 저렴한 선에서의 가격변동은 소비수준의 감소를 초래할 가능성을 입증하며 정부가 설정한 최저가격 제도가 가격인상으로 감소된 소비의 결과를 보장하는 가장 효과적인 방법이 될 수 있음을 제안한다.

특히 개발도상국들의 시장에서 중요한 부분을 차지하는 보고되지 않은 소비들을 포함하여, 세계의 여러 지역에서 알코올소비에 있어서 기록되고 기록되지 않은 가격 간에 상당한 차이가 있다는 것을 주목할 만한 가치가 있다(표 3.1 참조). 가내 생산 및 밀수의 가능성까지 포함한다면 가격변동에 신속하게 반응하는 것은 상업적 알코올성 음료의 탄력성 가치에 영향을 받을 수 있다. 예를 들어, 안드리엔코와 넴트소브(Andrienko and Nemtsov 2005)는 현재 러시아의 총 보드카 소비는 가격이 인상될 때 보드카 구매의 소매상들이 밀주자로 대체되므로 가격변동에 의해 영향을 받지 않는다고 추정하였다. 마찬가지로, 아프리카에서 실시된 연구들은 시장맥주와 지역양조로 종종 비과세된 맥주 사이의 교차가격탄력성이 높은 수준이며, 시장맥주 가격의 인상이 지역맥주의 소비에 상당한 증가를 생산해내었음을 보고하였다. 짐바브웨에서는 저렴하고 쉽게 사용할 수 있는 불법 알코올의 공급 때문에 과세재원의 하락으로 말미암아 알코올세금의 인상이 신속하게 철회되었다(Jernigan 1999).

마찬가지로, 한 국가의 세금 변화는 국경에서의 알코올구매에 영향을 미칠 수 있다. 예를 들어, 에스플런드(Asplund et al. 2007) 등의 연구에서 2003년 덴마크에서의 증류주 세금 45%의 감소가 스웨덴에서는 2%의 증류주 판매 감소로 이어졌음을 확인하였다. 알코올소비와 관련폐해에서의 변화는 알코올가격의 전반적인 변화에 대한 일관된 강력한 증거가 있고, 특정 주종의 가격을 겨냥한 중재가 효과적일 수 있다는 합리적인 증거도 있다. 특히 저 알코올 맥주와 같이 알코올 도수가 매우 낮은 제품은 상대적으로 낮은 가격에 판매되고 알코올 도수가 높은 제품은 고가에 판매되는 정책은 소비되는 순수알코올의 총량을 감소시킬 가능성이 있으며, 따라서 알코올관련폐해도 감소시킬 수 있다. 이 뿐만 아니라 알코올의 최저가격 인상과 같은 가격 범위의 가장 아래 부분에서의 가격인상이 소비를 줄이는 가장 효과적인 방법이 될 수 있다. 알코올가격의 인상은 가장 저렴한 종류의 알코올을 다른 것으로 대체한다.

8.7 가격할인과 최저가격제

알코올성 음료의 할인은 여러 가지 방법으로 문제를 야기해 왔다. 업소판매점(on-premse)에서 알코올의 할인은 일반적으로 해피타임(happy-hours)의 형태나 알코올이 저렴한 가격으로 판매되는 주기적인 시간을 통해서 이루어진다.

알코올소비를 증가시키는 이러한 종류의 판촉에는 몇 가지 증거들이 있다. 베이버(Babor et al. 1978, 1980) 등의 실험연구에서는 해피타임(happy hours) 동안 알코올의 소비가 두 배 증가되었음을 발견하였고, 큐오(Kuo et al. (2003b) 등의 한 생태학적 연구는 대학생들의 폭음비율과 거주지 근처 알코올 할인판촉의 수 사이에 연관성이 있음을 발견하였다. 톰즈(Thombs)와 동료들에 의해 제시된 두 연구는 단골 중독(patron intoxication)과 마실 수 있는 만큼 마시기(all-you-can drink) 판촉 사이에 깊은 관련성이 있음을 보여준다(Thombs et al. 2008, 2009). 마찬가지로, 반 후프(Van Hoof et al. 2008) 등도 네덜란드 청소년들의 자기보고식 조사에서 알코올소비의 높은 수준과 해피타임(happy hour) 판촉 사이에 연관성이 있음을 발견하였다.

여러 관할청들이 특별 해피타임 판촉을 제한하거나 금지하고 있는 반면, 이러한 제제로 인한 효과에 관한 연구는 매우 미미하다. 스마트와 아들라프(Smart and Adlaf 1986) 및 스마트(Smart 1996)는 캐나다와 미국에서 해피타임(happy hour) 금지의 영향을 조사 하였으나, 강력한 디자인을 가지고 있었음에도 불구하고 어느 연구도 소비수준이나 알코올관련 자동차 사고의 측면에서 영향력을 찾기 힘들었다. 주류소매판매점(off premises)의 경우에는 특히 체인 식료품점에서 알코올이 판매될 때 종종 특례품 선두주자로서 역할을 하면서 사람들로 하여금 사도록 부추기기 위하여 대량 할인행사를 대규모로 진행한다.

영국에서는 식료품 가게가 정기적으로 원가 이하의 가격(SHAAP 2007)으로 알코올을 판매함으로 알코올이 특례품의 선두주자로서 역할을 하는 것은 흔한 일이다. 이러한 관행에 부응하여, 스코틀랜드 정부는 알코올의 최저가격(2009)을 도입하려는 발표를 하였다.

위에서 언급한 바와 같이 그류네월드(Gruenewald 2006)는 최저알코올가격을 설정하는 것이 알코올관련폐해를 줄이기 위한 효과적인 방법이 될 수 있다고 제안하면서 가장 저렴한 알코올 제품의 가격의 변동이 소비에 가장 큰 영향을 미치게 될 것임을 확인시켜주었다. 최저가격은 일부 지역(Giesbrecht etal. 2006을 참조, 2006년 퀘벡 및 온타리오에서의 최저가격에 대한 논의)에서 최저가격이 실행되고 있는 동안, 소비 또는 손해에 미치는 영향에 관한 연구가 거의 없었다. 호주의 일부 외딴 지역사회들에서는 큰 와인 통의 판매, 가장 저렴한 알코올의 형태, 알코올의 최저가격 상태에서 실제적으로 양을 증가하는 것 등을 금지하였다. 이들 지역사회에서의 평가를 보면 일반적으로 전체적인 폐해는 감소하였으나, 동시에 다음으로 저렴한 음료인 강화와인으로의 대체가 유의할 점으로 관찰되었다(Hogan et al. 2006).

이 분야에서의 연구의 부족에도 불구하고, 정교한 모델링 과정을 통하여 영국과 웨일즈의 자료를 사용한 바에 따르면, 알코올의 표준 1단위에 대한 최저가격제의 실행이 알코올관련문제를 줄이는데 가장 효과적인 방법 중 하나가 될 것이라는 것을 암시한다(Meier et al 2008a).

8.8 소득, 경제상황 및 알코올소비

이 장의 초점이 알코올의 과세 및 가격에 있지만 경제이론은 광범위한 경제상황 역시 알코올소비에 영향을 미칠 것이라는 것을 제시한다. 알코올소비가 소득(see Gallet 2007 for a review of income elasticities)에 따라 증가하고, 집합수준에서의 알코올소비는 일반적으로 경기 순응적이라는 것이 잘 확립된 설이다. 다시 말해, 일부 연구들에서 문제음주가 경기 역행적이라는 것을 찾아내었음에도 불구하고(Dee 2001 ; Johansson et al. 2006), 호경기일 때는 알코올소비가 증가하고 경기가 침체하면 떨어진다는 것이다(Ruhm 1995 ; Freeman 2001 ; Ruhm and Black 2002 ; Krüger and Svensson 2008).

반면에 가격변동의 영향이 번영의 수준에 따라 어떻게 영향을 받는지에 대한 몇몇 연구가 있었다. 이미 위에서 언급한 셀바나탄과 셀바나탄(Selvanathan S. and Selvanathan E.A. 2005a)의 연구에서는 앞에서 제안된 것처럼 총 소득이 낮은 경우 가격은 소비를 줄일 수 있는 가장 효과적인 것이라는 몇 가지 증거를 제공하면서 알코올의 소득탄력은 선진국보다는 개발도상국에서 실제적으로 더 높은 것으로 나타났다. 심지어는 개인수준에서 사회경제적 지위에 의한 알코올 가격탄력성의 차이를 연구한 조사가 있었다. 그것은 종종 알코올세금이 부자보다는 가난한 사람들에게 더 큰 재정적 영향을 미치며 역행하고 있다는 것을 보여주고 있다. 이러한 불균형의 논쟁들이 남아 있음에도 뉴질랜드(Ashton et al. 1989), 아프리카 5개국(Younger 1993 ; Younger and Sahn 1999)과 러시아(Deco steer 2005)에서 빈곤층의 금주가 더 일반적이기 때문에 알코올 세금의 역효과의 증거들이 빈약하다.

그러나 미국(Lyon and Schwab 1995)과 호주(Webb 2006)에서는 알코올의 과세가 가난한 가정에 비례적으로 더 많은 것을 요구한다는 증거가 있다. 코타콜피(Kotakorpi 2008)가 예를 들어 건강에 해로운 음식에 세금을 부과하여 이론적으로 설명한 것처럼 알코올 세금이 국가재정으로 들어가 늘어난 세금으로 경제적으로 불우한 사람에게 실질적으로 건강에 미치는 영향을 통해 전반적인 불평등을 줄일 수 있을 것이다. 이러한 건강불평등의 감소는 가격이 변동될 때 부유층보다는 빈곤층이 그들의 알코올소비를 줄이는데 달려있다. 규칙적으로 음주를 하는 사람들에게서의 알코올의 가격 인상효과 연구(Kendell et al. 1983)에서, 저소득층의 사람들이 고소득층보다 더 크게 알코올소비를 감소하였다. 마찬가지로, 또 다른 연구(Sutton and Godfre 1995)에서도 알코올소비에 있어 낮은 소득수준의 사람들이 가격에 잘 반응한다는 것을 발견하였다. 최근 핀란드의 연구에서 알코올소비에 있어서 증류주 세금감소(Mäkelä et al. 2008)로 인해 소득그룹 간 체계적인 효과에 차이가 없었지만, 장기적으로 낮은 특권층 사이에서는 알코올관련 사망률이 실질적으로 훨씬 더 크게 증가하였음을 발견하였다(Herttua et al. 2008).

8.9 음주자의 특정그룹에 대한 가격탄력성

시계열 자료를 기준으로 한 통계경제학 연구에서의 가격탄력성 값은 가격변동에 대한 소비자의 평균 반응을 반영한다. 하나의 그룹으로서 소비자에 대한 이러한 조치는 알코올정책 결정에서 가격탄력성 추정의 관련성에 대한 정치적인 문제를 제기하였다. 이러한 문제의 한 예는 폭음자들이 알코올가격의 변화에 반응하는가에 관한 문헌의 불일치이다.

이러한 문제에 대응하여 늘어나고 있는 문헌은 알코올소비의 개인적 측정에 있어 알코올세금과 가격의 효과는 일반적으로 설문을 통해 음주자들 중 특정그룹 사이에서 가격변동이 소비에 어떻게 영향을 미치는지 확인하는 조사를 한다. 그들의 검토에서, 와그날(Wagenaar et al. 2009B) 등은 개인수준의 자료에 기초한 연구는 개인수준에서 변동량이 더 크기 때문에 일반적으로 집합연구보다 작은 탄력성 추정치를 만들어 낸다고 하였다. 주로 미국에서 나온 실질적인 문헌들은 청소년 음주자에게 미치는 알코올가격의 영향과 관련된 연구들이 지속적으로 가격의 변화가 청소년 음주의 변화와 관련되었다는 것을 보여준다(see Grossman et al. 1994 and Chaloupka et al. 2002 for reviews). 갈레(Gallet 2007)는 젊은 성인음주에 관한 13개의 연구를 그의 메타회귀분석에 포함하여 성인소비보다 약간 작은 0.39의 중간 가격탄력성 값을 젊은 성인의 가격탄력성으로 보고한 바 있다.

종주조사 자료에 기초한 두 연구는 알코올세금이 특히 더 자주 음주하는 젊은이들 사이에서 청소년 알코올소비를 감소시킨 것으로 나타났다(Coate and Grossman 1988 ; Laixuthai and Chaloupka 1993). 찰룹카(Chaloupka)와 웩슬러(Wechsler

1996)는 이 효과가 그들의 대학생 표본에서 남성에게는 유의하지 않았다고 했지만 일부 연구들은 가격인상이 청소년 사이의 폭음이나 과음을 줄인다는 것을 보여준다(Williams et al 2005).

이러한 일반적인 연구결과는 강력해 보이지만, 몇몇 연구는 청소년의 소비를 감소시키는 알코올 세금의 역할을 지지하지 않는다. 쎄퍼와 데이브(Saffer and Dave 2006)가 12~16세를 제외한 고등학교 졸업반 학생들의 알코올소비에 가격이 상당한 효과를 미치고 있음을 발견한 반면, 디(Dee 1999)는 동일 표본들에게서 맥주 세금에 대한 영향을 찾지 못하였다. 넬슨(Nelson 2008)은 청소년, 젊은 성인과 성인들간의 소비에 관하여 맥주 세금의 영향을 조사하여, 주(state) 수준으로 고정된 효과와 다른 알코올통제정책에 의해 통제된다면 세금의 정도가 음주빈도나 폭음에 영향을 미치지 않는다고 하였다.

적어도 이러한 불균형의 일부는 이 연구에서 측정된 가격이 실제 연구에서는 상당히 빈약한 측정도구인 맥주 세금과 같은 대용으로 더불어 나타난다(Young and Bielinska Kwapisz 2002). 폭음과 문제적 음주를 하는 성인 음주자들이 술의 가격 변동에 반응하는 범위는 비교적 적은 수의 연구 대상이 되고 있다.

매닝(Manning et al. 1995) 등은 적어도 가장 과도한 소비자이지만 인과 추론의 관점에서 약한 횡단면 자료를 사용하여 분석한 그들의 결과는 그렇지 않다고 논박한다. 종단 자료를 사용한 이후의 연구에서, 페로(Farrell et al 2003) 등은 알코올가격과 알코올오용의 세 국면, 즉 과도한 소비, 음주로 인한 물리적인 다른 결과, 두드러지는 음주의 증가의 관계를 조사하였다. 그리고 과도한 소비와 음주로 인한 결과 각각에 −3.25와 −1.895의 탄력성으로 알코올가격과 유의하다는 것을 발견하였다. 히브(Heeb et al. 2003) 등은 스위스에서 증류주 세금감소를 시행한 3개월 후 영향을 조사하였는데, 이후 소비에서의 계속되는 증가는 대부분 중간 주량과 낮은 주량의 음주자들에 국한되었다는 것을 발견했다. 그멜(Gmel et al. 2008) 등은 네 가지 패널 자료의 흐름을 가지고, 단기적으로는 과도한 음주자들이 더 빠르게 알코올소비를 증가시켰지만, 장기적으로는 이전의 수준으로 감소했다고 보고하였다. 패널 자료를 사용한 분석에서 북유럽 국가에서의 최근 알코올세금의 감소는 과음자들이 가벼운 음주자와는 다르게 반응한다는 몇몇 증거를 발견하였다(Mäkelä et al. 2008 ; Ripatti and Mäkelä 2008).

그러나 다음 절에서 검토되는 문제지표에 대한 세금변화의 영향에 대한 연구는, 세금의 변화가 문제음주의 비율에 영향을 미치는 강력한 증거들을 제공한다.

8.10 알코올가격과 알코올사용에 관련된 문제들

알코올판매 자료가 하위인구집단에게 일상적으로 사용될 수 있는 것은 아니지만, 알코올관련문제의 측정은 종종 더 구체적이다. 이것은 알코올과 관련된 간 질환, 교통사고, 폭력, 자살에 초점을 맞춘 유병률과 사망률에 대한 통계를 포함한다. 따라서, 과도한 음주자들에 대한 가격정책의 효과를 연구하는 한 가지 방법은 간경화 사망률(Cook and Tauchen 1982)과 같은 과도한 사용과 관련된 유해한 결과를 검토하는 것이다. 이러한 접근의 장점 중 하나는 가내 생산이나 개인적으로 수입한 주류와 같은 보고되지 않은 알코올소비에 의해 보고된 알코올소비의 대체 가능성을 짐작할 수 있다는 것이다. 간경화 사망률에 관한 연구는 세금 인상이 사망률을 감소시키고, 따라서 사회의 과도한 음주자들의 소비에 미치는 영향이 크다는 것을 발견하였다(Cook 1981 ; Cook and Tauchen 1982 ; Seeley 1988 ; Cook 2007). 마찬가지로, 스코그와 멜버그(Skog and Melberg 2006)가 덴마크의 알코올세금에 거액이 인상된 효과를 분석한 결과 1917년 정신착란으로 인한 사망률의 비율이 크게 감소된 것으로 나타났다. 미국의 말코위츠(Markowitz et al. 2003) 등은 1976년부터 1999년 사이의 특히 젊은 성인 남성 자살률이 맥주 세금의 증가에 의해 감소되었다는 것을 연구하였다. 핀란드에서의 최근 알코올세금의 감소는 17%로 추정된 세금 변화에 따른 사망 증가와 함께 알코올과 관련된 갑작스런 사망에 상당한 영향을 미쳤다(Koski et al 2007). 알코올관련 사망에 대한 모든 연구는 사회경제적으로 낮은 특정 그룹에 집중이 되어있었고 남성에서 16%, 여성에서 32%가 증가하였음을 발견하였다(Herttua et al. 2008). 또한 주류세금감소에 이어 범죄와 입원이 증가하였다(Mäkelä and Österberg 2009).

미국 알라스카에서 이루어진 최근의 연구(Wagenaar et al. 2009a)에서는 1983년과 2002년 알코올소비세의 인상이 각각 알코올관련 질환사망을 상당히 감소시켰음을 발견하였다. 이러한 효과는 즉시 소비세 증가로 이어졌고 전체 연구 기간 동안 지속되었으며 그 결과 11%~29%의 알코올관련 사망률의 감소를 보였다(그림 8.1 참조).

호주 북부 지역에서의 '알코올과 함께 살아가기'라는 프로그램에는 알코올 함량이 3% 이상 되는 음료에 소량의 세금을 부과하고 있다. 이로 인해 징수된 법적으로 존재하는(de facto tax) 자금은 주로 알코올폐해감소를 위한 다양한 프로그램의 자금으로 사용되었다. 이 프로그램의 엄격한 평가에서 부과세가 제거되었을 때 효과가 지속되지 않았던 반면 가격인상과 프로그램 실행의 조합이 같이 이루어졌을 때 알코올관련 급성사망을 크게 감소시킨 것으로 나타났다. 프로그램이 시작된 지 6년까지 만성질병사망

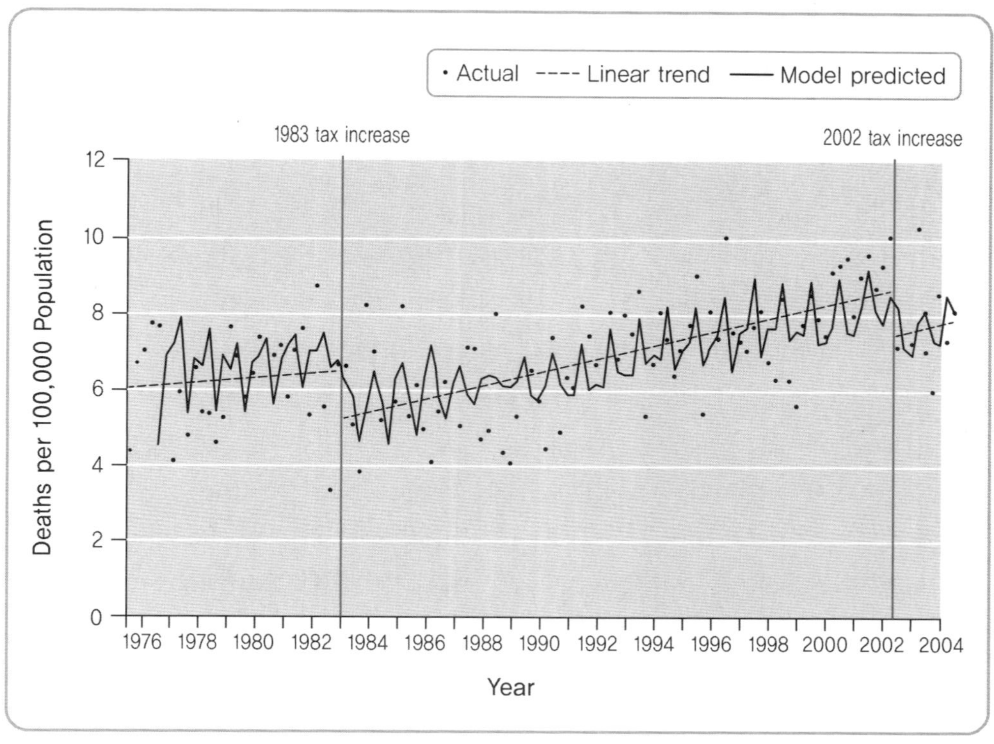

[그림 8.1] 15세 이상 인구 10만 명 당 분기 알코올관련 질병 사망률 : 알래스카 1976–2004
Source : Wagenaar et al. (2009a)

율 저하의 이유를 찾기는 어려웠으나 이후 만성사망률의 감소가 프로그램의 효과임을 확인하였다(Chikritzhs et al. 2005).

오스펠트와 모리씨(Ohsfeldt and Morrisey 1997)는 1975년과 1985년 사이 미국의 직장에서 발생한 사고에 초점을 맞추어 맥주 세금 10%의 인상이 평일에 부상으로 인한 손실을 1.7% 적게 발생시켰음을 발견하였다.

많은 문헌들이 주로 미국에서 알코올세금, 알코올음료가격 및 도로교통사고 사이의 연결고리에 대해 탐색하였다. 한 연구(Cook 1981)에서 1960년과 1975년 사이에 알코올 세금을 인상시킨 주(state)들에서는 도로 교통사고 사망자가 평균 증가보다 감소된 것을 발견하였다. 계량 경제학 및 데이터 이용성의 발전은 후속 연구자들로 하여금 다른 알코올과 교통 정책의 영향을 통제하면서, 단일 연구로 횡단 및 종단 데이터를 결합할 수 있도록 하였다.

몇몇 연구가 세금과 사망 관계에 있어 지속적이지 않고 의미가 없다고 발표하였음에도(Dee 1999 ; Mast et al. 1999 ; Young and Likens 2000) 불구하고 이러한 횡단적 시계열분석은 청소년(Saffer and Grossman 1987)과 일반대중(Saffer and Grossman 1987 ; Evans et al. 1991 ; Ruhm 1996) 모두 세금과 사망률 사이의 유의한 관계를 발견하였다. 영과 비엘린스카-콰피츠(Young and Bielinska-Kwapisz 2006)는 이러한 불일치가 알코올의 가격을 나타내는데 단순히 맥주의 세금을 이용하므로 알코올의 평균가격의 추정에 사용하는 도구들의 차이 때문일 수도 있다고 제안하였다. 과세율과 가격 및 교통사고 사망과의 연관성을 연구하는 고급통계모델을 사용한 그들의 결론은 알코올 가격과 교통사고사망 사이에 부정적인 관계가 있음을 보여준다. 다시 말하면 알코올가격이 증가하면 교통사고사망이 감소한다.

그러나 최근의 다른 연구들은 비교적 일관된 결과를 내고 있다. 가격의 영향은 60세 이상 운전자들에게 여전히 중요하였지만 맥칼티(McCarthy 2003)는 18년 간의 캘리포니아 데이터를 사용하여 충돌 사고에 젊은 운전자들이 포함 되어 있을 때 알코올 가격과 더 많이 관련이 있음을 발견하였다. 마찬가지로, 아이젠버그(Eisenberg 2003)는 맥주 세금이 21세 이하 젊은이들과 주말 밤에 발생하는 충돌 사고와 가장 강력하게 연관되어 있는 것을 발견하였다. 포니키 등(Ponicki et al. 2007)은 이 효과가 최소법정음주연령 21세 제도가 도입된 이후 다소 감소되었더라도 1975년과 2001년 사이 미국의 48개 주의 데이터를 검토하여 알코올가격이 청소년 교통사고사망과 크게 관련이 있다는 것을 발견하였다. 미국 이외의 지역에서 아주 작은 연구들이 시도되었으나 캐나다의 애드리안 등(Adrian et al. 2001)과 스페인의 아란즈와 길(Arranz and Gil 2008)은 알코올의 가격과 교통사고 사이에 상당히 부정적인 관계를 발견하였다.

다수의 연구들이 알코올성 음료의 가격 영향이 살인과 강간, 강도, 폭행, 자동차 절도, 가정폭력 및 아동학대 등 다른 범죄에 미치는 영향을 조사하였다(Cook and Moore 1993 ; Markowitz and Grossman 1998 ; Grossman and Markowitz 1999 ; Markowitz 2000 ; Markowitz and Grossman 2000 ; Chaloupka et al. 2002 ; Sen 2006 ; Sivarajasingam et al. 2006). 이러한 연구는 알코올의 가격을 올리는 것이 폭력을 감소시킬 가능성이 있다고 제안한다.

마지막으로, 알코올과세율과 임질의 비율 사이에 상당한 관계가 있음을 발견한 미국에서의 여러 연구들과 더불어 알코올규제와 성병의 연관성을 연구하는 문헌들이 늘고 있다(Chesson et al. 2000 ; Grossman et al. 2004 ; Markowitz et al. 2005). 알코올과세 및 알코올관련폐해 사이의 직접적인 관련에 초점을 맞춘 스물 두 건의 문헌을 리뷰한 결과(Meier et al. 2008b)들은 위에서 설명한 결과의 범위에서 알코올과세가 알코올관련폐해에 명백하게 연관되는 증거가 있다고 결론을 내렸다.

8.11 요 약

이 장에서는 알코올총소비 및 음주관련문제를 억제하는 수단으로써 알코올가격과 세금의 역할을 평가하였다. 선진국과 개발도상국 모두에서 실시되었던 수십 편의 연구들은 알코올가격이 사망률과 범죄 그리고 교통사고 등이 포함된 알코올소비 수준과 관련된 문제에 영향을 미치고 있다는 것을 증명하고 있다. 알코올성 음료의 소비자들은 알코올가격의 변화에 반응하고 있으며, 이러한 증거는 젊은 사람과 과음자 또는 문제음주자들을 포함한 모든 음주자 그룹에 적용된다고 제안한다.

일부 정부들은 알코올문제를 줄이기 위하여 세율과 분리하여 최저판매가격을 설정하거나 할인판매를 제한하는 등 가격에 영향을 미치는 다른 방법을 사용하였다. 다소 제한적이긴 하지만, 그 증거는 가장 저렴한 음료의 최저가격을 높이는 것이 과음주자에게 영향을 미치고 폐해의 비율을 감소시키는데 특히 효과적이라고 제안한다.

집합적 수준에서 이루어진 연구에서는 업소판매점(on-premises)에서 해피타임(happy-hours)의 시간을 제한하거나 금지하는 것이 소비나 폐해에 영향을 미친다는 증거는 매우 적다. 단지 최근에 미리 혼합한 음료(alcopops)의 가격을 인상시킴으로 젊은이들 사이의 알코올관련폐해를 줄이기 위한 시도에 대한 예비 평가가 있을 뿐이다. 미리 혼합한 음료의 가격을 인상하는 것이 이러한 음료의 소비를 줄일 수 있다는 합리적인 증거가 있지만 다른 음료로 대체할 수 있을지에 대한 불확실성은 남아 있다. 미리 혼합한 음료의 가격을 인상시키는 것이 젊은이들 사이에서의 알코올관련폐해의 수준에 영향을 미쳤는지의 여부를 평가하는 연구는 없었다.

가격이 영향을 미칠 수 있는 조치의 명백한 효과에도 불구하고 알코올성 음료의 실제가격은 다른 알코올통제조치가 자유화되거나 완전히 중단된 기간인 지난 수십 년 동안 여러 국가들에서 감소하였다. 이러한 가격 하락에 대한 주요 원인은 인플레이션과 생활표준의 상승과 함께 세금의 수준을 높이지 못한 정부의 실패로 인한 것이다.

반대로, 어떤 경우에는 알코올세금은 국경 밀수 및 수입과 경쟁하기 위하여, 또는 무역 분쟁 결정(제 6장 참조)에 의한 요구에 의해 감소되었다. 따라서 알코올세금은 국가에 대한 직접적인 수익을 창출하고 알코올관련폐해를 줄이기 위해 사용할 수 있는 알코올정책의 매력적인 도구이다. 정부의 수익 기여도를 계산하지 않더라도 선진국과 개발도상국 모두에서 그것은 알코올관련폐해를 줄이기 위한 가장 비용 효과적인 방법 중

하나이다(Chisholm et al. 2004 ; Anderson et al. 2009 ; Collins and Lapsley 2008). 알코올세금 인상에 가장 큰 단점은 특히 불법밀수나 자국 내의 불법알코올제조 같은 잠재적 대안이나 대체의 가능성이 존재할 경우 과세는 매우 민감한 사안이 된다는 점이다. 그러나 주류의 과세와 가격인상의 최종적인 효과는 알코올사용과 관련문제들을 줄이는 데 있다.

제 9 장

알코올의 물리적 접근용이성 규제

제9장

알코올의 물리적 접근용이성 규제

9.1 개 요

이번 장에서는 알코올소비와 문제점들을 줄이기 위한 대안으로써 알코올성 음료의 물리적 접근용이성 제한에 대한 과학적 증거들을 논의하고 있다. 여기서 알코올의 접근용이성이란 소매제품으로서, 그리고 사회적 경로를 통해 얻은 음료로서 모든 취득경로에 대한 고려를 말한다. 일반적으로 접근용이성이란 알코올을 습득하는데 있어서 쉽고 편리함을 뜻한다. 접근용이성 정책들은 알코올 접근이 용이할수록 전체적인 알코올 소비 인구가 증가하고 이는 결과적으로 알코올 문제점들을 증가시킨다는 가정에 근거한다. 법적으로 알코올 접근용이성을 규제하는 것이 세계 여러 나라에서 시행하고 있는 핵심 정책이며(Kortteinen 1989 ; WHO 2004), 알코올 문제점들을 통제하는 수단으로써 오랜 역사를 가지고 있다. 예를 들어 3,800년 전 쓰인 함무라비법전에는 메소포타미아 술집 주인들과 그들의 고객들의 행동을 통제하는 3가지 조항들이 있다(Hammurabi 2000).

알코올성 음료를 얻을 수 있는 소매 시장은 공식 또는 비공식 시장으로 설명될 수 있다. 공식적 알코올시장은 지방이든, 지역적이든, 국가적 차원이든 간에 정부에 의해 규제된다. 알코올성 음료판매에 대한 특별 규제는 건강, 안전 그리고 공공질서에 대한 사회적 관심을 종종 반영한다. 규제에는 영업시간, 영업일수, 소매판매 장소 및 위치, 알코올을 구매하는 사람과 알코올 광고 및 홍보에 관한 일반적인 제한들이 포함된다(12장에서 자세히 논의됨). 비공식적 시장들은 정부 규제가 미치지 않는 사회적 그리고 상업적 네트워크들, 예를 들어 가정에서의 알코올 제조와 분배 및 판매 등을 통해 대부분 알코올을 제공한다. 비공식 알코올시장의 중요성이 유럽에서 부각되고 있으나 대부분 선진국에서의 비공식 알코올시장은 전체 음주 소비량에서 상대적으로 작은 부분을 차지한다(Leifman 2001 ; Moskalewicz 2000). 이러한 비공식 소매 시장들은 일부 개발 도상국가들에서 매우 중요하며 전체 소비의 90%를 차지하고 있다(Room et al. 2002).

알코올의 사회적 접근용이성은 지인, 친구, 친척 또는 낯선 사람 등을 포함한 비상업적 사회적 네트워크를 통한 접근을 뜻한다. 영국에서 만 명 이상의 법적 음주 연령 미만인 학생들을 대상으로 한 연구에서 나타났듯이 알코올의 사회적 공급은 미성년자들에게 매우 중요한 부분일 수 있다. 이 연구에 따르면 미성년자들은 상업매장 뿐 아니라 가족이나 낯선 사람 등의 어른이나 나이 많은 형제들, 친구 등을 통해 알코올을 얻는 경향이 있다고 한다(Bellis et al. 2007). 비록 알코올의 사회적 공급이 음주자에게 직접적 비용을 수반하게 하지 않더라도, 이것이 항상 적용되는 것은 아니다. 예를 들면, 성인들은 미성년자들에게 알코올을 구입하도록 요금을 부과하거나 알코올이 허용된 파티의 입장료를 부과할 수 있다. 전반적으로, 어린 미성년 음주자들은 대부분 사회적 공급을 통해 알코올을 구하며, 이런 넓고 다양한 출처를 이용하는데 능숙하다(Dent et al, 2005 ; Hearst et al, 2007 ; Paschall et al, 2007 ; Rossow et al. 2005). 알코올의 상업적 접근이 어려워질수록, 사회적 공급은 상대적으로 점점 더 중요할 수 있다(Paschall et al. 2007 ; Treno et al. 2008).

알코올 접근을 줄이기 위한 방안들이 성공적이기 위해서는 상업적, 사회적 두 가지 모든 면에서, 특히 미성년자들에게 있어서 알코올의 접근용이성을 규제할 수 있어야 한다.

9.1.1 왜 접근용이성이 중요한가?

접근용이성 규제는 알코올을 구입하는데 연관된 경제적, 기회비용들을 증가시킴으로써 음주 문제들과 알코올소비를 감소시키려는 예방적 노력이다(Chaloupka et al. 2002). 이러한 접근법들은 가격(8장 참조), 장소와 시간규제, 소비자가 알코올을 구매할 수 있는 상황 등에 주력한다(Gruenewald 2007). 이러한 정책들의 목적은 음주하는 인구를 전반적으로 줄임으로써 음주관련문제들을 줄이는 데 있다. 일반적으로 이 연구는 알코올을 상업적 또는 사회적 공급을 통해 손쉽게 구할 수 있을 때 알코올소비와 이에 연관된 문제들이 증가한다는 것을 강하게 보여주고 있다.

반대로 접근용이성을 규제할 때 알코올소비와 문제점들은 줄어든다(e.g. Cook 2007 ; Grube in press ; Anderson and Baumberg 2006). 알코올 접근용이성은 많은 나라에서 알코올금지법이 통과되면서 20세기 초반에 세계적으로 상당한 관심을 얻었다. 유럽연합에서 발생한 것과 같이, 최근 몇 년 동안에 비슷한 알코올 무역정책을 세우려는 맥락에서 알코올의 소매 접근용이성에 대한 규제강화 또는 완화에 대한 타당성을 놓고 많은 나라들에서 상당히 공론화되고 있다(6장 참조).

물론 알코올 접근을 규제하는 정책에는 전 세계적으로는 큰 차이점이 있다. 많은 나라들은 소매 판매의 적어도 일부 형태에 대해 독점권들을 가지고 있다. 예를 들어, 북미의 많은 캐나다 지방들과 미국 일부 주에서는 증류주와 때로는 와인에 독점을 행사하고 있다. 스웨덴은 소매독점제를 실시하고 있는데, 이는 영업시간과 상 점수를 제한함으로써 접근용이성을 규제하려는 의도이다. 많은 이슬람 국가들에서는 알코올을 전면금지하고 있다. 이와는 대조적으로, 여러 개발도상국에서는 알코올 접근용이성과 알코올시장이 대부분 규제되고 있지 않아 우려가 된다(Pinsky and Laranjeira 2007).

9.2 소매 접근용이성의 변화

알코올 접근용이성은 판매시간이나 영업일수의 제한, 소매상점의 수, 위치 및 형태의 통제 등의 방법으로 부분 또는 전면금지를 통하여 변화되어 왔다. 이러한 접근법은 공급 감소가 알코올의 전체 지불비용을 증가시켜 알코올소비를 감소시킨다는 가정에 근거한다(Chaloupka et al. 2002). 즉 알코올 접근용이성이 감소할수록 소비자 편의비용은 증가하며 그 반대의 경우는 지불비용이 증가한다. 따라서 물리적 접근용이성은 알코올성 음료의 공급 뿐 아니라 소비자의 수요에도 영향을 준다.

9.2.1 전면 또는 부분 금지

오늘날 알코올판매 전면금지법이 전 지역에서 시행되고 있는 나라를 찾는 것은 쉽지 않다. 현대 국가들 중 전면금지법을 시행하고 있는 나라는 사우디아라비아와 이란 같은 이슬람 국가들 뿐이다. 파키스탄처럼 이슬람교도가 대다수인 국가들은 비이슬람교도들에게는 알코올 구매를 허용하고 있다. 그러나 인도네시아 같은 국가들은 이슬람교도에게도 알코올을 허용한다.

현재의 금지법은 흔히 지방 관할권 영역에서 이루어지는 형태로 시행된다. 예를 들어, 구자랏(Gujarat)이라는 인도의 어떤 한 주에서는 1947년 이래로 알코올을 금지하고 있으며, 다른 주들도 짧은 기간 동안 이에 동참하고 있다. 지정된 지역에서 살고 있는 캐나다와 미국의 많은 원주민들은 그들의 보호구역 내에서 전면금지법을 실행하고 있다. 호주의 원주민들도 부분 또는 전면 알코올금지법을 적용하고 있다(d'Abbs and

Togni 2000 ; Chikritzhs et al. 2007).

비록 금지법이 알코올 접근용이성을 없애는데 완전히 효과적이지는 않더라도 알코올 생산과 판매에 대한 전면금지법이 알코올관련문제들을 줄일 수 있다는 사실은 북미와 북유럽 국가들(e.g.Paulson 1973)의 금지법 실시 기간 동안에 나타난 분명한 역사적 평가이다.

많은 지역에서 금지법이 시행되고 있는 인도에서 실시된 연구에 의하면 전면금지법이 도입되었을 때 전체적인 알코올소비가 상당히 감소되었고 현지 증류주인 아락(arrack) 금지법은 아락 소비를 76%까지 감소시켰다고 한다(Rahman 2002). 즉, 전면금지법이 알코올소비와 관련 문제들을 줄인다는 사실은 분명하다. 그러나 알코올 수요가 많은 곳은 불법 운영자에 의해 일부 채워질 수 있다. 불법시장과 관련하여 많은 폭력범죄들이 생겨날 수 있으며, 이는 조직화된 범죄(Johansen 1994 ; Osterberg and Haavisto 1997)처럼 원치 않은 결과들뿐 아니라, 한 연구에 의하면(Jensen 2000) 미국의 금주법이 알코올소비를 감소시킨 한편 살인율 증가와 관련이 있었다.

금지법은 알코올이 전혀 없는 '무알코올지역(dry area)'으로 알코올 수입이 효과적으로 통제될 수 있는 외딴 지역에서 더 쉽게 시행될 수 있다. 이러한 전면통제들은 특히 심각한 알코올문제들을 가지고 있는 섬이나 고립된 마을, 지역공동체에서 종종 시행되어 왔다(Brady 2000). 예를 들어, 알라스카의 작은 마을 배로우(Barrow)에서 알코올 소지나 수입을 금지했을 때, 알코올관련원인으로 병원을 찾는 외래환자의 수는 급격하게 줄어들었다. 후에 금지법이 해제되었을 때 외래환자 비율이 예전 수준으로 되돌아갔지만, 금지법을 재시행하자 다시 줄어들었다(Chiu et al. 1997).

알코올 전면금지법은 호주의 일부 외딴 지역공동체에서도 또한 실행되었는데 이로 인해 알코올관련문제점들이 감소되었다(Chikritzhs et al. 2007). 부분적 알코올금지법은 호주의 외딴 지역공동체들에서 전면금지법의 대안으로써 종종 사용되어 왔다. 이 금지법들은 전통적으로 저렴한 큰 통 와인의 판매를 규제하며 최저가격정책으로 실효적으로 작용한다. 이 금지법 실행에서 그 다음으로 저렴한 알코올성 음료 형태인 강화와인(fortified wine) 등으로 대체 소비가 많이 이루어졌지만, 알코올관련폐해가 일부 감소되었다(Chikritzhs et al. 2007 ; d'Abbs and Togni 2000).

외딴 지역공동체들에 대한 규제는 알코올과 관련하여 넓게 퍼진 공동체 내의 관심에 따라 다양한 프로그램의 일부분으로써 종종 시행되어 왔다. 이러한 규제들은 지역공동체의 완전한 지원과 함께 시행될 때 가장 성공적이다(Brady 2000 ; d'Abbs and Togni 2000). 그러나 이러한 전면 그리고 부분 금지법들이 종종 포괄적인 지역 프로그램들의 일부로 시행되었기 때문에 관찰된 알코올소비와 문제 감소가 이러한 규제들의 시행 덕분인지 아닌지 측정하기 매우 어렵다.

대부분 선진국들에서는 전면금지법이 설사 알코올문제를 줄이는 가능성이 있다 하더라도 정치적으로 용납되기 어렵다. 그러나 이 후에 자세히 설명되는 것처럼, 어린 아이들이나 청소년 같은 특정집단에게 혹은 경기관람 등 특정 환경에서 알코올판매금지는 효과적인 제도로 입증되었다. 특정 환경에서 시행된 일시적으로 부분 금지된 사례들이 [박스 9.1]에 소개되어 있다.

[박스 9.1] 폐해감소수단으로서 알코올 부분 금지법

2007년 9월 웨스턴 오스트레일리아에 있는 피츠로이 크로싱(Fitzroy Crossing)이라는 작은 지역에서 2.7% 이상의 알코올을 함유하는 모든 음료의 테이크아웃 판매가 금지되었다. 규제 전 피츠로이 크로싱(Fitzroy Crossing) 지역은 알코올관련문제가 매우 심각하였으므로 주민공동체는 알코올 규제 운동을 강력히 펼쳤다. 이 규제들에 대한 평가에 따르면 금지법이 진행된 몇 개월 후 주류소매점의 알코올판매가 88%까지 하락하였다. 알코올의 판매 하락과 함께 지역 폭력사건이 28% 감소하였으며 응급실 내원이 48%까지 하락하였다. 질적인 분석과 양적인 분석을 통해 인근 다른 지역에서의 알코올문제가 주목할 만큼 증가하지 않았으며, 술을 마시기 위해 주민들의 다른 지역으로 이동한 증거도 거의 발견되지 않았다(Henderson-Yates et al. 2008).

9.2.2 알코올 소매판매점 규제

알코올성 음료는 두 가지 방법으로 판매가 된다. 술집, 카페 또는 음식점 같은 상점 내에서 소비되거나 다른 곳에서 소비하기 위해 편의점, 주류판매점, 슈퍼마켓 같은 곳에서 구입하는 경우이다. 잘 발달된 알코올시장에서는 업소판매점(on-premises)과 소매판매점(off-premises)의 판매경로로 알코올을 판매하는데, 일반적으로 면허제도와 알코올판매법을 통해 이들을 규제하고 있다. 이러한 법과 정책들에는 판매자와 구매자의 주체, 미성년자와 취객들에 대한 판매금지, 구매 한계량과 판매량 등의 판매조건, 거래일수나 시간 등을 자세히 명시하고 있다. 업소들의 판매규제는 구매하는 동안과 후에 발생될 일 모두에 영향을 미칠 수 있다(10장 참조).

이들 규제에는 알코올의 도수와 전체 함량을 명시하고, 알코올 할인행사는 허용되지 않으며, 음료서비스의 책임에 대한 서비스 교육을 직원들로 하여금 받게 하는 등의 내용도 포함되어 있다. 규제나 면허조건들은 음식 서비스, 오락의 가용성과 다른 알코올과 관련 없는 것들에 대한 것도 포함할 수 있으며 술집 또는 레스토랑의 디자인과 가구의 설비까지도 규제할 수 있다.

소매판매점에서의 주류 판매는 음주행동에 거의 영향을 미치지는 않지만 알코올의 형태, 강도, 포장 그리고 가격 등을 통제함으로써 소비에 영향을 줄 수 있다. 소매판매점(outlets)의 위치를 규제하는 것도 알코올문제의 영향을 줄 수 있다. 예를 들어, 브라질의 한 연구는 주요 고속도로에 인접한 소매판매점에서의 알코올판매금지가 교통사고 상해율에 끼치는 영향을 발견하였다(Room et al. 2002). 여러 다른 형태의 직매점들의 위치와 수는 지역의 계획적인 제도 또는 주류판매면허를 통해서도 통제될 수 있다.

9.2.3 소매점의 밀도

알코올을 판매할 수 있는 장소의 수적인 규제는 소비를 제한함으로써 알코올관련 문제들을 줄이기 위한 방법으로 광범위하게 사용되어 왔다. 일반적으로 이는 공식적인 법률 제한 또는 개별적 주류허가제 결정 등을 통하여 생겨난 제약들과 함께 국가 주류판매허가기구들을 이용하며 이루어져 왔다.

세계 여러 곳에서 이런 종류의 제약들이 점점 더 많이 반 경쟁적 행위로 간주되고 있으며, 많은 나라에서 주류면허 사전심사법을 완화하고 있다. 그 결과 소매점의 수가 상당이 증가하였다(e.g. Marsden Jacob Associates 2005). 주류판매점 수에 대한 상당한 변화가 알코올소비와 관련 폐해에 큰 영향을 미친다는 분명한 증거가 있다. 가장 분명한 증거는 법적 변화로 알코올을 구매할 수 있는 장소의 수에 주요 변화가 나타날 때, 자연적 실험(natural experiments)을 통해 일반적으로 나타난다. 예를 들어, 식품점에서의 알코올성 음료판매가 가능하게 된 것과 같은 변화들은 한 가지 또는 여러 형태의 알코올성 음료판매가 극소수로 제한된 국가의 독점판매점에서 식품점과 같은 많은 개인 판매점들로 이동되었을 때 대부분 발생했으며 그 반대 경우도 마찬가지이다.

그동안 진행 중인 주류면허규제의 완화를 통해 발생된 알코올소비와 관련된 폐해 등에 주류소매점 밀도의 점진적인 변화들이 주는 영향에 대해 최근 몇 년 동안 점점 더 많은 연구들이 진행되고 있다. 주류소매점 밀도의 점진적 변화와 특히 폭력과 같은 알코올관련문제들의 연관성을 보여주는 연구결과들이 많이 있다. 노르웨이의 한 연구는 35년 동안의 업소판매점(on-premise)의 밀도 변화가 1인당 알코올소비가 통제된 시기와의 폭행률 변화에서 큰 차이가 있었음을 보여준다(Norstrom 2000).

최근에 많은 연구들이 더 짧은 기간과 작은 지리적 단위를 사용한 횡단면 시계열 분석을 통해 주류소매점의 밀도와 폭력률이 서로 깊은 연관이 있음을 발견하고 있다

(Gruenewald and Remer 2006, Livingston 2008). 1992년 폭동 후 LA 일부 지역에서의 주류소매점들의 급격한 감소에 대한 연구결과는 인구를 표준화하였을 때 소매점의 수가 10% 감소할 때 마다 폭력사건(assault)이 2.6%씩 감소했음을 보여준다(Yu et al. 2008). 이와 연관된 또 다른 연구는 소매점들이 폐업한 곳의 임질 유병률이 크게 줄어들었음을 발견하였다(Cohen et al. 2006).

캘리포니아의 한 종단 연구(Freisthler and Weiss 2008)에 따르면 알코올소매점 밀도가 클수록 아동학대률도 높았으며, 연간 주류소매점 수의 변화에 따라 지역수준 아동 보호 위탁수가 크게 변했음을 발견하였다. 그 밖의 여러 연구들도 소매점 밀도, 음주운전(Gruenewald et al. 2002 ; Treno et al. 2003), 교통사고(Scribner et al. 1994)와 보행자 상행사고(LaScala et al. 2001) 사이에 상당한 상관관계가 있음을 발견하였다. 그러나 소매점 밀도가 음주운전에 주는 영향은 그다지 크지는 않는 것 같다.

최근 한 종단(longitudinal) 연구 분석은 소매판매점(off-premise) 밀도가 10% 증가할 때 알코올관련 사망자수가 0.9% 증가한다고 보고하였다(Treno et al. 2007). 전반적으로 소매점 밀도와 알코올관련폐해 사이의 연관성에 대한 결과는 상당히 일관적이다. 점점 더 많은 연구들이 주류소매점 밀도가 높은 지역일수록 알코올관련문제 발생률이 높다는 것을 보여주고 있다(see Livingston et al. 2007 ; Gruenewald 2007 ; and Stockwell and Gruenewald 2004 for reviews).

알코올소비와 소매점 밀도의 관계에 대한 연구들은 다소 일관적이지 않다. 예를 들어 스크립널 등(Scribner et al. 2000)과 트렁과 스텀(Truong and Sturm 2007, 2009)은 인구조사 수준(census tract level)에서 소매점 밀도와 소비가 서로 양의 상관관계에 있음을 발견한 반면, 폴락 등(Pollack et al. 2005)과 아베이 등(Abbey et al. 1993)은 아무런 상관이 없음을 발견하였다. 갓프레이(Godfrey 1988)는 25년 동안 영국의 알코올 판매허용면허와 수요를 조사한 결과 소매점 수의 증가가 더 많은 맥주소비를 야기하며 면허 수와 맥주(와인이나 증류주 제외)에 대한 수요가 서로 상관이 있음을 발견하였다. 캐나다에서는 트롤달(Trolldal 2005c)이 4개의 지방에서 시계열 분석을 실시한 결과 증류주 판매점 수가 증가할수록 증류주 소비는 상당이 늘었지만 직매점 밀도가 와인과 맥주 소비에 미치는 영향에 대해서는 별 근거를 찾지 못하였다.

그류네월드와 동료들(Gruenewald 1993, 2000)은 소매점 밀도들의 점진적인 변화를 조사하기 위해 횡단적 시계열 모형을 사용해왔다. 1993년 초기 연구에서 10년 동안 소매점 밀도와 소비 사이의 관계를 연구하기 위해 38개 주에서 수집한 자료를 사용하였다. 연구에서 소매점 밀도와 지리적 분포에 상당한 영향들을 찾아내며 소매점의 수가 알코올판매와 관련이 있음을 시사했다. 5년에 걸쳐 거주 지역에서 수집된 음주에 대한 자기보고 자료를 이용한 2000년 후속연구(Gruenewald et al. 2000)에서는 소매점 밀도와 음주 행위 사이에 아무런 관계도 발견하지 못하였다.

캘리포니아 젊은이들 사이의 알코올소비량과 인식된 알코올 접근용이성, 둘 다 모두 알코올소매점 밀도와 관련이 있었다(Treno et al. 2008). 청장년들의 과음률이 소매점 밀도와 관련이 있음을 보여주는 유력한 증거들이 있다(Chaloupka and Weschler 1996 ; Livingston et al. 2008 ; Weitzman et al. 2003 ; Huckle et al. 2008 ; Kypri et al. 2008 ; Scribner et al. 2008).

위에서 언급한 것 같이, 알코올소매점 밀도의 점진적 변화는 특히 젊은 음주자들의 알코올소비량과 관련이 있다. 이 관계에 대한 정확한 기전은 확실하진 않지만 알코올소매점 밀도가 폭력과 상관이 있음을 나타내는 더 주목할 만한 근거가 있다. 그러나 여러 소비분석들의 혼합된 결과들은 알코올소비량의 필연적인 증가 없이도, 소매점 밀도가 폭력률에 영향을 줄 수 있음을 보여준다.

여러 가지 해석이 이러한 발견들을 설명하기 위해 제시되었다. 그류네월드(Gruenewald 2007~2008)는 높은 소매점 밀도가 폭력적 성향을 보이는 고객들을 끌어들이는 틈새 시설들(niche establishments)의 출현을 허용하고, 이는 폭력 사건을 접할 확률을 증가시킨다고 제시한다.

일상활동이론(Smith et al. 2000 ; Parker 2004 ; Roncek and Maier 1991)은 소매점 밀도가 폭력에 기여하는 역할 중 하나는 폭력 피해자나 가해자가 될 수 있는 많은 사람들, 특히 젊고 술취한 남자들을 한 곳에 모여들게 한다는 것이다. 소매점 밀도와 폭력 관계에 대한 이러한 해석들은 소매점 밀도 조절에 목적을 둔 정책들에 중요한 의미를 부여한다. 위 해석들은 유흥지역에서의 알코올소매점들의 밀집된 군집은 틈새 환경이나 음주자들 간의 상호작용의 기회를 증가시키고 이는 곧 폭력 사건 발생률을 증가시키기 때문에 특히 문제가 될 수 있다고 분명히 제안하고 있다. 이러한 유흥지역들은 종종 많은 수의 음주자들을 밤새 이 업소 저 업소 등으로 이동시키며 알코올관련 폭력 가능성을 증가시킨다. 고밀도 유흥지역에서의 업소 군집은 점점 보편화되고 있다. 해드피들(Hadfiedl 2006)은 다른 허가 받은 주류 업소들과 가까운 위치에 있는 술집 속성인 군집(bunching)의 상업적 가치는 이런 음주 군집에서 멀리 떨어진 술집들에 비해 두 배나 높다고 기록하고 있다. 호주와 영국 정부는 특정 지역들에 추가적인 허가를 제한함으로써 업소 군집(clustered premises)의 영향을 감소하기 위해 시도해오고 있으나 이러한 정책 변화들에 대한 평가는 아직 이루어지지 않았다.

요약하면, 주류소매점의 밀도와 알코올관련문제들, 특히 폭력이 서로 관련이 있다는 것에는 상당히 강력한 증거가 있지만 주류소매점 밀도와 알코올소비 사이의 관계를 뒷받침하는 증거는 혼합적이다.

9.2.4 영업시간과 영업일수의 규제

알코올판매 일수와 시간에 대한 규제는 알코올 구매기회를 감소시킨다. 이러한 규제들이 알코올관련문제들을 줄이기 위한 흔한 전략으로 사용되어 왔음에도 불구하고, 최근 여러 국가들에서는 판매 일수와 시간을 자유화하는 추세이다(Drummond 2000 ; Stockwell and Chikritzhs 2009).

알코올 접근용이성 규제가 알코올관련문제들을 방지하거나 감소시킨다는 증거가 많이 나타나면서 이러한 추세가 동시에 나타났다(e.g., Drummond 2000 ; Stockwell and Chikritzhs 2009).

영업시간 변화에 따른 영향에 대한 최신 보고서는 다양한 연구 디자인을 가지고 40년간 8개의 나라에서 진행된 48개 연구물 등 많이 있다(Stockwell and Chikritzhs 2009). 그러나 이 연구들 중 단지 14개만 동료심사저널에 출판되었고, 사전조사와 통제집단을 가지고 있다. 이 연구들의 대다수(79%)가 영업시간의 변화가 적어도 하나 이상의 성과에 영향을 미쳤음을 발견하였다. 음주가 일어나는 시간과 매우 밀접한 연관성이 있는 급성폐해는 변화가능성이 매우 높았으나, 간경화와 같은 만성적인 문제들은 단기간에 영향을 받는다고 보기 어렵다. 통제된 연구들(controlled studies)에 근거한 이 연구는 영업시간 변화가 알코올관련폐해 변화와 관련이 있을 것이라는 기대를 지지해 준다고 연구자들은 결론짓는다.

더욱 향상된 통계적 수단과 적절한 통제들을 사용한 최근 연구들은 늦은 밤 시간의 영업의 증가에 대한 영향을 일반적으로 조사해 오고 있다. 예를 들어 치크릿즈와 스톡웰(Chikritzhs and Stockwell 2002, 2006, 2007)은 웨스턴 오스트레일리아 호텔들의 자정에서 새벽 1시까지로의 영업 마감시간 연장에 대해 연구하였다. 그들은 폭행과 제 기능을 수행하지 못한 운전자에 의하여 발생한 도로교통사고의 유의적인 증가가 연장된 영업시간과 관련이 있음을 발견하였다. 이 연구는 또한 연장된 영업시간동안 체포된 18세에서 25세 사이의 남자 운전자들의 혈중알코올농도 수준이 증가했다고 보고하였다. 반면 검사를 위해 멈춘 여자 운전자들의 혈중알코올농도는 낮았다.

캐나다와 아이슬랜드의 최근 연구들은 늦은 밤 영업시간 연장은 알코올관련문제들과 연관이 있음을 보여준다. 빈길리스 등(Vingilis et al. 2005, 2007)은 다양한 자료를 이용하여 온타리오 지방에서의 새벽 1시에서 2시까지의 영업시간 연장을 조사하였는데 그 지역 내 오토바이 사고 손상에는 아무런 영향이 발견되지 않았으나 다른 사고에 따른 손상(폭행과 낙상관련 손상들)이 상당히 증가하였음을 발견하였다. 라그날스도틸 등(Ragnarsdottir et al. 2002)은 레이크야빅(Reykjavik)에서 상대적으로 이른 영업 마감시간(주중 : 밤 11시 30분, 주말 : 새벽 2시)을 유지한 이전 정책과 자유영업시간으로의 변화된 현재의 정책으로 인한 변화를 비교하기 위해 간단한 사전 사후 평가를 실시하였다. 연장된 영업시간은 부상자, 경찰 업무, 그리고 음주운전의 상당한 증가와 관련이 있었다. 이러한 사건들은 장시간에 걸쳐 분포되어 발생되었으므로 주말 새벽 2시의 경찰과 응급실 의료종사자들의 피크 수요는 상대적으로 낮아졌다.

다른 연구들은 영국 영업시간들의 변화에 대해 평가하였다. 1976년 스코틀랜드의 영업시간 규제 자유화에 대한 초기 연구들은 혼합된 결과들을 보여준다. 1986년과 1996년에 발표된 두 개의 연구는 간경화, 알코올의존, 전체 알코올관련 사망, 알코올성 췌장질환 그리고 한 시간의 영업시간 연장만으로 예상된 병원 입원 등과 같은 만성적인 질병들의 증가가 없었다(Duffy and Plant 1986 ; Duffy and Pinot de Moira 1996). 듀피와 피놋 데 모이라(Duffy and Pinot de Moira 1996)는 급성폐해와 같은 알코올 급성중독이 크게 증가하였음을 발견했으며 이는 기존의 연구결과를 뒷받침해 준다(Northbridge et al. 1986).

24시간 영업을 허용하는 영국 주류 면허법(licensing laws)의 가장 최근의 변화는 2005년 말에 일어났다. 새 법안(Hadfield 2006) 전에 발생된 영업이 확장된 점과 상대적으로 제한되었던 주류소매점의 영업시간이 연장된 점으로 인해 이러한 변화에 대한 평가가 쉽지 않다(Hough and Hunter 2008). 런던의 어떤 응급실에 대해 조사한 한 연구는 이러한 법안의 변화와 연관하여 알코올관련 응급사건의 수가 늘어났다고 밝혔다(Newton et al. 2007). 영국의 홈 오피스(Babb 2007)를 위해 만들어진 보고서는 이 법안 변화 전 후 12개월을 비교하였다. 이 연구는 폭력, 범죄 피해와 성희롱 사건에 대한 전반적인 발생 수가 오후 6시와 오전 6시 사이(일반적인 저녁 음주시간)에는 불과 1%만 증가하였으나, 오전 3시와 6시 사이(일반적인 과음시간)에는 25%가 증가하였다고 발표했다. 위의 두 가지 증가는 관련사건이 영국 전체적으로 1% 하락하고 심각한 폭력 범죄가 5%로 하락하고 있는 동안 발생되었다는 점을 주목할 필요가 있다.

호와 헌터(Hough and Hunter 2008)에 의한 평가는 밤 시간대 일어나는 사건의 비슷한 증가를 발견했으나 연장된 영업시간이 범죄에 아무런 영향을 미치지 않는다고 결론지었다. 지난 2년 동안 아마 다른 여러 가지 이유들로 이런 사건들이 전반적으로 하락하는 경향을 보였지만 밤 시간대 사건은 이러한 전체적인 하락 추세에 반하여 증가하였기 때문에 매우 놀랍다. 일반적으로 단지 늦어진 영업시간 때문에 전체적으로 범죄가 증가할 것이라고 예측하지는 않을 것이다. 이러한 평가들은 단지 1년의 사후개입 자료를 근거로 대부분 이루어졌음을 인지하고 약간의 주의를 가지고 해석해야만 한다. 최근 영국에서의 변화는 대부분 다른 행정구역에서 보여준 것 보다는 명백한 그림을 덜 보여주지만, 평가에서는 영업시간 증가에 따른 알코올관련 급성질환들의 증가율을 보여준다.

대부분의 연구들이 영업시간 증가에 따른 결과를 평가해 온 반면 브라질에서의 한 연구는 판매시간의 규제가 어떻게 알코올관련폐해에 영향을 끼치는지 조사하였다(Duailibi et al. 2007). 브라질 상파울로 근처에 위치한 산업도시인 디아데마(Diadema)의 새로운 법은 모든 주류 업소에서 밤 11시에 영업을 마치도록 명하였다. 이 법안 전에는 대부분의 업소들이 하루 24시간 영업을 하였다. 이 연구는 이 규제가 실행된 후 살인 사건이 한 달에 약 9건 정도 감소하였음을 발견하였다. [박스 9.2]는 판매 규제들이 알코올관련문제의 비율에 어떻게 영향을 미쳤는지 또 다른 사례를 보여준다.

[박스 9.2] '아이들에게 먼저 먹여라' : 텐난츠 계곡(Tennant's Creek)의 목요일 금주의 영향

호주의 오지 지역인 텐난츠 계곡(Tennant's Creek)에서의 주민공동체는 오랜 기간 동안의 캠페인 활동을 통해 마침내 월급날 지역주점 운영과 주류소매점(off-premise)에서의 알코올판매를 금지시키는데 성공하였다. 목요일마다 주류소매점(off-premise)에서의 알코올판매가 금지되었고, 다른 날에는 데이크 아웃 판매가 정오에서 밤 9시로 제한되었다. 더해서 바(bar)는 목요일과 금요일 정오까지 오전 중 영업이 금지되었다. 이 변화의 효과는 구속건수, 입원건수 및 여성쉼터 가입 수 감소뿐 아니라, 2년에 걸쳐 음주율이 19.4% 감소한 것이다. D'Abbs와 Togni(2000)는 또한 규제의 엄격한 첫 단계에서 여성 쉼터 입소가 46% 감소하였고 알코올관련 입원이 34% 감소하였음을 발견하였다. 영업 폐점 시간 규제에 대한 효과는 가격상승과 다른 중재들로 혼동되었을 수도 있지만, 이 사례는 알코올의 접근용이성을 통제하기 위한 집중된 노력들이 알코올관련문제들을 크게 줄일 수 있음을 시사하고 있다.

매일의 영업시간 변화와 함께 다른 정책변화들은 전체 영업일수를 추가 또는 감소시켜왔다. 노르스트롬과 스코그(Norstrom and Skog 2005)는 2001년 스웨덴의 토요일 판매 금지 해제 후 전체 알코올소비량이 3.7% 증가하였음을 발견하였으나, 음주운전이나 폭행 지수에 대한 중대한 영향은 발견하지 못하였다. 뉴멕시코 주에 주류소매판매점(off-premise)의 일요일 판매금지법 해제에 대한 미국의 한 연구(McMillan and

Lapham 2006)는 1일 알코올관련 교통사고율이 29% 증가하였고 일요일의 알코올관련 교통사고로 인한 사망자수가 42% 증가하였다고 기록하고 있다. 이 정책은 원하는 경우 이 금지법을 다시 회복하기 위해 각 주에 의해서 지방 선거에 이용되고 있다.

일요일 판매를 계속하는 일부 지역과 금지법을 복귀시킨 지역들을 대상으로 자연적 실험이 가능하다. 맥밀란 등(McMillan et al. 2007)은 금지법을 복귀시킨 지역들에서는 알코올과 관련된 충돌 횟수의 감소가 뒤이어 일어났으며, 이러한 결과는 노령인구가 많은 지역들에 더 큰 혜택이 되었다. 이 연구는 관할 기관이 이런 규제를 변경할 수 있도록 허용한 지역선택법안을 통과시키는 것은 그 지역의 알코올관련 교통사고를 감소시킬 뿐만 아니라 주변의 다른 지역들에게도 긍정적인 영향을 줄 것이라고 결론짓고 있다. 청소년층에 초점을 둔 연구들 중 하나(Baker et al. 2000)는 멕시코 연방선거를 이유로 금요일 자정부터 월요일 오전 10시까지 알코올을 일시 판매금지한 조치가 미국 젊은이들의 멕시코 국경을 건너서 마시는 음주를 감소시켰음을 확인하였다. 특히 금요일 밤 조기영업 마감은 혈중알코올농도(BAC) 0.08% 또는 그 이상의 위반자를 34% 감소시켰다(Baker et al. 2000). 이와 비슷한 연구로, 보아즈(Voas et al 2002) 등은 멕시코 요아레즈(Juarez)의 바 마감시간이 새벽 5시에서 새벽 2시로 변경된 후 혈중알코올농도(BAC) 0.08% 또는 그 이상인 상태로 새벽 3시 또는 더 늦은 시간으로 요아레즈(Juarez)에서 되돌아오는 젊은 미국인 보행자들의 수가 89%까지 감소되었음을 발견했다. 중요한 것은 판매시간에 대한 규제가 과음주자 뿐 아니라 가벼운 음주자들에게도 영향을 미치는 것으로 보인다. 북유럽 국가들에서 시행된 몇몇 연구들은 토요일 휴무가 과음주자들과 취약계층이 더 큰 영향을 받고 있는 것으로 분석하였다(Mäkelä et al. 2002). 1984년 노르웨이의 토요일 휴무로 인한 폭력범죄 감소는 이러한 일시적 비가용성 정책에 가장 영향을 받는 사람들이 가정내 폭력과 파괴적인 만취상태에 연루될 가능성이 큰 사람들이라고 제시하였다(Nordlund 1985). 마찬가지로 스미스(Smith 1986a)는 연장된 영업시간의 술집 손님들은 특히 과음주자 부류에 속하며 따라서 이러한 음주자 부류가 정책에 영향을 받을 가능성이 가장 큰 사실을 보여주고 있다.

요약하자면, 영업일수와 시간에 대한 변화가 알코올소비량과 알코올관련문제 발생률에 상당한 영향을 끼친다는 강력하고 합리적이며 일관적인 증거들이 여러 국가들에서 존재한다. 영업일수와 시간이 연장될 때 소비량과 폐해는 증가하며, 그 반대인 경우는 소비량과 폐해가 감소한다. 이에 대한 증거는 호주, 브라질, 캐나다, 북유럽 국가들 그리고 미국에서 시행된 여러 연구들에서 찾아볼 수 있다. 소수의 연구들은 영업시간 제한이 특별히 과도한 음주자들에게 영향을 준다고 제시한다. 이러한 증거의 결과는 판매 일수와 시간에 대한 규제가 알코올관련폐해를 관리하는데 중요한 정책 수단이라고 제안한다. 판매 일수와 시간 증가는 소비량과 알코올 폐해(주로 급성폐해) 증가와 일반적으로 관련이 있으며 판매시간 감소나 판매일 금지에 관한 연구들은 알코올관련문제들을 감소시킨다.

9.2.5 정부의 소매독점

많은 나라에서 사용되고 있는 알코올판매 규제들 중 하나는 정부가 하나 또는 그 이상의 소매점 형태의 소유권을 독점하는 것이다. 알코올판매점의 정부 소유권에 대한 생각은 공공질서 또는 공중 보건의 이익을 위해서 19세기에 일어났다. 고텐버그 시스템(Gothenburg system)으로 알려진 초기 형태는 시 소유 선술집으로, 이는 후에 스웨덴의 주류소매점(off-premise) 독점의 기반이 되었다. 독점 시스템은 영국과 호주 일부 지역에서 한번쯤은 시행되었으며, 세계 15개국 뿐 아니라 미국 일부 지역 그리고 캐나다의 대부분 지역에서 여전이 시행되고 있다(WHO 2004). 아이슬란드, 노르웨이, 스웨덴 그리고 핀란드에서는 20세기 초기 때부터 알코올에 대한 생산 판매 그리고 분배에 상당한 권한을 행사하며 정부독점시스템을 시행하고 있다. 1995년 스웨덴과 핀란드의 유럽연합 회원가입과 아이슬란드와 노르웨이의 유럽연합과의 특별한 조약관계는 위 4개국 모두가 소매판매점의 독점 시스템을 유지하고 있음에도 불구하고(Cisneros Ornberg and Olafsdottir 2008), 이들의 통합독점시스템을 상당이 약화시켰다(Holder et al. 1998). 국가 독점은 인도의 많은 지역들 뿐 아니라 동유럽(예, 러시아), 남아프리카 그리고 코스타리카에서도 시행되고 있다.

알코올판매 독과점은 알코올소비량에 여러 가지 방법으로 영향을 미칠 수 있다. 예를 들어 판매점 수를 제한하고 판매 시간을 제한하며 매출 증가에 대한 사적인 이익의 동기를 제거하는 방법 등이다. 소매판매점 독점시스템이 알코올 섭취와 관련 문제들을 줄이며, 이 시스템의 해제가 전체 알코올소비량을 증가시키는 증거는 매우 강력하다. 많은 연구들이 알코올성 음료에 대한 독점시스템의 도입과 해제에 대한 결과를 다루었다. 1969년 핀란드에서 알코올 농도 4.7%까지의 맥주를 식품점에서 구입할 수 있게 하였을 때, 가장 극적인 변화가 나타났으며 이러한 변화는 식당이 맥주와 와인을 판매할 수 있는 허가를 더 쉽게 받을 수 있게 해 주었다. 법적 음주허용연령이 와인과 맥주에 대해서는 21세에서 18세로, 다른 모든 알코올성 음료에 대해서는 20세로 동시에 낮아졌다.

시골지역에서는 국가 알코올독점체제가 상당히 증가하였다. 주류소매점(off-premise) 수가 130개에서 17,600개로 증가하였고, 업소판매점(on-premise) 수는 940개에서 4,000개 이상으로 증가하였다(Osterberg 1979). 전반적인 알코올소비량도 1968년부터 1969년의 기간 동안 46% 증가하였다. 다음 5년 동안, 간경화로 인한 사망률이 50% 증가하였고, 알코올성 정신병으로 입원한 환자수가 남자는 110%, 여자는 130% 증가하였으며 취한 상태로 구속된 건수가 남자는 80%, 여자는 160% 증가하였다(Poikolainen 1980).

1960년부터 2004년까지의 판매 자료를 이용한 최근 연구는 특히 맥주에 대한 소비가 증류주보다 눈에 띄게 증가된 것을 보여주고 있다. 독점 직매점 수와 맥주 판매가 허용된 식품점과 음식점 수의 변화는 알코올소비량의 증가에 각각 독립적으로 영향을 미친다. 스웨덴에서는 식품점에서의 중간 농도 맥주(알코올 농도 약 4.5%)의 판매를 1965년에 허용한 것과 1977년에 금지하였을 때의 미친 결과에 대해서 연구를 해 왔다. 1965년에 중간 농도 맥주를 판매하는 직매점의 수가 급격히 증가하였다. 노벨(Noval)과 닐손(Nilsson)에 의한 분석(1984)은 스웨덴 식품점에서의 4.5%의 맥주 판매 허용은 전체 알코올소비량의 약 15%를 증가시켰고, 이를 다시 독점체제로 전환했을 때 전체 알코올소비량이 같은 양만큼 감소하였다고 기술하고 있다. 램스테드(Ramstedt 2002)는 단지 식품점에서의 4.5% 농도 맥주 판매권한 철회만으로 교통사고로 인한 손상이 15%나 감소했음을 밝혔다. 식품점에서의 중간 농도 맥주판매 금지는 젊은 층에 가장 큰 영향을 미친다는 증거가 있다.

와그나알과 홀더(Wagenaar and Holder 1995)는 와인판매 민영화를 시행한 미국의 5개 주 중에서 4개 주에서의 와인판매가 42%에서 150%로 급격히 상승하였고 나머지 한 주에서는 13% 정도 증가하였음을 발견했다. 중대한 대체 효과는 관찰되지 않았으나 전체 소비량의 순 상승은 와인판매 민영화에 뒤이어 일어났다. 그러나 다른 연구자 그룹(Mulford et al. 1992)에 의해 진행된 이 주들 중 한 주에 대한 자료 분석은 민영화가 아무런 영향을 주지 않는다고 하였다. 이런 다른 결과들은 서로 다른 자료 활용과 기술적 접근으로 설명될 수 있을 것이다(Her et al. 1999).

캐나다와 미국에서의 소매판매점에 대한 독점정책 해체에 대한 다른 연구들은 알코올 소비량의 완만한 증가를 보여주고 있다(Adrian et al. 1996 ; Wagenaar and Holder 1995 ; Trolldal 2005a, 2005b). 트롤달의 연구(Trolldal 2005b)는 민영화 시행으로 직매점수가 3배 증가한 후 캐나다의 알버타에서의 교통 충돌사고 수를 조사하였으나 중

대한 증거를 발견하지 못했다. 그러나 관찰된 결과들이 증가된 직매점 밀도 때문인지 민영화와 관련된 다른 변화에 따른 것인지 명확하지가 않다. 알코올 소매판매 민영화가 다른 규제들 해제와 함께 실시되었다는 것이 주목할 만한 점이었다(Her et al. 1999). 다른 사례(예 ; 알버타, 퀘벡, 워싱턴 그리고 버지니아)에서는 민영화가 가격상승을 가져왔고 이러한 가격상승은 증가된 물리적 접근성 효과를 감소시킨 것으로 분석된다.

사적인 이윤에 대한 제거는 미성년자 또는 취객에 대한 판매를 반대하는 법 수행을 촉진시킬 수는 있으나, 이에 관한 증거는 단지 미성년자 대상의 판매에서만 발견되었다. 로소우(Rossow 2008)는 핀란드와 노르웨이의 독점소매점들이 신분 확인없이 18살 미만으로 보이는 고객에게 알코올을 판매할 가능성이 개인소매점들의 1/3이라는 점을 보여준다. 횡단적 자료를 이용하여 밀러(Miller 2006)는 미성년자 음주, 폭음과 오토바이사고 사망률이 민영 소매 시스템을 가지고 있는 나라들보다 독점시스템을 시행하는 국가에서 크게 줄어들었다고 발표하였다.

카운터 판매(알코올 구매를 직원에게 요청해야만 하는 경우)는 여러 국가에서 정부 소매독점시스템내 알코올 접근성을 더욱 규제한다. 스웨덴 독점 직매점들의 카운터 판매에서 셀프 판매로의 변화는 실험설계를 적용하며 스코그(Skog 2000)에 의해 평가되었다. 스코그(Skog 2000)는 셀프 서비스 도입이 와인과 증류주의 판매를 대략 10%, 6%씩 각각 증가시켰다는 점을 발견했다. 같은 조사연구 디자인을 이용하여 홀버락(Horverak 2008)은 노르웨이 독과점 시스템에서의 카운터 판매에서 셀프 서비스로의 변화를 평가했으며 알코올판매 10% 상승이라는 매우 유사한 결과를 얻었다. 판매점수, 영업 일수와 시간 등의 제한을 통한 소매 독점의 잠재적 영향을 고려하며, 홀더(Holder 2008)는 스웨덴의 알코올판매에 대한 정부독점을 민영화할 때의 잠재적 결과가 무엇인지를 추정해 보았다. 민영화에 대한 두가지 다른 시나리오는 전문 사설 판매점과 식품점을 통한 소매판매를 예상하며, 민영화가 명백히 알코올관련질병으로 인한 사망을 25%에서 60%까지, 폭력 범죄는 10%에서 20%까지 증가시킬 것이라고 추정하였다.

근본적으로 국가가 운영하는 소매독점시스템들은 알코올판매를 감소시켜 알코올관련폐해를 줄일 수 있으나, 최근 몇 년 동안 특히 북미에서 시행되고 있는 국영 소매시스템들 중의 일부는 판매량을 증가시키는데 좀 더 초점을 두고 광고와 다른 판매촉진 기술 등에 상당한 자원을 쏟아 붓고 있다. 이런 개발들은 알코올폐해와 고위험 음주를 줄이는 잠재력을 약화시킬 것이다.

9.3 알코올구매 및 판매자격 규제

과거 여러 시대에 걸쳐 알코올을 구매하고 판매하는 사람들에 대한 규제가 이루어져 왔다. 이러한 규제들은 일반적으로 어떤 특정 그룹이 알코올성 음료를 구매할 수 없도록 하고 알코올판매자들을 규제하기 위해 만들어진다. 예를 들어, 원주민에게 알코올성 음료판매는 많은 유럽 정착민 사회에서 금지되었다(Brady 2000). 21세기 초 전 세계에서 가장 흔하게 시행된 판매 규제는 아이들과 젊은 층들 그리고 이미 취한 사람들에게 알코올판매를 금지하는 것이었다.

9.3.1 개인에 대한 알코올판매 제한

50년 전, 일반적으로 술을 구매할 수 있는 다양한 사람들에 대한 규제가 시행되었었다. 이런 통제들 중 가장 정교한 사례는 1955년까지 스웨덴에서 시행된 브렛시스템(Bratt system)으로 배급을 통하여 성인 남자 한 명이 살 수 있는 증류주의 양을 제한하는 것이었다. 알코올 구매가 완전히 금지된 사람들의 목록도 있었다. 이런 목록들은 핀란드와 노르웨이에서 유지되고 있고, 이 절차는 영어를 사용하는 관할구역들로 펴져 나갔다. 이러한 개인 금지령은 1970년대 북유럽 국가들에서 폐지되었으며 최근에는 시민의 자유에 대한 용납할 수 없는 침해로 간주되어 영어 사용 관할구역들에서도 호의도가 떨어졌다.

그러나 오늘날 이 방법을 회복하려는 조짐이 있다. 영국에서는 습관적인 음주자들이나 폭력범죄자들에게 최대 2년 동안까지 특정 업소 출입을 금지하는 출입금지 명령이 만들어 질 수 있다. 호주의 빅토리아 주에서는 최근에 경찰이 문제를 일으키는 사람들에게 금지령을 발부할 수 있도록 허락하고 최대 24시간 동안 지정된 유흥가 출입을 금지하고 법원이 특별히 문제가 있는 범죄자들에 대해 최대 12개월까지 출입금지 명령을 발부할 수 있는 법을 제정하였다(Victorian Government 2008). 이러한 공식적인 조치들 외에 주류판매 면허소지자들 간의 협정(예, 영국의 Pubwatch, Pratten and Greig 2007)이나 법원에 의해 가석방에 부과된 조건들을 통한 비공식적 금지령이 여러 나라에 존재한다.

스웨덴의 브렛시스템(Bratt system, Norstrom 1987)과 같은 일반적 알코올 배급 시스템과 1979년부터 1982년까지(Schechter 1986) 그린란드에서 시행된 이와 비슷한 시스템이 간경화 사망률, 폭력범죄 그리고 과음으로 인한 그 밖의 다른 문제들을 줄이는 데 기여했다는 분명한 증거가 있다. 1981년에서 1982년까지 폴란드의 정치적 위기 상황 기간 동안 성인 개인당 한 달에 0.5리터 증류수로 제한한 알코올 배급제가 소개되었다.

이것은 과음자들에게 가장 큰 영향을 미쳤고 폭음하는 기간이 많이 줄어들었다. 알코올성 정신질환으로 인한 정신병원 입원이 60% 감소한 것과 더불어 간질환으로 인한 사망이 25%, 손상에 의한 사망은 15%나 감소하였다(Moskalewicz and Swiatkiewicz 2000). 많은 나라들이 이미 술 취한 사람들에 대한 알코올판매를 금지하고 있다. 미국의 50개 모든 주들은 이런 판매에 대해 형법 또는 민법에서 규제하고 있다(Holder et al. 1993). 이런 특정 입법적 금지에 대한 평가는 이루어지지 않았지만 이런 금지법의 시행에 대한 연구들이 증가되고 있다(10장 참조).

9.3.2 법적음주최소연령 제도

거의 모든 나라들에서 알코올을 구매 또는 소유를 할 수 있는 연령에 대한 법적 규제들을 가지고 있다. 이 규제들은 보통 16살에서 21살까지 그 범위가 매우 넓고 다양하다(WHO 2004). 법적음주최소연령법(MLDA, minimum legal drinking age)에 대한 변화는 젊은 음주자들에게 큰 영향을 미칠 수 있다. 클레프(Klepp 1996)는 미국에서 21세로 균일화하여 시행한 법적음주최소연령제도로 인해 전반적인 음주운전경험률이 감소되었음을 발견했다. 다른 평가들은 법적음주최소연령을 18세에서 21세로 증가시켰을 때 젊은 운전자들이 연루된 단일 야간 자동차 충돌사고가 11%에서 16%까지 감소하였다(Saffer and Grossman 1987a, b ; Wagenaar 1981, 1986 ; Wagenaar and Maybee 1986). 1982년부터 1997년까지 미국 50개의 모든 주와 콜롬비아 특별구로부터의 자료를 이용하여 보아즈와 티펫츠(Voas and Tippetts 1999)는 음주최소연령법 21세 시행은 같은 기간 동안 운전노출, 맥주소비량, 제로허용법 시행, 그리고 다른 관련된 국가법 변화들을 통제하였어도, 젊은 음주운전자들이 연루된 치명적 충돌사고를 19% 감소시키는데 기여했다고 결론지었다. 추가 연구들은 음주최소연령 변화가 알코올관련 부상으로 인한 입원(Smith 1986b), 부상 사망자수(Jones et al. 1992), 전반적인 사망률(Carpenter and Dobkin 2007)과 연관이 있음을 보여주고 있다.

1960년에서 2000년 사이에 발표된 법적 음주 연령에 관한 모든 연구들(총 135개)을 근거로 이루어진 종합적 검토(Wagenaar and Toomey 2002)는 알코올 구매와 소비에 대한 법적 연령을 21세로 높이는 것은 여러 다른 종류의 프로그램과 노력들에 비해 고등학생, 대학생 그리고 그 밖의 젊은 층들 사이의 음주나 음주문제들을 줄이는데 가장 효과적인 전략이라고 결론지었다. 매년 미국 전역의 고등학교 3학년생들을 대상으로 1976년부터 1987년까지 진행된 미래 모니터링(Monitoring the Future : MTF) 조사 자료에 의하면 21세 음주최소연령법이 고등학교 3학년생들과 최근 고등학교 졸업생들의 과음률이 2.8%, 한 달 알코올사용률이 5.5% 낮아지게 하였다(O'Malley and Wagenaar 1991). 그리고 음주연령을 18세부터 21세로 높이는 것으로 음주빈도를 13.8% 정도 감소시키는 효과가 있다고 하였다.

미국 국가자료를 이용한 분석은 법적음주최소연령을 21세로 올림으로써 젊은 층에 의한 알코올관련 자동차 충돌사고가 19%까지 감소되었음을 보여주었다. 비슷한 결과로 21세 법적 음주연령은 혈중알코올농도 0.08% 이상인 젊은 운전자들에 의한 치명적인 자동차 충돌사고를 47% 감소시키고, 혈중알코올농도 0.01% 젊은 운전자들에 의한 충돌사고를 40% 감소시킨 결과를 가져왔다. 반대로 한 연구에서는 1970년대 동안 미국에서 법적음주연령을 21세에서 18세로 낮춘 동안은 그 연령대에 대한 교통사망을 7% 증가시키는 결과를 나타냈다(Cook 2007).

다른 여러 연구들이 비슷한 결과를 보여주고 있다(Carpenter and Dobkin 2007 ; Carpenter et al. 2007 ; Fell et al. 2009 ; Voas et al. 2003). 그러나 미론과 태텔바움(Miron and Tetelbaum 2007)은 미국에서 21세로 법적음주연령을 높인 것에 대한 효과가 대부분 연방 정부 간섭 전에 자발적으로 음주연령을 올린 주들에 집중되었음을 발견하고, 그 결과들이 과장되었다고 주장하였다. 다른 해석은 21세 법적음주연령을 나중에 수용한 주에서는 그 법에 대해 덜 열성적이고 그것을 시행하는데 힘을 덜 쏟는다는 것이다.

음주연령 제한에 대한 효과에 대한 문헌들은 대부분 북미에서 만들어졌다. 이 규제들이 다른 사회에서는 얼마나 잘 적용될까? 덴마크의 한 연구(Møller 2002)는 주류소매점(off-premise) (이전에는 이같은 구매에 대한 최소연령 제한이 없었다) 이용을 최소 15세로 제한하는 규제를 시행한 결과에 대하여 평가하였다. 이 법률 시행은 전 월에 알코올을 소비했던 15세 미만 청소년의 비율이 36% 하락하였다. 더해서 15세 이상의 학생들 중 음주자 비율이 17% 감소되었다. 저자는 그 법에 대한 논쟁은 십대 자녀를 둔 부모들이 자녀들의 음주에 대해 민감하게 반응하며 더 주의를 기울여야 한다고 전제했다.

호주에서 진행된 여러 연구들은 음주연령을 21세에서 18세로 낮춘 호주의 3개 지역에서 교통사고 관련 입원, 다른 사고로 인한 입원 그리고 청소년 범죄율이 증가하였음을 발견하였다(Smith 1986b ; Smith and Burvil 1986, 1987). 최근 뉴질랜드에서 음주 연령을 20세에서 18세로 낮춘 것으로 인해 15세에서 19세까지 청소년들 간의 교통사고 부상자가 증가(Kypri et al. 2006)하고, 14세, 15세 청소년들의 난동 죄에 대한 기소가 증가(Huckle et al. 2006)하였다. 호주, 캐나다 그리고 미국에서 이루어진 법적음주최소연령에 대한 33개 연구물에 대한 체계적인 검토를 통해 법적음주최소연령을 올리는 법안통과 뒤에 대상연령 그룹에 대한 자동차사고 관련 결과가 평균 16% 정도 감소가 있었음을 발견하였다(Shults et al. 2001). 그러나 미국에서조차도 높은 음주연령에 대한 혜택은 그 법이 집행되었을 경우에만 실현되었다는 것이 명백하다. 높은 음주최소연령법에도 불구하고 젊은 사람들은 알코올을 구매하는데 성공한다(Grube 1997). 이런 판매는 낮고 일관적이지 않은 법 집행 수준, 특히 미성년자 알코올판매법 집행에 대한 지역회의 지지가 거의 없을 때 발생한다(Wagenaar and Wolfson 1994, 1995). 법령 집행의 강화만으로도 미성년자들에 대한 판매를 줄일 수 있으나, 특히 미디어 및 기타 사회활동과 결합될 때 미성년에 의한 알코올소비를 35%에서 40%까지 줄일 수 있다. 이에 대한 내용이 [박스 9.3]에 자세히 설명되어 있다.

[박스 9.3] 미국에서의 지역공동체 프로젝트(CMCA Project)

알코올에 대한 변화를 위해 모인 지역공동체(Communities Mobilizing for Change on Alcohol, CMCA)는 법적음주최소연령 21세 이하 청소년들에게 알코올 접근용이성을 줄이기 위해 만들어졌다. 인구규모 8,000~65,000명에 이르는 지역공동체들이 연결되고 개입집단과 통제집단이 무작위로 할당되었으며, 결과적으로 7개의 개입집단과 8개의 대조집단이 형성되었다. 이 프로젝트에서는 미성년자에 대한 알코올 접근을 줄이기 위해 중재를 시행하고 있는 각 공동체 내에서 현지 비상근 조직위원을 고용했다. 이러한 개입들로는 유인 알코올판매점 운영(일반적으로 경찰이 지정한 장소에서 미성년자들이 알코올을 구매하도록 하는 것), 미성년자에 판매하는 소매점들에 대한 시민 모니터링, 맥주통(KEG) 등록(맥주통 구매자의 신분 확인을 요구하여 미성년자들이 음주하는 파티에서 일어난 문제에 대해 책임을 규명하는 것), 미성년자들을 위한 무알코올 개발행사, 알코올영업시간 단축, 책임있는 음료서비스 교육, 그리고 미성년자와 성인들을 위한 교육프로그램 개발 등이 포함되었다. 이런 중재활동 시작 후 2년 반 동안 수집된 자료에 대한 분석 결과 연령을 확인하는 소매점들의 수가 증가하였고, 미성년자의 판매규제에 대한 관심이 더욱 증가하였음을 확인하였다(Wagenaar et al. 1996). 어려보이는 구매자들을 이용한 이 연구에서 알코올판매업자들의 연령확인 검사가 증가되었고, 미성년자들에게 판매하는 경향이 감소되었음을 확인하였다. 한 전화 조사에서는 18~20세 젊은이들이 알코올을 소비하거나 다른 미성년자들에게 알코올을 제공하는 정도가 현저히 줄었음을 확인하였다(Wagenaar et al. 2000). 또한 이 프로젝트로 인해 18~20세의 음주운전으로 인한 구속이 감소하였고, 15~17세의 무질서한 행위위반이 통계적으로 유의미하게 감소하였다(통제된 지역공동체들과의 중재효과 비교, Wagenaar et al. 2000).

9.3.3 알코올판매자에 대한 통제

시장규제가 잘 된 나라들의 알코올 통제기관들은 알코올성 음료 영업면허증을 받기 원하는 사람들의 자격을 검토하는데 상당히 많은 시간을 보낸다. 보통 범죄 경력이나 관련 단체에 속한 사람들을 그 사업에서 제외시키는 것이 관심 사안이다. 일부 지역들에서 설정된 알코올판매자의 최소연령은 미성년자의 매출이 발생에 영향을 미칠 수 있다. 예를 들어, 젊은 판매자들은 미성년 구매자들에게 판매할 가능성이 더 많다.

트레노(Treno 2000)는 알코올시장의 형성에 있어서 지역사회를 기반으로 하는 실례 중에 주류소매점에는 나이 많은 판매자들보다 젊은 판매자들이 더 많았다고 보고한다. 다른 연구들이 연관성을 발견하지 못했음에도 불구하고 유사한 결과들이 다른 연구에서 보고되고 있다(Rossow et al. 2008). 더구나 알코올을 판매하는 사람에 대한 최소연령 제한의 효과에 대해 평가한 연구물이 없다.

9.4 알코올성 음료의 강도

최근 많은 국가들은 저 알코올농도의 음료에 낮은 세금을 부과하여 저렴한 가격으로 이용가능성을 높여 이런 음료에 대한 소비를 촉진해 왔다. 낮은 과세는 알코올 농도에 따라 맥주를 몇 종류로 나누고 와인을 최소 두 종류 등으로 분류해 온 스칸디나비아의 여러 국가들에서 사용되어 왔다. 농도 4.7%인 맥주 판매에 대해 1969년 핀란드에서는 식품점 판매를 허용하고 스웨덴에서는 허용후 취소했는데 이는 알코올 강도에 따른 상대적인 접근성을 변화시키는 실험으로 볼 수 있다. 핀란드의 이러한 변화에 대한 일부 동기는 핀란드인들 사이에서 전통적으로 선호된 알코올농도가 센 증류주의 소비를 단절시키기 위함이었다. 결국 핀란드와 스웨덴 두 국가 모두 증류주 소비국에서 맥주 소비국으로 바뀌었다(Leifman 2001). 그러나 핀란드 변화의 결과는 의도했던 대체소비라기보다는 기존 음주 형태에 새로운 음료와 새로운 음주형태가 추가된 것이었다.

단지 소수의 연구들만이 특정 음료 종류들의 가용성에 대한 중대한 변화를 평가해 왔다. 홀더와 블로스(Holder and Blose 1987)는 와인과 맥주 외에 증류주의 판매를 미국 북부 캘리포니아 주의 식당들에게 허용한 것은 업소 내 접근성을 상당히 증가시키며 증류주의 총판매량을 6%에서 7.4%까지 상승시켰음을 발견했다. 이에 더하여 이러한 판매 증가는 남자 운전자들에 의한 야간 교통사고를 16%에서 24%까지 증가시켰다. 1990년 뉴질랜드 식품점에서의 와인판매 허용은 다른 알코올성 음료판매량에는 거의 영향을 주지 않으면서 와인판매량을 17%나 증가시켰다. 이러한 와인판매 증가는 상승된 경쟁으로 인한 와인 가격 인하뿐 아니라 테이블 와인에 대한 물리적 접근이용성이 증가되었기 때문이었다.

더구나 저농도 맥주 판촉 행사가 일부 지역들에서 성공해 왔다. 1985년 3월 노르웨이에서 라이트 맥주의 도입 영향을 분석하면서 스코그(Skog 1988)는 비록 통계적으로 주목할 만하지는 않지만 라이트 맥주가 높은 알코올 함량 맥주 소비를 대체했음을 발견했다. 그는 이 자료는 이 주요 효과가 대체소비인지 추가소비인지에 대해 명확한 증거를 제공하지 않는다고 결론지었다. 호주 서부의 펄스(Perth)에서 진행된 또 다른 작은 규모의 연구에서 알코올 함량이 높은 맥주에서 낮은 맥주로의 판매 변화는 시간이 지남에 따라 알코올관련 충돌사고들과 높은 관련성이 있다는 것을 보여준다(Gruenewald et al. 1999).

전반적으로 낮은 알코올 함량음료를 구매할 수 있도록 하고 촉진하는 것이 효과적인 전략이 될 수 있다는 것에 대한 증거는 대부분 암시적이지 결정적이지는 않다. 스웨덴에서는 비과세(no tax)가 적용된 알코올 함량 2.8% 맥주가 식품점에서 구매 가능한 알코올 농도 3.5% 맥주보다 반값이나 싸다. 결과로 2.8% 농도 맥주의 판매량이 식품점 매출의 50%를 차지했다. 즉, 이런 전략은 알코올 급성중독 및 알코올관련 손상 그리고 절대(absolute) 알코올소비량 수준을 줄이는 잠재력이 있다.

9.5 사회적 접근용이성, 무알코올 활동과 이벤트

음주자들 중 특히 젊은 음주자들은 알코올을 획득하기 위해 여러 자원을 사용한다. 사회적 자원은 미성년자 음주자들에게 특히 중요하다(Dent et al. 2005 ; Paschall et al. 2007 ; Rossow et al. 2005). 예를 들어, 2007년 유럽 학생들을 대상으로 한 조사에서 본인들이 마시기 위해 업소 외 소매점에서 맥주를 구매했다고 답한 학생들이 약 27%였고, 술집, 식당 또는 클럽같은 업소 내에서 구매한 적이 있다고 답한 학생들은 약 32%였다. 그러나 업소 내 또는 주류소매점에서 구매한 학생들의 퍼센트는 국가에 따라 큰 차이를 보였다. 불가리아, 루마니아 또는 우크라이나 학생들(46%~55%)에 비해 핀란드, 스웨덴 그리고 영국에서는 상대적으로 적은 학생들(10%~15%)이 상점에서 맥주를 구입한다고 답하고 있다. 이러한 자료를 감안할 때 여러 유럽 국가들의 높은 비율의 젊은 음주자들이 상업적이기 보다는 사회적 자원을 통해 알코올을 획득하고 있음이 명백하다.

미국의 한 연구는 파티, 친구들 그리고 어른 구매자들이 청소년들 사이 알코올 섭취의 가장 일반적인 경로임을 제시한다(Paschall et al. 2007). 성년 음주자들은 대부분 파티에서 알코올을 접한다. 한 연구에서는 6학년 학생들 중 32%, 9학년의 56% 그리고 12학년의 60%가 파티에서 알코올을 섭취한다고 보고하고 있다(Harrison et al. 2000). 미성년자들의 음주 파티는 주로 많은 사람들이 참여하는 일반 가정집, 야외 또는 호텔과 같은 곳에서 이루어진다. 이런 파티들은 특히 위험한 음주상황이 될 수 있다. 따라서 알코올 가용성을 줄이기 위한 노력들은 상업적 접근뿐 아니라 사회적 용이성 해결에도 초점을 두어야 한다.

9.5.1 주류판매자책임법

주류판매자책임법은 술을 마신 미성년자나 술에 취한 성인에 의해 상해를 입은 개인들이 그 상해를 일으킨 사람과 알코올을 팔거나 제공한 알코올판매자에게 손해 배상을 받을 수 있도록 한다. 이 용어는 19세기 절제시대로부터 유래되었으나 개념은 최근 30년 동안 특히 미국에서 법률 또는 법원 결정에 의해 부활, 재형성되었다. 소유자와 주류판매면허 소지자 들은 대부분 또는 모든 주류판매자책임법에 따라 그들 종업원의 행동들에 대해 책임을 진다.

많은 주류판매자책임 법안들은 '책임감 있는 방어적 사업수행"조약을 포함하고 있다. 이 조항은 만약 판매자들이 술 취한 성인들에게는 물론 미성년자들에게 알코올을 제공하지 않기 위해 합당한 조치들을 취했음을 규명할 수 있으면 책임을 면할 수 있도록 하고있다. 책임감 있는 주류서비스 훈련절차와 조치들이 불법 판매나 서비스 시간에서도 완전히 지켜졌음에 대한 증거들이 방어의 핵심내용이다. 이 연구는 주류판매자책임법 실행이 연령 신분확인을 크게 증가시키고 서비스 관행에 더 많은 주의를 이끌 것이라고 암시한다(Sloan et al. 2000).

주류판매자책임법이 미성년 운전자들 사이에서의 알코올관련 교통사망자수를 3~4% 줄이는 것으로 추정되었다(Chaloupka et al. 1993). 슬로안(Sloan 2000)은 미국 전역의 교통사망자 수를 분석한 결과 상업적 서비스에 대한 불법행위 책임을 부과하는 것이 15~20세 운전자들에 대한 사망률을 감소시켰음을 발견했다. 전 50개 주의 자료 분석은 시간이 지날수록 이러한 연구결과들을 더 확실하게 해 준다.

9.5.2 사회적 호스트 책임법

사회적 호스트 책임에 의해, 사회적 환경에서 술 취한 성인들과 미성년자들에게 알코올을 제공하는 성인들은 그 미성년자나 술 취한 성인으로 인해 야기된 피해나 손상에 대해 책임이 부여될 수 있다(Grube and Nygaard 2005). 미국의 사회적 호스트 책임에 관한 한 연구(Whetten-Goldstein et al. 2000)는 이런 법들이 성인들 사이는 물론 미성년자들 사이에서의 알코올관련 교통사망자수 감소와 연관성이 있음을 발견하였다. 다른 연구에서는 사회적 호스트 책임법들이 보고된 과음 음주자 수 감소와 가벼운 음주자들에 의한 음주운전 감소와 연관이 있으나 과음 음주자들에 의한 음주운전에는 아무런 영향을 미치지 않았다고 밝히고 있다(Stout et al. 2000). 이러한 일관되지 않은 결과들은 사회적 호스트들이 그들의 잠재적 책임을 인지하고 수행하도록 하는 종합적인 프로그램들이 명백히 부족한 사실을 반영하는 것이다. 위 연구들은 사회적 호스트 책임법은 이것이 억지로 적용되기 전에 충분한 의사소통이 이루어져야 된다고 제안하고 있다.

9.5.3 공공 음주금지

이러한 정책은 공원, 레크레이션 장소 또는 직장과 같이 음주가 발생하는 특정 행사들이나 장소들을 목표로 할 수 있다. 이런 규제들은 특히 공원, 해변 또는 호수와 같은 공공장소에서 종종 술을 마시는 청소년들의 음주에 영향을 미칠 가능성을 가지고 있다(Hibell et al. 2004). 이런 장소들에서의 제한된 음주는 알코올의 사회적 접근을 감소시키는 가능성을 지니고 있다(Conway 2002 ; Giesbrecht and Douglas 1990). 뉴질랜드에서는 지방 정부의 절반 이상이 공공장소에서의 음주금지를 영구적으로 시행해 오고 있다.

볼만(Bormann)과 스톤(stone)에 의한 연구(2001)는 대학 내에서의 알코올판매금지 후 1996년 콜로라도 대학 경기장에서의 체포, 폭력과 추출 건수가 상당히 감소하였음을 발견하였다. 그러나 스파이트(Spaite 1990)는 축구장에서의 알코올판매금지 후 전반적인 의료사고수에는 큰 변화가 없었음을 발견했다. 이 분야에 대한 문헌이 한정적임에도 불구하고 알코올을 지참하고 관객들이 경기장에 입장하는 것을 금지하며 스포츠 경기장에서의 알코올 규제는 일반적인 현상이 되고 있다. 글릭스만 등에 의한 연구(Glicksman et al. 1995)는 공공음주금지를 공식 정책으로 수용한 캐나다 지역들의 86%가 미성년자 음주, 싸움과 공공기물파손죄 같은 문제들의 감소를 경험하였음을 발견했다. 연구자들은 한 지역에서 주목할 만한 문제 감소를 경험하기 위해서는 정책이 6개월 또는 그 이상 동안 해당 지역에서 시행되어야 한다고 결론지었다.

9.5.4 사회적 접근용이성을 줄이기 위한 다른 전략들

알코올의 사회적 접근용이성을 줄이기 위한 많은 전략들이 시행 중이나 이러한 전략들이 소비량이나 폐해에 끼치는 영향에 대해서는 아직까지 평가가 되지 않고 있다. 'Shoulder Tap'법은 미성년자들이 경찰과 공조하여 알코올판매 소매점 외부의 낯선 성인에게 다가가 알코올 구매를 요청하는 것이다. 만약 그 성인이 실제로 알코올을 구매하고 그 미성년자에게 건네주면 그자는 경찰에 의해 체포되거나 소환 받을 수 있다. 이런 개입들은 미성년자들에 대한 제 삼자 알코올 거래를 직접적으로 줄이기 위한 전략으로써 미국에서 권장되어 왔다(National Highway Traffic Safety Administration 1998 ; Stewart 1999).

파티 순찰대는 알코올이 제공되는 사회적 행사에 경찰이 와서 참석자들의 연령 신원을 확인하는 지역적 집행전략이다(Little and Bishop 1998 ; Stewart 1999). 경찰은 미성년자의 음주가 일어나고 있는지를 확인하기 위해 해당 사교모임에 진입하기 위한 근거로 잡음이나 소란행위법령 등을 사용할 수 있다.

'맥주통 등록(Keg Registration)법'은 맥주통 구입자의 이름을 그 통(keg)과 연결시키는 것이다. 맥주통 등록은 파티에서 미성년자들에게 알코올을 제공하는 성인들이나 판매하는 소매업자들을 기소하기 위한 도구로써 주로 사용된다. 맥주통 등록법은 미국에서 점점 인기를 끌고 있다.

다른 전략은 전반적으로 알코올의 사회적 접근용이성을 줄이기 위해 파티나 다른 행사들에서 알코올 흐름을 규제하는 것을 포함한다. 파티 등에서 미성년자들의 알코올접근을 예방하기 위한 정책들은 법적허용음주연령인 젊은이들의 알코올소비량을 줄이는 데도 이용될 수 있다. 맥주통 판매금지와 많은 양의 알코올의 가정배달 금지는 지역사회정책들에 해당된다.

사교적 행사에 대한 지역사회정책은 셀프 서비스를 허용하는 것 보다는 알코올을 직접 제공하면서 개인당 알코올 양을 제한하고 모니터링하는 것을 포함한다. '무알코올 활동'의 주요 타겟은 전통적으로 높은 알코올관련폐해와 연관되어 온 특정한 행사나 이벤트(21세 생일파티, 송년파티 등)이다. 이러한 폐해들을 줄이기 위해서 무알코올 대체물 사용을 촉진하거나 알코올 사용을 금지하는 것으로 행사를 준비하는 방법이다. 대부분 이런 경우에 알코올통제법이나 기관이 관여할 수 없을지라도 무알코올 행사를 장려하는 것은 알코올의 사회적 접근용이성을 감소시키는 수단이 된다.

그리고 음주장소들에 대한 지역금지법 같은 접근들은 좀 더 광범위한 평가가 필요하다. 이런 전략들이 알코올의 물리적 접근용이성을 줄이기 위한 정책의 일환으로써 효과적일 수 있음에도 불구하고 이 전략들의 실제 영향에 대해서는 알려진 바가 별로 없다. 실제로 집행과 적용이 되지 않으면 알코올의 사회적 공급측면에 영향을 주는 어떤 전략도 지속적으로 효과성을 거두기 어렵다고 아쉬(Ashe 2003)는 강조하면서, 공중보건 및 안전을 위협하는 잠재적인 위험들에 대한 지역적 통제에 대한 일반적 기초를 규정하였다.

9.6 알코올 접근용이성 규제에 대한 영향 요약

알코올 접근용이성 규제에 대한 연구들은 이런 전략들이 알코올문제를 감소시킬 수 있다는 결론을 뒷받침 해준다. 가장 좋은 증거는 판매 시간과 일수의 감소, 알코올판매 점포수 제한 및 알코올 소매 접근에 대한 제한 등의 소매 접근성의 변화에 대한 연구들이다. 이 연구들은 일관되게 접근용이성에 대한 제한은 알코올사용과 알코올관련문제 감소 모두와 연관성이 있다고 강조하고 있다.

알코올판매에 대한 전면금지법은 알코올소비량과 문제들을 상당히 감소시킨다는 것이 알려졌으나 특히 불법시장 개발을 통한 새로운 문제점들을 야기할 수 있다. 또한 이런 조치들은 효력을 보장하기 위해 종합적인 집행을 필요로 한다.

청소년을 위한 법적음주최소연령을 올리는 법은 알코올판매와 문제를 감소시킨다. 이 전략은 음주연령 변화가 교통사고와 다른 기타 사고들에 끼치는 영향력을 조사하고 있는 수십 개의 연구들과 함께 가장 강한 실증적인 뒷받침을 하고 있다(Wagenaar and Toomey 2002 ; Shults et al. 2001).

매장 수나 매장 밀도의 감소에 대한 좋은 근거도 있다. 매장 밀도의 변화에 대한 연구는 소비량과의 연관성을 지속적으로 발견하고 있으며, 일련의 장기 연구들은 알코올판매점 밀도의 점진적 변화와 알코올관련문제가 연결되어 있음을 발견해 왔다. 유흥가 내에 고밀도로 알코올판매점들이 집중되는 것에 대한 영향평가가 더 이루어져야 하지만 특히 많은 문제가 있다고 제안하는 몇 가지 증거들이 있다.

판매 시간과 일수에 대한 규제는 일반적인 알코올소비와 관련 문제들을 줄인다. 특정 공공장소에서의 음주금지와 늦은 밤 음주허가업소의 영업폐쇄 같은 조치들의 유효성에 대한 증거는 매우 적다. 모의연구에서는 이 정책들이 모두 가능성이 있음을 보여주고 있지만 이들의 유효성을 평가하기 위해 잘 설계된 연구수행이 아직 이루어지지 않았다.

사회적 접근을 제한하는 노력에 대한 연구는 아직 잘 개발되진 않았으나, 상업적 접근용이성에 관한 연구들에서 얻은 증거의 강도로 볼 때 사회적 접근용이성에 대한 제한이 알코올폐해를 감소시킬 것이라는 근거를 충분히 제공해 준다.

물리적 접근용이성 제한에 대한 대부분의 연구들은 경제적으로 좀 더 발전된 국가들에서 나왔지만 이 연구들의 증거는 알코올이 저개발 국가들에서 사용될수록 과음주와 알코올문제가 증가할 것이라는 일반적 결론을 뒷받침하고 있다. 이것은 저개발국가 혹은 개발도상 국가들의 경제가 성장함에 따라 물리적 접근용이성에 대한 변화들이 선진국에서 이미 관찰된 패턴을 따를 가능성이 있다고 제시하고 있다. 알코올의 물리적 접근용이성을 제한하는데 사용되는 비용은 음주, 특히 과음과 관련된 사회 및 건강지출 비용에 비해 상대적으로 낮다.

한 가지 분명한 정책은 법정음주최소연령법이다. 일례로 미국의 높아진 음주최소연령은 지난 십여 년간 수천 명의 생명을 구한 것으로 추정된다(Wagenaar et al. 1998). '접근 제한' 옵션의 상대적 비용에 대한 세계보건기구의 분석에서는 토요일 영업 폐쇄가 높은 소비세를 통한 알코올가격 상승보다는 효과면에서는 낮을지라도 세계 대부분의 지역에서 상당한 사회적 이익을 제공할 것이라고 추정하고 있다(Chisholm et al. 2006 ; Anderson et al. 2009).

이 장에서 고려된 전략들은 음주 환경에 영향을 주는 모든 조치들이다. 이 전략들을 실제 집행으로 규제를 뒷받침하였을 때 알코올소비와 문제들을 줄이는데 효과적일 수 있다는 증거들이 많다.

많은 관할지역들에서 사용된 가장 직접적이고 즉각적인 집행 기능을 갖추는 가장 효과적인 방법은 알코올판매자에게 주류판매면허를 갖추도록 강제화하는 것이다. 판매위반의 경우 면허를 정지하거나 취소할 수 있는 법적 효력이 있다면, 알코올관련문제의 비율을 줄이는데 효율적이고 유연한 도구가 될 수 있을 것이다.

제 10 장

음주 상황의 조정 : 면허를 받은 장소와 상황에서의 폐해감소

제10장
음주 상황의 조정 : 면허를 받은 장소와 상황에서의 폐해감소

10.1 개 요

알코올은 개인 주거지를 포함하여 주류판매면허업소, 공원, 해변, 자동차 및 캠프장과 같은 다양한 환경에서 소비된다. 앞장에서 밝힌 바와 같이, 주류판매면허는 영업장 내・외의 알코올 소매를 통제할 수 있는 기회를 제공한다. 그러나 알코올이 실제 소비되는 장소에서의 주류판매면허는 업소외 주류판매허가점에 적용되는 주류판매면허 통제와 더불어 음주피해를 줄여주는 다양한 기회를 제공한다(Stockwell 1997). 예를 들어, 바, 선술집, 클럽 등과 같은 주류판매면허업소에는 접대 형태의 허용, 혹은 최대 수용인원에 대한 규제, 그리고 직원의 주류취급자격 및 주류서비스를 위한 훈련 등의 규정이 적용될 수 있다. 업소판매점 내에서의 음주가 허용되는 장소는 대중적인 술집(pubs), 술과 음식을 팔거나 간혹 여행자들이 짐을 맡길 수 있는 술집(taverns), 영국, 아일랜드, 호주, 캐나다와 뉴질랜드 문화권에서 발생한 바(bars), 호텔을 비롯한 야간에 운영되는 유흥주점(nightclubs), 디스코클럽, 나이트클럽, 식당 및 클럽(clubs) 등과 같이 다양하다. 그러므로 술을 마시도록 허용된 장소(on-premises)들이 나라마다 다르게 해석될 수 있으므로 앞으로 알코올이 판매, 소비되는 모든 음주 환경을 상업적 주점(업소판매점)이라고 명명하기로 한다.

그러한 주점들은 규제 대상이기도 하지만 과도한 음주(Demers et al. 2002 ; Martin et al. 1992 ; Single and Wortley 1993 ; Snow and Landrum 1986), 음주 후 운전(Fahrenkrug and Rehm 1995 ; Gruenewald et al. 1996 ; O'Donnell 1985 ; Single and McKenzie 1992), 그리고 폭력과 상해(Ireland and Thommeny 1993 ; Leonard et al. 2002 ; Macdonald et al. 1999 ; Rossow 1996 ; Stockwell et al. 1993)를 포함한 수많은 알코올관련문제들에 있어 종종 매우 위험한 음주환경이 되어 왔기 때문에 오랫동안 예방적인 중재에 있어 초점이 되어 왔다. 업소판매점에서의 높은 음주관련문제 발생률로 인해서 주점과 같은 음주하는 환경들이 알코올관련문제를

예방하기 위한 알코올정책의 주된 타겟이 되어 왔다.

10.1.1 음주환경 조정을 위한 이론적인 토대

음주환경 속에서 피해를 줄이는 것은 반응조절이론(responsive regulation theory)(Graham and Homel 2008 ; Ayres and Braithwaite 1992) 뿐만 아니라 일상 활동과 상황적 범죄예방이론(Graham 2009 ; Graham and Homel 2008)과 관련이 있다. 범죄를 설명하기 위해 최초로 개발된 일상활동이론(Cohen and Felson 1979)은 자발적인 가해자와 적절한 희생자가 있고, 희생자를 지켜줄 수 있는 '보호자(guardians)', 잠재적인 가해자의 범죄를 예방하기 위한 조정방법(handles)을 인지하고 이를 이용할 수 있는 사람인 '조정자(handlers)' (Felson 1995), 그리고 장소 매니저(범죄가 발생할 가능성이 있는 장소를 조정해 주는 사람) (Eck and Weisburd 1995)를 포함하여 해당 범죄를 막을 수 있는 사람의 부재 등 융합적인 내용들이 범죄를 발생시킨다는 것이다. 따라서 가장 피해를 주기 쉬우면서 가장 피해 받기 쉬운 곳에 있지 않도록 함으로써 감소될 수 있고(예, 미성년자 입장 및 접대, 혹은 취객 접대 금지 등) 업소의 직원들이 사건 발생으로 인한 폐해를 예방할 수 있는 대처능력을 갖추도록 함으로써 음주환경에서의 폐해는 감소될 수 있다(Graham et al. 2005a, b).

상황적 범죄예방은 범죄를 예방하거나 유발시키는 혹은 피해를 야기시키는 행위를 막거나 촉발시키는 환경적인 영향을 구체적으로 설명함으로써 일상활동이론에 의해 정의된 기본적인 상황적 결정요인들을 포괄하고 있다. 환경적인 억제요인으로는 변명의 여지를 주지 않고, 폐해를 유발시킬만한 양을 섭취하지 않도록 하면서, 체포되거나 처벌을 받을 만한 위험을 줄이기 위한 요인들을 말한다(Clarke 1997 ; Clarke and Homel 1997 ; Cornish and Clarke 2003).

음주와 관련된 억제요인의 예로는 제 9장에서 논의된 것과 같이 미성년자나 취객에게 음주를 방치한 주류판매허가소지자와 주점의 직원들에게 더 강하게 법을 적용하는 방법을 들 수 있다. 상황적인 억제요인 중 가장 성공적인 예는 아마도 많은 국가들에서 성공적으로 감소한 음주운전일 것이다(제1장 참고). 사회적 반감을 증가시키고, 음주 후에 운전을 용이하지 않도록 하며(감소된 보상) 아울러 체포 위험성(지각된 위험성)을 높이는 방법을 적용한 것이다. 하지만 상황적 억제요인과 중복되는 상황적 촉진요인들은 다소 다른 방식으로, 즉 원래 의도되지 않거나 계획되지 않은 범죄나 피해를 조장함으로써 작용한다고 판단된다(Wortley 2001). 이러한 사실은 어떤 법률을 어기도록 하는 사회적 압박, 사회적 구실, 미약한 규정, 그리고 피해를 일으키기 쉬운 행위를 유발시키는 환경적인 요인들이 포함되어 있다. 음주환경 속에서 상황적 촉진요인으로는 알코올 자체의 약리효과와 많은 양의 술을 마시게 하는 사회적 압력(예, 돌아가며 술사기), 혹은 폭력과 함께 인지된 모욕감에 반응하게 만드는 사회적 압박(Graham and Wells 2003)이나 급성중독, 폭력, 기타 해로운 행위 등에 대해 감각이 없는 사회 환경 등, 음주를 허용하는 취약한 법적 환경 등을 말한다.

상황적 촉진요인의 설명은 주점 내 시설과 관리를 포함하여 직원 훈련과 수용 가능하다고 여겨지는 음주행위 유형들의 문화적 변화라는 맥락 안에서 행위에 대해 더 높은 기준치를 형성하여 자극을 유도하고 환경적 위험요인을 감소시키는 것을 말한다. 음주상황에서 폐해를 예방하는데 관련된 이론적인 틀은 책임 있는 통제(Braithwaite 2002 ; Ayres and Braithwaite 1992)를 말하며 산업의 역사, 문화 및 핵심적 역할자 등을 포함하여 규제하는 것이다. 법률위반 시 주류판매허가를 통해 체계 제재를 적절하게 하는 동시에 통제정책과 주류법률의 집행을 위해 교육과 설득을 할 필요가 있다. 상업주점의 입장에서 보면 정책이나 규제가 술 마시는 행동이 '중간휴식(time out)'(Cavan 1966 ; Graham and Homel 2008)과 같은 기능을 하며, 일부 지역사회에서는 주류판매점이 지역경제를 일구는 역할을 하고, 경영자나 종사들에게 재정과 다른 보상을 제공해 주면서, 통상적으로는 야간경제(Hobbs et al. 2003)의 역할을 한다는 점을 고려해야 한다는 것이다. 상업주점들과 기타 음주환경으로 인한 과도한 음주와 사회적인 폐해가 상당히 감소될 때까지 범죄예방이론은 이러한 환경에서 중재방법을 조직하고 평가하는데 유용한 기틀을 제시해 준다.

10.1.2 음주상황에 초점을 둔 중재방법의 효과성 측정

상업주점 환경을 개선시킴으로써 알코올관련문제를 감소시키기 위한 접근법들은 (1) 고객의 알코올소비, (2) 음주운전, 폭력 및 기타 행위 등 두 가지의 명확한 성과에 초점을 두었다.

알코올판매와 관련된 전략은 전형적으로 취객이나 미성년자들에 대한 서비스를 줄이는 데 집중하며, 급성중독이나 미성년자 음주에 대한 결과를 측정한다. 한편 알코올관련문제에 초점을 둔 전략들은 알코올소비를 반드시 변화시키지 않고도 그러한 문제를 성공적으로 감소시킬 수 있을 것이다. 따라서 이러한 접근방법에 대한 평가는 음주운전이나 폭력과 같은 문제행동을 결과물로써 활용한다. 이번 장에서는 폭력과 기타 문제 행위를 줄이는데 초점을 둔 중재법들을 다루고 있으며, 11장에서는 특별히 음주운전에 초점을 둔 중재법들이 논의되고 있다.

폭력과 상해에 초점을 둔 중재법들은 주류제공 방식의 변화 그 이상을 의미한다. 물론 술에 취하면 공격적인 행동(Bushman 1997)이 유발될 수 있으며, 음주환경에서 폭력과 밀접한 관련성이 있다(Graham et al. 2006b ; Homel and Clark 1994). 음주자의 특성과 음주환경은 알코올의 효과 평가에서 핵심적인 중재역할을 한다(Graham et al. 2006a ; see Graham et al. 1998). 호전적인 태도를 지닌 주점직원 또는 문제행동(Graham et al. 2005a, b ; Hobbs et al. 2002, 2003, 2007 ; Homel et al. 1992 ; Lister et al. 2000 ; Monaghan 2002 ; Wells et al. 1998 ; Winlow 2001 ; Winlow et al. 2001)을 조절하기 위한 직원의 능력부재와 같은 환경적인 조건은 취객의 알코올의 공격성에 직접적인 기여를 할 것이다.

10.1.3 중재유형과 프로그램

상업적인 음주환경을 변화시키기 위한 중재법 혹은 프로그램 등은 그 본질과 깊이에 따라 다양하게 개념화될 수 있다. 첫 번째 유형은 개별적인 주점들 또는 주점 피고용인에 초점을 두고 있다. 증명서 뿐만 아니라 훈련과 주류판매허가 그리고 매니저가 음주환경을 개선시키도록 지원해 주는 방법들 등이 포함된다. 예를 들어, 위험도 평가 설문지와 사업장 내 정책 가이드라인 등이 있다. 이러한 중재법은 (a) 알코올 서비스 또는 (b) 기타 알코올 서비스와는 별개인 문제행동 중 어떤 것에 초점을 두는 가에 따라 구분될 수 있다.

두 번째 유형은 '집행강화' 정도로 정의될 수 있다. 이 중재법들은 고위험 주점을 확인하고 목표대상으로 삼기 위한 전략으로써 집행하거나 혹은 주점들과 주점 직원들에게 압력을 넣기 위해 민사상 법적 책임을 이용하면서 현존하는 법률이나 더욱 개선된 규제 혹은 집행강화를 통한 일반적인 주류판매허가 시스템을 말한다. 이러한 접근법은 간혹 알코올 서비스에 관한 법률이나 규제에 초점을 두지만 폭력과 기타 문제행동이 내재된 더욱 광범위하고 일반적인 예방 목적을 가지고 있다.

세 번째 범주는 집행강화와 함께 개인 사업장들에 초점을 둔 중재법이 포함된 지자체(예 ; 도시, 지방)에 맞춰진 포괄적인 지역사회 접근법이다. 그러나 지역사회 접근법은 단순히 처음 두 가지 유형의 중재법 그 이상을 포함하고 있다. 즉, 조정된 노력과 지역사회의 핵심 책임자들의 헌신 등이 요구되며 종종 주점 그 자체의 문제를 넘어 안전한 거리(예 ; 가로등, 교통수단)와 기타 타 지역사회의 음주환경 등에 대한 주제를 다루기도 한다.

10.2 사업장과 주점종사자에 대한 중재

10.2.1 책임있는 주류 서비스 훈련 및 사업장 내 정책

[박스 10.1]에 설명된 것과 같이, 책임 있는 주류서비스(Responsible Beverage Service : RBS) 프로그램(주류서비스 종사자 훈련 또는 주류서비스 종사자 중재 프로그램으로 설명될 수도 있다)은 주점의 알코올 음료를 제공하는 일에 투입되는 종사자들의 태도, 지식, 기술, 및 실천 등에 초점을 둔다(Carvolth 1995 ; Toomey et al. 1998 참고). '책임 있는 주류서비스(RBS)'의 첫 번째 목표는 과하게 술에 취하는 것과 미성년자의 음주를 예방하는 것이다. 몇 몇 프로그램들은 업소에 대한 정책 개발에 있어 매니저들을 대상으로 한 특별하고 확대된 훈련방법을 실행해 왔다.

[박스 10.1] 책임 있는 주류서비스(RBS) 프로그램의 요소

RBS 프로그램에 일반적으로 포함되는 4가지 요소는 다음과 같다.
- **태도 변화** : 술집 종사자 및 관리자들이 과음방지의 책임을 지도록 과음방지 및 미성년자 주류판매 금지의 이점을 강조함
- **인식 제고** : 음주의 영향, 알코올소비 및 BAC(혈중알코올농도)의 관계, 과음의 징후, 주류판매 관련법과 규제, 법적 책임, 취객이나 미성년자 대응 전략, 주류판매 거부 등
- **기술** : 만취상태 인지기술, 서비스 거부기술, 만취고객 상대 시 문제방지 능력 등
- **실천** : 청소년층 고객의 나이 신분 확인, 과음방지, 만취고객에게 주류판매 거부, 만취고객을 위한 안전 귀가 조치 등

'책임 있는 주류서비스(RBS)' 프로그램 연구는 주로 호주, 캐나다, 스웨덴, 그리고 미국에서 이루어져 왔다. 거의 모든 평가들이 대상자들의 지식과 태도가 향상되었음을 입증하고 있다(see reviews by Graham 2000 ; Lee and Chinnock 2006). 이러한 연구들은 주류접대에 관한 몇 가지 결과를 보여주고 있다. 특히, 주점과 같은 사업장에서 서빙을 하는 사람들은 술에 취해 보이는 고객들에게 다가간다(Gliksman et al. 1993). 그러나 일반적으로 고객의 혈중알코올농도나 마신 술 잔 수만을 근거로 고객에게 개입하지는 않는다(Howard-Pitney et al. 1991 ; Saltz and Stanghetta 1997). 훈련은 술을 더 권하지 않도록 하며, 바람직하지 않은 주류접대 행동을 감소시켜주는

역할을 한다. 또한 음식을 추천해 주거나 천천히 서비스하도록 하는 등 바람직한 중재법을 증가시킨다. 하지만 훈련만으로 실제로 술을 더 요구하는 술 취한 고객들의 요구를 거절하기란 쉽지 않다. '책임 있는 주류서비스(RBS)' 트레이닝을 포함하는 다중 요인 프로그램인 '스톡홀름 알코올 및 약물문제 예방프로젝트(Stockholm Prevents Alcohol and Drug Problems : STAD)'는 통제 지역의 사업장과 비교해 보았을 때 그러한 프로그램이 제공된 사업장에서는 술 취한 단골고객에 대한 서비스 거절이 유의하게 더 많이 이루어졌다는 사실을 발견하였다(Wallin et al. 2005). 그러나 프로그램의 다중 요인(훈련, 강화된 집행, 미디어) 때문에 기타 다른 프로그램에 영향을 미쳐 변화가 생길 수 있음을 지적하였다.

현실적으로 술 취한 손님을 줄이는 것에 대한 몇 몇 연구들은 일반적으로 종업원 훈련을 통해 혈중알코올농도 수준을 낮추는데 기여하였음을 입증하였고(Dresser and Gliksman 1998 ; Geller et al. 1987 ; Russ and Geller 1987), 혈중알코올농도 수준이 높은 손님이 더 적었음을 지적하고 있다(Lang et al. 1998 ; Saltz 1987 ; Stockwell et al. 1993). 또한 의무적인 주점종사자 훈련효과에 대한 시계열분석(주류판매면허 규정 또는 법률에 의해 주점종사자 훈련을 요구하는 지역의 효과성을 검증하는 시계열연구)을 통해 야간에 술에 취한 사람이 더 적게 발견되고(Dresser and Gliksman 1998), 음주운전 및 교통사고가 줄어든 것이 이러한 훈련과 깊은 관련이 있음을 발견하였다. 그러나 다른 몇 연구에서는 술에 취한 손님에게 서비스하는 일 또는 손님이 어느 정도 술에 취한 것 인지에 대한 훈련(Howard-Pitney et al. 1991 ; Krass and Flaherty 1994 ; Saltz and Stanghetta 1997) 등은 혼재된 효과(mixed effects)(Lang et al. 1998)로 인해 효과성을 발견하지 못하기도 하였다.

사업장 수칙과 '책임 있는 주류서비스(RBS)'를 위한 관리지원의 필요성에 대한 인식이 높아졌다(Stockwell 2001 참조). '책임 있는 주류서비스(RBS)'에 대한 많은 프로그램은 표준 사업장 내 정책 실행에 있어 매니저 훈련을 포함해 왔거나 혹은 정책 개발을 위해 '위험도 평가'를 활용하여 왔다(Mosher 1990 ; Saltz 1987). 예를 들어, 지역 주류판매면허제를 포함하는 호주의 자원봉사프로그램인 에프알이오 리스펙츠 유('FREO Respects You') 프로젝트 (Lang et al. 1998)는 다음의 사업장 내 정책 체크리스트를 정하고 있다.

① 술에 취하는 것을 피하기 위한 긍정적인 인센티브 제공(예, 술을 적게 마시거나 전혀 마시지 않는 경우 더 저렴한 가격으로 음식 제공)

② 술에 취하는 경우 인센티브를 제공하지 않음(예, 특별가격)

③ 폐해를 최소화시키기 위한 정책(예, 안전한 교통수단 옵션의 증가)
④ 술에 취하는 것을 최소화하기 위한 정책(예, 음식과 무알코올 음료 제공과 홍보, 음주 이외의 공연제공, 술에 취한 손님에게 천천히 서비스를 제공하거나 서비스를 거절하는 것)

하지만 다수의 연구들은 사업장내 정책에 초점을 둔 중재법의 효과에 대한 한계를 발견하기도 하였다(Howard-Pitney et al. 1991 ; Lang et al. 1998 ; Toomey et al. 2001, 2008).

요약하자면, 많은 연구가 주류종사자 훈련과 손님이 술에 취한 정도에 관한 사업장내 정책 개발에 관한 영향을 입증하였다. 또한 어떤 연구에서는 주(state)의 주점종사자 훈련 의무제와 자동차 사고 감소 간의 관련성을 발견하였다. 그러나 다른 연구에서는 기타 성과나 알코올소비를 줄이는 수단으로서의 가능성에 대한 결과를 보여주지는 못한 경우도 있다. 또한 훈련프로그램들은 상당히 다양한 질과 범위에 영향을 받는 경향이 있으며(Toomey et al. 1998) 훈련프로그램의 효과는 시간이 갈수록 감소될 가능성이 있다(Buka and Birdthistle 1999). 한편으로 호주의 뉴사우스웨일즈에서 '주류판매면허를 가진 종사자의(Scott et al. 2007) 책임 있는 주류서비스(RBS) 훈련 의무'에 대한 최근 연구에서는 술에 취해 보이는 손님에게 서비스를 거절한 보고가 유의하게 증가되고 있다는 사실을 보여주었다.

결론적으로 이러한 결과는 '책임 있는 주류서비스(RBS) 훈련과 사업장 내 정책이 알코올소비, 특히 음주행동의 변화에 큰 영향을 미치고 있으며, 이러한 영향력은 프로그램의 특성과 그 실천의 일관성에 달려 있다. 다른 성과에 대한 책임 있는 음료서비스 훈련의 영향은 좀 미약한 것으로 판단된다. 더구나 손상이나 손상 관련 사고의 감소에는 기여하나 그 영향력의 정도가 다소 약하다(Lee and Chinnock 2006).

10.2.2 공격성과 다른 문제행동의 더 나은 관리를 위한 중재방법

훈련과 면허제도는 주점 종사자들이 문제 손님들을 다루는 방식의 변화를 통해 공격성과 손상을 예방하기 위해 이용되어 왔다. 주점의 입구를 담당하는 직원의 면허제도는 많은 국가에서 의무적으로 시행하지만 그것의 효과성을 알려주는 증거는 많지 않다(Graham and Homel 2008 ; Lister et al. 2001). 그러므로 이 글에서는 다음의 효과성에 초점을 두고자 한다.

① 직원의 자율적인 훈련프로그램
② 더 큰 규모의 지역사회활동프로젝트에 기반한 프로그램

특히 고객을 대상으로 하는 서비스 행위보다는 공격적인 성향의 고객을 다루는데 초점을 두는 훈련프로그램은 몇 가지 이유 때문에 발전되어 왔다. 첫째 모든 문제가 손님들이 만취되었기 때문에 일어나는 것은 아니다(Graham and Homel 2008). 예를 들어, 어떤 주점의 환경은 싸울 장소를 찾는 손님을 유혹한다. 두 번째로는 이미 술에 취해 주점으로 들어온 사람들은 반드시 관리된다는 점이다. 세 번째는 흔히 주점 안에서 일어나는 문제들은 술 취한 손님과 관련이 있기보다 공격적인 혹은 제대로 훈련되지 않은 주점의 종사자들이나 입구에서 입장을 관리하는 종사자들과 더욱 밀접한 관련이 있다. 네 번째는 고객으로 가득 찬 주점에서 술을 마시는 경우, 술을 마시는 정도를 감독하는 것은 매우 잘 훈련된 직원이라 할지라도 쉽지 않다. 다섯 번째는 마초 문화('macho' 문화 ; 남자다움을 과시하는 문화)와 게임, 사람들로 가득 찬 주점 등과 같은 주점 내부의 요인들은 역시 폭력을 자극하는 역할을 할 수 있다.

이러한 프로그램들은 문제행동을 처리하는 보안 인력과 기타 다른 주점종사자를 훈련시키기 위해 많은 국가들에서 개발되었다. 그렇지만 대부분의 경우 최소한의 평가가 이루어진 바가 거의 없다. 단, 주류판매허가에 대한 경영자, 매니저, 그리고 종사자를 위한 캐나다의 'Safer Bars program'이 예외적이다(설명 박스 10.2). 종사자에 의한 조기개입을 증가시키기 위해 설계된 세 시간 훈련프로그램(Braun et al. 2000 ; Graham et al. 2008)은 문제행동을 조절하는데 있어 팀워크와 종사자의 능력을 개선시키고 손님에 대한 손상 위험성을 감소시킨다. 'Safer Bars training'은 주점종사자들과 매니저에 의해 매우 유용하다고 인식되었고, 지식과 태도(Graham et al. 2005b)에 대해 유의한 영향력을 입증하여 오고 있다. 더욱 중요한 것은 대규모 무작위 대조군 연구

[박스 10.2] 안전한 술집 만들기(Safer Bars) 훈련프로그램

안전한 술집 만들기(Safer Bars) 훈련 프로그램에서 상업적 주류판매업소에서의 공격적 행동 방지 및 문제성 행동 관리와 관련해서 다루어지는 6개의 광범위한 영역은 다음과 같다.

- 공격성이 증가하는 원인 및 조기 대처법의 이해
- 상황 판단 및 팀워크
- 냉정 유지(즉, 흥분 자제)
- 바디랭귀지 이해와 이의 효과적 사용(비언어적 소통기술)
- 문제상황 대처 및 만취고객을 다루는 방법
- 주류판매면허업소에서의 폭력방지와 관련된 법적 이슈의 이해

(Graham et al. 2004)를 통해 이 프로그램이 훈련된 관찰자에 의해 기록됨으로써 공격적인 사건이 유의하게 감소하였다는 결론을 도출할 수 있었다.

폭력예방에 초점을 둔 훈련프로그램은 지역사회프로젝트의 구성요소의 하나로 실행되어 왔다. 예를 들어, 호주 퀸스랜드 지역사회프로젝트(Hauritz et al. 1998a ; Homel et al. 1997)에서는 보안관리 훈련 뿐만 아니라 입구의 직원에게 대중통제와 보안에 관한 이틀간의 훈련프로그램을 포함시켰다(Homel et al. 1997). 이 프로젝트와 관련하여 폭력이 전반적으로 감소한 것 이외에도, 주점의 기록에 따르면 직원의 친절도는 증가하였으나 주류에 대한 관대한 서비스가 줄었고, 술집 입구에서는 신분확인이 보다 체계적으로 이루어졌으며 입구 뿐만 아니라 술집 내부에서 직원들의 통제 역할이 증가한 것으로 나타났다(Hauritz et al. 1998a ; Homel et al. 1997).

다면적인 프로젝트인 STAD(스톡홀름 알코올 및 마약 문제방지 프로그램, [박스 10.4]에서 자세히 기술)에서도 이와 유사한 효과가 나타났다. 이 프로젝트는 술집 종사자들과 관리자들을 위한 이틀간의 훈련프로그램을 실시하여, 갈등관리 및 책임있는 주류서비스를 훈련시켰고, 주류판매 관행과 관련한 치안 집행 강화도 실시하였다. 이 프로젝트에 대한 평가 결과 대조지역에서는 공격적 행동이 약간 증가한 반면 실험지역에서는 공격적 행동이 크게 감소한 것으로 드러났다(Wallin et al. 2003).

평가가 진행된 또 다른 다면적 프로젝트는 직원 훈련을 포함하는 TASC(알코올관련 거리 범죄 예방)로 영국 웨일스 카디프에서 실시되었다. 이 프로그램의 결과 지속적인 폭력 감소 효과가 없었고(Maguire and Nettleton 2003 ; Warburton and Shepherd 2006), 훈련으로 인한 직접적 효과도 나타나지 않았다.

전반적인 결과로 볼 때, 문제를 일으키는 태도와 공격적인 태도를 잘 다룰 수 있는 방법을 가르치는 훈련프로그램들은 공격성을 줄일 수 있지만 프로그램의 질과 방법에 따라 결과가 다르게 나타날 수 있다.

공격적인 태도를 줄일 목적으로 진행된 안전한 술집 만들기 프로그램의 결과는 확률적으로 중요한 의미를 나타냈지만 실제로는 모든 이목을 끌만한 결과를 가져오지 않았다. 퀸스랜드 연구와 STAD 프로젝트의 훈련프로그램들은 큰 규모의 지역사회활동 접근법이 내제되어 있었고 이에 따라 여러 요소들이 포함되어 있었다. 또한 이 요소들로 인하여 종사자들의 태도 변화를 유도하고 폭력을 감소시키는데 어느 정도 기여하는 것으로 판단된다. 책임있는 주류서비스에 대한 훈련과 같이 공격적인 태도를 다스릴 수 있는 훈련프로그램들의 효과는 시간이 지날수록 하락할 수밖에 없다. 예를 들어, 매니저나 안전요원들의 이직 횟수가 많은 곳에서는 안전한 술집 만들기 프로그램의 효과는 적었다. 또 하나의 비슷한 예를 들자면 서퍼스 파라다이스(Surfers Paradise) 중재효과는 2년 만에 감소하였다(Hauritz et al. 1998b). 그러나 STAD 프로젝트가 예외였던 이유는 바로 10년 계획으로 기초한 중재 전략이었기 때문에 효과가 유지되었을 뿐 아니라 시간이 지날수록 효과가 증가하였다.

10.3 법적 책임을 포함한 법 집행 강화

법 집행은 책임있는 주류서비스 및 기타 개입과 관련된 정책 및 훈련의 효과에 대단히 중요한 의미를 지닐 수 있다. 행정규제, 형법, 불법행위방지법 등 다양한 종류의 민법을 포함해 여러 형태의 법 집행이 여기서 논의되는 개입에 잠재적으로 관련되어 있다. 경찰 이외에도 정책 입안자나 주류면허 검열관 같은 규제 관료가 법 집행 강화에 종종 관여하게 된다. 이러한 개입은 대개 강력한 인센티브로 사용되는 규제적 제재(면허 취소 또는 정지 위협)를 통해 주류판매면허업소로 하여금 영업 방식을 바꾸도록 한다. 법 집행 강화를 포함하는 개입은 알코올판매 뿐 아니라 알코올관련폐해 예방에도 효과적인 중재방법이다.

10.3.1 주류법 집행 강화 및 예방적 치안

술집이나 음식점에서 술에 취한 고객에게 주류 판매를 금지하는 법 집행 강화에 대한 평가에 따르면(McKnight and Streff 1994), 집행에 아무런 변화가 없었던 대조지역에 비해 법 집행이 강화된 자치주에서는 가짜 취객(예, 술에 취한 척 연기)에 대한 주류 판매 거부율이 상당히 높은 것으로 나타났다. 미국에서 실시된 조사에서는 비교 데이터 수집이 가능했던 3개 자치주(대조지역)에서 음주운전(DWI : Driving While Impaired) 기소에 변화가 없었던 반면, 실험지역에서는 음주운전 기소가 상당히 감소한 것으로 나타났다. 게다가 법 집행 강화로 인한 집행비용보다는 음주운전예방으로 인한 이익이 훨씬 많았다(Levy and Miller 1995).

주류판매면허업소를 주기적으로 방문하는 등의 예방적 치안은 음주 및 미성년자 주류 판매와 관련한 범법행위 감소를 위해 사용되었던 법 집행 전략과 약간 차이가 있다. 영국에서 실시된 초기 연구에서는 이 예방적 치안이 효과적인 전략인 것으로 나타났으나(Jeffs and Saunders 1983), 후에 호주에서 수행된 동일한 연구에서는 긍정적 영향이 명확하게 나타나지 않았다(Burns et al. 1995). 영국에서 실시된 또 다른 연구조사(Stewart 1993)와 뉴질랜드에서 실시된 연구(Sim et al. 2005)에서는 효과가 약간 있는 것으로 조사되었지만, 치안 강화 시기가 끝난 이후에는 영향이 없는 것으로 나타났다(Graham and Homel 2008 참조).

10.3.2 선별 치안

선별 치안은 음주 상황을 바꾸기 위해서도 사용되어 왔다. 호주의 알코올-링킹 프로젝(Alcohol-Linking Project)(Wiggers et al. 2004)에서 경찰은 사건의 혐의자에게 마지막으로 술을 마신 장소가 어디인지를 조사하였다. 그 답변은 특정 술집을 선별하여 예방 활동을 벌이는 데에 사용되었다. 해당 지역의 모든 주류판매면허업소에 피드백이 제공되었고, 해당 업소가 다른 업소에 비해 얼마나 자주 선별되었는지 선별 횟수를 알려 주었다. [박스 10.3]에 기술된 대로, 이 프로젝트에서는 선별 치안이 통계적으로 크게 유의하지는 않으나 긍정적 영향을 미치는 것으로 나타났다. 또한 이 프로젝트는 선별 치안이 실험지역에서 고정적인 치안 활동의 일부가 되도록 개입이 이루어졌

[박스 10.3] 알코올 링킹(Alcohol-Linking) 프로젝트

호주 뉴사우스웨일즈에서 실시되고 있는 알코올 링킹(Alcohol-Linking) 프로젝트는 (a) 경찰이 출두한 사건에 연루된 사람이 마지막으로 음주를 한 장소를 기록하고 (b) 이 정보를 활용하여 고위험 상업적 주류판매업소에 대한 선별적 법 집행을 실시(Wiggers et al. 2004)하는 것이다. 경찰과의 협력 하에 설계된 이 프로젝트의 법 집행 관련 측면은 다음과 같다.

- 경찰이 주류판매면허업소에 해당 업소에서의 음주와 관련하여 발생한 것으로 신고된 사건이 기술된 맞춤형 피드백 보고서 제공
- 고위험 주류판매업소의 책임있는 서비스 및 관리 관행에 대한 감사 기간 동안 경찰이 해당 업소를 방문
- 위 감사 결과가 주류판매면허업소에 통보되고 서비스 및 관리 개선에 대한 권고가 이루어지는 동안 경찰이 후속 방문(Wiggers et al. 2004 : 358)

위 프로그램에 대한 무작위 대조 평가에 따르면 대조 조건에서보다 실험집단에서 알코올관련 사건이 크게 줄어든 것으로 나타났다. 이 평가 결과는 확률값 $p = .08$로, 유의수준에 약간 미치지 못했다($p < .05$).

이 프로젝트의 중요한 목표는 최후 음주관련 규약을 치안의 고정 요소로 만드는 데 있었다(Daly et al. 2002 ; Wiggers et al. 2004). 9년간 지속된 이 과정의 핵심 측면은 다음과 같다.

- 경찰, 산업, 현지 업소의 대표로 구성된 자문위원회의 적극적 역할
- 알코올관련 규약의 효능 및 수용도를 입증하는 증거 기준 개발
- 해당 규약이 통상적 치안의 요소로 채택될 가능성 입증
- 알코올관련 범죄에 관한 영향 증명
- 충분한 자원 확보를 위한 다른 기관과의 협력(Wiggers et al. 2004)

다. 단기 집행 강화의 영향이 일시적인 것을 감안하면 이는 중요한 성과라 할 수 있다. 뉴질랜드 경찰도 이와 유사한 음주관련 정보수집(Alcohol Link Intelligence) 프로그램을 시행하였다. 이 프로그램에서는 최종 음주장소 및 측정된 혈중알코올농도에 관한 데이터가 경찰 사건기록지에 기록되고 중앙에서 이를 분석하여 각 경찰서에 그 결과가 배포되었다. 알코올 링크(Alco-link) 데이터 상에 빈번하게 상호가 기록되고 다른 증거도 발견이 되면 해당 업소는 면허를 박탈당할 수 있다.

웨일즈에서 실시된 TASC 프로젝트에서는 폭행률이 높은 업소 2곳에 대해 집중적으로 치안 집행을 실시하고, 현지 병원 응급실 담당부서가 이 업소에서 발생한 상세 부상내역을 그래픽으로 발표하는 충격요법도 함께 병행하였다(Warburton and Shepherd 2006). 그러한 개입으로 해당 2개 업소에서 응급실로 실려가는 환자 수가 크게 줄어들었으나, 단 2개 업소에 대해서만 사전-사후 조치를 실시하는 빈약한 연구 설계로 그러한 개입의 효과가 광범위하게 나타나지는 못했다.

10.3.3 주류판매면허업소 서빙직원, 관리자, 업주의 법적 책임

미국에서는 미성년자 또는 술에 취한 자에 의해 부상을 당하면 피해자가 그 부상을 입힌 자에게 술을 서빙하거나 판매한 소매업자에게 손해 배상을 청구할 수 있도록 규정하고 있는데, 이를 드램샵법(dram shop liability laws)이라고 한다(Mosheret al. 2002). 드램샵법에 따라 업주 및 주류판매면허소지자는 해당 직원의 행동에도 법적 책임을 져야 한다. 연구조사 결과 드램샵법 실시로 신원 확인 및 서비스 관행에 대한 관심이 크게 증가하는 것으로 나타났다(예. Sloan et al. 2000). 1990년대에 실시된 여러 차례의 평가에서 술집 주인과 직원에게 음주 관련 손해에 대한 법적 책임을 부과한 주는 그렇지 않은 주에 비해 교통사고 사망자수(Chaloupka et al. 1993 ; Ruhm 1996 ; Sloan et al. 1994a) 및 살인율(Sloan et al. 1994b)이 줄어든 것으로 나타났다. 드램샵법으로 음주 관련 교통사고 사망자수는 미성년자의 경우 3%~4%, 성인 운전자의 경우 4%~7%로 감소하였다(Benson et al. 1999 ; Chaloupka et al. 1993 ; Whetten-Goldstein et al. 2000). 중요한 것은 드램샵법이 혈중알코올이 낮든 높든 사망자수에 영향을 주는 것으로 나타났다는 점이다(Benson et al. 1999).

술집 주인과 직원의 태도 및 행동이 이러한 변화에 영향을 준다는 결과가 여러 연구에서 발견되었다(Holder et al. 1993 ; Sloan et al. 2000). 이러한 해석과 일관되게 와겐나와 홀더(Wagenaar and Holder 1991)의 연구에서는 술집 서빙 직원의 법적 책임에 관해 의도적으로 광고를 했던 어느 주에서 부상을 야기하는 단독 차량의 야간시간 교통사고가 12% 감소한 것으로 나타났다. 이는 다른 주의 경향과 비교해 보았을 때 통계적으로 유의한 변화이다.

주목할 만한 것은 (민법, 불법행동방지법에 따라) 취객이 야기한 손해에 대해 판매자에게 법적 책임을 묻는 것에 관한 대부분의 연구가 미국에서 수행되었다는 점이다. 캐나다와 호주에서도 주류 판매자 책임과 관련해 성공적인 사례가 있으나(Solomon and Payne 1996 ; Johnston 2001), 대부분의 국가에서는 법 체제가 이러한 법적 책임의 확대 해석을 용납하지 않는다.

10.4 지역사회 차원의 접근법

10.4.1 지역사회 동원

지역사회 행동 프로젝트라고도 불리는 지역사회 동원 프로그램은 상업적 주류 판매업소와 관련된 문제를 해결하고, 음주 관련 문제에 대해 구체적인 해결책을 마련하며 업소 주인에 소음 수준이나 고객 행동 같은 사안에 대해 책임을 지도록 압박을 가하기 위해 사용되어 왔다(Hauritz et al. 1998a, b ; Homel et al. 1992 ; Putnam et al. 1993). 법 집행 접근법과 함께 지역사회 행동 프로젝트는 보통 알코올소비뿐 아니라 음주 관련 폐해를 예방하는 성과가 있었다.

[박스 10.4]는 현재까지 가장 포괄적으로 실시된 지역사회 행동 프로젝트인 스웨덴의 STAD 프로젝트를 보여준다(Wallin and Andréasson 2005 ; Wallin et al. 2002 ; 2005 ; Wallin et al. 2004 ; Wallin et al. 2003). 이 프로그램은 긴 실행기간, 핵심 이해 관계자의 지원, 지속적인 치안 집행이 성공 요인인 것으로 보인다.

[박스 10.4] 스톡홀름 알코올 및 마약 문제 방지(STAD) 프로젝트

10년 동안 실시된 이 프로젝트는 스톡홀름 중심지의 남부(270개 주류판매면허업소 보유)를 대조군으로 하여, 북부(550개 주류판매면허업소 보유)에서 실시되었다. 이 프로젝트의 첫 번째 부분은 주류판매면허업소에 대한 조사, 만취고객에 대한 주류판매 범위에 관한 연구를 포함하였다. 자치구 의회, 주류판매허가청, 경찰, 공중보건, 주류 및 외식업체 대표로 구성된 행동집단이 주도한 이 프로젝트는 (1) 서빙 직원, 보안요원, 업소 주인을 위한 2일간의 책임 있는 주류서비스 훈련 코스 제공과 (2) 주류판매허가청 및 경찰에 의한 법 집행을 강화하는 것이었다. 이 프로젝트의 평가에서 각기 다른 프로젝트 수행 책임이 참여 기관 간에 어떻게 배분되는지를 규정한 서면합의서에 고위 관료가 서명한 것이 매우 중요한 단계였다(Wallin et al. 2004).

이 프로젝트는 시간이 지나면서 탄력을 받는 듯 했다. 만취 고객에 대한 주류판매 거부율이 1996년 5%에서 1999년 47%, 2001년 70%로 증가하였다(Wallin et al. 2002 ; Wallin et al. 2005). 대조지역에서도 주류판매 거부가 늘어났으나(이 프로젝트의 파급 효과가 일부 반영된 것일 수도 있다), 프로젝트 실시 지역에서 RBS 훈련을 받은 업소가 주류판매 거부율이 더 높았다. 폭력 범죄가 대조지역에서 약간 증가한 반면 실험지역에서는 폭력 범죄가 29% 감소한 것으로 추산되었다(Wallin et al. 2003).

이 프로젝트가 성공을 거둔 주요 요인은 행동집단의 구성원 특히 주류판매면허청장의 강력한 지원, 긍정적 매체 보도, 연구데이터에 의해 제공된 증거, 경찰의 법 집행 활동 지속과 증가 덕분인 것으로 보인다. 이 프로젝트가 성과를 문서화하고 그 성과를 기반으로 더욱 발전해가며 실행을 지속할 수 있는 구조를 갖출 수 있었던 이유는 10년이라는 프로젝트 기간 때문이었다. 10년이라는 실행기간을 확보하기 위한 노력이 성공의 핵심요인인 듯하다.

성공적인 지역사회 동원의 또 다른 예는 서퍼스 파라다이스 프로젝트(Surfers Paradise Project, Homel et al. 1997)와 그와 관련된 프로젝트이다(Hauritz et al. 1998a). 이 프로젝트의 목적은 호주 퀸즈랜드의 서퍼스 파라다이트 리조트 타운에 밀집되어 있는 주류판매면허업소와 관련된 폭력 및 무질서를 줄이는 것이었다(Homel et al. 1997). 이 프로젝트의 3가지 주요 전략은 (1) 과업집단과 안전감사 발족을 위한 커뮤니티 포럼(Community Forum) 창설, (2) 위험 평가 실행, '모범 업소 정책(Model House Policies)' 및 '실행 규약(Code of Practice)' 마련, (3) 주류판매면허 검열관에 의한 주류판매면허업소 모니터링 개선 및 경찰의 법 집행 강화이다. 이 프로젝트와 북부 퀸즈랜드의 도시 3곳에서 실행된 관련 프로젝트(Hauritz et al. 1998a)는 알코올정책 집행을 강화하고 술집 직원 행태를 상당히 개선시켰으며 술집에서의 폭력을 크게 감소시키는 결과를 가져왔다. 프로젝트 실시 이후 관측 100시간 당 사건 발생 수가 서퍼스 파라다이스에서는 조사 전 9.8건에서 4.7건으로, 관련 프로젝트 실시지역에서는 조사 전 12.2건에서 3.0건으로 줄어들었다. 그러나, 이 프로젝트 초기에 나타난 영향은 지속되지 않았다. 서퍼스 파라다이스에서 프로젝트가 실시된 후 2년 동안 폭력사건 발생이 8.3건으로 증가하였다. 이러한 사건 발생률의 회귀는 지역사회 행동 프로젝트에서 달성된 성과를 유지할 수 있는 방안을 모색해야 할 필요성을 보여주었다. 이러한 단기간에 원상태로 되돌아가는 것을 막기 위해 STAD 프로젝트(Box 10.4 참조)가 오랜 기간에 걸쳐 실행된 이유이기도 하다.

로드아일랜드 커뮤니티 알코올남용/손상 예방 프로젝트(Rhode Island Community Alcohol Abuse/Injury Prevention Project, Putnam et al. 1993)는 음주가 허용되

는 주류판매업소 및 허용되지 않은 업소 모두와 관련된 음주 관련 손상을 줄이기 위해 지역사회 동원 접근법을 사용하였다. 이 프로젝트를 위해 지역사회 1곳이 무작위로 추출되었고 다른 2곳이 대조군으로 사용되었다. 이 프로젝트에서는 5시간의 책임 있는 주류서비스(RBS) 훈련 프로그램, 음주가 허용되는 주류판매업소 및 허가되지 않은 업소를 위한 정책 개발, 알코올 및 음주운전(DWI) 법 집행 강화, 경찰 훈련, 대중매체 광고를 실시하였다. RBS 프로그램을 통해 이 프로젝트가 실시된 지역사회의 주류서비스 종사자 61%가 훈련을 받았다. 음주가 허용되는 주류판매업소(79%) 및 허용되지 않는 업소(100%) 모두 모범업소 정책 도입률이 높게 나타났다. 훈련이 실시된 후 인식이 제고되고 자진 신고된 서빙 행동에 상당한 개선이 있었으며 그 효과는 대부분 4년 이상 지속되었다(Buka and Birdthistle 1999). 응급실 방문 손상의 경우 9%, 폭행은 21%, 교통사고는 10% 줄어든 반면 대조지역에서는 감소하지 않았다. 프로젝트 실시 지역에서 알코올관련 폭행 체포율이 27% 증가하였음에도 응급실 입원이 줄어든 것은 법 집행 강화가 손상 감소에 매우 중요한 역할을 했을 수 있다는 것을 시사한다. 그러나 서퍼스 파라다이스 프로젝트와 마찬가지로 후속 데이터에서는 이 프로젝트에 의해 촉진된 집행 강화가 프로젝트 종료 후 지속되지 않았음을 보여주었다(Stout et al. 1993).

새크라멘토 지역사회 알코올예방프로젝트(SNAPP)로 알려진 최근의 프로젝트는 인근 지역에서 실시되는 동안 지역사회 접근법의 효과성을 평가하였다(Treno et al. 2007).

이 프로젝트의 전반적인 목표는 폭행이 빈번히 발생하는 저소득 지역사회 2곳에 거주하는 15세에서 29세의 알코올에 대한 접근 및 관련 문제를 줄이는 것이었다. 이 프로젝트는 지역사회 동원, 지역사회 인식제고, 책임있는 주류서비스 훈련 및 미성년과 취객에 대한 주류판매를 금지하는 법 집행 강화를 실시하였다. 이 연구를 설계하면서 단계별 접근법이 활용되었으며, 두번 째 지역사회를 대조군으로 지정하고 관련 프로젝트를 실시하였다. 프로젝트가 실시된 2곳을 비교한 결과 미성년으로 보이는 고객에 대한 주류 판매는 상당히 줄었으나 만취 고객에 대한 주류 판매에는 아무런 영향이 없었다. 이 평가에서는 새크라멘토 전체와 프로젝트가 실시된 2곳을 비교하였다. 실험지역 2곳 모두 경찰이 보고한 폭행, 응급실 의료서비스 실적, 폭행 및 교통사고 사건이 크게 감소한 것으로 나타났다. 그러나 해당 지역 2곳은 사건 발생률이 높아 프로젝트 실시 지역으로 선택되었던 것이기 때문에 새크라멘토 전체와 비교가 불가하고 따라서 조사결과를 해석하기가 쉽지 않다.

10.4.2 자발적 '합의'

자발적 합의는 STAD 및 서퍼스 파라다이스 같은 지역사회 행동 프로젝트보다 범위가 다소 좁은 형태의 지역사회 접근법이다. 이 접근법은 알코올관련폐해를 야기하는 활동 및 광고를 제한하기 위하여 지역 유흥산업 및 주류판매면허업소 간에 체결하는 자발적 합의 또는 '실행 규약'을 말한다. 한 예로 [박스 10.5]에 기술된 호주의 질롱 합의(Geelong Accord)는 술 판매업소 한 곳에서 다른 곳으로 자리를 옮기는 고객으로 인해 발생하는 문제를 다루고 있다. 이 합의에 따라 밤 11시 이후에는 최소 입장료를 부과하고(Lang and Rumbold 1997), 11시가 되면 고객들로 하여금 입장료를 다시 지불하도록 하고, 일단 자리를 떠난 업소에는 재입장을 허용하지 않도록 하는 법이다. 지역사회 합의(Community Accords)라는 아이디어는 호주에서 시작되어 점점 널리 확산되었다(McCarthy 2007). 유사한 접근법이 뉴질랜드 및 다른 국가에 도입되었다. 질롱 합의의 인기와 효과성에 대한 증거가 존재함에도 불구하고, 엄격한 평가결과에 따르면 전적으로 자발적인 합의는 알코올소비 및 관련 폐해를 감소시키지는 않는 것으로 나타났다(Hawks et al. 1999 ; see also review by Graham and Homel 2008).

[박스 10.5] 질롱 합의(Geelong Accord)

질롱 합의(Geelong Accord)는 술집을 옮겨 다니는 행태(pub-hopping) 및 관련 문제를 줄이기 위해 호주에서 한 지역사회의 현지 경찰에 의해 시작되었다. 질롱 합의의 또 다른 목적은 미성년 고객의 과음을 최소화하는 것이었다. 이 합의에서 규정된 사항은 밤 11시 이후 술집 입장 시 입장료(cover charge) 부과, 여성대상 입장료 면제 금지, 입장료 1회당 무제한적 재 입장 금지, 과음을 야기하는 술 권유 금지, 주류판매업소의 일관된 주류판매 정책, 미성년자 음주 및 거리 음주관련 법 집행강화 등이다. 술집 주인들은 이 합의가 긍정적인 영향을 미친다고 보고하였으며, 이는 1일 폭행건수가 0.8에서 0.5로 감소한 것으로 조사된 관측 결과와 일치된다(Felson et al. 1997).

대조 평가의 부재로 인해 질롱 합의의 평가결과는 유보적이다. 그러나 이 합의는 현지 범죄율에 실질적이고 지속적인 영향을 준 것으로 보인다. 현지 경찰의 지원이 이러한 자발적 합의의 성공에 있어 핵심 요소인 듯하다.

선별 치안을 포함하는 영국 웨일스 카디프의 TASC 프로젝트는 경찰이 주도하고 다수 기관이 참여하는 프로그램으로 지역사회의 정책 결정, 책임 있는 주류서비스 훈련, 보안요원 자격 부여, 인지행동 치료 및 학교 교육 프로그램 실시를 목표로 하였다. TASC는 지역사회 프로젝트로 개발되었으나 본 연구에서는 합의의 범주에 포함시키고 있다. 왜냐하면 이 프로젝트가 주류판매면허업소 간의 합의에 기반을 두고 있으며, 평가가 실시되기 전 이 프로젝트의 다른 많은 요소들이 완전히 실행되지 않았기 때문이다. 폭력이 감소했다는 증거가 일부 존재하지만, 상반된 평가결과가 도출되었고 프로젝트의 사전 사후 설계가 취약하여 이 프로그램의 효과성에 대한 결론을 확정하기에는 다소 애로가 있다(Maguire and Nettleton 2003).

지역사회 행동 접근법이 전반적으로 효과가 있다는 증거들이 있으나, STAD 프로젝트처럼 오랜 기간 실시되지 않으면 그 효과는 지속되지 않는 것으로 나타났다. 지역사회 행동 접근법의 요소가 복합적이기 때문에, 수행 연구에서는 이 접근법의 효과성에 기여한 특정 요소를 식별할 수 없었다. 로드 아일랜드 및 STAD 프로젝트의 경우 법 집행이 핵심적인 역할을 담당한 것으로 보인다. 반면 법 집행은 퀸스랜드 프로젝트에서는 역할이 다소 줄어든 것으로 판단된다(Graham and Homel 2008). 이는 직원 훈련, 주류판매면허업소에 대한 사회적 압박, 지역사회의 참여, 공식적 및 비공식적 규제의 결합 등과 같은 다른 측면들 역시 폐해성을 줄이기 위해 음주 상황을 변화시키는 효과적인 전략이 될 수도 있음을 시사한다. 반면 자발적 합의에 관한 지금까지의 증거들은 이 자발적 합의들이 큰 영향을 주지 않을 것임을 말해준다.

10.5 기타 접근법

10.5.1 사회적 물리적 환경에서의 위험 낮추기

위에 기술된 많은 전략들은 주류판매업소의 물리적 사회적 환경에서의 위험을 줄이도록 설계된 요소들을 포함하고 있다. 한 예로 위험평가가 다수의 책임 있는 주류서비스 프로그램의 일부분이 되었다(Graham 2000). 안전한 술집 만들기(Safer Bars) 프로그램은 업소의 물리적 배치, 서빙 직원 및 보안요원의 성격, 마감 시간, 술집 환경의 기타 측면과 관련된 업소 내의 위험을 줄이도록 술집 주인과 관리자를 지원하기 위한 환경위험평가(Graham 1999)를 포함하고 있다. 위험평가는 퀸스랜드 프로젝트(Hauritz et al. 1998a, b ; Homel et al. 1997) 및 알코올 링킹(Alcohol-Linking) 프로젝트(Wiggers et al. 2004)에서 필수적인 요소이기도 했다. 이러한 예방적 접근법은 술집 환경을 변화시킴으로써 고객 행동을 개선하기 위해 지난 세기에 사용되었던 전략들이 보다 체계적인 형태로 발전한 접근방식이다(Graham and Bernards 2009 ; Gutzke 2006).

주류판매업소의 물리적 사회적 환경을 바꾸는 전략의 효과성에 대한 직접적 평가는 수행되지 않았다. 퀸스랜드 프로젝트의 평가에서 발견된 일부 증거에 따르면 환경적 변화가 공격성을 감소시킬 수 있다(Homel et al. 2004). 그러나 안전한 술집(Safer Bars) 프로젝트에 대한 평가에서는 훈련이 핵심 요소인 것으로 나타났다(Graham and Homel 2008). 그러므로 주류판매업소의 환경 및 공격성의 관계에 관한 일관된 증거가 있다고 해도 아직은 환경의 변화가 폐해 감소와 관계가 있다는 강력한 증거는 되지 못한다.

10.5.2 유리잔

일반 유리잔이 술집에서 일어나는 싸움에서 무기로 사용되는 경우, 발생할 수 있는 자상 및 다른 심각한 부상을 방지하기 위한 폐해 감소 조치의 하나로 강화유리가 권장되어 왔다(Alcohol Concern 1996). 그러나 무작위 대조 시험에 따르면 강화유리 사용 시 술집 직원의 부상은 실제로는 증가한 것으로 나타났다(Warburton and Shepherd 2000). 이는 금속, 종이 또는 플라스틱 주류 용기가 현재로서는 유일하게 안전한 대안일 수 있음을 시사한다. 유리잔 사용 금지 효과에 대한 최근 연구에서는 성격상 예비 연구이기는 하지만 그러한 금지 조치가 실행 가능하고 부상을 감소시킬 것이라는 결과가 있다.

10.5.3 업소입장 차단(Lockouts)

업소입장 차단은 야간에 발생하는 문제를 해결하기 위하여 호주에서 최근에 실시한 규제적 접근법이다. 업소입장 차단은 주류판매업소가 마감 시간까지는 특정 시간 전에 입장한 고객에게 주류를 계속 판매하되 그 이후에 입장하는 고객에 대해서는 입장을 거부하도록 하는 것을 말한다. 이 접근법이 현재 호주의 여러 중심지에서 시행되고 있지만, 현재까지 그 효과성을 입증하는 증거는 없다(Chikritzhs 2009). 2008년 호주 멜번에서 3개월 간 시범적으로 업소입장차단 조치가 시행되었지만, 다수의 야간 업소에 예외 조항이 적용되어 그 실행이 제한적이었고 시범기간 동안 시중 조사업체가 실시한 포괄적 평가에서는 상반된 결과가 나타났다(KPMG 2008).

10.6 상업적 주류판매업소 이외의 접근법

이론적으로는 적어도 상업적 주류판매업소에 대해 사용된 접근법 중 일부가 다른 음주 상황에서의 폐해를 감소시키기 위해 사용될 수 있다. 그러나 주류판매면허업소 이외에 다른 음주 상황에서의 폐해감소에 관한 연구는 그리 많지 않으며, 효과성을 명확히 입증한 연구도 많지 않다. 제3자가 종종 주류판매면허업소(Wells and Graham 1999), 축제 및 다른 음주 행사(Perez 2000)에서 일반적으로 성인들의(Graham and Wells 2001) 공격적 행동 및 다른 문제성 행동을 통제하는 역할을 담당한다. 그러므로 술집 직원에 초점을 둔 예방적 개입 이외에 친구를 예방의 동인으로 활용하는 노력이 이루어져 왔다(예, 친구는 친구가 음주운전 하도록 방치하지 않는다 – friends don't let friends drive drunk – 캠페인 : 참조 Hawkins et al. 1977 ; McKilip et al. 1985 ; McKnight 1990). 한 연구(Kennedy et al. 1997)에 따르면 21~34세 남성으로 구성된 표본의 55%가 그러한 개입을 받았던 것으로 응답하였지만, 음주운전에 대한 이러한 프로그램의 효과는 아직 입증되지 않았다. 이와 유사하게 디 크레스피그니(De Crespigny et al. 1998) 등은 술집에서 여성 고객들이 안전 문제와 관련해 여성 친구들에 의존한다고 언급하였다. 잠재적 피해자나 주변인을 훈련시키는 것이 타인의 음주로부터 발생하는 폐해를 줄이는 방법으로 효과가 있을 것처럼 보이지만, 아직까지 이러한 전략의 효과성에 관한 체계적인 연구는 이루어지지 않았다.

10.7 결 론

음주 중 발생 가능한 폐해를 최소화하는데 초점을 두는 개입들이 특히 음주가 널리 용인되는 사회 및 환경에서 점점 더 빈번히 실시되고 있다. 음주 상황에서의 개입에 관한 평가는 주로 몇몇 선진국에서 수행된 연구에 바탕을 두고 있다. 그러나 이러한 선진국에서도 현재 실행되고 있는 개입의 대부분이 적절하게 평가되지 못했다. 어느 프로그램이 평가되고 효과가 있는 것으로 밝혀졌다고 해서 그 프로그램과 유사한 형태의 프로그램 모두가 반드시 모든 상황에서 효과가 있는 것은 아니다(Komro et al. 2008). 세금이나 가격조정 같은 보다 직접적인 정책적 접근법과 다르게 음주 상황에 초점을 맞춘 프로그램들은 통상적으로 여러 요소들이 복잡하게 결합되어 있다. 예를 들어, 책임있는 주류서비스(RBS) 프로그램은 질, 강도 및 실행에서 매우 다양한 양상을 보이기 때문에 효과성에 대한 평가 결과가 모두 일치하지는 않을 것이다. 마찬가지로 치안집행 강화의 효과도 집행범위, 질, 실행의 일관성에 따라 다르게 나타날 것이다. 지역사회동원 접근법은 이보다 더 복잡하다. 이 접근법의 영향은 해당 요소의 성격, 수, 질뿐만 아니라 각 요소가 실행되는 강도에 따라서도 다양하게 나타난다. 결국 프로그램이 실행되는 상황 자체가 부분적으로 평가 결과를 결정하게 된다. 문제 발생률이 높은 상황에서 실시되는 프로그램은 상대적으로 문제 발생률이 낮은 상황에서 실시될 때 보다 개선의 여지가 더 많다(Ponicki et al. 2007).

RBS 프로그램, 공격성 관리 및 예방 프로그램에서 실시된 술집 직원의 훈련은 두 프로그램 모두 효과가 있을 수 있다는 것이 입증되었다. 그러나 그 효과가 대체로 적었고 모든 평가에서 상당한 효과가 있는 것으로 나타나지는 않았다. 특히 RBS 프로그램의 훈련은 훈련이 법 집행에 의해 지원을 받는 상황에서만 고객의 실제 음주수준에 지속적인 영향을 주는 것으로 나타났다.

훈련 프로그램의 잠재적 효과성은 서두에서 기술한 이론적 틀을 고려함으로써 더 잘 이해될 수 있을 것이다. 특히 유흥산업의 문화 및 역사를 살펴보면 보상(예 ; 금전적 보상, 서비스 제공에 대한 만족감), 법 집행 및 법적 책임부과라는 잠재적 위험 등 추가 억제책 없이 서비스를 제공하라는 사회적 압박에 대항하기에는 RBS에 관한 교육이 충분하지 않다는 것을 알 수 있다. 반면 공격성을 방지하기 위한 훈련 프로그램은 법 집행과 법적 책임부과로 인한 추가 억제 효과를 반드시 필요로 하지는 않을 것이다. 왜냐하면 공격성은 대부분의 업소에서 금전적으로나 사회적으로 이익이 되지 않기 때문이다.

경찰, 주류판매허가, 시 당국 및 다른 기관에 의한 법과 규제의 집행 강화는 상업적 음주 환경에서 폐해를 줄이기 위한 강력한 수단인 것으로 평가되었다. 법 집행 강화는 체포 및 처벌 위험의 증가, 변명 제거 등 상황적 억제를 통해 효과가 나타날 것이다. 그러나 법 집행 접근법 조차도 상반된 결과를 보이고 있으며, 이는 법 집행 접근법의 효과성 또한 실행의 질, 강도, 일관성에 따라 달라진다는 것을 시사한다. 뿐만 아니라 현재로서는 법 집행 접근법이 양질의 훈련프로그램, 지역사회 동원 및 기타 전략의 활용에 의해 그 효과가 얼마나 강력해질지 알려진 바가 별로 없다.

주류판매면허업소에 초점을 맞춘 지역사회 행동 프로그램은 문제성 행동 및 잠재적 부상 감소를 위해 적어도 일부 상황에서는 효과적인 전략인 것으로 입증되어 왔다. 그 이유는 아마도 이러한 광범위하고 다중 요소로 이루어진 접근법이 후견인의 역할을 확대하고 수많은 상황적 억제책을 실행하며 몇몇 촉진요인을 제거할 수 있기 때문일 것이다. 그러나 이 프로젝트는 법 집행 강화 및 유지 등 많은 자원과 장기적 노력을 요한다. 더구나 지역사회 접근법의 효과성이 입증되었음에도 그 본질적 요소 또는 복합적 요소가 아직 알려지지 않았다.

요약하건대 상업적 주류업소와 같은 고위험 환경에 초점을 두는 것은 몇 가지 장점이 있다. 첫째, 고위험군에 속하는 대상 특히 청소년층 및 위험한 음주 관행이 만연한 하부 문화에 개별적으로 접근하는 방식보다 그 효과가 더 광범위하다. 둘째, 다양한 접근법(예 ; 훈련, 법 집행, 환경적 위험요인 감소)을 동시에 적용할 수 있다. 마지막으로 고위험 환경에 초점을 두는 대부분의 접근법들은 일반적으로 대부분의 문화에서 용인되는 것으로 인식되며, 포괄적 알코올통제 및 세제 조치와 같이 수용도가 적은 예방 차원의 전략보다 실행이 더 용이하다. 따라서 음주 환경에서의 폐해를 줄이기 위한 조치는 알코올관련문제를 예방하기 위한 복합적 전략에서 하나의 유용한 요소이다.

제 11 장

음주운전 예방과 대책

제11장

음주운전 예방과 대책

11.1 개 요

도로교통 안전상황이 크게 향상되기는 했지만, 아직도 자동차 사고는 특히 선진국의 공중보건의 주요 이슈이다. 2002년 전 세계 교통사고 사망자는 110만 명에 달했으며(Peden et al. 2004), 종합적으로 2002년 도로교통상해는 전 세계 사망원인 중 2.1%로 11위를 차지했다. 교통사고로 소요되는 비용은 매년 GNP 1~2%에 해당하는 5천억 달러에 달하는 것으로 추정된다(GRSP 2007). 유럽지역의 세계보건기구 고소득국가들의 교통사고사망률은 100,000명 당 11명, 서태평양지역은 100,000만 명당 12명이다(Peden et al. 2004). 그에 반해 저, 중간 소득국가들의 지역적 평균은 훨씬 높다.

예를 들어, 아프리카지역의 사망률은 100,000명 당 28명이 넘는다. 일반적으로, 고소득국가들에서는 최근 수십 년 동안 교통사고 사망률이 감소하고 있지만 저, 중간 소득국가들은 그렇지 않다. 교통사고 사망률과 상해율의 주요한 요인은 음주이다. 고소득 국가들에서 치명적 상해를 입은 운전자들 중 약 20%가 단속기준 이상의 혈중알코올농도를 보였다(Peden et al. 2004). 저, 중간소득 국가들에 관한 연구에 따르면 치명적 상해를 입은 운전자 중 33~69%와 비치명적 상해를 입은 운전자 중 8~29%가 음주운전자였다.

전반적인 교통사고의 추이와 마찬가지로, 음주관련사고 역시 1970년대부터 1990년대 초반까지 상당한 감소세를 보인 후 변동이 없거나 다시 증가하기 시작하였다(Sweedler and Stewart 2009). 최근 몇 년간 음주관련사고가 크게 증가한 곳도 있었다. 일례로, 스웨덴의 치명적 음주운전 사고율은 2000년에는 20%에 불과했으나 2006년에는 42%까지 증가했다. 비록 신뢰할만한 자료가 부족하나, 개발도상국에서는 음주운전으로 인한 사고 및 사망률이 감소하지 않았으며, 이들 국가 중 대부분은 오히려 증가세를 보인 것이 확실하다(Davis et al. 2003).

이 장은 음주와 운전의 상관관계와 함께 이들 관계에 대한 이해를 음주관련 상해 및 사망예방대책 설계에 적용할 수 있는 방법에 대해 설명한다. 이 장의 시작은 알코올관련폐해의 주요 메카니즘으로써의 혈중알코올농도에 대한 논의이다. 그 다음은 폐해최소화에 대한 현재의 이론들에 대한 설명이며, 다양한 법적 및 규제조치를 뒷받침하는 증거들에 대한 검토와 음주운전을 줄이기 위해 고안된 규율 및 절차들에 대한 검토가 이어진다.

11.2 혈중알코올농도(BAC)와 운전수행능력

혈중알코올농도(BAC)란 음주자의 혈액 속에 있는 알코올의 양을 말한다. 혈중알코올농도는 일반적으로 부피당 질량으로 측정한다. 예를 들어, 혈중알코올 0.02%란 개개인의 혈액 100그램당 0.02그램의 알코올이 있다는 말이다. 혈중알코올농도에 가장 큰 영향을 미치는 요인은 음주량이지만, 몸무게, 음주비율 및 음주 당시 위 속의 음식량과 같은 요인들에 따라서 달라지기도 한다(Mumenthaler et al. 1999 ; Ogden and Moskowitz 2004).

혈중알코올농도의 객관적인 측정법은 알코올과 운전 장애 사이의 용량반응 관계 연구를 가능하게 하였고, 음주운전 정책 발전에도 기여하였다. 혈중알코올농도 0.05%이면 판단 및 반응기능이 손상되며, 0.10%가 되면 능동적 운동제어 능력이 크게 떨어진다(Davis et al. 2003). 연구들은 혈중알코올농도가 0.04%~0.05%일 때 교통사고의 위험성이 상대적으로 상당히 높아지게 된다는 것을 보여준다(Moskowitz and Fiorentino 2000). 예를 들어, 혈중알코올농도 0.02%~0.049%의 운전자가 나이와 성별에 따라 치명적인 교통사고에 연루될 가능성이 2.5~4.6배 더 높다는 사실이 확인되었다(Zador et al. 2000). 혈중알코올농도 0.04%일 때의 사고위험은 혈중알코올 0.00%보다 1.18배 높으며, 0.08%에서는 2.7배, 0.15%일 때는 22.1배나 높다. 전반적으로, 혈중알코올농도가 높아질수록 교통사고 위험은 기하급수적으로 증가한다(참조 그림 11.1). 하지만 심지어 매우 적은 양(0.015%)으로도 2개 이상의 시각 정보들에 집중을 분산시켜 운전자의 능력을 손상시킬 수도 있다(Ogden and Moskowitz 2004).

알코올은 교통사고의 위험뿐 아니라 사고의 심각성 역시 증가시킨다. 따라서 최소한 한 명의 음주운전자가 포함된 사고는 음주운전자가 전혀 개입되지 않은 사고보다 치명적이거나 심각한 장애의 결과를 초래한다(Moskowitz et al. 2002 ; Zador 1991 ; Zador et al. 2000). 일반적으로 치명적인 알코올관련 사고에 연관된 운전자 수는 여성보다 남성이 약 1.5배 높으며, 이러한 사고는 특히 미국의 20대 초반의 운전자들 사이에서 가장 많이 발생한다(NHTSA 2008).

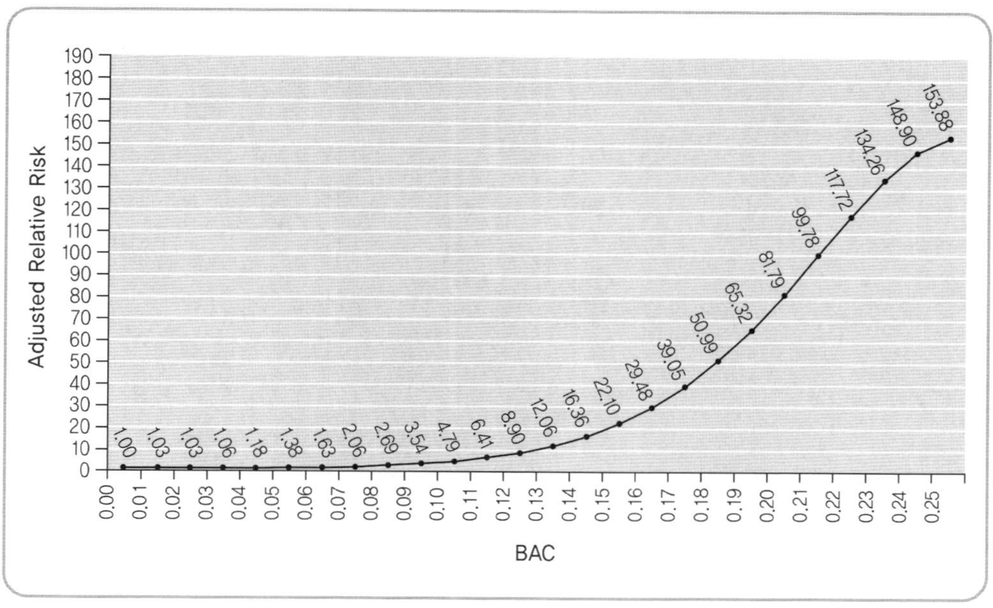

[그림 11.1] 혈중알코올농도(BAC)에 따른 상대적 충돌 위험

Source : Blomberg et al. (2005)

중요한 것은, 가끔이지만 비교적 많은 양의 술을 마시는 운전자들은 다른 음주자들과 비교했을 때 음주운전사고에 연루될 위험성이 증가한다는 사실이다(Gruenewald et al. 1996 ; Treno et al. 1997 ; Valencia Martin et al. 2008). 실제로, 가끔 과음하는 보통의 음주자들이 알코올에 영향을 받은 운전자의 상당한 비율을 차지한다(Flowers et al. 2008). 그러므로 개인수준에서, 알코올의존자 혹은 알코올중독자로 진단받은 운전자들은 한 번에 다섯 잔(남자기준, 여자는 4잔) 이상을 마셔본 적이 없는 운전자들 보다 치명적인 음주관련 사고에 연루될 가능성이 약 1.8배 더 많다(Voas et al. 2006). 이와 대조적으로, 알코올의존자 혹은 중독자는 아니지만 가끔 다섯 잔(남자기준, 여자기준시 4잔) 또는 그 이상을 마시는 음주자들은 이러한 사고에 관련될 가능성이 2.6배 더 높다. 그러나 인구 비율 때문에, 알코올의존 또는 중독 진단을 받은 운전자가 치명적인 사고에 연관되는 경우는 겨우 13%인 것에 반해, 가끔씩 5잔 이상을 마시는 음주자는 25%, 5잔 이하를 마시는 음주자의 경우는 57%에 달한다.

음주운전을 더 많이 하게 되는 주말이나 밤 시간에 운전자들을 상대로 무작위 호흡측정을 한 연구결과에서 보듯이 음주운전의 성행은 각 사회에 따라 그 정도가 다르다. 스칸디나비아 국가들의 음주운전자 수는 비교적 적은 편이다(Andenaes 1988 ; Ross 1993). 교통량이 가장 많은 시간대에도, 이 국가들에서 중간 내지 높은 수준의 혈중알코올

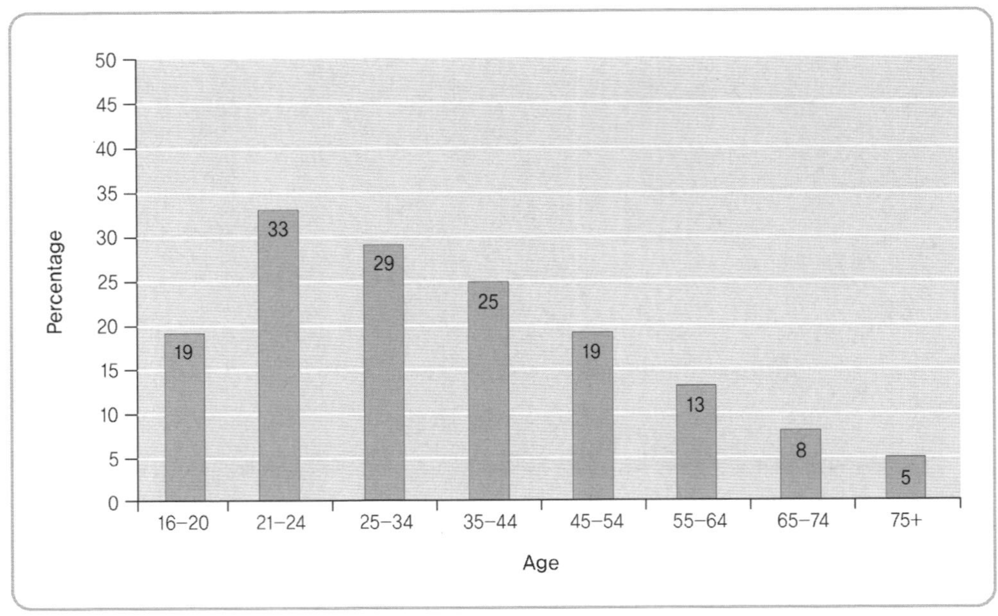

[그림 11.2] 연령별 혈중알코올농도 0.08 이상자의 치명적인 교통사고 백분율(미국)
Source : NHTSA, 2008

농도가 발견되는 운전자는 1% 미만이다. 호주, 미국, 캐나다, 프랑스, 네덜란드 같은 나라들에서는 밤 여가 시간 때에 보통에서 높은 혈중알코올농도를 나타내는 운전자들이 5~10%로 비율이 더 높았다. 최근 미국의 한 도로변 조사에 따르면 호흡에서 알코올이 측정된 운전자는 15%, 혈중알코올농도 0.05% 이상의 운전자는 6%였다(Lacey 1et al. 2007). 브라질의 디아데마(Diadema)에서 유사한 방법으로 수행된 도로변 연구에서는 상당히 높은 음주운전비율이 나왔다(Duailibi et al. 2007). 이 연구에서는 23.7%의 운전자들이 알코올을 섭취하였고 19.4%는 혈중알코올농도 0.06% 이상으로 단속기준 이상이었다. 바와 레스토랑, 나이트클럽이 밀집되어 있고 차량 통행량이 높은 브라질의 벨로 호리존때 지역에서 행한 두 번째 연구(Campos et al. 2008)에서는 38.0%의 운전자의 호흡 속에서 알코올이 감지되었고 19.6%는 법적 기준치를 초과하였다.

음주운전률에 대한 사회적 차이 또한 운전자 조사에서 나타난다. 2002년~2003년 유럽 도로 교통 위험에 대한 사회적 태도의 전화조사 자료에 의하면 평균적으로 15%의 유럽 운전자들이 적어도 일주일에 한 번은 음주 후 운전을 한다고 답했다(Cauzard 2004). 지역별로 큰 차이가 있었는데, 싸이프러스, 이탈리아, 스페인과 포르투갈에서는 20% 이상의 운전자들이 적어도 일주일에 한 번은 음주운전을 한다고 하였으며, 이와는 대조적으로 폴란드, 스웨덴, 헝가리, 체코, 에스토니아, 그리고 핀란드에서는 3% 미만의 운전자들만 그렇다고 대답하였다. 일반적으로, 남부(43%)와 서부(19%) 유럽 국가들에서 상대적으로 음주운전이 널리 퍼져 있었고, 북부(8%)와 동부(11%) 유럽 국가들에서는 낮은 빈도를 나타내었다.

종합적으로 5%의 운전자들이 설문조사일 1주 전에 최소 한 번은 법적 기준치를 초과한 채 운전하였다고 진술하였다. 이런 음주운전 경향이 가장 높은 곳은 싸이프러스(22%)이며, 이어서 이탈리아, 스페인, 그리스, 그리고 크로아티아(7%~8%) 순이었다. 스웨덴, 폴란드, 덴마크, 핀란드 그리고 영국(1% 미만)에서는 가장 낮은 수치를 보여주었다. 음주운전률에서 주목할 만한 차이가 남부유럽(13%), 북부유럽(0.2%), 동부유럽(4%), 그리고 서부유럽(4%)국가들 사이에서 관찰되었다. 미국에서는 23퍼센트의 운전자들이 지난 일 년 동안 음주 후 2시간 이내에 운전을 한 경험이 적어도 한 번은 있고 19%는 지난달에 그렇게 운전한 적이 있다고 보고하였다(Royal 2003).

11.3 음주운전에 대한 정책적 접근

음주운전 정책이란 음주 후 운전을 줄이기 위한 법률과 규제장치 및 규정들과 시행절차를 말한다. 이 정책들은 그런 조치들을 집행하는 것 또한 포함한다(Grube 2007 ; Grube and Stewart 2004). 이러한 정책들의 주요 목적은 음주운전을 방지하고 알코올에 대한 접근성을 줄이는 것이다. 음주운전 정책의 억제 효과는 정책의 엄격성, 시행의 확실성 그리고 신속성에 달려있다(Ross 1992). 일반적으로 확실하고 신속하게 집행된 엄중한 벌칙은 위험한 행동들을 방지하는데 가장 효과적이다. 그러나 벌칙이 심할수록 적용이 드물게 적용될 가능성이 크고, 적발된 사람들도 절차가 지체될 가능성이 크다. 그러므로 엄격성은 종종 확실성과 신속성을 약화시킬 수 있다. 그러므로 적발하여 신속하게 벌칙을 부과하는 의무가 특히 중요할 것이다. 매우 드물게 집행되는 음주운전 처벌은 분명히 효과적이지 않다.

실제로 한 연구는 음주운전 위반 체포와 적발에 대한 의무를 높이는 정책들이 벌칙을 증가시키는 정책들보다 음주와 관련된 교통사고 사망사건들에 더 큰 영향을 끼친다고 제시하고 있다(Benson et al. 1999). 전반적으로 포괄적인 접근법들이 음주운전과 관련 폐해들을 낮추는데 크게 기여하고 있음을 이 연구는 강하게 지지하고 있다. 미국에서의 한 연구에 따르면 단속실행이 저조한 지역 사람들은 단속실행이 심한 지역 사람들에 비해 60%나 더 음주운전을 하는 경향이 있다고 보고하였다(Shults et al. 2002).

이와 비슷하게 일본에서는 혈중알코올농도 기준을 낮추는 것, 높은 범칙금, 구류 판결을 포함한 새로운 포괄적 음주운전법안 도입으로 음주운전관련 교통사고 사망사건들이 33%~39% 정도 감소되었다(Desapriya et al. 2007 ; Nagata et al. 2008). 특정 정책들에 대한 증거자료는 하단에 요약해 놓았다.

11.4 음주운전정책 리뷰

11.4.1 법적 혈중알코올농도(BAC) 제한의 하향조정

혈중알코올농도와 교통사고 위험 사이의 강한 관련성에 기초하여, 여러 국가들은 혈중알코올농도가 특정 기준치를 초과해 구속 가능한 주취상태를 규정하는 법인 per se laws를 제정하였다. 혈중알코올농도는 운전자의 혈액 샘플이나 내쉬는 호흡을 분석함으로 측정할 수 있다.

휴대용 운전자 호흡측정기의 발명과 혈중알코올 수준으로 운전 장애를 정의한 법이 더해져 선진 국가들에서 음주운전 대처법에 대한 법률 집행에 일대 혁신이 일어났다(Mann et al. 2001). 혈중알코올농도 제한은 알코올의 영향 하에 법적으로 운전할 수 있는 한계치를 설정한다. 국제 한계치는 0.0%(0.0 mg/ml)에서 0.10%(0.1 mg/ml) 사이이고 대부분의 나라에선 0.05%(0.5 mg/ml)이다(Desapriya et al. 2003). 국제적 증거의 초기 리뷰에 따르면 혈중알코올농도 제한을 하향 조정한 정책들은 지속적으로 교통사고 횟수를 감소시킬 뿐 아니라, 운전자의 양성 혈중알코올농도 및 단독차량 야간사고 등의 지표에도 영향을 끼친다. 그러나 그 효과의 정도는 지역별로 현저한 차이가 있으며, 일시적 현상인 경우도 있다. 노스트룀(Norström 1997)에 따르면 스웨덴에서는 1990년 '혈중알코올농도 0.02%법'을 시행하여 치명적인 교통사고를 6%까지 감소시켰다. 1976년과 1992년 사이, 호주의 4개 주에 대한 일별 교통사고를 분석한 자료에 의하면 0.05% 혈중알코올농도 제한으로 치명적 교통사고 감소율이 뉴사우스 웨일즈의 8%에서부터 퀸스랜드의 18%까지 이른다. 남 호주의 도로교통 조사 자료에서 혈중알코올농도 단속에 걸린 운전자들이 14% 정도 줄었음이 관찰되었다(Kloeden and McLean 1994).

미국의 자료 분석에 따르면 혈중알코올농도 허용치를 0.10%에서 0.08%로 낮춘 것이 치명적 음주운전 교통사고가 14.8%로 줄어든 것과 관련이 있다고 한다(Tippetts et al. 2005). 이러한 혈중알코올농도 기준을 낮추는 것이 면허취소법과 단속이 빈번한 주에서 더욱 효과가 있었다. 또 다른 미국의 연구에서는 혈중알코올농도 허용치를 0.10%에서 0.08%로 조정한 것이 단독 야간 차량사고가 5.2% 감소하였으며, 다른 가능 혼란변수를 제거한 뒤에도 여전히 관련이 있음을 발견하였다(Bernat et al. 2004). 단속기준농도 0.08%는 미국 전역에 걸쳐 지속적인 효과를 나타내었다. 또 다른 미국의 1976년에서 2002년에 걸친 시계열적 연구에서는 혈중알코올농도 법적 허용치를 0.10%에서 0.08%로 낮추는 것이 연간 360건의 사망을 방지하며 0.05%로 더 낮추면 추가로 연간 538명의 생명을 살릴 수 있을 것이라고 추정하였다(Wagenaar et al. 2007b).

혈중알코올농도 허용치를 낮추는 것이 운전자들의 모든 운전 장애 수준에 영향을 주었음에도 불구하고 지역별로는 커다란 편차가 있었다. 즉, 혈중알코올농도 허용치 하향 조정은 소량만 마신 운전자 뿐만 아니라 많이 마신 운전자 등 모두에게 영향을 주었다. 15년간의 시계열 자료를 이용한 미국의 한 연구는 혈중알코올농도 허용치를 0.08%로 제한함으로써 알코올과 관련된 치명적 야간 단독 차량사고가 7%~10% 정도 감소했다는 유사한 결론을 보고하였다(Kaplan and Prato 2007). 혈중알코올농도 허용치 하향 조정은 남자 운전자와 젊은 운전자들에게 덜 효과적인 것으로 보인다. 또 다른 시계열 연구에서는 혈중알코올농도 허용치를 0.10%로 낮춘 주들에서 혈중알코올농도가 0.08% 이상이거나 0.01% 이상인 운전자들이 연루된 심각한 교통사고가 9% 감소했음을 발견하였다(Dang 2008). 혈중알코올농도를 0.08%로 더 낮춘 주들에서는 9%의 추가 감소가 발견되었다. 유럽 연구는 상대적으로 엄격한 법 집행이 수반되지 않는 한 혈중알코올농도 한계치를 낮추어도 효과적이지 않을 것이라고 제안한다(Albalate 2006). 그래서 0.05%의 혈중알코올농도 허용치는 그 전의 허용치(주로 0.08%)와 비교하여 한 사람당 치명적 교통사고 감소와 별 유의한 관련이 없었으나 음주단속 초소를 설치하여 단속하는 것과 병행했을 때는 1인당 치명적 교통사고가 4.3% 감소하였다.

요약하면 여러 국가들에서 실시된 연구들은 혈중알코올농도의 법적 제한치를 제정하거나 낮추는 것은 음주운전 사고의 예방 효과가 있다는 강한 증거를 보여준다(Albalate 2006). 이러한 정책의 효과는 많은 나라들로 하여금 점점 더 강화된 엄격한 혈중알코올농도 수준을 설정하도록 하였다. 운전을 위한 법적 제한치를 도입하고 낮추는 것은 음주운전으로 인한 사고에 장기적이고 지속적인 영향을 미칠 수 있다(Asbridge et al. 2004 ; Mann et al. 2001 ; Fell & Voas, 2009). 그렇지만 지속적이고 가시적인 법 집행이 없이는 효과가 희석되고 시간이 지남에 따라 약해질 것이다.

로스(Ross 1982)는 엄격한 혈중알코올농도 허용치의 장기적 억제 효과가 감소할 수 있는데 왜냐하면 초기에는 운전자들 자신이 적발될 가능성을 실제보다 크게 생각하지만 시간이 지나면 사실은 그 가능성이 아주 낮다는 것을 깨닫게 되기 때문이라는 것이다. 이 같은 가정이 사실이라면, 혈중알코올농도 기준치 하향조정의 억제효과 강화를 위해서는 강력하고 실질적인 법 집행과 대중매체의 협력이 중요할 것이다.

11.4.2 집행 : 선택적 호흡측정과 무작위 호흡측정

음주운전 저지의 핵심은 확실한 처벌집행이다. 불행하게도 음주운전으로 적발되거나 유죄 선고를 받을 실제 경우는 매우 낮다(Ross 1992). 체포와 처벌의 확실성을 높이기 위한 전통적 방법은 음주운전 단속의 빈도와 가시성을 높이는 것이다.

법 집행을 강화하는 방법의 하나로 음주운전 검문소에서 집행관이 공공도로에 미리 지정된 곳으로 통과하는 모든 차량을 체계적으로 세우고 운전 가능한 상태인지를 확인하는 것이다. 음주운전 검문소의 목표는 운전자들이 자신이 단속될 위험률을 감지하고 음주운전을 억제하도록 하는 것이다. 이러한 초소들은 주로 음주운전자들의 비율이 가장 높은 늦은 밤이나 이른 새벽, 그리고 주말에 설치된다.

이러한 접근법의 단점은 위반경험이 있는 사람들이 (어느 정도의 타당한 이유를 가지고) 단속을 피할 수 있다고 믿는다는 데 있다. 실제로, 미국에서는 혈중알코올농도가 0.10% 이상인데도 경찰의 단속을 빠져 나가는 운전자가 50%에 이른다는 증거가 있다(McKnight and Voas 2001). 이러한 한계가 있다 보니 개인적으로 음주 단속 검문소를 경험한 운전자들이 친구, 친척이나 미디어를 통해 간접 경험한 운전자들에 비해 음주운전으로 걸릴 가능성이 상대적으로 낮다고 믿는 것은 놀랄 일이 아니다(Beck and Moser 2006).

그러나 국제적 연구들을 메타분석을 실시 한 결과 음주 검문소가 치명적 교통사고는 20~26%, 전체적인 교통사고는 20% 감소시킨 효과가 있는 것으로 나타났다(Shults et al. 2001 ; Elder et al. 2002). 보다 최근의 연구들은 이러한 효과들을 확실하게 해 주었다. 샬로츠빌(Charlottesville)의 음주단속 검문소 프로그램을 재분석한 결과 버지니아 주의 다른 지역에 비하여 이 지역의 야간 교통사고가 11.3% 감소되었음을 발견하였다.

주목할 만한 몇몇 실패 사례도 보고되었다. 메릴랜드 검문소 타격대 캠페인은 음주운전이나 알코올관련 사고에 대하여 감지할 만한 효과가 없었다(Beck 2009 ; Beck and Moser 2006). 이 캠페인 기간 동안 음주운전으로 구속당할 것이라는 운전자들의 위기의식은 오히려 감소했다. 상대적으로 적은 수의 검문소들이 운영되었고 대중매체들도 대부분의 운전자들에게 다가가기 위한 노력을 충분하게 하지 않았다. 결과적으로, 이 프로그램에 대해 알고 있는 운전자들은 30%에 불과했고, 프로그램을 직접 경험한 운전자들은 10%도 채 되지 않았다. 비록 검문소들이 음주운전을 상당량 감소시킬 수는 있지만 그것이 성공하기 위해서는 강력한 시행, 높은 가시성 그리고 대중 인식이 있어야 한다(Homel 1993). 효과가 분명히 있는데도 불구하고 음주운전 감소를 위한 방안으로써 검문소 운영은 충분히 이용되지 않고 있다. 경우에 따라서는, 특히 미국처럼, 그들 주의 법률이나 헌법과 상충되기 때문에 법 집행 기관들이 검문소 운영을 하지 않는다.

음주단속 검문에 대한 다른 장벽으로는 이러한 검문이 어렵고 비용이 높으며, 단속 인력의 시간 역시 많이 소모된다고 믿는 인식 등이 있다(Fell et al. 2003). 하지만 비용대비 효과적이고 인력이 적게 드는 검문소들은 음주운전이나 사고에 대하여 상당한 효과를 가져올 수 있다는 것을 여러 연구들이 보여 준다(Lacey et al. 2006).

뉴질랜드나 호주 그리고 몇 유럽 국가들에서는 무작위 음주측정(Random Breath Testing, RBT) 또는 의무 음주측정(Compulsory Breath Testing, CBT) 제도를 실시하고 있다. 이 방법은 경찰이 아무 범법 사항이 없더라도 운전자들을 무작위로 멈추게 한 후 호흡검사를 받게 하는 것이다. 무작위 음주측정의 결정적인 요소는 운전자들은 누구든지 언제라도 정지하여 호흡 검사를 받아야 한다는 것이다. 무작위 음주측정은 그러한 계도 효과를 극대화하기 위해 아주 잘 보이고 대중에게 잘 알려질 수 있는 방식으로 실행되어야 한다.

무작위 음주측정을 실행하는 많은 법치국가들에서는 운전자들이 단속받을 확률이 사실상 높다. 1999년에 무작위 음주측정을 받았다고 응답한 운전자들은 호주에서 82%였던 반면 미국과 영국에서는 각각 29%와 16%로 나타났다(Williams et al. 2000). 보다 최근의 호주 퀸스랜드에서는 연간 운전자당 한 번의 검사에 해당하는 호흡검사가 실시되었고 이 결과 설문조사에 응답한 운전자들의 75%가 최근 6개월 동안 RBT 시행을 본 적이 있고 41%는 본인이 직접 호흡검사를 받았다고 하였다(Watson and Freeman 2007). 중요한 점은 무작위 음주측정을 피하기 위해 운전습관을 바꾼 운전자는 많지 않았으며 무작위 음주측정을 피하기 위해 다른 길로 갔다고 응답한 운전자는 9% 미만이었고, 운전 시간대를 바꿨다고 응답한 운전자는 3% 미만이었다. 무작위 음주측정을 보았거나 정지되어서 테스트를 받은 운전자는 음주운전으로 체포될 가능성을 더 많이 인지하고 있었으며, 이는 음주운전 제지 효과라는 무작위 음주측정 프로그램의 목적과 일관된다. 그러나 이 측정에 노출된 운전자들이 음주운전 대안법들(예, 금주, 대중교통 사용 등)을 좀 더 자주 사용하는 지는 보고되지 않았다.

유효한 기록들은 무작위 음주측정이 알코올관련 교통사고를 감소시키기 위한 효과적인 전략임을 제시하고 있다. 무작위 음주측정과 선별되어진 검문소에 대한 초기 국제적 연구들에 대한 평가(Peek-Asa 1999)는 호주의 무작위 음주측정은 평균적으로 알코올과 관련된 사망사고를 33%, 알코올관련 상해 17% 그리고 전체적 사망사고의 35%를 감소시켰다고 제시하였다. 프로그램 효과는 시행된 지역과 시간에 따라 큰 차이가 있었는데 예를 들어, 총 사망사고는 20%~76%, 알코올과 관련된 상해는 0%~24% 사이의 감소를 보였다.

견고한 조사 설계를 위해 선택된 17개의 연구들의 메타분석은 무작위 음주측정이 치명적 교통사고 사망의 22%의 감소, 총 교통사고의 18%가 감소 그리고 혈중알코올농도 0.08 이상의 운전자수 24% 감소와 연관이 있음을 발견하였다. 뉴질랜드의 1987년부터 1997년 사이에 충돌사고 데이터를 사용한 의무 호흡 측정(Compulsory breath testing, CBT)의 평가를 통해 심각하거나 치명적인 야간 충돌 사고가 22% 감소한 것을 발견하였다(Miller et al. 2004). 이 프로그램에 대한 대중매체의 홍보는 이러한 충돌사고들을 14% 더 감소시켰다. 전반적으로 의무 호흡 측정프로그램은 1997년에 홍보비용을 초과한 10억 달러(1996년 미국 달러)를 절약한 것으로 추정된다.

즉, 이 연구는 음주단속 검문소와 무작위 호흡 측정이 음주운전과 관련된 충돌사고, 손상, 사망에 지속적이고 상당한 효과를 미칠 수 있다는 상당히 강한 증거를 보여준다. 연구결과, 충돌사고 감소에 있어 20%의 효과가 있었던 음주운전 검문소와 18%의 효과를 보인 무작위 음주측정은 비슷하다. 그러나 각 검문소와 의무 호흡 측정 프로그램마다 그 효과에 있어서는 상당한 차이를 보인다. 음주운전 검문소와 무작위 호흡 측정 프로그램 둘 다 가시성, 집행의 강도, 대중의 인식 등을 포함한 많은 요인들이 성공의 중요한 변수로 보여지고 있다. 음주운전 검문소와 무작위 호흡 측정은 경찰에 의해 정지되고 검사 받게 될 것이라는 인식 가능성을 증가 또는 강화시키는, 첫째 높은 가시성, 둘째 강력한 집행, 셋째 지속성과 일관성, 넷째 광범위한 홍보가 함께 이루어졌을 때 가장 효과적이다.

11.4.3 벌칙의 강도

억제이론의 원리는 재범을 막기 위해서는 범행에 대한 처벌의 강도가 충분히 높아야 한다는 것이다. 다른 모든 조건들이 동일하다면 처벌의 정도가 강할수록 더 효과적이라는 것이 일반적인 의식이다. 하지만, 위에서 보았듯이 엄격성을 증가시키면 억제효과를 증대시키는 벌칙의 확실성과 신속성 같은 요소들이 감소할 것이다.

음주운전의 심각성은 일반적으로 의무 최소 벌금을 도입하거나 최대 벌금에 변화를 주는 식으로 다루어져 왔다. 음주운전에 대한 강제 구류형에 대하여 많은 연구들이 이루어졌다. 전체적으로 강제 구류형의 효과에 대한 증거는 엇갈린 결과를 보여준다. 소수의 연구들에서는 그 벌칙이 음주운전관련 사망사고 및 관련된 결과들을 감소시킨다(Stout et al. 2000)고 하였으나 대부분의 연구에서는 그러한 효과들을 발견하지 못하였다(Benson et al. 1999 ; Legge and Park 1994 ; Ross and Klette 1995 ; Ruhm 1996 ; Sloan et al. 1994). 단독 야간사고나 음주사고에 대한 강제 구류 선고들에 대하여 전 미국에 걸쳐 실시한 최근의 시계열분석 연구에서는 그 선고의 집행 또는 강도(기간)가 뚜렷한 효과를 보여주지 못하였다(Wagenaar et al. 2007a). 한 연구에서는(McKnight and Voas 2001) 최소 구금과 같은 더 강한 벌칙은 그러한 벌칙이 제위반자들에게 보호관찰이나 치료와 같은 프로그램에 참여하도록 동기부여를 하는 간접적인 효과를 미칠 수도 있음을 관찰하였다.

강제 벌금이 음주운전을 감소시킨다는 어느 정도의 증거가 있다. 실제로 미국의 한 연구에서는 강제 벌금이 혈중알코올농도 0.08 이상의 음주운전자들에 의한 치명적 사고를 평균 8% 감소시켰다(Wagenaar et al. 2007a). 벌금 1달러 증가로 인해 연간 단독 야간운전 사고 연관 운전자 수가 0.023명 감소했다고는 하지만, 벌금의 크기 자체는 치명적 사고율과는 큰 연관이 없었다. 하지만, 그 결과는 각각의 주마다 다양했으며 전체적으로는 강제 벌금의 실행이 단독 야간운전 사고에 영향을 주지 못하였다. 1984년에서 1995년까지 미국의 행태위험요인 조사(U.S. Behavioral Risk Factor Survey)의 자료를 가지고 수행한 또 다른 연구에서는 최초 음주운전 위반에 대한 최소한도 벌금의 크기가 적당한 음주가들 중에서는 음주운전 자진신고와 반비례하였으나 과도한 음주자들에서는 그렇지 않다는 것을 보여주었다(Stout et al. 2000). 하지만 다른 연구들에서는 벌금을 올리는 것이 알코올관련 교통사고에 대하여 아무런 효과가 없었다.

종합적으로, 제재강화 자체가 음주운전이나 음주관련 교통사고를 감소시킨다는 주장에 대한 증거는 한계가 있다. 과도한 법제로 벌칙적용이 지연된다거나 검사 측에서 사건을 끝까지 처리하지 못하는 경우 오히려 역효과를 낳을 수도 있다(Stout et al. 2000). 많은 경우에 있어 벌금 인상과 구류 선고와 같은 더욱 강한 제재조치들의 집행은 다른 정책 변화들과 혼동되어 독자적인 효과를 확인하기 힘들다.

음주운전에 대한 효과를 평가할 때 제제조치들의 전반성을 고려하는 것이 더 합리적일 것이다. 이러한 점과 관련하여, 보다 엄격하고 포괄적인 음주운전 정책을 가진 주(state)의 주민들은 비교적 덜 엄격한 정책을 시행하는 주(state)보다 음주운전률이 약 60% 낮은 것으로 밝혀졌다(Shults et al. 2002)

일본에서의 강력한 규제의 도입으로 16세에서 19세 사이의 운전자들에서의 음주교통 사고 사망률이 상대적으로 39% 감소하고, 성인 운전자들에서는 33% 감소되었다(Desapriya et al. 2007). 이 규제조치에는 혈중알코올농도 기준 0.05%에서 0.03%로 하향조정, 벌금액 10배 상향조정, 3년형 선고 가능성 및 업소주인의 법적 책임 등을 포함하고 있다. 이와 유사하게, 1999년 대만에서 실시한 음주운전 규제조치에는 강제구금선고, 상당량의 벌금 및 면허정지 등이 포함되었다. 새 정책은 또한 대중매체의 상당한 주목을 받았다. 한 평가에서는 20개월에 걸친 적용 결과 음주관련 치명적 교통사고가 73% 감소하였음을 보여주었다(Chang and Yeh 2004). 흥미롭게도, 이 정책의 효과가 처음에는 크게 보였으나 나중에는 감소하였는데, 이는 규제조치를 강화하는 것이 자연적인 라이프 싸이클을 가지고 있고 새롭게 개정된 집행이나 또는 이러한 노력을 강화하기 위한 대중매체의 주목을 동반하지 않는 한, 시간이 지날수록 그 유효성를 잃게 될 것임을 보여준다.

11.4.4 벌칙의 신속성

벌칙의 신속함 또는 신속성이란 음주운전 사건에 대해 얼마나 빨리 벌칙이 가해지느냐를 뜻한다. 억제효과 이론에서는 신속하게 적용되는 벌칙이 지연된 벌칙보다 경고효과가 더 클 것이라고 제시하고 있다.

음주운전에 대한 많은 규제들은 법원의 절차들과 행정적 처리 과정들로 인해 기간이 길게 지연이 된 후에야 부과된다. 한 예외는 음주운전에 대한 확정판결 전 면허취소(administrative license revocation, ALR) 또는 정지 행정처분이다. 면허정지 행정처분은 면허당국이 주로 사건 즉시 또는 단시간 내에 이의제기 절차를 거치지 않고 운전면허를 정지시킬 수 있다. 이 제도는 미국의 50개 주 가운데 40개 주와 캐나다의 13개 지역 가운데 10개 지역에서 허용되었다.

면허취소 행정처분 집행은 75%에 이르는 위반자들이 면허취소 상태에서 계속 운전을 하게 되기 때문에 문제가 될 수도 있다(Voas and DeYoung 2002). 그러나 최근 평가에서는 면허취소 행정처분이 음주관련 교통사고에 지속적인 효과를 미치는 것으로 보여지고 있다. 온타리오에서 시행된 90일간의 면허취소에 대한 최근 평가는 이 조치가 전체 운전자 사망 사고율 14% 감소와 연관이 있음을 보여주었다(Asbridge et al. 2009).

맥나이트와 보아스(McKnight and Voas, 2001)는 미국의 면허취소 행정처분이 알코올관련 교통사고를 평균 5%로 감소시키고 충돌에 의한 사망사고를 26% 감소시켰다고 보고하였다. 이와 비슷하게, 46개 주에서의 면허취소 행정처분을 장기간 추적 조사한 결과 알코올관련 사망사고 운전자들이 모든 연령대에서 5% 정도 감소하였음을 발견하였다(Wagenaar and Maldonado-Molina 2007). 비록 모든 혈중알코올농도 수준에서 사고율을 낮추는 지속적 효과가 있음이 나타났지만, 이 연구는 중간 또는 고수준의 혈중알코올농도 사고 보다 저수준 혈중알코올농도 사고에 더 큰 효과가 있다는 것을 발견하였다.

마지막으로, 초보운전자들에 대한 연구는 위반한 운전자들이 6개월의 면허정지를 받을 때 비용 대 효과비는 투자한 1달러당 11달러로 결론지었으며, 이는 면허취소가 비용효율이 높은 전략임을 보여준다.

11.5 상습위반의 예방 : 치료, 강화된 규제조치, 차량 프로그램, 피해자 패널

음주운전 전과가 있음에도 계속 음주운전을 하여 재구속되거나 다른 사고들에 연관되는 운전자들이 있다. 일례로, 미국에서는 혈중알코올 0.15% 이상으로 체포된 운전자 중 10%~16%가 이전 3년 내에 음주운전 경력이 있었다(McCartt and Williams 2004). 종합하면, 미국의 음주운전자 중 3분의 1 가량이 최소한 한 번의 음주운전 경력을 가지고 있었다(Williams et al. 2007). 음주운전 재범을 예방하는 접근법으로는 치료, 상습위반자들에게 강화된 제재조치, 운전제한 또는 차량 고정, 그리고 피해자 패널 등이 포함된다. 반복되는 음주운전의 방지가 어려운 이유는 상습범의 대부분이 알코올의존자이거나 다른 동반 장애로 시달리고 있기 때문이다. 상습 음주운전 범죄자의 54%가 알코올의존증이며, 40% 이상이 약물 남용자이다. 따라서 기존의 규제 방법으로는 재범자의 음주운전을 막기 힘들기 때문에 보다 포괄적인 접근법이 필요하다(Simpson et al. 2004 ; Williams et al. 2007). 비록 연구가 결론에 이르지는 못했지만, 완화된 제재 조건으로 교정 치료를 받도록 권한을 주거나 부과하는 것은 음주운전 상습범에 대해 어느 정도 영향을 줄 수 있다(DeYoung 1997 ; Dill and Wells-Parker 2006).

예를 들어, 음주운전 치료 프로그램에 대한 215개 연구들의 초기 메타분석에서는 치료법 하나만으로는 효과가 미미하였다(Wells-Parker et al. 1995). 보다 최근의 코크랜의 리뷰(Cochrane review)는, 치료(임상환경에서의 주로 간단한 중재)만으로 차량 충돌과 관련 부상이 줄었는지를 결정하기에는 증거가 불충분하다고 결론내리고 있다. 하지만, 다른 연구들은 재범을 방지하기 위한 다른 제재들과 병행된 치료 프로그램의 유효성을 뒷받침하고 있다. 뉴멕시코에서는 징역형에 28일 치료프로그램을 함께 시행하는 방식의 중재를 시도한 결과, 징역형만 시행했을 때보다 5년 내 재 체포 가능성을 22% 감소시켰다. 재 체포자들에게 이 프로그램의 효과는 성별과 인종집단 전체에 걸쳐 일관되게 나타났으나, 알코올관련 충돌 사건들에 대해서는 아무런 효과가 관찰되지 않았다. 뉴멕시코에서의 또 다른 연구는 징역과 함께 치료를 받은 음주운전 위반자들이 유죄판결만 받고 징역을 받지 않은 사람들과 유죄판결과 징역형을 받았으나 치료를 받지 않은 사람들 보다 낮은 재 검거 확률을 보였다(Delaney et al. 2005). 형량은 재범에 영향을 미치지 않았다. 유사하게, 스페인의 치료프로그램은 음주운전 범죄자들이 다시 범죄를 일으킬 가능성이 치료 전(15.9%)보다 치료 후(4.3%)에 상당히 낮아졌다(Gómez-Talegón and Alvarez 2006).

일반적으로, 성공적인 치료 프로그램일수록 구조적이고, 알코올남용문제 해결에 관한 단순 정보제공 이상의 역할을 수행하는 것으로, 프로그램 10주 이상 실행되는 동시에 출석을 법적으로 의무화하고 있다(Dill and Wells-Parker 2006 ; Wells-Parker 2000).

규제 강화는 벌금 및 징역형을 말한다. 일각에서는 혈중알코올농도가 높은 운전자에 대한 규제 강화를 강력히 지지했지만, 높은 벌금형이나 징역형으로 인해 혈중알코올농도 테스트를 거부하는 운전자 수가 증가하거나, 유죄협상교섭 또는 이러한 중형을 내리기를 주저하는 검사 및 판사 때문에 유죄판결 비율이 감소할 수도 있다는 우려가 있다.

흥미롭게도, 상습음주운전범들은 음주운전 벌칙이 엄격하긴 해도 공정한 동시에, 신속성과 확실성은 떨어진다고 생각한다(Freeman et al. 2006). 이 정책분야에 대한 연구는 거의 없다. 미네소타에서 시행한 높은 혈중알코올농도 운전자에 대한 강화된 제재법에 대한 검토에 따르면, 이 법은 시간이 경과함에 따라 초범에게 적용한 사례는 감소했지만 전반적으로 체포된 운전자들 거의 모두에게 적용되었다(McCartt and Northrup 2004). 엄격한 제재는 실행 첫 해는 약 19%의 재범률을 감소시켰지만 이후에는 점점 효과가 감소했다는 것을 나타내었다.

오레곤주의 음주운전자 강화감독 프로그램(DUI Intensive Supervision Program, DISP)에는 단기 수감, 의무 치료, 알코올중독자 모임 매주 참석, 전자 감독, 휴대폰을 이용한 음주 측정, 가해자 소유 차량 의무 처분, 보호 감찰관과의 주기적인 연락, 정기적인 법정 출두, 주기적인 거짓말 탐지기 테스트 등이 포함된다. 5년간의 평가 결과, 프로그램에 참여한 음주운전자들은 그렇지 않은 사람들에 비해 재범을 저지를 확률이 51%나 낮았으며, 면허정지 기간동안 운전할 확률은 48%, 다른 교통 문제로 유죄를 선고받을 확률이 62% 더 낮았다(Lapham et al. 2006b). 어떤 요소가 프로그램의 효율성을 더했는지 알아보기 위한 후속 연구가 있었으나, 결과는 분명하지 않았다(Lapham et al. 2007). 음주운전자 강화감독 프로그램을 끝까지 수료하는 사람들에 비해, 90일 이내 음주운전 재범 확률은 전자감독을 받지 않는 사람들은 약 4배, 자동차 판매 의무가 없는 사람들은 약 2배, 그리고 전자감독과 자동차 판매 의무 모두 없는 사람들은 3.4배 더 높았다. 이러한 모니터링 효과는 90일이 지나면 소멸하는 것으로 나타났다.

많은 지역들이 상습적인 음주운전을 예방하기 위해 차량의 운행정지(immobilization), 압수, 번호판 몰수나 등록 취소 등을 통해 상습범의 자동차에 대한 접근이나 이용을 제한, 금지하기도 한다. 일부 연구들에서 압수를 포함한 몇몇 방법들이 상습적 음주운전을 줄일 것이라고 제시함에도 불구하고 이러한 프로그램들에 대한 평가는 거의 전무했다(Voas and DeYoung 2002 ; Voas et al. 2004). 그러나 이러한 제재는 법으로 제정된 지역에서 조차도 좀처럼 집행되지 않는다.

자동차 시동 연동장치(Ignition interlock devices)는 차체에 설치된 특별한 장비를 통해 운전자가 음주 측정을 통과하지 못하면 시동이 걸리지 않게 하는 장치로, 비교적 최근에 발명되었다. 북미, 유럽, 호주의 많은 지역들에서 이 연동장치 프로그램을 도입, 혹은 시행했다. 연동장치 프로그램은 음주운전자가 차 내에 의무적으로 이 장치를 설치하게 하는 것에서부터 이 장치들을 설치하면 면허정지 기간을 줄여주는 자발적 프로그램까지 다양하다. 연동장치 프로그램이 잘 시행된다면 상습적 음주운전을 65% 이상 줄일 수 있을 것으로 보인다(Marques 2009 ; Roth et al. 2007). 스웨덴 알코올의 연동장치 프로그램의 평가에 따르면 (Bjerre and Thorsson 2008), 이 프로그램을 실시한 운전자들 중 음주운전으로 인한 체포 감소율(60%)이 실시하지 않은 운전자들에 비해 훨씬 컸다. 프로그램 참여를 거절하는 운전자들은 0%였으며 19%의 운전자들은 이에 대한 관심을 보였다. 그러나 이 프로그램에 참여한 운전자들이 연구 전 5년 동안 높은 비율의 음주운전 위반률을 보였기 때문에 이 연구결과를 해석하기는 어려운 것으로 보인다. 보통 연동장치 프로그램에 자원한 음주운전자들은 여러 평가에 있어서 걸림돌이 될 수 있다. 그렇더라도 신뢰도 높은 한 연구인 코크랜 평가(Cochrane review)에 따르면 연동장치를 설치한 음주운전자가 그렇지 않은 운전자에 비해 재범률을 보일 가능성은 36% 정도 된다고 한다(Willis et al. 2004). 그러나 연동 프로그램이 효과를 보이는 시간은 장치가 실제로 차체에 설치된 기간 동안만인 것으로 보인다(DeYoung et al. 2005 ; Marques 2009 ; Marques and Voas 1995, 1998, 2005). 현재로서는 연동장치 프로그램이 전체적인 음주 관련 사고를 줄여준다고 말할 만한 뚜렷한 증거가 없다(Marques 2009). 이는 사고를 낼 가능성이 있는 사람의 일부만(보통 약 10% 정도) 장비를 설치했기 때문인 것으로 보인다(Bjerre 2005 ; DeYoung 2002 ; Voas and Marques 2003). 이러한 문제는 프로그램이 자발적이거나 자유재량에 맡겨졌을 때 특히 드러날 수 있다. 음주운전을 막기 위해 연동장치의 사용을 늘리고자 한다면, 연동장치 프로그램을 교정치료 프로그램과 더 긴밀히 연계하거나, 참여에 대한 인센티브를 제공하거나, 연동장치 프로그램을 의무화하는 방법 등을 고려해 보아야 할 것이다(Marques 2009). 1차 방지 조치로써 연동장치와 관련 기술을 사용하는 것 또한 효과적일 수 있다. 스웨덴에서 운전기사들을 대상으로 시행한 한 연구에서는 음주운전 사고율이 연 5%에서 거의 0%에 가깝게 감소되었다고 제시하였다(Bjerre 2005). 비에르와 코스텔라(Bjerre and Kostela, 2009)는 스웨덴의 모든 상용차에 연동장치를 설치하면 매년 50만 건의 음주운전 사고를 예방할 수 있을 것으로 추정하였다.

음주운전 재범률을 낮추기 위한 또 다른 방안으로는 음주운전 사고 피해자 모임(Victim impact panel, VIP), 회복적 사법에 관한 회의나 토의 등을 통해 음주운전자들과 피해자들을 대면하게 하는 방법이 있다. 이들은 통제된 상황 하에 훈련 받은 사회자와 함께 면담을 진행하게 된다(Shinar and Compton 1995). 피해자들은 여기에서 가해자의 처벌이나 받아야 할 보상의 수준을 결정한다. VIP 프로그램은 알코올로 인한 사고가 피해자들에게 얼마나 영향을 미치는지 이해한다면 가해자들은 앞으로 음주운전을 줄일 것이라는 믿음 하에 시행되고 있으나(Wheeler et al. 2004) 프로그램의 효과에 관한 실증적 증거는 일관적이지 않다.

회복적 VIP 프로그램에 관한 35가지의 연구를 메타 분석한 결과 이 프로그램은 재발률을 감소시켰다는 결론을 도출할 수 있었지만(32개 연구 중 72%에서 재범률 감소를 확인할 수 있었다), 이 분석에 쓰인 대부분의 연구는 음주운전을 포함하지 않고 있었다. 사실, 몇 가지 예외를 제외하면(Fors and Rojek 1999), VIP 프로그램 연구에서 도출한 증거 자료들은 이 방법이 음주운전을 줄이는 데에도 효과적인지 까지는 알려주지 못하였다(Wheeler et al. 2004 ; C'de Baca et al. 2001 ; Polacsek et al. 2001). 예를 들면, 한 연구에서 음주운전 초범자들을 두 그룹으로 나누어 VIP 프로그램에 참여, 혹은 참여하지 않도록 했는데, 2년 후 두 그룹간의 알코올 섭취량, 음주운전 행위, 재범률에는 큰 차이가 없었다(Wheeler et al. 2004). 또 다른 연구에서는 VIP 프로그램에 참여한 여성 음주운전자의 경우 오히려 재범률이 증가했다고 밝혔다(C'de Baca et al. 2001). 이와 비슷하게, 오스트레일리아 수도 특별지역에서 대규모로 실시된 하나의 무작위 실험에서도, 법정으로 출두하게 시킨 운전자들과 비교했을 때 프로그램에 참여한 운전자들의 경우 재범률이 약간 증가한 것으로 드러났다(Sherman et al. 2000). 이러한 연구들은 VIP 프로그램이 음주운전 재범률을 낮추는 데 별 소용이 없다는 초기의 평가들과 일치한다(Shinar and Compton 1995).

전반적으로, 음주운전 재범률을 낮추기 위한 치료성 방안들은 음주운전 관련 제재들과 결합했을 때 비로소 효과를 보인다. 사실상 VIP 프로그램의 효과를 뚜렷이 보여주는 증거는 없다. 차에 대한 접근을 막거나 운전을 제한하는 프로그램들은 제재 조치가 실행될 당시에만 효과를 보인다. 이러한 사실들을 미루어 보았을 때, 연동장치 프로그램은 장래성이 있는 것으로 보인다. 치료와 제재를 결합한 포괄적인 접근법이야말로 재범을 방지하는 데에 가장 효과적이다. 하지만, 이 포괄적인 접근방식은 아직 많은 테스트를 거치지는 못한 상황이다.

11.6 젊은 운전자나 초보 운전자에 대한 규제

젊은 운전자(16세에서 20세 사이 청소년)들은 부족한 운전 경험과 폭음하는 경향 때문에 교통사고, 특히 음주운전 사고를 당할 위험이 크다. 뉴질랜드의 도로교통 안전공단의 자료에 따르면 성인의 혈중알코올농도가 0.05g/100ml 이상일 때부터 위험이 급격히 증가하며, 특히 20세 미만 운전자의 경우 더 일찍, 더 급격히 위험도가 상승한다고 한다(Land Transport Safety Authority 2003). 이 젊은 연령대의 음주운전을 막기 위해 특별한 정책들이 만들어졌다.

11.6.1 젊은 운전자나 초보 운전자들을 대상으로 한 저 혈중알코올농도 제한

젊은 운전자나 초보 운전자들에 대한 제로허용법은 음주 측정으로 잡아낼 수 있는 최소한의 알코올농도(0.01 to 0.02)로 혈중알코올농도를 제한한 것이다. 제로허용법은 음주운전으로 인한 면허증 자동 취소와 같은 다른 벌칙들을 흔히 초래한다. 제로허용법을 처음으로 수용한 미국 12개 주를 분석한 결과, 그렇지 않은 주에 비해 21세 미만 운전자들의 치명적인 단독차량 야간사고가 상대적으로 20%나 감소한 것으로 드러났다(Hingson et al. 1994 ; Martin et al. 1996).

제로허용법 효과에 관한 6개의 연구를 살펴보면, 그 중 규모가 작은 3개의 연구에서는 통계적으로 유의하지 않은 차이가 있긴 했으나, 모든 연구결과에서 상해, 사고가 줄어들었다(Zwerling and Jones 1999). 미국 전 지역을 대상으로 한 연구에서는 제로허용법으로 인해 혈중알코올농도에 양성반응을 보이는 젊은 운전자들의 수가 24% 감소하였다(Voas et al. 2003). 이와 같은 맥락으로, 30개 주에 설문조사 결과 음주상태의 운전이 19%, 5잔 이상 마신 후의 음주운전이 24% 감소한 것으로 나타났다(Wagenaar et al. 2001).

1982년부터 2005년까지의 미국의 시계열 분석 결과는 제로허용법 실행으로 인해 혈중알코올농도가 0.08 이상인 젊은 운전자들의 치명적인 사고가 15%, 0.01 이상인 경우 18% 감소했다(Dang 2008)고 보여주고 있다. 이렇듯 젊은 운전자들에 대한 저혈중알코올농도 제한의 효과를 뒷받침하는 증거는 분명하지만, 이 모든 연구는 미국에서 시행되었다. 미국과 호주에서 실시된 연구들은 모두(Shults et al. 2001), 제로허용법 실행과 사망충돌사고에서의 9~24% 감소는 서로 연관이 있음을 발견하였다. 캐나다에서 시행한 연구 역시 비슷한 결과를 보였는데, 젊은 운전자에 대한 혈중알코올농도 수준을 낮추자 온타리오의 젊은 남성 운전자의 경우 음주운전이 25%, 퀘벡의 경우 단독차량 야간사고가 8.9% 감소하였다(Chamberlain and Solomon 2008).

그러나 최근 한 연구는 제로허용법이 젊은 음주자들에 대한 체포 확률을 상당히 증가시키고 음주운전에 대한 제재를 강화시켰음에도 불구하고 체포된 운전자들의 25%가 이후 다시 체포되는 재범 문제가 중요한 이슈가 될 것이라고 제시한다(McCartt et al. 2007).

11.6.2 면허 발급 제한과 단계적 운전면허

캐나다, 일본, 그리고 대부분의 유럽 국가에서는 면허를 취득할 수 있는 최소 연령이 18세이기는 하지만, 전통적으로 다른 국가들에서는 더 어린, 심지어 14세의 나이에도 면허를 취득할 수 있다. 미국에서는 감독 없이 운전할 수 있는 나이가 대부분 16세이긴 하지만, 주마다 14, 15, 16, 17세로 다양하다. 이러한 미국 주들의 면허를 취득할 수 있는 다른 연령대들을 비교 분석한 연구(McCartt et al. 2008 ; Williams 2008)는 운전면허 법적 나이 제한을 16세에서 17세로 올리는 것만으로도 16세 운전자들의 교통사망사고를 크게 줄일 수 있다고 결론지었다.

그러나 이러한 법은 시행될 확률이 높지 않다. 제한 연령을 올리는 대신, 여러 국가들에서는 단계적 운전면허(Graduated Driver Licensing, GDL)를 시행하고 있다. 이는 젊은, 혹은 초보 운전자들에게 몇 가지 제한을 걸어(예를 들면, 야간운전 제한, 젊은 층 동승 제한, 보호자 없는 운전 제한 등) 연령 제한을 올리는 것과 비슷한 효과를 내고자 하는 방법이다. 미국에서 시행 초기에 했던 한 연구에 따르면 단계적 운전면허를 통해 젊은 운전자들의 치명적이거나 부상을 유발하는 사고를 11%~24%, 그리고 전반적인 사고를 25%~27% 가량 감소시킬 수 있었다(Shope and Molnar 2003). 가장 최근 시행된 단계적 운전면허 프로그램에 관한 연구에서는 사고율을 20%~40% 정도 감소시킬 수 있다고 밝혔다(Shope 2007). 미국, 캐나다, 뉴질랜드, 호주의 연구를 종합한 코크랜 평가(Cochrane review)는 단계적 운전면허가 운전경력 1년 이하인 운전자들의 사고를 26%~41% 가량 줄였다고 유사한 결론을 내렸다(Hartling et al. 2004). 또한 면허 제한이 있는 젊은 연령층의 음주 관련 사고와 야간 충돌 교통사고(음주 관련 충돌 대체지표)가 다른 연령층에 비해 9%~12% 감소한 사실도 알 수 있었다. 다른 최근 연구들에 의하면 단계적 운전면허 프로그램으로 인해 전체 야간, 부상 충돌수가 감소하였고, 젊은 운전자들의 입원률 역시 감소했다고 밝혔다(Margolis et al. 2007 ; O'Connor et al. 2007).

반면, 몇몇 연구에서는 단계적 운전면허가 10대 사고율에 전혀 영향을 주지 못하는 것으로 나타났다(Masten and Hagge 2004). 또한 이 방법이 오히려 10대 운전자들에게 악영향을 미쳐, 제한이 풀렸을 때 음주관련 사고를 비롯한 전반적인 사고율이 오르는 결과를 낳는다는 연구도 있었다(Hartling et al. 2004 ; Males 2007). 이러한 엇갈린 결과가 나오는 이유는 관할권마다 단계적 운전면허 프로그램을 시행한 방식이 크게 달랐던 데에서 기인한 것으로 보인다. 미국의 단계적 운전면허 프로그램을 분석한 자료에 따르면 잘 시행된 프로그램은 15세~17세 운전자들의 야간 운전자 사망률을 각각 10%, 13%씩 감소시켰으나, 그렇지 못한 경우에는 2% 미만의 감소율을 보였다(Morrisey et al. 2006).

몇 프로그램들은 제로허용법을 포함하여 젊은 운전자들 사이의 사고율 감소가 연기된 운전면허와 다른 규제들만의 영향 때문인지 판단하기 어렵다. 요약하자면, 혈중알코올농도 제한을 낮추는 것, 완전한 면허 취득을 늦추는 것, 그리고 젊은 운전자들을 위한 다른 제재들은 젊은 운전자들의 음주운전율과 사망률을 낮추는 데에 효과적일 수 있다. 단계적 운전면허 프로그램은 제로허용법을 부과하고 어린 운전자들이 완전 운전면허를 취득하는 속도와 방식을 조정함으로써 이 모든 제약들을 한 시스템 내로 포함시킬 수 있다. 이 프로그램은 무리 없이 받아들여지고 있고, 전반적으로 좋은 평가를 받고 있다.

11.7 지명운전자 제도와 안전(대리)기사 사용 프로그램

음주운전 사고 중 다수는 집이 아닌 주류 판매업소, 파티나 사교모임 등 다른 곳에서 비롯된다(Morrison et al. 2002 ; Tin et al. 2008 ; Usdan et al. 2005). 따라서 음주운전을 막기 위해서는 이러한 환경에 대한 중재들이 중요하다. 지명운전자 프로그램은 공공장소나 사교적 모임에서 한 명을 지명해 술을 마시지 않고 운전하도록 장려해 음주운전을 줄이려는 프로그램이다. 지명운전자 프로그램은 북미에서 처음으로 도입된 이후 전 세계적으로 확산되며 굉장한 인기를 얻고 있다(Derweduwen et al. 2003 ; Pan-European Designated Driver Campaign 2006 2007 ; Rivara et al. 2007 ; Valde and Fitch 2004 ; Watson and Nielson 2008).

한 체계적인 조사에 따르면(Ditter et al. 2005) 지명운전자 프로그램의 효과는 아주 미미한 정도라고 한다. 전반적으로, 전 국민 대상 대리운전자 사용 캠페인의 결과 대리운전자를 썼다고 응답한 음주자는 평균 13% 증가했으나, 음주운전 또는 음주운전자 차량 동승 관련 자가보고 결과에는 큰 변화가 없었다. 이 조사는 음주업소에서 시행한 지명운전자 프로그램으로 인해 본인이 지명운전자라고 응답한 고객의 수가 어느 정도 증가했음을 발견했으며, 또 다른 조사는 음주운전 또는 음주운전자 차량 동승에 대한 자가보고 수가 감소했음을 발견했다.

어떤 경우에는 지명운전자 사용에 문제가 발생하기도 하는데, 운전자로 지명된 사람에게 술을 마시도록 강요한다거나, 지명운전자에 대한 인센티브 부족 등과 같은 문제들이다(Rothe 2005). 어떤 경우에는 전혀 안 마신 것이 아니라 상당량을 마셨다 하더라도 그 그룹 내에서 가장 적게 마셨거나 평소보다 덜 마셨으면 지명운전자가 된다(Nygaard et al. 2003). 예를 들어, 호주에서 대학생을 상대로 실시한 설문 조사 결과 26%의 학생들이 음주 상태에서 지명 운전자로서 운전했다고 말했다(Stevenson et al. 2001). 특히 남자들은 그럴 가능성이 높았다(Timmerman et al. 2003). 보통 지명운전자가 되는 사람들이 그렇지 않은 사람들에 비해 술을 더 많이 마시고 음주운전이나 음주운전자와 동승하는 경우가 더 많다는 자료도 있다(Caudill et al. 2000a). 한편으로는 음주 모임에 앞서 지명운전자를 미리 정하고 그 역할 책임을 강화해 주는 것이 지명운전자의 알코올 섭취량을 줄이기 위한 좋은 전략이 될 수 있다. 한 연구에서는 술을 마시기 전에 그룹 내에서 지명운전자를 선정하고, 확실하게 누가 지명운전자인지 알아보게 하고(예를 들면, 팔찌를 끼워 표시함), 술을 마시지 않은 데에 대한 보상을 해주었더니, 음주를 적당이 하거나 자제한다는 지명운전자의 수가 상당이 증가하였음을 발견하였다(Lange et al. 2006).

면허 있는 업소에서 지명운전자들에게 무료로 무알콜 음료를 제공하는 호주 퀸스랜드의 '스키퍼(Skipper)'프로그램 평가 결과, 이 프로그램이 실시된 지역에서 지명운전자 이용이 최근 3개월 동안 상당히 증가한 반면 다른 지역에서는 큰 변화가 없었던 것으로 드러났다(Watson and Neilson 2008). 그러나 설문을 실시한 날 밤에 지명운전자 사용이나 지명운전자로서의 활동에는 유의한 변화가 없었던 것으로 보아 프로그램의 효과는 보통 정도인 것으로 보인다.

지명운전자 이용이 늘고 있다는 증거가 제시되고는 있지만, 이 방법의 효과는 제한적인 것 같다. 지명운전자는 사교모임에서 음주하는 사람들에게만 적용되며(예, 혼자 술을 마시는 사람은 지명운전자 이용이 어려울 것이다), 음주 모임 전에 계획을 세워야 하고 운전자로 지명된 사람은 모임의 다른 사람들보다 적게 마시는 것이 아니라 아예 마시지 않아야 하기 때문이다. 더구나 조사에 따르면 일부 운전자들은 지명운전자를 사용하게 되면 술을 평소보다 더 많이 마시고(Harding et al. 2001 ; Rivara et al. 2007), 바텐더들 역시 지명운전자가 동행된 손님에게는 취했어도 술을 계속 제공하는 경향이 있다고 제시하고 있다(Reiling and Nusbaumer 2007).

이런 맥락에서 동승 서비스나 안전기사 사용 프로그램은 음주운전 피해를 줄이기 위한 본질적인 접근법이라 할 수 있는데, 이 프로그램의 요지는 음주운전 피해를 줄이기 위해 음주운전을 하게 될 음주자에게 교통수단을 제공하는 것으로 사람들이 원하는 만큼 음주하도록 허용하는 것이 되었다. 지명운전자 프로그램과는 달리, 안전기사 사용 프로그램은 운전할 수 있는 모든 음주자들에게 적용되고, 사교그룹 소속 여부는 관계없으며, 모임 전에 계획을 세울 필요도 없다.

몇몇 국가에서는 기사 서비스가 인기 있다. 예를 들어, 안전기사 사용 프로그램을 경험한 미국 대학생들을 대상으로 한 연구에서 44%의 학생들이 이 프로그램을 이용하지 않았다면 음주운전을 했을 것이라 답했다. 이들은 평균적으로 저녁에 7.8잔을 마셨는데, 이 프로그램이 아니었다면 술에 취한 채로 운전했을 가능성이 높았음을 의미했다

(Sarkar et al. 2005). 이와 비슷하게, 과거 캐나다 퀘벡에서 크리스마스 시즌에 음주자들을 집으로 태워주었던 자원봉사 운전들을 포함해 '루돌프 사슴 작전(Operation Red Nose)'에 참여했던 사람들을 상대로 설문조사를 한 결과, 절반은 마시기 전에 서비스를 이용하기로 결정했으나, 나머지 반 정도는 마시고 나서 이용을 결정했다고 밝혔다(Ayer et al. 1994). 프로그램을 사용한 사람들의 75% 정도가 이 프로그램이 좋은 음주운전 방지책이라고 생각했지만, 7.5% 정도는 이 프로그램이 사람들이 술을 마시도록 장려한다고 말했다. 3분의 2 정도는 프로그램 덕분에 알코올로 인한 손상에 더 주의를 기울이게 되었다고 말했다.

캐나다 퀘벡의 544명의 젊은 성인층을 상대로 한 조사에서 17%가 자신이 운전을 해야 하는 상황에서 기사 사용 서비스에 전화를 건 적이 있다고 답했으며, 36%는 운전자가 아닌 상황에서 전화를 했다고 답했다. 응답자의 반 이상이 앞으로 서비스를 이용하거나 친구에게 추천하겠다고 답했다.

미국에서 오랫동안 잘 운영된 2개의 기사 서비스(ride service) 프로그램들 중 하나는 기업 주최 행사나 사교 모임 등에 주로 서비스를 제공하며 연당 2,500건의 무료 서비스를 제공하였고 다른 하나는 크리스마스나 신년 시즌에 운영되며 700건의 무료 택시 서비스를 제공하였다. 이 프로그램들을 분석한 결과 이들이 잘 수립되고 인기가 있었음에도 불구하고 두 프로그램 모두 연간 사고율에는 별다른 영향을 미치지 못한 것으로 드러났다. 미국의 안전기사 사용 프로그램에 관한 다른 조사에 따르면, 이 서비스는 음주자들이 그다지 자주 이용하는 서비스는 아닌 것으로 드러났다(Caudill et al. 2000b ; Harding et al. 2001).

요약하자면, 지명운전자 제도와 기사 사용 서비스는 서비스를 이용하지 않을 시 음주운전을 했을 사람들에게 인기 있는 제도이고, 음주운전을 할 가능성이 높은 사람들(젊은 층, 남성, 술을 많이 마시는 사람들)이 모두 이용할 수 있으며, 음주운전의 위험성에 대한 경각심을 일깨울 수 있을 것이다. 그러나 운전자들 중 극히 일부만이 서비스를 이용하기 때문에, 알코올과 관련된 전반적인 사고율 등에는 큰 영향을 미치지 못하는 것으로 보인다.

11.8 결 론

20세기에 가장 중요한 공중보건 및 알코올정책의 성공들 중 하나는 특히 고소득 국가에서의 알코올관련 교통사고의 감소이다. 한 국제조사에 따르면 음주운전 방지대책들은 전 인구에 걸친 음주운전 및 알코올관련 교통사고와 사망률을 지속적으로 감소시킬 수 있다. 아직 고위험군 음주운전자들의 재범률과 같은 인식 문제가 남아 있기는 하지만, 그렇다고 해서 최근 몇 십 년간에 걸쳐 이루어진 상당한 업적들을 과소평가해서는 안 될 것이다.

하지만 저소득 국가들에 포함된 많은 나라들이 이러한 진보의 혜택을 온전히 누리지 못한 것도 사실이다. 이러한 국가들의 자동차 구매율과 사용률이 높아짐에 따라 음주운전 관련 문제들이 더욱 심해질 것이다. 개발도상국들도 알코올관련 사고와 사망을 예방하는데 극심한 어려움에 처해 있다. 이러한 어려움의 요인들로는 열악한 도로상태, 차량의 고밀집과 다양성, 많은 보행자 수 및 혼잡성, 엔진이 없는 교통수단을 포함한 전체적인 교통 혼잡, 교통안전을 도모하기 위한 자원의 부족 등이다(Mohan 2002 ; O'Neil and Mohan 2002). 특히 자금, 인력, 장비, 정치적 지지 부족이 효과적인 음주운전 관련 법안 시행의 큰 걸림돌이 될 수 있다(Davis et al. 2003). 예를 들면, 혈중알코올농도 제한정책 집행은 경찰이 음주측정 장비를 소지하고 있지 않다면 불가능하다. 결혼식이나 장례식 같은 사교적 활동 환경에서 전통적으로 과음하는 것과 같은 문화적 요인들은 증가하는 차량 보급률 환경에서 위험성을 증가시키고 특정 정책 시행을 더 어렵게 하거나 수용되지 않도록 할 수 있다.

이를 포함한 다른 여러 차이점들 때문에 선진국에서 음주운전을 예방하거나 줄이는데 효과를 보인 방안들이 개발도상국에서는 효과가 미미하거나 시행이 불가능할 수도 있다. 어떤 정책은 적용 가능할 것이고, 어떤 것은 그렇지 못할 것이다. 적절한 평가자료를 수집하는 것도 문제다. 많은 개발도상국들이 제대로 된 도로 안전 데이터를 갖고 있지 못하며, 음주운전에 관한 데이터는 특히 부족한 실정이다. 선진국의 조사 자료에서 배울 점이 많은 것은 사실이지만, 이러한 여러 정책들을 비서구 및 개발도상국가에 적용하려면 각 국가의 문화적 상황에 맞도록 정책들을 개발, 현지화, 재평가해야 한다. 마지막으로 개발도상국들이 음주운전을 해결할 수 있도록 기술적인 지원을 해주는 것이 중요한 사안으로 규명되었다(Davis et al. 2003).

새로운 법을 도입하거나 현재 있는 법안을 창의적으로 시행한다면 많은 성과를 낼 수 있을 것이다. 스위들러(Sweedler 2000)는 국가의 사정에 맞추어 적용된 증거 기반의 정책들은 국가마다 다를 것이지만 이 대책들의 복합적인 전체 결과들은 결국 비슷할 것이라고 했다. 알코올과 관련된 치명적인 사고를 줄이려면 각 사회마다 효과적인 것으로 알려진 전략들을 채택해야 할 것이다. 예를 들면, 무작위 음주 측정으로 혈중알코올농도를 측정한다거나, 음주 가능연령 법적제한 정책을 채택하거나, 젊은 운전자들에 대한 혈중알코올농도를 제로허용법으로 낮추는 것 등을 수용할 수 있다. 단계별 운전면허 역시 젊은 운전자와 초보 운전자들의 음주운전을 줄이는 데에 효과적일 것이다. 마지막으로, 이러한 대책들이 장기적으로 좋은 결과를 가져오게 하기 위해서는 정부의 지속적인 지원과 법안 시행이 필요하다.

연구결과에 따르면 일반적으로 다음과 같은 정책들이 잠재적으로 효과적인 음주운전 대책들이다.

① **무작위 음주측정**(Random Breath Testing, RBT) : 일관적이고 대중에 관심을 끄는 음주운전 정책으로 특히 운전자들이 운전 이전, 혹은 도중에 술을 마시지 못하도록 억제하는 효과가 있다.

② **음주운전 검문소** : 이는 주로 대안에 해당하는 것으로 강경한 정책은 아니다. 잠정적인 효과가 있긴 하지만 무작위 음주측정보다는 효과가 낮은 것으로 간주된다. 음주운전을 억제하기 위한 수단으로써의 그 효과성은 검문 빈도와 검문소의 가시성에 비례한다.

③ **엄격한 제재 및 처벌** : 음주운전 유죄판결에 대한 의무적 또는 엄격한 제재에 대한 결과는 엇갈린다. 이러한 전략들이 효과적이라 하더라도, 시간이 지날수록 그 효과가 줄어든다. 따라서 엄중한 처벌이 계속 효과적이려면 법안을 개정하거나 미디어의 도움을 받아야 한다.

④ **저혈중알코올농도 제한** : 일반적으로 혈중알코올농도 제한 수치가 낮을수록 정책이 더 효과적이다. 아주 낮은 농도 수준이 어린 운전자들에게 효과적이라고 했지만, 성인 운전자들에게도 효과적일 수 있다. 하지만 이를(예 ; 0.02 미만의 혈중알코올농도) 적절히 시행하기 어려운 단점이 있다.

⑤ **젊은 운전자에 대한 저혈중알코올농도 제한** : 성인 운전자들을 위한 혈중알코올농도 제한 수치가 상대적으로 높다 하더라도, 젊은 운전자들, 특히 아직 법적 음주 또는 구매 연령 미만인 젊은 운전자들에게는 더 낮은 혈중알코올농도 제한 수준을 적용하는 것이 효과적이라는 분명한 증거가 있다. 이는 성인 혈중알코올농도 제한 수치가 0.03이 초과될 때 특히 효과적이다.

⑥ **면허정지 행정처분** : 일반적으로 음주운전에 대한 처벌이 신속히 이루어지면 처벌의 효과도 상승한다. 면허정지 행정처분은 사법기관이 음주운전 적발 이후 빠른 시간 내에 음주운전자의 면허를 취소하는 등 이를 일관성 있고 신속하게 집행한 국가들에서 가장 효과적이었다.

⑦ **젊은 운전자들을 위한 면허 제한 및 단계적 운전면허** : 젊은 연령층의 완전면허

취득을 늦추려는 정책들과 다른 운전 제한들은 이 연령층의 음주운전 문제를 줄이는 데에 효과적이다. 단계적 운전면허 제도는 더 낮은 혈중알코올농도 제한정책과 면허 제한정책을 통합하여 한 정책으로 시행될 수 있다.

⑧ **지명운전자 제도와 안전기사 사용 프로그램** : 이 프로그램들은 이것이 없으면 만취 상태에서 운전을 했을 사람들 즉 음주운전 고위험군 사람들(예 ; 젊은 남성 고음주자들)에게 효과를 나타낼 수 있다. 그러나 이 서비스들을 운전자들 중 일부만 이용하고 있기 때문에, 알코올관련 사고에 미치는 전반적인 영향은 아직까지 미미한 것으로 보인다.

제 12 장

마케팅 규제

제12장

마케팅 규제

12.1 개 요

지난 10년간 세계적으로 주류 마케팅의 범위와 성향이 달라졌으며, 그러한 마케팅의 영향력을 더욱 잘 이해하기 위한 연구물도 역시 증가하였다. 대부분의 새로운 연구들은 젊은 층에 미치는 마케팅의 영향력에 대한 것들이었다. 현재 젊은 층의 음주행태뿐 아니라 음주에 대한 생각과 술을 접하는 의도에 영향을 미치는 마케팅의 효과들에 대하여 이전보다 더 많이 알려졌다. 비록 주류업계에서 새롭게 사용하고 있는 미디어와 마케팅을 이용한 방법들 즉, 음악 및 스포츠 행사를 후원하는 방식에 대한 조사가 이루어지지 않았지만, 이 연구에서는 방송이나 인쇄매체 광고 외에 다른 마케팅이 지닌 효과에 대하여 조사하였다.

이 장에서는 먼저 주류 마케팅의 현황과 마케팅이 어떻게 영향을 미치고 있는가에 대하여 살펴보았다. 둘째로 광고 내용에 대한 규정과 광고 노출을 줄이기 위한 규제, 이 두 가지 서로 다른 정책이 음주소비와 관련 폐해에 미칠 수 있는 영향력에 대해서 평가하였다.

광고 노출 변화에 대한 중재들은 한계점들이 많았으며, 결과들 역시 다양하였다. 광고의 내용에 영향을 주는 규정을 만드는데 많은 노력이 들여졌다. 이러한 접근방식이 가져다줄 수 있는 효과에 대한 결론들은 마케팅이 가진 효과와 측정된 영향에 대한 이론적인 이해와 경험에 의한 증거들을 바탕으로 만들어졌다. 결론적으로 영향력에 대한 인식이 알려져 있고 널리 인정된 담배광고에 대한 연구내용이 참고될 수 있다(Henriksen et al. 2008 ; Lovato et al. 2004).

12.2 주류 마케팅의 실례

5장에서 다루었듯이 상품 사슬분석은 광고, 후원 및 마케팅의 다양한 형식들이 글로벌 주류 산업의 중요성을 부각시킨다(Jernigan 2006). 제품 및 브랜드 마케팅은 이윤을 추구하는 기업에게 필수적인 요소이다.

오늘날 마케팅은 인쇄물, TV, 라디오 같은 전통적인 방법으로 광고하는 것 이외에 훨씬 다양한 방법들을 포함하고 있다. 마케팅은 제품의 디자인(예, 달콤한 음료수들), 판매 장소 그리고 가격 행사 등 많은 기회들을 활용한다(Hastings and Haywood 1991). 마케팅은 전자적 수단을 포함한 다양한 새로운 매체를 활용하며, 스포츠와 문화 행사 후원 등이 핵심 수단에 해당한다. 흔히 조사된 매체(대체로 방송과 인쇄물)의 마케팅 기여도는 2~4배 정도가 과소평가되었다고 알려져 있다(Anderson et al. 2009).

새로운 제품과 포장은 시장마다 다르게 나타나는 수요를 충족시키기 위하여 발전을 거듭해 왔다(Brain 2000). 양주와 맥주에 탄산음료나 과일 향을 첨가하여 더욱 먹음직스럽게 만들어진 이미 혼합된 음료는 급속도로 팔려나갔으며, 모든 혼합주류가 그런 것은 아니지만, 음주량이 늘어난 것과 어느 정도는 상관이 있다(Huckle et al. 2008). 포장은 젊은 층 사이에 주류에 대한 인식을 더 호의적으로 변화시켰다(Copeland et al. 2007 ; Gates et al. 2007). 판매 장소에서 이루어지는 마케팅은 주류 판매가 소매상점으로 더욱 많이 확장됨으로써 그 중요성이 더 커지고 있다. 이러한 현상들은 종종 가격 행사로 나타난다. 호주에서 이루어진 가격 행사 방식은 구매 시 사은품, 경연대회, 1+1 행사 등이 있다(Jones and Lynch 2007).

미국 대학생들이 조사한 바에 의하면, 비록 모든 행사가 상당한 영향을 미치는 것은 아니었지만, 일정한 금액으로 무제한 양의 술을 마실 수 있는 주점에서의 행사는 참여한 사람들이 더 높은 수준의 만취상태에 이르도록 만들었다는 것을 발견했다(Thombs et al. 2009). 아시아 국가들에서는 판촉활동으로 주류 제조사로부터 고용되어 판매 수수료를 받는 '비어걸(beer girls)'을 이용하여 주류 소비를 장려한다(Lubek 2005).

전자매체를 이용한 주류 브랜드 광고가 마케팅의 대부분을 차지하고 있다. 또한 극장에서도 주류광고가 내보내지고 있지만, 영화와 TV방송 내에서 제품을 내비치면서 간접적으로 광고하는 경우도 늘어나고 있다. 인터넷 네트워킹 서비스, 이메일이나 휴대전화와 같은 새로운 형식의 전자소통 방법들은 젊은 층에게 호감을 줄 수 있는 새로운 주류홍보 기회를 제공한다(Jernigan and O'Hara 2004). 이러한 전자소통 방법은 젊은 층이 온라인상으로 친구들에게 광고 자료들을 전달하는 바이러스 마케팅의 기회도 제공해 준다.

주류기업은 스포츠 및 문화 행사 중에서도 특히 젊은이들의 호감을 사는 행사에 다방면으로 후원을 해 주고 있다. 예를 들어, 저명한 스포츠 행사는 실황중계 중 브랜드를 언급하거나 유니폼, 운동장, 팬들에게 판매되는 상품에 주류브랜드를 표시하는 식의 광고기회와 사은품이나 독점 음료 판매권을 통해 직접 마케팅의 기회를 만든다(Hill and Casswell 2004). 유로2004 축구대회를 후원한 칼스버그(Carlsberg) 맥주사는 세계적으로 약 6%의 브랜드 가치를 상승시켰다고 보고하면서 주주들에게 TV중계 경기당 평균 16분 동안 칼스버그(Carlsberg) 브랜드 로고가 방영되었다고 전하였다(Carlsberg 2006).

후원방식을 기본으로 하는 많은 마케팅은 국경선의 제약을 받지 않는다. 예를 들면, TV 주류광고에 대한 국가적 차원의 규제가 있는 아일랜드에서는 주류광고의 절반 이상이 아일랜드 외부로부터 들어온 것이다(Breen 2008). [박스 12.1]은 젊은 층을 겨냥한 다중매체 판촉활동의 실례이다.

[박스 12.1] 당신이 결코 잊지 못할 최고의 주말

2004년 뉴질랜드의 한 맥주브랜드에 대한 캠페인은 통합된 멀티미디어 캠페인과 이런 판촉활동들이 어떻게 과음을 조장하고 당연한 것으로 여겨지도록 작용하고 있는지를 설명하고 있다.

이 캠페인은 우승자에게 최상의 스포츠에 참석하기 위해 그들의 세 명의 친구들과 주말동안 고급 스키 리조트에서 모든 것을 무료로 이용할 수 있는 경품이 제공되는, 브랜드를 기반으로 한 대회 형태를 취하고 있다. 우승자와 친구들은 청소년 옹호자로 유명한 라디오 진행자에 의해 초대되었고, 무제한 맥주 공급이 주어지는 인기 밴드의 공연장에 초청되었다. 이 행사의 광고는 라디오방송, 음악방송, 문자나 전화 또는 이메일을 이용하여 대회에 참여하도록 장려한 웹사이트를 통해 몇 주간 진행되었다. 이메일 광고의 명칭은 '당신이 잊지 못할 최고의 주말'이었다(McCreanor et al. 2008).

12.3 마케팅연구와 공중보건

최근에 이루어진 주류 마케팅에 대한 연구들은 어린이와 10대에게 끼치는 마케팅의 영향력을 강조하고 있다. 이는 젊은 음주자들로 인해 겪는 피해에 대한 우려뿐만 아니라 새로운 소비자를 양성시키는 마케팅의 역할에 대한 이해를 반영한다.

신흥시장에서는 마케팅이 비음주자를 음주자로 변화시키는데 영향을 줄 수 있다(Benegal 2005). 신흥시장이든 기존의 시장이든 여성 고객층은 포화상태에 이르지 않은 영역이라 마케팅이 큰 역할을 할 수 있다(Beccaria 1999). 미국에서는 미성년자들같이 평균 음주량보다 적게 마시는 집단도 주류 마케팅의 목표가 되어 왔다(Alaniz 1998 ; Center on Alcohol Marketing and Youth 2006).

비록 많은 연구가 이루어지지는 않았지만, 공중보건의 관점에서 떠오른 또 다른 문제는 사람들이 음주량을 줄이거나 금주를 하고 싶을 때 마케팅으로 인해 절제력이 줄

어든다는 것이다(Thomson et al. 1997). 한 연구에 따르면 술에 대한 신념에 미치는 마케팅의 영향력은 건강증진 활동으로 얻을 수 있는 효과를 약화시킨다고 제안하였다(Wallack 1983 ; Center on Alcohol Marketing and Youth 2003). 마케팅을 자신의 문화적, 사회적 경험을 가지고 해석하는 사람들은 실제로 과음과 알코올중독이 광고에 직접적으로 나타나지 않더라도 그것들이 나타난다고 생각할 수 있다(Duff 2003 ; McCreanor et al. 2008).

이는 문화적 규범으로서 과음을 줄이려는 노력에 특히 영향을 미칠 수 있다. 마케팅에 노출된 사람들이 받는 직접적 영향만이 마케팅을 규제 하자는 이유가 아니다. 알코올을 긍정적이고 아주 흔한 일상생활의 요소로 홍보하는 마케팅은 주류에 대한 사회적 규범에 영향을 미치고 결국 더욱 더 제한적인 정책과 관습 수용을 야기할 수 있다. 실제로, 마케팅은 알코올이 일반상품처럼 취급되도록 하게 하는 영향력을 가지고 있다(Casswell 1997).

12.4 국민 총알코올소비량에 미치는 마케팅의 영향

이 분야에서 시행된 연구의 한 부분은 마케팅이 전체 인구의 알코올소비량에 끼친 영향을 알아보기 위하여 계량경제학 방법을 사용하였는데 이는 주로 북미와 영국을 배경으로 1950년에서 1990년 사이의 광고 노출수준의 변화를 알아보려고 대체물로써 매체에 지출된 비용을 활용하였다.

이 연구들로부터 엇갈린 결과들이 도출되었는데 일부는 광고의 영향이 없다고 밝혔다(Bourgeois and Barnes 1979, Canada 1951~1974 ; Duffy 2001, United Kingdom 1964~1996 ; Lee and Tremblay 1992, United States 1953~1983 ; and Nelson and Moran 1995, United States 1964~1990). 다른 연구들은 전체 소비량에 약간의 영향을 미치거나(Blake and Nied 1997, 미국 1952~1991) 더 일반적으로는 특정 음료들과 관련하여 긍정적인 영향이 있다고 제시하였다(Franke and Wilcox 1987, 미국 1964~1984, 맥주와 와인광고가 조금 더 긍정적인 효과가 있었음 ; McGuiness 1980, 영국 1956~1975, 양주광고가 조금 더 긍정적인 효과가 있었음 ; and Selvanathan 1989, 영국 1955~1975, 맥주광고가 조금 더 긍정적인 효과가 있었음).

시계열 분석결과 이외에도 미국에서의 횡단면적인 연구는 도로 사망자수에 영향을 미치는 것을 보여준다(Saffer 1997). 322개의 추정된 광고 탄력성을 포함한 132개의 계량 경제학적인 연구에 대한 최근 메타분석 결과는 광고와 주류 소비에 작은 긍정적인 탄력성을 제시한다. 그러나 이 관계는 증류주에만 국한되었다(Gallet 2007).

노출의 대용물인 주류광고에 대한 지출비용은 여러 가지 이유로 비판을 받아왔다. 조사된 매체(보통 방송과 인쇄물)에 쓰는 비용은 새로운 마케팅 기술 개발 이전에 들인 마케팅 노력의 일환으로 평가 절하되어 왔다(Stewart and Rice 1995). 계량경제학적 연구에서 증명된 주류광고의 제한적인 영향력은 주류제품과 마케팅으로 이미 포화된 시장에 추가적인 광고비용이 드는 비주류 제품을 줄여버리는 실태를 반영한 것일 수 있다(Saffer 1998).

신흥시장에서의 광고효과는 아주 다르게 나타날 수 있다. 더구나 젊은 층이 마케팅에 민감하게 반응한다는 것과 대부분의 계량경제학적 연구가 전체인구에 초점을 두고 시행되었다는 것을 고려한다면 광고가 지닌 중요한 효과들이 계량경제학적 연구에 의해 간과되었을 수 있다(Hastings et al. 2005). 이와 비슷한 비평과 모순점들이 담배광고와 관련해서도 계량경제학적 분석에서 발견되었다(Hoek 2004).

12.5 젊은 세대들의 신념과 행동에 미치는 마케팅의 영향력

맥주와 증류주업계에 의한 광고 분석과 젊은 층이 광고에 상호작용하는 것은 이미 예상했던 것처럼 주류광고가 의사소통 이론과 담배광고 연구에 의해 작용함을 제시한다(Pierce 2007).

본 연구에서는 젊은 층이 거치는 단계에 따라 그 진행과정을 기록하였다.

첫 번째 단계는 주류광고들을 좋아하며 이런 주류광고에 대한 호감은 그 광고들 속의 등장인물을 모방하고 싶은 열망으로 이어진다. 그리고 이 때, 이렇게 광고를 모방하는 행위가 유익을 가져다줄 것이라는 신념이 표현된다(Austin et al. 2006).

음주가 정체성 형성에 크게 이바지한다는 이해를 바탕으로 많은 마케팅 활동이 젊은 층을 대상으로 이루어지고 있다. 광고는 또래집단 사이에서 정체성이 형성되고 의사소통이 이루어지는 과정에 쓰이는 유머, 호감을 살만한 생각, 이미지, 문구 등을 담도록 고안되어졌다(McCreanor et al. 2005). 주류광고에 대한 이러한 호감과 의식은 알코올을 소비(Grube 1993, 1995)하고 구매(Chen et al. 2005)하려는 의도에 영향을 미친다고 알려졌다.

신념에 있어서 변화와 관련이 있는 것은 또한 개인이 인정한 행동의 변화이다(Wyllie et al. 1998b). 어린이와 젊은 층에게서 나타난 이러한 마케팅의 효과는 담배와 식품 연구에서도 발견되었다(Lovato et al. 2003 ; Hastings et al. 2003).

본 연구에서는 단, 장기간 광고 노출 효과에 대하여 조사하였다. 주류광고에 잠깐이라도 노출이 되는 것은 알코올이 사회적으로 유익을 가져다줄 것이라는 대학생들의 신념에 영향을 주었고, 실제 상황에서 이루어진 실험에서의 알코올소비량에도 영향을 미쳤다(Wilks et al. 1992 ; Zwarun et al. 2006). 그러나 일관된 내용으로 광고에 노출된 것에 대한 전체적인 효과는 누적될 가능성이 있다. 장기간 광고에 노출되는 것이 음주행동에 미치는 영향에 대하여 젊은이들이 스스로 보고한 방대한 양의 연구결과가 조사되었다(Abrams and Niaura 1987, cited in Zwarun et al. 2006 ; Gerbner 1995). 젊은 층의 주류광고에 대한 노출, 광고에 대한 반응과 음주 소비량 간의 관계들에 대한 횡단면적인 연구들은 자가 보고한 음주행동에 끼친 영향을 일관되게 증명해 왔다(Casswell 2004). 구조방정식모형(structural equation modelling)은 이 횡단면적인 자료가 음주소비량이 광고를 증가시키기보다는 광고가 음주 소비량을 증가시키는 모형에 적합함을 보여주었다(Grube and Wallack 1994 ; Wyllie et al. 1998a, b). 추가된 방법론적인 힘을 제공하는 종단적 연구들에서도 역시 광고 효과를 입증하는 증거들이 발견되었다(Ellickson et al. 2005 ; Snyder et al. 2006 ; Stacy et al. 2004 ; Casswell and Zhang 1998).

젊은 층의 반응에 대한 많은 초기 연구들은 회상된 모든 광고에 대한 노출이나 특히 방송 매체를 통한 광고노출을 기준으로 삼았다. 가장 최근에는 또 다른 종류의 매체나 마케팅을 이용한 접근 방식이 조사되었다. 종단적 분석은 매장 내 맥주 판촉행사와 외부 광고 모두 어린이들이 노출 이후의 음주에 미치는 영향을 보여주었다(Pasch et al. 2007). 독일에서 이루어진 한 종단적 연구에 의하면 주류 제품이 많이 나오는 영화를 많이 본 젊은이들이 부모의 허락 없이 음주하기가 더 쉽다고 하였다(Hanewinkel et al. 2007).

종단적 연구들은 체계적인 재검토의 대상이 되어 왔다. 연관성의 강도, 여러 연구결과들의 일관성, 일시적 관련성, 용량반응관계와 그 효과의 이론적 가능성은 주류광고가 젊은 층이 음주를 시작하게 하고 이미 음주를 하고 있는 사람들에게는 더 많은 양을 마시게 할 가능성을 높인다는 결론을 보여 준다(Jernigan 2006 ; Smith and Foxcroft 2007 ; Anderson et al. 2009). 가격 행사와 같은 더 넓은 범주의 마케팅은 대학생들의 음주량을 늘린다고 밝혀졌다(Kuo et al. 2003). 브랜드 상품의 소유권에 대한 연구는 미국 10대들의 1/5 정도가 브랜드 상품을 소유하고 있고 이것이 음주 또는 음주를 할 의도와 연관되어 있음을 보여주었다(Henriksen et al. 2008 ; Hurtz et al. 2007).

미국의 어떤 연구들은 자연실험을 활용하였는데 이것은 노출정도의 수준이 상이한 여러 매체들을 통해서 제공된 것이다. 주류광고에 지출이 큰 미국 시장에서 살고 있는 젊은

이들은 알코올을 더 많이 마셨고 1인당 1달러 추가 지출은 주류 판매량을 3%씩 증가시켰다. 중요한 것은 소비가 증가한 기간도 광고 수위에서 영향을 받는 것처럼 보인다. 광고노출이 높은 지역에 거주하는 20대 중반의 젊은이들은 더 많은 음주를 하는 반면 광고 노출이 낮은 지역에서는 이러한 현상이 발견되지 않았다(Snyder et al. 2006). 5가지 매체의 광고방식과 함께 젊은 층의 음주에 대한 설문조사를 기반으로 진행된 미국의 또 다른 연구는 1996년부터 1997년까지 주류광고량이 28% 감소함으로 인해 청소년들의 폭음률이 12%에서 8~11% 사이로 줄어들었다고 제시하였다(Saffer and Dave 2006). 주로 상업 마케팅에 의해 결정되는 광고 지출 변화의 영향에 대한 사퍼(Saffer)와 데이브(Dave)의 연구결과를 근거로 홀링월쓰(Hollingworth et al. 2006) 등은 주류광고를 전면 금지시키면 음주와 연관된 사망률이 16% 줄어들 것이라고 추정하였다. 그러나 기본적으로 단면적 연구자료를 기반으로 하는 이 같은 예측은 주의해서 사용되어야 한다.

12.6 폐해를 줄이기 위한 최근의 접근방법들

마케팅의 부정적인 영향을 규제하는 정책들은 주류 정책의 다른 분야들 보다는 잘 개발되지 못한 편이다. 부분적으로 이는 마케팅과 미디어가 지난 40년간 비약적인 발전을 이룩한 반면, 정책적으로는 이를 따라잡지 못했다는 것을 반영한다. 대부분의 정책은 스포츠 행사 후원과 같은 보다 넓은 의미의 마케팅에 주의를 기울이기 보다는 광고 활동에 치중하였다.

모든 형태의 주류광고를 금지하는 나라가 거의 없음에도 불구하고, 종종 특정 음료나 매체를 대상으로 하는 전통적 매체에 의한 주류광고에 대해 법적으로 규제하는 것은 보편적이다. 세계보건기구에 가입된 비이슬람국가 중 약 1/3이 부분적인 제한을 시행하고 있다. 약 15% 국가들은 주류 업계의 자발적인 규제에만 의존하고 있고 많은 국가들이 어떠한 규정이나 정책도 시행하지 않고 있는 실정이다(Österberg and Karlsson 2003 ; WHO 2004). 주류 업계의 자발적인 규정은 주로 주류광고의 내용에 초점을 맞추고 있는 반면 정부의 제정법은 대중 중에서도 특히 어린이나 젊은이들에게 노출되는 주류광고의 양을 줄이는 것을 일반적인 목표로 삼고 있다(Hill and Casswell 2004).

12.7 주류 업계의 자발적인 노력

광고, 매체, 주류 업계로부터 채택된 주류광고의 자발적인 규정은 광고의 양이나 다른 마케팅 방식들이 아닌 주로 광고 내용에 대해서 다룬다. 유럽에서의 자발적인 규정 내용은 유럽연합의 시청각 미디어 서비스 지침 15 조항을 반영한다. 현재 많은 다국적 기업들이 책임감 있는 마케팅에 대한 기업정책을 보유하고 있지만, 이들의 대부분은 마케팅, 판매 혹은 상품 그 자체를 제한하는 것보다는 음주자들 스스로가 책임 있는 행동을 하도록 장려하는 것에 초점을 맞추고 있다. 많은 회사들은 온라인상으로나 어떤 경우엔 유명 브랜드 광고를 통해서 '책임감 있게 음주하라'라는 메시지를 소비자들에게 전하고 있다.

그러나 이러한 메시지들이 음주관련 폐해를 줄이는데 효과적이지 못하다는 증거들이 있다. 상업광고에 나오는 메시지들의 위치나 특징은 광고가 그려내는 상품의 긍정적인 면보다 더 좋은 호감을 주지는 못한다(Austin and Hurst 2005). 이러한 메시지들은 시청자들로부터 각기 다르게 해석되는 것으로 알려졌다. 일반적으로 광고 메시지와 그에 연결된 주류 회사들은 긍정적으로 평가되었고 한 연구의 저자들은 겉보기에만 건강을 생각하도록 만든 메시지는 간접적으로 주류의 매출을 상승시키고 대중과의 관계를 높이는 역할을 한 것으로 결론지었다(Smith et al. 2006). 주류 회사의 스폰서 제도도 비슷한 심리가 있는 것으로 밝혀졌다. 태국 대형 맥주 제조사인 타이 베브(Thai Bev)의 후원을 받아 진행된 2004년 축구 월드컵 행사 후, 대부분의 젊은이들이 후원사에 어떤 식으로든 보답하고 싶어하는 것으로 조사되었다(Thamarangsi 2008).

이해 관계자들(광고 산업, 미디어, 주류 산업)에 의해 생겨난 자발적인 규정과 광고 내용을 다루는 것이 '최상의 표준'(gold standard, ICAP 2001, 2005)이라고 주류산업이 통상적으로 주장한다.

일반적으로 TV, 인쇄광고 같이 보편화된 매체 외에도 최근에는 위성 방송, 인터넷, 주류 허가 업소에서의 홍보 활동 등이 주목받고 있다. 새로 생겨나고 있는 매체와 후원 및 특정 브랜드 관련 행사는 이러한 규정에 거의 포함되어 있지 않다. 한 연구는 이러한 자발적인 규정은 자의적 해석과 비교적 낮은 단속 대상이 되고 기업을 대표하는 의사결정 위원회의 의견에 편향하게 되는 것이라고 밝혔다(Marin Institute 2008). 변화하는 시장 상황(Martin et al. 2002 ; Hill and Casswell 2004)이나 규정 자유화 추세(Babor et al. 2008)에 대응하여 이런 자발적인 규정에 대한 불안정성을 문서로 나타낸 경우들도 있다. 빈약한 수준의 법규준수와 내재되어 있는 불안정성은 여러 기업이 시행하고 있는 자율규제가 지닌 특징으로 판명되었다(Ayres and Braithwaite 1992 ; Baggott 1989). 최근 영국 주류 산업에 의해 진행된 자율규제에 대한 분석에서는 이 자율규제가 바람직한 관행이긴 하지만 변화를 위해서는 효과적인 동력이 아닌 것으로 결론 내렸다(KPMG 2008). 전반적으로 허용되지 않은 광고를 제한하거나 주류소비를 제한하는 도구로써 주류산업의 자율규제 규정의 효율성을 뒷받침할 증거는 없다(Booth et al. 2008).

12.8 광고내용 규제의 효과

주류광고의 규정은 보통 자율규제를 통해 광고 기준을 유지하려는 광고 산업의 노력의 일환으로 발전한다. 대중의 염려는 위험하거나 문화적으로 부적절하다고 인식되는 알코올광고가 법적 최소연령 이하의 미성년자들에게 음주를 조장하는 위험들과 연관성이 있는 주류 상품 광고에 대하여 특별한 문제들을 제기한다.

산업에 의해 자발적이든 규정에 의해 생겨났든 전 세계에 걸쳐 광고내용에 대한 규정은 비슷하다. 그것들은 보통 다음의 모든 또는 일부 내용들을 포함한다. 젊은 층을 겨냥하거나 광고에서 젊은 사람들 묘사 금지 ; 주류소비를 성적, 사회적 성공, 신체기능 향상 및 운전과 연결 금지 ; 치료 목적의 주류광고 금지 ; 무절제한 소비를 조장하거나 부정적으로 금주를 표현하는 것 금지 ; 알코올과 함께 만취와 위험한 행동묘사 금지 등이다(Österberg and Karlsson 2003 ; Ofcom 2007 ; European Commission 2007 ; Babor et al. 2003).

연구결과 일반적으로 만들어져서 시행되고 있는 규정들은 광고에서 나타내고자 하는 것과 본질에 큰 영향을 주지 않는다고 한다. 광고내용들을 분석 해보면 '애매모호한 책략'과 같은 방식을 사용하여 규정을 피해가는 사례를 볼 수 있다. 예를 들어, 알코올과 위험한 행동을 둘 다 보여주는 미국 광고들은 그 행위와 관련된 알코올소비가 언제 일어났는지에 대해 명확하지 않기 때문에 광고 규정에 위반되지 않는다(Zwarun and Farrar 2005). 다른 문화권에서 이루어진 광고내용 규정에 대한 연구는 '규정에 대한 교묘한 계략'이 있음을 밝히고 있다(Haustein et al. 2004).

브랜드를 자세히 드러내지 않으면서 강조하는 컴퓨터 화상, 유머와 역설 그리고 색채와 음악 등의 사용은 기술적으로는 광고 지침 범위 내에 있으면서 규정의 의도를 위반하는 방법이다. 어린이와 청소년은 유머 있고 매력적인 애니메이션 캐릭터, 젊은 층 취향의 음악과 생활방식과 이미지 광고에 관심을 보인다(Collins et al. 2003 ; Kelly et al. 2002 ; Martin et al. 2002 ; Waiters et al. 2001). 유머는 아주 좋은 평을 받은 광고들이 지닌 한 가지 중요한 요인으로 보이며, 대개 규정의 제약을 받지 않는다(McCreanor et al. 2005).

방송규정 시스템으로부터 승인받은 TV광고도 여전히 젊은 층에게 호감을 준다고 연구결과는 설명하고 있다. 호주에서는 광고규정을 준수하는 자율규제 시스템으로 심사를 받은 광고가 10대와 젊은 층에게 음주가 사회적, 성적 성공에 기여하며, 스트레스를 완화시키는 도구로 묘사되었다고 심사되었다(Jones and Donovan 2001). 미국의 자발적인 방송규정과 관련하여 최근에 방송된 TV 광고를 분석한 결과, 광고가 있는 그대로 규정을 따랐다고 해도, 젊은 층의 신뢰와 행동에 영향을 끼치는 음주 광고의 영향력을 줄이겠다는 표면적인 목표를 이루는데 효과적이었다고 볼 수는 없다(Zwarun and Farrar 2005). 영국에서는 정부기관이 주류산업으로부터 보조를 받는 광고기준위원회에게 방송 관련 불만들을 위임하는 방식인 '공동규제' 방침이 도입된 이후에 규정이 변경되었다.

광고들은 계속적으로 젊은 층의 호감을 얻기 위한 요소들을 이용하고 있으며 광고노출과 특정 음료 소비가 서로 관련이 있다(Gunter et al. 2008). 주류광고에 대한 호감도, 노출, 앞에서 설명한 젊은 층의 태도와 행동에 대한 영향력을 주제로 한 연구들이 주류산업이 방송규정을 이행하고 있는 국가들에서 실시되었다. 대부분의 연구는 미국에서 이루어졌고, 뉴질랜드와 최근엔 벨기에, 독일 등에서도 실시되었다. 방대한 양의 연구결과는 주류 마케팅이 주류광고 규정에 부합되게 광고되더라도 젊은 층의 주류소비와 음주를 조장하는 영향이 있는 것을 보여주었다.

주류 홍보 내용에 대해 더 엄격한 규제가 있었던 예시들이 있다. 예를 들어, 현재 프랑스에서 주류광고가 허용되고 있는 매체(젊은이들에게 별 영향이 없는 인쇄 매체, 라디오 방송, 전광판)에서는 광고 소재가 그 구성성분이나 기원과 같은 상품 특징들과 함께 상품만 보여주는 것으로 한정되어 있다. 음주자들, 음주환경, 생활방식에 대한 언급을 하는 것은 더 이상 허용되지 않는다(Rigaud and Craplet 2004). 연구결과는 이미지나 생활방식을 표현하지 않는 광고는 젊은 층에게 매력적으로 느껴지지 않아 아마도 결과적으로 영향을 적게 미칠 것이라고 하였다(Kelly et al. 2002). 그러나 이러한 수준의 내용 규제가 지닌 효과에 대한 연구가 아직은 부족한 실정이다.

[박스 12.2] 프랑스의 알코올 마케팅 규제법

프랑스에서 알코올 마케팅에 대한 규제가 없었던 시절에 지역사회와 보건의학계의 강도 높은 우려의 목소리로 인해 TV, 영화관 그리고 모든 후원기관에서 광고를 금지하는 법안을 채택하게 되었다.

성인을 대상으로 한 인쇄 매체나 몇몇 라디오방송 및 전광판에서 허용된 광고는 생산 장소와 알코올 도수와 같은 제품에 대한 정보로 제한되었다. 알코올 광고의 진정한 변화는 1991년 이후로 관찰되었다.

이 법으로 주류광고에서 사람들을 유혹했던 특징들이 대부분 사라졌다. 음주가들과 음주환경 묘사가 더 이상 광고에서 허용되지 않았다. 주류 제품 자체를 강조하며 즐기는 음주자의 모습이 완전히 사라졌다(Rigaud and Craplet 2004).

법에 명시된 알코올음료의 정의에 의하면 알코올 함량이 1.2%가 넘는 모든 음료는 알코올음료로 간주된다.

인가받은 광고가 시행될 수 있는 장소와 매체의 종류는 다음과 같이 정의된다. 광고가 젊은 사람들을 대상으로 삼지 않아야 하며 TV, 극장에서는 방송될 수 없으며 문화 및 스포츠 행사의 후원을 허용할 수 없다.

광고는 성인을 대상으로 한 인쇄물이나 정확한 조건 하에서 전광판, 라디오방송과 와인박람회나 박물관과 같은 특별한 행사나 장소에서 허용된다.

광고가 허용되더라도 그 내용은 통제를 받는다. 광고가 전달하는 메시지와 이미지는 제품의 도수, 기원, 구성성분, 제조방법, 소비형태 같은 내용들만 담을 수 있다.

모든 광고에는 알코올남용은 건강에 위험하다('l'abus d' alcool EST dangereux pour la santé', alcohol abuse is dangerous to health)라는 건강 메시지가 반드시 담겨 있어야 한다.

이 법은 전광판 광고를 제품이 생산되고 판매되는 곳으로만 제한하였는데, 후에 다른 법에 의해 알코올이 제공되고 판매되는 곳이라면 어디서나 전광판 광고를 할 수 있게 되었다.

12.9 노출을 줄이기 위한 규제

일부 지역에서는 매체종류, 음료종류, 방송시간이나 특히 젊은 층에 노출되는 것과 관련하여 매체 관객들의 구성에 따라 알코올 마케팅의 노출에 대하여 일반적 규정에 의한 규제가 있다. 대부분의 연구는 젊은이들이 광고에 얼마나 노출되었는가를 중점적으로 조사하였는데, 국가마다 그 정도가 다르다. 미국의 경우, 평균적으로 15세부터 26세의 젊은 사람들은 텔레비전을 통해 가장 많이 광고물을 접하는데, 그 수가 일 년에 거의 360개에 이른다고 한다(Martin et al. 2002). CAMY 모니터링은 12세에서 20세의 연령층의 연간 노출정도가 2001년 약 200번에서 2007년 약 300번으로 상승하고 있음을 보여준다(Center on Alcohol Marketing and Youth 2008). 뉴질랜드에서는 2005년에 약 500개의 텔레비전 광고물에 접한 12~17세가 10대 후반보다 더 높은 노출 정도를 보였다(Huckle and Huakau 2006).

12.9.1 자율적 규제

미국에서는 젊은 음주자들에 대한 우려와 보호에 응하여 맥주, 와인 그리고 증류주 생산 무역협회는 젊은 층이 30% 이상인 지역에서는 주류 광고를 하지 않는다는 자율 규정을 채택하였다. 이로 인해 주류광고에 대한 노출이 어느 정도 줄어들었다. 그러나 미국 인구의 16%를 차지하는 젊은이들은 어른과 비교했을 때 여전히 불균형적으로 음주에 노출되고 있다(Jernigan et al. 2005). 젊은 시청자의 비율에 따라 형성된 규제는 상당한 수의 젊은이들이 주류광고에 노출되는 것을 방지할 수 없다. 예를 들어, 음주가 젊은 사람들의 호감을 받는 주제로 알려져 왔고 사회적 이익을 가져다준다는 인식을 높일 수 있는 텔레비전 속 스포츠 광고는 젊은 시청자들의 비율이 적다하더라도 상당한 수의 성인 시청자들로 인해 많은 젊은 사람들에게 노출될 수 있다(Zwarun and Farrar 2005).

주류 산업 내 합의에 의해 시행되어지는 규제들은 본질적으로 불안정하다. 유럽연합과 다른 무역협정의 맥락에서 그 규제들은 '불법적인 자유 거래 제한 행위'로써 법의 제제를 받을 수 있고 또한 쉽게 위반되거나 져버릴 수 있다. 따라서 원래 의회 법의 압력으로 채택된 미국 텔레비전과 라디오에 나오는 증류주 광고에 대한 자발적인 금지조치는 한 대기업이 그 규정을 위반하고 다른 기업가들이 그 금지조치를 실현 불가능한 것으로 여기면서 결국 폐지되었다.

12.9.2 법이나 규칙에 의한 규제

이슬람 국가들을 제외하고는 주류광고와 홍보를 완전히 금지하는 나라는 거의 없지만 특정 미디어에서 광고나 특정 음료광고를 제한하는 지역은 많이 있다. 예를 들어, 오스트리아 방송 법안은 라디오와 텔레비전에서 주류광고를 금하고 있으며, 케이블 및 위성방송에서도 주류광고를 금지하고 있다. 현재 유럽연합국의 일부가 된 다수의 동부유럽 국가들은 모든 주류광고를 대부분의 미디어에서 금하고 있다. 몇몇 스칸디나비아 국가는 유럽연합의 다양한 무역협정에 가입하면서 또는 가끔은 시장접근에 대한 어려움 때문에 주류광고에 대한 금지조치가 더 편파적으로 되어 가고 있다.

프랑스의 법규인 '로이 에빈'(Loi Evin, 박스 12.2 참조)은 비교적 포괄적인 주류 마케팅 규제의 예제로 인용되고 있으며, 10년이 넘도록 정치적인 지원을 받아오고 있다.

현재 계속 확산되고 있는 마케팅 방법 통제 요구에 관련한 프랑스 법규 '로이 에빈'(Loi Evin)의 주요지는 법이 제공하지 않는 한 음주광고는 모든 미디어에서 금지된다는 것이다. 텔레비전과 극장을 포함한 많은 매체를 통한 광고와 후원을 완전히 금지하였다. 이 같은 광고규정은 반대 세력에게 문제제기를 받고 있다. 공중보건 목표를 충족시키기 위한 주류광고 규정은 가끔 수정되었지만 법정에서 지지를 얻었다(박스 12.3 참조).

[박스 12.3] '로이 에빈'(Loi Évin)에 대한 도전에 있어서 유럽사법재판소의 방어 논리

2004년 유럽사법재판소는 두개의 국가 방송에서 알코올 광고를 금지하는 프랑스를 지지했다. 법원의 진술은 다음과 같다.

1) 회원국들이 각각 희망하는 공중보건의 수준을 이끌어내기 위하여 각국 나름의 보호범위와 그 보호가 이루어질 수 있는 방법을 결정한다.
2) 그 법은 시청자들이 알코올음료를 섭취하도록 권장될 수 있는 기회를 감소시킨다.
3) 프랑스에서 시행되고 있는 TV 광고 규정은 공중보건을 보호하려는 그들의 목표를 보장하는 데 적절하다.
4) 법은 그러한 목표를 이루기 위해서 존재할 뿐이다.

Source : C-262/02 and C-429/02

12.10 광고의 부분금지에 대한 효과

광고에 대한 어떤 부분적인 금지 사항들은 흔히 시행되지만 그 효과성에 관한 평가 연구는 충분히 이루어지지 않았다. 대부분의 알코올 연구가 수행된 많은 국가들에서 최근의 변화가 자유시장 환경 쪽으로 일고 있다.

캐나다의 여러 지방에서 '규제해제'를 평가하는 세 개의 연구가 수행되었다. 이 중 두 개의 연구는 마니토바(Manitoba)와 브리티시 콜롬비아(British Columbia)의 부분적인 금지조치의 해제에서는 어떠한 효과도 발견하지 못하였다(Ogborne and Smart 1980 ; Smart and Cutler 1976).

1983년 '사스카체완'(Saskatchewan)에서의 변화로 맥주와 와인 광고가 방송 매체에, 그리고 증류주 광고는 인쇄 매체에서만 광고되었다. 그 연구는 증류주의 감소로 맥주의 소비량이 크게 증가하여 총 주류소비량에는 아무런 영향을 미치지 못하였음을 발견하였다(Makowsky and Whitehead 1991). 이러한 결과는 아마도 방송매체의 영향력이 더 크다는 것을 반영해 주고 있는 것 같다(Viser 1999).

다른 연구들은 각기 다른 규제가 적용되는 관할 구역들을 비교하기 위하여 다변수 · 교차 연구방식을 이용해 왔고 엇갈린 결과들을 산출해왔다. 가격광고의 긍정적 효과가 미국에서 1974년부터 1978년 사이에 보고되었는데(Ornstein and Hanssens 1985) 법률 규제의 효과는 없었다(Nelson 2003). 사퍼(Saffer)와 데이브(Dave)는 26년 동안 20개국에서 얻어낸 자료를 근거로 매체 또는 주류 형태 중 어떤 하나의 광고금지 조치 증가는 음주 소비를 5%~8%까지 줄일 수 있음을 제시하면서 광고금지 효과가 그렇게 크지는 않지만 어느 정도의 영향력을 가진다는 것을 밝혔다(Saffer 1991 ; Saffer and Dave 2002). 그들은 규제 한도가 더 넓어질수록 이러한 효과가 더욱 커질 것이라고 주장한다(Saffer 1991 ; Saffer and Dave 2002).

그러나 다른 분석가들은 금지조치에 대해 혼합된(Young 1993), 심지어는 긍정적인 효과를 보고하고 있다(Nelson and Young 2001). 금지조치에 대해 최소 15개의 필연적 변화들을 포함한 자료 연구에서는 부분적 금지 규정이 지난 26년간 17개의 OECD국가들의 음주 소비에 영향을 주지 못했다고 보고하고 있다(Nelson and Young 2001). 금지조치에 대한 10개의 다른 연구들을 포함하여 최근에 체계적으로 검토한 보고서는 광고규제 정도의 차이와 방법론적인 면에서 부딪히는 문제들은 그 연구발견물들이 결론에 이르기에는 부족하고, 미미한 수준의 긍정적인 효과가 있을 것이라는 것을 의미한다. 금지조치는 제한조치가 일반적으로 이루어지는 환경에서 다른 제재조치들이 수반될 때 부가효과를 낸다는 것을 암시하는 몇몇 증거가 있었다(Booth et al. 2008).

담배 분야에서는 특히 2003년에 채택된 담배규제기본협약의 성사로 많은 국가들에서 더욱 규제적인 정책을 시행하는데 도움이 되었다. 일관성은 없지만 실증적인 문헌(Nelson 2003)에 따르면 종합적인 금지조치는 기존의 정책이 하지 못한 선진국 내에서의 흡연소비량을 줄이는데 큰 역할을 하였다(Saffer and Chaloupka 2000 ; Blecher 2008). 최근의 18개 유럽 국가들간의 비교 결과를 보면 담배규제정책의 강도를 통해 금연을 예측했으며, 광고금지가 과세제도와 가장 큰 긴밀성을 보이며 그 뒤를 따라 시행되었음이 밝혀졌다(Schaap et al. 2008).

개발도상국가들에 대한 연구 분석은 담배 광고금지가 선진국보다는 개발도상국에서 효과적이라는 것을 제시해 준다(Blecher 2008). 유감스럽게도 개발도상국에는 알코올 광고와 관련된 비교연구는 없었고, 평가할 만한 종합적인 정책 변화도 적었다.

12.11 결론 및 정책의 영향

젊은 사람들에게 상당한 호감과 유용성을 주는 미디어와 의사소통기술과 다양한 매체들을 사용하며 주류시장은 눈에 띄게 성장해 왔다. 전에는 없었던 정교한 마케팅에 대한 노출이 계속되고 있다. 마케팅이 전달하는 메시지 내용을 콘텐츠 자율규정을 이용하여 통제해 보려는 노력은 그러한 마케팅 방법들이 젊은이들에게 주는 호감의 영향력을 충분히 줄이지 못했다.

젊은이들이 알코올 마케팅에 노출되면 음주 시기가 앞당겨지고 이미 음주하는 이들은 음주 소비량이 증가한다는 증거가 제시되었다. 연구의 범위와 폭의 가능성이 방대하고 다양한 방법들을 활용하고 있으며 젊은이들이 받는 영향에 대해서 일관적인 결과를 보여 주고 있다. 젊은이들을 겨냥한 마케팅이 기존시장에서 잃어버린 고객을 대체하고 신흥시장에서의 음주인구를 늘리기 위해 젊은이들을 끌어들이는데 크게 기여하고 있음은 의심할 여지가 없다.

현재 이러한 알코올광고의 규제에 관한 연구들로부터 결정적인 증거가 부족한 것은 포괄적으로 시행되는 규제에 대하여 미숙한 실천과 방법론적인 문제점들 때문이다. 그러나 마케팅 노출의 영향에 관한 발견은 정책 아젠다에 있어서 강한 광고규제에 대해 의문을 남기고 있다.

확대되고 효과적인 주류광고의 규제로 젊은이들의 주류 소비량과 관련 폐해의 정도를 줄일 수 있을 것이라는 구체적인 증거는 아직 해결되지 않은 과제로 남아있다. 가능한 이론적 실증적 증거에 근거한 가장 가능성 있는 시나리오는 광범위한 마케팅 규제가 효과가 있을 것이라는 생각이다.

마케팅 전략의 규모와 방법들이 계속해서 확장되고 있으며 국제적으로 규제되지 않는 환경에서 국경선을 넘나드는 미디어의 사용도 증가하고 있다. 많은 마케팅이 국가적 경계를 초월하는 영화, 텔레비전 프로그램 그리고 인터넷 사이트에서 발생한다.

담배의 경우와는 달리, 알코올 마케팅을 제한하는 국제적 또는 지역적 협약이 아직 없다. 젊은 과음자들의 증가에 대해 현 수준의 마케팅이 미치는 영향을 입증하는 증거는 정책적 조치의 긴급한 필요성을 제시하고 있다. 이러한 조치는 주류업계와 이익단체들로부터 독립적이고 국가적인 경계를 초월할 수 있는 법률 집행과 모니터링을 통합한 규제체제를 수립하는 것을 필요로 할 것이다.

제 13 장

교육과 설득전략

제13장

교육과 설득전략

13.1 개 요

교육과 설득전략은 알코올관련문제의 예방을 위한 접근법 중 가장 보편적인 방법 중 하나이다. 이 장에서는 학교, 대학, 공동체(지역사회) 그리고 전체적인 인구를 포함한 몇 가지 환경과 구성에서의 이러한 전략들을 살펴볼 것이다. 이 장은 미디어 관련 계획, 학교중심 프로그램 그리고 대학 프로그램의 세 부분으로 구성된다.

이러한 전략들은 개인이나 집단에 맞추어져 있는데 보통 다음과 같은 목표 중에 하나 이상을 포함한다. 1) 알코올과 음주에 관련된 위험성에 관한 지식의 변화, 2) 위험성을 감소시키기 위한 음주의지의 변화, 3) 음주행위 그 자체의 변화(예 : 청소년의 음주시작 시기의 지연), 4) 음주와 관련된 문제의 빈도 또는 심각성의 감소, 5) 알코올정책의 지지를 증가시키기 위한 대중의 태도 변화(Cuijpers 2003 ; Casswell et al. 1989) 등이다. 다음의 내용을 분석함에 있어서, 음주시작 시기의 지연 혹은 고위험음주와 알코올관련폐해의 유병률을 감소시킬 수 있었다는 증거가 입증되었다면 특정 중재가 긍정적인 영향을 주었을 것으로 판단된다.

학교중심 프로그램에서의 초점은 알코올과 불법약물 모두이거나 알코올, 불법약물, 그리고 담배에 있었다. 이 장에서는 알코올과 관련된 결과에 초점을 두고 있다. 흔히 사용되는 접근법들 간의 구분되는 점이 중재의 초점에 있다. 전체 인구에 대해서는 '일반적인' 접근법으로, 위험군이라고 간주되는 대상자들에게는 '선택적인' 접근법과 음주나 관련문제 행위에 있어서 초기단계에 있다고 간주되는 대상자들에게는 '지시적인' 접근법이 이루어진다(Shamblen and Derzon 2009).

다른 장들에서처럼 목적은 연구 증거에 대한 객관적인 검토를 통해 정책과 관련된 결론을 이끌어 내는 것이다. 그러나 이번 장은 균형을 맞추기 위하여 다른 장과는 달리 전반적으로 부정적인 연구 결론을 이끌어 내고 있다. 이러한 결론은 이전의 검토에서도 역시 분명했었다(Edwards et al. 1994 ; Babor et al. 2003). 위에서 열거된 세

가지의 행위변화의 기준은 대부분의 영역에서 실현되지 못하였으나 예외는 있다. 그러나 이 분야에서 주어진 계획의 내용과 지금까지 수행되어 온 다양한 중재방법들을 고려해 보았을 때, 장기적으로 음주행위 혹은 알코올관련 문제에 영향을 미칠만한 것이 비교적 적다.

13.2 미디어와 관련된 계획

13.2.1 사회 마케팅, 대중 매체, 건강캠페인과 정보캠페인

사회 마케팅이란 대상 청중의 개인적, 사회적 복지를 향상시키기 위하여 그들의 자의적인 행동에 영향을 미칠 수 있도록 고안된 프로그램의 분석, 계획, 수행 및 평가에 상업적인 마케팅 기술을 적용하는 것이다(Gordon et al. 2006). 고든(Gordon) 등은 사회 마케팅이 알코올남용에 있어 긍정적인 영향을 줄 수 있다고 결론지었으나 이러한 결론은 연구과정에서 드러난 다음과 같은 몇 가지 한계점들에 의해 다소 힘이 약하다. 완벽하지 못한 연구 설계, 도출된 연구결과들이 개인적인 중재 요소에 의한 것인지 아니면 여러 활동들의 복합작용과 관련이 있는지에 대한 판단이 어렵고, 중재와 비교 대상 사회들 간의 기준치 차이, 그리고 참가자의 감소 등의 제한이 있다(Gordon et al. 2006).

많은 국가에서 알코올음료의 광범위한 홍보에 맞서 정부와 민간단체들은 정보캠페인을 후원해왔다. 이는 소위 '공익광고(public service announcements, PSAs)' 라든가 실제 광고에서 경고 문구의 삽입 등의 사회적 광고를 포함한 다양한 형태로 이루어졌다.

정부, 비정부조직, 보건단체, 그리고 매체 기관 등은 특별대상자들의 이익을 위하여 중요한 정보를 제공하려는 목적으로 사회적 광고를 제공한다. 어떠한 공익광고의 경우에는 기부 받은 시간대나 공간을 주로 활용한다. 알코올에 관한 공익광고에서는 책임 있는 음주, 음주운전의 위험성, 그리고 기타 알코올과 관련된 주제를 다룬다.

'반론광고'는 상품에 대한 매력과 이용을 줄이기 위해 그 상품과 영향, 그리고 그 상품을 홍보하는 산업 등의 정보를 확산시킨다. 이는 특정 상품이 광고를 통해 홍보되고 있음을 직접적으로 설명한다는 점에서 다른 정보캠페인과는 분명히 구분된다(Agostinelli and Grube 2002).

사회적 광고 혹은 공익광고는 음주와 관련된 위험성과 합병증에 관한 정보를 제공하기 위해 텔레비전, 라디오, 광고비를 지급 받은 반론광고, 게시판, 잡지, 신문, 그리고 텔레비전이나 라디오의 뉴스 혹은 특집기사 등의 매체를 이용한다. 그러나 이러한 메시지들이 목표대상자들의 행동에 있어 직접효과를 주는 것은 극히 일부분일 뿐이다. 전략에는 잡지와 텔레비전의 예방 메시지뿐만 아니라 상품 포장지 위에 건강과 관련된 경고 문구를 붙이거나 광고 전술에 대한 대중의 인지능력을 향상시키기 위해 미디어 정보해독 활동 등이 포함된다(Barlow and Wogalter 1993). 지역사회와 학교 예방프로그램에서 정보 메시지를 포함시킬 수 있고(Giesbrecht et al. 1990), 정부의 소매상 주류위원회에서 사용될 수도 있다(Goodstadt and Flynn 1993).

대부분의 국가들에서, 알코올과 관련된 공익광고와 역광고의 수는 많아야 전체 알코올 광고량의 일부에 지나지 않을 뿐만 아니라(Fedler et al. 1994 ; Wyllie et al. 1996) 그것마저도 텔레비전에서 시청하기는 매우 어렵다. 더구나 음주친화적인 설득력 있는 영향에 정보캠페인의 내용이 맞서기란 좀처럼 쉽지 않다. 예를 들어, 프랑스 고등학교 학생들을 대상으로 한 연구에 의하면(Pissochet et al. 1999) 응답자들은 알코올 위험성 예방 광고가 알코올 광고보다 덜 효과적이라고 답했다. 또한 매일 술을 마시는 음주자처럼 핵심 목표대상자로 여겨지는 음주자들은 중등도의 음주자나 비음주자들에 비해 훨씬 더 비판적인 태도를 보였다.

대중의 정보캠페인 수용성이 높긴 하지만(Giesbrecht and Greenfield 1999), 특히 전자메시지와 같은 알코올 광고에 직접적인 경고 문구를 달기 위한 법률적인 계획은 미국에서 성공하지 못하고 있다(Greenfield et al. 1999 ; Giesbrecht 2000). 그러나 몇몇 국가들에서는 이러한 경고문이 필수적이다. 예를 들어, 멕시코에서는 알코올 이용과 관련된 주의사항이 기록된 일반적인 경고문을 게시판 광고물에서 발견할 수 있다. 스웨덴의 신문광고에는 광고란의 1/8을 차지하는 충분히 커다란 활자로 총 11개의 순환경고문 중 하나씩 게재하는 것은 의무사항이다(Wilkinson and Room 2009).

정보캠페인과 관련된 또 다른 발전은 청소년들이 알코올 광고의 설득력 있는 호소를 저항할 수 있도록 미디어 정보 해독력을 높여주는 것이다. 아동을 대상으로 한 미디어 정보 해독 프로그램에서 약간의 효과가 관찰된 바 있다(Austin and Johnson 1997). 슬레터 등(Slater et al. 1996)은 알코올 교육수업과 알코올 광고 토론 등의 최신 경험에 의해 알코올 광고에 대한 인지적 저항을 예측할 수 있었다고 밝혔다. 켄져(Canzer 1996)는 대학생들에게 알코올산업과 그것의 광고효과와 건강관련 정보 등에 관한 교육용 비디오를 보여주었다. 그 후, 음주의 전반적인 감소를 볼 수 있었다. 즉, 거의 참가자의 2/3가 위험한 음주소비가 있는 자리에 참석하는 횟수가 감소함을 발견할 수 있었다.

공중보건의 시각에서 보면, 반론광고에는 직관적인 호소력이 내재되어 있고, 알코올 광고의 금지보다는 현실적이면서 정치적인 선택이 될 수 있다(Saffer 2002). 하지만 반론광고는 대개 현실적으로 운영 가능한 예산 범위 내에서 강력한 성과를 거두지는 못하고 있다. 미국의 담배에 관한 경험에서 알 수 있듯이 직설적인 알코올 반론 광고 프로그램이 종합적인 예방 전략의 일부로 효과가 있을지도 모르지만(Rohrback et al. 2002) 집중적인 반론광고가 많은 관할지역에서 정치적으로 실현 가능하기는 쉽지 않다(Rohrbach et al. 2002). 따라서 담배통제경험을 '알코올'이라는 맥락에 적용시키는 것에 제한점이 있다.

음주운전은 흔히 대중매체 캠페인의 초점이 되어왔다. 8개 연구에 대한 체계적 문헌고찰에 의한(Elder et al. 2004) 결과에서 볼 수 있듯이 만약 대상자들이 세심한 계획에 적절히 노출되거나 잘 수행된 대중매체 캠페인과 연계된다면 알코올성 손상 운전이나 알코올과 관련된 자동차사고의 감소에 있어 효과를 볼 수 있다. 그렇지만, 연구자들은 이러한 캠페인의 성공과 실패에 따른 의사결정과정은 '효력의 모순'에 의하여 복잡하게 얽혀있다는 사실에 주목하였다. 다시 말해 비록 검토된 캠페인이라 하더라도 잘못 시행된 경우에는 계획의 잠재적인 유용성의 일반화가 어려웠다는 사실이다. 예를 들어, 디터(Ditter et al. 2005) 등은 운전자 지정 프로그램의 활성화를 위한 9개의 캠페인을 연구하였다. 연구자들은 미미한 효과와 결과측정의 제한점으로 인하여 이러한 프로그램의 효과를 입증할 만한 충분한 증거를 발견하지 못하였다.

많은 경우 정보캠페인은 특별히 청소년음주와 관련되어 계획된다(Connolly et al. 1994 ; Holder 1994). 골만(Gorman 1995)은 일반적인 전략을 사용하는 대중매체를 통한 중재가 알코올사용과 알코올관련문제에 미치는 제한된 영향력에 관하여 지적하고 있다. 공익광고는 좋은 의도에도 불구하고 광고비를 지급한 알코올 광고처럼 더 자주 눈에 띄고, 더욱 광범위하게 노출되는 잘 제작된 음주 친화적인 메시지(pro-drinking messages)를 압도할 수 있는 확실한 해독제 역할은 하지 못한다는 사실이다(Ludwig 1994 ; Murray et al. 1996).

젊은 층이 페이스북이나 유튜브를 통해 그들의 파티와 밤 문화를 기록에 남기고 그들의 과음과 가장 선호하는 술에 대해 자세히 올리는 것이 점점 더 흔해지고 있다. 페이스북의 많은 주류 관련 단체들은 공식적인 주류산업의 광고를 반영하고 공식 주류로고를 사용한다. 이는 모든 연령층의 사용자가 쉽게 접할 수 있는 것이다. 이렇게 음주 친화적인 메시지들을 공유하는 것은 알코올의 일반화를 촉진시키고 사람들이 음주의 과소비와 관련된 이미지나 묘사에 더 자주 노출될수록 이러한 행동을 더 정상적이고 허용할만한 것으로 여기게 되는 것이다.

13.2.2 경고문구

1989년 도입된 미국의 알코올음료 용기의 의무사항인 '경고문구'에 관하여 상당히 광범위한 조사가 실시되었다(Kaskutas 1995). 임신 중 음주를 했을 때 선천성 기형의 가능성과 운전 중 또는 기계 조작할 때의 알코올로 인한 손상의 위험성과 전반적인 건강의 위험성에 초점을 두고 있다. 어떤 주에서는 건물에 알코올음료를 제공하거나 판매하는 알코올의 위험성에 대한 경고문을 부착하도록 요구하기도 한다.

경고성 설명문은 지식, 인지, 의도, 지각 등에 영향을 준다고 입증되었으나 음주행위와의 관련성에 대한 증거는 다소 모호하다. 인구의 상당비율이 이러한 경고성 설명문을 보았다고 조사된 바 있다(Graves 1993 ; Greenfield et al. 1993 ; Kaskutas and Greenfield 1992). 경고성 설명문이 몇몇 계층(경미한 수준의 음주자들)에서는 음주운전의 위험성에 관한 지식과 임신 중 음주의 위험성에 관한 지식수준을 증가시켰고, 청년층을 포함해 자주 음주를 하는 대상자들 사이에서 그 위험성에 관한 더 많은 대화를 이끌어 냈다(Kaskutas and Greenfield 1997a ; Greenfield and Kaskustas 1998)는 몇 가지 증거(Kaskutas and Greenfield 1992 ; Greenfield 1997 ; Greenfield and Kaskutas 1998 ; Greenfield et al. 1999)가 있다. 미국의 국민조사에서는 알코올 용기 설명문, 매장의 간판과 미디어 광고에서의 경고성 메시지의 기억을 실험한 적이 있다. 이 세 가지 유형의 메시지 모두 기억 효과가 있었다. 경고성 설명문에 대한 기억은 특히 젊은 층 남성과 과도한 음주자에게서 높게 나왔다(Kaskutas and Greenfield 1997b). 임신 중 음주와 관련된 대화와 보여진 메시지 종류의 수 사이에 메시지투입용량에 따른 상관성이 있었다(예, 업소의 간판, 광고물, 잡지 가게, 그리고 경고성 설명문 : Kaskutas et al. 1998).

몇몇 경고성 설명문 연구들은 청소년층에게 집중되어 왔다. '경고성 설명문' 제도가 도입된 지 1년 만에 맥키논(MacKinnon et al. 1993) 등은 12학년생(약 17세)의 경고성 설명문에 대한 인식과 노출 및 인지가 증가했다고 보고했다. 그러나 알코올의 사용이나 설명문에 포함된 위험성에 대한 생각에는 실질적인 변화가 없었다. 스나이더와 블러드(Snyder and Blood 1992)의 실험 연구에서는 6개의 알코올 상품에 대한 각기 다른 광고물을 시청한 159명의 대학생들이 참여했는데, 그 중 몇 개의 광고물에는 공식적인 경고문이 포함되어 있었고 몇 개는 포함되어 있지 않았다. 경고문은 알코올의 위험성에 대한 인식을 증가시키지 않았고, 심지어 음주자와 비음주자 모두에게 상품이 오히려 더욱 매력적으로 느껴지게 하였다.

또 다른 실험 연구에서는 미국과 호주에서 각 하나씩 두 개의 대학교에서 총 274명의 대학생들이 참여하였다(Creyer et al. 2002). '알코올은 마약(alcohol is a drug)'이라는 문구는 알코올성 음료 용기에 붙어 있는 미국의 표준 경고성 설명문보다 위험성이 더 높은 인지도를 유도했다는 점에 연구자들은 주목하였다. 이들은 현재 임신과 관련된 미국의 경고성 설명문으로 인하여 증가하던 이득이 감소되고 있고, 다른 순환 경고문들이 필요함을 제시하는 증거가 있다고 결론지었다.

체계적인 문헌고찰은 특정 연구들의 주요 결론을 지지한다. 아르고와 메인(Argo and Main, 2004)은 48개의 경고성 설명문에 관한 연구결과들과 알코올과 관련된 7개의 연구결과들을 메타분석을 이용하여 보고하였다. 연구자들은 소비자들이 알코올에 대하여 상품을 비교하는 과정에서 경고성 설명문을 인지할 가능성이 있는 '쇼핑' 상품이 아니라 '편리성'의 상품으로 생각하기 때문에 알코올에 관한 경고성 설명문을 인지하기 쉽지 않다는 점에 주목하고 있다. 또한 연구자들은 소비자의 주의, 읽기, 이해력과 기억력에 경고성 설명문이 미치는 영향력에 주목한다. 제품의 폐해 및 위험성에 대한 소비자의 판단력과 경고성 사이의 관련성은 적었다. 그들의 경고문에 대한 반응의 분석은 주의, 읽기능력, 이해력, 기억, 판단력과 행동의 순응도와 같은 몇 가지 각도에서 측정되었다. 문헌고찰이 이루어진 연구들에 따르면 알코올 경고성 설명문은 행동의 순응도를 제외한 주의 혹은 인지, 기억, 그리고 위험성이나 인지된 위험성에 대한 판단에 영향을 주는 것으로 생각된다.

맥키논과 노르(MacKinnon and Nohre, 2006)에 의한 연구에서는 알코올소비와 음주 후 운전과 같은 행위에 대한 일반적인 알코올 경고성 설명문의 효과에 대한 확신할 만한 증거가 없다는 결론을 내렸다. 또한 경고성 설명문의 결과로 알코올 사용이 감소되었다는 증거 또한 거의 없다고 결론지었다. 자연실험은 사람들이 알코올 경고성 설명문을 인지하고 있고 본적도 있다는 증거를 제공해 주었다. 또한 알코올 설명문의 효과는 알코올 사용자들에게 더욱 강하다는 증거 또한 제공해 주었다. 맥키논과 노르는 미국의 경고문의 디자인을 바꾸는 것이 인식도를 높일 수 있다고 지적한다.

음주운전과 같은 위험한 음주행태를 변화시키고자 하는 의도나 음주에 관하여 이야기를 나누거나, 건강이나 안전을 위협하는 음주자들에게 적극적인 중재를 모색하는 등의 중개변수들이 영향을 받고 있음이 입증되었다. 미국의 전형적인 경고성 설명문의 작고 애매한 것을 고려했을 때, 그것이 어떤 영향을 끼쳤다는 것은 참으로 놀라운 일이다. 경고성 설명문의 잠재적인 영향력은 아직 그 중재법에 관한 연구가 실시되지는 않았지만 알코올정책의 변화와 알코올관련 규제의 강화를 위해 공동체(지역사회)에 근거를 둔 캠페인과 같은 여러 가지 전략과 함께 이루어지면 더욱 강화될 수 있다.

결론적으로, 경고성 설명문에 관한 연구에서 사람들이 볼 수 있도록 경고성 설명문을 전시하는 것이 음주행위의 변화를 가져왔다는 것을 증명하지는 못하였다. 앤드류스(Andrews 1995)는 경고성 설명문은 과도한 음주자들의 음주를 예방하기에는 역부족이라고 밝혔다. 또 다른 검토문헌들(Grube and Nygaard 2001 ; Agostinalli and Grube 2002 ; Giesbrecht and Hammond 2005) 역시 알코올 경고성 설명문이 음주행위에 중요한 영향을 주었다는 증거가 거의 없다고 결론지었다.

13.2.3 저위험 음주지침

많은 관할권에서 저위험 음주지침서를 보급하여 왔다. 이러한 계획은 손상, 만성질환(Rehm et al. 2004)에 대한 알코올의 상대적 위험, 그리고 적당한 음주가 심혈관 문제에 끼치는 영향에 대한 역학적 연구를 통한 증거에 의해 동기가 부여되었다(Marmot 2001). 몇몇 국가의 매체를 통한 건강 토론에서는 대중에게 적당한 알코올 사용의 이점에 대해 알리는 홍보 및 교육 차원의 자료를 제공하도록 하는 정치적 압력을 조성하였다. 여러 국가들의 연구에 의하면, 이러한 추정적인 건강상의 혜택을 인식하고 있는 성인의 수가 증가했다고 밝혔다. 그 예로, 호주의 뉴사우스 웨일즈에서는 이러한 건강상의 혜택을 알아보는 비율이 1990년 28%에서 1994년에는 46%로 증가했으며 그 중 가장 많이 언급된 혜택은 긴장완화(54%)와 심혈관(39%)에 대한 것이었다(Hall 1995).

최근 10년간 많은 국가에서 적당한 음주 혹은 저위험 음주를 공식적 혹은 반 공식적인 지침으로 채택하였다(Bondy et al. 1999). 상대적으로 낮은 한계점에서의 집합점이 있기는 하지만(예, 국립보건의학연구회의 : National Health and Medical Research Counci, NHMRC 2009) 이러한 지침의 기초가 되는 복잡한 고려 사항을 감안해 볼 때, 지침이 국가마다 매우 다양하다는 것(Stockwell 2001)은 그렇게 놀라운 일이 아니다. 월쉬(Walsh et al. 1998) 등은 이러한 메시지의 영향에 관한 연구는 거의 이루어지지 않았고, 과거 10년간 제자리걸음 상태라고 보고하였다. 도슨(Dawson et al. 2004) 등은 1992~2003년 동안의 알코올판매 감소기에 2개의 대규모 국가조사를 통해 미국 알코올소비에 관한 연구를 실시하였다. 그 결과 그 기간 동안 1일 혹은 1주일 제한 양으로 권고된 양을 초과하여 음주한 미국의 정기적인 성인 음주자 비율은 32.1%에서 29.3%로 감소되었다는 것을 발견하였다.

이와는 대조적으로, 현재 캐나다 온타리오주의 저위험 음주지침(Adlaf and Ialomiteanu 2007)의 보급 확산과 함께 그 지침의 기준을 넘는 음주비율은 최근 증가하고 있다. 지침을 상회하는 음주의 증가현상은 저 위험 수위 음주를 장려하는 정보캠페인이 음주폐해를 감소시키기 위한 주요 전략이었던 몇 년 동안 영국에서도 나타났다.

이러한 메시지가 알코올소비와 이와 관련된 문제를 전체적으로 감소시킬 수 있는지의 여부는 불투명하다(Casswell 1993). 예를 들어, 지침은 대중이 오해할 소지가 있고, 금주자에게 음주를 시작하게 만드는 단서를 제공할 수 있으며 중등도의 음주자로 하여금 더 많은 양의 술을 마시는데 영향을 줄 수도 있다. 저위험 음주지침의 보급이 적절한 소비자 정보 정책이라고 주장할 수도 있지만 그러한 지침이 알코올소비와 음주문제에 어떠한 영향을 주었는가에 관한 어떠한 증거도 밝혀진 바 없다.

13.3 학교중심의 프로그램

청소년 및 학교중심의 알코올교육 프로그램에 초점을 맞춘 집중 예방계획에는 한 가지 이상의 목적이 있다. 청소년의 알코올 지식의 증가(Cuijpers 2003), 청소년의 음주 신념, 태도, 그리고 행동의 변화, 청소년 음주의 근간을 이루고 있는 일반적인 사회적 기술과 자존감과 같은 요인의 수정(Paglia and Room 1999), 첫 알코올 사용시점의 지연, 알코올 사용감소, 고위험음주감소, 그리고 음주로 인한 폐해 최소화(Cuijpers 2003) 등이다.

지난 50년 동안 알코올에 초점을 둔 학교중심 예방프로그램 개발의 세 가지 핵심 단계가 있었다(Cuijpers 2003). 1960년대부터 1970년대에 걸쳐 프로그램 개발자들은 주로 알코올 사용과 관련 위험성에 대한 지식 제공에 초점을 두었다. 1970년과 1980년대 흔한 학교 중심 중재법은 오직 정보 접근법에 의존하였고, 또한 마약 사용의 위험성에 대해 교육하기도 하였다. 이런 방식의 프로그램은 행동변화에 효과적이지 않음이 계속해서 밝혀지고 있다(Botvin et al. 1995 ; Hansen 1994 ; Tobler 1992). 물론 알코올, 담배, 그리고 약물에 관한 지식수준을 높이고 태도 변화가 가능할 수는 있겠지만 실제 상황에서 그다지 큰 영향을 주지는 못하였다.

두 번째 단계에서는 알코올 혹은 기타 약물에 초점을 두지 않고, 의사결정, 가치 확립, 그리고 스트레스 관리 등 개인적인 개발에 있어 다소 광범위한 주제를 포함한 정서교육 프로그램을 실시하였다(Cuijpers 2003 : 10). 가치 확립, 자존감, 일반적인 사회생활능력, 그리고 알코올사용과 연결성이 없다고 생각되는 활동을 제공해주는 음주의 대안(예, 스포츠) 등을 설명해주는 접근법 역시 별로 효과적이지 않다고 평가되었다(Moskowitz 1989).

1980년대 초반 이후 전개된 세 번째 단계에서는 사회영향모델이 학교중심 예방프로그램에 많은 영향을 끼쳤다(Cuijpers 2003). 이 모델은 종종 공동체중심의 시각 또는 가족 중심의 중재법을 강조하면서 더 폭 넓은 개인능력과 사회능력이 결합되었다(Spoth et al. 1999 ; Murray and Belenko 2005 ; Petrie et al. 2007).

13.3.1 사회적 영향 프로그램

사회적 영향 프로그램은 부분적으로 정보접근법, 정서접근법, 그리고 대안적 접근법의 비효율성에 대응하여 개발되었다. 동시에 발생한 사회심리이론을 기초로 한 이 프로그램은 대부분의 청소년들이 알코올과 약물에 부정적인 소인(素因)을 가진다는 가정을 근거로 두었다. 물론 이러한 청소년들의 행동에 대한 비호의적 태도에 대해 충분한 근거를 제시하지는 못하였다.

그 결과 이러한 그들의 신념은 논쟁이 드러났을 때 쉽게 약화되고 말았다. 이러한 새로운 프로그램들은 단기적이고 즉각적인 사회 결과에 초점을 두고, 약물사용에 대한 사회 압박을 이겨내야 한다고 말하며 청소년들로 하여금 이러한 어려움들을 극복할 수 있도록 '예방접종'을 맞추려고 노력하였다(Evans et al. 1978). 특히 담배에 대해 이 프로그램의 초기평가는 상당히 전도유망했고, 현재 학교중심 알코올예방 시도의 든든한 기틀을 이루고 있다. 그러나 청소년의 알코올사용은 음주에 대한 직접적인 압력보다는 미묘한 사회적 영향력이 더 우세하다고 여겨진다(Hansen 1993). 대항 능력훈련은 역효과적일 것이라고 추측된다. 그 이유는 청소년으로 하여금 음주는 그들 사이에서 흔한 일이고 같은 또래에 의해 인정받는 일이라고 생각하게 만들 수 있기 때문이다(Donaldson et al. 1997 ; Hansen and Graham 1991).

1990년대에 술 마시는 또래가 매우 많다는 생각과 음주를 용인하는 청소년들의 성향을 바로잡는 규범교육에 대한 전환기가 있었다(Hansen 1992, 1993, 1994). 현재에는 많은 학교중심프로그램에서 대항 능력훈련과 규범교육을 함께 실시하고 있다. 토블러와 동료들(Tobler and colleagues 2000)은 특히 알코올을 중심으로 하는 207개의 대학 약물예방프로그램에 대한 메타분석을 실시하였다. 그들은 정서개발이나 지식을 강조하는 강의식 비 상호적인 프로그램은 효과적이지 않음을 알게 되었다. 그러나 개인 간의 기술을 개발시켜주는 상호작용 프로그램의 경우 다소 효과가 있었다.

학교중심의 저항훈련 및 규범교육 중재법에 대한 과학적 평가는 알코올에 대한 복합적인 결과를 보여주었다. 한편으로는, 어떤 연구자들은 이러한 중재법들이 음주를 줄이고 알코올관련문제 감소에 효과적이라고 믿고 있다(Dielman 1995 ; Botvin and Botvin 1992 ; Hansen 1993, 1994 ; Botvin andGriffin 2007). 또 다른 한편에서는 매우 잘 설계된 연구에서조차 행동에 영향을 주지는 못했다는 것을 언급하며 연구증거에 대해 다소 회의적인 태도를 보이고 있다(Brown and Kreft 1998 ; Foxcroft et al. 1997 ; Gorman 1996, 1998 ; Paglia and Room 1999).

알코올의 오용 및 예방연구(AMPS)는 알코올 음용에 대한 압박, 알코올 오용의 위험과 음주를 권하는 상황을 극복하는 방법 등에 초점을 맞춘 미국의 대표적인 학교중심 교육프로그램이다(Shope et al. 1996a, b). 알코올의 오용 및 예방연구(AMPS)의 프로그램은 알코올과 대항기술에 대한 지식습득에 26개월까지 지속적으로 긍정적인 효과를 보였다(Shope et al. 1992). 전체적으로, 몇몇 학년의 학생들에게 단기 변화가 있었던 것을 제외하고는 실제 음주 행동에 대한 효과는 미비한 수준이었다(Shope et al. 1996a). 기타 학교 중심 알코올 저항기술 프로그램의 결과들 역시 미미한 수준이었다(Botvin et al. 1995 ; Klepp et al. 1995).

규범교육 프로그램의 두 가지 목적은 1) 또래들끼리 음주량을 과장하는 분위기를 올바르게 변화하는 것과 2) 또래간의 음주가 용인되는 인식의 변화이다. 이러한 프로그램에서 교사는 실제 음주율을 보여주는 설문 자료를 제공하기도 하고, 적절한 알코올사용 및 부적절한 알코올사용에 관한 학생들의 토론을 지도해 주기도 한다. 규범교육 프로그램에 대한 초기평가는 꽤 희망적이었다. 한센과 그래함(Hansen and Graham 1991)은 단순히 정보를 제공해 주는 프로그램에 참여한 대조군과 비교해 볼 때 규범교육 프로그램에 참여한 8학년생까지 포함된 실험군에서는 술에 취하는 경우가 8% 감소했다는 사실을 발견하였다. 비록 몇몇 조사자들은 이러한 연구결과에 비판적이기는 하지만(Kreft 1997) 다른 여러 규범교육 중재법에서도 비슷한 결과가 보고된 바 있다(Graham et al. 1991 ; Hansen 1993).

학교중심교육중재법은 지속적인 격려가 없는 한 단기적인 지식과 태도에 대해서만 미미한 효과를 보였다. 몇몇 평가에서 과도한 음주와 자가 보고식 문제의 측정이 이루어졌는데, 그 결과 술에 취하거나, 음주운전, 손상, 그리고 알코올과 관련된 자동차사고 비율에 대해 실질적인 효과가 거의 입증되지 못했다. 많은 경우 그러한 결과는 보고조차 되지 않고 있다. 어떤 하위그룹은 학교중심 중재법의 영향을 더 많이 받는다는 증거가 있다. 예를 들어, 더 반항적인 청소년들이 규범교육에 별로 반응하지 않는 것(Kreft 1997)과는 대조적으로 과거에 보호자의 올바른 관리가 이루어지지 않아 음주를 경험했던 청소년들은 저항기술훈련에 더욱 즉각적인 반응을 보이는 것으로 나타났다(Dielman 1995 ; Shope et al. 1994). 하지만 코크랜 연구(Foxcroft et al. 2002)에서 알려진 바와 같이 여기에는 방법론적인 결함이 있다.

금주보다는 오히려 폐해를 감소시키는 목적에서 실시된 한 연구에서는 행동에 대한 몇몇 영향에 관하여 보고하였다. 학교보건 및 알코올폐해감소 프로젝트(School Health and Alcohol Harm Reduction Project : SHAHRP study)(McBride et al. 2004)는 청소년들의 알코올관련폐해의 감소를 위한 알코올 교육 강의를 실시한 종적 중재연구였다. 이 감소프로젝트의 핵심적인 특징은 광범위한 보건과 약물교육 프로그램 및 문헌연구를 기초로 하였다는 것이다. 이 프로젝트는 2년 이상 13개의 음주폐해 최소화 강좌를 열었다. 이러한 강좌는 학생들이 음주환경에서의 잠재적 폐해를 감소시킬 수 있는 전략과 음주로 인한 폐해 상황이 발생했을 때 그 폐해의 영향을 줄일 수 있도록 도와주는 전략을 구사할 수 있는 능력을 향상시키도록 고안되었다.

이 프로젝트에 참가한 학생들은 대조군에 비해 알코올관련 지식에 있어 10%의 향상을 보여주었고, 20%가 술을 덜 마셨으며, 33%가 본인의 음주와 관련된 폐해를 덜 경험했고 10%가 타인의 음주와 관련된 폐해를 덜 경험했다고 밝혔다(McBride et al. 2004). 이러한 결과는 학교중심 약물교육이 청소년의 행동의 변화에 있어 효과성이 미미하다는 비판을 자주 받고 있는 현실에서 상당히 중요한 함의를 내포하고 있다. 더구나 행동효과는 유지되었고, 몇몇 사례에서는 프로그램 종료 후 1년 이상이나 행동효과가 증가되는 것으로 나타났다. 이러한 결과는 시간이 경과하면서 프로그램의 감소효과보다는 지연효과를 암시해주고 있다.

이와 같은 결과(McBride et al. 2004)는 효과성에 대한 기존의 증거에 근거를 둔 비교적 간단한 학급 알코올중재가 자가 알코올사용과 관련된 폐해와 같은 청소년들의 알코올관련 행동의 변화를 가져올 수 있음을 보여준다. 몇 가지 핵심적인 내용은 청소년들의 경험에 근거한 교육내용과 시나리오가 필요하고, 실행하기 전 중재를 검증하며, 일련의 후원자 회의가 이루어져야 한다. 상호교환적인 활동과 교수법 훈련이 필요하고, 폐해를 최소화시킬 수 있는 접근법을 채택하는 것 등이다. 그러나 폭스크로프트(Foxcroft 2006)는 그의 비판적인 평가를 통해 학교보건 및 알코올폐해감소 프로젝트가 위험소비 측정에 대해 눈에 띄는 영향을 끼치지 못했고 결과를 해석할 때 주의를 기울일 것을 권고했다.

13.3.2 종합적인 지역사회기반 프로그램

어떤 프로그램은 개인단위의 교육과 가족단위 혹은 공동체단위의 중재 등을 포함하고 있다. 북부지방(Northland) 프로젝트는 북동부 미네소타의 10개 공동체에서 청소년을 대상으로 음주시기를 지연시키거나 예방을 위해 고안된 학교와 공동체 중심의 중재법이다(Perry et al. 1993, 1996). 학교중심의 중재의 주요 내용은 저항기술, 미디어 정보 해독과 규범 교육으로 이루어졌다. 또한 부모에게 청소년 알코올 사용 정보를 제공하기도 하였다. 몇몇 공동체의 대책위원회는 책임 있는 알코올음료 배급 및 서비스교육을 위한 법령 요구를 위해 지역정책법률과정에 참여하기도 하였다.

또 다른 활동들로는 술을 마시지 않고, 약물을 복용하지 않는 학생들에게 할인 혜택을 주고 비음주 청소년 활동을 지지해주는 지역사업들이 있다. 북부지방(Northland) 프로젝트의 평가결과에서는 알코올 지식과 알코올에 대한 가족 소통에 있어 프로젝트의 긍정적인 영향을 밝히고 있다. 그러나 전체적으로 음주에 효과를 미치지는 못하였는데(Perry et al. 1996) 특히 6학년(Williams et al. 1995) 또는 7학년 후반에 들어 알코올사용은 그렇게 많이 감소되지 않았다. 또 다른 분석에 의하면 비 음주 활동에 참가는 했으나 계획 활동에 참여하지 않거나 비 참가자에 비해 또래에 의해 계획된 사회활동에 적극적으로 참여한 대상자들이 지난 한달 간 알코올 사용을 적게 한 것으로 나타났다(Komro et al. 1996). 7학년생의 부모 프로그램 참여는 특히 가족 내의 법칙과 법칙을 어겼을 때의 결과 등과 같은 알코올에 관하여 부모와의 소통을 증가시키는 것과 관련이 있었다(Toomey et al. 1996). 8학년에서는 프로그램 관련 태도 및 신념에 관한 부수적인 차이가 나타났다(Perry et al. 1996). 중재학교의 학생들은 대조군 학교의 학생들에 비해 알코올을 사용하는 경향이 낮은 것으로 나타났다. 또한 그들은 지난달에 알코올사용이 상당히 감소하였음을 보고하였다. 이러한 모든 차이는 프로젝트의 종료 후에는 소멸되었다 (Perry et al. 1998).

중서부지역의 예방프로젝트인 또 다른 종합프로그램에서는 미국 켄사스주의 15개 공동체에서 50개의 공립학교를 대상으로 연구가 진행되었다. 앞서 소개된 프로젝트와 동일한 프로젝트가 다른 주의 11개 공동체와 57개 학교에서 수행되었다. 1) 5개의 후원자 회합을 동반한 10~13회의 학교중심프로그램, 2) 대중매체프로그램, 3) 부모교육과 조직프로그램, 4) 공동체 리더 교육, 그리고 5) 공동체 조직에 의해 시작된 지역정책

변화 등을 포함하였다. 월간 음주는 1년 후에 대조군 학교에 비해 중재학교에서 상당히 낮았다(MacKinnon et al. 1991 ; Pentz et al. 1989). 그러나 3년 뒤에는 그 차이가 별로 나지 않았다(34% vs. 33%) (Johnson et al. 1990). 고등학교 졸업이 가까운 후반부에 매월 술에 취하는 상황에 대한 영향이 매우 현저하였다.

결론적으로, 정교하게 계획된 평가결과는 다음과 같다. 우선 종합적인 학교중심 예방프로그램이라도 첫 음주시기를 지연시키는데 있어 충분치 않을 수 있다는 것과 프로그램이 종료된 이후에도 음주의 소폭 감소량을 유지하는데 역부족일 수 있음을 제시하고 있다. 공동체의 중재가 동반된 경우 음주 감소 효과가 있었고, 특히 청소년에게 알코올을 판매하거나 제공하는 것을 줄이는데 있어 성공적이었다는 것이 밝혀졌다. 지역사회 중심의 예방시도는 음주 및 음주관련 문제를 줄이는데 있어 효과가 있었다(Hingson et al. 1996 ; Holder et al. 2000 ; Wagenaar et al. 2000). 이러한 계획은 주로 정책 혹은 규제강화조치, 법률 집행, 정보캠페인, 미디어 옹호 활동, 그리고 공동체의 조직 등과의 연대를 포함한다.

교육기술과 설득기술 등이 지역사회활동, 정책변화, 규제와 법률 집행과 결합되었을 때 대부분의 눈에 보이는 영향이 나타난다. 그러나 이러한 연구는 교육적 전략이 이러한 공동체 기반으로 진행되는 더욱 더 강력한 중재방법과 함께 수행되기 때문에, 교육적 전략의 상대적인 영향을 단독적으로 측정하기 위해 고안된 것은 아니다.

13.3.3 추적기간에 따른 성과

과학적인 문헌고찰에 의한 몇 가지 평가에서는(Foxcroft et al. 2002, 2003 ; Foxcroft 2006) 추적기간에 따른 교육프로그램의 예방적 영향에 대한 평가가 있었다. 청소년을 중점으로 한 몇몇 프로그램들 중 일부가 초반에 영향력을 나타내긴 했지만 이러한 효과가 지속되지는 않은 것으로 나타났다. 이 문제와 특히 관련성이 있는 것 중 하나는 폭스크로프트(Foxcroft, 2006)가 그의 '코크레인 고찰'의 연구결과에 더하여 2006년에 세계보건기구를 위해 신속하게 실시한 연구이다(Foxcroft et al. 2002). 가장 일반적인 청소년 대상의 예방프로그램 중 23개를 평가한 결과는 대조군과 비교해 볼 때 많은 연구들이 별다른 중재효과를 거두지 못하고 있다는 것을 보여준다. 세 개의 연구에서는 대조군에 비해 중재그룹에서 오히려 알코올소비가 증가한 것으로 나타났다. 7개의 연구에서는 몇 가지 주의사항과 함께 통계적으로 눈에 띄게 긍정적인 효과가 나타나기도 하였다. 이러한 결과는 조악한 방법, 연구대상의 높은 탈락률, 부적절한 분석,

또는 적은 효과의 크기 등에 의해 영향력을 다 발휘하지 못하였다.

폭스크로프트(Foxcroft 2006)는 좀 더 자세히 연구하고 수행 할 가치가 있는 두 개의 프로그램을 지적하였다. 그 하나는 슬레터(Slater et al. 2006) 등의 연구에서 지지하는 사회마케팅 미디어 중심의 중재법이고 다른 하나는 세 개의 연구(Spoth et al. 2004, 2005 ; Brody et al. 2006)에 의해 지지를 얻은 '가족강화 프로그램 10-14'이다. 그러나 가족강화 프로그램은 고위험 어린이에게 적용되었고, 전형적인 학급 중심의 1차 예방 프로그램이라기보다는 가족요법에 가까운 접근법을 가지고 있다는 것을 주목할 필요가 있다.

13.3.4 보편적, 선택적, 그리고 지시적인 주안점들

폭스크라프트(Foxcroft)에 의해 보고된 이러한 결과는 25개 프로그램에서 43개의 연구결과에 초점을 둔 쉠블렌과 더존(Shamblen and Derzon, 2009)이 수행한 메타분석과 전체적으로 비슷하다.

그들은 전체 인구(보편적), 위험군에 속하는(선택적인), 혹은 음주의 초기단계나 문제행동을 보이는 대상자들(지시적)을 목표로 한 물질 남용 예방 프로그램들을 비교하였다. 미국중심의 계획에 초점을 둔 이러한 분석은 미국정부의 물질남용 및 정신건강관리국(the Substance Abuse and Mental Health Administration)에 의해 모델 프로그램으로 인정되었다. 주요 결론은 집단수준에서 선택적 그리고 지시적 프로그램이 알코올사용의 감소에 있어 더욱 성공적이었던 것과는 달리 담배와 마리화나 사용감소에 있어서는 일반적 프로그램이 더욱 성공적이었다는 것이다.

13.3.5 결론, 한계점, 그리고 도전

알코올이 연구대상이 되는 많은 물질들 가운데 하나이거나 알코올을 제 1의 초점으로 둔 검증된 많은 프로그램을 선보이면서 서술적이거나 체계적인 고찰뿐만 아니라 많은 메타분석법 역시 지난 10년간 발표되어 왔다. 몇 가지 주제들이 이러한 연구고찰 중 제기되었는데, 첫째는 청소년 인구 층이 최초의 연구에서 중심초점이 되었고 많은 중재방법들이 학급수준을 넘어 지역사회 기반의 구조와 제도 등으로 확대되어(Skara and Sussman 2003), 중재프로그램에 가족과 부모가 포함되었다(Spoth et al. 2001, 2002).

이렇게 확대된 프로그램은 학교중심 중재의 실망스러운 결과들을 반영할 수도 있고

(Botvin et al.1995) 폭스크라프트(Foxcroft et al. 2002) 등에 의해 언급된 정보보급 전략을 초월하는 지역사회 중심의 정책과 중재방법의 긍정적인 영향에 관한 증거일 수도 있다(Hingson et al. 1996 ; Holder et al. 2000; Wagenaar et al. 2000).

두 번째, 몇 몇 분석가들은 판매촉진, 마케팅과 중재법 보급이 평가결과와는 무관해 보인다는 사실을 지적했다. 예를 들어, 10년 간격으로 이루어진 미국 약물-교육프로그램 DARE(the U.S. drug-education program : DARE)에 대한 두 편의 고찰연구(Ennett et al. 1994 ; West and O'Neal 2004)에서는 DARE의 핵심 내용의 눈에 띄는 영향력은 없었다. 다른 연구자들은 이 프로그램이 비효과적이라는 증거가 있음에도 불구하고 광범위하게 지속적으로 행해졌고, 잠재적으로 더욱 효과적인 약물교육 프로그램을 대체하여 왔다고 하였다(Lindstrom and Svensson 1998). 호주의 인생교육프로그램(the Life Education programme)도 이와 유사하게 어떠한 효과성에 대한 증거도 없이 지속적인 정부의 후원을 받고 널리 보급되면서 명예 아닌 명예를 얻게 된 사례이다. 더구나 남자 청소년들의 음주에 기여하는 결과를 초래했을 가능성도 있다(Hawthorne 1996 ; Midford and McBride 2004).

세 번째, 문헌 고찰자들은 초반에 그물을 넓게 던진 후 일반적으로 실험 또는 유사실험설계 등에서 음주행위나 알코올관련문제에 대한 표준화된 측정을 사용하여 좀 더 엄격한 방법론적 기준에 해당하는 부분에 초점을 발표하는 것을 쉽게 볼 수 있다. 이러한 선택그룹에서의 연구의 대부분은 음주행위나 알코올관련폐해의 감소에 대한 긍정적인 영향력에 관한 증거를 보이지는 못하였다(Cuijpers 2003 ; Petrie et al. 2007 ; Skara and Sussman 2003 ; Skager 2007).

네 번째, 선택적이고 지시적인 프로그램의 혁신에도 불구하고, 대개의 평가들은 일반적인 프로그램에 기초를 둔다(Shamblen and Derzon 2009). 종종 기술되지 않는 원론적인 주제의 요점은 더 많은 주의를 기울인 중재방법일수록 영향력을 나타내기 위한 충분한 '양'을 전달해주지 못할 수도 있다는 점이다. 설계와 관련된 한계점으로 알려진 경우는 평가의 결여(Botvin and Griffin 2007), 적절한 대조군의 결여(Foxcroft et al. 2002), 불충분한 무작위통제실험(Wood et al. 2006), 그리고 내적타당도의 위협 등이 있다.

다섯 번째, 유럽과 기타 지역에서 이루어진 연구는 거의 없고 대부분의 연구는 미국의 연구에 근거를 두고 있다(Cuipers 2003). 호주에서 연구하고 있는 미드포드와 맥브라이드(Midford and McBride 2004)는 미국에 기초를 둔 연구들의 금주목적에 대한 문헌들은 맥브라이드 등의 연구에서 설명한 것과 같이(McBride et al. 2004) 청소년 음주 감소의 이점을 간과하는 경향이 있다는 사실에 주목하였다.

많은 프로그램들이 효과성에 대한 입증 없이 정보제공을 통해 행동이 다소 변화될 것이며 그 변화가 유지될 것이라는 가정 하에 계속 수행될 것이다.

한편, 다중 상호요소와 영역, 그리고 교실을 초월한 접근 프로그램들은 약간의 가능성이 있는 것처럼 보인다. 교육은 어떤 긍정적인 영향력에 대한 잠재력을 가지는 청소년 중심의 혹은 학교중심 프로그램에 대한 최선의 설명이 되지는 못한다. 이러한 차원은 프로그램의 일부가 될 수도 있지만 가족요법 또는 선별검사와 유사한 요소들과 '선택적' 혹은 '지시적'인 초점과 단순 중재 등을 결합했을 때 가장 영향력 있는 요소들이 될 가능성이 있다. 이러한 연구는 첫 알코올 사용 시작 시기를 지연시키거나 알코올관련문제를 예방하기 위한 '정보' 그 자체만으로는 충분하지 않음을 보여준다.

대체로, 예방프로그램은 몇 년에 거친 중재활동과 한 가지 이상의 전략을 동반하였을 때 더욱 성공적인 것으로 보인다.

13.4 대학 프로그램

과도한 음주의 정도(Engs et al. 1994 ; Wechsler 1996), 성폭행과의 관련성(Schwartz and Kennedy 1997 ; Meilman and Haygood-Jackson 1996 ; Meilman et al. 1993), 학업성취도에 대한 영향, 음주운전(Hingson et al. 2002)과 문란한 품행과 같은 기타 알코올관련문제 등에 대한 반응으로 대학가의 알코올사용을 대상으로 한 중재법이 개발되었다. 미국(Wechsler 1996)과 캐나다(Gliksman et al. 2000)의 대학생에 대한 대단위조사 연구에서는 알코올관련 위험성과 음주정도를 연구해 왔다. 금주 및 폐해 감소 목적은 대학 중재 프로그램에 반영되었다.

최근 미국은 지역과 정부 기관들, 대학교 관계자들, 과도한 음주자들, 그들의 또래 친구들, 그리고 알코올소매상들과 생산자들을 상대로 예방에 주력하고 있다(DeJong and Langford 2002 ; Larimer and Cronce 2002 ; Perkins 2002). 일반적으로, 설득적 방법, 직원 교육, 지침과 규범, 알코올시장과 관련이 있는 자발적 처리, 판매 장소 위치의 제한, 그리고 캠퍼스 알코올정책 등의 전략들이 결합되어 사용되고 있다. 주로 교육과 정보 전략에 의존하는 중재법들은 '건강신념모델'(Broughton 1997), '역량강화모델'(Cummings 1997), 그리고 '사회마케팅전략'(Zimmerman 1997) 등과 같은 몇 가지 이론적 접근에 의해 영향을 받는다(Werch et al. 1994 ; Gonzalez and Clement 1994). 이미 언급되었던 것처럼 사회마케팅 접근법은 의사소통을 계획하기 위해 연구방법을 이용하고 사회마케팅 접근법은 개인행동뿐만 아니라 환경변화까지 모색한다.

최근에는 그룹 규범에 대한 정보제공, 음주에 대한 피드백, 그리고 동기부여기술 등과 같은 방법에 의존하는 중재법에 대한 관심이 고조되고 있다.

13.4.1 특별 프로그램

규범교육은 여러 중재방법들의 조직화된 원리이다(Steffian 1999 Robinson et al. : Cameron et al. 1993). 몇몇 평가결과는 대조군과 비교했을 때 중재군에 단기적으로 영향력을 끼친 것으로 나타났다(Robinson et al. 1993).

'또래 주도적인 건강증진'(Health Enhancement Led by Peers' : HELP)법을 학교 대조군과 비교해 본 결과(Turner 1997) 프로그램 실시 후 태도나 행동의 변화는 없었지만 상당한 지식수준의 향상이 있었다. 최근의 평가(Wechsler and Nelson 2008) 결과에 따르면 대학가에서 사회규범 마케팅접근법을 적용한 경우 지속적인 행동 변화 결과는 발견되지 않았다. 사회규범 접근법이 활용된 대학들에서 관찰된 음주측정에서 의미 있는 감소는 나타나지 않았다. 실제 이러한 대학들에서는 사회규범 중재법을 적용하지 않은 대상자들과는 대조적으로 알코올사용이 상당히 증가한 것으로 관찰되었고, 캠퍼스 내 알코올을 금지하는 정책을 실시할 가능성 역시 낮아 보였다(Wechsler et al. 2003, 2004).

최근까지 전체 캠퍼스에 걸친 교육프로그램의 효과성과 캠페인의 인지도에 대한 분명한 과학적 지지가 없었다(Larimer and Cronce 2002). 하지만 몇몇 연구에서는 최소한 음주행위의 긍정적인 단기변화성취에 대한 가능성을 발견할 수 있었다.

〈표 13.1〉은 1987년부터 2006년에 걸쳐 연구자들에 의하여 어느 정도 긍정적 효과를 보여주는 것으로 인지된 프로그램들을 강조한다. 페이거와 멜닉(Fager and Melnyk 2004), 그리고 라리마와 크론스(Larimar and Cronce 2007)는 효과가 있는 프로그램 선정에 있어서 가장 엄격한 기준을 제시하였고 또한 가장 최신의 고찰 연구를 수행하였다. 두 가지 평가 모두 어느 정도 단기 영향력을 보여주고 있다고 간주되는 많은 연구를 언급하였다. 두 번째 평가에서는 42개의 연구 중 18개가 어느 정도의 단기 영향력을 설명해 주는 것으로 여겨졌다. 그럼에도 불구하고, 라리마와 크론스(Larimar and Cronce 2007)는 이러한 평가 자료에서 수많은 다음과 같은 한계점들을 언급하였다. 소규모의 표본크기, 높은 귀속 비율, 적절한 대조군의 결여, 짧은 추적조사 기간, 그리고 무작위 표본추출의 실패 등이다.

〈표 13.1〉 대학생들을 위한 교육 및 설득 프로그램들은 알코올사용 혹은 음주 관련 문제에 대해 긍정적인 영향력을 갖는 것으로 고려되었다.

프로그램과 효과
지각된 규범
참여자들이 두 가지 조건에 확률적으로 할당됨. 4~6개월 후에도 참가학생들의 주별 음주실태가 감소하였고, 인지에 효과가 있음(Schroeder and Prentice 1998)
프로그램이 종결된 후 상대적으로 짧은 기간 동안 고위험음주와 과음률이 현저히 감소하였고(약 20% 이상) 건강과 관련된 규범에 대해서 서로 의견을 나눔(Berkowitz 1997 ; Haines 1996, 1998 ; Haines and Spear 1996 ; Jeffrey 2000 ; Johannessen et al.1999 ; Perkins and Craig 2003)
기대 도전
기대도전과 정보에 대한 효과는 단기적으로 효과가 있음(Darkes and Goldman 1993)
추구조사에 의한 결과 기대도전 그룹의 남자들에게서 알코올소비의 감소가 있었음(Wiers et al. 2005)
기대도전과 개인적인 피드백 효과. 기대도전 조건 하에서 1개월에서 3개월 내에 알코올소비가 현저히 나타남(Wiers et al. 2005)
개인적 규범의 피드백
성별이 통제된 규범피드백과 방어적 행동개입. 전반적으로 음주규범, 알코올사용, 주당 음주빈도, 음주시의 음주량 등에서 감소가 있었음(Lewis and Neighbors 2006)
규범피드백과 방어적 행동개입에서의 감소가 음주규범 인지에 의한 감소로 인해 이루어짐(Neighbors et al. 2006).
컴퓨터 기반의 규범피드백과 방어적 행동개입. 규범피드백과 방어적 행동개입그룹에서의 감소가 인지된 음주규범에서의 감소로 인해 매개됨(Neighbors et al. 2006)
웹 기반의 규범피드백과 방어적 행동개입. 음주량과 혈중알코올농도, 부정적인 결과 등에서 8주와 16주 추적 결과 개입그룹에서 현저한 감소가 있었음(Walters et al. 2007)
간편동기개입(BMI)
확률적으로 두 접점에 할당함. 간편동기개입으로 현저하게 과음자가 감소함(Agostinelli et al. 2005)
BMI : 4년 동안의 추적조사에 따라 대조집단에 비해 개입집단에서 알코올사용과 관련문제에서 현저히 낮은 결과를 보임(Baer et al. 2001)
인지와 다중적인 스킬을 포함한 BMI 효과. 6개월 추적에서 현저한 효과가 있었음(Borsari and Carey 2000)
시간선 추적(TLFB)과 균형결정(Decision balance)을 포함한 BMI 효과. 1개월 추적 결과 알코올사용 감소에서 효과가 있음. 12개월에서 BMI 효과가 있음(Carey et al. 2006)
규범모순, BMI, 그리고 동기 피드백 효과(MF). 6주간 추적조사 결과 과음빈도의 감소. MF는 초기에 효과가 있었으나 추적 시 효과가 감소함(Collins et al. 2002)
BMI 피드백 기술그룹. 알코올관련문제는 감소하였으나 음주에서의 변화는 없음(Gregory 2001)
컴퓨터-개인기반의 BMI 피드백 효과. 6주 뒤 피드백 그룹에서 알코올소비, 과음빈도, 개인적 문제 등에서 현저한 감소가 있음. 6개월 뒤 개인적, 학습적인 문제가 낮아짐(Kypri et al. 2004)
집단 동기 피드백 BMI 효과. 다차원적 기술 개입. BMI그룹에서 문제성 알코올 사용이 감소함. BMI 그룹과 기술그룹에서 부정적인 결과들이 감소함(LaChance 2004)
우편기반 개인적 BMI 피드백. 3개월 추적기간 중 여성들에게서 위험음주와 부정적인 결과가 현저히 감소하고, 12개월 동안 유지가 됨(LaForge in Saunders et al. 2004)

1시간의 개인적 BMI 피드백. 단기간 효과가 있음(Larimer et al. 2001)
BMI와 인지적 행동기술전략, 규범. 위험그룹에서 현저한 과음이 감소하고, 알코올문제가 감소함(McNally and Palfai, 2003)
인지적 BMI, 대학생에 대한 간이 알코올스크리닝과 중재효과. 과음주 그룹에서 주간 음주량이 감소함(Murphy et al. 2001)
음주운전 예방
동료중재에 노출된 그룹이 캠퍼스 음주규범에 대해 더 정확하게 인지하며, 더 잦은 음주운전을 보고함. 결과에 대한 자료를 재고하지 않음(Cimini et al. 2002)
음주운전과 음주운전 차에 동승하는 것에 대한 여러 가지 중재에 대해 최소한의 효과가 보고됨(D'Amico and Fromme 2002)
알코올소비 감소, 혈중알코올농도 감소, 음주상태에서의 운전률 감소(Foss et al. 2001)
동료주도 다면적 기술 그룹(Lifestyle Management Class ; LMC)과 전문가주도 LMC 효과. 음주운전 감소(Fromme and Corbin 2004)
4년 추적조사결과 음주운전 감소효과(Klepp et al. 1995)
학교기반 교육프로그램(확률적인 통제집단 연구)이 음주운전차량에 동승하는 기회를 낮춤(Newman et al. 1992)
북부지역 프로젝트(Northland Project). 광범위한 지역사회 알코올사용 예방효과(Perry et al. 1996)
영상노출과 토론이 음주운전 의도를 낮춤(Singh 1993)
기타 중재
알코올 101 CD-ROM, 인지행동 기술 훈련. 훈련받은 그룹에서 고위험학생들 사이에서 매우 알코올 사용빈도와 사용량에서 큰 폭의 감소를 보임(Donohue et al. 2004)
사회규범마케팅. 폭음의 감소, 미디어 캠페인이 규범인지를 바꿈. 전통적인 예방 전략은 성공적이지 않음(Haines and Spear 1996)
바텐더를 위한 기술훈련, 술집 중재. 짧은 기간은 효과적임(Johnsson and Berglund 2003)
알코올 감소 결정균형. 1개월 추적 결과 알코올사용빈도와 양에서 감소효과가 있음(Labrie 2002)
개인적 우편 BASICS 피드백과 방어적 행동 기술. 알코올사용 감소, 대조군보다 과음이 감소하고 금주자가 증가함(Larimer et al. 2007)

몇몇 기록들은 이 표에 요약되지 않았지만 13장 본문에서 논의되고 있다.

루이스와 네이벌스(Lewis and Neighbors 2006)는 사회규범적 접근에 의한 평가를 제공함

카레이 등(Carey et al. 2007)은 1985년부터 2007년 사이에 발표된 62편의 연구물들을 메타분석을 통하여 고찰자들의 다양한 의견을 기준에 포함시킴

펄킨(Perkins 2002)은 사회규범과 관련된 이론적 경험적 연구를 고찰함. 몇 연구물들에서 디자인의 문제가 있음을 발견함

엘덜 등(Elder et al. 2005)은 청소년과 대학생 등에 초점을 둔 연구물들로 음주운전과 음주운전차량에 동승하는 빈도를 감소하는 프로그램의 효과성을 평가함

파저와 멜니크(2004)는 1993년에서 2004년 2월 사이에 발표된 다음의 기준을 충족하는 모든 실험적 연구물들을 면밀히 조사함. (1) 대학생이 포함된 중재연구물, (2) 알코올사용과 관련하여 타켓 그룹이 특별한 중재를 받지 않은 대조군을 포함한 준실험연구 혹은 실험연구, 그리고 (3) 음주행동의 변화나 손상, 폭력, 호전행동과 같은 음주의 결과 등 최소한 한 가지 이상의 결과를 측정하는 연구

라리머와 크론스(Larimer and Cronce 2007)은 다음의 네 가지 기준을 충족하는 연구물들을 고찰함. (1) 최소한 한 가지 이상 개인에게 초점된 알코올예방 조건을 포함함, (2) 최소한 한 가지 이상의 행동적 결과(예, 주당 알코올소비량감소, 과음 혹은 폭음, 혈중알코올농도 등)의 측정을 포함함, (3) 최소한 한 가지 이상의 통제적 비교조건(예, 측정만, 대기, 참석, 혹은 대안적 중재 등)을 가짐, 그리고 (4) 전향적 확률적 방법(개인, 집단, 학급 등)을 활용함

캐리(Carey et al. 2007) 등은 1985년과 2007년 사이 대학생 음주를 감소시키기 위해 발표된 62개의 개인수준의 중재에 초점을 둔 연구물의 메타분석을 수행하였다. 발견된 3개의 주요결과는 1) 대학생 음주자에 대한 개인 차원의 알코올 중재가 알코올 사용의 감소를 가져옴, 2) 이러한 중재는 알코올관련문제를 감소시키며, 문제의 감소는 표본과 중재방법에 따라 다양함, 그리고 3) 중재를 경험한 학생들과 대조군의 학생들 간의 차이가 시간 경과에 따라 줄어든 점이었다. 캐리 등(Carey et al. 2007)은 알코올관련문제를 성공적으로 완화시키는 것과 관련 있어 보이는 몇 가지 특징들에 주목하였다.

① 특히 과도한 음주자나 기타 고위험 그룹을 대상으로 한 경우, 문제의 감소에 있어 대조군과 비교해 중재방법은 성공적이지 않았다.
② 동기부여 면담을 적용하고, 기대 혹은 동기에 대한 피드백을 제공해 주며, 중재가 그룹이 아닌 개인에게 전달될 때 더욱 성공적이었다.
③ 기술교육 혹은 기대도전 요인이 동반된 중재방법은 통제된 중재방법보다 알코올관련문제의 감소에 있어 상대적으로 덜 성공적이었다.
④ 중재방법은 한 달 이내로 알코올소비를 감소시키지만 그룹 간 유의한 차이는 6개월 후에는 나타나지 않았다.

결론적으로 라리마와 코론스(Larimer and Cronce 2007)는 특별 중재기술의 영향에 관한 몇 가지 관찰 사항을 제공하고 있다. 특히 다른 요인들과 결합되었을 때 간편동기중재(Brief Motivational Interventions, BMI)에 대한 강력한 지지가 이루어진다는 점을 발견하였다. 즉, 개인중심 예방프로그램 실행에 관심을 갖는 캠퍼스는 기타 개별화된 피드백, 혈중알코올농도 교육, 위험감소를 위한 예방적 행동전략 및 기타 개별화된 피드백 요소를 포함한 BMI 혹은 기술 중심 프로그램을 고려해야 한다고 결론지었다.

약간의 단기 영향력과 관련된 대학중심 프로그램들의 공통적인 특징은 중재가 단순히 정보, 교육, 혹은 설득 중심의 조언 제공 등을 초월하는 것이다. 예를 들어, 간편동기중재와 개별화된 규범 피드백 중재는 14장에서 논의된 핵심적인 선별검사 요소나 간편중재와 크게 다르지 않다. 앞서 논의된 수많은 학교중심 프로그램과 같이, 가족요법, '선택된' 또는 '지시된' 청소년에 초점을 둔 경우와 비슷하게 강력한 특성을 가지고 있는 몇몇 프로그램은 더 영향력이 있을 가능성이 높다.

13.5 보건중심 정책을 위한 지원 육성

노르웨이와 뉴질랜드에서 수행된 연구에 의하면 교육 캠페인은 공중보건 중심의 정책 후원을 육성하기 위한 하나의 도구로 사용될 수 있다(Casswell et al. 1989 ; Rise et al. 2005). 뉴질랜드 연구에서는 알코올 광고와 알코올 이용가능성에 초점을 둔 대중매체 캠페인이 지역사회에서 적절한 음주행동을 쉽게 형성할 수 있도록 정책 후원 분위기를 조성해 주었다는 결론을 내렸다(Cassewell et al. 1989). 노르웨이의 정보캠페인의 목적(Rise et al. 2005)은 알코올소비와 관련된 폐해에 대한 지식을 높여주고 제한적인 알코올정책 사업에 대한 인지수준을 증가시키며 그들의 자녀들과 술에 대해 어떻게 대화할 것인가에 대한 조언을 해주는 것이었다.

캠페인 실시 후 세 영역에서의 변화가 있었다. 효과적인 알코올정책 방법의 활용에 대한 더욱 긍정적인 태도, 어린이 알코올소비에 대한 부모의 감독 활동에 대한 더욱 긍정적인 태도, 그리고 아이들과 관련된 부모의 규제적인 행동들이다. 이러한 세 가지 예들에서 알 수 있듯이, 학교중심의 알코올교육의 역할과 목표는 주류시장에서 알코올산업의 역할, 정책입안자와 부모의 책임감, 그리고 환경적인 잠재력과 기타 알코올통제전략 등을 포함한 음주에 영향을 미치는 사회적 영향력에 대한 인지능력의 향상과 알코올정책에 대한 지향을 통해 재정될 수 있고 재조명될 수 있다(Giesbrecht 2007).

13.6 결 론

최근 정보프로그램과 교육프로그램의 수는 기하급수적으로 증가해왔다(Foxcroft et al. 1997 ; Foxcroft 2006). 문제는 이러한 대다수 교육프로그램의 평가가 제대로 이루어지지 않고 있다는 점이다. 간혹 평가가 이루어진 경우라 할지라도 종종 '방법론적인 확실성'에 대한 기준을 만족시키지 못하고 있다(Foxcroft et al. 1997 ; White and Pitts 1998 : 1477 ; Foxcroft et al. 2002). 다른 중재방법과 전략을 비교해 볼 때, 교육프로그램들은 비용이 많이 들고 알코올소비 수준과 음주 관련 문제에 대한 장기적인 효과가 크지 않은 것으로 보인다. 반면에, 법률 집행 계획, 판매장소 지역제(outlet zoning), 가격정책, 그리고 책임 있는 주류이송과 서비스 실행 등과 같은 전략 모두가 동반될 때 대학캠퍼스에서 약간의 영향을 끼친다고 알려져 왔다(Wechsler and Nelson 2008).

모든 것을 감안해 볼 때, 이러한 프로그램들의 헤게모니와 대중성은 입증된 장기적인 영향력 또는 알코올관련폐해의 감소를 위한 잠재력에 대한 제 기능을 다하지 못하고 있다. 위에서 언급된 몇몇 연구에서 밝혀진 약간의 긍정적 결과를 강조하여 이상의 결론을 약화시킬 수도 있다. 중재에 있어서 단순히 정보를 제공하는 것을 넘어서 가족에 초점으로 두고 지역사회 기반의 정책 또는 대학생들을 대상으로 한 동기중재와 같은 여러 구성요소를 포함할 경우 약간의 효과가 있는 것으로 보이기도 한다. 하지만 이 같은 예들의 대부분은 매우 대중적이며, 효과에 있어 어떠한 증거도 발견되지 않은 일반적 교육프로그램이 아니라는 것이다.

경험 보다는 희망이 승리할 것이라고 생각하며 계속 시도하기 위한 도전 역시 존재한다. 교육캠페인 하나만 더, 학교중심 교육프로그램 하나만 더, 또 다른 대학사회의 규범 계획을 실행하면 어쩌면 우리의 비관주의를 극복할 수 있을 것이라고 생각한다. 한 가지 안타까운 점은 이전의 경험을 근거로 우리의 예측은 반드시 달라져야 한다는 것이다. 적절한 자원이 있더라도 알코올관련폐해 예방에 도움이 되는 교육적 전략이 커다란 이득이나 지속적인 혜택을 주지 않을 것이다. '교육'이란 하나의 전략만으로 넓은 세상에 고루 퍼져 있는 다른 영향들을 넘어서기가 어렵다. 이 책에서 답하지 못한 하나의 질문은 도대체 왜 알코올관련문제를 예방하거나 줄이기 위해 한계점이 있는 프로그램에 계속해서 상당량의 자원이 투입되고 헌신되고 있는가 하는 점이다.

제 14 장

치료와 조기중재 서비스

제14장

치료와 조기중재 서비스

14.1 개 요

알코올정책은 지방자치정부, 지역정부, 중앙정부의 주요 관심사이며, 이러한 정책들은 알코올관련문제에 대한 치료 제공을 포괄적 접근법의 일부로 여긴다. 치료의 중요성은 인간 고통의 감소뿐만 아니라 예방의 한 형태로도 중요하다. 치료가 알코올 문제의 발병 직후에 시행될 때 이를 2차 예방, 만성 음주와 관련된 손상을 관리하기 위하여 시행될 때는 3차 예방이라고 한다. 그러나 음주자들이 소비하는 자원 및 효율성과 비용에 대해 효과적이고 과학적인 증거에도 불구하고, 알코올문제의 사회적 대응으로 우선 행해져야 하는 치료의 문제가 정책대안으로 중요하게 검토되지 않고 있다. 이 장에서는 광범위한 치료중재의 효율성과 비용에 대한 조사 측면에서 알코올 치료정책의 과학적인 근거를 검토한다.

치료정책으로 정부의 조치는 치료서비스의 성격, 자원의 할당, 알코올사용 장애 관리에 대한 서비스들의 적절한 배당에 영향을 주는 것을 의미한다. 지난 50년 동안, 알코올사용 장애를 겪는 개인에 대한 전문적인 의학적, 정신적, 사회적 서비스 공급이 꾸준히 증가하여 왔다.

선진국에서는 2차세계대전 이후 서비스의 수와 종류가 급격히 증가하였다. 이는 알코올문제의 만연도가 높은 여러 국가들이 약물 남용에 따르는 질병, 장애 그리고 사회적인 문제에 대한 부담을 줄이기 위하여 대규모 공중보건 접근의 한 분야로써 치료서비스에 투자하기 시작한 때이다(Klingemann et al. 1992 ; Klingemann and Hunt 1998). 예를 들어, 네덜란드에서는 알코올 및 약물관련협회에 대한 허가가 1988년 45,000개에서 1995년 55,000개로 증가하였고 주거형 치료에 대한 허가는 1980년에서 1990년 거의 두 배가 되었다(Derks et al. 1998).

반면에 페루와 콜롬비아 같은 나라에서는 치료 수요가 증가함에도 불구하고 치료자원이 현저히 부족하였다(Madrigal 1998). 그 결과 치료는 1차 의료 환경 또는 민간 의사를 통해 시행되게 되었다.

미국에서는 알코올 및 약물 치료서비스가 병원, 주거형 치료환경, 메타돈 클리닉(Methadone), 치료 공동체, 그리고 통원치료 프로그램 같은 5,000개 이상의 전문화된 기관에서 수행되는 것으로 추정된다(Hunt and Dong Sun 1998). 이러한 서비스는 250,000명 이상의 근로자를 고용하고 매일 백만 명 이상의 약물 사용자를 다룬다. 개발도상국에서의 서비스 확장과 서비스 확대의 가능성 추세로 자원 할당과 알코올사용 장애 관리에 대한 서비스 최적 배당에 대한 의문이 생기고 있다.

이 책의 핵심 질문은 '알코올관련문제를 겪는 인구 비율을 줄이는데 효과적인 초기 중재 서비스의 범위는 어디까지인가?' 이다. 또 다른 질문들은 치료정책과 관련이 있다. 알코올관련문제를 겪는 사람들이 일반적인 건강관리 시스템, 중독전문서비스, 사회복지기관, 정신과 시설, 형사사법시스템, 또는 이런 것들의 통합으로 관리를 받아야 하는가? 이다. 각 나라별 혹은 지역별 요구에 부응할 수 있는 서비스의 최적의 양과 최상의 결합은 무엇인가? 만성 알코올 문제를 겪는 사람이 사회에서 소외되는 것을 예방하는데 최적인 치료시스템 종류는 무엇인가? 가장 적은 비용으로 가장 효율적인 치료를 제공하기 위해 치료서비스는 어떻게 운영될 수 있는가?

14.2 치료서비스와 치료시스템

알코올문제의 치료는 일반적으로 일련의 서비스-진단 평가에서부터 치료적 중재 그리고 지속적인 관리까지를 포함한다. 연구자들은 무작위 임상실험 방법으로 평가된 모달리티스 치료법(Treatment Modalitis)이라고 불리는 치료적 접근을 40개 이상 밝혔다(Miller et al. 1995). 치료법의 예로는 동기부여 상담, 부부 및 가족 치료, 인지행동 치료, 재발 예방훈련, 혐오요법, 약물요법 그리고 익명의 알코올중독자 모임[Alcoholics Anonymous]의 12단계 중재법 등이 있다. 이런 치료법은 단독 주거형 시설, 정신과 병원 및 종합병원 환경, 외래환자 프로그램, 그리고 1차 진료 같은 다양한 환경에서 시행된다. 최근에는 몇몇 나라에서의 치료서비스가 시스템으로 조직되었다. 이 시스템은 다른 시설과 치료 수준 사이의 결합에 의해, 정신건강, 약물의존치료 그리고 상부협조기구 같은 서로 다른 서비스 유형의 통합 정도에 의하여 정의된다(Klingemann et al. 1993 ; Klingemann and Klingemann 1999). 대부분의 치료조사와 그 조사를 통해 얻은 과학적 증거는 기반 구성 요소로, 단일 중재 또는 단일 사건에 초점을 두고 있다.

일반적으로 연구의 근거는 효능, 효율에 대한 정보가 유효한 나라의 최근 치료시스템 안에서 3가지 유형의 중재에 따라 구성될 수 있다.

① 알코올 비의존성 고위험 음주자에 대한 중재

② 문제음주와 알코올의존에 대한 공식적인 치료(formal treatment)

③ 상호 협동 중재

14.3 알코올 비의존성 고위험 음주자에 대한 중재

음주 폐해는 일반적으로 알코올의존성으로 발전한다. 정의에 의하면, 알코올 부재의 경우 심각한 의학적 그리고 정신적 문제를 유발할 수 있다.

선진국과 개발도상국에서는 임상적 예방서비스에 대한 관심 증가로 1차보건의료 시설 및 기타 환경에서 음주폐해에 대한 관리를 촉진하기 위해 조기중재프로그램이 세계보건기구와 국가별 기관에 의해 개발되고 있다. 위험수준을 식별하기 위한 초기 선별검사 후 환자는 단순중재 또는 보다 집중적인 전문치료 중 하나로 구분되어진다. 단순중재는 집중도가 낮은 단기간의 상담, 즉 1~3회의 상담과 교육으로 구성된 것이 특징이다. 단순중재의 목표는 고위험 음주자가 절대 금주를 장려하기 보다는 그들의 알코올소비를 적절히 조절할 수 있도록 동기를 부여하는 것이다.

지난 20년간, 100개 이상의 무작위 통제 실험이 단순중재의 효능을 평가하기 위해 시행되었다. 누적된 증거는(Whitlock et al. 2004) 음주 및 알코올관련문제에 있어 임상적으로 현저한 감소가 단순중재 후에 뒤따를 수 있다는 사실을 보여 주었다. 간호사들의 역할은 의사만큼이나 음주자들의 행동을 변화시키는데 효과적으로 청소년, 성인, 노년기, 그리고 임신 여성에게서 긍정적인 효과가 꾸준히 관찰되고 있다.

여러 환경에서 적용된 이런 중재가 유효하다는 증거에도 불구하고, 전문가들로 하여금 이런 치료를 수행하도록 설득하는데 종종 어려움이 있다(Babor et al. 2007).

14.4 알코올의존자 전문 치료

보건복지체계가 잘 발전한 나라는 알코올 폐해를 전문적으로 치료하는 기관단체와 전문서비스 제공자의 범위가 넓다. 과학적으로 엄격한 적용과 함께 늘어나는 치료 연구의 핵심이슈는 가장 효과적인 해독 방법에 대한 것이다. 여기에는 치료환경의 효과로 어떤 특정 치료방법(therapeutic modalities)이 다른 치료방법보다 더 효과적인지, 치료집중의 효과 그리고 장기적 성과에 영향을 미치는 요인 등에 대한 분석을 포함하고 있다.

해독 치료는 금단현상의 어려움을 겪고 있으며 만성음주 내력이 있는 환자(특히 영양 상태가 좋지 않은 환자)에게 주로 쓰인다. 티아민(비타민 B1)과 종합 비타민제의 투약은 알코올관련 신경장애인 교란을 예방할 수 있는 저렴하면서도 위험성이 적은 중재방법이며, 대개 함께 발병되는 다른 질병의 치료라든지 지지요법 등과 함께 병행된다. 다양한 약물들이 알코올 금단현상을 치료하는데 쓰여 왔다. 그러나 벤조디아제핀(진정제의 일종), 특히 다이아제팜(진정제의 일종)과 클로르디아제폭사이드는 부작용이 적기 때문에 폭넓게 선택되어 왔다.

극심한 금단증상을 제거하는 치료가 생명을 구하는 일이라는 것은 의심할 여지가 없다. 해독 치료 후에, 다양한 치료방법들이 환자의 음주문제를 치료하고 금주를 장려하며 재발 방지를 위해 다른 서비스 환경에 포함되어 왔다. 알코올 치료는 일반적으로 외래 환자와 병원 입원환자 환경에서 제공되지만 그것은 또한 정신병원, 사회복지기관 그리고 의료서비스 환경에서도 시행될 수 있다.

대부분의 비교 연구에 따르면, 비록 몇몇 환자가 자신의 의료문제와 정신과적 문제로 인해 거주형 프로그램에서 이점을 더 많이 보이는 사례가 있으나, 외래환자 프로그램과 거주형 프로그램의 성과가 비슷하다고 밝혀졌다(Finney et al. 1996). 치료법의 비용 효율성에 대한 연구에서 더 비싼 치료법이 꼭 더 나은 치료 성과를 내는 것은 아니라는 것을 지속적으로 밝히고 있다.

다양한 치료방법이 외래와 거주형 치료서비스 내에서 시행된다. 근거자료가 충분히 뒷받침되는 치료방법들로 행동요법, 그룹요법, 가족치료, 그리고 동기부여 강화가 있다(Edwards et al. 2003).

행동요법의 한 예는 '재발 방지'인데 이것은 과음할 위험성이 있는 상황을 어떻게 대처하는가에 중점을 둔다. 또한 문제 음주자들에게 익명의 알코올중독자 모임의 원칙 등을 알려 주기 위하여 마련된 12단계 중독프로그램(Twelve Step Facilitation)을 제시하고 있다. 이 모델은 이론에 근거한 치료법만큼이나 효과적이다(Babor et al. 2003 ; Ouimette et al. 1999).

행동요법과 그룹요법을 병행하는 또 다른 치료방법은 음주를 직접적으로 줄이기 위하여 알코올에 민감한 반응을 보이게 하는 약물과 정신병(comorbid psychopathology) 치료에 사용하는 약을 사용한다(Kranzler 2000). 알코올에 민감한 반응을 보이는 약은 디술피람(disulfiram)과 칼슘 카르비미드(calcium carbimide) 같은 약으로 알코올이 섭취되었을 때 불쾌한 신체적 반응을 유발한다. 법 규정을 준수하려는 노력이 확실할 때 이런 약은 알코올의존적인 사람에게 도움이 될 수 있지만 재발의 예방 효능은 제한적이다. 또 다른 종류의 약물로 특정 뇌신경전달물질 체계에 관여하여 알코올소비를 조절하는 아편 유사제(endogenous opioids), 카테콜아민(catecholamines-도파민), 그리고 세로토닌(serotonin) 등이 있다. 일반적으로 날트렉손(naltrexone)과 같은 아편 길항제(opioid antagonists)는 몇몇 연구에서 효능이 발견되었지만 모든 약물들이 재발하는 시간을 늦추거나 환자들의 과음 재발 비율을 감소시키는데 플라시보(placebo)]보다 우수한 것은 아니다(Kranzler and Van Kirk 2001 ; Anton et al. 2006). 또 다른 약물 연구로 아미노산 유도체인 아캄프로세이트(Acamprosate)는 플라시보보다 상당히 장점을 가진 것으로 밝혀졌지만 다른 대규모 연구에서는 부정적이었다(Anton et al. 2006 ; Kranzlerand Van Kirk 2001). 발달된 약물중재로 알코올에 대한 욕구와 갑작스런 재발을 줄일 수 있음에도 불구하고, 약물요법의 중독 효과는 일반적인 상담과 행동요법에 비해 미미하다. 때때로 알코올의존자들은 다양한 치료를 받았어도 재발을 계속하기 때문에, 몇몇 국가에서는 치료법에 반응하지 않는 알코올중독자들에게는 장기적인 주거형 치료를 적용한다.

퇴원환자의 요양치료(aftercare)그룹과 다른 상호 도움 단체를 통한 지속적인 치료가 더 나은 장기적 성과와 연관되어 있지만, 이런 프로그램의 효과성은 체계적으로 평가되어 있지 않다(Timko et al. 2000). 비록 알코올중독 회복을 돕는 단체가 공식적인 치료기관으로 평가되지는 않지만 이 도움 단체는 치료 대용 또는 부수적인 것으로 활용되고 있다.

익명의 알코올중독자 모임(AA : Alcoholics Anonymous)은 150개국의 100,000명 이상 되는 그룹과 연계된 220만 명의 회원들과 함께 문제 음주자에게 도움을 주는 자원으로 가장 널리 사용된다. 이러한 관련 단체는 일본의 단수카이(Danshukai), 독일의 크레우쯔분트(Kreuzbund), 프랑스의 크로익스 드올(Croix d'Or)과 뷔에 리브레(Vie Libre), 폴란드의 금주클럽, 이탈리아의 패밀리 클럽들(Family Clubs) 그리고 스칸디나비아 국가의 링스(Links) 같은 다른 많은 국가에서 활동이 진행되고 있다(Humphreys 2004). 몇몇 잘 설계된 대규모 연구들은(Ouimette et al. 1999 ; Walsh et al. 1991) 익명의 알코올중독자(AA) 모임이 공식치료와 결합되었을 때 향상 효과가 높으며 중재 자체 보다는 단주회 모임에 출석하는 것이 오히려 낫다고 제시한다.

어떠한 치료법이라도 효과성에 대한 확실한 증거를 설립하는데 어려움이 있다는 것을 항상 염두에 두어야 한다. 과도한 음주는 시간이 지남에 따라 자주 평균에 회귀하는 행동이나, 적어도 통제연구 결과에 따르면 자발적 회복이 어느 정도 가능하다. 대조군 연구는 무처치 대조군이 윤리적인 이유로 협조적이지 않을 가능성 때문에 어려움에 처할 수 있다. 그리고 임상실험에 참여하는 참가자를 선택기준에 따라 좋은 성과를 위해 편향적으로 뽑는 경향이 있다. 그러므로 관찰을 통해 향상된 점을 해석하고 효과 정도를 평가하는데 있어서 세심한 주의가 필요하다.

14.5 치료효과의 중재자(mediator)와 조정자(moderator)

치료효과의 중재자와 조정자에 대한 조사는 어떻게 그리고 왜 치료가 작용하는지(중재효과) 그리고 누구에게 특정치료가 가장 잘 작용하는지(moderators)에 대한 질문에 답할 수 있게 도와준다. 이런 종류의 연구는 치료 효능(efficacy)과 치료 협력(matching)의 임상적 '기술 모델' 내에서 시행되며, 이는 환자성향과 치료과정 요소가 각각 치료에 따른 음주변화의 중재자(mediator)와 조정자(moderator)가 된다.

연구조사에 의하면 다른 경험에 비추어 환자의 성향에 따라 치료방향을 정하여 조합시키는 것은(예, 동기가 낮은 환자를 동기부여 강화요법과 결합시키는 것) 실질적으로 성과를 높이지 못한다(Babor and Del Boca 2002). 또한 몇몇 가장 인기 있는 치료의 기본 중재적 메카니즘(mediational mechanism)이 지지자들에 의해 제시된 것과 실제는 다르다는 것을 나타낸다.

일반적으로 치료 효과성의 기술모델이 알코올의존에 적용되는 것은 결함이 있을 수도 있다. 단일 비중복치료 대신 공감, 효과적인 치료사-의뢰인 동맹, 변화하고 싶은 갈망, 내부 자원, 지원적인 사회네트워크, 그리고 사회적으로 정의된 문제에 대한 사회적으로 적절한 해결책 제공(Cooney et al. 2003) 같은 일반적인 메카니즘을 통한 치료가 효과가 있을 수 있다.

14.6 비용고려

전문치료의 가능성과 범위에 대한 주요 정책이슈는 비용이다. 알코올 치료서비스의 비용-효과성에 대한 연구는 거의 시행되지 않았지만 최근 사용되는 방법론적 도구와 정책 질문에 대한 더 나은 정립은 상당히 향상하였다.

하나의 의문은 알코올의존 치료를 받은 개인의 의료비용이 그 이후로 낮아졌는가 하는 것이다(즉, 비용 상쇄가 있었는가?). 또 다른 문제는 몇몇 환경 또는 치료방법이 다른 것들 보다 더 비용 효율적인지, 즉, 특정 환경 및 치료방법이 더 낮은 비용으로 비슷한 성과를 보이는가 하는 점이다. 또 다른 문제는 입원환자 치료가 단기간에 있어 비용이 효과적인지 장기간에 있어 비용이 더 효과적인지에 관심을 갖는다.

미국에서 주로 실시한 비용 상쇄 연구는 1) 알코올중독자와 그들의 가족은 같은 연령과 성별의 비알코올중독자보다 의료서비스의 사용이 더 많은 것으로 나타났다. 2) 치료 받기에 앞서, 결국 아픈 사람의 일반 의료비용은 증가하는 경향이 있으며, 3) 치료 후에 알코올중독자와 그들의 가족의 의료서비스에 대한 수요는 감소한다(Holder 1987 ; Goodman et al. 19970)는 것을 보였다.

어떤 경우에는 이러한 절약이 치료비용을 보상할 만큼 크지만 인과관계에서는 추정할 수 없다.

입원환자 알코올중독치료 대안의 비용효과성에 대하여, 이 문헌(Finney et al. 1996 ; Babor 2008)에서는 다음과 같은 결론을 내린다. 1) 4주에서부터 몇 달까지 지속되는 입원환자 알코올중독 프로그램은 단기입원 보다 성공률이 더 높지 않다. 2) 몇몇 환자는 약물요법 없이 그리고 병원에 중점을 둔 환경 없이 안전하게 해독될 수 있다. 3) 부분 입원 프로그램(밤에 묵지 않는 '주간 입원[day hospitalization]')은 입원의 1/2에서 1/3가격에 입원과 같은 효과가 있거나 우수하다. 4) 몇몇 집단에서 외래환자 프로그램은 입원 프로그램과 비슷한 결과가 나온다.

한 가지 분명한 질문은 일부 치료법과 치료환경이 다른 치료법과 치료환경 보다 더 비용 효과적인가 하는 것이다. 미국에서 사용되는 치료법들에 관한 한 분석에서는 설정을 통해 처리되는 비용의 범위가 넓었다. 높은 것은 병원 기반 치료에서 하루에 585달러였고, 낮은 것은 사회적 모델, 비주거형 방문 프로그램으로 하루에 6달러였다. 그럼에도 불구하고, 연구의 근거는 더 비싼 치료가 더 나은 효과가 있다고 밝히지는 않았다(Holder et al. 1991 ; Goodman et al. 1997).

14.7 치료의 축적효과

몇몇 치료중재의 효과성 증거에도 불구하고, 개인의 혜택을 집단으로 돌리는 조치의 메카니즘에는 관심을 거의 보이지 않았다. 치료중재는 우선 개인과 고객의 요구에 부응하도록 설계되지만 이런 중재가 지역사회 및 인구집단수준으로 영향을 줄 수 있는 방법이 많이 있다. 알코올문제에 대한 대중인식을 높여 국가 및 지역사회 의제에 영향을 주는 것과 건강을 위해 예방을 옹호하는 보건전문가를 포함시켜, 가족, 고용주와 음주운전자, 마주치는 사람에게 2차 혜택을 제공한다. 치료중재의 효과는 단지 음주자에 의해 알코올소비량(그리고 음주자 관련 위험)을 줄이는 것뿐만 아니라 음주자의 사회적 환경에 영향을 주는 것으로 나타날 수 있다(Skog 1985).

과도한 음주는 하위문화 유지에 기여하는 근원을 상호간 제거함으로써 치료는 아마도 지역사회 내 알코올관련문제의 비율을 감소시킬 수 있을 것이다.

대부분의 국가에서 전문적인 치료서비스가 부족하다면(Klingemann et al. 1992), 서비스는 지역사회와 국가 수준에서 유병률과 사망률에 영향을 미칠 가능성은 없다. 그럼에도 불구하고 치료 처리 시스템이 비교적으로 잘 개발된 국가에서 총 영향을 생산할 수 있는 잠재력이 있다는 몇 가지 증거가 있다(Smart and Mann 2000).

일부 연구자들은 간경변 비율 감소와 전문치료 증가 사이의 관계를 확인했다. 만(Mann et al. 1988) 등은 캐나다 온타리오에서 간경변으로 인해 감소된 병원 퇴원 비율의 증가에 있어 치료와 관련이 있다는 것을 발견하였다. 로멜죠(Romelsjö 1987)는 1인당 소비량이 감소하는 것뿐만 아니라 외래환자 치료가 스웨덴 스톡홀름의 간경변 비율 감소에 영향을 미쳤다고 제시하였다. 홀덜과 팔컬(Holder and Parker 1992)은 놀스 캐롤라이나에서 지난 20년에 걸친 알코올치료를 위한 외래 및 입원 허가의 증가가 간경변 사망률의 감소와 상당한 연관이 있다고 보고 하였다.

이러한 연구의 결과에도 불구하고 치료의 전반적인 영향과 공중보건에 대한 다양한 치료와 복지 지표에 대한 조사연구는 부족하고 다른 시스템 계획들은 기타 계획보다 더 효율적이거나 효과적인지에 대한 연구가 거의 없다. 일부 연구는 서로 다른 조직적인 모델과 치료시스템 품질의 효과를 평가하기 위해 시도되었다.

덴마크의 국가알코올치료시스템(Pedersen et al. 2004)의 연구는 치료시스템의 특정 내부 특성 즉, 약물치료와 특수 집단에 대한 치료 및 구조 치료에의 접근성 관련 등에 환자가 치료를 받게 하는 것이 중요한 반면, 특정 외부요인 치료 비율 즉, 추천보증과 알코올치료 특성의 주변 시스템에 대한 일반적 평가와 관련이 있었다. 스톡홀름의 약물남용 치료의 다른 부분에서 약 1,900명의 의뢰인과 환자에 대한 한 연구에서는, 스테니우스(Stenius et al. 2005)의 주거형 치료가 지배적인 조직화된 모델과는 대조적으로 외래 서비스로 구성된 시스템이 위기에 처한 그룹을 더 잘 치료로 이끈다는 것을 밝혔다.

국가 또는 지역 치료서비스에 대한 연구 뿐만 아니라 여러 국제적 연구가 알코올치료 시스템 발전에 대한 역사적이고 상대적인 견해를 보였다. 23개국의 약물 및 알코올치료 서비스의 연구에서, 고소프(Gossop 1995)는 대부분의 국가가 이러한 종류의 서비스가 부족하고 많은 국가에서 전문적인 교육수준이 불충분하다고 발표하였다. 16개국에서 실시한 또 다른 비교 연구(Klingemann et al. 1992, 1993)에서는 처리 시스템의 크기, 범위 그리고 알코올소비의 변화, 치료의 필요성 또는 경제적 자원보다는 국가의 알코올 문제에 대한 관점에서 더 큰 영향을 받는다고 제시하였다.

14.8 치료시스템의 개념 모형에 대하여

[그림 14.1]은 공중보건 모델의 구조적인 자원과 치료서비스에 대한 정책결정으로 시작한 알코올치료서비스의 질을 나타내고, 치료시스템의 집단 영향으로 끝이 난다. 치료정책은 또한 서비스가 위치한 곳뿐만 아니라 서비스가 어떻게 조직되고 통합되는지를 명시하면서 치료 질에 영향을 미칠 수 있다.

시스템 품질은 자본(모든 인구 집단에게 동등하게 사용 가능하고 접근할 수 있는 범위), 효율(서비스의 가장 적합한 배합), 그리고 경제(가장 비용 효과적인 서비스)를 이용할 수 있다. 이러한 품질들은 시스템구조 및 프로그램 효과를 전하는 범위까지, 시스템 효율성의 중재자(mediator)로 간주될 수 있다. 개념적 모델에서는 구조적인 자원과 시스템 품질이 서비스의 효과성에 상당히 기여한다고 간주된다(Babor et al. 2007). 그림에서 제시되었듯이, 이러한 서비스의 누적효과는 실업, 장애, 범죄, 자살, 건강관

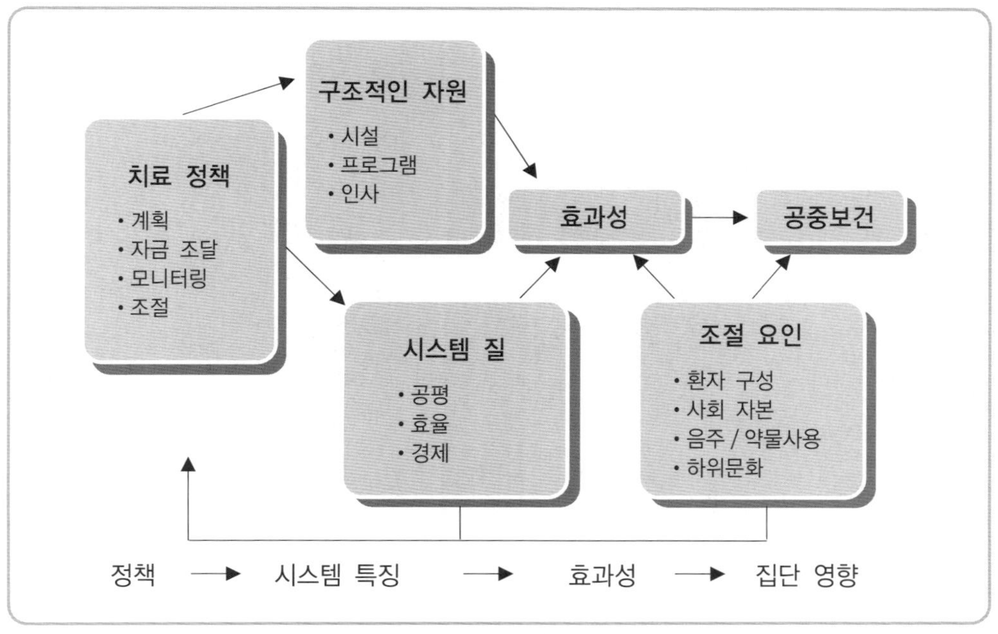

[그림 14.1] 알코올치료시스템에 대한 집단 영향의 개념적 모형
Source : adapted from Babor et al. 2008

리비용 등의 감소 같은 사회복지 뿐만 아니라 사망률 및 유병률 감소 같은 공중보건 혜택으로 옮겨가야 한다.

또한 이 모델은 치료시스템의 효과성과 인구 영향이 약물사용 장애를 겪는 집단의 사회인구학적 특성 예를 들어, 시민참여와 지역사회 통합 같은 집단이 소유한 – 또는 부족한 – 사회적 자본, 그리고 약물사용 행태를 결정하는 문화적 요인, 그리고 이에 대한 사회적 반응 같은 특정 조정 요인에 영향을 받을 가능성을 제공한다. 즉, '환자구성'(case mix) 같은 조정요소는 치료의 질과 유형에 상관없이 치료의 성과에 기여할 수 있다.

이러한 중재 요인은 치료의 품질과 유형에 상관없이 치료의 성과에 기여할 수 있으며 모든 치료시스템의 설계와 평가에 의해 고려되어야 한다. 이런 이유로 우리는 최상의 성과와 치료시스템이 집단의 특성과 집단의 치료 요구에 맞게 고안되어야 한다고 강조하기 위하여, 조절요인에서부터 치료정책 상자의 완화 요인에 의한 피드백 고리가 포함되어 설계되어야 할 것이다.

14.9 치료 및 공공의 건강

일부 진행은 음주로 인해 위험에 빠진 사람을 관리하기 위하여, 조기중재 그리고 더 집중적인 치료를 포함한 비용효과 치료의 발전을 이루었다(Institute of Medicine 1990). 하지만 연구 영역이 아직 대규모 기술적 돌파구로 특징지어지지는 않으므로 우리는 이룬 것이 없는 만큼 성공은 멀리 있다고 충고한다.

공중보건의 접근방식에 대한 전제조건이 설정한 범위 내에서 치료를 필요로 하는 사람이 적절한 치료를 이용할 수 있도록 비용 면에서 더욱 효과적인 중재전략을 전파하기 위한 법을 고려하는 것이 중요하다. 하지만 개인중재수준의 보급은 특정 단일질환에 초점을 맞춘 급성환자 치료의 전통적인 모델을 넘어 인구 접근의 맥락에서 고려되어야 한다. 만약 치료가 알코올에 대한 전반적인 정책반응에 통합된다면, 치료 계획이 공중보건 영역에서 충족시켜야 할 요구사항은 여러 가지가 있을 수 있다. 이 요건들은 [박스 14.1]에서 확인된다.

치료와 예방은 전통적으로 구상되고, 시행되고 상당히 관련 없는 활동으로 평가된다. 알코올정책이 알코올문제의 전체 범위를 해결하는 경우보다 더 총체적인 비전이 필요하다. 치료개입의 효과에 대한 증거에도 불구하고, 개인의 혜택을 집단으로 옮기는 조치의 메카니즘에 작은 주의만이 기울여지고 있다.

치료중재는 주로 개별 환자와 고객의 요구를 충족하도록 설계하지만, 이러한 중재는

[박스 14.1] 알코올관련문제의 의료서비스 공공접근을 위한 조건

1) 사례정의에 대한 주의

치료대응에 대한 국가적 계획은 치료의 적당한 사례에 대한 정의와 함께 시작되어야 한다. 알코올치료서비스와 함께 고려되어야 하는 치료의 유형을 정의할 때 다음의 행동 및 조건이 포함되어야 한다 :

① 위협 수준이나 손상될 가능성이 있는 개인의 알코올소비
② 알코올의존
③ 알코올관련 건강 및 사회적 손상
④ 다른 사람에게 피해를 줄 수 있는 음주운전
⑤ 가족의 보호

2) 인구집단 내 환자유병률의 결정

대부분의 선진국의 연구 자료는 이용이 가능하고 알코올문제의 범위에 대한 이런 종류의 정보를 제공할 수 있다.

3) 언제든지 탐색과 치료에 관여할 수 있는 사례의 비율을 결정

음주 문제를 가진 많은 사람들이 치료에 참여하려고 하지 않으므로 도움을 요청하도록 장려하는 것이 전략에 포함되어야 한다.

4) 치료 계획은 자연사의 인지력을 얻는 것이 필요하다

습관적인 과음자는 자발적 차도 가능성이 적으나 외관상 문제가 있어 보이는 알코올관련문제에 있어서는 자발적으로 차도가 있을 가능성이 더 많다. 이런 이해가 자원의 목표에 반영되어야 한다.

5) 치료효과에 대한 질문

이 질문은 사망률뿐만 아니라 치료의 기간과 강도 그리고 달성된 유익한 변화의 기간과 관련이 있다. 알코올문제는 높은 재발을 특징으로 하고 있다.

6) 경제적 이점

치료정책은 경제적 측면에서 비용과 편익에 대한 인식이 있어야 한다. 대부분의 국가에서 알코올문제에 대한 치료반응이 지금까지 위에서 정의된 기준에 맞추기 위하여 필요한 치료시스템의 특징을 고려하기 보다는 개인을 도와주는 보상적인 노력에서부터 발전하였다. 만약 미래의 치료노력이 공중보건 잠재력을 충실히 수행한다면, 객관적인 성과기준에 기초해야 할 것이다.

Source : Adapted from World Health Organization(1993)

지역사회와 인구 수준에 영향을 미칠 수 있는 여러 가지 방법이 있다 : 알코올문제에 대한 대중의 인식 재고, 국가 및 지역 사회의 안건에 영향을 미치는 것, 질병 예방을 위한 옹호와 보건전문가 및 가족, 고용주, 그리고 자동차 운전자에게 보조 혜택을 제공한다. 치료중재의 효과는 단지 음주자에 의해 알코올소비량을 줄이는 것뿐만 아니라, 음주자의 사회적 환경에 영향을 주는 것으로 나타날 수 있다.

제 15 장

정책의 활동무대

제15장

정책의 활동무대

15.1 개 요

활동무대는 경쟁과 대립이 공존하는 곳이다. 이것이 정책에 적용될 때, 그 단어는 반대관점, 경합집단, 그리고 경쟁이익을 위한 활동범위 등의 의미를 포함하고 있다.

8장에서 14장까지는 알코올정책의 수단으로 사용될 수 있는 광범위한 치료전략과 예방을 위한 근거를 검토했다.

현재 알코올정책을 지지하는 과학적 근거들이 증가하고 있는 반면, 정부, 이익단체, 그리고 일반사회가 정책의 활동무대 내에서 공중보건의 이익을 위해 이러한 정보를 적용시키는 운영방법에 대한 이해도는 매우 낮다.

이번 장에서는 다음의 질문을 다룬다. 누가 알코올정책을 만드는가? 이 대답은 간단하지 않다. 그리고 국가마다, 국가내의 다른 정부기구들 사이에서도 차이점이 있다. 이번 장의 목표는 지방, 국가 및 글로벌 수준에서 정책 결정무대의 주요 역할자들을 설명하는 일이다.

지금의 검토가 의미하는 것은 교육기관, 이해 관계자들 그리고 정책결정이 이루어지는 환경을 포함하는 정책결정 과정의 모델이다. 정책결정과정 모델은 알코올관련문제의 평가에서 시작해서 증거를 기반으로 한 중재의 실시와 필요에 따라 체계적인 평가와 시정조치로 마무리 하는 전체 주기를 말한다.

그러나 정책결정과정의 현실은 그리 단순하거나 간단하지 않다. 이 장에서는 알코올 분야의 정책형성은 기저와 외곽요인의 결합에 의해 영향을 받은 한 과정으로 설명된다. 기저요인은 지역 및 국가 차원의 정부기관에서 시작된다. 세계보건기구와 같은 국제기구도 중요한 역할을 할 수 있다. 외곽요인은 특히 비정부 기구 같은 공공이익단체와 주류산업 같은 상업이익업계를 포함하며, 그것들은 정치적 로비를 통해 직접적으로 또는 대중의 여론을 변화시켜 간접적으로 정책결정 과정에 영향을 끼치는 일을 시도한다. 더 외곽지대에는 대중매체와 알코올 과학자들, 의료인들과 공중보건 옹호자들을 포함하는 건강전문가들이 있다. 어떤 이익집단이 알코올정책에 영향을 끼칠 수 있는 범위는 어느 특정단체의 정치적 세력과 정책입안자들이 동의하는 알코올 문제의 정치 이미지에 달려 있다.

15.2 정 부

알코올정책들은 정부의 여러 다른 수준에서 개발되고 시행될 수 있다. 연방법과 국내법은 종종 주정부의 주류의 생산, 수출, 수입통제, 도소매업의 규제, 법적최저알코올허용연령, 음주운전 규제, 알코올 마케팅의 제한, 치료 및 예방서비스 지원 등을 포함하는 법적인 틀을 구축한다. 더 나아가 특별주류세는 연방 또는 국가 차원에서 제정된 규제 체제의 적용을 받는다. 알코올정책의 법적 체제에 영향을 끼치는 기회는 수많은 이해관계자가 참여하는 민주적 절차의 일부과정이다. 공식 정치과정은 분야상담, 정책검토 그리고 위원회의 조사 등이 포함되어 있다.

법률의 초안은 다양한 이해관계자들로 하여금 의견을 제공하게 하고, 입법위원회와 만나고, 법안에 투표할 대표들과 접촉할 수 있는 기회를 부여한다. 이해관계자 개개인들, 비정부기구(NGOs) 그리고 산업대표자들 모두가 이러한 방식으로 참여한다. 민주적인 절차에서 모든 여론은 공식적으로는 동등하지만, 모든 집단이 참여하기 위해서 요구되는 시간과 노력을 지지하는데 동등한 자원을 가지고 있지는 않다. 이는 정치과정에 참여하고 주류정책 성과에 영향을 끼치는 많은 비공식적인 방법의 경우를 말한다. 이것은 또한 정치인과 다른 정책 입안자의 지속적인 로비활동과 대중의 여론이나 정치적 상황에 영향을 끼치는 매스미디어를 통한 작업진행을 포함한다(Casswell 1995).

수많은 관할권에서는 친화적인 알코올정책을 지지하는 정치인들이나 정당들이 주류업체로부터 재정적 지원을 받아온 역사가 깊다. 많은 다른 의사결정 권위자들은 공식화, 이행, 그리고 주류정책의 시행에 개입되어 있다. 국가 차원의 정책체계는 거의 하나의 결정기관의 권한에 의해 지배되는 것은 드물며, 오히려 분산되는 경향이 있고, 정책의 다양한 측면들은 보건부, 교통안전부, 과세기관과 같이 서로 다른 때로는 서로 경쟁하는 다양한 결정기관으로 분산 위임되어 있다.

국가마다 매우 다양하기 때문에 정책결정 과정을 일반화하기는 어렵다. 공공정책 게임에는 중요한 몇몇의 역할자들이 있다. 정부 내 공무원들은 선출된 대표들에 비해 상대적으로 장기적인 역할자가 되는 경향이 있다. 비록 정책 개발 직무가 때때로 컨설턴트들에게 의뢰될 때도 있지만, 이들 중 몇몇은 알코올정책 개발과 실행을 책임질 수도 있다. 알코올정책을 권고하기 위해 특별위원회와 반영구적 자문단체가 정부에 의해 이따금 지명되기도 하고 독립적인 연구나 정책연구기관들이 가끔 정책분석과 자문을 위해 중요한 자원이 되기도 한다.

저소득층 나라들에서는 세계보건기구와 다양한 개발기관들이 이 정책을 원조할 수 있다. 그리고 최근에는 업계 재정지원 조직들이 국내 정책개발에 영향을 끼치기 위한 시도를 해왔다. 공중보건 옹호자들은 그들의 증거에 기초한 주류정책 지원에 관한 복합된 결과를 가져왔다.

여러 국가들의 최근 정책발전의 역사를 보면 연구근거가 지원하지 않는 정책에 대하여는 공공옹호활동이 성공적이지 못하였다(Room 2004, Casswell 1993 ; Hawks 1993 ; Mäkelää et al. 1981 ; Moskalewicz 1993).

그러나 프랑스와 미국과 같은 일부 국가에서는 지난 10년 동안 보건분야 이해관계자들에 의해 논의된 정책논쟁이 활발하게 전개되었다(Dubois et al. 1989). 이를 통해서 효과적인 몇 가지 정책들을 소개하는 결과를 가져왔다(Craplet 1997). 일부 나라에서는 보건복지 분야가 광범위한 국가 알코올정책을 수립하기 위해 시도하였고, 그것은 알코올 문제에 관한 전반적인 정부의 철학과 접근방식 내의 여러 가지 정책문제들을 포함하는 것이었다(Room 1999). 이것이 1980년대의 세계보건기구에 의해 강하게 장려되는 하나의 접근방식이었다.

본서 이전의 출판물들(Bruun et al. 1975 ; Edwards et al. 1994 ; Babor et al. 2003)을 포함해서 많은 주류정책 리뷰연구들이 그러한 정책개발(Farrell 1985)의 기초를 제공하기 위해 출판되었다.

국가정책수립은 때때로 여러 분야의 견해를 나타내는 독립조직체를 지정하기도 한다. 비록 합의에 도달하는 것이 목표이지만, 이들 분야에 의해 표현된 다양한 관심사들이 논쟁의 여지가 거의 없는 정책들 외에는 다른 모든 것들의 합의를 매우 어렵게 한다(Christie and Bruun 1969). 이러한 상황에 기득권 단체의 강력한 입장을 더한다면, 국가정책은 공중보건의 발전을 위한 강력한 도구의 역할을 하지 못할 때가 많다(Hawks 1990). 국가 차원의 입법 및 규제 체제는 알코올과 관련된 건강과 안전문제를 줄이는 효과적인 수단을 제공하는데 필요 불가결한 것이다.

분산되고 개입이 적은 시장자유화와 민영화는 수시로 증가되는 규제에 따라 위축되는 등 여러 가지 관련이 있다(Ayres and Braithwaite 1992). 이 요소는 규제가 적은 법으로 규정 준수와 사회 만족도를 높이기 위하여 상업적인 이익, 규제기관, 그리고 지역사회 사이에서의 더 잘 합의된 과정을 가능케 하는 '책임 규제' 기회를 제공한다. 주류판매 취득, 특별히 주류판매업 면허취득을 위한 판매조건은 이 모델에 매우 적합함에도 불구하고 그 효과는 지역수준에서의 이러한 책임이 증거에 기초한 규제, 법률 체제의 단호한 국가적 틀에 맞게 운영할 것을 요구한다.

호주, 캐나다, 인도와 미국의 연방관할권에서의 알코올정책에 대한 또 다른 접근은 주정부 차원의 체제 내에서 책임을 위임하거나 공유하는 것이다. 주류과세 권한이 연방정부 수준에서 유지되는 반면에 알코올정책들과 법률은 주 정부의 문제일 수 있다. 예를 들면, 미국에서는 알코올 법률은 알코올 통제기관에 의해 관리되는 주류 판매 허용과 함께 주 정부 차원에서 공포된다.

미국 각 주의 알코올 가용성통제의 지역집행은 예산의 범위, 근로자의 수, 그리고 인용이슈에서 본 바와 같이 시장을 관리하는, 특히 가격제한에 관한 공식적인 법률과 규제를 제정한 주(state)에서 통제경향이 높다(Gruenewald et al. 1992). 연방 또는 주 정부의 관리와 영향력은 과세의 핵심인 알코올정책 영역에서 가장 중요하다. 알코올의 실제 가격과 알코올소비와 그로 인한 유해성과의 관계 때문에 과세는 알코올정책의 중심이 된다. 과세는 모든 관할권에서 상업적으로 생산된 알코올의 실제 가격에 가장 큰 영향을 끼친다. 그것이 매출 수익에 영향을 미칠 수 있기 때문에 주류업계는 일반적으로 높은 주류과세 기준에 반대하고 있다(Advocacy Institute 1992 ; Hawks 1990). 그러나 주류과세는 주류소비와 문제를 줄일 뿐 아니라, 연방 그리고 지방정부에 중요한 수익원을 제공하는 이익을 더 해 주고 징수 또한 비교적 쉽다. 영국 같은 선진국에서는 정부세입의 약 5%가 알코올 세금에서 충당된다(Raistrick et al. 1999). 일부 개발도상국의 주세 수입의 비율은 20% 정도 된다(WHO 1999). 일부 국가(예를 들어, 보츠와나, 뉴질랜드, 태국)에서는 주류세금에서 특별한 용도를 위해 세금을 징수하여, 예방 및 치료프로그램 등 비정부 기구(NGO)의 활동자금으로 사용한다.

15.3 공익단체

흔히 비정부기구로 대표되는 공익단체들은 수많은 국가들에서 정책입안 과정에 기여하고 있다. 1930년대 이후 미국과 다른 국가들의 절제협회가 알코올통제정책의 주요한 옹호자이고 몇몇 국가에서 그들은 여전히 정책과정에 기여하고 있다(Sulkunen 1997). 보건복지조직의 변화는 물론 '케어' 직업전문화의 증가에 반영해서 볼 때, 최근 알코올문제는 보건전문가들의 더 큰 관심사가 되었다(Raistrick et al. 1999). 일례로 1980년대 프랑스의 공중보건정책 개발은 전통적인 복지국가 논쟁을 이용했던 보건의료전문가로 구성된 그룹인 '다섯명의 현인'(Craplet 1997)의 노력에 의해 시작되었다(Sulkunen 1997). 일부 국가에서는 법조계 전문가들이 정책입안과정과 관련된 역할도 수행해 왔다(Baggott 1986).

수많은 국가들에는 공익을 위한 옹호 공백이 존재한다. 주 정부 공직자들이 정치활동과 정책옹호 두 분야에 종사하기란 어려우므로 자연히 비정부 기구들의 회원들로 하여금 공익을 대변하도록 하게 된다(Craplet 1997). 이런 일들은 때때로 알코올관련 피해자들을 대표하는 이익 집단들을 참여시키기도 하였는데 미국에서 만들어진 '음주운전을 반대하는 어머니들 모임'(MADD : Mothers Against Drunk Driving)이 주목할 만한 예이다(DeJong and Russell 1995).

최근 들어 국가적 또는 지역적 문제의 측면에서 알코올정책에 관심을 가지게 된 비정부기구들의 성장이 계속되고 있다. 예를 들어, 세계알코올정책연맹(Global Alcohol Policy Alliance)은 주류와 관련된 폐해를 줄이기 위해 근거에 기초한 수단들을 적용하려는 노력을 통해 여러 나라들에 있는 지역과 비정부기구들을 연합하고 지지하고 있다.

국가적 또는 지역적 수준에서 효율성의 증거를 증명해 왔던 많은 알코올정책 수단들은 지역사회공동체 수준에서의 수행을 요구하고 있다. 수행을 후원하고 격려하게 하는 지역사회공동체를 준비하는 일은 음주운전 사고로 인해 발생하는 부상과 사망 같은 알코올관련폐해를 다루는 곳이 지역사회공동체라는 인식을 고양시키게 된다.

병원, 응급의료서비스, 사인분석, 재활 등은 지역공동체 안에서 발생한다. 알코올 문제는 지역적인 조치를 취하도록 고무된 지역공동체 일원들에겐 종종 개인적인 경험이기도 하다. 예를 들어, 부모단체는 미성년자의 음주에 대한 관심으로 인해 형성되었다. 그러한 단체들은 미성년자에게 술을 판매하는 소매업체나 젊은이들의 사회적 행사들에서 술을 접하는 상황에 대해 대중적인 압력을 가할 수도 있다.

해로운 음주의 결과가 지역적으로 경험된다는 점이 지역공동체가 효과적인 정책들의 지원을 옹호하는 목소리가 될 수 있다는 것을 의미한다. 지역적으로 교육적 또는 정보전달성 캠페인을 도입하는 것은 상대적으로 쉬울 수 있으나, 법의 시행, 음주환경, 알코올 접근성 및 규제변화와 직결된 정책들의 수행에 대한 도전들도 순식간에 나타나기도 한다.

특별 정책을 이행하려는 노력을 지지해 주는 시민들이 반대 세력에 대립할 준비가 되어 있지 않다면, 지역사회단체의 열정과 효과성은 감소될 수 있다. 불행하게도 일부 지역단체에서는 널리 행해지는 지역의 노력이 알코올관련문제와 약간 또는 전혀 영향을 주지 않는 높은 프로필(예를 들면, 새해 전야에 운전자들에게 무료 커피를 제공하는)을 가진 계획에 전념하고 있다. 이러한 프로그램들은 인기가 있고 상대적으로 논쟁의 여지는 없으나 알코올관련문제들에 영향을 끼칠 수 있는 많은 가능성을 가진 계략들로부터 자원과 대중의 관심을 다른 방향으로 바꿔 놓을 수 있다.

또 다른 방법은 지역 운동가들을 공중보건 전문가들과 합류하게 하는 지역사회 활동계획들을 통해 증거에 기초한 전략들을 지역 알코올정책들로 바꾸는 것이다. 지역수준의 전략들(Casswell and Gilmore 1989 ; Casswell et al. 1989 ; Casswell and Stewart 1989 ; Duignan et al. 1993)을 개발, 실행, 평가하는 최초의 몇몇 시도가 알코올 면허법의 상당한 완화 이후 1980년대와 1990년대 뉴질랜드에서 시작되었다(Stewart et al. 1993). 주류판매면허제 결정과 문제제기 등의 문제는 국가수준에 머물러 있는 반면 주류판매면허, 감시 및 집행 등의 업무는 지역수준으로 위임되었다. 이 기간 동안에 시행된 지역공동체 활동 프로젝트는 지역협력체의 발달을 도왔고, 그 협력체는 공중보건의 관점 뿐 아니라 증가된 규정 준수 및 알코올관련폐해를 줄이기 위한 지역의 허가 소재지의 책임감 있는 운영 등이 포함되었다(Hill and Stewart 1996 ; Stewart et al. 1997).

약간의 한계에도 불구하고 뉴질랜드의 2단계 의사결정구조는 국가의 법적체제 내에서 알코올 직매장이 지역공동체에서 증가하는 것을 통제할 수 있는 하나의 모델이 되었다. 대조적으로, 여러 국가들에서 주류 판매면허가 지역사회수준에서 전적으로 이루어지므로 국가적 관리가 소홀히 된다. 후자의 방법은 보건과 안전문제를 고려한 의사결정에 있어서 명확한 체제가 없는 것이 단점이다.

주류 판매를 인허하는 당국은 주류관련 문제들을 예방하기 위하여, 그들에게 부여된 권위를 사용하는 범위 내에서 다양하다(Raistrick et al. 1999). [박스 15.1]은 지역사회활동이 정책결정 과정에 기여하는 연구의 한 가지 예이다.

[박스 15.1] 지역사회 프로젝트(USA. 1992~1996)

지역사회 프로젝트(Holder et al. 1997)는 지리적 여건과 문화적 다양성을 고려하여 세 지역의 실험지역과 두 지역의 대조지역으로 구성되어졌으며, 다섯 가지 지역수준의 중재프로그램이 제공되었다.

다섯 가지 개입요소는 1) 지역사회조직을 형성하고 프로젝트의 전략과 목표를 지지하기 위한 '지역사회 지식, 가치, 그리고 동원'요소, 2) 바나 레스토랑에서 술 취한 사람이나 법적음주허용연령이 아닌 자들의 위험을 줄이기 위한 '책임서비스실천'요소, 3) 법적허용연령 이하자에게 알코올 접근성을 줄이기 위한 '법정연령 이하자 음주감소'요소, 4) 음주운전을 더 강하게 감시하기 위한 '음주운전위험 고양'요소, 그리고 5) 전체적으로 알코올 가용성을 줄이기 위한 '알코올 접근성' 요소였다.

프로그램의 평가결과 실험지역의 지역신문과 텔레비전에서 알코올 이슈를 다루는 횟수가 통계적으로 유의하게 증가하였으며, 법정허용연령 이하자에게 알코올을 판매하는 정도가 현저히 감소하였다. 또한 책임 음료서비스가 증가하였으며, 중재하는 처음 28개월 동안 알코올관련 교통사고가 통계적으로 현저히 감소하였다(Voas et al. 1997). 음주 관련 교통사고의 감소는 특별하고 가시적인 음주운전 단속과 지역 언론에서 음주운전 단속을 지지하는 횟수가 크게 증가하였기 때문이다.

15.4 상업적 이권

5장에서 논의한 바와 같이 알코올은 일상적으로 판매되는 것으로, 알코올의 제조, 분배, 가격측정, 판매를 촉진하는데 상당한 상업적 이권이 결부되어 있다. 비록 주류업계의 동기, 원동력, 또는 운영 면에서 획일적이진 않지만, 많은 경우에 회사의 이익을 도모하기 위한 주류업체의 상업적 요구와 보건의 관심이 대립을 이루고 있다. 예를 들어, 주류산업계가 선호하는 주류 판매시간제한의 폐지는 알코올소비와 그와 관련된 문제들을 증가시킬 수 있다(제 9장). 여러 형태의 방송광고와 마케팅은 판단력이 성숙하지 못한 청소년들에게 특별한 위험을 준다고 공중보건 관계자들은 간주하지만(제 12장 참조) 그들의 자율규제 방식을 주장하면서 주류업계는 주류광고 규제를 지속적으로 반대하고 있다.

새 상품 소개와 마케팅 전략은 국제 무역협정에 의한 기업의 시장접근 권리라고 주류회사들은 간주하지만, '알코팝(alcopops)', '쿨러(coolers)', '말터네이티브(malternatives)'와 같이 당분이 함유된 다양한 알코올 음료들은 청소년 과음과 관련되어 있다. 주류 산업 기득권의 상대적 규모는 1984년 보건교육과 알코올 분야의 자원봉사 단체를 지원하는 공공 지출이 같은 해 주류업계의 광고비 지출의 1% 미만인 영국의 상황이 잘 설명해 주고 있다(Baggott 1986).

주류업계의 결합된 부는 거의 모든 비선진국 국가들의 국민총생산(GNP)을 초과하고 그것이 공공정책에 끼치는 영향력은 상당하다(Edwards 1998 ; Room 1998). 많은 국가에서는 상당한 금액의 예산이 마케팅에 사용되기 때문에, 광고업계, 통신매체, 심지어는 스포츠 산업의 일부까지 상업적인 관점에서 알코올정책에 관심을 갖게 만든다.

알코올정책내의 이러한 기득권들과 알코올 산업계가 정책 활약무대에 적극적으로 개입되어 있는 것은 놀라운 일이 아니다. 자유 시장 가치와 개념을 바탕으로 주류업계는 자신들의 상업적 이익을 보호하기 위하여 정부의 정책결정에 더욱 더 개입하고 있다. 일부 국가에서는 주류업계가 정책결정위원회의 지배적인 비정부 단체가 되기도 한다. 보건 옹호자들 간의 공통된 주장은 주류업계 대표자들이 정책의 의제설정과, 입법자들의 관점 형성, 그리고 정책토론의 결과를 결정하는데 영향력을 행사하고 있다는 것이다(Room 2004 ; Babor 2004 ; Baggott 1990 ; Hawks 1993). 예로써, 1990년 캘리포니아에서 소비세를 올리려던 시도가 주류업계의 3천만 달러가 넘는 자금을 제공한 미디어 캠페인으로 인하여 좌절된 것이다(Advocacy Institute 1992). 이와 유사하게 호주에서도 국가 알코올정책 초안(Hawks 1993)을 작성하는 동안에 주류회사들의 반대에 부딪친 적이 있었다(Hawks 1993). 프랑스의 로이 에빈(Loi Évin)이 주류회사의 후원과 TV, 영화, 스포츠 경기에서의 광고를 강력히 제어할 것을 제안했을 때, 주류업계가 정치적으로(Craplet 1997) 법원에서 그것을 반대하고 나섰다.

대 주류 업체들이 그들의 정책 관심사를 추진하기 위하여 사용하는 또 다른 방법은 사회공헌을 위한 자선과 기업체의 사회활동이다. 2005년 24개의 세계적 주류업체 중 13개 회사들이 기업체의 사회정책이나 사회활동 기록을 그들의 홈페이지에 탑재하였다(Hill 2008). 몇몇 주류 회사의 홈페이지에는 음주의 위험은 물론 유익성을 언급하고 그들의 사회공헌 활동의 하나로 책임 있는 음주를 옹호하고 있다. 회사의 홍보활동 목표가 프로필을 높이고 회사 또는 브랜드의 지지율을 높이는 것이므로 사실상 기업체의 사회책임 활동은 간접적인 마케팅의 형태가 될 수 있다.

사브밀러(SABMiller)와 디아지오(Diageo) 주류회사는 청소년들을 대상으로 하는 음주 캠페인과 기존시장과 신규시장에서 정부와 민간단체가 음주운전에 대한 협력체를 확립하는데 자금을 조달하고 있다고 보고했다. 주류업계는 교육을 넘어서 유명 재난구호 단체와 과학연구 사업을 지원하는 데까지 그들의 홍보의 폭을 넓히고 있다. 허리케인 '카트리나'가 덮친 이후 미국의 맥주 제조업체 엔 하우절 부쉬(Anheuser Busch)[4]는 생수를 배포할 때 자사의 맥주 캔을 사용했고 쓰나미가 덮친 이후 스리랑카에서도 맥주 제조업체 칼스버그(Carlsberg)가 자사의 브랜드 이름이 적힌 병에 생수를 담아 배포함으로 국내산 맥주를 출시하기도 하였다(IOGT International 2006). 이러한 자선의 모습에도 불구하고 주류업계 일부 분야에 의해 이루어지고 있는 사회공헌 활동이 기업의 마케팅과 효과적인 알코올통제정책과 일치하지 않는 로비활동의 역할을 하고 있다(Tesler and Malone 2008 ; Babor 2006 ; Jahiel and Babor 2007).

그들의 정책목표 달성을 위해 큰 주류회사들은 지난 25년 동안 주로 유럽, 미국, 그리고 아프리카와 아시아의 신흥 시장에서 30개 이상의 '사회적 측면(social aspects)' 조직들을 결성하였다(Anderson 2002 ; Anderson 2005 ; International Center for Alcohol Policies 2006).

[그림 15.1]은 폭넓은 맥주, 증류주 및 와인 산업을 대표하는 전통적인(좀 더 명시적으로 명명하여) 무역기관들과 나란히 운영하고 있는 조직들의 성장을 보여주고 있다. 사회적 측면 조직은 일반적으로 사업 이익단체와 나란히 전체 매출에 거의 영향을 끼치지 않는 음주자의 책임이나 폐해감소 지원정책 같은 주된 메시지들을 홍보한다(Room

4) Anheuser Busch: 미국 맥주판매 점유율 48.3%를 차지하고 있는 맥주양조업체 (자료 : http://www.buschjobs.com/Careers/our-company)

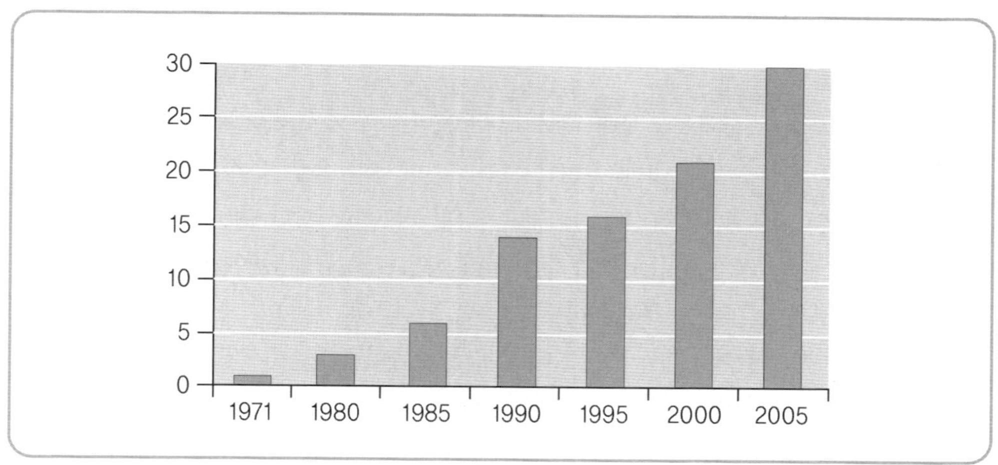

[그림 15.1] 주류산업에 의해 결성된 사회적 측면 조직들의 수(1971-2005)
Sources : Witheridge(2003), Anderson(2005), ICAP(2006)

2004 ; Babor 2004 ; McCreanor et al. 2000 ; Rae 1991 ; Sheldon 1996).

사회적 측면 조직들은 산업체를 위해 음주운전에 반대하는 또는 젊은이들을 위한 알코올 교육 프로그램을 지원하는 캠페인에 자신들을 개입시키므로 사회적 책임 면목을 제시한다. 이러한 예방 전략의 한 결과는 많은 주요 생산자와 소비자 국가들은 물론 더 더욱 신흥시장들의 정책 논쟁에 산업체의 관점이 제시되는 것이다(Babor et al. 1996 ; Casswell et al. 1993 ; Hawks 1990 ; Jernigan et al. 2000 ; Raistrick et al. 1999 ; Simpura 1995 ; Casswell and Thamarangsi 2009).

예를 들면, 사회측면 조직들과 주류회사들은 정책자문을 제공하고 국가 알코올 통제 전략(Endal 2009) 초안을 도와줌으로 다수의 아프리카 국가의 정책 과정에 영향을 끼칠 방법을 모색해 왔다(Endal 2009).

유흥이나 소매업계를 대표하는 조직들도 정책이슈들에 대한 비슷한 관심을 가지고 있다. 야간경제로부터 얻어지는 경제적인 이익으로 인해 공공음주에 대한 성공적인 정책수립과 집행을 불가능하게 할 수도 있다(Hobbs et al. 2000, 2003, 2005). 국제 제조업체들이 광고와 다른 마케팅에 소비하는 많은 지출의 총액은 알코올 소매업 분야와 광고 및 방송과 같은 산업계의 동맹체들에게 매우 중요하다. 소유권의 정도가 클수록 이러한 산업계의 여론은 세계적인 기업들의 관심에 발을 맞추게 될 것이다. 요약하면, 그들의 기득권으로 인해 국내적으로나 국제적으로 주류산업은 정책 활약무대에서 중요한 역할자가 되었다.

15.5 매스미디어와 여론

많은 국가에서 알코올관련문제에 대한 대중의 관심은 가끔 정치적 표현으로 나타난다. 예를 들어, 음주운전에 대한 우려, 중심 도시에서의 음주 무질서, 그리고 만취한 축구 지지자들의 행위 등이 특정한 알코올정책의 필요성에 대한 여론의 정기적인 변화를 가져 왔다. 일부 국가에서는 효과적인 얼마간의 알코올정책들에 대한 대중의 지지가 있지만, 대부분의 대중은 무관심하다. 알코올관련문제 비율이 실질적으로 증가하므로, 알코올관련 이슈들에 대한 언론과 과학계의 관심이 날로 증가되고 있지만, 불행하게도 대부분 국가의 일반대중은 상대적으로 기회가 제한되어 있다. 예를 들어, 캐나다에서 일반대중은 대중담론과, 정책적 논쟁에 참여하는 것보다 알코올 가용성과 같은 문제에 대해 상당히 더 많은 관심과 주의를 기울인다(Giesbrecht et al. 2001).

대중매체가 현대 문화에 지배적인 역할을 하고 있으므로, 이것이 국가 및 지역 수준의 정책 논쟁에 큰 영향을 미칠 수 있다. 미디어 보도는 정책결정자들이 어떤 문제는 물론 그 문제의 심각성을 인지할 수 있는지에 대한 영향을 줌으로써 '의제설정' 기능을 한다. 예를 들면, 영국의 알코올 문제에 대한 언론보도가 일련의 정부보고서에 대한 관심을 고조시켰고, 관련 의회의 질문들이 증가하도록 자극하였다(Room 2004 ; Babor 2004 ; 2008). 미디어는 더 나아가 문제의 틀을 만들고, 문제를 정의하며, 그 해결책을 제안함으로 정책에 영향을 끼치고 있다. 그것은 또한 현재의 문제들에 대한 해설자들의 신뢰성을 확립할 수 있다(Flora et al. 1989).

알코올 문제에 관심을 가지게 하는 언론보도가 정책과정에 중요한 위치를 차지하고 있지만, 그것이 결코 충분한 것은 아니다. 알코올 인식 주간과 같은 캠페인은 시민과 지도자들에게 개인적으로 만족스런 경험을 하게 하지만, 그것들이 알코올관련 문제들에 영향을 미친다는 증거는 없다. 이러한 프로그램은 열정과 공공 인식을 생성하고, 실질적이고 효과적인 중재를 제공하는 것 없이 무언가가 수행되고 있는 듯한 모습을 보여줄 수 있다. 정책 논쟁을 결정하는 매체의 중요성은 국가 및 지역의 정책논쟁에 몰두하고 있는 보건옹호자들 사이에 매체옹호 사용의 증가를 가져 왔다(Chapman and Lupton 1994 ; Jernigan and Wright 1996 ; Wallack and Dorfman 1992).

'미디어 옹호'는 정책목표 전진을 위한 미디어와의 전략적 협력을 의미한다(Wallack 1990 ; Holder and Treno 1997). 알코올과 관련하여 옹호의 한 목표는 개개인에 초점을 둔 공공담론을 알코올 문제에 미치는 사회적, 경제적, 정치적 영향으로 바꾸는 것이다. 미디어옹호는 일반적으로 다각적인 지역사회 활동계획(Stewart and Casswell

1993)의 구성요소로 또는 규제변화와 연관된 법의 집행, 지역사회의 동원, 위험이 높은 행동을 관찰하는 것으로 시행된다(Treno et al. 1996 ; Treno and Holder 1997 ; Holder and Treno 1997). 왈랙과 대종(Wallack and DeJong 1995)에 의해 알려진 바와 같이, 미디어옹호는 그들이 개개인의 건강에 해로운 행동이 아니라 정책문제에 초점을 두도록 미디어 사용권을 획득하고 이야기의 틀을 만드는데 사용되었다. 신문이나 텔레비전 기자들로 '이야기를 들려'주게 하므로 알코올정책 지지자들은 반대 광고를 위한 미디어 서비스 구매를 하지 않을 수 있고 그 결과 귀중한 자원을 아낄 수 있다(Jernigan and Wright 1996).

예를 들어, 뉴질랜드 지역사회활동계획 결과(Stewart and Casswell 1993)는 미디어옹호가 절도 있는 음주, 현명한 알코올정책과 같은 알코올관련 주제들을 다루는 언론보도를 상당히 증가시킬 수 있음을 보여주었다.

15.6 과학자들의 모임(학회)

정책 논쟁은 관점을 강화하기 위해 연구결과에 더욱더 의존한다(Moskalewicz 1993). 그러나 과학적인 연구결과와 정책 결정사이의 관계는 그렇게 간단하지 않다. 과학적 연구는 정책이나 활동에 대한 논리적인 결말보다는 논쟁을 부여한다는 브룬(Bruun)의 결론은 유효하다. 그럼에도 불구하고, 알코올에 대한 기사, 전문 과학저널 및 알코올 전문과학자들의 증가와 함께 알코올에 대한 과학적 연구는 기하학적인 성장을 가져왔다(Babor et al. 2008 ; Babor 1993).

비록 많은 국가에서 생의학 연구가 알코올정책 연구보다 앞서 있지만, 정책분야에서도 상당한 성장을 가져왔다.

연구자들은 사회지표통계를 살펴보고 사회설문조사 자료를 수집하여 알코올소비와 이와 관련된 폐해의 추세를 측정하므로 정책결정을 위한 자료를 종종 공급한다.

동 유럽과 대부분의 선진국에서는 이러한 자료가 없어 공익 단체가 마케팅, 가격, 가용성에 대한 특별한 통제 없이 알코올이 일반상품으로 취급되어야 한다는 견해에 도전하는 것을 어렵게 만들었다. 연구원들은 또한 특정 프로그램이나 정책의 효과를 평가하는 중요한 역할을 한다.

예를 들어, 간단한 개입의 유효성(제 14장), 알코올 과세 조치(제 8장), 일반적인 학교 알코올교육의 비효율성(제 13장)에 관한 현재의 지식은 이들 각 분야의 연구결과의 축적에 근거한 것이다. 효과적인 정책에 기여하는 연구의 명확한 예제 중 하나는 호주에 있는 뉴사우스웨일즈의 무작위 호흡테스트(RBT) 법률에 대한 논쟁이었다. RBT의 효과를 제안하는 연구결과로 인해 음주운전통계에 대한 높은 대중의 우려를 낳게 하였고, 여론이 형성되도록 하였다.

과학적 연구가 중요한 역할을 한 또 다른 정책 계획은 1970년대 많은 주에서 낮춰진 이후로 최소 알코올 허용연령을 21세로 끌어올린 미연방과 주의 입법이었다.

중요한 연구결과들을 정책결정자들에게 전달하는 과정은 효과적인 정책(Wagenaar 1993) 채택에 영향을 주었고 그것은 후에 추가 연구에 의해 확립되었다. 연구의 중요한 장기적인 공헌은 오래된 문제에 대한 새로운 사고방식을 제공하는 것이다. 예를 들어, 이 책에 기록된 '알코올관련문제'에 대한 폭넓은 관점은 알코올 역학 연구의 과정에서 먼저 등장한 것으로 보여질 수 있다(Room 1984).

문제의 관점은 정책의 중요성이 알코올중독에 대한 기본 초점에서 알코올의존의 부재에서도 유해하고 위험한 음주를 포함하는 광범위한 견해로 교체된다. 연구는 연구주제의 선택과 구조의 판단과 경쟁 우선순위들 사이의 선택을 필연적으로 반영한다는 점에서 가치가 있다. 그러나 연구자들은 그것이 어떠한 방향을 제시하든지 연구의 증거에 충실할 의무가 있다. 이것은 연구결과들이 때로는 기존의 신념, 상업적 이권, 그리고 고정적인 정책입장들과 필연적으로 충돌이 있을 수 있다는 것을 의미한다. 알코올 연구 같은 응용 분야에서 과학 탐구자들은 그들의 연구의 잠재적 유용성에 맞추어야 한다.

유용성을 가지기 위하여, 연구의 증거는 단지 전달되고 현재의 문제와 관련있는 의미가 부여 되어져야 한다. 정책 논쟁에 건설적으로 기여하기 위하여 연구자들은 정책과 연관된 연구 질문을 묻고 그 질문들에 응답하기 위한 자료를 생성할 필요가 있다(Bucuvalas and Weiss 1980). 이러한 기여는 각 국가의 과학 공동체의 구성원들이 국가의 알코올정책의 요구와 관련된 연구자료를 수집, 평가 및 해석하는 일에 참여하도록 설계된 장기적 공공연구프로그램의 맥락에서만 가능하다.

정책과정에 공헌할 수 있는 독립적인 과학 공동체의 필요성이 알코올 과학연구에 대한 상업적 이권단체의 개입에 의해 강조되었고, 그것은 그와 같은 후원에 의해 생성된 과학의 무결성에 대한 근본적인 의문을 야기시켰다(Stenius and Babor 2009).

이 이슈에 대한 리뷰문헌을 살펴보면(Babor 2008), 알코올 산업이 과학적인 연구에 참여하는 여섯 영역으로 분류될 수 있다.

① 연구기금 기관에 대한 후원

② 조사연구와 대학기반의 과학자들과 센터들을 위한 직접적인 재정지원

③ 무역조직이나 사회적 측면 및 홍보조직에 의해 수행된 연구
④ 알코올정책을 위한 연구결과의 함축된 의미에 대해 대중과 정책입안자들의 인식에 영향을 주기 위한 노력
⑤ 과학문헌의 출판 및 과학저널 지원
⑥ 과학적인 학회와 학회에서의 발표 후원

연구 활동에 주류업계의 참여가 증가하고 있지만, 그것은 현재 과학적 돌파구나 알코올관련 질병의 부담을 줄이는 알코올 과학에 기여하지 않고, 오히려 미미한 직접적인 투자에 공헌하고 있다.

그러나 업계의 과학 활동은 건강문제 및 정책 옵션의 공개토론을 혼동시킬 수 있고 과세와 규제를 피하려 하는 시도에서 '기업의 책임'을 입증해 주는 편리한 방법을 업계에 제공할 수 있다(Babor 2006 ; Tesler and Malone 2008). 이러한 이유들로 인해 알코올 과학자들이 그들의 연구를 위해 업계의 자금 지원을 받아들이는 일들로 인해 점점 더 회의적이다(Stenius and Babor in press ; Casswell 2009 ; Miller et al. 2009).

15.7 결 론

정책 활약 무대의 각 관할권에는 많은 이권단체가 결과에 영향을 끼치기 위해 시도함으로 병렬적인 그리고 경쟁적인 과정이 존재한다. 영리 목적인 알코올 생산과 판매에 개입된 단체는 정책 논쟁의 핵심 역할자로 점점 더 부상하고 있다. 미디어 역시 중요한 역할을 하고, 연구결과를 전달하는 사람들을 종종 정책 활동 무대로 끌려오게 한다. 중독전문가 및 비정부 조직은 많은 사법권내의 공공이익을 대신하는 주요 발언자들이다.

알코올정책 활약 무대의 다양한 정책 입안자들의 진가를 인정하는 것은 다음과 같은 기본적인 결론에 대한 우리의 이해를 높일 수 있다. 알코올정책은 경쟁이익, 가치 그리고 이념의 산물이다. 알코올은 경제적, 사회적 자본과 교환되는 제품이라는 점에서 다른 일반상품과 같다. 그러나 알코올 규제, 과세, 그리고 그것이 야기하는 손상을 해결하기 위한 인적서비스 형태의 엄청난 공공정책의 관심을 요구하기 때문에 그것은 일반상품이 아니다.

이 장에서 제안한 바와 같이 산업 이권단체들은 공중보건 전문가들이나 비정부 조직체들과는 상당히 다르다(Anderson and Baumberg 2006). 경험은 알코올 산업과의 제휴가 비효과적이거나 타협된 정책을 만들어 낼 가능성이 높다는 것을 시사해 준다

(Anderson 2007 ; Caetano and Laranjeira 2005 ; Munro 2004 ; Room 2004). 알코올정책 생성과정은 각 국가에서 그리고 국제적으로 더 잘 이해되어지고 더 투명해야 한다. 그것은 새로운 정책의 최종 소비자인 시민의 요구에 더 반응해야 한다. 알코올 활동무대에 너무 많은 활동들이 배후에서 시행되고 정치적 고려사항이나 기득권에 의해 좌우된다.

비과학적이고 그것의 결과가 충분히 관찰되지 않은 알코올정책은 종종 근거에 기초한 것이 아니거나 비효과적인 것이다.

만약 알코올관련문제들을 최소화하려면, 알코올정책이 확실하게 공공의 이익에 봉사하도록 국제적, 국가적, 그리고 지역 수준에서의 메카니즘들이 필요하다.

제 16 장

알코올정책 가이드

제16장

알코올정책 가이드

16.1 개 요

이전의 장들에서는 알코올정책이 어떻게 공공의 유익에 더 기여할 수 있는지에 대한 포괄적인 관찰을 위하여, 관련 학문적 토대에 대한 비평적이고 세부적인 검토를 하였다. 이제 우리는 알코올에 의해 유발되거나 악화된 사회내부의 문제들에 대하여 근거에 기초한 조치를 취하고자 하는 정책입안자들의 실질적인 필요성과 이 연구 사이의 연관성을 분명히 하고자 한다. 우리의 의도는 이 과학이 현실세계에서 정책적으로 앞장서는데 유용할 수 있도록 만드는 것이다. 알코올에 관한 좋은 정책과 나쁜 정책 간의 차이는 추상에 그치는 것이 아니라 삶과 죽음을 구분하는 문제인 경우가 많다. 우리는 과학이 이 분야에서 더욱 진지하게 활용되어지도록 요구하는 것이 옳은 일이라고 믿는다. 연구는 그들이 의도하는 공중보건 계획들 가운데서 어떤 전략들이 성공할 소지가 높은지, 효율성이 떨어지거나 심지어 무용한 것, 또 원래 목표에서 벗어나게 하는 것과 자원을 낭비하게 하는 것은 어떤 것인지를 충분히 알려줄 수 있다.

이 결론 장에서는 본서의 앞부분에서 살펴본 다양한 전략들과 중재들을 지지하는 근거들이 요약되어 있다.

16.2 효율적인 전략들을 선택함

끊임없이 증가하는 연구결과물로 인해, 근거를 평가하고 여러 다른 중재안들을 비교하며, 각기 다른 접근법들이 사회에 가져다주는 유익을 평가할 체계적인 절차의 필요성이 요구된다. 이를 위해, 콘센서스 패널, 전문가 위원회 평가, 그리고 객관적인 결정모델을 이용하여 다양하고 광범위한 시각들에서 정보를 통합하기 위하여, 중독 분야의 연구자들은 여러 가지 시도들을 해왔다

이 분야에서, 여러 저자들은 이전 연구들을 기반으로 하여 우리의 검토결과들을 통

합하는 비교적 단순한 방법을 추진하였다. 〈표 16.1〉은 8장에서 14장까지 검토된 43가지의 전략들과 중재들 각각에 대하여 평가를 정리하고 점수를 부여한 것이다. 이 평가들은 저자들의 합의된 관점을 반영하며, 여러 다른 정책대안들의 장단점을 평가하기 원하는 사람들에게 지침이 되도록 만들어졌다.

이 표는 네 가지 주요 기준에 따라 정리되었다. 1) 효과성의 증거, 2) 연구의 지지 정도, 3) 다양한 국가들과 문화권에 걸친 검증의 범위, 그리고 4) 시간, 자원과 자금을 고려한 관점에서 바라본 중재시에 소요되는 상대적 비용이다.

16.2.1 효과성

효과성은 가능성이 있는 중재의 효과를 의미하며, 어떤 특정 전략이 알코올소비 혹은 알코올과 관련된 문제들을 줄이는데 효과적인지를 확립하는 과학적 근거를 반영하는 것이다.

몇몇 경우에는, 중재가 음주에 대한 젊은이의 지식이나 태도 등과 같은 중간 단계에 해당되는 결과를 변화시키거나, 젊은이들에게 알코올판매를 못하게 막는 것과 같은 적극적이지 않은 목표를 가질 수 있다. 비록 우리가 이런 결과들을 문서화하여 기록한다 하더라도 우리의 초점은 여전히 소비와 폐해에 맞추어져 있다.

우리는 합리적인 사람이, 최적화된 연구조건들(유효성 있는 연구들-efficacy studies)과 또한 실생활 속에서 '자연적 실험'을 포함한(효과성 연구들-effectiveness studies) 연구의 질과 효과에 기초하여, 이끌어낼 수 있는 전반적인 결론에 흥미가 있다.

전략들이 이 개론에서 다루어지기 위해서는 적어도 하나의 잘 계획된 연구 내에서 세심하게 조사되어야 했으며, 그 연구는 대안적이거나 대립되는 해석들을 설명해야 하였다. 그러므로 이러한 평가를 하는데 최소한의 과학적 기준을 충족시킨 연구들만이 사용되었다. 특히 증거의 규칙들(7장)과 8장에서 14장에 걸쳐 인용된 연구들에 특별한 관심을 기울였다.

아래의 등급평가 척도가 사용되었다.

① 0 효과성이 결여된 근거가 있음
② + 효과성이 다소 제한적임을 지지하는 근거가 있음
③ ++ 중간 정도의 효과성을 지지하는 근거가 있음
④ +++ 고도의 효과성을 지지하는 근거가 있음
⑤ ? 어떠한 통제된 연구도 행해진 적이 없거나 판단을 내릴 충분한 근거가 없음

16.2.2. 연구가 지지하는 범위

연구가 지지하는 정도는 상충되는 증거를 포함하여 사용가능한 증거의 양과 일관성을 살펴보기 위하여 과학의 질과 다른 각도로 평가하고 있다. 등급평가는 통합적인 검토들과 메타분석의 결론들에 영향을 받았다. 여기서 우리는 과학적 연구의 수효와 그 결과들의 일관성에 관심을 가지는데 비해, 효과성 기준은 수행된 연구들의 수효와 상관없이 증거의 방향에 관심을 가지고 있다.

최고 등급은 그들의 각개 연구 분야의 전문가들이 행한 통합적 검토들과 메타분석에 의하여 영향을 받았다. 연구가 지지하는 규모는 효과성 평가와는 상관없이 평가되었다. 즉, 어떤 전략은 효과성에서는 낮은 평가를 받지만, 연구가 지지하는 범위에서는 높은 평가를 받는 일이 가능하다.

우리는 다음과 같은 등급평가 척도를 사용하였다.

① 0 효과성에 대해 실시된 연구가 없음
② + 한 두 개의 잘 계획된 효과성 연구들이 완수됨
③ ++ 둘 이상의 효과성 연구가 행해졌지만, 통합적 검토는 입수할 수 없었음
④ +++ 통합적인 문헌고찰이나 메타분석을 가능하게 하는 충분한 효과성 연구들이 완성되었음

16.2.3 국가간 적용성 검증

국가간 적용성 검증의 의미는 특정 중재에 대한 증거가 다른 국가들, 지역들, 하위집단, 그리고 사회적 계층들 내에서 행해진 연구들로부터 도출되었음을 말한다. 연구를 평가함에 있어서, 특별히 우리는 확립된 시장경제 내에서 개발되고 평가된 중재들이 개발도상의 국가들에 이전될 수 있는 범위에 흥미를 가졌다. 그러므로 이 기준은 주로 그 안에서 각각의 전략이 적용되고 실험 되어진 지역과 문화들의 다양성과 관련이 있다. 그것은 어떤 전략이 다수의 국가들과 문화권들에 적용되는 범위 뿐 아니라 그 전략에 대한 국제적 혹은 다수 국가 내에서 행한 실험의 견고성을 가리킨다.

아래와 같은 등급평가 척도가 사용되었다.

① 0 그 전략이 충분하게 증명되지 않았다.
② + 그 전략이 오로지 한 나라에서만 연구되었다.
③ ++ 그 전략이 여러 나라에서 연구되었다.

④ +++ 그 전략이 많은 나라들에서 연구되었다.

16.2.4 실행과 유지비용

실행 및 유지비용은 그 효율성과 관계없이, 어떤 전략을 실행하고 관리하며 유지하는 데 드는 상대적 재정비용을 가리킨다. 예를 들어, 알코올소비세의 증가는 알코올소비자들에게는 상당한 비용의 증가를 의미할 수 있지만, 국가는 많은 자원을 필요로 하지 않기 때문에 실행에 드는 비용이 낮은 것으로 평가한다.

우리는 다음과 같은 등급평가 척도를 가이드로 사용하였다.

① 높음 실행과 유지에 비교적 큰 비용이 든다.

② 중간 실행과 유지에 중간 정도의 비용이 든다.

③ 낮음 실행과 유지에 적은 비용이 든다.

비용 평가는 국가가 전략이나 중재를 위해 지불해야 할 실제 비용이 다수의 요인에 달려 있기 때문에 매우 대략적인 지침일 뿐이다. 예를 들어, 허가받은 부지 내에서 행하는 훈련 프로그램을 실행하는데 국가가 지불해야 할 초기 비용은 그리 많지 않을 수 있지만, 궁극적으로 이런 비용은 소비자에게 떠넘김으로써 없앨 수 있다. 경찰이나 단속 기관들에 의한 강력한 단속에는 상당한 비용이 수반될지 모르지만, 효율적인 프로그램들에서 이 비용은 문제들의 감소(Levy and Miller 1995)와 동시에 일어나는 보건서비스와 같은 다른 분야의 비용 절감으로 상쇄될 수 있을 것이다.

16.2.5 고려할 기타 사항들

표의 논평 란에 평가된 기타 정책과 관련된 고려할 사항들에는 인구의 범위(population reach), 중재를 위한 표적 집단, 실행가능성, 그리고 부작용이 포함된다. 인구의 범위는 중재가 실제 사회 조건들 아래서 행해질 때 도움을 얻을 수 있는 표적 집단 내의 인구수를 가리킨다. 표적 집단은 그 전략의 영향을 가장 많이 받을 만한 인구집단을 가리킨다. 1) 일반 음주자, 2) 알코올의 부작용에 특별히 취약한 것으로 간주되는 고위험 음주자들 혹은 집단(예, 청소년들), 그리고 3) 이미 건강에 유해한 음주와 알코올에 대한 의존성을 나타내는 사람들이 그 예이다. 부작용에는 탈세나 밀주 등과 같은 범죄행동을 자극하는 중재로 인한 경향성을 말한다.

실행가능성이란 그러한 중재가 효과적인 정책들로 변모될 가능성을 말한다. 실행가능성은 정치적인 고려사항(지도력, 제조업체들의 반대, 대중의 지지), 경제에 미치는 영향들(비용 효율성과 손익분석), 그리고 높은 세금정책 실행이 소비를 비공식 시장이나 불법적인 수입으로 내몰 때처럼 부작용의 존재 여부 등에 의거하여 평가될 수 있다.

16.3 고려할 만한 정책대안들

〈표 16.1〉의 왼쪽 칸은 8장부터 14장에서 살펴본 선택이 가능한 광범위한 정책대안들을 열거하였다. 각각의 전략은 과거 어느 시점에 세계의 어떤 곳에서 알코올정책의 도구로서 사용되었던 것들이다. 그 목록의 광범위함(43가지 대안들)은 알코올 문제를 해결하기 위하여 개발된 정책 해결책들이 그 수효가 많을 뿐 아니라, 대단히 다양하며, 개인에 의한 치료서비스로부터 감당할 수 있는 알코올 구입비용, 구입가능성, 그리고 접근가능성에 영향을 미치기 위하여 고안된 지역사회와 큰 인구집단에 맞는 중재에 이르기까지 망라되고 있음을 보여주고 있다.

만일 첫 세 가지 평가기준(효과성, 연구지지의 범위, 그리고 여러 문화권에 걸친 실험)의 각각에 매겨진 둘 혹은 그 이상의 플러스(+)가 일관되게 좋은 성적의 지표로 여겨질 수 있다면, 16개의 대안들은 특별히 좋은 선택들인 것처럼 나타난다. 앞으로 나올 부분들에서 알코올정책에 대한 각각의 주요 접근법들이 〈표 16.1〉에 제시된 평가들에 의거하여 다루어질 것이다.

16.3.1 강력한 전략들 : 음주운전규제 조치, 적정가격, 구입가능성과 접근성에 관한 규제들

고려된 정책대안 중 모든 범주 내에서 최고 등급을 받고 있는 한 가지는 알코올소비세이다. 이 사실이 많은 정책입안자들을 놀라게 할지 모르나 이것을 뒷받침하는 연구는 매우 광범위하고, 그 연구결과는 매우 설득력이 있다. 8장에 기술된 바와 같이, 알코올소비세 인상은 알코올소비와 그것과 관련된 폐해를 줄일 뿐 아니라 국가세입도 증가시켜 준다.

알코올 가격정책들의 또 다른 이점은 지나치게 술을 마시는 사람들도 술을 적당히 마시는 사람만큼이나 가격에 즉각적인 반응을 보인다는 것이며, 이 정책들은 성인 뿐 아니라 청소년 음주자들에게도 효과적이다.

〈표 16.1〉 정책관련 전략들과 중재들에 대한 등급평가

전략 혹은 중재	효과성	연구가 지지하는 범위	국가 간 적용성 검증	집행 혹은 유지 비용	논 평
가격과 세금정책					가격 변화가 어떻게 대규모 인구집단의 알코올 소비, 알코올관련문제, 그리고 음료 선호에 영향을 미치는가와 관련하여 전반적으로 평가됨
주세	+++	+++	+++	낮음	과세율을 높이면 알코올소비와 폐해가 줄어듦. 효과성은 전체 알코올 공급에 대한 정부의 감독과 통제에 달려 있음
최소가격	?	+	+	낮음	가격 이론에 기초한 논리. 그러나 효과성에 대한 증거는 거의 없음. 경쟁에 대한 규제의 한계점과 무역정책들이 집행을 제한할 수 있음
가격할인과 홍보에 대한 규제	?	+	+	낮음	소비에 관한 규제의 영향이나 폐해에 대하여 일반대중을 상대로 한 연구들이 아주 미미함. 효과성은 가격이 낮은 다른 형태의 알코올을 구입할 수 있느냐에 달려 있음
주류의 종류에 따른 가격 차등	+	+	++	낮음	증류주에 높은 가격을 매기면 알코올 도수가 더 낮은 알코올성 음료로 소비가 이동하며, 전반적으로 소비가 줄어듦. 도수가 낮은 알코올 생산품에 대한 세금 감면 조치의 영향에 대한 증거는 의견일 뿐, 포괄적이지는 않음
알코팝과 청소년을 타겟으로 한 알코올성 음료에 특별세 혹은 부가세 과세	+	+	++	낮음	그 어떠한 대체물도 가격인상처럼 젊은이들의 알코팝 소비를 줄일 수 없음. 폐해에 미치는 영향에 대한 연구는 없음
물리적 접근용이성 규제					접근용이성에 대한 변화가 대규모 인구집단 알코올소비와 알코올관련문제들에 영향을 미치는지에 관하여 전반적으로 평가됨
판매금지	+++	+++	++	높음	소비와 폐해를 크게 줄일 수 있지만, 억제에 많은 비용이 들어가는 암시장으로 인해 자주 역효과가 남. 단속 없이는 효과가 없음
공공장소에서 음주금지	?	+	++	중간정도	일반적으로 청소년 혹은 소외된 고위험 음주자들에게 초점이 맞추어짐. 폐해를 줄이는 데에 그치는 것이 아니라 차단 가능성이 있음
법적최저허용연령	+++	+++	++	낮음	최소의 단속으로 교통사고와 기타 폐해들을 줄이는데 효과적이지만, 단속은 효과성과 비용을 크게 증가시킴
정부의 소매영업 독점 배급제도	++	++	++	중간정도	음주량이 많은 사람들에게 더 효과적임
정부의 소매 영업 독점	++	+++	++	낮음	알코올소비와 폐해를 줄이는 효과적인 방법. 공중보건과 공중질서 목표들은 유익한 결과를 증가시킴

판매가 제한되는 시간과 요일	++	++	+++	낮음	판매시간의 변화가 알코올 구입용이성을 줄이는데 의미 있는 영향을 끼치는 곳에서 혹은 심야 폭력과 같은 문제들이 판매시간과 특별히 관련되어 있는 곳에서는 효과가 있음
소매판매점의 밀집도에 관한 규제들	++	+++	++	낮음	소비와 문제 모두에 관련된 근거가 명확함. 소매판매점 수에 대한 변화는 대부분 이전에 구입용이성이 낮았던 지역들에서는 구입가능성에 영향을 미치지만, 직매점들을 유흥업소가 고도로 밀집된 지역들에 모으는 일은 공중질서와 폭력 등의 문제를 유발할 수 있음
알코올 도수 통제에 의한 구입가능성 차이	++	++	+	낮음	대부분 맥주 도수로 시험이 이루어짐
음주상황의 변경					일반적으로 종사자교육, 단속 그리고 법적 의무가 알코올관련 폭력과 기타 폐해들에 영향을 미치는가와 관련하여 평가됨
종사자교육과 '책임 있는 음료서비스'와 관련된 판매점 내부 규정들 (house policies)	0/+	+++	++	중간정도	모든 연구들이 '책임 있는 음료서비스' 훈련과 판매점 내부규정들이 의미 있는 결과를 가져올 것이라고는 하지 않았음. 지속적인 효과를 위해서는 단속이 뒷받침될 필요가 있음
공격을 좀 더 잘 다루도록 종사자들과 경영진에 대한 교육	++	+	++	중간정도	현재 이것을 뒷받침하는 증거는 무작위 통제연구 한 건과 다중요인이 가미된 프로그램에서 얻은 뒷받침 결과들이 있음
업소판매점의 법집행 단속 강화	++	++	++	중간정도	지속적인 효과는 상시 경찰관행으로 단속을 강화하는데 달려 있음
종업원의 책무	++	++	+	낮음	책무를 홍보하려는 노력이 있으면 효과는 더욱 강함. 미국과 캐나다에 국한된 연구물이 있음
지역사회 활동 프로젝트	++	++	++	중간에서 높은 정도	장기간에 걸친 지속적 헌신이 필요함. 어떤 요소가 효과를 발휘하는지 불확실하나 효과성이 있음
바 운영의 자율규정	0	++	++	중간정도	자율적일 때는 효과가 없지만, 지역사회 활동 프로젝트의 일환으로서는 효과를 내는데 기여할 수 있음
심야시간에 판매업소의 출입을 금하도록 문을 닫음	0	+	+	낮음에서 중간정도	어떠한 연구나 조사도 효과적인 접근법을 규명하지 못함
음주운전 대책들					대부분의 연구가 상습적 범법으로 교통사고 재발과 형사적 규제에 대한 중재효과에 초점이 맞추어져 있음
음주운전 검문소 설치	++	+++	+++	중간정도	경찰 캠페인의 효과는 전형적으로 단기적임. 억제책으로서의 효과는 단속 시행의 빈도와 가시성에 비례함
무작위 호흡 측정	+++	++	+	중간정도	효과는 직접적으로 영향을 받는 운전자 수와 일관성 있는 명확한 단속의 범위에 달려 있음

혈중알코올농도(BAC)의 법적 한계치를 낮춤	+++	+++	++	낮음	혈중알코올농도의 법적 한계치를 낮추면 낮출수록 그 정책은 더욱 효과적임. 매우 낮은 혈중알코올농도 수준과 '제로정책(zero tolerance)'은 청년들에게 효과적이며, 성인운전자들에게도 효과적일 수 있지만, 0.02보다 BAC 제한 수치가 더 낮으면 단속하기가 어려움
면허정지 행정처분	++	++	++	중간정도	처벌이 신속할 때 효과가 증가함. 일관되게 적용되는 나라에서 효과가 있음. 고위험 음주자들에게 더욱 효과적임
청소년을 겨냥한 혈중알코올농도 '제로정책(zero tolerance)'	+++	++	+	낮음	법적 음주 가능 연령이나 알코올 구입 연령에 도달하지 못한 사람들에게 효과가 있다는 명확한 증거가 있음
초보운전자들을 위한 단계적 운전면허	++	++	++	낮음	낮은 혈중알코올농도 제한과 면허제한을 하나의 전략으로 통합시키는 데 사용될 수 있음. 몇몇 연구는 조항이 이런 효과를 가져온다는 것을 지적함
지정운전자와 교통편의(대리운전) 제공	0	+	+	중간정도	알코올을 너무 많이 마셔서 몸을 가누기 힘든 운전자들이 운전하지 못하도록 하는데 효과가 있지만, 알코올관련 사고들에 영향을 미치지 않음. 아마도 이런 서비스들을 받는 운전자들이 비교적 적기 때문임
엄한 처벌	0/+	++	++	중간정도	음주운전 유죄판결을 받은 자들에 대한 강제적 혹은 더욱 가혹한 제재에 관하여는 증거가 엇갈림. 단속이나 미디어 홍보가 지속되지 않으면 시간이 지나면서 효과가 감소함
마케팅 규제					질이 좋은 연구들이 실질적인 효과를 젊은 음주자들과 그들의 태도와 관련지어 평가함. 그 효과는 젊은이들이 주류 마케팅 캠페인에 노출되지 않도록 하는 것도 고려함
노출에 대한 법적 규제들	+/++	+++	++	낮음	젊은이들의 음주실태와 음주환경에 노출되는 것이 큰 영향을 미친다는 강력한 증거가 있지만, 1인당 소비에 관하여는 생태학적인 관점에 의거한 증거들이 엇갈림. 광고금지로 인하여 마케팅 활동이 규제가 덜한 미디어(예, 인터넷)를 통해 이루어질 수 있음
내용에 관한 법적 규제들	?	0	0	낮음	광고 내용이 소비에 영향을 미친다는 증거가 있지만, 산업계의 자율규제 규약들에 구체적으로 표현된 내용물 규제에 대한 효과에 대해서는 아무런 증거가 없음
알코올 산업의 자발적인 자율규제 규약	0	++	++	낮음	산업계의 자발적인 자기규제 규약은 젊은이들이 알코올 마케팅에 노출되는 것을 제한시키는 일에 효과가 없을 뿐만 아니라 이의가 제기될 만한 내용물들을 방송에 내보냄

교육과 설득					전체적으로 지식과 태도에 의거하여 영향이 평가됨. 음주와 음주문제의 시작에 미치는 영향은 불분명하고 아주 적음. 대상이 되는 층은 달리 언급하지 않는 한 젊은 음주자들임
교실에서의 교육	0	+++	++	중간정도	지식을 증가시키고 태도를 변화시킬 수 있지만, 음주에 미치는 장기적 효과는 없음
대학생 교육-보편적 교육	0	+	+	중간정도	지식을 증가시키고 태도를 변화시킬 수 있지만, 음주에 아무런 영향도 미치지 않음
고위험 학생들에 대한 단기 중재	+	+	+	높음	동기에 영향을 미치는 단기적 중재는 음주행동에 영향을 미칠 수 있음
음주운전 캠페인을 포함한, 매스미디어 캠페인	0	+++	++	중간정도	음주자들을 위한 절주 권고문이 지닌 영향에 관한 증거가 없음. 정책지지를 강화시키기 위한 권고문들은 검증되지 않음
경고 문구표시	0	+	+	낮음	대중의 인식을 높이지만, 음주행동을 변화시키지 못함
사회마케팅	0	++	+	낮은 정도에서 높은 정도까지	대중의 인식을 높이지만, 알코올에 한정된 캠페인은 행동을 변화시키지 못함
치료와 조기중재					대체로 금주한 날이나 달의 수, 감소된 강도와 음주의 양, 그리고 건강과 생활 기능의 향상에 의거하여 평가됨. 대상 즉 집단은 달리 언급하지 않는 한 알코올의 폐해를 지닌 의존성 음주자들임
위험에 처한 음주자들에 대한 단기중재	+++	+++	+++	중간정도	효과가 있을 수 있지만, 대부분의 1차 의료종사자들(의사)은 검진과 단기중재를 시행할 훈련과 시간이 부족함
상호지지와 자조활동	++	++	++	낮음	많은 국가에서 공식적인 치료에 대한 실행 가능하고 비용효과가 높은 보조적 방법 혹은 대안
음주운전 재범자에 대한 강제적 치료	+	++	+	중간정도	체벌이 뒤따르고 강압적으로 이루어진 접근방식은 제한적인 시간 동안 영향을 끼칠 수 있으며, 가끔씩 더욱 효과적인 중재방법이 있어도 그것에 대해 신경쓰지 못하게 만듦
의학적/사회적 알코올 중독 치료(해독)	0	++	++	높음	금단증상을 치료하는 데 안전하고 효과가 있지만, 다른 치료법과 연계되지 않는 한 장기적인 알코올 섭취에 별로 영향을 미치지 못함
대화요법	++	+++	++	중간정도	외래와 재택 환경 속에서 알코올의존성을 가진 사람들을 치료하는 매우 다양한 이론에 토대를 둔 요법들. 대다수의 나라에는 치료시설이 열악하기 때문에 대상집단의 범위가 좁음
약물요법	+	++	++	중간정도	대화요법과 레비아 정(naltrexone) 만을 사용하여 임상 관리를 통한 경미한 호전을 뒷받침하는 일관성을 띄는 증거가 있음

가격정책의 한 가지 단점은 어떤 나라들에서는 비공식 알코올시장이나 불법 알코올 시장이, 술보다 싸면서 더 해로운 음료를 소비하게 함으로써 그 지역 내의 정책을 더 복잡하게 만들 수 있다는 것이다. 이러한 상황 속에서, 이 비공식적 혹은 불법시장을 정부의 통제 하에 두기 위해 수반되는 조치들이 필요하다. 사용 가능한 전략들에는 불법제품에 대한 단속과 적절한 세금이 지불되었음을 확인하는 납세필 인지 사용이 포함된다. 그럼에도 불구하고, 가격정책과 세금부과 전략들의 범위가 다양하고 그것들을 실행하는 데 드는 비용이 비교적 저렴하다는 사실을 감안할 때, 이러한 조치들이 공중보건에 끼칠 것으로 예상되는 효과는 비교적 높다.

알코올소비세 외에, 알코올을 쉽게 구입하지 못하도록 알코올 구입용이성을 규제하는 것이 좋은 방법이라는 증거는 충분하다. 구입가능성 차단 이론은 알코올소비와, 그것과 관련된 문제들은 알코올을 쉽게 살 수 있고, 알코올을 사용하는데 편리할 때 증가한다는 것을 암시한다(제 9장 참고). 업소판매점(on-premise)과 소매판매점의 밀집도 뿐 아니라 판매시간, 요일, 장소들을 제한함으로써, 정책입안자들은 취하게 만들고, 독성이 있는 알코올의 영향에 대한 노출을 전반적으로 감소시킬 수 있으며 그렇게 하여 알코올과 관련된 문제들도 감소시킬 수 있다.

알코올성 음료에 대한 완전한 금지는 여러 국가들에서 다른 시기에 시도되었으며 그 효율성은 국가별로 달랐다. 알코올 완전 금지조치는 이슬람이 많이 살고 있는 나라와 토착민들이 많이 모여 사는 지역사회에서 여전히 사용되고 있다.

많은 나라들에서 '구입용이성'에 대하여 사용하고 있는 전형적인 제한 조치들은 특정 환경들(예, 기계 가동), 장소들(예, 공원), 혹은 특정 인구집단(예, 특정 연령 이하의 청소년들) 내에서 알코올의 판매나 사용을 부분적으로 금지하는 것이다. 알코올 생산과 판매에 대한 정부의 독점이 세입 극대화가 아닌 공중보건 목표가 그 첫 번째 이유가 될 때 구매용이성을 통제하는 효과적인 방법이 된다. 독점이 아닌 경우에, 규제와 제재(예, 면허 취소)를 통한 구매용이성을 통제하기 위해 주류판매허가제가 사용되어 왔다.

청소년의 알코올 접근을 통제하기 위하여 거의 모든 나라에서 사용하고 있는 전략은 알코올 구입연령을 제한하는 것이다. 미국에서 행해진 연구에서, 연령제한이 일관되게 시행되고, 합법적으로 알코올을 구입할 수 있는 연령을 알코올에 노출될 위험성이 가장 큰 시기인 21세 이후로 정해진 곳에서는, 음주운전 사상자 및 피해자와 기타 알코올관련폐해가 크게 줄어든 사실이 입증되었다.

구입용이성 이론은 청소년의 알코올 접근이 제한되면 될수록 피해는 더 적을 것이라고 제시한다. 많은 국가들은 도시지역들 내에서 심야 경제의 발전을 독려하는 경제정책들을 통하여 국민들에게 알코올 구입을 용이하게 만드는데 무심코 영향을 미쳐왔다.

연구에 따르면, 주류판매점의 밀집도는 알코올관련문제들이 만연한 것과 연관성이 있기 때문에, 밀집도에 대한 규제는 중독, 신체손상, 그리고 폭력에 대한 효과적인 해결책이 될 수 있다. 왜냐하면 그러한 규제는 과도한 음주가 풍기는 매력과 편의성을 감소시키기 때문이다.

알코올소비세와 구매용이성 제한 외에도, 〈표 16.1〉은 대부분의 음주운전 대책들이 효과성면에서도 높은 평점을 받았다는 것을 보여준다. 이런 프로그램을 뒷받침하는 견실한 연구 논문의 지원이 있을 뿐 아니라 그런 프로그램들은 또한 대부분의 나라에도 적용이 가능하고, 실행하고 유지하는 데 비용이 상대적으로 적게 들 것으로 보인다. 일반적인 원칙으로써, 신속한 제재(즉, 면허정지 같은 행정조치) 뿐 아니라 단속의 확실성과 가시성을 높이는 무작위 음주테스트 같은 음주운전 대책은 음주운전 사고로 인한 사상자 및 부상자 발생을 예방하는데 효과적인 방법들이다.

16.3.2. 알코올 마케팅 규제

비록 계량경제학적 방법들을 사용하는 이전의 연구들이 알코올 마케팅에 청소년들이 노출되는 데 제한적인 지지를 보였으나, 제 12장에서 고찰한대로 최근에 이루어진 연구들은 마케팅 광고들에 대한 노출이 좀 더 위험한 음주유형뿐 아니라 어린 나이에 알코올을 접하는 데에 영향을 미칠 수 있다는 것을 입증해 왔다. 마케팅 금지조치가 알코올 소비를 줄이거나, 청소년들이 위험스러울 정도로 알코올을 마시는 것을 막을 수 있다는 것을 보여주는 증거는 매우 적다. 이런 금지조치는 좀처럼 시행되거나 집행되지 않으며, 체계적으로도 연구되지 않고 있다. 그럼에도 불구하고, 많은 증거들은 온갖 부류의 마케팅 관행에 대한 총체적인 금지가 젊은이들의 음주에 그다지 큰 영향을 미치지 않는다는 것을 보여준다.

알코올 마케팅 금지에 대해 알코올 제조회사들이 선호하는 대안인 자발적인 자율규제와 규범들 역시 평가되었지만, 그런 규범들이 알코올에 취약한 인구집단이 알코올 광고와 청소년을 중심으로 하는 마케팅 관행에 노출되는 것을 방지하는 데 성공을 거두었다는 아무런 증거가 없다.

16.3.3 치료와 조기중재 서비스

알코올의존성이 심해지는 사람들이 금주할 수 있도록 도움을 받을 수 있다면, 사회

내에 존재하는 알코올관련문제들이 크게 줄어들 것이라는 가정 하에, 많은 나라들에서 치료와 조기중재가 알코올관련문제들에 대한 일차적 대응책이 되어 왔다. 제 14장에서 검토된 문헌들로부터, 알코올 치료서비스가 효율성이 있다는 것을 입증하는 좋은 증거가 있지만, 그런 서비스들은 상호 도움을 주고받는 기관들에게는 문제가 없어도, 보통의 경우엔 그것들을 실행하고 유지하는 데 많은 비용이 들 수 있다는 것이 입증되었다.

대규모 인구집단 수준에서 보면 그 서비스들의 영향이 다른 정책대안들과 비교해 볼 때 제한적인데, 이는 알코올 문제들에 대한 총체적 치료는 치료를 받으러 오는 사람들 가운데 극히 일부만이 혜택을 볼 수 있기 때문이다. 효과가 있다는 상당한 증거를 가지고 있는 단순중재들 조차도 그 서비스를 사용하는 자들에게 국한되어 있다. 치료를 제공하는 것이 인도적인 사회의 의무인 한편, 실제로 음주문제를 지닌 사람들에게 미치는 영향은 대부분이 어쩔 수 없이 제한적이다.

16.3.4 음주상황의 변경

음주상황을 바꿈으로써 얻을 수 있는 효과에 대한 미약한 증거들이 증가하면서 그 증거들은 이 분야에서 사용하는 전략들이 기껏해야 그저 그런 효과 밖에 내지 못한다는 결론을 내리게 만든다.

이 전략들이 바나 레스토랑에서 마시는 실내 음주에 주로 적용된다는 사실이 공중보건의 중요성을 다소간 제한한다. 대부분의 선진 국가에서, 면허 있는 업소에서의 음주는 아주 소수에 불과하지만, 이러한 음주는 문제를 유발시킬 소지가 다분하다. 이 문헌에서 거듭 반복되는 한 가지 주제는 음주상황을 바꾸는 전략들이 성공하도록 단속하는 일이 중요하다는 것이다.

이 주제는 또한 물리적 접근용이성을 규제하는 전략들에도 적용된다. 가령, 알코올을 구매할 수 있는 최소연령 법안을 통과시키는 것은, 미성년자들에게 계속해서 주류를 판매하는 판매점들의 면허를 정지하거나 취소하겠다는 신뢰성 있는 위협으로 보강되지 않는 한, 별로 효과를 거두지 못할 것이다. 그와 마찬가지로, 책임 있는 주류서비스를 하도록 종업원을 훈련시키는 일은 이미 취한 고객들에게 계속 술을 파는 업주들의 면허를 정지하겠다는 위협으로 강화되지 않는 한 별로 효과가 없을 것이다. 물론 주류판매 면허조건으로서의 감시와 단속은 다소 비용이 들긴 하지만, 정부의 비용은 술집이나 음식점에 부과하는 면허 수수료 같은 수단을 통해서 충분히 충당된다.

16.3.5 효과가 적은 대안들 : 교육과 공중서비스 메시지들

음주에 관한 교육과 공중서비스 메시지들이 끼칠 것으로 예상되는 영향력은 낮다. 통제된 무작위 연구방법을 사용한 연구의 양이 증가함에도 불구하고(제 13장 참고), 알코올 교육과 좀 더 강도 높은 가족 및 지역사회를 연계시키는 프로그램들의 효율성에 대한 증거들은 아주 미미할 뿐이다. 교육 전략들은 전체 교육 프로그램을 위한 훈련과 실행에 드는 비용을 반영하기 위하여 중간선에서 고비용까지로 규정화되어 있다. 주나 지방정부의 관점에서 보면, 그 비용은 이보다 더 낮을 수 있는데, 이는 그 교육비용이 교육예산의 일부이거나, 아니면 정부의 다른 수준의 행정비용일 수 있기 때문이거나, 아니면, 그 교육 프로그램이 공약에 의해 저비용으로 추가된 항목으로 간주되기 때문일 것이다. 그러나 비용대비효과 가치로 환산하여 본다면, 그 비용은 거의 문제가 되지 않는다. 교육 전략들이 투자의 정도와는 상관없이 미미한 효과만을 거두고 있기 때문이다.

비록 학교에 기반을 둔 교육 프로그램들의 접근성은 탁월한 것으로 생각되지만 학생들이 학교에서 어쩔 수 없이 포로가 된 관객으로서 참여하기 때문에 해를 줄이는 일에 있어서 이 프로그램들이 대상집단에 미치는 영향은 빈약하다. 이와 비슷하게 실행가능성은 용이한 반면, 비용대비 효과성과 비용대비 유익은 빈약하다.

16.4 효과 가능성 향상

알코올정책들은 〈표 16.1〉에 있는 개별 전략들의 목록이 암시하고 있는 바와 같이, 독립적으로, 혹은 다른 대책들과는 별도로 운용되는 경우는 드물다. 정책대안들은 흔히 기존의 조건들에 맞추어 형성되며, 시간이 지나면서 세분화되고 단편적이어서 조율되지 않는 전형적인 방식으로 실행되어지는데, 그 이유는 부분적으로는 그것들이 포괄하는 정책 분야들의 범위가 다양하기 때문이다.

15장에서 언급한 바와 같이, 여러 부처 및 부서들과 행정 기관들은 각기 그들 나름의 권한 아래 나름의 몇 가지 알코올정책을 가지고 있다. 그 결과, 대부분의 국가들은 알코올에 관한 포괄적인 단일 정책을 가지고 있는 것이 아니라 사회 내에서 알코올의 역할과 알코올관련문제들에 관하여 종종 현저하게 다른 가정들을 전제하고 있는 수 십 개의 정책들을 가지고 있다.

알코올정책들의 효과성은 더 많은 통합과 조율을 통해 제고될 수 있을 것이다. 지역 단위의 예방노력에 관한 연구들은, 알코올 문제들이 그 문제들을 만들어내는 지역사회

제도들을 따져갈 때 가장 잘 심사숙고하게 된다는 것을 암시한다. 지역단위의 전략들은 이전의 과학적 증거들이 사용되고, 다수의 정책들이 체계적으로 실행될 때 효과를 볼 수 있는 큰 잠재력을 가지고 있다. 따라서 총체적인 음주상황의 재구성을 추구하는 보완적인 전략체계는 단일전략들보다 더 효과적일 소지가 크다.

끝으로, 장기적인 제도화에 대한 선천적 역량을 갖춘 예방 전략들이 그저 어느 한 특정 프로젝트만을 위해서만 존재하는 전략들보다 더 선호되어야 한다. 이런 방면의 추론은 가능한 한 많은 사람에게 영향을 주기 위해서는 전 분야에 걸친 중재들이 필요하다는 것을 제시한다.

16.5 알코올정책의 비용과 비용효과성

제 3장과 4장에 기술된 바와 같이 해로운 알코올의 사용은 많은 나라에서 의료비용뿐 아니라 엄청난 사회적 비용을 치르게 한다. 세계보건기구를 위하여 준비한 이전의 분석에 기초하여, 앤더슨(Anderson et al. 2009) 등은 8장에서 14장에 걸쳐 검토된 중재들 중 일곱 가지-학교에 기반을 둔 교육, 음주량이 많은 사람들에 대한 단순중재, 메스미디어 캠페인, 무작위 음주 측정단속, 소매판매점들에 대한 접근용이성을 감소시키는 일, 광고에 대한 포괄적인 금지, 그리고 소비세 가격 책정 정책의 네 단계들-의 비용과 비용효과성을 측정하기 위해 경제적인 모델링 절차들을 사용하였다.

대규모 인구집단의 수준에서 중재를 실행에 옮기는 데 필요한 비용은 입법, 단속, 행정, 훈련, 그리고 서비스 마련(치료의 경우)을 포함했다. 중재의 건강상의 유익들은 대상집단 내에서 어떤 알코올 통제 조치들도 없는 가정적 상황과 관련하여, 장애보정수명년수(DALYs) 안에서 표현되었다. 그 외에, 감소와 작업 생산성의 증가와 같은 재산피해의 조치들을 통하여 얻을 수 있는 건강상의 효과 이외의 다른 효과들도 그 모델에 추가되었다.

〈표 16.2〉에 제시된 발견들은 세계보건기구가 지정한 세 지역-아메리카 지역(브라질과 멕시코 등), 동유럽(러시아, 우크라이나 등), 그리고 서태평양(중국과 베트남 등)을 위해 마련되었다.

다음의 사항들은 그 발견을 요약하고 있다.

① 두 전략(학교에 기반을 둔 교육과 매스미디어의 인식 캠페인)은 알코올소비나 건강의 결과에 영향을 미치지 않기 때문에 비용 대비 효과가 없는 것으로 확인되었다.

② 대규모 인구집단 수준의 알코올정책들 예로 가격책정과 접근용이성 정책들은 위험한 수준의 알코올 사용에 대한 단순중재 등과 같은 개인 차원의 정책들보다 비용 면에서 더욱 효과적이다.

③ 소비세 인상은 라틴 아메리카와 동유럽처럼 과음자 비율이 만연한 지역들 내에서 비용면에 매우 효과적인 정책이다.

④ 보고되지 않은 알코올 생산과 소비 비율이 높은 나라들에서는 세금이 부과된 알코올소비 비율을 증가시키는 것은 단순히 소비세를 인상하는 것보다 훨씬 더 효과적일 수 있다.

⑤ 주일의 특정 기간에 소매판매점에 대한 접근을 제한하고, 포괄적 광고에 대한 금지를 시행하는 일은 비용에 비해서 효과적인 대책이 될 수 있지만, 온전히 집행될 때에만 그러하다.

〈표 16.2〉 다른 표적지역들에서의 알코올 공중보건정책을 위한 중재 비용과 비용효과성

	적용 범위	아메리카 (브라질, 멕시코 등)		유럽 (러시아, 우크라이나 등)		서태평양 (중국, 베트남 등)	
		1인당 연간 비용(1$)*	DALY 당 절감된 비용(1$)†	1인당 연간 비용(1$)*	DALY 당 절감된 비용(1$)†	1인당 연간 비용(1$)*	DALY 당 절감된 비용(1$)†
학교기반 교육	80%	0.29	NA‡	0.34	NA‡	0.53	NA‡
과음자를 위한 단기중재	30%	1.04	3870	1.78	2671	0.42	2016
매스미디어 적용범위	80%	0.31	NA‡	0.79	NA‡	0.19	NA‡
음주운전 입법과 단속(무작위 음주단속 캠페인을 통하여)	80%	0.44	924	0.72	781	0.24	1262
소매판매점에 대한 접근 제한	80%	0.24	515	0.47	567	0.16	1307
광고에 대한 포괄적인 금지	95%	0.24	931	0.47	961	0.16	955
소비세 인상(20%까지)	95%	0.34	277	0.67	380	0.20	1358
소비세 인상(50%까지)	95%	0.34	241	0.67	335	0.20	1150
세금징수 강화(20% 미만이 신고 되지 않음)	95%	0.56	468	0.87	498	0.37	2603
세금징수 강화(50% 미만이 신고 되지 않음)	95%	0.63	476	0.93	480	0.43	2733

* 미국 달러로 환산된, 2005년 기준비용(1$)

† 2005년, 장애보정생존년수(DALY) 당 미국 달러로 표현된, 비용효과성의 비

‡ 효과의 크기가 0과 거의 다름없기 때문에 해당되지 않음(NA) (그러므로 비용효과성 비는 무한대에 접근할 수 있음)

자료 : Anderson et al. 2009

16.6 알코올 산업의 역할

제 5장은 거대한 생산 기업에 쏠리고 있는 경제적 상황, 세계의 주요 경제권들에 걸친 전 세계적 접근성, 그리고 새로운 음주자를 만들어내기 위해 신상품의 디자인과 정교한 마케팅 기술을 이용하는 것과 관련하여 알코올 생산 기업들의 성장을 기술하였다.

14장에서 논한 바와 같이, 알코올 생산 기업들 역시 정책입안과정에 점점 더 영향력 있는 역할을 맡고 있으며, 공중보건 전문가들, 정부기관들 그리고 과학계와의 '동반자 관계'를 포함하는 접근방식을 선호한다.

알코올 생산 회사의 두 가지 주요한 목표는 알코올에 부과하는 세금을 가능한 한 낮게 유지하고, 마케팅을 비롯한 다른 활동들에 대한 정부 규제를 피하는 것이다. 알코올 생산업체들은 생산품 디자인과 마케팅을 포함한 생산 체인의 모든 단계들에서 그 생산물에 의해 야기되는 해를 최소화시켜야 할 윤리적인 책임을 지니고 있다는 것을 인정하고 있다(Stenius and Babor 2009). 하지만, 이 목표와 회사의 주주들을 위해 이윤을 창출해야 할 필요 사이에서 충돌이 자주 일어난다.

이런 이유들로 인하여, 세계보건기구 전문가위원회는 세계보건기구 뿐 아니라 정부들에게도 적용되는 알코올 산업의 바른 역할을 간결하게 설명하였다. 그 위원회는 이렇게 권고하였다.

"…. 세계보건기구는 여러 분야의 알코올 산업과 어떠한 협력도 하지 않는다. 알코올 산업이 알코올관련폐해를 줄이는 것에 어떠한 기여를 할 수 있는 지에 대한 논의를 하는 정도로 국한되어야 한다. 그리고 이 논의는 알코올정책 개발이나 건강증진과 관련된 것이 아니라 알코올 생산자, 분배자, 마케팅 담당자로서의 역할이라는 맥락 내에서만 이루어져야 한다(WHO Expert Committee on Problems Related to Alcohol Consumption 2007 : 48)."

이것은 알코올 회사에게 가장 알맞은 역할은 알코올소비와 판매에 그것들이 끼칠 영향과 관계없이 알코올과 관련된 문제들을 최소화하여 증거에 토대를 둔 정책들을 뒷받침하는 것과 또한 국가들과 세계보건기구가 알코올 산업체와의 독립성을 유지하면서 정책 입안 활동들에 종사하는 것이 적절한 역할임을 암시한다.

16.7 정책입안자들에게 좀 더 과학을 활용할 수 있도록 해 줄 필요성이 있음

알코올 접근용이성과 알코올 통제는 복잡한 문화적, 사회적, 그리고 정치적 환경에서 발생하기 때문에, 정책변화들은 신중하게, 그리고 그것들이 의도된 효과를 낼 수 있는지 실험을 한다는 의식을 가지고 행해져야 한다. 건강과 사회적 문제들을 다루는 데 필요한 지식은 어느 한 학문이나 연구 방법론에 속해 있는 것 같지 않다. 학제간의 연구는 의학, 행동과학, 사회과학, 그리고 인구과학의 방법론을 알코올과 관련된 문제들과 그 예방법에 대한 이해에 적용함으로써 공중보건의 진보에 대단히 결정적인 역할을 할 수 있다.

정책 입안자들은 과학 문헌들에 보도되는 연구 발견물들을 읽고 소화하고, 거기에 기초하여 결정을 내릴 시간도, 훈련도 갖지 못하고 있다. 학문적 연구를 효과적인 정책으로 탈바꿈시키는 책임은 매우 다양한 정부 기관들과 공공 이익 단체들 전체에 걸쳐서 산재해 있다.

15장에 기술한 바와 같이, 이 과정이 합리적인 행동 계획을 따르는 경우는 거의 없다. 북미와 남미의 알코올정책 시행에 대한 한 분석에서(Babor and Caetano 2005), 증거에 입각한 알코올정책들이 실행되고 강화되는 범위에 관하여 연구된 27개 국가 가운데 많은 편차들이 있다.

만일 공중보건에 이바지하려면, 유망한 연구 발견물들이 정책입안자들과 대중 모두에게 확인되고, 종합되고 효과적으로 소통이 이루어진 혁신적인 전략을 통하여 과학과 정책사이의 연결 고리를 견고히 하는 것이 필수적일 것이다.

이 책에서, 우리는 알코올 분야에서 중요한 건강의 필요성을 확인하고 알코올 문제들에 책임이 있는 주요한 요인들을 설명함으로써, 케주얼(casual) 메카니즘을 가리키는 다른 종류의 발견들을 통합하고, 알코올관련문제들의 예방과 관리에 관하여 알려진 (그리고 알려지지 않은) 것을 확인하고 효과적인 공중보건정책에 최악의 장애물들은 무엇인지 기술함으로써 이와 같은 접근 방식을 설명하려고 노력해 왔다.

우리는 이 참고서가 그런 종류로서는 최종적이며, 모범적인 모델이라고 주장하지 않지만, 어떻게 하면 과학이 이 분야에서 더욱 유용하게 활용될 수 있는 지를 보여준다고 믿는다. 물론, 알코올정책들은 항상 순수 과학을 훨씬 넘어서는 것에 기초될 것이다. 그 정책들은 정치적 편의, 상업적 이해관계, 상식과 공중의 안전, 공중질서와 공중보건에 대한 관심이 한데 어우러져 발달될 수 있다. 그러나 그러한 깨달음이 정부로 하여금 과학적 자산을 지성적으로 사용할 수 있는 방식들에 좀 더 면밀한 관심을 기울이지 못하게 만들어서는 안 된다.

16.8 '예방적 원칙'

'예방적 원칙'은 알코올정책 분야에서 사용되어져야 한다고 우리가 믿고 있는 일반적인 공중보건 개념이다(Kriebel and Tickner 2001). 이 원칙의 주된 원리들은 불확실성에도 불구하고 예방적 행동을 취하고, 증거를 제공할 책임을 유익하지 않은 활동을 하는 지지자들에게 잠재적으로 떠넘기고, 해로운 행동들에 대한 대안들을 제공하고, 의사결정에 공중의 참여를 늘리는 것이다. 알코올정책에 적용될 때, 이 예방적 원칙은 국제적인 무역 협정, 새로운 알코올 생산품 도입(가령, 고 알코올 농도의 맥아음료), 판매시간대 제한 해제, 그리고 광고를 통한 알코올 장려 등과 같은 분야들에서 의사결정은 이윤에 대한 잠재력이 아니라, 위험을 가져다 줄 가능성에 의거하여 조율되어야 한다는 것을 암시한다.

예방적 원칙을 알코올정책에 적용하면, 현재 많은 사람들의 공중보건 관심사보다는 소수의 경제적 고려 사항들에 의해 너무도 자주 이끌리는 정책입안 과정에 공중의 참여와 의사결정의 투명성을 제고하는 데 도움이 될 것이다.

16.9 저소득과 중간소득 국가의 알코올정책과 알코올 과학

이 대부분의 연구는 고소득국가들의 발달된 알코올시장들에서 행해진 연구에 대부분 기초되어 있다. 새로운 알코올시장으로 부상하는 대부분의 지역에서 발생하는 질병에 대한 원인을 알코올로 돌리기엔 역부족이지만, 그럼에도 불구하고 알코올은 특히 라틴 아메리카에서 일어나는 상당수의 조기사망과 장애에 책임이 있다(Chapter 4 and Room et al. 2002를 참조하라). 비교적 낮은 수준의 총 소비량은 고도의 절주를 반영하며, 음주자들 가운데서, 많은 개발도상 국가들에서의 대량의 알코올소비 유형은 손상과 기타 급성(혹은 위중한) 알코올 문제들과 연관되어 있다. 이것은 건강, 안녕 그리고 공중의 안전을 보호 하는데 있어 사용 가능한 한정된 자원에 무거운 부담을 지운다.

이런 연구 결과들은 경제적 발전이 이룩되면, 알코올소비도 소득의 증가와 접근용이성 증가, 그리고 알코올 마케팅과 더불어 증가할 소지가 높다는 것을 암시한다. 이러한 사실은 더욱 심각한 수준의 알코올관련문제와 유행할 수 있을 만큼 효과적인 알코올정책들을 만들 새로운 도전을 지닌 국가들과 대면하게 된다.

글로벌 및 지역단위의 무역 협정들 또한 개발도상 국가들에게 불리한 영향을 끼칠 공산이 크다. 자유무역과 시장 접근성에 대한 목소리가 커지면서 세계무역기구와 같은 국제적 기관들은 국가의 알코올 독점과 알코올 음료의 공급에 관한 여타 제한사항들을 포함한 효과적인 알코올 통제 정책들을 해체시키도록 밀어붙여왔다. 이러한 나라들에서는 비록 알코올정책 연구 기반이 상대적으로 약하지만, 그럼에도 불구하고 이 책에 제시된 분석이 권고하는 전략들은 적절하게 변경되어 적용할 수 있다(Room et al. 2002).

경제가 발달하고 있는 나라들, 특별히 알코올에 대해 알코올시장을 확장시켜주는 나라들은 그들 나름의 알코올정책 경험들과 그들 나름의 알코올 학문을 개별적으로 평가할 필요가 있다. 토착적인 보건과학의 부족은 저소득 국가들의 정책수립에 영향을 미치는 일반적인 장애물이 되며, 그것은 비단 알코올 분야에만 미치는 것은 아니다. 세계 연구 공동체는 국제적인 기관들과 협력하여 이런 상황을 바로잡을 특별한 책임이 있다.

16.10 특별한 기회들

이 책에 나열된 증거의 토대 위에서, 알코올관련문제들에 대한 정책적 반응을 견고히 할 수 있는 놀라운 기회들이 있다. 아래의 고려사항들이 이 결론을 뒷받침한다.

① **다수의 기회들.** 〈표 16.1〉의 왼쪽 칸에 열거된 정책 대안들은 정책 입안자들이 선택할 수 있는 광범위한 전략들에 대해 말하고 있다. 우리가 앞서 논한 바와 같이 이 대안들 하나하나는 개별적으로 정밀하게 검토할만한 가치가 있지만, 그 목록의 광범위성은 그 나름의 기별을 지니고 있다.

② **합리적으로 선택을 할 수 있는 기회.** 중재전략들에 대한 이 개론은 열거된 접근방식들을 무작위나 마음 내키는 대로 적용하라는 초청으로 해석되어서는 안 된다. 그와는 반대로, 그 연구는 다방면에 걸친 증거에 기초하여 충분한 정보를 토대로 안목 있는 선택을 할 수 있게 해 준다.

③ **합리적으로 선별한 전략들을 하나로 통합된 종합적 정책으로 결합시킬 기회.** 〈표 16.1과 16.2〉 또한 비용에 비해서 효과적인, 통합되고 상호 지원하는 일련의 전략들을 선별할 토대를 마련해 준다. 알코올정책은 알코올관련 교통사고 피해를 예방하기 위하여, 혈중알코올농도 제한의 하향 조정, 운전자들에 대한 무작위 음주측정, 그리고 최저 법적구입연령 제한 등과 같은 다양한 보완적 전략들을 사용할

때 대단히 효과적이다. 우리는 이와 같은 광범위한 토대에 기초된 알코올정책들을 입안할 것을 강력하게 권고한다.

④ **연구의 토대는 견실하다.** 정책의 효율성을 모니터 하는데 사용할 수 있는 연구기술들이 있다. 알코올 중재를 특정 문제의 해결책이나 희망에 찬 '막연한 추측'으로 보는 대신, 지금은 결과를 측정하고 정책들이 자기 수정적이 되는 것이 가능할 뿐 아니라 그렇게 하는 것이 대단히 바람직하다. 정책문제들에 대하여 예방 과학을 좀 더 깊이 적용할 수 있는 수없이 많은, 발전할 수 있는 기회들이 있다.

⑤ **다방면에 걸쳐 정책들을 시행할 기회들.** 알코올정책들은 지역사회 수준과 국가적 차원 모두에서 효과적일 수 있다. 각각의 수준 내에서 정책들은 일반 대중, 고위험 음주자, 그리고 이미 알코올관련문제들을 경험하고 있는 사람들에게 영향을 미칠 것이다. 시너지 효과를 낼 수 있는 활동들이 최선의 결과들을 얻을 가능성이 높다. 국제적인 정책들은 제 3의 정책시행 수준을 만들어낸다. 알코올 문제들에 대응할 때에, 이와 같이 항상 시작점이 있으며, 항상 강화해야 할 부분이 있다.

⑥ **대중의 인식과 지지를 공고히 할 기회들.** 이 책에 언급된 연구의 소비자들은 부분적으로는 일반 대중일 것이다. 과학적 증거를 미디어, 여론 주도층, 지역 주민, 그리고 거리의 남녀들을 위하여 평범한 언어로 바꾸어줄 기회, 중요하지만 지금까지 크게 간과되었던 기회들이 존재한다.

⑦ **알코올에 대한 반응으로 국제적인 협력 관계를 제고함.** 이 책은 책 전반에 걸쳐서 국제적인 안목을 취해왔다. 우리가 제시한 연구와 우리가 기술한 정책 경험은 여러 국가들로부터 왔다. 국제 무역 협정들과 알코올 산업체들의 세계적 활동들은 알코올관련문제들에 대하여 국제적인 관점으로 바라볼 것을 의무 사항으로 만들고 있다. 이 분야에서, 국제적 협력과 경험한 것을 서로 공유하는 것을 공고히 할 수 있는 상당한 기회들이 있다. 세계보건기구의 역할이 가장 중요하다. 우리가 볼 때, 이 책에 제시된 결론들은 알코올과 공중보건에 관하여 세계보건기구의 주도권을 공고히 해주어야 할 강력한 논거를 제공해 준다.

요약하자면, 전략들을 시행하고 운영하는 방법에 관한 지식들이 축적된 결과로써, 공익에 보다 더 이바지하는, 증거에 토대를 둔 알코올정책들을 수립할 기회들이 전에는 없었으나 지금 우리 앞에 놓여 있다. 이 결론은 낙관을 해도 좋을 만한 충분한 이유를 마련해 준다. 하지만, 이 책에는 증거가 확실히 입증된 것도 있지만 그리 달갑지 않은 메시지들도 담겨져 있음을 인식해야 한다. 이 책은 세계 사회에 알코올 문제들이 전 세계적으로 공중보건을 상당하게 손상시키고 있다는 문서화된 새로운 자료들을 제공한다. 또한 이 문제들을 다루는 정책들이 과학이 주는 유익한 정보를 얻는 경우가 매우 드물며, 평가를 거치지 않거나 비효율적인 전략들과 중재들로 채워지는 정책의 진공 상태들의 사례들이 아직도 너무 많다는 것을 보여준다.

낙관인가 비관인가? 어떤 쪽이 될 것 같은가? 이 질문에 대한 대답은 증거에 토대를 둔 알코올정책들을 미래에 더 많이 사용하느냐 하지 않느냐의 여부에 크게 달려 있다. 이것은 알코올을 사용하는 국가들의 시민들이 가지고 있는 기대할 권리이다.

참고문헌

Aarens M., Cameron T., Roizen J., Roizen R., Room R., Schneberk D., and Wingard D. (1977) Alcohol, casualties and crime. Report C18. Berkeley, CA : Social Research Group.

Abbey A., Scott R.O., and Smith M. J. (1993) Physical, subjective, and social availability : Their relationship to alcohol consumption in rural and urban areas. Addiction 88, 489–99.

Adlaf E.M. and Ialomiteanu A. (2007) CAMH monitor e–report : Addiction & mental health indicators among Ontario adults in 2001, and changes since 1977. CAMH Research Document Series No. 12. Toronto, Canada : Centre for Addiction and Mental Health.

Adrian M., Ferguson B.S., and Her M. (1996) Does allowing the sale of wine in Quebec grocery stores increase consumption? Journal of Studies on Alcohol 57, 434–48.

Adrian M., Ferguson B.S., and Her M. (2001) Can alcohol price policies be used to reduce drunk driving? : Evidence from Canada. Substance Use & Misuse 36, 1923–57.

Advocacy Institute (1992) Taking initiative : The 1990 citizen's movement to raise california alcohol excise taxes to save lives. Washington, DC : Advocacy Institute.

Agostinelli G. and Grube J. (2002) Alcohol counter–advertising and the media : A review of recent research. Alcohol Research and Health 26, 15–21.

Agostinelli G., Brown J.M., and Miller W.R. (1995) Effects of normative feedback on consumption among heavy drinking college students. Journal of Drug Education 25, 31–40.

Ahtola J., Ekholm A., and Somervuori A. (1986) Bayes estimates for the price and income elasticities of alcoholic beverages in Finland from 1955 to 1980. Journal of Business and Economic Statistics 4, 199–208.

Alaniz M.L. (1998) Alcohol availability and targeted advertising in racial/ethnic minority communities. Alcohol Health and Research World 22, 286–9.

Alavaikko M. and Österberg E. (2000) The influence of economic interests on alcohol control policy: A case study from Finland. Addiction 95 (Suppl. 4), 565–79.

Albalate D. (2006) Lowering blood alcohol content levels to save lives : The European experience. IREA Working Paper No 200603. Barcelona, Spain : University of Barcelona, Research Institute of Applied Economics. Available at : http://www.ub.edu/irea/working_papers/2006/200603.pdf (accessed 13 July 2009).

Alcohol Concern (1996) Toughen rules on toughened glasses, in light of 5 000 serious bar injuries. Press release (July 5). Available at : http://www.alcoholconcern.org.uk/information/pressrel/1996/05–07–96.htm.

American Psychiatric Association (1994) Diagnostic and statistical manual of mental disorders, 4th edn. (DSM–IV). Washington, DC : American Psychiatric Association.

Ames G.M. and Janes C. (1992) Cultural approach to conceptualizing alcohol and the workplace. Alcohol Health and Research World 16, 112–19.

Andenaes J. (1988) The Scandinavian experience. In : Laurence M.D., Snortum J.R., and Zimring F.E. (eds.) Social Control of the Drinking Driver, pp. 43–63. Chicago, IL : University of Chicago Press.

Anderson P. (2002) The beverage alcohol industry's social aspects organisations : A public health warning. St. Ives, UK : Eurocare.
Anderson P. (2004) The beverage alcohol industry's social aspects organizations : A public health warning. (Commentary.) Addiction 99, 1376–7.
Anderson P. (2005) The beverage alcohol industry's social aspects organizations : A public health warning. Addiction 99, 1376–7.
Anderson P. (2007) A safe, sensible and social AHRSE : New Labour and alcohol policy. Addiction 102, 1515–21.
Anderson P. (2008) Consulting with the alcohol industry. Drug and Alcohol Review 27, 463–5.
Anderson P. and Baumberg B. (2006a) Alcohol in Europe : A public health perspective. London, UK : Institute of Alcohol Studies.Available at : http://dse.univr.it/addiction/documents/External/alcoholineu.pdf (accessed 6 July 2009).
Anderson P. and Baumberg B. (2006b) Stakeholders' views of alcohol policy. Nordic Studies on Alcohol and Drugs 23, 393–414.
Anderson P., Chisholm D., and Fuhr D.C. (2009a) Alcohol and global health 2 : Effectiveness and cost–effectiveness of policies and programmes to reduce the harm caused by alcohol. The Lancet 373, 2234–46.
Anderson P., Chisholm D., and Fuhr D.C. (2009b) Effectiveness and cost–effectiveness of policies and programmes to reduce the harm caused by alcohol. The Lancet 373, 2234–46.
Anderson P., de Bruijn A., Angus K., Gordon R., and Hastings G. (2009c) Impact of alcohol advertising and media exposure on adolescent alcohol use : A systematic review of longitudinal studies. Alcohol and Alcoholism 44, 229–43.
Anderson P., Drummond C., Mellman M. and Rosenqvist P. (2009d) Introduction to the issue : The alcohol industry and alcohol policy. Addiction 104, S1–2.
Andréasson S., Allebeck P., and Romelsjö A. (1988) Alcohol and mortality among young men: Longitudinal study of Swedish conscripts. British Medical Journal 296, 1021–5.
Andrews J.C. (1995) Effectiveness of alcohol warning labels : A review and extension. American Behavioral Scientist 38, 622–32.
Andriamananjara S. (2001) International trade developments : Preferential trade agreements and the multilateral trading system. In : International Economic Review, pp. 1–4. Washington, DC : United States International Trade Commission, Publication 3402.
Andrienko Y. and Nemtsov A. (2005) Estimation of individual demand for alcohol. Working paper series. Moscow, Russia : Economics Education and Research Consortium. Available at : http://www.eerc.ru/details/EERCWorkingPaper.aspx?id=421 (accessed 8 July 2009).
Anton R.F., O'Malley S.S., Ciraulo D.A., Cisler R.A., Couper D., Donovan D.M., Gastfriend D.R., Hosking J.D., Johnson B.A., LoCastro J.S., Longabaugh R., Mason B.J., Mattson M.E., Miller W.R., Pettinati H.M., Randall C.L., Swift R., Weiss R.D., Williams L.D., and Zweben A., for the COMBINE Study Research Group (2006) Combined pharmacotherapies and behavioral interventions for alcohol dependence : The COMBINE Study : A randomized controlled trial. Journal of the American Medical Association 295, 2003–17.
Argo J.J. and Main K.J. (2004) Meta–analyses of the effectiveness of warning labels. Journal of Public Policy & Marketing 23, 193–208.

Arranz J.M. and Gil A.I. (2008) Traffic accidents, deaths and alcohol consumption. Applied Economics (online early access). DOI : 10.1080/00036840701222652.

Asbridge M., Mann R.E., Smart R.G., Stoduto G., Vingilis E., Beirness D., and Lamble R. (2009) The effects of Ontario's administrative driver's licence suspension law on total driver fatalities : A multiple time series evaluation of Ontario and two control provinces. Drugs : Education, Prevention and Policy 16, 140–51.

Asbridge M., Mann R.E., Stoduto G. and Flam–Zalcman R.(2004) The criminalization of impaired driving in Canada : Assessing the deterrent impact of Canada's first per se law. Journal of Studies on Alcohol 65, 450–9.

Ashe M., Jernigan D., Kline R., and Galaz R. (2003) Land use planning and the control of alcohol, tobacco, firearms, and fast food restaurants. American Journal of Public Health 93, 1404–8.

Ashley M.J., Rehm J., Bondy S., Single E., and Rankin J.(2000) Beyond ischemic heart disease : Are there other health benefits from drinking alcohol? Contemporary Drug Problems 27, 735–77.

Ashton T., Casswell S., and Gilmore L. (1989) Alcohol taxes : Do the poor pay more than the rich? Addiction 84, 759–66.

Asplund M., Friberg R., and Wilander F. (2007) Demand and distance : Evidence on cross–border shopping. Journal of Public Economics 91, 141–57.

Astley S.J. and Clarren S.K. (2000) Diagnosing the full spectrum of fetal alcohol–exposed individuals : Introducing the 4–Digit Diagnostic Code. Alcohol and Alcoholism 35, 400–10.

ATO. See Australian Tax Office.

Audience Research & Analysis (2004) The $9 billion economic impact of the nightlife industry in New York City : A study of spending by bar/lounges and clubs/music venues and their attendees. Available at : www.audienceresearch.com/News/NightLifeEconomicImpact2003.pdf.

Austin E. and Hurst S. (2005) Targeting adolescents?: The content and frequency of alcoholic and nonalcoholic beverage ads in magazine and video formats, November 1999–April 2000. Journal of Health Communication 10, 1–18.

Austin E. and Johnson K.K. (1997) Immediate and delayed effects of media literacy training on third graders' decision making for alcohol. Health Communication 9, 323–49.

Austin E. and Knaus C. (2000) Predicting the potential for risky behavior among those 'too young' to drink as the result of appealing advertising. Journal of Health Communications 5, 13–27.

Austin E., Chen M.–J., and Grube J.(2006) How does alcohol advertising influence underage drinking? : The role of desirability, identification and skepticism. Journal of Adolescent Health 38, 376–84.

Australian Tax Office (2006) The alcohol industry – excise technical guidelines.Canberra, Australia : The Australian Tax Office.

Ayer S., Franois Y., and Rehm J. (1994) Opération Nez Rouge, hiver 1993–1994 : Evaluation auprés des usagers. Lausanne, Switzerland : Insitut suisse de prévention de l'alcoolisme et autres toxicomainies.

Ayres I. and Braithwaite J. (1992) Responsive regulation : Transcending the deregulation debate. Oxford, UK : Oxford UP.

Baan R., Straif K., Grosse Y., Secretan B., El Ghissassi F., Bouvard V., Altieri A., and Cogliano V., on behalf of the WHO International Agency for Research on Cancer Monograph Working Group (2007) Carcinogenicity of alcoholic beverages. Lancet Oncology 8, 292–3.

Babb P. (2007) Violent crime, disorder and criminal damage since the introduction of the Licensing Act 2003. 2cd edition. Home Office On-line Report 16/07. London, UK : Home Office. Available at : http://www.homeoffice.gov.uk/rds/pdfs07/rdsolr1607.pdf (accessed 6 July 2009).

Babor T.F. (1993) Megatrends and dead ends : Alcohol research in global perspective. Alcohol Health and Research World 17, 177–86.

Babor T.F. (2004) Admirable ends, ineffective means : Comments on the alcohol harm reduction strategy for England. Drugs : education, prevention and policy 11, 361–5.

Babor T.F. (2006) Diageo, University College Dublin and the integrity of alcohol science : It's time to draw the line between public health and public relations. Addiction 101, 1375–7.

Babor T.F. (2008a) Tackling alcohol misuse in the UK. BMJ 336, 455. Doi : 10.1136/bmj.39496.556435.80.

Babor T.F. (2008b) Treatment for persons with substance use disorders : Mediators, moderators and the need for a new research approach. International Journal of Methods in Psychiatric Research 17 (Suppl. 1), S45–9.

Babor T.F. (2009) Alcohol research and the alcoholic beverage industry : Issues, concerns and conflicts of interest. Addiction 104, 34–47.

Babor T.F. and Caetano R. (2005) Evidence-based alcohol policy in the Americas : Strengths, weaknesses and future challenges. Revista Panamericana de Salud Pública/Pan American Journal of Public Health 18, 327–37.

Babor T.F. and Del Boca, F.K. (eds.) (2003) Treatment matching in alcoholism. Cambridge, UK : Cambridge UP.

Babor T.F. and Rosenkrantz B.G. (1991) Public health, public morals and public order : Social science and liquor control in Massachusetts : 1880–1916. In : Barrows S. and Room R. (eds.) Drinking behavior and belief in modern history, pp. 265–86. Berkeley, CA : University of California Press.

Babor T.F., Aguirre-Molina M., Marlatt A., and Clayton R. (1999) Managing alcohol problems and risky drinking. American Journal of Health Promotion 14, 98–103.

Babor T., Caetano R., Casswell S., Edwards G., Giesbrecht N., Graham K., Grube J., Gruenewald P.J., Hill L., Holder H., Homel R., Österberg E., Rehm J., Room R., and Rossow I. (2003) Alcohol : No Ordinary Commodity – Research and Public Policy. 1st ed. Oxford, UK : Oxford UP.

Babor T.F., Campbell R., Room R., and Saunders J. (1994) Lexicon of alcohol and drug terms. Geneva, Switzerland: World Health Organization.

Babor T.F., Edwards G., and Stockwell T. (1996) Science and the drinks industry : Cause for concern. (Editorial.) Addiction 91, 5–9.

Babor T.F., Hernandez-Avlia C.A., and Ungemack J.A. (2008a) Substance abuse : Alcohol use disorders : Alcohol dependence, alcohol abuse. In : Tasman A., Kay J., and Lieberman J.A. (eds.) Psychiatry, 3rd edition, Vol. 1, pp. 971–1004. Chichester, UK : John Wiley &

Sons.

Babor T.F., McRee B., Kassebaum P., Grimaldi P., Ahmed K., and Bray J. (2007) Screening, brief intervention, and referral to treatment (SBIRT) : Toward a public health approach to the management of substance abuse. Substance Abuse 28, 7–30.

Babor T.F., Mendelson J.H., Uhly B., and Souza E. (1980) Drinking patterns in experimental and barroom settings. Journal of Studies on Alcohol 41, 635–51.

Babor T.F., Mendleson J.H., Greenberg I., and Keuehnle J. (1978) Experimental analysis of the 'happy hour' : Effects of purchase price on alcohol consumption. Psychopharmacology 58, 35–41.

Babor T.F., Morisano D., Stenius K., Winstanley E.L., and O'Reilly J. (2008b) How to choose a journal : Scientific and practical considerations. In : Babor T.F., Stenius K., Savva S., and O'Reilly J. (eds.) Publishing Addiction Science : A Guide for the Perplexed, 2nd ed., pp. 12–35. London UK : Multi–Science Publishing Company.

Babor T.F., Stenius K., and Romelsjö A. (2008c) Alcohol and drug treatment systems in public health perspective : Mediators and moderators of population effects. International Journal of Methods in Psychiatric Research 17 (Suppl. 1), S50–9.

Babor T.F., Xuan Z., and Proctor D. (2008d) Reliability of a rating procedure to monitor industry self–regulation codes governing alcohol advertising content. Journal of Studies on Alcohol and Drugs 69, 235–42.

Baer J.S., Kivlahan D.R., Blume A.W., McNight P., and Marlatt G.A. (2001) Brief intervention for heavy–drinking college students : Four–year follow–up and natural history. American Journal of Public Health 91, 1310–16.

Baggott R. (1986) By voluntary agreement : The politics of instrument selection. Public Administration 64, 51–67.

Baggott R. (1989) Regulatory reform in Britain : The changing face of self–regulation. Public Administration 67, 435–54.

Baggott R. (1990) Alcohol, politics and social policy. Aldershot, UK : Avebury.

Bagnardi V, Zatonski W, Scotti L, La Vecchia C, and Corrao G. (2008) Does drinking pattern modify the effect of alcohol on the risk of coronary heart disease? : Evidence from a meta–analysis. Journal of Epidemiology and Community Health 62, 615–9.

Baker T.K., Johnson M.B., Voas R.B., and Lange J.E. (2000) Reduce youthful binge drinking : Call an election in Mexico. Journal of Safety Research 31, 61–9.

Bandera E.V., Freudenheim J.L., and Vena J.E. (2001) Alcohol and lung cancer : A review of the epidemiologic evidence. Cancer Epidemiology, Biomarkers and Prevention 10, 813–21.

Barber J.G. and Gilbertson R. (1999) Drinker's children. Substance Use and Misuse 34, 383–402.

Barlow T. and Wogalter M.S. (1993) Alcoholic beverage warnings in magazine and television advertisements. Journal of Consumer Research 20, 147–56.

Baumberg B. and Anderson P. (2008) Health, alcohol and EU law : Understanding the impact of European single market law on alcohol policies. The European Journal of Public Health 18, 392–8.

Beccaria F. (1999) 'Bait' or 'prey' : Women in Italian alcohol advertising at the end of millennium. Alcologia 11, 101–6.

Beck K. (2009) Lessons learned from evaluating Maryland's anti-drunk driving campaign : Assessing the evidence for cognitive, behavioral, and public health impact. Health Promotion Practice 10, 370-7.

Beck K. and Moser M. (2006) Does the type of exposure to a roadside sobriety checkpoint influence driver perceptions regarding drunk driving? American Journal of Health Behavior 30, 268-77.

Bellis M.A., Hughes K., Morleo M., Tocque K., Hughes S., Allen T., Harrison D., and Fe-Rodriguez E. (2007) Predictors of risky alcohol consumption in schoolchildren and their implications for preventing alcohol-related harm. Substance Abuse Treatment, Prevention, and Policy 2 (doi : 10.1186/1747-597X-2-15).

Bello W. (2006) The capitalist conjuncture : Overaccumulation, financial crises, and the retreat from globalization. Third World Quarterly 27, 1345-67.

Benegal V. (2005) India : Alcohol and public health. Addiction 100, 1051-6.

Benegal V. (2005) India : Alcohol and public health. Addiction 100, 1051-6.

Benegal V., Nayak M., Murthy P., Chandra P. and Gururaj G. (2005) Women and alcohol use in India. In : Obot I.S. and Room R. (eds.) Alcohol, Gender and Drinking Problems : Perspectives from Low and Middle Income Countries, pp. 89-123. Geneva, Switzerland : World Health Organization.

Benson B.L., Rasmussen D.W., and Mast B.D. (1999) Deterring drunk driving fatalities : An economics of crime perspective. International Review of Law Economics 19, 205-25.

Berkowtiz A.D. (1997) From reactive to proactive prevention : Promoting an ecology of health on campus. In : Rivers P.C. and Shore E.R. (eds.) Substance Abuse on Campus : A Handbook for College and University Personnel, pp. 119-39. Westport, CT : Greenwood Press.

Bernat D., Dunsmuir W., and Wagenaar A.C. (2004) Effects of lowering the legal BAC to 0.08 on single-vehicle-nighttime fatal traffic crashes in 19 jurisdictions. Accident Analysis & Prevention 36, 1089-97.

Bjerre B.(2005) Primary and secondary prevention of drinking and driving by the use of alcolock device and program : Swedish experiences. Accident Analysis & Prevention 37, 1145-52.

Bjerre B. and Kostela J.(2008) Primary prevention of drink driving by the large-scale use of alcolocks in commercial vehicles. Accident Analysis & Prevention 40, 1294-9.

Bjerre B. and Thorsson U. (2008) Is an alcohol ignition interlock programme a useful tool for changing the alcohol and driving habits of drink-drivers? Accident Analysis & Prevention 40, 267-73.

Blake D. and Nied A. (1997) The demand for alcohol in the United Kingdom. Applied Economics 29, 1655-72.

Blecher E. (2008) The impact of tobacco advertising bans on consumption in developing countries. Journal of Health Economics 27, 930-42.

Blomberg R.D., Peck R.C., Moskowitz H., Burns M., and Fiorentino D. (2005) Crash risk of alcohol involved driving : A case-control study. Stamford, CT : Dunlap and Associates.

Bloomfield K. (1998) West German drinking patterns in 1984 and 1990. European Addiction Research 4, 163-71.

Bloomfield K., Gmel G., Neve R., and Mustonen H. (2001) Investigating gender convergence in alcohol consumption in Finland, Germany, the Netherlands, and Switzerland : A repeated survey analysis. Substance Abuse 22, 39-54.

Blose J.O. and Holder H.D. (1987) Liquor-by-the-drink and alcohol-related traffic crashes : A natural experiment using time-series analysis. Journal of Studies on Alcohol and Drugs 48, 52-60.

Bofetta P. and Hashibe M. (2006) Alcohol and cancer. The Lancet Oncology7, 149-56.

Bondy S.J. and Lange P. (2000) Measuring alcohol-related harm : Test-retest reliability of a popular measure. Substance Use and Misuse 35, 1263-75.

Bondy S.J., Rehm J., Ashley M.J., Walsh G., Single E., and Room R. (1999) Low-risk drinking guidelines : Scientific evidence. Canadian Journal of Public Health 90, 264-70.

Booth A., Meier P., Stockwell T., Sutton A., Wilkinson A., and Wong R. (2008) Independent review of the effects of alcohol pricing and promotion. part a : Systematic reviews. Sheffield, UK : School of Health and Related Research, University of Sheffield. Available at : http://www.dh.gov.uk/en/Publichealth/Healthimprovement/Alcoholmisuse/DH_4001740 (accessed 30 January 2009).

Bormann C.A. and Stone M.H. (2001) The effects of eliminating alcohol in a college stadium : the Folsom Field beer ban. Journal of American College Health 50, 81-8.

Borsari B. and Carey K.B. (2000) Effects of a brief motivational intervention with college student drinkers. Journal of Consulting and Clinical Psychology 68, 728-33.

Botvin G. J. and Botvin E. M. (1992) Adolescent tobacco, alcohol, and drug abuse : Prevention strategies, empirical findings, and assessment issues. Developmental and Behavioral Pediatrics 13, 290-301.

Botvin G.J. and Griffin K.W. (2007) School-based programmes to prevent alcohol, tobacco and other drug use. International Review of Psychiatry 19, 607-15.

Botvin G.J., Baker E., Dusenbury L., Botvin E.M., and Diaz T. (1995) Long-term follow-up results of a randomized drug abuse prevention trial in a white middle-class population. Journal of the American Medical Association 273, 1106-12.

Bourgeois J. and Barnes J. (1979) Does advertising increase alcohol consumption? Journal of Advertising Research 19, 19-29.

Brady M. (2000) Alcohol policy issues for indigenous people in the United States, Canada, Australia and New Zealand. Contemporary Drug Problems 27, 435-509.

Brain K. (2000) Youth, alcohol and the emergence of the post-modern alcohol order. Occasional Paper No.1. London, UK : Institute of Alcohol Studies.

Braithwaite J. (2002) Restorative justice and responsive regulation. Oxford, UK : Oxford UP.

Bramley D., Broad J., Harris R., Reid P., and Jackson R. (2003) Differences in patterns of alcohol consumption between Maori and non-Maori Aotearoa (New Zealand). New Zealand Medical Journal 116, U645

Braun K. and Graham K., with Bois C., Tessier C., Hughes S., and Prentice L. (2000) Safer Bars Trainer's Guide. Toronto, Canada: Centre for Addiction and Mental Health.

Breen R. (2008) Code of practice on alcohol marketing, communications and sponsorship in Ireland. Presentation delivered at the Conference on Alcohol advertising-impact and self-regulation (Berlin, 25 September). Available at : http://www.eurocare.org/press/newsletter/september_november_2008/news_from_the_member_states/germany_conference_

on_alcohol_advertising_impact_and_self_regulation_berlin (accessed 14 July 2009).
Brewers Association of Canada (1997) Alcoholic beverage taxation and control policies. international survey. 9th edition. Ottawa, Canada: Brewers Association of Canada.
Brody G.H., Murry V.M., Kogan S.M., Gerrard M., Gibbons F.X., Molgaard V., Brown A.C., Anderson T., Chen Y.-F., Luo Z., and Wills T.A. (2006) The Strong African American Families Program : A cluster-randomized prevention trial of long-term effects and a mediational model. Journal of Consulting and Clinical Psychology 74, 356-66.
Brook R.H. and McGlynn E.A. (1991) Maintaining quality of care. In : Ginzberg E. (ed.) Health services research : Key to health policy, pp. 784-817. Cambridge, MA : Harvard University Press.
Broughton E.A. (1997) Impact of informational methods among drinking college students applying the Health Belief Model. Dissertation Abstracts International 57, 3839-40A.
Brown J.H. and Kreft I.G.G. (1998) Zero effects of drugprevention programs : Issues and solutions. Evaluation Review 22, 3-14
Brunet A.R. (2007) Violence amongst juveniles in leisure areas : A comparative approach. In : Recasens A (ed.) Violence between Young People in Night-time Leisure Zones : A European Comparative Study, pp. 9-30. Brussels, Belgium : VUB Press.
Bruun K. (1973) Social research, social policy and action. In : The Epidemiology of Drug Dependence : Report on a Conference, London 25-29 September 1972, pp. 115-19. Copenhagen Denmark : WHO, Regional Office for Europe, EURO 5436 IV.
Bruun et al. 1975. Chapter 3. Fill in on proofs. Fill in on proofs. Fill in on proofs. Fill in on proofs. Fill in on proofs. Fill in on proofs. Fill in on proofs. Fill in on proofs. Fill in on proofs. Fill in on proofs. Fill in on proofs. Fill in on proofs.
Bruun K., Edwards G., Lumio M., Mäkelä K., Pan L., Popham R.E., Room R., Schmidt W., Skog O.-J., Sulkunen P., and Österberg E. (1975a) Alcohol Control Policies in Public Health Perspective. Helsinki, Finland : The FinnishFoundation for Alcohol Studies.
Bruun K., Pan L., and Rexed I. (1975b) The gentlemen's club : International control of drugs and alcohol. Chicago, IL : University of Chicago Press.
Bryding G. and Rosén U. (1969) Konsumtionen av alkoholhaltiga drycker 1920-1951, en efterfrågeananalytisk studie (Consumption of alcohol beverages in Sweden 1920-1951, an econometric study). Uppsala, Sweden : Universitetets Statistiska Institution (stencil).
Buchanan D. and Lev J. (1989) Beer and fast cars : How brewers targets blue-collar youth through motor sports sponsorship. Washington, DC : AAA Foundation for Traffic Safety.
Buka S.L. and Birdthistle I.J. (1999) Long-term effects of a community-wide alcohol server training intervention. Journal of Studies on Alcohol 60, 27-36.
Bucuvalas M. and Weiss C. (1980) Truth tests and utility tests : Decision makers' frames of reference for social science research. American Sociological Review 45, 302-13.
Burns L., Flaherty B., Ireland S., and Frances M. (1995) Policing pubs : What happens to crime? Drug and Alcohol Review 14, 369-75.
Bushman B.J. (1997) Effects of alcohol on human aggression : Validity of proposed mechanisms. In : Galanter M. (ed.) Recent Developments in Alcoholism, Vol. 13, Alcohol and violence, pp. 227-44. New York, NY : Plenum Press.
Bushman B.J. and Cooper H.M. (1990) Effects of alcohol on human aggression : An

integrative research review. Psychological Bulletin 107, 341–54.
Caetano R. (1997) Prevalence, incidence and stability of drinking problems among whites, blacks and Hispanics : 1984–1992. Journal of Studies on Alcohol 58, 565–72.
Caetano R. and Laranjeira R. (2005) A 'perfect storm' in developing countries : Economic growth and the alcohol industry. Addiction 101, 149–52.
Caetano R., Tam T., Greenfield T., Cherpitel C., and Midanik L.(1997) DSM–IV alcohol dependence and drinking in the US population : A risk analysis. Annals of Epidemiology 7, 542–9.
Cahalan D. and Room R. (1974) Problem drinking among American men. New Brunswick, NJ : Rutgers Center of Alcohol Studies.
Cameron J., Whitehead P.C., and Hayes M.J. (1993) Evaluation of a program to modify alcohol–related knowledge, attitudes, intentions and behaviors among first–year university students. In : Greenfield T.K. and Zimmerman R. (eds.) Second International Research Symposium on Experiences with Community Action Projects for the Prevention of Alcohol and Other Drug Problems, pp. 167–73. Washington, DC : US Department of Health and Human Services.
Campos V.R., Salgado R., Rocha M.C., Duailibi S., and Laranjeira R. (2008) Prevalência do beber e dirigir em Belo Horizonte, Minas Gerais, Brasil[Drinking–and–driving prevalence in Belo Horizonte, Minas Gerais State, Brazil]. Cadernos de Saúde Pública 24, 829–34.
Canzer B. (1996) Social marketing approach to media intervention design in health and lifestyle education. Dissertation Abstracts International 57, 647A.
Carey K.B, Carey, M. P., Maisto S.A., and Henson J.M. (2006) Brief motivational interventions for heavy college drinkers : A randomized controlled trial. Journal of Consulting and Clinical Psychology 74, 943–54.
Carey K.B., Scott–Sheldon L.A.J., Carey M.P., and DeMartini K.S. (2007) Individual–level interventions to reduce college student drinking : A meta–analytic review. Addictive Behaviors 32, 2469–94.
Carlsberg (2006) Annual Report 2005. Copenhagen, Denmark : Carlsberg A/S. Available at : http://www.carlsberggroup.com/Investor/DownloadCentre/Pages/Annualreports.aspx (accessed 14 July 2009).
Carpenter C.S. and Dobkin C. (2007) The effect of alcohol consumption on mortality : Regression discontinuity evidence from the minimum drinking age. NBER Working Paper 13374. Cambridge, MA : National Bureau of Economic Research.
Carpenter C.S., Kloska D.D., O'Malley P., and Johnston L. (2007) Alcohol control policies and youth alcohol consumption : Evidence from 28 years of Monitoring the Future. The BE Journal of Economic Analysis & Policy 7, 1–21.
Carvolth R. (1995) The contribution of risk assessment to harm reduction through the Queensland safety action approach. Proceedings of the 'Window of Opportunity Congress', Brisbane, Australia.
Cases F.M., Harford T.C., Williams G.D., and Hanna E.Z. (1999) Alcohol consumption and divorce rates in the United States. Journal of Studies on Alcohol 60, 647–52.
Casswell S. (1993) Public discourse on the benefits of moderation : Implications for alcohol policy development. Addiction 88, 459–65.
Casswell S. (1995) Public discourse on alcohol : Implications for public policy. In : Holder

H.D. and Edwards G. (eds.) Alcohol and Public Policy : Evidence and Issues, pp. 190-214. Oxford, UK : Oxford UP.

Casswell S. (1997) Public discourse on alcohol. Health Promotion International 12, 251-7.

Casswell S. (2004) Alcohol brands in young people's everyday lives : New developments in marketing. Alcohol & Alcoholism 39, 471-6.

Casswell S. (2009) Alcohol industry and alcohol policy : The challenge ahead. Addiction 104 (Suppl. 1), 3-5.

Casswell S. and Gilmore L. (1989) An evaluated community action project on alcohol. Journal of Studies on Alcohol 50, 339-46.

Casswell S. and Stewart L. (1989) A Community Action Project on alcohol : Community organisation and its evaluation. Community Health Studies 13, 39-48.

Casswell S. and Thamarangsi T. (2009) Reducing harm from alcohol : Call to action. The Lancet 373, 2247-57.

Casswell S. and Zhang J.(1998) Impact of liking for advertising and brand allegiance on drinking and alcohol-related aggression : A longitudinal study. Addiction 93, 1209-17.

Casswell S., Gilmore L., Maguire V., and Ransom R. (1989) Changes in public support for alcohol policies following a community based campaign. British Journal of Addiction 84, 515-22.

Casswell S., Stewart L., and Duignan P. (1993) The negotiation of New Zealand alcohol policy in a decade of stabilized consumption and political change : The role of research. Addiction 88 (Suppl.), 9-17S.

CATALYST (2001) Alcohol misuse in Scotland : Trends and costs : Final report. Northwood, UK : Catalyst Health Economics Consultants. Available at : http://www.alcoholinformation.isdscotland.org/alcohol_misuse/files/Catalyst_Full.pdf (accessed 11 Juky 2009).

Caudill B.D., Harding W.M., and Moore B.A. (2000a) DWI prevention : Profiles of drinkers who serve as designated drivers. Psychology of Addictive Behaviors 14, 143-50.

Caudill B.D., Harding W.M., and Moore B.A. (2000b) At-risk drinkers use safe ride services to avoid drinking and driving. Journal of Substance Use 11, 149-59.

Cauzard J.-P. (ed.) (2004) European drivers and road risk SARTRE 3 reports Part 1 : Report on principal analyses. Arcueil, France : Institut National de Recherche sur les Transports et leur Sécurité. Available at : http://sartre.inrets.fr/documents-pdf/repS3V1E.pdf (accessed 13 July 2009).

Cavan S. (1966) Bar sociability. In : Cavan S. (ed.) Liquor license : An ethnography of a bar, pp. 49-87. Chicago, IL : Aldine.

C'de Baca J., Lapham S.C., Liang H.C., and Skipper B.J.(2001) Victim impact panels : Do they impact drunk drivers? A follow-up of female and male, first-time and repeat offenders. Journal of Studies on Alcohol 62, 615-20.

Center for Disease Control and Prevention (2003) Point-of-purchase alcohol marketing and promotion by store type, United States, 2000--2001. Morbidity and Mortality Weekly Reports 54, 310-13.

Center on Alcohol Marketing and Youth (2003) Drops in the bucket : Alcohol industry "responsibility" advertising on television in 2001. Washington, DC : CAMY. Available at : http://camy.org/research/files/drops0203.pdf (accessed 14 July 2009).

Center on Alcohol Marketing and Youth (2006) Exposure of African-American youth to alcohol advertising, 2003 to 2004 Washington, DC : CAMY. Available at : http://camy.org/research/afam0606/ (accessed 14 July 2009).

Center on Alcohol Marketing and Youth (2008) Youth exposure to alcohol advertising on television, 2001 to 2007. Washington, DC : CAMY. Available at : http://camy.org/research/tv0608/ (accessed 14 July 2009).

Chadwick D.J. and Goode J.A. (1998) Alcohol and cardiovascular disease. Novartis Foundation Symposium No. 216, London, 7–9 October 1997. Chichester, UK : John Wiley and Sons, Ltd.

Chaloupka F.J. and Wechsler H. (1996) Binge drinking in college : The impact of price, availability, and alcohol control policies. Contemporary Economic Policy 14, 112–24.

Chaloupka F.J., Grossman M., and Saffer H. (2002) The effects of price on alcohol consumption and alcohol–related problems. Alcohol Research & Health 26, 22–34.

Chaloupka F.J., Saffer H., and Grossman M. (1993) Alcohol–control policies and motor–vehicle fatalities. Journal of Legal Studies 22, 161–86.

Chamberlain E. and Solomon R. (2008) Zero blood alcohol concentration limits for drivers under 21 : Lessons from Canada. Injury Prevention 14, 123–8.

Chang H.–L. and Yeh C.–C. (2004) The life cycle of policy for preventing road accidents : An empirical example of the policy for reducing drunk driving crashes in Taipei. Accident Analysis & Prevention 36, 809–18.

Chapman S. and Lupton D. (1994) The fight for public health : Principles and practice of media advocacy. London, UK : BMJ.

Chatterton P. and Hollands R. (2002) Theorising urban playscapes : Producing, regulating and consuming youthful nightlife city spaces. Urban Studies 39, 95–116.

Chen M.–J., Grube J., Bersamin M., Waiters E., and Keefe D. (2005) Alcohol advertising : What makes it attractive to youth? Journal of Health Communication 10, 553–65.

Cherpitel C.J. (1996) Drinking patterns and problems and drinking in the event : An analysis of injury by cause among casualty patients. Alcoholism : Clinical and Experimental Research 20, 1130–7.

Chesson H., Harrison P., and Kassler W.J. (2000) Sex under the influence : The effect of alcohol policy on sexually transmitted disease rates in the United States. The Journal of Law and Economics 43, 215–38.

Chikritzhs T. (2009)Australia. In: Hadfield P. (ed.) Nightlife and crime : Social order and governance in international perspective. Oxford, UK : Oxford UP.

Chikritzhs T. and Stockwell T. (2002) The impact of later trading hours for Australian public houses (hotels) on levels of violence. Journal of Studies on Alcohol 63, 591–9.

Chikritzhs T. and Stockwell T. (2006) The impact of later trading hours for hotels on levels of impaired driver road crashes and driver breath alcohol levels. Addiction 101, 1254–64.

Chikritzhs T. and Stockwell T. (2007) The impact of later trading hours for hotels (public houses) on breath alcohol levels of apprehended impaired drivers. Addiction 102, 1609–17.

Chikritzhs T., Gray D, Lyons Z., and Saggers S. (2007) Restrictions on the sale and supply of alcohol : Evidence and outcomes. Perth, Australia : National Drug Research Institute, Curtin University of Technology.

Chikritzhs T.N., Dietze P.M., Allsop S.J., Daube M.M., Hall W.D. and Kypri K. (2009) The "alcopops" tax : Heading in the right direction. The Medical journal of Australia 190, 294–5.

Chikritzhs T.N., Stockwell T., and Pascal R.(2005) The impact of the Northern Territory's Living With Alcohol program, 1992–2002 : Revisiting the evaluation. Addiction 100, 1625–36.

Chisholm D., Doran C., Shibuya K., and Rehm J. (2006) Comparative cost–effectiveness of policy instruments for reducing the global burden of alcohol, tobacco and illicit drug use. Drug and Alcohol Review 25, 553–65.

Chisholm D., Rehm J., Van Ommeren M., and Monteiro M. (2004) Reducing the global burden of hazardous alcohol use : A comparative cost–effectiveness analysis. Journal of Studies on Alcohol 65, 782–93.

Chiu A.Y., Perez P.E., and Parker R.N. (1997) Impact of banning alcohol on outpatient visits in Barrow, Alaska. Journal of the American Medical Association 278, 1775–7.

Choice (2008) Alcopops. Trusted information for Australian consumers. February. Available at : http://www.iterasi.net/openviewer.aspx?sqrlitid=kaf6rrv0kei5jpmxgrepwa (accessed 3 July 2009).

Christie N. and Bruun K. (1969) Alcohol problems : The conceptual framework. In : Keller M. and Coffey T. (eds.) Proceedings of the 28th International Congress on Alcohol and Alcoholism, Vol. 2, pp. 65–73. Highland Park, NJ : Hillhouse Press.

Cimini M.D., Page J.C., and Trujillo D.A. (2002) Using peer theater to deliversocial norms information : The middle earth players program. Report on Social Norms 2, 1 (Working Paper No. 8).

Cisneros Örnberg J. and Ólafsdóttir H. (2008) How to sell alcohol? Nordic alcohol monopolies in a changing epoch. Nordisk alkohol – och narkotikatidskrift 25, 129–53 (in English).

Clarke R.V. (ed.) (1997) Situational crime prevention : Successful case studies, 2nd ed. Guilderland, NY : Harrow and Heston.

Clarke R.V. and Homel R. (1997) A revised classification of techniques of situational crime prevention. In : Lab S.P. (ed.) Crime prevention at a crossroads, pp. 21–35. Cincinnati, OH : Anderson.

Clarren S.K. and Smith D.W. (1978) The fetal alcohol syndrome. New England Journal of Medicine 298, 1063–7.

Clausen T., Rossow I., Naidoo N. and Kowal P.(2009) Diverse alcohol drinking patterns in 20 African countries. Addiction 104, 1147–54.

Coate D. and Grossman M. (1988) Effects of alcoholic beverage prices and legal drinking ages on youth alcohol use. Journal of Law and Economics 31, 145–71.

Coffield A., Maciosek M.V., McGinnis J.M., Harris J.R., Caldwell M.B., Teutsch S.M., Atkins D., Richland J.H., and Haddix A. (2001) Priorities among recommended clinical preventive services. American Journal of Preventive Medicine 21, 1–9.

Cohen D.A., Ghosh–Dastidar B., Scribner R.A., Miu A., Scott M., Robinson P., Farley T.A., Blumenthal R.N., and Brown–Taylor D. (2006) Alcohol outlets, gonorrhea, and the Los Angeles civil unrest : A longitudinal analysis. Social Science & Medicine 62, 3062–71.

Cohen L.E. and Felson M. (1979) Social change and crime rate trends : A routine activity approach. American Sociological Review 44, 588–608.

Collins D.J. and Lapsley H.M. (2008) The avoidable costs of alcohol abuse in Australia and the potential benefits of effective policies to reduce the social costs of alcohol. National Drug Strategy Monograph No. 70. Canberra, Australia : Department of Health & Ageing. Available at : http://www.nationaldrugstrategy.gov.au/internet/drugstrategy/publishing.nsf/Content/0A14D387E42AA201CA2574B3000028A8/$File/mono70.pdf (accessed 8 July 2009).

Collins R., Schell T., Ellickson P., and McCaffrey D. (2003) Predictors of beer advertising awareness among eighth graders. Addiction 98, 1297–1306.

Collins S.E., Carey K.B., and Sliwinski M.J. (2002) Mailed personalized normative feedback as a brief intervention for at-risk college drinkers. Journal of Studies on Alcohol 63, 559–67.

Connolly G.M., Casswell S., Zhang J.F., and Silva P.A. (1994) Alcohol in the mass media and drinking by adolescents: A longitudinal study. Addiction 89, 1255–63.

Conway K. (2002) Booze and beach bans: Turning the tide through community action in New Zealand. Health Promotion International 17, 171–7

Cook P.J. (1981) The effect of liquor taxes on drinking, cirrhosis and auto accidents. In : Moore M.H. and Gerstein D.R. (eds.) Alcohol and Public Policy : Beyond the Shadow of Prohibition, pp. 255–85. Washington, DC : National Academy Press.

Cook P.J. (2007) Paying the tab : The costs and benefits of alcohol control. Princeton, NJ : Princeton UP.

Cook P.J. and Moore, M.J. (1993) Taxation of alcoholic beverages. In : Hilton M.E. and Bloss G. (eds.) Economics and the Prevention of Alcohol-Related Problems : Proceedings of a Workshop on Economic and Socioeconomic Issues inthe Prevention of Alcohol-Related Problems, October 10–11, 1991, Bethesda, MD. NIAAA Research Monograph No. 25. Rockville, MD : National Institute on Alcohol Abuse and Alcoholism.

Cook P.J. and Tauchen G. (1982) The effect of liquor taxes on heavy drinking. Bell Journal of Economics 13, 379–90.

Cooney N.L., Babor T.F., DiClemente C.C., and Del Boca F.K. (2003) Clinical and scientific implications of Project MATCH. In : Babor T.F. and Del Boca F.K. (eds.) Treatment Matching in Alcoholism, pp ; 222–37. Cambridge, UK : Cambridge UP.

Copeland J., Stevenson R.J., Gates P., and Dillon P. (2007) Young Australians and alcohol : The acceptability of ready-to-drink (RTD) alcoholic beverages among 12–30 year-olds. Addiction 102, 1740–6.

Cornish D.B. and Clarke R.V. (2003) Opportunities, precipitators and criminal decisions : A reply to Wortley's critique of situational crime prevention. In : Smith M.J. and Cornish D.B. (eds.) Theory for practice in situational crime prevention, vol. 16, pp. 41–96. Monsey, NY : Criminal Justice Press.

Corrao G., Bagnardi V., Zambon A., and Arico S. (1999) Exploring the dose-response relationship between alcohol consumption and the risk of several alcohol-related conditions : A meta-analysis. Addiction 94, 1551–73.

Corrao G., Rubbiati L., Bagnardi V., Zambon A., and Poikolainen K. (2000) Alcohol and coronary heart disease : A meta-analysis. Addiction 95, 1505–23.

Cosper R.L., Okraku I.O., and Neumann B. (1987) Tavern going in Canada : A national survey of regulars at public drinking establishments. Journal of Studies on Alcohol 48,

252–9.
Craplet M. (1997) Alcohol advertising : The need for European regulation. Commercial Communications : The Journal of Advertising and Marketing Policy and Practice in the European Community 9, 1–3.
Creyer E.H., Kozup J.C., and Burton S. (2002) An experimental assessment of the effects of two alcoholic beverage health warnings across countries and binge–drinking status. Journal of Consumer Affairs 36, 171–202.
Criqui M.H. (1994) Alcohol and the heart : Implications of present epidemiologic knowledge. Contemporary Drug Problems 21, 125–42.
Criqui M.H. (1996) Alcohol and coronary heart disease : Consistent relationship and public health implications. Clinica Chimica Acta 246, 51–7.
Cuijpers P. (2003) Three decades of drug prevention research. Drugs : Education, Prevention & Policy 10, 7–20.
Cummings S. (1997) Empowerment model for collegiate substance abuse prevention and education programs. Journal of Alcohol and Drug Education 43, 46–62.
D'Amico E.J. and Fromme K. (2002) Brief prevention for adolescent risk–taking behaviour. Addiction 97, 563–74.
d'Abbs P. and Togni S. (2000) Liquor licensing and community action in regional and remote Australia : A review of recent initiatives. Australian and New Zealand Journal of Public Health 24, 45–53.
Dal Cin S., Worth K.A., Dalton M.A., and Sargent J.D. (2008) Youth exposure to alcohol use and brand appearances in popular contemporary movies. Addiction 103, 1925–32.
Daly J.B., Campbell E.M., Wiggers J.H., and Considine R.J. (2002) Prevalence of responsible hospitality policies in licensed premises that are associated with alcohol–related harm. Drug and Alcohol Review 21, 113–20.
Dang J.N. (2008) Statistical analysis of alcohol–related driving trends, 1982–2005 NHTSA. Publication No. DOT HS 810 942. Washington, DC : National Highway Traffic safety Administration.
Darkes J. and Goldman M.S. (1993) Expectancy challenge and drinking reduction : Experimental evidence for a mediational process. Journal of Consulting and Clinical Psychology 61, 344–53.
Datamonitor (2007). Available at http://www.datamonitor.com/ (accessed 25 September 2007).
Davies P. and Mummery H.(2006) Nightvision. Town centres for all. London, UK : Civic Trust. Available at : http://www.bcsc.org.uk/publication.asp?pub_id=212 (accessed 3 July 2009).
Davies P. and Walsh D. (1983) Alcohol problems and alcohol control in Europe. New York, NY : Gardner.
Davis A., Quimby A., Odero W., Gururaj G., and Hijar M. (2003) Improving road safety by reducing impaired driving in developing countries : A scoping study. Project report pr/int/724/03. Crowthorne, UK : Transportation Research Laboratory Available at : http://www.grsproadsafety.org/themes/default/pdfs/Impaired%20driving%20final.pdf (accessed 13 July 2009).
Dawson D.A. (1997) Alcohol, drugs, fighting and suicide attempt/ideation. Addiction

Research 5, 451–72.

Dawson D.A. (1998) Beyond black, white and Hispanic : Race, ethnic origin and drinking patterns in the United States. Journal of Substance Abuse 10, 321–39.

Dawson D.A. (2000) Drinking patterns among individuals with and without DSM–IV alcohol use disorders. Journal of Studies on Alcohol 61, 111–20.

Dawson D.A. and Archer L.D. (1993) Relative frequency of heavy drinking and the risk of alcohol dependence. Addiction 88, 1509–18.

Dawson D.A., Grant B.F., Stinson F.S., and Chou P.S. (2004) Toward the attainment of low–risk drinking goals : A 10–year progress report. Alcoholism : Clinical & Experimental Research 28, 1371–8.

De Crespigny C., Vincent N., and Ask A. (1998) Young women and drinking, Vol. 1. Adelaide, Australia : The Flinders University of South Australia School of Nursing.

Decoster A. (2005) How progressive are indirect taxes in Russia? Economics of Transition 13, 705–29.

Dee T.S. (1999) State alcohol policies, teen drinking and traffic fatalities. Journal of Public Economics 72, 289–315.

Dee T.S. (2001) Alcohol abuse and economic conditions : Evidence from repeated cross–sections of individual–level data. Health Economics 10, 257–70.

DeJong W. and Langford L.M. (2002) A typology for campus–based alcohol prevention : Moving toward environmental management strategies. Journal of Studies on Alcohol Suppl. 14, 140–7.

DeJong W. and Russell A. (1995) MADD's position on alcohol advertising : A response to Marshall and Oleson. Journal of Public Health Policy 16, 231–8.

Delaney H., Kunitz S., Zhao H., Woodall W., Westerberg V., Rogers E., and Wheeler D.R. (2005) Variations in Jail Sentences and the Probability of Re–Arrest for Driving While Intoxicated. Traffic Injury Prevention 6, 105–9.

Demers A. (1997) When at risk? : Drinking contexts and heavy drinking in the Montreal adult population. Contemporary Drug Problems 24, 449–71.

Demers A., Kairouz S., Adlaf E.M., Gliksman L., Newton–Taylor B., and Marchand A. (2002) Multilevel analysis of situational drinking among Canadian undergraduates. Social Science and Medicine 55, 415–24.

Demers A., Room R., and Bourgault C. (eds.) (2001) Surveys of drinking patterns and problems in seven developing countries. WHO/MSD/MSB/01.2. Geneva, Switzerland : WHO Department of Mental Health and Substance Dependence.

Dent C.W., Grube J.W., and Biglan A. (2005) Community level alcohol availability and enforcement of possession laws as predictors of youth drinking. Preventive Medicine 40, 355–62.

Derks J.T.M., Marten J., Hoekstra J., and Kaplan C.D. (1998) Integrating care, cure and control : The drug treatment system in the Netherlands. In : Klingemann H. and Hunt G. (eds.) Drug treatment systems in an international perspective : Drugs, demons and delinquents, pp. 81–93. London, UK : SAGE Publications.

Derweduwen P., Brichet M., and Wagner H.B. (2003) Designated driver campaigns against drink–driving in Europe 2003. Belgian Road Safety Institute. Available at : http://www.efrd.org/communication/docs/Drink–Driving_Campaigns.pdf (accessed 13 July 2009).

Desapriya E.B.R., Iwase N., Brussoni M., Shimizu S., and Belayneh T.N. (2003) International policies on alcohol impaired driving : Are legal blood alcohol concentration (BAC) limits in motorized countries compatible with the scientific evidence? Nihon Arukoru Yakubutsu Igakkai (Japanese Journal of Alcohol Studies and Drug Dependence) 38, 83–102.

Desapriya E.B.R., Shimizu S., Pike I., Subzwari S., and Scime G. (2007) Impact of lowering the legal blood alcohol concentration limit to 0.03 on male, female and teenage drivers involved alcohol–related crashes in Japan. International Journal of Injury Control and Safety Promotion 14, 181–7.

Deutsche Bundesregierung (2005) Bericht der bundesregierung uber die auswirkungen des alkopopsteuergesetzes auf den alkoholkonsum von jugendlichen unter 18 jahren sowie die marktentwicklung von alkopops und vergleichbaren getranken (Report of the federal government on the effects of alcopop taxes on alcoholconsumption of young people under 18 years as well as the market development of alcopops and comparable beverages). Koln : Bundeszentrale fur gesundheitliche Aufklarung Available from : http://www.bzga.de/pdf.php?id=7af8a23ce8cb7787afc0b9165edd69fd (accessed 9 July 2009).

DeYoung D.J.(1997) An evaluation of the effectiveness of alcohol treatment, driver license actions and jail terms in reducing drunk driving recidivism in California. Addiction 92, 989–97.

DeYoung D.J. (2002) An evaluation of the implementation of ignition interlock in California. Journal of Safety Research 33, 473–82.

DeYoung D.J., Tashima H.N., and Maston S.V.(2005) An evaluation of the effectiveness of ignition interlock in California. In : P. R. Marques (ed.) Alcohol Ignition Interlock Devices. Volume II : Research, Policy, and Program Status 2005, pp. 42–52. Oosterhout, the Netherlands : International Council on Alcohol, Drugs and Traffic Safety.

Dielman T.E. (1995) School–based research on the prevention of adolescent alcohol use and misuse : Methodological issues and advances. In : Boyd G.M., Howard J., and Zucker R.A. (eds.) Alcohol Problems among Adolescents : Current Directions in Prevention Research, pp. 125–46. Hillsdale, NJ : Lawrence Erlbaum.

Dill P. and Wells–Parker E. (2006) Court–mandated treatment for convicted drinking drivers. Alcohol Research & Health 29, 41–8.

Dinh–Zarr T., Goss C., Heitman E., Roberts I., and DiGuiseppi C. (2004) Interventions for preventing injuries in problem drinkers. Cochrane Database Systematic Reviews, Issue 2. Art. No. CD001857. DOI : 10.1002/14651858.CD001857.pub2 CD001857.

Distilled Spirits Council of the United States(2007) Economic contributions of the distilled spirits industry. Available at : http://www.discus.org/economics/ (accessed 23 June 2009).

Ditter S.M., Elder R.W., Shults R.A., Sleet D.A., Compton R., Nichols J.L., and the Task Force on Community Preventive Services (2005) Effectiveness of designated driver programs for reducing alcohol–impaired driving : A systematic review. American Journal of Preventive Medicine 28(Suppl. 5), 280–7.

Donaldson S.I., Graham J.W., Piccinin A.M., and Hansen W.B. (1997) Resistance–skills training and onset of alcohol use : Evidence for beneficial and potentially harmful effects in public schools and private Catholic schools. In : Marlatt G.A and VandenBos G.R. (eds.) Addictive Behaviors : Readings on Etiology, Prevention, and Treatment, pp. 215–38. Washington, DC : American Psychological Association.

Donnar R. and Jakee K. (2004) Australian beer wars and pub demand : How vertical restraints improved the drinking experience. Applied Economics 36, 1613–22.

Donohue B., Allen D.N, Maurer A., Ozols J., and DeStefano G. (2004) A controlled evaluation of two prevention programs in reducing alcohol use among college students at low and high risk for alcohol related problems. Journal of Alcohol and Drug Education 48, 13–33.

Dresser J. and Gliksman L. (1998) Comparing statewide alcohol server training systems. Pharmacology, Biochemistry, and Behavior 61, 150.

Dring C. and Hope A. (2001) The impact of alcohol advertising on teenagers in Ireland. Dublin, Ireland : Health Promotion Unit, Department of Health and Children.

Drummond D.C. (2000) UK Government announces first major relaxation in the alcohol licensing laws for nearly a century : Drinking in the UK goes 24–7. Addiction 95, 997–8.

Drummond M.F., O'Brien B., Stoddart G.L., and Torrance G.W. (1997) Methods for the economic evaluation of health care programmes. 2nd ed. Oxford, UK : Oxford UP.

Duailibi S., Pinsky I., and Laranjeira R. (2007a) Prevalence of drinking and driving in a city of Southeastern Brazil. Revista de Saúde Públic 41, 1058–61.

Duailibi S., Ponicki W., Grube J., Pinsky I., Laranjeira R., and Raw M. (2007b) The effect of restricting opening hours on alcohol-related violence. American Journal of Public Health 97, 2276–80.

Dubois G., Got C., Gremy F., Hirsch A., and Tubiana M. (1989) Non au ministere de la maladie! (No to a ministry office for disease!) Le Monde 15 November.

Duff C. (2003) Alcohol marketing and the media : What are alcohol advertisements telling us? Media International Australia 108, 13–21.

Duffy J.C. and Pinot De Moira A.C. (1996) Changes in licensing law in England and Wales and indicators of alcohol-related problems. AddictionResearch & Theory 4, 245–71.

Duffy J.C. and Plant M.A. (1986) Scotland's liquor licensing changes : an assessment. British Medical Journal (Clinical Research Edition) 292, 36–9.

Duffy M. (2001) Advertising in consumer allocation models : Choice of functional form. Applied Economics 33, 437–56.

Duignan P., Casswell S., and Stewart L. (1993) Evaluating community projects : Conceptual and methodological issues illustrated from the Community Action Project and the Liquor Licensing Project in New Zealand. In : Greenfield T. and Zimmerman R. (eds.) Experiences with Community Action Projects : New Research in the Prevention of Alcohol and Other Drug Problems, pp. 20–30. CSAP Prevention Monograph 14. Rockville, MD : U.S. Department of Health and Human Services.

Eck J.E. and Weisburd D. (1995) Crime places in crime theory. In : Eck J.E. and Weisburd D. (eds.) Crime and place : Crime prevention studies, Vol. 4, pp. 1–34. Monsey, NY : Criminal Justice Press.

Eckardt M.J., File S.E., Gessa G.L., Grant K.A., Guerri C., Hoffman P.L., Kalant H., Koob G.F., Li T.-K., and Tabakoff B. (1998) Effects of moderate alcohol consumption on the central nervous system. Alcoholism : Clinical and Experimental Research 22, 998–1040.

Econtech (2004) Modelling health-related reforms to taxation of alcoholic beverages.

Canberra, Australia : Econtech.

Edwards G. (1998) Should the drinks industry sponsor research? : If the drinks industry does not clean up its act, pariah status in inevitable. British Medical Journal 317, 336.

Edwards G. (2000) Alcohol : The ambiguous molecule. Harmondsworth, UK : Penguin.

Edwards G. and Gross M.M. (1976) Alcohol dependence : Provisional description of a clinical syndrome. British Medical Journal 1, 1058–61.

Edwards G. and Holder H.D. (2000) The alcohol supply : Itsimportance to public health and safety, and essential research questions. Addiction 95, S621–7.

Edwards G., Anderson P., Babor T.F., Casswell S., Ferrence R., Giesbrecht N., Godfrey C., Holder H.D., Lemmens P., Mäkelä K., Midanik L.T., Norström T., Österberg E., Romelsjö A., Room R., Simpura J., and Skog O.–J. (1994) Alcohol Policy and the Public Good. Oxford, UK: Oxford UP.

Edwards G., Anderson P., Babor T.F., Casswell S., Ferrence R., Giesbrecht N., Godfrey C., Holder H.D., Lemmens P., Mäkelä K., Midanik L.T., Norström T., Österberg E., Romelsjö A., Room R., Simpura J., and Skog O.–J. (1995) A summary of alcohol policy and the public good, a guide for action. St. Ives, UK : EUROCARE (Advocacy for the Prevention of Alcohol Related Harm in Europe) and WHO Europe Office.

Edwards G., Marshall E.J., and Cook C.C.H. (2003) The treatment of drinking problems : A guide for the helping professions. 4th ed. Cambridge, MA : Cambridge UP.

Eisenberg D. (2003) Evaluating the effectiveness of policies related to drunk driving. Journal of Policy Analysis and Management 22, 249–74.

Elder R. W., Shults R.A., Sleet D.A., Nichols J.L., Thompson R.S., Rajab W., and the Task Force on Community Preventive Services (2004) Effectiveness of mass media campaigns for reducing drinking and driving and alcohol–involved crashes : A systematic review. American Journal of Preventive Medicine 27, 57–65.

Elder R.W., Shults R.A., Sleet D.A., Nichols J.L., Zaza S., and Thompson R.S. (2002) Effectiveness of sobriety checkpoints for reducing alcohol–involved crashes. Traffic Injury Prevention 3, 266–74.

Elder, R. W., Nichols, J. L., Shults, R. A., Sleet, D. A., Barrios, L. C., Compton, R., and the Task Force on Community Preventive Services (2005) Effectiveness of school–based programs for reducing drinking and driving and riding with drinking drivers : A systematic review.American Journal of Preventive Medicine 28(Suppl. 5), 288–304.

Eliany M., Giesbrecht N., Nelson M., Wellman B., and Wortley S. (1992) Alcohol and other drug use by Canadians : A national alcohol and other drugs survey (1989) technical report. Ottawa, Canada : Health and Welfare Canada.

Ellickson P., Collins R., Hambarsoomians K., and McCaffrey D. (2005) Does alcohol advertising promote adolescent drinking? Results from a longitudinal assessment. Addiction 100, 235–46.

Endal D. (2009) Conference on the prevention of alcohol–related harm in East Africa. The Globe 1, 21.

Engels R.C.M.E., Knibbe R.A., and Drop M.J. (1999) Visiting public drinking places : An explorative study into the functions of pub–going for late adolescents. Substance Use and Misuse 34, 1261–80.

English D., Holman D., Milne E., Winter M., Hulse G., Codde G., Bower C., Corti B., de

Klerk C., Lewin G., Knuiman M., Kurinczuk J., and Rayan G. (1995) The quantification of drug caused morbidity and mortality in Australia, 1992. Canberra, Australia : Commonwealth Department of Human Services.

Engs R.C., Diebold B.A., and Hanson D.J. (1994) Drinking patterns and problems of a national sample of college students, 1994. Journal of Alcohol and Drug Education 41, 13–33.

Ennett S.T., Tobler N.S., Ringwalt C.L., and Flewelling R.L. (1994) How effective is Drug Abuse Resistance Education? : A meta–analysis of project DARE outcome evaluations. American Journal of Public Health 84, 1394–1401.

Erbring L., Goldenberg E., and Miller A. (1980) Front page news and real world cues : A new look at agenda setting by the media. American Journal of Political Science 24, 16–49.

Euromonitor (2005) India. Available at : www.euromonitor.com.

Euromonitor (2006) Alcoholic Drinks in China. Available at : www.euromonitor.com (accessed 20 July 2006).

European Commission (2007) Audiovisual Media Services Directive (AVMSD), Available at : http://ec.europa.eu/avpolicy/reg/avms/index_en.htm (accessed 14 April 2009).

European Commission (2009) Excise duty tables, January 2009. Brussels, Belgium : European Commission. Available at : http://ec.europa.eu/taxation_customs/resources/documents/taxation/excise_duties/alcoholic_beverages/rates/excise_duties–part_I_alcohol–en.pdf (accessed 6 July 2009).

Evans R.I., Rozelle R.M., Mittlemark M.B., Hansen W.B., Bane A.L., and Havis J. (1978) Deterring the onset of smoking in children : Knowledge of immediate physiological effects and coping peer pressure, media pressure, and parental modeling. Journal of Applied Social Psychology 8, 126–35.

Evans W.N., Neville D., and Graham J.D. (1991) General deterrence of drunk driving : Evaluation of recent American policies. Risk Analysis 11, 279–89.

Ezzati M., Lopez A.D., Rodgers A., and Murray C.J.L. (2004) Comparative quantification of health risks : Global and regional burden of disease attributable to selected major risk factors. Geneva, Switzerland : World Health Organization.

Fager J.H. and Melnyk B.M. (2004) The effectiveness of intervention studies to decrease alcohol use in college undergraduate students : An integrative analysis. Worldviews on Evidence–Based Nursing 1, 102–19.

Fahrenkrug H. and Rehm J. (1995) Drinking contexts and leisure–time activities in the prephase of alcohol–related road accidents by young Swiss residents. Sucht 41, 169–80.

Farrell S. (1985) Review of national policy measures to prevent alcohol–related problems. Geneva, Switzerland : World Health Organization.

Farrell S., Manning W.G., and Finch M.D. (2003) Alcohol dependence and the price of alcoholic beverages. Journal of Health Economics 22, 117–47.

Fedler F., Philips M., Raker P., Schefsky D., and Soluri J. (1994) Network commercial promote legal drugs : Outnumber anti–drug PSAs 45–to–1. Journal of Drug Education 24, 291–302.

Fell J.C. and Voas, R.B. (2009) Reducing illegal blood alcohol limits for driving : Effects on traffic safety. In : Verster J.C., Pandi-Perumal S.R., Ramaekers J.G., and de Gier J.J. (eds.) Drugs, Driving, and Traffic Safety, pp. 414-37. Basel, Switzerland : Birkhäuser.

Fell J.C., Ferguson S.A., Williams A.F., and Fields M. (2003) Why are sobriety checkpoints not widely adopted as an enforcement strategy in the United States? Accident Analysis & Prevention 35, 897-902.

Fell J.C., Fisher D.A., Voas R.B., Blackman K., and Tippetts A.S. (2009) The impact of underage drinking laws on alcohol-related fatal crashes of young drivers. Alcoholism : Clinical and Experimental Research 33, 1208-19.

Felson M. (1995) Those who discourage crime. In : Eck J.E. and Weisburd D. (eds.) Crime and place : Crime prevention studies, Vol. 4, pp. 63-6. Monsey, NY : Criminal Justice Press.

Felson M., Berends R., Richardson B., and Veno A. (1997) Reducing pub hopping and related crime. In : Homel R. (ed.) Policing for prevention : Reducing crime, public intoxication and injury, Vol. 7, pp. 115-132. Monsey, NY : Criminal Justice Press.

Fillmore K., Stockwell T.R., Kerr W., Chikritzhs T. and Bostrom A. (2006) Moderate alcohol use and reduced mortality risk : Systematic error in prospective studies. Addiction Research & Theory, 14, 101-32.

Fillmore K.M., Hartka E., Johnstone B.M., Leino E.V., Motoyoshi M., and Temple M.T. (1991a) Meta-analysis of life course variation in drinking : The Collaborative Alcohol-Related Longitudinal Project. British Journal of Addiction 86, 1221-68.

Fillmore K.M., Hartka E., Johnstone B.M., Leino E.V., Motoyoshi M., and Temple M.T. (1991b) The collaborative alcohol-related longitudinal project : Preliminary results from a meta-analysis of drinking behavior in multiple longitudinal studies. British Journal of Addiction 86, 1203-10.

Finney J.W., Hahn A.C., and Moos R.H. (1996) The effectiveness of inpatient and outpatient treatment for alcohol abuse : The need to focus on mediators and moderators of setting effects. Addiction 91, 1773-96.

Fleming M.F., Krupitsky E., Tsoy M., Zvartau E., Brazhenko N., Jakubowiak W., and McCaul M.E. (2006) Alcohol and drug use disorders : HIV status and drug resistance in a sample of Russian TB patients. International Journal of Tuberculosis and Lung Disease 10, 565-70.

Flora J., Maibach E., and Maccoby N. (1989) The role of the media across four levels of health promotion intervention. Annual Review of Public Health 10, 181-201.

Flowers N., Naimi T., Brewer R., Elder R., Shults R., and Jiles R.(2008) Patterns of alcohol consumption and alcohol-impaired driving in the United States. Alcoholism : Clinical and Experimental Research 32, 639-44.

Fogarty J. (2006) The nature of the demand for alcohol: understanding elasticity. British Food Journal 108, 316-32.

Foran H.M. and O'Leary K.D.(2008) Alcohol and intimate partner violence : A meta-analytic review. Clinical Psychology Review 38, 1222-34.

Fors S.W. and Rojek D.G.(1999) The effect of victim impact panels on DUI/DWI rearrest rates : A twelve month follow-up. Journal of Studies on Alcohol 60, 514-20.

Forsyth A.J.M. (2008) Banning glassware from nightclubs in Glasgow (Scotland) : Observed impacts, compliance and patron's views. Alcohol and Alcoholism 43, 111-17

Fos P.J. and Fine D.J. (2000) Designing health care for populations. San Francisco, CA :

Jossey-Bass.

Foss R.D., Marchetti L.J., and Holladay K.A. (2001) Development and evaluation of a comprehensive program to reduce drinking and impaired driving. Washington, DC : U.S. Dept. of Transportation, National Highway Traffic Safety.

Foxcroft D.R. (2006) Alcohol misuse prevention for young people : A rapid review of recent evidence. WHO Technical Report. Geneva, Switzerland : WHO.

Foxcroft D.R., Ireland D., Lister-Sharp D., Lowe G., and Breen R. (2003) Long-trem primary prevention for alcohol misuse in young people : A systematic review. Addiction 98, 397-411.

Foxcroft D.R., Ireland D., Lowe G., and Breen R. (2002) Primary prevention for alcohol misuse in young people. Cochrane Database of Systematic Reviews. Issue 3. Art No. CD003024. DOI : 10.1002?14651858.CD003024.

Foxcroft D.R., Lister-Sharp D., and Lowe G.(1997) Alcohol misuse prevention for young people : A systematic review reveals methodological concerns and lack of reliable evidence of effectiveness. Addiction 92, 531-7.

Franke G. and Wilcox G. (1987) Alcoholic beverage advertising and consumption in the United States, 1964-1984. Journal of Advertising 16, 22-30.

Freeman D.G. (2001) Beer and the business cycle. Applied Economics Letters 8, 51-4.

Freeman J., Liossis P., and David N. (2006) Deterrence, defiance, and deviance : An investigation into a group of recidivist drink drivers' self-reported offending behaviors. Australian and New Zealand Journal of Criminology 39, 1-20.

Freisthler B. and Weiss R.E. (2008) Using Bayesian space-time models to understand the substance use environment and risk for being referred to Child Protective Services. Substance Use & Misuse 43, 239-51.

Fromme K. and Corbin W. (2004) Prevention of heavy drinking and associated negative consequences among mandated and voluntary college students. Journal of Consulting and Clinical Psychology 72, 1038-49.

Fu H. and Goldman N. (2000) Association between health-related behaviours and the risk of divorce in the USA. Journal of Biosocial Science 32, 63-88.

Galanter M. (1997) Recent developments in alcoholism. Vol. 13 : Alcohol and Violence. New York, NY : Plenum Press.

Gallet C. (2007) The demand for alcohol : A meta-analysis of elasticities. Australian Journal of Agricultural and Resource Economics 51, 121-36.

Gates P., Copeland J., Stevenson R., and Dillon P. (2007) The influence of product packaging on young people's palatability rating for RTDs and other alcoholic beverages. Alcohol and Alcoholism 42, 138-42.

Geller E.S., Russ N.W., and Delphos W.A. (1987) Does server intervention training make a difference? : An empirical field evaluation. Alcohol, Health and Research World 11, 64-9.

Gerbner G. (1995) Alcohol in American culture. In : Martin S. (ed.) The Effects of the Mass Media on the Use and Abuse of Alcohol, pp. 3-29. Bethesda, MD : NIAAA, U.S. Department of Health and Human Services.

Germer P. (1990) Alcohol and the single market : Juridical aspects. Contemporary Drug Problems 17, 481-96.

Ghalioungui P. (1979) Fermented beverages in antiquity. In : Gastineau C.F., Darby W.J., and Turner T.B. (eds.) Fermented food beverages in nutrition, pp. 3–19. New York, NY : Academic Press.
Giesbrecht N. (2000) Roles of commercial interests in alcohol policies : Recent developments in North America. Addiction 95 (Suppl. 4), 581–95S.
Giesbrecht N. (2007) Reducing alcohol–related damage in populations : Rethinking the roles of education and persuasion interventions. Addiction 101, 1345–9.
Giesbrecht N. and Douglas R.R. (1990) The demonstration project and comprehensive community programming : Dilemmas in preventing alcohol–related problems. Paper presented at the International Conference on Evaluating Community Prevention Strategies : Alcohol and Other Drugs, San Diego, CA.
Giesbrecht N. and Greenfield T.K. (1999) Public opinions on alcohol policy issues : A comparison of American and Canadian surveys. Addiction 94, 521–31.
Giesbrecht N. and Hammond D. (2005) Warning labels on alcoholic beverages : An overview. Ottawa, Canada : Health Canada.
Giesbrecht N. and Kavanagh L. (1999) Public opinion and alcohol policy : Comparison of two Canadian general population surveys. Drug and Alcohol Review 18, 7–19.
Giesbrecht N., Conley P., Denniston R., Gliksman L., Holder H.D., Pederson A., Room R., and Shain M. (eds.) (1990) Research, action, and the community : Experiences in the prevention of alcohol and other drug problems. Rockville, MD : Office for Substance Abuse Prevention.
Giesbrecht N., Demers A., Ogborne A., Room R., Stoduto G., and Lindquist E. (eds.) (2006) Sober reflections : Commerce, public health, and the evolution of alcohol policy in Canada, 1980–2000. Montreal, Canada : McGill–Queen's UP.
Giesbrecht N., Ialomiteanu A., Room R., and Anglin L. (2001) Trends in public opinion on alcohol policy measures : Ontario 1989–1998. Journal of Studies on Alcohol 62, 142–9.
Ginsburg E.S. (1999) Estrogen, alcohol and breast cancer risk. The Journal of Steroid Biochemistry and Molecular Biology 69, 299–306.
Ginsburg E.S., Mello N.K., and Mendelson J.H. (1996) Effects of alcohol ingestion on estrogens in postmenopausal women. Journal of the American Medical Association 276, 1747–51.
Gliksman L., Demers A., Adlaf E.M., Newton–Taylor B., and Schmidt K. (2000) Canadian campus survey, 1998. Toronto, Canada : Centre for Addiction and Mental Health.
Gliksman L., Douglas R.R., Rylett M., and Narbonne–Fortin C. (1995) Reducing problems through municipal alcohol policies : The Canadian experiment in Ontario. Drugs : Education, Prevention and Policy 2, 105–18.
Gliksman L., McKenzie D., Single E., Douglas R., Brunet S., and Moffatt K. (1993) The role of alcohol providers in prevention : An evaluation of a server intervention programme. Addiction 88, 1189–97.
Global Road Safety Partnership (2007) Drinking and driving : A road safety manual for decision–makers and practitioners. Geneva, Switzerland : Global Road Safety Partnership.
Gmel G., Klingemann S., Müller R., and Brenner D. (2001) Revisiting the preventive paradox : The Swiss case. Addiction 96, 273–84.
Gmel G., Rehm J., and Ghazinouri A. (1998) Alcohol and suicide in Switzerland : An

aggregate-level analysis. Drug and Alcohol Review 17, 27-37.
Gmel G., Rehm J., Room R., and Greenfield T.K. (2000) Dimensions of alcohol-related social harm in survey research. Journal of Substance Abuse 12, 113-38.
Gmel G., Wicki M., Rehm J., and Heeb J.-L. (2008) Estimating regressionto the mean and true effects of an intervention in a four-wave panel study. Addiction 103, 32-41.
Godfrey C. (1988) Licensing and the demand for alcohol. Applied Economics 20, 1541-58.
Goerdt A., Koplan J.P., Robine J.M., Thuriaux M.C., and van Ginneken J.K. (1996) Non-fatal health outcomes : Concepts, instruments and indicators. In : Murray C.J.L. and Lopez A.D. (eds.) The Global Burden of Disease : A Comprehensive Assessment of Mortality and Disability from Diseases, Injuries and Risk Factors in 1990 and Projected to 2020, pp. 201-46. Boston, MA : Harvard School of Public Health.
Gómez-Talegón M. and Alvarez F. (2006) Road traffic accidents among alcohol-dependent patients : The effect of treatment. Accident Analysis & Prevention 38, 201-7.
Gonzalez G.M. and Clement V.V. (eds.) (1994) Research and intervention : Preventing substance abuse in higher education. Washington, DC : U.S. Department of Education.
Goodman A.C., Nishiura E., and Humphreys R.S. (1997) Cost and usage impacts of treatment initiation : A comparison of alcoholism and drug abuse treatments. Alcoholism : Clinical and Experimental Research 21, 931-8.
Goodstadt M. and Flynn L.(1993) Protecting oneself and protecting others : Refusing service, providing warnings, and other strategies for alcohol warnings. Contemporary Drug Problems 20, 277-91.
Gordon R., McDermott L., Stead M. and Angus K. (2006) The effectiveness of social marketing interventions for health improvement : What's the evidence? Public Health 120, 1133-9.
Gorman D.M. (1995) Are school-based resistance skills training programs effective in preventing alcohol abuse? Journal of Alcohol and Drug Education 41, 74-98.
Gorman D.M. (1996) Do school-based social skills training programs prevent alcohol use among young people? Addiction Research 4, 191-210.
Gorman D.M. (1998) The irrelevance of evidence in the development of school-based drug prevention policy, 1986-1996. Evaluation Review 22, 118-46.
Gossop M. (1995) The treatment mapping survey : A descriptive study of drug and alcohol treatment responses in 23 countries. Drug and Alcohol Dependence 39, 7-14.
Graham J.W., Collins L.M., Wulgalter S.E., Chung N.K., and Hansen W.B. (1991) Modeling transitions in latent stage-sequential processes : A substance use prevention example. Journal of Clinical and Consulting Psychology 59, 48-57.
Graham K. (1999) Safer bars : Assessing and reducing risks of violence. Toronto, Canada : Centre for Addiction and Mental Health.
Graham K. (2000) Preventive interventions for on-premise drinking : A promising but underresearched area of prevention. Contemporary Drug Problems 27, 593-668.
Graham K. (2009) They fight because we let them! : Applying a situational crime prevention model to barroom violence. Drug and Alcohol Review 28, 103-9.
Graham K. and Bernards S. (2009) Canada. In : P. Hadfield (ed.) Nightlife and crime : Social order and governance in international perspective, pp. 237-60. Oxford, UK : Oxford UP.
Graham K. and Braun, K., with Bois C., et al. (2008) Safer bars trainer's guide, 2nd Edition.

Toronto, Canada: Centre for Addiction and Mental Health.
Graham K. and Homel R. (2008) Raising the bar : Preventing aggression in and around bars, pubs and clubs. Cullompton, UK : Willan.
Graham K. and Wells S. (2001) Aggression among young adults in the social context of the bar. Addiction Research 9, 193–219.
Graham K. and Wells S. (2003) Somebody's gonna get their head kicked in tonight!" Aggression among young males in bars : A question of values. The British Journal of Criminology 43, 546–66.
Graham K., Bernards S., Osgood D.W., and Wells S. (2006a) Bad nights or bad bars? Multilevel analysis of environmental predictors of aggression in late-night large-capacity bars and clubs. Addiction 101, 1569–80.
Graham K., Bernards S., Osgood D.W., Homel R., and Purcell J. (2005a) Guardians and handlers : The role of bar staff in preventing and managing aggression. Addiction 100, 755–66.
Graham K., Jelley J., and Purcell J. (2005b) Training bar staff in preventing and managing aggression in licensed premises. Journal of Substance Use 10, 48–61.
Graham K., Leonard K.E., Room R., Wild T.C., Pihl R.O., Bois C., and Single E. (1998) Current directions in research in understanding and preventing intoxicated aggression. Addiction 93, 659–76.
Graham K., Osgood D. W., Wells S., and Stockwell T. (2006b) To what extent is intoxication associated with aggression in bars? : A multilevel analysis, Journal of Studies on Alcohol 67, 382–90.
Graham K., Osgood D.W., Zibrowski E., Purcell J., Gliksman L., Leonard K., Perkanen K., Saltz R.F., and Toomey T.L. (2004) The effect of the Safer Bars programme on physical aggression in bars : Results of a randomized controlled trial. Drug and Alcohol Review 23, 31–41.
Graham K., Schmidt G., and Gillis K. (1996) Circumstances when drinking leads to aggression : An overview of research findings. Contemporary Drug Problems 23, 493–557.
Graham K., West P., and Wells S.(2000) Evaluating theories of alcohol-related aggression using observations of young adults in bars. Addiction 95, 847–63.
Grant B.F., Dawson D.A., Stonson F.s., Chou S.P., Dufour M.C., and Pickering R.P. (2004) The 12-month prevalence and trends in DSM-IV alcohol abuse and dependenceUnited States, 1991–1992 and 2001–2002. Drug and Alcohol Dependence 74, 223–34.
Graves K. (1993) Evaluation of the alcohol warning label : A comparison of the United States and Ontario, Canada in 1990 and 1991. Journal of Public Policy and Marketing 12, 19–29.
Gray D., Saggers S., Atkinson D., Sputore B., and Bourbon D. (1998) Evaluation of the Tennant Creek liquor licensing restrictions. Perth, Australia : National Centre for Research into the Prevention of Drug Abuse, Curtin University of Technology.
Greater London Authority (2002) Late night London : Planning and managing the late-night economy. SDS Technical Report 6. London, UK : Greater London Authority.
Greenfield T. (1995) What's in a problem? : Type and seriousness of harmful effects of drinking on health, based on a pilot US national telephone survey. Paper presented at

the 21st annual Alcohol Epidemiology Symposium, Kettil Bruun Society, Porto, June 5–9.

Greenfield T.K. (1997) Warning labels : Evidence of harm–reduction from long–term American surveys. In : Plant M., Single E., and Stockwell T. (eds.) Alcohol : Minimizing the Harm, pp. 105–25. London, UK : Free Association Books.

Greenfield T.K. and Kaskutas L.A. (1998) Five years'exposure to alcohol warning label messages and their impacts : Evidence from diffusion analysis. Applied Behavioral Science Review 6, 39–68.

Greenfield T.K. and Rogers J.D. (1999) Who drinks most of the alcohol in the US? : The policy implications. Journal of Studies on Alcohol 60, 78–89.

Greenfield T.K. and Zimmerman R. (eds.) (1993) Second international research symposium on experiences with community action projects for the prevention of alcohol and other drug problems. Washington, DC : U.S. Department of Health and Human Services.

Greenfield T.K., Giesbrecht N., Johnson S.P., Kaskutas L.A., Anglin L.T., Kavanagh L., Room R., and MacKenzie B. (1999) US federal alcohol control policy development : A manual. Berkeley, CA : Alcohol Research Group.

Greenfield T.K., Graves K.L., and Kaskutas L.A.(1993) Alcohol warning labels for prevention : National survey results. Alcohol, Health and Research World 17, 67–75.

Gregory B. (2001) College alcohol and life skills study with student–athletes. Doctoral dissertation. Baca Raton, FL : Florida Atlantic University.

Grieshaber – Otto J. andSchacter N. (2002) The GATS : Impacts of the international 'services' treaty on health based alcohol regulation. Nordisk alcohol – & narkotikatidskrift 19, 50–68.

Grieshaber – Otto J., Schacter N., and Sinclair S. (2006) Dangerous cocktail : International trade treaties, alcohol policy, and public health. Report prepared to the World Health Organization, draft.

Grieshaber – Otto J., Sinclair S., and Schacter N. (2000) Impacts of international trade, services and investment treaties on alcohol regulation. Addiction 95, S491–504.

Grossman M. and Markowitz S. (1999) Alcohol regulation and violence on college campuses. NBER Working Paper 7129. Cambridge, MA : National Bureau of Economic Research.

Grossman M., Chaloupka F.J., Saffer H., and Laixuthai A. (1994) Effects of alcohol price policy on youth : A summary of economic research. Journal of Research on Adolescence 4, 347–64.

Grossman M., Kaestner R., and Markowitz S. (2004) An investigation of the effects of alcohol policies on youth STDs. NBER Working Paper W10949. New York, NY : National Bureau of Economic Research.

GRSP. See Global Road Safety Partnership.

Grube J.W. (1993) Alcohol portrayals and alcohol advertising on television. Alcohol, Health & Research World 17, 61–6.

Grube J.W. (1995) Television alcohol portrayals, alcohol advertising and alcohol expectancies among children and adolescents. In : Martin S.E. (ed.) The Effects of the Mass Media on the Use and Abuse of Alcohol, pp. 105–21. Bethesda, MD : U.S. Dept of Health & Human Sciences.

Grube J.W. (1997) Preventing sales of alcohol to minors : Results from a community trial. Addiction 92(Suppl. 2), S251–60.

Grube J.W. (2007) Alcohol regulation and traffic safety : An overview. In : Transportation Research Circular, E-C123, pp. 13-30. Available at : http://onlinepubs.trb.org/onlinepubs/circulars/ec123.pdf (accessed 13 July 2009).

Grube J.W. (in press) Environmental approaches to preventing adolescent drinking. In : Scheier L. (ed.) Handbook of drug use etiology : Theory, methods, and empirical findings. Washington, DC : American Psychological Association.

Grube J.W. and Nygaard P. (2001) Adolescent drinking and alcohol policy. Contemporary Drug Problems 28, 87-131.

Grube J.W. and Nygaard P. (2005) Alcohol policy and youth drinking : Overview of effective interventions for young people. In : Stockwell T., Gruenewald P.J., Tournbourou J., and Loxley W. (eds.) Preventing harmful substance use : The evidence base for policy and practice, pp. 113-27. New York, NY : Wiley.

Grube J.W. and Stewart K. (2004) Preventing impaired driving using alcohol policy. Traffic Injury Prevention 5, 199-207.

Grube J.W. and Wallack L. (1994) Television beer advertising and drinking knowledge, beliefs and intentions among school children. American Journal of Public Health 84, 254-9.

Gruenewald P.J. (2007) The spatial ecology of alcohol problems : Niche theory and assortative drinking. Addiction 102, 870-8.

Gruenewald P.J. (2008) Why do alcohol outlets matter anyway? A look into the future. Addiction 103, 1585-7.

Gruenewald P.J. and Ponicki W.R. (1995) Relationship of the retail availability of alcohol and alcohol sales to alcohol-related traffic crashes. Accident Analysis and Prevention 27, 249-59.

Gruenewald P.J. and Remer L. (2006) Changes in outlet densities affect violence rates. Alcoholism : Clinical and Experimental Research 30, 1184-93.

Gruenewald P.J., Johnson F.W., and Treno A. (2002) Outlets, drinking and driving : A multi-level analysis of availability. Journal of Studies on Alcohol 63, 460-8.

Gruenewald, P.J., Madden, P. and Janes, K. (1992) Alcohol availability and the formal power and resources of state alcohol beverage control agencies. Alcoholism : Clinical and Experimental Research 16, 591-7.

Gruenewald P.J., Millar A.B., Ponicki W.R., and Brinkley G.(2000) Physical and economic access to alcohol : The application of geostatistical methods to small area analysis in community settings. In : Wilson R. and Dufour M. (eds) Small Area Analysis and the Epidemiology of Alcohol Problems, pp. 163-212. NIAAA Research Monograph #36. Rockville, MD : NIAAA.

Gruenewald P.J., Mitchell P.R., and Treno A.J. (1996) Drinking and driving : Drinking patterns and drinking problems. Addiction 91, 1637-49.

Gruenewald P.J., Ponicki W.R., and Holder H.D. (1993) The relationship of outlet densities to alcohol consumption : A time series cross-sectional analysis. Alcoholism : Clinical and Experimental Research 17, 38-47.

Gruenewald P.J., Ponicki W.R., Holder H.D., and Romelsjö A. (2006) Alcohol prices, beverage quality, and the demand for alcohol : Quality substitutions and price elasticities. Alcoholism Clinical and Experimental Research 30, 96-105.

Gruenewald P.J., Stockwell T., Beel A., and Dyskin E.V. (1999) Beverage sales and drinking and driving : The role of on-premise drinking places. Journal of Studies on Alcohol 60, 47-53.

Gual A. and Colom J. (1997) Why has alcohol consumption declinedin countries of southern Europe? Addiction 92 (Suppl. 1), 21-31S.

Gual A. and Colom J. (2001) From Paris to Stockholm : Where does the European Alcohol Action Plan lead to? Addiction 96, 1093-6.

Gunter B., Hansen A., and Touri M. (2008) The representation of meaning in alcohol advertising and young people's drinking. Leicester, UK : Department of Media and Communication, University of Leicester.

Gururaj G., Girish N., and Benegal V. (2006) Burden and socio-economic impact of alcohol - The Bangalore study. Bangalore, India : National Institute of Mental Health and Neurosciences/WHO-SEARO.

Gustafson R. (1993) What do experimental paradigms tell us about alcohol-related aggressive responding? Journal of Studies on Alcohol Suppl. 11, 20-29S.

Gutjahr E. and Gmel G. (2001a) The social costs of alcohol consumption. In : Klingemann H. and Gmel G. (eds.) Mapping the Social Consequences of Alcohol Consumption, pp. 133-43. Dordrecht, the Netherlands : Kluwer Academic Publishers.

Gutjahr E. and Gmel G. (2001b) Die sozialen kosten des alkoholkonsums in der Schweiz : Epidemiologische grundlagen 1995-1998 (The social costs of alcohol consumption in Switzerland : epidemiological foundations 1995-1998). Forschungsbericht Nr. 36 im Auftrag des Bundesamtes für Gesundheit, Vertrag Nr. 98.000794 (8120). Lausanne, Switzerland : SFA (Schweizerische Fachstelle für Alkohol - und andere Drogenprobleme).

Gutjahr E., Gmel G., and Rehm J. (2001) The relation between average alcohol consumption and disease : An overview. European Addiction Research 7, 117-27.

Gutzke D.W. (2006) Pubs and progressives : Reinventing the public house in England 1896-1960. Dekalb, IL : Northern Illinois UP.

Hadfield P. (2006) Bar wars : Contesting the night in contemporary British cities. Oxford, UK : Oxford UP.

Haines M.P. (1996) Social norms approach to preventing binge drinking at colleges and universities. Newton, M.A. : Higher Education Center for Alcohol and Other Drug Prevention, Department of Education.

Haines M.P. (1998) Social norms in a wellness model for health promotion in higher education. Wellness Management 14, 1-10.

Haines M.P. and Spear S.F. (1996) Changing the perception of the norm : A strategy to decrease binge drinking among college students. Journal of American College Health 45, 134-40.

Hajema K.-J., Knibbe R.A., and Drop M.A. (1997) Changes in alcohol consumption in a general population in the Netherlands : A 9-year follow-up study. Addiction 92, 49-60.

Hall W. (1995) Changes in public perceptions of the health benefits of alcohol use, 1989 to 1994. Australian and New Zealand Journal of Public Health 20, 93-5.

Hall W., Saunders J.B., Babor T.F., Aasland O.G., Amundsen A., Hodgson R., and Grant M. (1993) The structure and correlates of alcohol dependence : WHO collaborative project on the early detection of persons with harmful alcohol consumption : III. Addiction 88,

1627–36.

Hamajima N, Hirose K, Tajima K, et al. (2002) Alcohol, tobacco and breast cancer – collaborative reanalysis of individual data from 53 epidemiological studies, including 58, 515 women with breast cancer and 95,067 women without the disease. British Journal of Cancer 87, 1234–45.

Hammurabi (2000) Code of Hammurabi. Translated by L.W. King. Available at : http://www.fordham.edu/halsall/ancient/hamcode.html (accessed 6 July 2009).

Hanewinkel R., Tanski S., and Sargent J. (2007) Exposure to alcohol use in motion pictures and teen drinking in Germany. International Journal of Epidemiology 36, 1068–77.

Hansen D.J. (1992) School–based substance abuse prevention : A review of the state of the art in curriculum, 1980–1990. Health Education Research 7, 403–30.

Hansen D.J. (1993) School–based alcohol prevention programmes. Alcohol, Health and Research World 17, 54–61.

Hansen D.J. (1994) Prevention of alcohol use and abuse. Preventive Medicine 23, 683–7.

Hansen D.J. and Graham J.W. (1991) Preventing alcohol, marijuana, and cigarette use among adolescents : Peer pressure resistance training versus establishing conservative norms. Preventive Medicine 20, 414–30.

Hao W., Su Z., Liu B., Zhang K., Yang H., Chen S., Biao M. and Cui C. (2004) Drinking and drinking patterns and health status in the general population of five areas of China. Alcohol & Alcoholism 39, 43–52.

Harding W.M., Caudill B.D, Moore B.A., and Frissell K.C. (2001) Do drivers drink more when they use a safe ride? Journal of Substance Abuse 13, 283–90.

Harrison P.A., Fulkerson J.A., and Park E. (2000) The relative importance of social versus commercial sources in youth access to tobacco, alcohol, and other drugs. Preventive Medicine 31, 39–48.

Hartling L., Wiebe N., Russell K., Petruk J., Spinola C., and Klassen T.P. (2004) Graduated driver licensing for reducing motor vehicle crashes among young drivers. Cochrane Database Systematic Reviews, Issue 2. Art. No. CD003300. DOI : 10.1002/14651858.CD003300.pub2.

Hastings G. and Haywood A. (1991) Social marketing and communication in health promotion. Health Promotion International 6, 135–45.

Hastings G., Anderson S., Cooke E., and Gordon R. (2005) Alcohol marketing and young people's drinking : A review of the research. Journal of Public Health Policy 26, 296–311.

Hastings G., Stead M., McDermott L., Forsyth A., MacKintosh A.M., Rayner M., Godfrey C., Caraher M., and Angus K. (2003) Review of research on the effects of food promotion to children. Glasgow, UK : Centre for Social Marketing, University of Strathclyde.

Hauritz M., Homel R., McIlwain G., Burrows T., and Townsley M. (1998a) Reducing violence in licensed venues through community safety action projects : The Queensland experience. Contemporary Drug Problems 25, 511–51.

Hauritz M., Homel R., Townsley M., Burrows T., and McIlwain G. (eds.) (1998b) An evaluation of the local government safety action projects in Cairns, Townsville and Mackay : A report to the Queensland Department of Health and the Criminology Research Council. Australia : Griffith University, Centre for Crime Policy and Public Safety ; School of Justice Administration.

Haustein S., Pohlmann U., and Schreckenberg D. (2004) Inhalts – und zielgruppenanalyse von alkoholwerbung im Deutschen fernsehen (Content and target group analysis of alcohol advertising in German television). Bonn, Germany : Bundesministeriums für Gesundheit und Soziale Sicherung (Federal Ministry of Health).

Hawkins T.E., Dreyer C.B., and Cooper E.J. (1977) Analysis of public information and education 1975–1976. Analytic Study No. 7. San Antonio, TX : San Antonio Alcohol Safety Action Project.

Hawks D. (1990) The watering down of Australia's health policy on alcohol. Drug and Alcohol Review 9, 91–5.

Hawks D. (1993) The formulation of Australia's National Health Policy on Alcohol. Addiction 88 (Suppl.), 19–26S.

Hawks D., Rydon P., Stockwell T., White M., Chikritzhs T., and Heale P. (1999) The evaluation of the Fremantle police – Licensee accord : Impact on serving practices, harm and the wider community. Perth, Australia : National Drug Research Institute ; Curtin University of Technology.

Hawthorne G. (1996) The social impact of Life Education : Estimating drug use prevalence among Victorian primary school students and the statewide effect of the Life Education programme Addiction 91, 1151–9.

Hayward K. and Hobbs D. (2007) Beyond the binge in 'booze Britain' : Market–led liminalization and the spectacle of binge drinking. British Journal of Sociology 58, 437–56.

Hearst M.O., Fulkerson J.A., Maldonado–Molina M.M., Perry C.L., and Komro K.A. (2007) Who needs liquor stores when parents will do? The importance of social sources of alcohol among young urban teens. Preventive Medicine 44, 471–6.

Heath D.B. (1983) Alcohol use among North American Indians. In : Smart R.G., Glasser F., and Israel Y. (eds.) Research Advances in Alcohol and Drug Problems, Vol. 7, pp. 343–96. New York, NY : Plenum Press.

Heath D.B. (1984) Cross–cultural studies of alcohol use. In : Galanter M. (ed.), Recent Developments in Alcoholism, Vol. 2, pp. 405–15. New York, NY : Plenum.

Heeb J.–L., Gmel G., Zurbrügg C., Kuo M., and Rehm J. (2003) Changes in alcohol consumption following a reduction in the price of spirits : A natural experiment in Switzerland. Addiction 98, 1433–46.

Hemström Ö. (2001) Per capita alcohol consumption and ischaemic heart disease. Addiction 96 (Suppl. 1), 93–112S.

Henderson–Yates L., Wagner S., Parker H., and Yates D. (2008) Fitzroy Valley liquor restriction report : An evaluation of the effects of a six month restriction on take–away alcohol relating to measurable health and social benefits and community perceptions and behaviours. Perth, Australia : Drug and Alcohol Office of Western Australia.

Henriksen L., Feighery E.C., Schleicher, N.C., and Fortmann S.P. (2008) Receptivity to alcohol marketing predicts initiation of alcohol use. Journal of Adolescent Health 42, 28–35.

Henstridge J., Homel R.J., and Mackay P. (1997) The long–term effects of random breath testing in four Australian states : A time series analysis. Canberra, Australia : Federal Office of Road Safety.

Her M. and Rehm J. (1998) Alcohol and all-cause mortality in Europe 1982-1990 : A pooled cross-section time-series analysis. Addiction 93, 1335-40.

Her M., Giesbrecht N., Room R. and Rehm J. (1999) Privatizing alcohol sales and alcohol consumption : evidence and implications. Addiction 94, 1125-39.

Herd D. (2005) Changes in the prevalence of alcohol use in rap song lyrics, 1970-1997. Addiction 100, 1258-69.

Herring R., Thom B., Foster J., Franey C., and Salazar C. (2008) Local responses to the Alcohol Licensing Act 2003 : The case of Greater London. Drugs : Education, Prevention and Policy 15, 251-65.

Herttua K., Mäkelä P., and Martikainen P. (2008) Changes in alcohol-related mortality and its socioeconomic differences after a large reduction in alcohol prices : A natural experiment based on register data. American Journal of Epidemiology 168, 1110-18.

Hettige S. and Paranagama H. (2005) Gender, alcohol and culture in Sri Lanka. In : Obot I.S. and Room R. (eds.) Alcohol, Gender and Drinking Problems. Perspectives from Low and Middle Income Countries, pp. 176-88. Geneva, Switzerland : World Health Organization.

Heuveline P. and Slap G.B. (2002) Adolescentand young adult mortality by cause : Age, gender, and country, 1955 to 1994. Journal of Adolescent Health 30, 29-34.

Hibell B. (1984) Mellanölets borttagande och indikationer påalkoholskadeutvecklingen [The withdrawal of medium beer and indications on alcohol damages]. In : Nilsson T. (ed.) När Mellanölet Försvann [When the medium beer was withdrawn], pp. 121-172. Linköping, Sweden: Samhällsvetenskapliga institutionen, Universitet i Linköping.

Hibell B., Andersson B., Bjarnason T., Ahlström S., Balakireva O., Kokkevi A., and Morgan M. (2004) The ESPAD report 2003 : Alcohol and other drug use among students in 35 European countries. Stockholm, Sweden : The Swedish Council for Information on Alcohol and Other Drugs (CAN) and The Pompidou Group at the Council of Europe. Available at : http://www.espad.org/documents/Espad/ESPAD_reports/The_2003_ESPAD_report.pdf (accessed 6 July 2009).

Hibell B., Andersson B., Ahlström S., Balakireva O., Bjarnason T., Kokkevi A., and Morgan M. (2000) The 1999 ESPAD report : Alcohol and other drug use among students in 30 European countries. Stockholm, Sweden : Swedish Council for Information on Alcohol and Other Drugs (CAN).

Hibell B., Guttormsson U., Ahlström S., Balakireva O., Bjarnason T., Kokkevi A., and Kraus L. (2009) The 2007 ESPAD report : Substance use among students in 35 European countries. Stockholm, Sweden : The Swedish Council for Information on Alcohol and Other Drugs. Available at : http://www.espad.org/documents/Espad/ESPAD_reports/2007/The_2007_ESPAD_Report-FULL_090617.pdf (accessed 6 July 2009).

Hill L. (2008) The alcohol industry. In : Heggenhougen H.K. and Quah S. (eds.) International Encyclopedia of Public Health, pp. 124-35. San Diego, CA : Academic Press.

Hill L. and Casswell S. (2004) Alcohol advertising and sponsorship : Commercial freedom or control in the public interest? In: Heather N. and Stockwell T. (eds.) The Essential Handbook of Treatment and Prevention of Alcohol Problems. Chichester, UK : John Wiley & Sons.

Hill L. and Stewart L. (1996) The Sale of Liquor Act 1989 : Reviewing regulatory practices. Social Policy Journal of New Zealand 7, 174–90.

Hingson R., Heeren T., Zakocs R., Kopstein A., and Wechsler, H. (2002) Magnitude of alcohol–related morbidity, mortality, and alcohol dependence among US college students age 18–24. Journal of Studies on Alcohol 63, 136–44.

Hingson R., McGovern T., Howland J., Heeren T., Winter M., and Zakoes R. (1996) Reducing alcohol–impaired driving in Massachusetts : The Saving Lives Program. American Journal of Public Health 86, 791–7.

Hingson R.W., Heeren T., and Winter M.(1994) Effects of lower legal blood alcohol limits for young and adult drivers. Alcohol, Drugs and Driving 10, 243–52.

Hobbs D., Hadfield P., Lister S., and Winlow S. (2003) Bouncers : Violence and governance in the night–time economy. Oxford, UK : Oxford UP.

Hobbs D., Hadfield P., Lister S., Winlow S., and Hall S. (2002) "Door loor :" The art and economics of intimidation. British Journal of Criminology 42, 352–70.

Hobbs D., Lister S., Hadfield P., Winlow S., andS. (2000) Receiving shadows : Governance and criminality in the night–time economy. British Journal of Sociology 51, 701–17.

Hobbs D., O'Brien K., and Westmarland L. (2007) Connecting the gendered door : Women, violence and doorwork. The British Journal of Sociology 58, 21–38.

Hobbs, D., Hadfield P., Lister S., and Winlow S. (2005) Violence and control in the night–time economy. European Journal of Crime, Criminal Law and Criminal Justice 13, 89–102.

Hoek J. (2004) Tobacco promotion restrictions : Ironies and unintended consequences. Journal of Business Research 57, 1250–7.

Hogan E., Boffa J., Rosewarne C., Bell S. and Chee D.A.H. (2006) What price do we pay to prevent alcohol–related harms in Aboriginal communities? : The Alice Springs trial of liquor licensing restrictions. Drug and Alcohol Review 25, 207–12.

Holder H.D. (1987) Alcoholism treatment and potential health care cost saving. Medical Care 25, 52–71.

Holder H.D. (1994a) Mass communication as an essential aspect of community prevention to reduce alcohol–involved traffic crashes. Alcohol, Drugs and Driving 10, 3–4.

Holder H.D. (1994b) availability and accessibility as part of the puzzle : Thoughts on alcohol problems and young people. In : The Development of Alcohol Problems : Exploring the Biopsychosocial Matrix of Risk, pp. 249–54.Research Monograph #26. Rockville, MD : Institute on Alcohol Abuse and Alcoholism.

Holder H.D. (2000) The supply side initiative as an international collaboration to study alcohol supply, drinking, and consequences : Current knowledge, policy issues, and research opportunities. Addiction 95, S461–3.

Holder H.D. and Blose J.O. (1987) Impact of changes in distilled spirits availability on apparent consumption : A time series analysis of liquor–by–the–drink. Addiction 82, 623–31.

Holder H.D. and Edwards G. (eds.) (1995) Alcohol and public policy : Evidence and issues. Oxford, UK : Oxford UP.

Holder H.D. and Parker R.N. (1992) Effect of alcoholism treatment on cirrhosis mortality : A 20–year multivariate time series analysis. British Journal of Addiction 87, 1263–74.

Holder H.D. and Treno A.J. (1997) Media advocacy in community prevention : News as a means to advance policy change. Addiction 92 (Suppl 2), 189–99S.

Holder H.D. and Wagenaar A.C. (1994) Mandated server training and reduced alcohol–involved traffic crashes : A time series analysis of the Oregon experience. Accident Analysis and Prevention 26, 89–97.

Holder H.D., Agardh E., Högberg P., Miller T., Norström T., Österberg E., Ramstedt M., Rossow I., and Stockwell (2008) If retail alcohol sales in Sweden were privatized, what would be the potential consequences? Östersund, Sweden : Swedish National Institute of Public Health.

Holder H.D., Gruenewald P.J., Ponicki W.R., Treno A.J., Grube J.W., Saltz R.F., Voas R.B., Reynolds R., Davis J., Sanchez L., Gaumont G., and Roeper P. (2000) Effect of community–based interventions on high–risk drinking and alcohol–related injuries. Journal of the American Medical Association 284, 2341–7.

Holder H.D., Janes K., Mosher J., Saltz R., Spurr S., and Wagenaar A.C. (1993) Alcoholic beverage server liability and the reduction of alcohol–involved problems. Journal of Studies on Alcohol 54, 23–36.

Holder H.D., Kühlhorn E., Nordlund S., Österberg E., Romelsjö A., and Ugland T. (1998) European integration and Nordic alcohol policies. Changes in alcohol controls and consequences in Finland, Norway and Sweden, 1980–1997. Aldershot, UK : Ashgate.

Holder H.D., Longabaugh R., Miller W.R., and Rubonis A.V. (1991) The cost of effectiveness of treatment of alcoholism : A first approximation. Journal of Studies on Alcohol 52, 517–40.

Holder H.D, Saltz R.F., Grube J.W., Treno A.J., Reynolds R.I., Voas R.B., and Gruenewald P.J. (1997) Summing up : Lessons from a comprehensive community prevention trial. Addiction 92 (Suppl. 2), 293–301S.

Hollingworth W., Ebel E., McCarty C., Garrison M., Christakis G., and Rivara F. (2006) Prevention of deaths from harmful drinking in the United States : The potential effects of tax increases and advertising bans on young drinkers. Journal of Studies on Alcohol 67, 300–8.

Holmila M. Raitasalo K. (2005) Gender differences in drinking : Why do they still exist? Addiction 100, 1763–9.

Home Office (2008) A practical guide to dealing with alcohol problems : What you need to know. London, UK : Home Office.

Homel R. (1993) Random breath testing in Australia : Getting it to work according to specifications. Addiction 88 (Suppl. 1), 27–33S.

Homel R. and Clark J. (1994) The prediction and prevention of violence in pubs and clubs. Crime Prevention Studies 3, 1–46.

Homel R., Carvolth R., Hauritz M., McIlwain G., and Teague R. (2004) Making licensed venues safer for patrons : What environmental factors should be the focus of interventions? Drug and Alcohol Review 23, 19–29.

Homel R., Hauritz M.A., Wortley R.K., McIlwain G., and Carvolth R.(1997) Preventing alcohol–related crime through community action: The Surfers Paradise Safety Action Project. Crime Prevention Studies 7, 35–90.

Homel R., Tomsen S., and Thommeny J.(1992) Public drinking and violence: Not just an alcohol problem. Journal of Drug Issues 22, 679–97.

Horverak Ø. (2008) The transition from over–the–counter to self–service sales of alcoholic beverages in Norwegian monopoly outlets : Implications for sales and customer satisfaction. Nordisk alkohol och narkotikatidskrift 25, 77–99.

Horverak Ø. And Bye E.K. (2007) Det Norske drikkemønsteret : En studie basert på intervjudata fra 1973–2004 (The Norwegian drinking pattern : A study based on surveys from 1973 to 2004). Oslo, Norway : Norwegian Institute for Alcohol and Drug Research.

Hough M. and Hunter G. (2008) The 2003 Licensing Act's impact on crime and disorder : An evaluation. Criminology and Criminal Justice 8, 239–60.

Howard–Pitney B., Johnson M.D., Altman D.G., Hopkins R., and Hammond N. (1991) Responsible alcohol service : A study of server, manager, and environmental impact. American Journal of Public Health 81, 197–9.

Huang C.D. (2003) Econometric models of alcohol demand in the United Kingdom. Government Economic Service, Working Paper 140. London, UK : UK Customs and Excise.

Huckle T. and Huakau J. (2006) Exposure and response of young people to marketing of alcohol in New Zealand. Auckland, New Zealand : Centre for Social and Health Outcomes Research and Evaluation (SHORE), Massey University.

Huckle T., Huakau J., Sweetsur P., Huisman O., and Casswell S. (2008a) Density of alcohol outlets and teenage drinking : Living in an alcogenic environment is associated with higher consumption in a metropolitan setting. Addiction 103, 1614–21.

Huckle T., Pledger M., and Casswell S. (2006) Trends in alcohol–related harms and offences in a liberalized alcohol environment. Addiction 101, 232–40.

Huckle T., Sweetsur P., Moyes S., and Casswell S. (2008b) Ready to drinks are associated with heavier drinking patterns among young females. Drug and Alcohol Review 27, 398–403.

Hughes K., Anderson Z., Morleo M., and Bellis M.A. (2008) Alcohol, nightlife and violence : The relative contributions of drinking before and during nights out to negative health and criminal justice outcomes. Addiction 103, 60–5.

Huitfeldt B. and Jorner U. (1972) Efterfrågan på rusdrycker i Sverige(The demand for alcoholic beverages in Sweden). Statens offentliga utredningar (Government Official Reports) 91. Stockholm, Sweden : Alcohol Policy Commission.

Humphreys K. (2004) Circles of recovery : Self–help organizations for addictions.Cambridge, UK : Cambridge UP.

Hunt G. and Dong Sun A.X.(1998) The drug treatment system in the United States : A panacea for the drug war? In : Klingemann H. and Hunt G. (eds.) Drug treatment systems in an international perspective : Drugs, demons and delinquents, pp. 3–19. London, UK : SAGE Publications.

Hunter E.M., Hall W.D., and Spargo R.M. (1992) Patterns of alcohol consumption in the Kimberley Aboriginal population. Medical Journal of Australia 156, 764–8.

Hurst P.M., Harte D., and Frith W.J. (1994) The Grand Rapids dip revisited. Accident Analysis and Prevention 26, 647–54.

Hurst S. (2006) Alcohol advertising and youth : Themes, appeals and future directions. International Journal of Advertising 25, 541–8.

Hurst W., Gregory, E., and Gussman T. (1997) International survey : Alcoholic beverage

taxation and control policies. 9th edition. Ottowa, Canada : Brewers Association of Canada.
Hurtz S.Q., Henriksen L., Wang Y., Feighery E.C., and Fortmann S.P. (2007) The relationship between exposure to alcohol advertising in stores, owning alcohol promotional items, and adolescent alcohol use. Alcohol and Alcoholism 42, 143–9.
ILO. See International Labour Organization.
Imrie C.W. (1997) Acute pancreatitis : Overview. European Journal of Gastroenterology and Hepatology 9, 103–5.
Impact Databank (2007) The global drinks market. New York, NY : M. Shanken Communications.
International Center for Alcohol Policies (2001) Self-regulation of beverage alcohol advertising. ICAP Reports No. 9. Washington, DC : ICAP. Available at : http://www.icap.org/LinkClick.aspx?fileticket=IZBG%2Fehb9GE%3D&tabid=75 (accessed 14 July 2009).
International Center for Alcohol Policies (2005) ICAP blue book : Practical guides for alcohol policy and prevention approaches. Washington, DC : ICAP.
International Center for Alcohol Policies (2006) The structure of the beverage alcohol industry. ICAP Report 17. Washington, DC : ICAP.
International Center for Alcohol Policies (2008) Noncommercial alcohol in three regions. ICAP Review 3. Washington, DC : ICAP.
Institute of Medicine (1989) Prevention and treatment of alcohol problems : Research opportunities. Washington, DC : National Academy Press.
Institute of Medicine (1990) Broadening the base of treatment for alcohol problems. Washington, DC : National Academy Press.
International Labour Organization (1949) Protection of Wages Convention, C95. Geneva, Switzerland : ILO.
IOGT International (2006) Money from misery. News story from 15 March 2006. Available at : http://www.iogt.org/viewarticle.php?id=330&type=sub&t=home (accessed 17 July 2009).
Ireland C.S. and Thommeny J.L.(1993) The crime cocktail : Licensed premises, alcohol and street offences. Drug and Alcohol Review 12, 143–50.
Ivanets N.N. and Lukomskaya M.I. (1990) USSR's new alcohol policy. World Health Forum 11, 246–52.
Jackson M.C., Hastings G., Wheeler C., Eadie D., and MacKintosh A.M. (2000) Marketing alcohol to young people : Implications for industry regulation and research policy. Addiction 95 (Suppl. 4), 597–608.
Jacobson J.M. (1992) Alcoholism and tuberculosis. Alcohol Health & Research World 16, 39–45.
Jahiel R. and Babor T.F. (2007) Industrial epidemics, public health advocacy and the alcohol industry : Lessons from other fields. Addiction 102, 1335–9.
Jakubowiak W.M., Bogorodskaya E.M., Borisov E.S., Danilova D.I., and Kourbatova E.K. (2007) Risk factors associated with default among new pulmonary TB patients and social support in six Russian regions. International Journal of Tuberculosis and Lung Disease 11, 46–53.
Jeffrey L.R. (2000) The New Jersey Higher Education Consortium Social Norms Project : Decreasing binge drinking in New Jersey colleges and universities by correcting student misperceptions of college drinking Norms. Glassboro, NJ : Center for Addiction Studies,

Rowan University.

Jeffs B.W. and Saunders W.M. (1983) Minimizing alcohol related offences by enforcement of the existing licensing legislation. British Journal of Addiction 78, 67–77.

Jensen G.F. (2000) Prohibition, alcohol, and murder : Untangling countervailing mechanisms. Homicide Studies 4, 18–36.

Jernigan D.H. (1999) Country profile on alcohol in Zimbabwe. In : Riley L. and Marshall M. (eds.) Alcohol and Public Health in 8 Developing Countries, pp. 157–75. Publication WHO/HSC/SAB/99.9. Geneva, Switzerland : WHO Substance Abuse Department.

Jernigan D.H. (2000a) Applying commodity chain analysis to changing modes of alcohol supply in a developing country. Addiction 95 (Suppl. 4), 465–75S.

Jernigan D.H. (2000b) Implications of structural changes in the global alcohol supply. Contemporary Drug Problems 27, 163–87.

Jernigan D.H. (2005) Globalisation of alcohol markets in Central and South America. Presentation to the CISA Conference, Brasilia, 28–30 November.

Jernigan D.H. (2006) The extent of global alcohol marketing and its impact on youth. A paper prepared for the World Health Organization. Washington, DC : Center on Alcohol Marketing and Youth.

Jernigan D.H. (2009) The global alcohol industry : An overview. Addiction 104 Suppl 1, 6–12.

Jernigan D.H. and O'Hara J. (2004) Alcohol advertising and promotion. In : O'Connell M. (ed.) Reducing Underage Drinking : A Collective Responsibility, pp. 625–53. Washington, DC : National Academies Press.

Jernigan D. and Wright P. (1996) Media advocacy : Lessons from community experiences. Journal of Public Health Policy 17, 306–30.

Jernigan D., Monteiro M., Room R., and Saxena S. (2000) Towards a global alcohol policy : Alcohol, public health and the role of WHO. Bulletin of the World Health Organization 78, 491–9.

Jernigan D.H., Ostroff J., and Ross C. (2005) Alcohol advertising and youth : A measured approach. Journal of Public Health Policy 26, 312–25.

Jernigan D.H., Ostroff J., Ross C., and O'Hara J.A. (2004.) Sex differences in adolescent exposure to alcohol advertising in magazines. Archives of Pediatrics and Adolescent Medicine 158, 629–34.

Johannessen K., Collins C., Mills–Novoa B., and Glider P.A. (1999) A practical guide to alcohol abuse prevention : A campus case study in implementing social norms and environmental management approaches. Tucson, AZ : Campus Health Services, University of Arizona.

Johansen P.O. (1994) Markedet som ikke ville dø : Forbudstiden og de illegale alkoholmarkedene i Norge og USA [The market that would not die : Times of prohibition and the illegal alcohol markets in Norway and the United States of America]. Oslo, Norway : National Directorate for Prevention of Alcohol and Drug Use.

Johansson E., Böckerman P., Prättälä R., and Uutela A. (2006) Alcohol–related mortality, drinking behavior, and business cycles. The European Journal of Health Economics 7, 212–17.

John R.M. (2005) Price elasticity estimates for tobacco and other addictive goods in India.

Working Paper Series No. WP-2005-003. Mumbai, India : Indira Gandhi Institute of Development Research. Available at : http://www.igidr.ac.in/pdf/publication/WP-2005-003.pdf (accessed 9 July 2009).

Johnson C.A., Pentz M.A., Weber M.D., Dwyer J.H., Baer N. MacKinnon D.P., Hansen W.B., and Flay B.R. (1990) Relative effectiveness of comprehensive community programming for drug abuse prevention with high risk and low risk adolescents. Journal of Consulting and Clinical Psychology 58, 447-56.

Johnson K.O. and Berglund M. (2003) Education of key personnel in student pubs leads to a decrease in alcohol consumption among the patrons : A randomized controlled trial. Addiction 98, 627-33.

Johnston P. (2001) Trends in negligence and public liability : The evolving liability of licensees and servers of alcohol to their patrons and third parties. Occasional paper. Melbourne, Australia : Drugs and Crime Prevention Committee, Parliament of Victoria. Available at : http://www.parliament.vic.gov.au/dcpc/Reports%20in%20PDF/Occ%20Rpt%20amended_v2.pdf (accessed 12 July 2009).

Jones N.E., Pieper C.F., and Robertson L.S. (1992) Effect of legal drinking age on fatal injuries of adolescents and young adults. American Journal of Public Health 82, 112-15.

Jones S. and Donovan R. (2001) Messages in alcohol advertising targeted to youth. Australian and New Zealand Journal of Public Health 25, 126-31.

Jones S., Casswell S., and Zhang J. (1995) Economic costs of alcohol-related absenteeism and reduced productivity among the working population of New Zealand. Addiction 90, 1455-61.

Jones S., Hall D., and Munro G. (2008) How effective is the revised regulatory code for alcohol advertising in Australia? Drug and Alcohol Review 27, 29-38.

Jones S.C. and Lynch M. (2007) Non-advertising alcohol promotions in licensed premises : Does the Code of Practice ensure responsible promotion of alcohol? Drug and Alcohol Review 26, 477-85.

Jones-Webb R., Toomey T., Miner K., Wagenaar A.C., Wolfson M., and Poon R.(1997) Why and in what context adolescents obtain alcohol from adults : A pilot study. Substance Use & Misuse 32, 219-28.

Joossens L. (2000) From public health to international law : Possible protocols for inclusion in the Framework Convention on Tobacco Control. Bulletin of the World Health Organization 78, 930-7.

Kairouz S., Gliksman L., Demers A. and Adlaf E.M. (2002) For all these reasons, I do … drink : A multilevel analysis of contextual reasons for drinking among Canadian undergraduates. Journal of Studies on Alcohol 63, 600-8.

Kaplan S. and Prato C. (2007) Impact of BAC limit reduction on different population segments : A Poisson fixed effect analysis. Accident Analysis & Prevention 39, 1146-54.

Karlsson T. and Österberg E. (2001) A scale of formal alcohol control policy in 15 European countries. Nordisk alcohol- & narkotikatidskrift 18, 117-31.

Karlsson T. and Österberg E. (2002) A scale of formal alcohol control policy in 15 European countries. Nordic Studies on Alcohol and Drugs 18 (English Suppl.), 117-31.

Karlsson T. and Österberg E. (2007) Scaling alcohol policies across Europe. Drugs : Education, Prevention and Policy 14, 499-511.

Karlsson T. and Österberg E. (2009) The Nordic borders are not alike. Nordisk alcohol- & narkotikatidskrift 26, in press.

Kaskutas L.A. (1995) Interpretations of risk : The use of scientific information in the development of the alcohol warning label policy. International Journal of the Addictions 30, 1519-48.

Kaskutas L.A. and Greenfield T.K. (1992) First effects of warning labels on alcoholic beverage containers. Drug and Alcohol Dependence 31, 1-14.

Kaskutas L.A. and Greenfield T.K. (1997a) Behavior change : The role of health consciousness in predicting attention to health warning messages. American Journal of Health Promotion 11, 183-93.

Kaskutas L.A. and Greenfield T.K. (1997b) The role of health consciousness in predicting attention to health warning messages.American Journal of Health Promotion, 11, 186-93.

Kaskutas L.A., Greenfield T.K., Lee M., and Cote J. (1998) Reach and effects of health messages on drinking during pregnancy. Journal of Health Education 29, 11-17.

Keller M., McCormick H., and Efron V. (1982) A dictionary of words about alcohol. New Brunswick, NJ : Rutgers Center of Alcohol Studies.

Kelly K., Slater M., and Karan D. (2002) Image advertisements' influence on adolescents' perceptions of the desirability of beer and cigarettes. Journal of Public Policy & Marketing 21, 295-304.

Kelsey J. (2008) Serving whose interests? The political economy of trade in service agreements. Abbingdon, UK : Routledge Cavendish.

Kendell R.E., de Roumanie M., and Ritson E.B. (1983) Effect of economic changes on scottish drinking habits, 1978-82. British Journal of Addiction 78, 365-79.

Kennedy B.P., Isaac N.E., Nelson T.F., and Graham J.D. (1997) Young male drinkers and impaired driving intervention : results of a US telephone survey. Accident Analysis and Prevention 29, 707-13.

Kerr W.C., Greenfield T.K., and Midanik, L.T.(2006) How many drinks does it take you to feel drunk? Trends and predictors for subjective drunkenness. Addiction 101, 1428-37.

Kerr-Correa F., Hegedus A.M., Trinca L.A., Tucci A.M., Kerr-Pontes L.R.S., Sanches A.F. and Floripes T.M.F. (2005) Differences in drinking patterns between men and women in Brazil. In : Obot I.S. and Room R. (eds.) Alcohol, Gender and Drinking Problems : Perspectives from Low and Middle Income Countries, pp. 49-68. Geneva, Switzerland : World Health Organization.

Kinney A.Y., Millikan R.C., Lin Y.H., Moorman P.G., and Newman B. (2000) Alcohol consumption and breast cancer among black and white women in North Carolina (United States). Cancer Causes and Control 11, 345-57.

Kirin Research Institute of Drinking and Lifestyle (2004) Beer Consumption in Major Countries in 2004. Report No. 29. Tokyo. Available at : http://www.kirinholdings.co.jp/english/ir/news_release051215_4.html (accessed 3 July 2009).

Klein N. (2000) No Space, No choice, No Jobs, No Logo. London, UK : HarperCollins.

Klepp K.I., Kelder S.H., and Perry C.L. (1995) Alcohol and marijuana use among adolescents : Long-term outcomes of the Class of 1989 Study. Annals of Behavioral Medicine 17, 19-24.

Klepp K.I., Schmid L.A., and Murray D.M. (1996) Effects of the increased minimum drinking age law on drinking and driving behavior among adolescents. Addiction Research 4, 237–44.

Klingemann H. and Gmel G. (2001) Introduction : Social consequences of alcohol – the forgotten dimension? In : Klingemann H. and Gmel G. (eds.) Mapping the Social Consequences of Alcohol Consumption, pp. 1–9. Dordrecht, the Netherlands : Kluwer Academic Publishers.

Klingemann H. and Hunt G. (eds.) (1998) Drug treatment systems in an international perspective: Drugs, demons, and delinquents.London, UK : SAGE publications.

Klingemann H. and Klingemann H.D. (1999) National Treatment Systems in Global Perspective. European Addiction Research 5, 109–17.

Klingemann H., Takala J.P., and Hunt G. (1992) Cure, care or control : Alcoholism treatment in sixteen countries. Albany, NY : State University of New York Press.

Klingemann H., Takala J.P., and Hunt G. (1993) The development of alcohol treatment systems: An international perspective. Alcohol Health and Research World 3, 221–7.

Kloeden C.N. and McLean A.J. (1994) Late night drink driving in Adelaide two years after the introduction of the .05 limit. Adelaide, Australia : NHMRC Road Accident Research Unit.

Knupfer G. (1987) Drinking for health : The daily light drinker fiction. British Journal of Addiction 82, 547–55.

Kohlmeier L. and Mendez M. (1997) Controversies surrounding diet and breast cancer. Proceedings of the Nutrition Society 56, 369–82.

Komro K.A., Perry C.L., Murray D.M., Veblen–Mortenson S., Williams C.L., and Anstine P.S. (1996) Peer–planned social activities for preventing alcohol use among young adolescents. Journal of School Health 66, 328–34.

Komro K.A., Perry C.L., Veblen–Mortenson S., Farbakhsh K., Toomey T.L., Stigler M.H., Jones–Webb R., Kugler K.C., Pasch K.E., and Williams C.L. (2008) Outcomes from a randomized controlled trial of multi–component alcohol use preventive intervention for urban youth: Project Northland Chicago. Addiction 103, 606–18.

Kortteinen T. (ed.) (1989) State monopolies and alcohol prevention : Report and working papers of a collaborative international study. Helsinki, Finland : Social Research Institute of Alcohol Studies.

Koski A., Sirén R., Vuori E., and Poikolainen K. (2007) Alcohol tax cuts and increase in alcohol–positive sudden deaths : A time–series intervention analysis. Addiction 102, 362–8.

Kotakorpi K. (2008) The incidence of sin taxes. Economics Letters 98, 95–9.

KPMG (2008a) Evaluation of the Temporary Late Night Entry Declaration Final Report. Melbourne, Australia : Department of Justice, State of Victoria.

KPMG (2008b) Review of the social responsibility standards for the production and sale of alcoholic drinks. Volume 1. London, UK : Home Office.

Kranzler H.R. and Van Kirk J. (2001) Naltrexone and acamprosate in the treatment of alcoholism : A meta–analysis. Alcoholism : Clinical and Experimental Research 25, 1335–41.

Krass I. and Flaherty B. (1994) The impact of Responsible Beverage Service training on patron and server behaviour : A trial in Waverly (Sydney). Health Promotion Journal of Australia 4, 51–8.

Kreft I.G.G. (1997) The interactive effect of alcohol prevention programs in high school classes : An illustration of item homogeneity scaling and multilevel analysis techniques. In : Bryant K.J., Windle M., and West S.G. (eds.) The Science of Prevention : Methodological Advances from Alcohol and Substance Abuse Research, pp. 251–77. Washington, DC : American Psychological Association.

Kreitman N. (1986) Alcohol consumption and the preventive paradox. British Journal of Addiction 81, 353–63.

Kriebel D. and Tickner J. (2001) Reenergizing public health through precaution. American Journal of Public Health 91, 1351–5.

Krüger N.A. and Svensson M. (2008) Good times are drinking times : Empirical evidence on business cycles and alcohol sales in Sweden 1861–2000. Applied Economics Letters (Online early access). DOI : 10.1080/13504850802167215

Kunitz S.J., Levy J.E., Andrews T., DuPuy C., Gabriel K.R., and Russell S. (1994) Drinking careers : A twenty–five year study of three Navajo populations. New Haven, CT : Yale UP.

Kunitz S.J., Woodall W.G., Zhao H., Wheeler D.R., Lillis R., and Rogers E. (2002) Rearrest rates after incarceration for DWI : A comparative study in a southwestern US county. American Journal of Public Health 92, 1826–31.

Kuo M., Heeb J.–L., Gmel G., and Rehm J. (2003a) Does price matter? The effect of decreased price on spirits consumption in Switzerland. Alcoholism : Clinical and Experimental Research 27, 720–5.

Kuo M., Wechsler H., Greenberg P., and Lee H. (2003b) The marketing of alcohol to college students : The role of low prices and specials promotions. American Journal of Preventative Medicine 25, 204–11.

Kypri K., Bell M.L., Hay G.C., and Baxter J. (2008) Alcohol outlet density and university student drinking : A national study. Addiction 103, 1131–8.

Kypri K., Saunders J.B., Williams, S.M., McGee R.O., Langley J.D., Cashell–Smitth M.J., and Gallagher S.J. (2004) Web–based screening and brief intervention for hazardous drinking : A double–blind randomized controlled trial. Addiction 99, 1410–17.

Kypri K., Voas R.B., Langley J.D., Stephenson S.C.R., Begg D.J., Tippetts A.S., and Davie G.S. (2006) Minimum purchasing age for alcohol and traffic crash injuries among 15–to 19–year–olds in New Zealand. American Journal of Public Health 96, 126–31.

Labrie J.W. (2002) Weighing the pros and cons : A brief motivational intervention reduces risk associated with drinking and unsafe sex. Doctoral dissertation. Los Angeles, CA : University of Southern California.

Lacey J.H., Ferguson S., Kelley–Baker T., and Rider R. (2006) Low–manpower checkpoints : Can they provide effective DUI enforcement in small communities? Traffic Injury Prevention 7, 213–18.

Lacey J.H., Kelley–Baker T., Furr–Holden D., Brainard K., and Moore C. (2007) Pilot test of new roadside survey methodology for impaired driving. NHTSA Publication No. DOT HS 810 704. Washington, DC : National Highway Traffic safety Administration.

LaChance H. (2004) Group motivational intervention for underage college student drinkers in mandated university-based programming. Doctoral dissertation. Boulder, CO : University of Colorado.

Lachenmeier D.W. and Rehm J. (2009) Unrecorded alcohol : A threat to public health? Addiction 104, 875-7.

Laixuthai A. and Chaloupka F.J. (1993) Youth alcohol use and public policy. Contemporary Economic Policy 11, 70-81.

Lakins N.E., Williams G.D., and Yi H (2007) Apparent per capita alcohol consumption : National, state, and regional trends, 1977-2005. Surveillance report #82. Arlington, VA : CSR Inc.

Lal Pai U. (2008) Alcohol industry in India : High-spirited growth. Available at : http://www.investorideas.com/IiI/News/011607.asp (accessed 6 April 2008).

Land Transport Safety Authority (2003) Road safety to 2010. Available at : http://www.ltsa.govt.nz/strategy-2010/docs/2010-strategy.pdf (accessed 13 July 2009).

Landis B.Y. (1952) Some economic aspects of inebriety. In : Alcohol, Science and Society, pp 201-21. New Haven, CT : Quarterly Journal of Studies on Alcohol.

Lang E. and Rumbold G. (1997) The effectiveness of community-based interventions to reduce violence in and around licensed premises : A comparison of three Australian models. Contemporary Drug Problems 24, 805-26.

Lang E., Stockwell T.R., Rydon P., and Beel A.C.(1998) Can training bar staff in responsible serving practices reduce alcohol-related harm? Drug and Alcohol Review 17, 39-50.

Lange J.E., Reed M.B., Johnson M.B., and Voas R.B. (2006) The efficacy of experimental interventions designed to reduce drinking among designated drivers. Journal of Studies on Alcohol 67, 261-8.

Lapham S.C, C'de Baca J., McMillan G.P., and Lapidus J. (2006a) Psychiatric disorders in a sample of repeat impaired-driving offenders. Journal of Studies on Alcohol 67, 707-13.

Lapham S.C., C'de Baca J., Lapidus J., and McMillan G. (2007) Randomized sanctions to reduce re-offense among repeat impaired-driving offenders. Addiction 102, 1618-25.

Lapham S.C., Kapitula L.R., C'de Baca J., and McMillan G.P. (2006b) Impaired-driving recidivism among repeat offenders following an intensive court-based intervention. Accident Analysis & Prevention 38, 162-9.

Larimer M.E. and Cronce J.M. (2002) Identification, prevention and treatment : a review of individual-focused strategies to reduce problematic alcohol consumption by college students. Journal of Studies on Alcohol Suppl. 14, 148-63.

Larimer M.E. and Cronce J.M. (2007) Identification, prevention, and treatment revisited : Individual-focused college drinking prevention strategies 1999-2006. Addictive Behaviors 32, 2439-68.

Larimer M.E., Lee C.M., Kilmer J.R., Fabiano P.M., Stark C.B., Geisner I.M., Mallett K.A., Lostutter T.W., Cronce J.M., Feeney M., and Neighbors C. (2007) Personalized mailed feedback for college drinking prevention : A randomized clinical trial. Journal of Consulting and Clinical Psychology 75, 285-93.

Larimer M.E., Turner A.P., Anderson B.K., Fader J.S., Kilmer J.R., Palmer R.S., and Cronce J.M. (2001) Evaluating a brief alcohol intervention with fraternities. Journal of Studies on Alcohol 62, 370-80.

Larsen S. and Saglie J. (1996) Alcohol use in Saami and non-Saami areas in northern Norway. European Addiction Research 2, 78-82.

Larsson S. and Hanson B.S. (1999) Prevent alcohol problems in Europe by community actions : Various national and regional contexts. In : Larsson S. and Hanson B.S. (eds.) Community-based alcohol prevention in Europe : Research and evaluations, pp. 220-39. Lund, Sweden : Lunds Universitet.

LaScala E.A., Johnson F.W., and Gruenewald P.J. (2001) Neighborhood characteristics of alcohol-related pedestrian injury collisions : A geostatistical analysis. Prevention Science 2, 123-34.

Latimer J., Dowden C., and Muise D. (2001) The effectiveness of restorative justice practices : A meta-analysis. Ottawa, Canada : Research and Statistics Division, Department of Justice.

Lavoie M., Godin G. and Valois P. (1999) Understanding the use of the community-based drive-home service after alcohol consumption among young adults. Journal of Community Health 24, 171-86.

Lee B. and Tremblay V.J. (1992) Advertising and the US market demand for beer. Applied Economics 24, 69-77.

Lee K. and Chinnock P. (2006) Interventions in the alcohol server setting for preventing injuries. The Cochrane Database of Systematic Reviews, Issue 2, Art. No. : CD005244.pub2. DOI : 10.1002/14651858.CD005244.pub2.

Legge J.S. Jr., and Park J. (1994) Policies to reduce alcohol-impaired driving : Evaluating elements of deterrence. Social Science Quarterly 75, 594-606.

Leiber C.S. (1988) Biochemical and molecular basis of alcohol-induced injury to liver tissues. New England Journal of Medicine 319, 1639-50.

Leifman H. (1996) Perspectives on alcohol prevention. Dissertation. Stockholm, Sweden : Almquist & Wiksell International.

Leifman H. (2001) Homogenization in alcohol consumption in the European Union. Nordic Studies on Alcohol and Drugs 18 (English Suppl.), 15-30.

Leifman H.(2002) A comparative analysis of drinking patterns in 6 EU countries in the year 2000. Contemporary Drug Problems 29, 501-48.

Lemmens P.H.(1991) Measurement and distribution of alcohol consumption. Dissertation. Maastricht, the Netherlands : University of Limburg.

Lenke L. (1990) Alcohol and criminal violence : Time series analysis in a comparative perspective. Stockholm Sweden : Almquist & Wiksell International.

Leon D.A., Chenet L., Shkolnikov V.M., Zakharov S., Shapiro J., Rakhmanova G., Vassin S., and McKee M. (1997) Huge variation in Russian mortality rates 1984-94 : Artefact, alcohol, or what? The Lancet 350, 383-8.

Leonard K.E. (1990) Marital functioning among episodic and steady alcoholics. In : Collins R.L., Leonard K.E., and Searless J.S. (eds.) Alcohol and the Family : Research and Clinical Perspectives, pp. 220-43. New York, NY : The Guilford Press.

Leonard K.E. and Rothbard J.C. (1999) Alcohol and the marriage effect. Journal of Studies on Alcohol (Suppl. 13), 139-46S.

Leonard K.E., Quigley B.M., and Collins R.L. (2002) Physical aggression in the lives of young adults : Prevalence, location, and severity among college and community samples.

Journal of Interpersonal Violence 17, 533–50.

Leppänen K., Sullström R., and Suoniemi I. (2001) The consumption of alcohol in fourteen European countries : A comparative econometric analysis. Helsinki, Finland : STAKES.

Levy D.T. and Miller T.R. (1995) A cost–benefit analysis of enforcement efforts to reduce serving intoxicated patrons. Journal of Studies on Alcohol 56, 240–7.

Lewis M.A. and Neighbors C. (2006) Social norms approaches using descriptive drinking norms education : A review of the research on personalized normative feedback. Journal of American College Health 54, 213–18.

Lindstrom P. and Svensson R. (1998) Attitudes toward drugs among youths : An evaluation of the Swedish DARE programme. Nordisk alcohol – & nartkotikatidskrift 15 (English Suppliment), 7–23.

Lipsey M.W., Wilson D.B., Cohen M.A., and Derzon J.H. (1997) Is there a causal relationship between alcohol use and violence? In : Galanter M. (ed.) Recent Developments in Alcoholism. Vol. 13 : Alcohol and Violence, pp. 245–82. New York, NY : Plenum Press.

Lishman W.A. (1998) Organic psychiatry : the psychological consequences of cerebral disorder. Oxford, UK : Blackwell Science Inc.

Lister S., Hadfield P., Hobbs D., and Winlow S. (2001) Accounting for bouncers : Occupational licensing as a mechanism for regulation. Criminology and Criminal Justice 1, 363–84.

Lister S., Hobbs D., Hall S., and Winslow S. (2000) Violence in the night–time economy. Bouncers : The reporting, recording and prosecution of assaults. Policing and Society 10, 383–402.

Little B. and Bishop M. (1998) Minor drinkers/major consequences : Enforcement Strategies for underage alcoholic beverage violators. Impaired Driving Update II, 88.

Little H.J. (2000) Behavioral mechanisms underlying the link between smoking and drinking. Alcohol Research and Health 24, 215–24.

Little J.W. (1975) Administration of justice in drunk driving cases. Gainesville, FL : The University Presses of Florida.

Livingston M. (2008) A longitudinal analysis of alcohol outlet density and assault. Alcoholism : Clinical and Experimental Research 32, 1074–9.

Livingston M., Chikritzhs T., and Room R. (2007) Changing the density of alcohol outlets to reduce alcohol–related problems. Drug and Alcohol Review 26, 553–62.

Livingston M., Laslett A.M., and Dietze P. (2008) Individual and community correlates of young people's high–risk drinking in Victoria, Australia. Drug and Alcohol Dependence 98, 241–8

Longest B.B. (1998) Health policymaking in the United States. Chicago, IL : Health Administration Press.

Lönnroth, K., Williams, B., Stadlin, S., Jaramillo, E., and Dye, C. (2008) Alcohol use as a risk factor for tuberculosis – a systematic review. BMC Public Health 8, 289.

Lopez A.D., Mathers C.D., Ezzati M., Jamison D.T., and Murray D.J.L. (2006) Global burden of disease and risk factors. New York, NY : Oxford UP and the World Bank.

Lovato C., Linn G., Stead L., and Best A.(2003) Impact of tobacco advertising and promotion on increasing adolescent smoking behaviours. Cochrane Database of Systematic Reviews Issue 3, Art. No. CD003439. DOI : 10.1002/14651858.CD003439.

Lovato C., Linn G., Stead L., and Best A. (2004) Impact of tobacco advertising and promotion on increasing adolescent smoking behaviours. Chichester, UK : John Wiley & Sons.

Lubek I. (2005) Cambodian 'beer promotion women' and corporate caution : Recalcitrance or worse? Psychology of Women Section Review 7, 2–11.

Ludwig M.J. (1994) Mass media and health education : A critical analysis and reception study of a selected anti–drug campaign. Dissertation Abstracts International 55, 1479A.

Lyon A.B. and Schwab R.M. (1995) Consumption taxes in a life–cycle framework : Are sin taxes regressive? The Review of Economics and Statistics 77, 389–406.

MacAndrew, C. and Edgerton, R. (1969). Drunken comportment : A social explanation. London, UK : Thomas Nelsen and Sons Ltd.

Macdonald S., Wells S., Giesbrecht N., and Cherpitel C.–. (1999) Demographic and substance use factors related to violent and accidental injuries : results from an emergency room study. Drug and Alcohol Dependence 55, 53–61.

Mackay G. (2003) Chief executive's review. SABMiller Annual report. Available at : http://www.sabmiller.com/files/reports/ar2003/index.html (accessed 3 July 2009).

MacKinnon D.P. and Nohre L. (2006) Alcohol and tobacco warnings. Mahwah, NJ : Lawrence Erlbaum Associates Publishers.

MacKinnon D.P., Johnson C.A., Pentz M.A., Dwyer J.H., Hansen W.B., Flay B.R., and Wang E.Y.–I. (1991) Mediating mechanisms in a school–based drug prevention program : First–year effects of the Midwestern Prevention Project. Health Psychology 10, 164–72.

MacKinnon D.P., Pentz M.A., and Stacy A.W. (1993) The alcohol warning label and adolescents : The first year. American Journal of Public Health 83, 585–7.

Maclure M. (1993) Demonstration of deductive meta–analysis : Ethanol intake and risk of myocardial infarction. Epidemiologic Reviews 15, 328–51.

Madden P.A. and Grube J.W. (1994) The frequency and nature of alcohol and tobacco advertising in televised sports, 1990 through 1992. American Journal of Public Health 84, 297–9.

Madrigal E. (1998) Drug policies and tradition : Implications for the care of addictive disorders in two Andean countries. In : Klingemann H. and Hunt G. (eds.) Drug treatment systems in an international perspective : Drugs, demons and delinquents, pp. 195–200. London, UK : SAGE Publications.

Maguire M. and Nettleton H. (2003) Reducing alcohol–related violence and disorder : An evaluation of the 'TASC' project(No. 265). London, UK : Home Office Research, Development and Statistics Directorate.

Majnoni d'Intignano B. (1998) Industrial epidemics. In : Chinitz D. and Cohen J. (eds.) Governments and health systems : Implications of differing involvement, pp. 585–96. Chichester, UK : John Wiley & Sons.

Mäkelä K. (1970) Dryckegångernas frekvens enligt de konsumerade drykerna och mängden före och efter lagreformen (The frequency of drinking occasions according to type of beverage and amount consumed before and after the new alcohol law). Alkoholpolitik 33, 144–53.

Mäkelä K. (1983) The uses of alcohol and their cultural regulation. Acta Sociologica 1,

21–31.
Mäkelä K., Österberg E., and Sulkunen P. (1981a) Drink in Finland : Increasing alcohol availability in a monopoly state. In : Single E., Morgan P., and deLint J. (eds.) Alcohol, Society and the State II : The Social History of Control Policy in Seven Countries, pp. 31–59. Toronto, Canada : Addiction Research Foundation.
Mäkelä K., Room R., Single E.R., Sulkunen P. and Walsh B., with Bunce R., Cahannes M., Cameron T., Giesbrecht N., de Lint J., Mäkinen H., Morgan P., Mosher J., Moskalewicz J., Müller R., Österberg E., Wald I. and Walsh D. (1981b) Alcohol, society, and the state : Volume 1, a comparative study of alcohol control. Toronto, Canada : Addiction Research Foundation.
Mäkelä P. (2002) Whose drinking does a liberalization of alcohol policy increase? : Change in alcohol consumption by the initial level in the Finnish panel survey in 1968 and 1969. Addiction 97, 701–6.
Mäkelä P. and Österberg E. (2009) Weakening of one more alcohol control pillar : A review of the effects of alcohol tax cuts in Finland in 2004. Addiction 104, 554–63.
Mäkelä P., Bloomfield K., Gustafsson N.–K., Huhtanen P., and Room R. (2008) Changes in volume of drinking after changes in alcohol taxes and travellers' allowances : Results from a panel study. Addiction 103, 181–91.
Mäkelä P., Fonager K., Hibell B., Nordlund S., Sabroe S., and Simpura J. (1999) Drinking habits in the Nordic countries. SIFA Rapport 2/99. Oslo, Norway : National Institute for Alcohol and Drug Research.
Mäkelä P., Mustonen H., and Österberg E. (2007) Does beverage type matter? Nordisk alkohol – & narkotikatidskrift [Nordic Studies on Alcohol and Drugs] 24, 617–31.
Mäkelä P., Tryggvesson K., and Rossow I. (2002) Who drinks more or less when policies change? The evidence from 50 years of Nordic studies. In : Room R. (ed.) The Effects of Nordic Alcohol Policies : Analyses of Changes in Control Systems, pp. 17–70. Publication No. 42. Helsinki, Finland : Nordic Council for Alcohol and Drug Research.
Makowsky C. and Whitehead P.C. (1991) Advertising and alcohol studies : A legal impact study. Journal of Studies on Alcohol 52, 555–67.
Males M. (2007) California's graduated driver license law : Effect on teenage drivers' deaths through 2005. Journal of Safety Research 38, 651–9.
Mangeloja E. and Pehkonen J. (2009) Availability and consumption of alcoholic beverages : Evidence from Finland. Applied Economics Letters 16, 425–9.
Mangione T.W., Howland J., Amick B., Cote J., Lee M., Bell N., and Levine S. (1999) Employee drinking practices and work performance. Journal of Studies on Alcohol 60, 261–70.
Mann R.E., MacDonald S., Stoduto G., Bondy S., Jonah B., and Shaikh A. (2001) The effects of introducing or lowering legal per se blood alcohol limits for driving : An international review. Accident Analysis & Prevention 33, 569–83.
Mann R.E., Smart R., Anglin L., and Rush B. (1988) Are decreases in liver cirrhosis rates a result of increased treatment for alcoholism? British Journal of Addiction 83, 683–8.
Mann R.E., Vingilis E.R., Gavin D., Adlaf E. and Anglin L. (1991) Sentence severity and the drinking driver : Relationships with traffic safety outcome. Accident Analysis & Prevention 23, 483–91.

Manning W.G., Blumberg L., and Moulton L.H. (1995) The demand For alcohol : The differential response to price. Journal of Health Economics 14, 123–48.

Manor J. (1993) Power, poverty and poison : Disaster and response in an Indian city. New Delhi, India : Sage Publications.

Margolis L.H., Masten S.V., and Foss R.D. (2007) The effects of graduated driver licensing on hospitalization rates and charges for 16–and 17–year–olds in North Carolina. Traffic Injury Prevention 8, 35–8.

Marin Institute (2008a) Why big alcohol can't police itself : A review of advertising self–regulation in the distilled spirits industry. San Rafael, CA : Marin Institute. Available at : http://www.marininstitute.org/site/index.php?option=com_content&view=article&id=118:why–big–alcohol–cant–police–itself&catid=18:reports&Itemid=15 (accessed 14 July 2009).

Marin Institute (2008b) You get what you pay for : California's alcohol lobby. San Rafael, CA : Marin Institute.

Markowitz S. (2000) Criminal violence and alcohol beverage control : Evidence from an international study. National Bureau of Economic Research Working Paper Series No. 7481. New York, NY : National Bureau of Economic Research.

Markowitz S. and Grossman M. (1998) Alcohol regulation and domestic violence towards children. Contemporary Economic Policy 16, 309–20.

Markowitz S. and Grossman M. (2000) The effects of beer taxes on physical child abuse. Journal of Health Economics 19, 271–82.

Markowitz S., Chatterji P. and Kaestner R. (2003) Estimating the impact of alcohol policies on youth suicides. Journal of Mental Health Policy and Economics 6, 37–46.

Markowitz S., Kaestner R., and Grossman M. (2005) An investigation of the effects of alcohol consumption and alcohol policies on youth risky sexual behaviors. The American Economic Review 95, 263–6.

Marmot M.G. (2001) Alcohol and coronary heart disease. International Journal of Epidemiology 30, 724–9.

Marques P. R. (2009) The alcohol ignition interlock and other technologies for the prediction and control of impaired drivers. In : Verster J.C., Pandi–Perumal S.R., Ramaekers J.G., and de Gier J.J. (eds.) Drugs, Driving, and Traffic Safety, pp. 457–76. Basel, Switzerland : Birkhäuser.

Marques P.R. and Voas R.B. (1995) Case–managed alcohol interlock programs : A bridge between the criminal and health systems. Journal of Traffic Medicine 23, 77–85.

Marques P.R. and Voas R.B. (1998) Using the alcohol safety interlock data logger to track the drinking of convicted drunk drivers. Supplement to Alcoholism : Clinical and Experimental Research. 1998 Scientific Meeting of the Research Society on Alcoholism. June 20–25, Hilton Head Island, South Carolina 41A .

Marques P.R. and Voas R.B. (2005) Interlock BAC tests, alcohol biomarkers, and motivational interviewing: Methods for detecting and changing high–risk offenders. In: Marques P.R. (ed.) Alcohol Ignition Interlock Devices. Volume II : Research, Policy, and Program Status 2005, pp. 25–41. Oosterhout, the Netherlands : International Council on Alcohol, Drugs and Traffic Safety.

Marsden Jacob Associates (2005) Identifying a framework for regulation in packaged liquor retailing. Report prepared for the National Competition Council as part of the

NCC Occasional Series. Melbourne, Australia : Marsden Jacob Associates. Available at : http://www.ncc.gov.au/pdf/PIReMJ-003.pdf (accessed 8 Oct 2008).

Martin C., Wyllie A., and Casswell S. (1992) Types of New Zealand drinkers and their associated problems. Journal of Drug Issues 22, 773-96.

Martin S., Grube J.W., Voas R.B., Baker J., and Hingson R.(1996) Zero tolerance laws: Effective policy? Alcoholism: Clinical and Experimental Research 20, 147-50a.

Martin S., Snyder L., Hamilton M., Fleming-Milici F., Slater M., Stacy A., Chen M.-J., and Grube J. (2002) Alcohol advertising and youth. Alcoholism: Clinical & Experimental Research 26, 900-6.

Mast B.D., Benson B.L., and Rasmussen D.W. (1999) Beertaxation and alcohol-related fatalities. Southern Economic Journal 66, 214-49.

Masten S.V. and Hagge R.A. (2004) Evaluation of California's graduated driver licensing program. Journal of Safety Research 35, 523-35.

Mazzocchi M. (2006) Time patterns in UK demand for alcohol and tobacco : An application of the EM algorithm. Computational Statistics & Data Analysis 50, 2191-205.

McBride N., Farringdon F., Midford R., Meuleners L., and Philip M. (2004) Harm minimisation in school drug education : Final results of the School Health and Alcohol Harm Reduction Project (SHAHRP). Addiction 99, 278-91.

McCarthy P. (2007) Accords : Are they an effective means of mitigating alcohol-related harm? Melbourne, Australia : DrinkWise Australia.

McCarthy P.S. (2003) Effects of alcohol and highway speed policies on motor vehicle crashes involving older drivers. Journal of Transportation and Statistics 6, 51-65.

McCartt A.T. and Northrup V.S. (2004) Effects of enhanced sanctions for high BAC DWI offenders on case dispositions and rates of recidivism. Traffic Injury Prevention 5, 270-7.

McCartt A.T. and Williams A.F.(2004) Characteristics of fatally injured drivers with high blood alcohol concentrations (BACs). In : Proceedings of the 17th International Conference on Alcohol, Drugs, and Traffic Safety. Glasgow, UK : The International Council on Alcohol, Drugs & Traffic Safety. Available at : http://www.icadts.org/t2004/O105.html (accessed 13 July 2009).

McCartt A.T., Blackman K., and Voas R. (2007) Implementation of Washington state's zero tolerance law : Patterns of arrests, dispositions, and recidivism. Traffic Injury Prevention 8, 339-45.

McCartt A.T., Mayhew D.R., Braitman K.A, Ferguson S.A., and Simpson H.M. (2008) Effects of age and experience on young driver crashes : Review of recent literature. Arlington, VA : Insurance Institute for Highway Safety.

McCombs M. and Shaw D. (1972) The agenda-setting function of the mass media. Public Opinion Quarterly 36, 176-87.

McCreanor T., Casswell S., and Hill L. (2000) ICAP and the perils of partnership. (Editorial.) Addiction 95, 179-85.

McCreanor T., Moewaka Barnes H., Gregory M., Kaiwai H., and Borell S. (2005) Consuming identities : Alcohol marketing and the commodification of youth experience. Addiction Research and Theory 13, 579-90.

McCreanor T., Moewaka Barnes H., Kaiwai H., Borell S., and Gregory A. (2008) Creating intoxigenic environments : Marketing alcohol to young people in Aotearoa New Zealand Social Science & Medicine 67, 938–46.

McGuiness T. (1980) An econometric analysis of total demand for alcoholic beverages in the UK, 1956–1975. Journal of Industrial Economics 29, 85–109.

McKilip J., Lockhart D.C., Eckert P.S., and Phillips J. (1985) Evaluation of a responsible alcohol use media campaign on a college campus. Journal of Alcohol and Drug Education 30, 88–97.

McKinlay J.B.(1992) Health promotion through healthy public policy: The contribution of complementary research methods. Canadian Journal of Public Health 83 (Suppl.), 11–19S.

McKnight A.J. (1990) Intervention with alcohol–impaired drivers by peers, parents and purveyors of alcohol. Health Education Research : Theory and Practice 5, 225–36.

McKnight A.J. (1991) Factors influencing the effectiveness of server–intervention education. Journal of Studies on Alcohol 52, 389–97.

McKnight A.J. and Streff F.M. (1994) The effect of enforcement upon service of alcohol to intoxicated patrons of bars and restaurants. Accident Analysis and Prevention 26, 79–88.

McKnight A.J. and Voas R.B. (2001) Prevention of alcohol–related road crashes. In : Heather N., Peters T.J., and Stockwell T. (eds.) International Handbook of Alcohol Dependence and Problems, pp. 741–70. Chichester, UK : John Wiley and Sons.

McMillan G.P. and Lapham S. (2006) Effectiveness of bans and laws in reducing traffic deaths : Legalized Sunday packaged alcohol sales and alcohol–related traffic crashes and crash fatalities in New Mexico. American Journal of Public Health 96, 1944–8

McMillan G.P., Hanson T.E.,S.C. (2007) Geographic variability in alcohol–related crashes in response to legalized Sunday packaged alcohol sales in New Mexico. Accident Analysis and Prevention 39, 252–7.

McNally A.M. and Palfai T.P. (2003) Brief group alcohol intervention with college students : Examining motivational components. Journal of Drug Education 33, 159–76.

Meier P., Booth A., Stockwell T., Sutton A., Wilkinson A., and Wong R. (2008a) Independent Review of the Effects of Alcohol Pricing and Promotion : Part A : Systematic Reviews." Sheffield, UK : ScHARR, University of Sheffield. Available at : http://www.dh.gov.uk/en/Publichealth/Healthimprovement/Alcoholmisuse/DH_4001740 (accessed 9 July 2009).

Meier P., Brenna A., Purshouse R., Taylor K., Rafia R., Booth A., Stockwell T., Sutton A., Wilkinson A., and Wong R. (2008b) Independent review of the effects of alcohol pricing and promotion : Part B – Modelling the potential impact of pricing and promotion policies for alcohol in England : Results from the Sheffield Alcohol Policy Model. Sheffield, UK : ScHARR, University of Sheffield. Available at : http://www.dh.gov.uk/en/Publichealth/Healthimprovement/Alcoholmisuse/DH_4001740 (accessed 9 July 2009).

Meilman P.W. and Haygood–Jackson D. (1996) Data on sexual assault from the first 2 years of a comprehensive campus prevention program. Journal of American College Health 44, 157–65.

Meilman P.W., Burwell C., Smith K.E., Canterbury R.J., Gressard C.G., Pryor J.H., Fleming R.L., Gaylor M.S., Nelson G.C., and Turco J.H. (1993) Using survey data to capture students' attention : Three institutions look at alcohol–induced sexual behavior.

Journal of College Student Development 34, 72–3.
Mendoza M.M., Medina–Mora E.M., Villatoro J., and Durand A. (2005) Alcohol consumption among Mexican women : Implications in a syncretic culture. In : Obot I.S. and Room R. (eds.) Alcohol, Gender and Drinking Problems : Perspectives from Low and Middle Income Countries, pp. 125–42. Geneva, Switzerland : World Health Organization.
Metzner C. and Kraus L. (2008) The impact of alcopops on adolescent drinking : A literature review. Alcohol and Alcoholism 43, 230–9.
Miczek K.A., DeBold J.F., van Erp A.M.M., and Tornatzky W. (1997) Alcohol, GABAA : benzodiazepine receptor complex, and aggression. In : Galanter M. (ed.) Recent Developments in Alcoholism. Vol. 13 : Alcohol and Violence, pp. 139–71. New York, NY : Plenum Press.
Miczek K.A., Weerts E.M., and DeBold J.F. (1993) Alcohol, benzodiazepine–GABA receptor complex and aggression : Ethological analysis of individual differences in rodents and primates. Journal of Studies on Alcohol Suppl. 11, 170–9S.
Midanik L. (1999) Drunkenness, feeling the effects, and 5+ measures : Meaning and predictiveness. Addiction 94, 887–97.
Midanik L.T., Tam T.W., Greenfield T., and Caetano R.(1996) Risk functions for alcohol–related problems in a 1988 U.S. national sample. Addiction 91, 1427–37.
Midford R. and McBride N. (2004) Alcohol education in schools. In : Heather N. and Stockwell T. (eds.) The Essential Handbook of Treatment and Prevention of Alcohol Problems, pp. 298–319. Chichester, UK : John Wiley & Sons.
Milio N. (1988) Making healthy public policy : Developing the science by learning the art : An ecological framework for policy studies. Health Promotion 2, 263–74.
Miller P.G., Kypri K., Chikritzhs T.N., Skov S.J., and Rubin G. (2009) Health experts reject industry–backed funding for alcohol research.Medical Journal of Australia 190, 713–14.
Miller T., Snowden C., Birckmayer J., and Hendrie D. (2006) Retail alcohol monopolies, underage drinking, and youth impaired driving deaths. Accident Analysis & Prevention 38, 1162–7.
Miller T.R., Blewden M., and Zhang J.–F. (2004) Cost savings from a sustained compulsory breath testing and media campaign in New Zealand. Accident Analysis & Prevention 36, 783–94.
Miller T.R., Lestina D.C., and Spicer R.S. (1998) Highway crash costs in the United States by driver age, blood alcohol level, victim age, and restraint use. Accident Analysis & Prevention 30, 137–50.
Miller W.R., Brown J.M., Simpson T.L., Handmaker N.S., Bien T.H., Luckie L.F., Montgomery H.A., Hester R.K., and Tonigan J.S. (1995) What works? : A methodological analysis of the alcohol treatment outcome literature. In : Hester R.K. and Miller W.R. (eds.) Handbook of Alcoholism Treatment Approaches : Effective Alternatives, 2nd edn., pp. 12–44. Boston, MA : Allyn and Bacon.
Miron J.A. and Tetelbaum E. (2007) Does the minimum legal drinking age save lives? NBER Working Paper No. 13257. Cambridge, MA : National Bureau of Economic Research.
Mohan D. (2002) Road safety in less motorized environments : Future concerns. International Journal of Epidemiology 31, 527–32.

Møller L. (2002) Legal restrictions resulted in a reduction of alcohol consumption among young people in Denmark. In : Room R. (ed.) The Effects of Nordic Alcohol Policies : Analyses of Changes in Control Systems, pp. 155–66. Publication No. 42. Helsinki, Finland: Nordic Council for Alcohol and Drug Research.

Molof J.J., Dresser J., Ungerleider S., Kimball C., and Schaefer J. (1995) Assessment of year–round and holiday ride service programs. DOT HS 808 203. Springfield, VA : National Technical Information Service.

Monaghan L.F. (2002) Regulating 'unruly' bodies : Work tasks, conflict and violence in Britain's night–time economy. British Journal of Sociology 53, 403–29.

Monteiro M.G. (2007) Alcohol and public health in the Americas : A case for action. Washington, DC : Pan American Health Organization.

Montgomery K. (1997) Alcohol and tobacco on the web : New threats to young. Executive summary. Washington, DC : Center for Media Education.

Morgenstern H. (1998) Ecologic studies. In : Rothman K.J. and Greenland S. (eds.) Modern Epidemiology, pp. 459–80. Philadelphia, PA: Lippincott–Raven Publishers.

Morrisey M.A., Grabowski D.C., Dee T.S., and Campbell C. (2006) The strength of graduated drivers licensing programs and fatalities among teen drivers and passengers. Accident Analysis & Prevention 38, 135–41.

Morrison L., Begg D.J., and Langley J.D. (2002) Personal and situational influences on drink driving and sober driving among a cohort of young adults. Injury Prevention 8, 111–15.

Mosher J., Toomey T.L., Good C., Harwood E., and Wagenaar A.C. (2002) State laws mandating or promoting training programs for alcohol servers and establishment managers : An assessment of statutory and administrative procedures. Journal of Public Health Policy 23, 90–113.

Mosher J.F. (1990) Community responsible beverage service programs : An implementation handbook. San Rafael, CA : Marin Institute for Prevention of Alcohol and Other Drug–Related Problems.

Mosher J.F. (ed.) (2002)Liquor liability law. Albany, NY : Matthew Bender.

Mosher J.F. (2005) Transcendental alcohol marketing : Rap music and the youth market. Addiction 100, 1203–4.

Mosher J.F. and Johnsson D. (2005) Flavored alcoholic beverages : An international marketing campaign that targets youth. Journal of Public Health Policy 26, 326–42.

Moskalewicz J. (1993) Lessons to be learnt from Poland's attempt at moderating its consumption of alcohol. Addiction 88 (Suppl.), 135–42S.

Moskalewicz J. (2000) Alcohol in the countries in transition : The Polish experience and the wider context. Contemporary Drug Problems 27, 561–92.

Moskalewicz J. and Swiatkiewicz G. (2000) Alcohol consumption and its consequences in Poland in the light of official statistics. In : Leifman H. and Edgren Henrichsen N. (eds.) Statistics on Alcohol, Drugs and Crime in the Baltic Sea Region, pp. 143–161. Publication No. 37. Helsinki, FInland : Nordic Council for Alcohol and Drug Research.

Moskowitz H. and Fiorentino D. (2000) A review of the literature on the effects of low doses of alcohol on driving related skills. NHTSA Publication No. DOT HS-809-028. Washington, DC : National Highway Traffic Safety Administration.

Moskowitz H., Blomberg R., Burns M., Fiorentino D., and Peck R. (2002) Methodological issues in epidemiological studies of alcohol crash risk. In : Mayhew D.R. and Dussault C. (eds.) Proceedings of the 16th International Conference on Alcohol, Drugs and Traffic Safety, Montreal, Canada, August 4–9, 2002, pp. 45–50. Québec, Canada : Société de l'assurance automobile du Québec. Available at : http://www.saaq.gouv.qc.ca/t2002/actes/pdf/%2806a%29.pdf (accessed 13 July 2009).

Moskowitz J.M. (1989) Primary prevention of alcohol problems : A critical review of the research literature. Journal of Studies on Alcohol 50, 54–88.

Mugford S. (1984) Experiment in price manipulation of low alcohol beer. Sydney, Australia : New South Wales Drug and Alcohol Authority.

Mukamal K.J. and Rimm E.B. (2001) Alcohol's effects on the risk for coronary heart disease. Alcohol Research and Health 25, 255–61.

Mulder M., Ranchor A.V., Sanderman R., Bouma J., and van den Heuvel W.J. (1998) Stability of lifestyle behaviour. International Journal of Epidemiology 27, 199–207.

Mulford H.A., Ledolter J., and Fitzgerald J.L. (1992) Alcohol availability and consumption : Iowa sales data revisited. Journal of Studies on Alcohol 53, 487–94.

Mumenthaler M.S., Taylor J.L., O'Hara R., and Yesavage J.A. (1999) Gender differences in moderate drinking effects. Alcohol Research & Health 23, 55–64

Munro G. (2004) An addiction agency's collaboration with the drinks industry : Moo Joose as a case study. Addiction 99, 1370–4.

Murphy G.E. (2000) Psychiatric aspects of suicidal behaviour : Substance abuse. In : Hawton K. and van Heeringen K. (eds.) The International Handbook of Suicide and Attempted Suicide, pp. 135–46. Chichester, UK : John Wiley and Sons.

Murphy J.G., Duchnick J.J., Vuchinich R.E., Davison J.W., Karg R.S., Olson A.M., Smith A.F., and Coffey T.T. (2001) Relative efficacy of a brief motivational intervention for college student drinkers. Psychology of Addictive Behaviors 15, 373–9.

Murray C.J.L. and Lopez A. (1996a) Quantifying the burden of disease and injury attributable to ten major risk factors. In : Murray C.J.L. and Lopez A. (eds.) The Global Burden of Disease : A Comprehensive Assessment of Mortality and Disability from Diseases, Injuries and Risk Factors in 1990 and Projected to 2020, pp. 295–324. Cambridge, MA : Harvard UP.

Murray C.J.L. and Lopez A. (1997) Mortality by cause for eight regions of the world : Global Burden of Disease study. The Lancet 349, 1269–76.

Murray C.J.L. and Lopez A. (1999) On the comparable quantification of health risks : Lessons from the Global Burden of Disease study. Epidemiology 10, 594–605.

Murray C.J.L. and Lopez A.D. (eds.) (1996b) The global burden of disease : A comprehensive assessment of mortality and disability from diseases, injuries and risk factors in 1990 and projected to 2020. Global Burden of Disease and Injury Series, Vol. I. Cambridge, MA : Harvard School of Public Health on behalf of the World Health Organization and the World Bank.

Murray C.J.L., Salomon J.A., and Mathers C. (2000) A critical examination of summary measures of population health. Bulletin of the World Health Organization 78, 981–94.

Murray J.P., Jr., Stam A., and Lastovicka J.L. (1996) Paid–versus donated–media strategies for public service announcement campaigns. Public Opinion Quarterly 60,

1-29.

Murray L.F. and Belenko S. (2005) CASASTART : A community-based, school-centered intervention for high-risk youth. Substance use and Misuse 40, 913-33.

Murray R.P., Rehm J., Shaten J., and Connett J.E. (1999) Does social integration confound the relation between alcohol consumption and mortality in the Multiple Risk Factor Intervention Trial (MRFIT)? Journal of Studies on Alcohol 60, 740-5.

Musgrave S. and Stern N. (1988) Alcohol : Demand and taxation under monopoly and oligopoly in South India in the 1970s. Journal of Development Economics 28, 1-41.

Mustonen H. and Mäkelä K. (1999) Relationships between characteristics of drinking occasions and negative and positive experiences related to drinking. Drug and Alcohol Dependence 56, 79-84.

Nagata T., Setoguchi S., Hemenway D., and Perry M. (2008) Effectiveness of a law to reduce alcohol-impaired driving in Japan. Injury Prevention : Journal of the International Society for Child and Adolescent Injury Prevention 14, 19-23.

Naimi T.S., Brewer R.D., Miller J.W., Okoro C., and Mehrotra C. (2007) What do binge drinkers drink? : Implications for alcohol control policy. American Journal of Preventive Medicine 30, 188-93.

National Health and Medical Research Council (2009) Australian guidelines to reduce health risks from drinking alcohol. Canberra, Australia : National Health and Medical Research Council. Available at : http://www.nhmrc.gov.au/publications/synopses/ds10syn.htm (accessed 15 July 2009).

National Highway Traffic Safety Administration (1998) Traffic Safety Facts, 1997. Washington, DC : US Government Printing Office.

National Highway Traffic Safety Administration (2008) Traffic safety facts 2006. NHTSA Publication No. DOT HS 810 818. Washington, DC : National Highway Traffic Safety Administration. Available at : http://www-nrd.nhtsa.dot.gov/Pubs/TSF2006FE.PDF (accessed 13 July 2009).

National Institute for Alcohol and Drug Research (2001) Alcohol and drugs in Norway. Oslo, Norway : National Institute for Alcohol and Drug Research.

Neighbors C., Lewis M.A., Bergstrom R.L., and Larimer M.E. (2006) Being controlled by normative influences : Self-determination as a moderator of a normative feedback alcohol intervention. Health Psychology 25, 571-9.

Nelson J. (2003) Advertising bans, monopoly, and alcohol demand : testing for substitution effects using state panel data. Review of Industrial Organization 22, 1-25.

Nelson J. (2008a) Alcohol advertising bans, consumption and control policies in seventeen OECD countries, 1975-2000. Applied Economics. DOI : 10.1080/00036840701720952

Nelson J. and Moran J. (1995) Advertising and U.S. alcoholic beverage demand : System-wide estimates. Applied Economics 27, 1225-36.

Nelson J. and Young D. (2001) Do advertising bans work? An international comparison. International Journal of Advertising 20, 273-96.

Nelson J.P. (2008b) How Similar are Youth and Adult Alcohol Behaviors? : Panel Results for Excise Taxes and Outlet Density. Atlantic Economic Journal 36, 89-104.

Nemtsov A.V. (1998) Alcohol-related harm and alcohol consumption in Moscow before, during and after a major anti-alcohol campaign. Addiction 93, 1501-10.

Nemtsov A.V. (2005) Russia : Alcohol yesterday and today. Addiction 100, 146–9.

Nemtsov A.V. and Krasovsky C.S. (1996) An overview of national and local alcohol-related problems in the CIS. Drugs : Education, Prevention and Policy 3, 21–8.

Newman I.M., Anderson C.S., and Farrell K.A. (1992) Role rehearsal and efficacy : Two 15-month evaluations of a ninth-grade alcohol education program. Journal of Drug Education 22, 55–67.

Newton A., Sarker S.J., Pahal G.S., van den Bergh E., and Young C. (2007) Impact of the new UK licensing law on emergency hospital attendances : A cohort study. British Medical Journal 24. 532–4.

NHMRC. See National Health and Medical Research Council.

NHTSA. See National Highway Traffic Safety Administration.

Niederer R., Korn K., Lussmann D., and Kölliker M. (2008) Marktstudie und Befragung junger Erwachsener zum Konsum alkoholhaltiger Mischgetränke (Alcopops). Olten, Switzerland : Direktionsbereich Öffentliche Gesundheit.

Nordlund S. (1985) Effects of Saturday closing of wine and spirits shops in Norway.SIFA Mimeograph No. 5/85. Oslo, Norway : National Institute of Alcohol Research.

Nordlund S. and Österberg E. (2000) Unrecorded alcohol consumption : Its economics and its effects on alcohol control in the Nordic countries. Addiction 12, 551–64.

Nordwall S.P. (2000) Homemade alcohol kills 121 in Kenya. USA Today, Arlington, VA, November 20.

Norström T. (1987) Abolition of the Swedish rationing system : Effects on consumption distribution and cirrhosis mortality. British Journal of Addiction 82, 633–41.

Norström T. (1988) Alcohol and suicide in Scandinavia. British Journal of Addiction 83, 553–9.

Norström T. (1993) Family violence and total consumption of alcohol. Nordisk Alkoholtidskrift 10, 311–18.

Norström T. (1995) Alcohol and suicide : A comparative analysis of France and Sweden. Addiction 90, 1463–9.

Norström T. (1996) Per capitaconsumption and total mortality : An analysis of historical data. Addiction 91, 339–44.

Norström T. (1997) Assessment of the impact of the 0.02% BAC-limit in Sweden. Studies on Crime and Crime Prevention 6, 245–58.

Norström T. (1998) Effects on criminal violence of different beverage types and private and public drinking. Addiction 93, 689–99.

Norström T. (2000) Outlet density and criminal violence in Norway, 1960–1995. Journal of Studies on Alcohol 61, 907–11.

Norström T. (2005) The price elasticity for alcohol in Sweden 1984–2003. Nordisk alkohol- & narkotikatidskrift [Nordic Studies on Alcohol and Drugs] 22 (English Suppl.), 87–101.

Norström T. and O.-J. Skog. (2005) Saturday opening of alcohol retail shops in Sweden : An experiment in two phases. Addiction 100, 767–76.

Northbridge D.B., McMurray J., and Lawson A.A. (1986) Association between liberalization of Scotland's liquor licensing laws and admissions for self poisoning in West Fife. British Medical Journal (Clinical Research Edition) 293, 1466–8.

Noval S. and Nilsson T. (1984) Mellanölets effekt på konsumtionsnivån och tillväxten hos den totala alkoholkonsumtionen [The effects of medium beer on consumption levels and the rise in overall alcohol consumption]. In : Nilsson T. (ed.) När Mellanölet Försvann [When the Medium Beer was Withdrawn], pp. 77–93. Linköping, Sweden : Samhällsvetenskapliga institutionen, Universitetet i Linköping

Nygaard P., Waiters E.D., Grube J.W., and Keefe D. (2003) Why do they do it? : A qualitative study of adolescent drinking and driving. Substance Use and Misuse 38, 835–63.

O'Brien K.S. and Kypri K. (2008) Alcohol industry sponsorship and hazardous drinking among sportspeople. Addiction 103, 1961–6.

O'Connor R.E., Lin L., Tinkoff G.H., and Ellis H. (2007) Effect of a graduated licensing system on motor vehicle crashes and associated injuries involving drivers less than 18 years–of–age. Prehospital Emergency Care 11, 389–93.

O'Donnell M. (1985) Research on drinking locations of alcohol–impaired drivers : Implications for prevention policies. Journal of Public Health Policy 6, 510–25.

Ofcom (2007) Young people and alcohol advertising : An investigation of alcohol advertising following changes to the advertising code. London, UK : Office of Communications. Available at : http://www.ofcom.org.uk/research/tv/reports/alcohol_advertising/alcohol_advertising.pdf (accessed 9 March 2009).

Ogborne A.C. and Smart. R.G. (1980) Will restrictions on alcohol advertising reduce alcohol consumption? British Journal of Addiction 75, 293–329.

Ogden E.J. and Moskowitz H. (2004) Effects of alcohol and other drugs on driver performance. Traffic Injury Prevention 5, 185–98.

Ohsfeldt R.L. and Morrisey M.A. (1997) Beer taxes, workers' compensation, and industrial injury. Review of Economics & Statistics 79, 155–60.

Okello A.K. (2001) An analysis of excise taxation in Kenya. African Economic Policy Discussion Paper No 73. Arlington, VA : Equity and Growth through Economic Research.

Olsson B., Ólafsdóttir H., and Room R. (2002) Introduction : Nordic traditions of studying the impact of alcohol policies. In : Room R. (ed.) The Effects of Nordic Alcohol Policies : What Happens to Drinking and Problems When Alcohol Controls Change?, pp. 5–11. NAD Publication No. 42. Helsinki, Finland : Nordic Council for Alcohol and Drug Research. Available at : http://www.nad.fi/pdf/NAD_42.pdf (accessed 9 July 2009).

O'Malley P.M. and Wagenaar A.C. (1991) Effects of minimum drinking age laws on alcohol use, related behaviors and traffic crash involvement among American youth : 1976–1987. Journal of Studies on Alcohol 52, 478–91.

O'Neill B. and Mohan D. (2002) Reducing motor vehicle crash deaths and injuries in newly motorizing countries. British Medical Journal 324, 1142–5.

Ornstein S.I. and Hanssens D.M. (1985) Alcohol control laws and the consumption of distilled spirits and beer. Journal of Consumer Research 12, 200–13.

Osoro N., Mpango P., and Mwinyimvua H. (2001) An analysis of excise taxation in Tanzania. African Economic Policy Discussion Paper No 72. Arlington, VA : Equity and Growth through Economic Research.

Österberg E. (1979) Recorded consumption of alcohol in Finland, 1950–1975. Report No. 125. Helsinki, Finland : Social Research Institute of Alcohol Studies.

Österberg E. (1985) From home distillation to the state alcohol monopoly. Contemporary

Drug Problems 12, 31–51.
Österberg E. (1995) Do alcohol prices affect consumption and related problems? In : Holder H.D. and Edwards G. (eds.) Alcohol and Public Policy : Evidence and Issues, pp. 145–63. Oxford, UK : Oxford UP.
Österberg E. and Haavisto K. (1997) Alkoholsmugglingen till Finland under 1990–talet [Smuggling of alcoholic beverages into Finland in the 1990s]. Nordisk alkohol – and narkotikatidskrift 14, 290–303.
Österberg E. and Karlsson T. (eds.) (2002) Alcohol policies in EU member states and Norway : A collection of country reports. Helsinki, Finland : STAKES.
Ouimette P.C., Finney J.W., Gima K., and Moos R.H. (1999) A comparative evaluation of substance abuse treatment : examining mechanisms underlying patient–treatment matching hypotheses for 12–step and cognitive–behavioral treatments for substance abuse. Alcoholism : Clinical and Experimental Research 23, 545–51.
Özgüven C. (2004) Analysis of demand and pricing policies in Turkey beer market. [Dissertation.] Ankara, Turkey : The Graduate School of Natural and Applied Sciences, Middle East Technical University. Available at : http://etd.lib.metu.edu.tr/upload/3/12605208/index.pdf (accessed 9 July 2009).
Paasma R., Hovda K.E., Tikkerberi A., and Jacobsen D. (2007) Methanol mass poisoning in Estonia : Outbreak in 154 patients. Clinical Toxicology 45, 152–7.
Paglia A. and Room R. (1999) Preventing substance use problems among youth : A literature review and recommendations. Journal of Primary Prevention 20, 3–50.
Pan–European Designated Driver Campaign 2006 (2007). Available at : http://ec.europa.eu/transport/roadsafety_library/publications/eurobob_final_report.pdf (accessed 16 July 2009).
Paradis C., Demers A., Picard E., and Graham K. (2009) The importance of drinking frequency in evaluating individuals' drinking patterns : Implications for the development of national drinking guidelines. Addiction 104, 1179–84.
Parker R.N. (2004) Alcohol and violence : Connections, evidence and possibilities for prevention. Journal of Psychoactive Drugs Suppl 2, 157–63.
Parker R.N. and Cartmill R.S. (1998) Alcohol and homicide in the United States 1934–1995 – or one reason why US rates of violence may be going down. Journal of Criminal Law and Criminology 88, 1369–98.
Parry C.D.H. (1998) Alcohol policy and public health in South Africa. Cape Town, South Africa : Oxford UP.
Parry C., Rehm J., Poznyak V., and Room R. (2009) Alcohol and infectious diseases : An overlooked causal linkage? Addiction 104, 331–2.
Partanen J. (1975) On the role of situational factors in alcohol research : Drinking in restaurants vs. drinking at home. Drinking and Drug Practices Surveyor 10, 14–16.
Partanen J. (1991) Sociability and intoxication : Alcohol and drinking in Kenya, Africa, and the modern world. Helsinki, Finland : The Finnish Foundation for Alcohol Studies.
Pasch K., Komro K., Perry C., Hearst M., and Farbakhsh K. (2007) Outdoor alcohol advertising near schools : What does it advertise and how is it related to intentions and use of alcohol among young adolescents? Journal of Studies on Alcohol and Drugs 68, 587–96.
Paschall M.J., Grube J.W., Black C.A., and Ringwalt C.L. (2007) Is commercial alcohol

availability related to adolescent alcohol sources and alcohol use? Findings from a multi-level study. Journal of Adolescent Health 41, 168-74.

Paulson R.E. (1973) Women's suffrage and prohibition : A comparative study of equality and social control. Glenview, IL : Scott, Foresman and Company.

Peden M., Scurfield R., Sleet D., Mohan D., Hyder A.A., Jarawan E., and Mathers C. (eds.) (2004) World report on road traffic injury prevention. Geneva, Switzerland : World Health Organization.

Pedersen M.U., Vind L., Milter M., and Grønbæk M. (2004) Alkoholbehandlingsindsatsen i Danmark - semmenlignet med Sverige(The alcohol treatment efforts in Denmark - compared with Sweden). Aarhus, Denmark : Center for Rusmiddelforskning.

Peek-Asa C. (1999) The effect of random alcohol screening in reducing motor vehicle crash injuries. American Journal of Preventative Medicine 16 (Suppl. 1), 57-67.

Peele S. and Brodsky A. (2000) Exploring psychological benefits associated with moderate alcohol use : Necessary corrective to assessments of drinking outcomes? Drug and Alcohol Dependence 60, 221-47.

Pentz M.A., Dwyer J.H., MacKinnon D.P., Flay B.R., Hansen W.B., Wang E.Y.-I., and Johnson C.A. (1989) A multi-community trial for primary prevention of drug abuse : Effects on drug use prevalence. Journal of the American Medical Association 261, 3259-66.

Perdrix J., Bovet P., Larue D., Yersin B., Burnand B., and Paccaud F. (1999) Patterns of alcohol consumption in the Seychelles Islands (Indian Ocean). Alcohol and Alcoholism 34, 773-85.

Perez R.L. (2000) Fiesta as tradition, fiesta as change : Ritual, alcohol and violence in a Mexican community. Addiction 95, 365-73.

Perkins H.W. (2002) Social norms and the prevention of alcohol misuse in collegiate contexts. Journal of Studies on Alcohol Suppl. 14, 164-72.

Perkins H.W. and Craig D.W. (2003) A multifaceted social norms approach to reduce high-risk drinking : Lessons from Hobart and William Smith Colleges. Newton, MA : Higher Education Center for Alcohol and other Drug Prevention, Department of Education.

Pernanen K. (1991) Alcohol in Human Violence. New York, NY : Guilford Press.

Pernanen K. (1996) Sammenhengen alkohol-vold (The relationship between alcohol and violence). Oslo, Norway : National Institute for Alcohol and Drug Research.

Pernanen K. (2001) What is meant by 'alcohol-related' consequences? In : Klingemann H. and Gmel G. (eds.) Mapping the Social Consequences of Alcohol Consumption, pp. 21-31. Dordrecht, the Netherlands : Kluwer Academic Publishers.

Perry C.L., Williams C.L., Forster J.L., Wolfson M., Wagenaar A.C., Finnegan J.R., McGovern P.G., Veblen-Mortenson S., Komro K.A., and Anstine P.S. (1993) Background, conceptualization and design of a community-wide research program on adolescent alcohol use : Project Northland. Health Education Research : Theory and Practice 8, 125-36.

Perry C.L., Williams C.L., Komro K.A., Veblen-Mortenson S., Forster J.L., Bernsten-Lachter R., Pratt L.K., Munson K.A., and Farbakhsh K. (1998) Project Northland--phase II : Community action to reduce adolescent alcohol use. Paper presented at the Kettil Bruun Society Thematic Meeting, February, Russell, Bay of Islands, New Zealand.

Perry C.L., Williams C.L., Veblen-Mortenson S., Toomey T.L., Komro K.A., Anstine P.S., McGovern P.G., Finnegan J.R., Forster J.L., Wagenaar A.C., and Wolfson M. (1996) Project Northland : Outcomes of a community-wide alcohol use prevention program during early adolescence. American Journal of Public Health 86, 956-65.

Peters T. (ed.) (1998) Alcohol and cardiovascular diseases. Novartis Foundation Symposium 216. Chichester, NY : John Wiley and Sons.

Peterson J.B., Rothfleisch J., Zelazo P., and Pihl R.O. (1990) Acute alcohol intoxication and neuropsychological functioning. Journal of Studies on Alcohol 51, 114-22.

Petrie J., Bunn F., and Byrne G. (2007) Parenting programmes for preventing tobacco, alcohol or drugs misuse in children 〈18 : A systematic review. Health Education Research 22, 177-191.

Pierce J. (2007) Tobacco industry marketing, population-based tobacco control, and smoking behavior. American Journal of Preventive Medicine 33(Suppl.). S327-34.

Pihl R.O., Peterson J.B., and Lau M.A. (1993) A biosocial model of the alcohol-aggression relationship. Journal of Studies on Alcohol Suppl. 11, 128-39S.

Pindyck R.S., Rubinfeld D.L., and Eastin R.V. (1989) Microeconomics. New York, NY : Macmillan Publishing Company.

Pinsky I. and Laranjeira R. (2007) Ethics of an unregulated alcohol market. Addiction 102, 1038-9.

Pissochet P., Biache P., and Paille F. (1999) Alcool, publicité et prévention: Le régard des jeunes (Alcohol, advertising and prevention : Young people's point of view). Alcoologie 21, 15-24.

Poikolainen K. (1980) Increase in alcohol-related hospitalizations in Finland 1969-1975. British Journal of Addiction 75, 281-91.

Poikolainen K. (2002) Alcohol sales and fatal alcohol poisonings. Addiction 97, 1037-40.

Polacsek M., Rogers E.M., Woodall W.G., Delaney H., Wheeler D., and Rao N. (2001) MADD victim impact panels and stages of change in drunk driving prevention. Journal of Studies on Alcohol 62, 344-50.

Pollack C.E., Cubbin C., Ahn D., and Winkleby M. (2005) Neighbourhood deprivation and alcohol consumption : Does the availability of alcohol play a role? International Journal of Epidemiology 34, 772-80.

Pomerleau J., McKee M., Rose R., Haerpfer C.W., Rotman D., and Tumanov S. (2005) Drinking in the Commonwealth of Independent States : Evidence from eight countries. Addiction 100, 1647-68.

Pomerleau J., McKee M., Rose R., Haerpfer C.W., Rotman D., and Tumanov S. (2008) Hazardous alcohol drinking in the former Soviet Union : A cross-sectional study of eight countries. Alcohol & Alcoholism 43, 351-9.

Ponicki W.R., Gruenewald P.J., and LaScala E.A. (2007) Joint impacts of minimum legal drinking age and beer taxes on US youth traffic fatalities, 1975 to 2001. Alcoholism : Clinical and Experimental Research 31, 804-13.

Prasad R. (2009) Alcohol use on the rise in India. The Lancet 373, 17-18.

Pratten J. and Greig B. (2007) Can Pubwatch address the problems of binge drinking? : A case study from the North West of England. International Journal of Contemporary Hospitality Management 17, 252-60.

Pridemore W.A. (2002) Vodka and violence : Alcohol consumption and homicide rates in Russia. American Journal of Public Health 92, 1921–30.

Puddey I.B., Rakic V., Dimmitt S.B., and Beilin L.J. (1999) Influence of pattern of drinking on cardiovascular disease and cardiovascular risk factors : A review. Addiction 94, 649–63.

Puffer R. and Griffith G.W. (1967) Patterns of Urban Mortality. Scientific Publication No. 151. Washington, DC : Pan American Health Organization.

Putnam S.L., Rockett I.R.H., and Campbell M.K. (1993) Methodological issues in community-based alcohol-related injury prevention projects : Attribution of program effects. In : Greenfield T.K. and Zimmerman R. (eds.) Experiences with Community Action Projects : New Research in the Prevention of Alcohol and Other Drug Problems, pp. 31–9. Rockville, MD : Center for Substance Abuse Prevention.

Quigley B.M. and Leonard K.E. (1999) Husband alcohol expectancies, drinking, and marital conflict styles as predictors of severe marital violence among newlywed couples. Psychology of Addictive Behaviors 13, 49–59.

Rabinovich L., Brutscher P.B., de Vries H., Tiessen J., Clift J., and Reding A. (2009) The affordability of alcoholic beverages in the European Union : Understanding the link between alcohol affordability, consumption and harms. Rand Technical Report. Cambridge, UK : RAND Europe. Available at : http://www.rand.org/pubs/technical_reports/2009/RAND_TR689.pdf (accessed 9 July 2009).

Rae J. (1991) Too many ifs and buts on alcohol. (Letter.) The Times 26 December.

Ragnarsdóttir T., Kjartansdóttir A., and Davidsdóttir S. (2002) Effect of extended alcohol serving-hours in Reykjavik. In : Room R. (ed.) The Effects of Nordic Alcohol Policies : Analyses of Changes in Control Systems, pp. 145–54. Publication No. 42. Helsinki, Finland : Nordic Council for Alcohol and Drug Research.

Rahman L. (2002) Alcohol prohibition and addictive consumption in India. London, UK : London School of Economics.

Raistrick D., Hodgson R., and Ritson B. (1999) Tackling alcohol together : The evidence base for a UK alcohol policy. London, UK : Free Association Books.

Ramful P. and Zhao X.(2008) Individual heterogeneity in alcohol consumption : The case of beer, wine and spirits in Australia. Economic Record 84, 207–22.

Ramstedt M. (2001) Alcohol and suicide in 14 European countries. Addiction 96 (Suppl. 1), 59–75S.

Ramstedt M. (2002a) Alcohol-related mortality in 15 European countries in the postwar period. European Journal of Population 18, 307–23.

Ramstedt M. (2002b) The repeal of medium strength beer in grocery stores in Sweden : The impact on alcohol-related hospitalizations in different age groups. In : Room R. (ed.) The Effects of Nordic Alcohol Policies : Analyses of Changes in Control Systems, pp. 69–78. Publication No. 42. Helsinki, Finland : Nordic Council for Alcohol and Drug Research.

Ramstedt M. (2006) Is alcohol good or bad for Canadian hearts? A time-series analysis of the link between alcohol consumption and IHD mortality. Drug & Alcohol Review 25, 315–20.

Ramstedt M. (2009) Fluctuations in male ischaemic heart disease mortality in Russia

1959–1998 : Assessing the importance of alcohol. Drug & Alcohol Review 28, 390–5.
Rearck Research (1991) A study of attitudes towards alcohol consumption, labelling and advertising. Canberra, Australia : Dept. of Community Services and Health.
Reed D.S. (1981) Reducing the costs of drinking and driving. In : Moore M.H. and Gerstein D.R. (eds.) Alcohol and Public Policy : Beyond the Shadow of Prohibition, pp. 336–87. Washington DC : National Academy Press.
Rehm J.T. (2000) Alcohol consumption and mortality : What do we know and where should we go? Addiction 95, 989–95.
Rehm J.T. and Eschmann S. (2002a) Global monitoring of average volume of alcohol consumption. Sozial – und Präventivmedizin 47, 48–58.
Rehm J.T. and Eschmann S. (2002b) International comparison of health determinants : Global monitoring of average volume of alcohol consumption. Soziale – und Präventivmedizin 47, 1–11.
Rehm J.T. and Fischer B. (1997) Measuring harm: Implications for alcohol epidemiology. In : Plant M., Single E., and Stockwell T. (eds.) Alcohol : Minimising the Harm : What Works?, pp. 248–61. London, UK : Free Association Books Ltd.
Rehm J.T. and Gmel G. (2000a) Gaps and needs in international alcohol epidemiology. Journal of Substance Use 5, 6–13.
Rehm J.T. and Gmel G. (2000b) Aggregating dimensions of alcohol consumption to predict medical and social consequences. Journal of Substance Abuse 12, 155–68.
Rehm J.T. and Rossow I. (2001) The impact of alcohol consumption on work and education. In : Klingemann H. and Gmel G. (eds.) Mapping the Social Consequences of Alcohol Consumption, pp. 67–77. Dordrecht, the Netherlands : Kluwer Academic Publishers.
Rehm J.T. and Sempos C.T. (1995a) Alcohol Consumption and mortality – questions about causality, confounding and methodology. Addiction 90, 493–8.
Rehm J.T. and Sempos C.T. (1995b) Alcohol consumption and all–cause mortality. Addiction 90, 471–80.
Rehm J.T., Bondy S., Sempos C.T., and Vuong C.V. (1997) Alcohol consumption and coronary heart disease morbidity and mortality. American Journal of Epidemiology 146, 495–501.
Rehm J.T., Frick U., and Bondy S. (1999) A reliability and validity analysis of an alcohol–related harm scale for surveys. Journal of Studies on Alcohol 60, 203–8.
Rehm J.T., Gmel G., Room R., Monteiro M., Gutjahr E., Graham K., Jernigan D. and Sempos C. (2001a) Alcohol as a risk factor for burden of disease. In : Ezzati M., Lopez A.D., Rodgers A., and Murray C.J.L. (eds.) Comparative Quantification of Health Risks : Global and Regional Burden of Disease Due to Selected Major Risk Factors. Geneva, Switzerland : WHO.
Rehm J.T., Greenfield T.K., and Rogers J.D. (2001b) Average volume of alcohol consumption, patterns of drinking and all–cause mortality : Results from the US National Alcohol Survey. American Journal of Epidemiology 153, 64–71.
Rehm J.T., Gutjahr E., and Gmel G. (2001c) Alcohol and all–cause mortality : A pooled analysis. Contemporary Drug Problems 28, 337–61.
Rehm J.T., Mathers C., Popova S., ThavorncharoensapM., Teerawattananon Y., and Patra J. (2009) Global burden of disease and injury and economic cost attributable to alcohol

use and alcohol use disorders. The Lancet 373, 2223–33.

Rehm J.T., Monteiro M., Room R., Gmel G., Jernigan D., Frick U., and Graham K. (2001d) Steps towards constructing a global comparative risk analysis for alcohol consumption : Determining indicators and empirical weights for patterns of drinking, deciding about the theoretical minimum, and dealing with differential consequences. European Addiction Research 7, 138–47.

Rehm J.T., Patra J., Baliunas D., Popova S., Roerecke M., and Taylor B. (2006) Alcohol consumption and the global burden of disease 2002. Geneva, Switzerland : WHO, Department of Mental Health and Substance Abuse, Management of Substance Abuse.

Rehm J.T., Room R., Monteiro M., Gmel G., Graham K., Rehn N., Sempos C.T., Frick U., and Jernigan D. (2004). Alcohol use. In : Ezzati M., Lopez A.D., Rodgers A., and Murray C.J.L. (eds.) Comparative Quantification of Health Risks : Global and Regional Burden of Disease Attributable to Selected Major Risk Factors, vol. 1, pp. 959–1108. Geneva, Switzerland : World Health Organization.

Rehm J.T., Room R., Monteiro M., Gmel G., Graham K., Rehn N., Sempos C.T., and Jernigan D. (2003a) Alcohol as a risk factor for global burden of disease. European Addiction Research 9, 157–64.

Rehm J.T., Sempos C.T., and Trevisan M. (2003b) Average volume of alcohol consumption, patterns of drinking and risk of coronary heart disease : A review. Journal of Cardi–ovascular Risk 10, 15–20.

Reiling D.M. and Nusbaumer M.R. (2007) An exploration of the potential impact of the designated driver campaign on bartenders' willingness to over–serve. International Journal of Drug Policy 18, 458–63.

Reitan T.C. (2000) Does alcohol matter? Public health in Russia and the Baltic countries before, during, and after the transition. Contemporary Drug Problems 27, 511–60.

Rigaud A. and Craplet M. (2004) The 'Loi Évin' : A French exception. The Globe 1/2, 33–4.

Rimm E.B., Klatsky A.L., Grobbe D., and Stampfer M. (1996) Review of moderate alcohol consumption and reduced risk of coronary heart disease : Is the effect due to beer, wine, or spirits? British Medical Journal 312, 731–6.

Ripatti S. and Mäkelä P. (2008) Conditional models accounting for regression to the mean in observational multi–wave panel studies on alcohol consumption. Addiction 103, 24–31.

Rise J., Natvig H., and Storvoll E.E. (2005) Evaluering av alkoholkampanjen 'Alvorlig talt' (Evaluation of the alcohol campaign 'Seriously talking'). Oslo, Norway : Norwegian Institute for Alcohol and Drug Research.

Rivara F.P., Relyea–Chew A., Wang J., Riley S., Boisvert D., and Gomez T. (2007) Drinking behaviors in young adults : The potential role of designated driver and safe ride home programs. Injury Prevention 13, 168–72.

Roberts M. (2004) Good practice in managing the evening and late night economy : A literature review from an environmental perspective.London, UK : Office of the Deputy Prime Minister.

Roberts A.J. and Koob G.F. (1997) The neurology of addiction : An overview. Alcohol Health and Research World 21, 101–43.

Robinson S.E., Roth S.L., Gloria A.M., Keim J., and Sattler H.(1993) Influence of substance abuse education on undergraduates' knowledge, attitudes and behaviors. Journal of Alcohol and Drug Education 39, 123–30.

Rogers J.D. and Greenfield T.K. (1999) Beer drinking accounts for most of the hazardous alcohol consumption reported in the United States. Journal of Studies on Alcohol 60, 732–9.

Rohrbach L.A., Howard–Pitney B., Unger J.B., Dent C.W., Howard K.A., Cruz T.B., Ribis K.M., Norman G.J., Fishbein H., and Johnson C.A. (2002) Independent evaluation of the California Tobacco Control program : Relationships between program exposure and outcomes, 1996–1998. American Journal of Public Health 92, 975–83.

Roizen R. (1981) The world health organization study of community responses to alcohol–related problems : A review of cross–cultural findings. Geneva, Switzerland : World Health Organization.

Romanus G. (2000) Alcopops in Sweden : A supply–side initiative. Addiction 95 (Suppl. 4) : S609–19.

Romelsjö A. (1987) Decline in alcohol–related in–patient care and mortality in Stockholm County. British Journal of Addiction 82, 653–63.

Romelsjö A. and Andersson T. (1999) Emergence of community alcohol and drug prevention programs in municipalities and communities during a transition phase for alcohol policy in Sweden. In : Larsson S. and Hanson B.S. (eds.) Community–based alcohol prevention in europe : Research and evaluations, pp.208–19. Lund, Sweden : Lunds Universitet.

Roncek D.W. and Maier P.A. (1991) Bars, blocks, and crimes revisited : Linking the theory of routine activities to the empiricism of "hot spots". Criminology 29, 725–53.

Room R. (1984a) The World Health Organization and alcohol control. British Journal of Addiction 79, 85–92.

Room R. (1984b) Alcohol control and public health. Annual Review of Public Health 5, 293–317.

Room R. (1993) Evolution of alcohol monopolies and their relevance for public health. Contemporary Drug Problems 20, 169–87.

Room R. (1996) Alcohol consumption and social harm : conceptual issues and historical perspectives. Contemporary Drug Problems 23, 373–88.

Room R. (1998) Thirsting for attention. (Editorial.) Addiction 93, 797–8.

Room R. (1999) The idea of alcohol policy. Nordic Studies on Alcohol and Drugs 16, 7–20.

Room R. (2000a) Alcohol monopolies as instruments for alcohol control policies. In : Österberg E. (ed.) International Seminar on Alcohol Retail Monopolies, pp. 7–16. Helsinki, Finland : National Research and Development Centre for Welfare and Health, Themes 5/2000.

Room R. (2000b) Concepts and items in measuring social harm from drinking. Journal of Substance Abuse 12, 93–111.

Room R. (2001) Intoxication and bad behaviour : Understanding cultural differences in the link. Social Science and Medicine 53, 189–98.

Room R. (2004) Disabling the public interest : Alcohol strategies and policies for England. Addiction 99, 1083–9.

Room R. (2006a) International control of alcohol : Alternative paths forward. Drug and Alcohol Review 25, 581–95.

Room R. (2006b) Advancing industry interests in alcohol policy : The double game. Nordic

Studies on Alcohol and Drugs 23, 389-92.
Room R. and Jernigan D. (2000) The ambiguous role of alcohol in economic and social development. Addiction 95, S523-35.
Room R. and Mäkelä K. (2000) Typologies of the cultural position of drinking. Journal of Studies on Alcohol 61, 475-83.
Room R. and Paglia A. (1999) The international drug control system in the post-Cold War era : Managing markets or fighting a war? Drug and Alcohol Review 18, 305-15.
Room R. and Rossow I. (2001) The share of violence attributable to drinking. Journal of Substance Use 6, 218-28.
Room R., Bondy S., and Ferris J. (1995a) The risk of harm to oneself from drinking, Canada 1989. Addiction 90, 499-513.
Room R., Graves K., Giesbrecht N., and Greenfield T. (1995b) Trends in public opinion about alcohol policy initiatives in Ontario and the US : 1989-91. Drug and Alcohol Review 14, 35-47.
Room R., Janca A., Bennett L.A., Schmidt L., and Sartorius N., with 15 others (1996) WHO cross-cultural applicability research on diagnosis and assessment of substance use disorders : An overview of methods and selected results. Addiction 91, 199-220.
Room R., Jernigan D., Carlini-Marlatt B., Gureje O., Mäkelä K., Marshall M., Medina Mora M.E., Monteiro M., Parry C., Partanen J., Riley L., and Saxena S. (2002) Alcohol in developing societies : A public health approach. Helsinki, Finland : Finnish Foundation for Alcohol Studies.
Room R., Österberg E., Ramstedt M., and Rehm J. (2009) Explaining change and stasis in alcohol consumption. Addiction Research and Theory [online access], DOI : 10.1080/16066350802626966.
Room R., Rehm J., Trotter R.T., II, Paglia A., and Üstün T.B. (2001) Cross-cultural views on stigma, valuation, parity, and societal values towards disability. In : Üstün T.B., Chatterji S., Bickenbach J.E., Trotter R.T., II, Room R., Rehm J., and Saxena S. (eds.) Disability and Culture : Universalism and Diversity, pp. 247-91. Seattle, WA : Higrefe and Huber.
Rose G. (2001) Sick individuals and sick populations. International Journal of Epidemiology 30, 427-32.
Ross H.L. (1982) Deterring the drinking driver : Legal policy and social control. Lexington, MA : Lexington Books.
Ross H.L. (1992) Confronting drunk driving : Social policy for saving lives. New Haven, CT : Yale UP.
Ross H.L. (1993) Prevalence of alcohol-impaired driving : An international comparison. Accident Analysis & Prevention 25, 777-9.
Ross H.L. and Klette H. (1995) Abandonment of mandatory jail for impaired drivers in Norway and Sweden. Accident Analysis & Prevention 27, 151-7.
Ross H.L. and Voas R.B. (1989) The new Philadelphia story : The effects of severe penalties for drunk driving. Washington, DC : AAA Foundation for Traffic Safety.
Rossow I. (1996) Alcohol related violence : The impact of drinking pattern and drinking context. Addiction 91, 1651-61.
Rossow I. (2000) Suicide, violence and child abuse : Review of the impact of alcohol

consumption on social problems. Contemporary Drug Problems 27, 397–434.

Rossow I. (2001) Drinking and violence : A cross–cultural comparison of the relationship between alcohol consumption and homicide in 14 European countries. Addiction 96 (Suppl. 1), 77–92S.

Rossow I. and Romelsjö A. (2006) The extent of the 'prevention paradox' in alcohol problems as a function of population drinking patterns. Addiction 101, 84–90.

Rossow I. and Wichstrøm L. (1994) Parasuicide and use of intoxicants among Norwegian adolescents. Suicide and Life–Threatening Behavior 24, 174–83.

Rossow I., Karlsson T., and Raitasalo K. (2008) Old enough for a beer? : Compliance with minimum legal age for alcohol purchases in monopoly and other off–premise outlets in Finland and Norway. Addiction 103, 1468–73.

Rossow I., Pape H., and Storvoll E.E. (2005) Beruselsens kilder : hvordan ungdom skaffer seg alkohol [Sources of intoxication : How do adolescents get hold of alcohol?]. Tidsskr Nor Laegeforen 125, 1160–2.

Rossow I., Pape H., and Wichstrøm L. (1999) Young, wet and wild? Associations between alcohol intoxication and violent behaviour in adolescence. Addiction 94, 1017–31.

Rossow I., Pernanen K., and Rehm J. (2001) Alcohol, suicide and violence. In : Klingemann H. and Gmel G. (eds.) Mapping the Social Consequences of Alcohol Consumption, pp. 93–112. Dordrecht, the Netherlands : Kluwer Academic Publishers.

Roth R., Voas R., and Marques P. (2007) Mandating interlocks for fully revoked offenders : The New Mexico experience. Traffic Injury Prevention 8, 20–25.

Rothe J.P. (2005) Impaired driving as lifestyle for 18–29–year–old Alberta drivers : Focus group analysis. Alberta, Canada : Alberta Centre for Injury Control and Research. Available at : http://www.acicr.ualberta.ca/pages/documents/ABTransGroupAnalysisFINALReport.pdf (accessed 13 July 2009).

Rothman K.J., Greenland S., and Lash T.L. (2008) Modern epidemiology. 3rd ed. Philadelphia, PA: Lippincott Williams & Wilkins.

Royal D. (2003) 2001 National survey of drinking and driving. Volume I : Summary report. NHTSA Publication No. DOT HS 809 549. Washington, DC : National Highway Traffic Safety Administration. Available at : http://www.nhtsa.dot.gov/staticfiles/DOT/NHTSA/Traffic%20Injury%20Control/Articles/Associated%20Files/DD2001v1.pdf (accessed 13 July 2009).

Ruhm C.J. (1995) Economic conditions and alcohol problems. Journal of Health Economics 14, 583–603.

Ruhm C.J. (1996) Acohol policies and highway vehicle fatalities. Journal of Health Economics 15, 435–54.

Ruhm C.J. and Black W.E. (2002) Does drinking really decrease in bad times? Journal of Health Economics 21, 659–78.

Rush B. (1785) An inquiry into the effects of ardent spirits upon the human body and mind, with an account of the means of preventing, and of the remedies for curing them. 8th ed. Reprint. Exeter, N.H : Richardson.

Russ N.W. and Geller E.S. (1987) Training bar personnel to prevent drunken driving : A field evaluation. American Journal of Public Health 77, 952–4.

SABMiller (2007). SABMiller Annual report. Available at : http://www.sabmiller.com/files/

reports/ar2007/index.html (accessed 3 July 2009).
Saffer H. (1991) Alcohol advertising bans and alcohol abuse : An international perspective. Journal of Health Economics 10, 65–79.
Saffer H. (1997) Alcohol Advertising and Highway Fatalities. Review of Economics and Statistics 79, 431–42.
Saffer H. (1998) Economic issues in cigarette and alcohol advertising. Journal of Drug Issues 28, 781–93
Saffer H. (2002) Alcohol advertising and youth. Journal of Studies on Alcohol Suppl. 14, 173–81.
Saffer H. and Chaloupka F. (2000) The effect of tobacco advertising bans on tobacco consumption. Journal of Health Economics 19, 1117–37.
Saffer H. and Dave D. (2002) Alcohol consumption and alcohol advertising bans. Applied Economics 30, 1325–34.
Saffer H. and Dave D. (2006) Alcohol advertising and alcohol consumption by adolescents. Health Economics 15, 617–37.
Saffer H. and Grossman M. (1987a) Beer taxes, the legal drinking age, and youth motor vehicle fatalities. Journal of Legal Studies 16, 351–74.
Saffer H. and Grossman M. (1987b) Drinking age laws and highway mortality rates : Cause and effect. Economic Inquiry 25, 403–17.
Saltz R.F. (1987) The roles of bars and restaurants in preventing alcohol–impaired driving : An evaluation of server intervention. Evaluation and the Health Professions 10, 5–27.
Saltz R.F. and Stanghetta P. (1997) A community–wide responsible beverage service program in three communities : Early findings. Addiction 92 (Suppl. 2), 237–49S.
San José B., van Oers J.A.M., van de Mheen H., Garretsen H.F.L., and Mackenbach J.P. (2000) Drinking patterns and health outcomes : Occasional versus regular drinking. Addiction 95, 865–72.
Sarkar S., Andreas M., and de Faria F. (2005) Who uses safe ride programs : An examination of the dynamics of individuals who use a safe ride program instead of driving home while drunk. American Journal of Drug and Alcohol Abuse 31, 305–25.
Saunders B. and Yap E. (1991) Do our guardians need guarding? An examination of the Australian system of self–regulation of alcohol advertising. Drug and Alcohol Review 10, 15–17.
Saunders J.B., Kypri K., Walters S.T., Laforge R.G., and Larimer M.E. (2004) Approaches to brief intervention for hazardous drinking in young people. Alcoholism : Clinical and Experimental Research 28, 322–9.
Sayette M.A., Wilson T., and Elias M.J. (1993) Alcohol and aggression : A social information processing analysis. Journal of Studies on Alcohol 54, 399–407.
Schaap M., Kunst A., Leinsalu M., Regidor E., Ekholm O., Dzurova D., Helmert U., Klumbiene J., Santana P., and Mackenbach J.P. (2008) Effect of nationwide tobacco control policies on smoking cessation in high and low educated groups in 18 European countries. Tobacco Control 17, 248–55.
Schechter E. (1986) Alcohol rationing and control systems in Greenland. Contemporary Drug Problems 13, 587–620.

Schroeder C.M. and Prentice D.A. (1998) Exposing pluralistic ignorance to reduce alcohol use among college students. Journal of Applied Social Psychology 28, 2150–80.

Schwartz M.D. and Kennedy W.S. (1997) Factors associated with male peer support for sexual assault on the college campus. In : Schwartz M.D. and DeKeseredy W.S. (eds.) Sexual Assault on the College Campus : The Role of Male Peer Support, pp. 97–136. Thousand Oaks, CA : Sage.

Scott L., Donnelly N., Poynton S., and Weatherburn D. (2007) Young adults' experience of responsible service practice in NSW : An update. Alcohol Studies Bulletin 9, 1–8.

Scottish Government (2009) Tackling alcohol misuse. [News release] Edinburgh, UK : Scottish Government. Available at : http://www.scotland.gov.uk/News/Releases/2009/03/02085300 (accessed 9 July 2009).

Scottish Health Action on Alcohol Problems (2007) Alcohol – price, policy and public health. Edinburgh, UK : SHAAP.

Scribner R.A., Cohen D.A., and Fisher W. (2000) Evidence of a structural effect for alcohol outlet density : A multilevel analysis. Alcoholism : Clinical and Experimental Research 24, 188–95.

Scribner R.A., MacKinnon D.P., and Dwyer J.H.(1994) Alcohol outlet density and motor vehicle crashes in Los Angeles County cities. Journal of Studies on Alcohol 55, 447–53.

Scribner R.A., Mason K., Theall K., Simonsen N., Schneider S.K., Towvim G.L., and DeJong W. (2008) The contextual role of alcohol outlet density in college drinking. Journal of Studies on Alcohol and Drugs 69, 112–20.

Searles H., Bernard J.P., and Johnson C.D. (1996) Alcohol and the pancreas. In : Peters T.J. (ed.) Alcohol misuse : A European perspective, pp.145–162. Amsterdam, the Netherlands : Harwood Academic Publishers.

Seeley J.R. (1960) Death by liver cirrhosis and the price of beverage alcohol. Canadian Medical Association Journal 83, 1361–6.

Seeley J.R. (1988) Death by liver cirrhosis and the price of beverage alcohol. In : Buck C. (ed.) The Challenge of Epidemiology : Issues and Selected Readings, pp. 350–357. Washington, DC : Pan American Health Organization. (Originally published Canadian Medical Association Journal 83 : 1361–6, 1960.)

Selvanathan E. (1989) Advertising and alcohol demand in the U.K. : Further results. International Journal of Advertising 8, 181–8.

Selvanathan E.A. (1991) Cross-country alcohol consumption comparison : An application of the Rotterdam demand system. Applied Economics 23, 1613–22.

Selvanathan S. and Selvanathan E.A. (2005a) The demand for alcohol, tobacco and marijuana : International evidence. Burlington VT : Ashgate Publishing.

Selvanathan S. and Selvanathan E.A. (2005b) Empirical regularities in cross-countryalcohol consumption. The Economic Record 81 (Suppl. 1), 128–42.

Sen B. (2006) The relationship between beer taxes, other alcohol policies, and child homicide deaths. Topics in Economic Analysis and Policy 6, 1–17.

SHAAP. See Scottish Health Action on Alcohol Problems.

Shamblen S.R. and Derzon J.H. (2009) A preliminary study of the population-adjusted effectiveness of substance abuse prevention programming : towards making IOM program

types comparable. Journal of Primary Prevention 30, 89–107.
Shaper A.G. (1990a) Alcohol and mortality : A review of prospective studies. British Journal of Addiction 85, 837–47.
Shaper A.G. (1990b) A response to commentaries : The effects of self–selection. British Journal of Addiction 85, 859–61.
Shaper A.G., Wannamethee S.G., and Walker M. (1988) Alcohol and mortality in British men : Explaining the U–shaped curve. The Lancet 2, 1267–73.
Sheldon T. (1996) Dutch anti–alcohol campaign is under attack. British Medical Journal 313, 1349.
Sheldon T. (2000) Dutch tighten their rules on advertising of alcohol. British Medical Journal 320, 1094.
Sherman D.J.N. and Williams R. (1994) Liver damage : Mechanisms and management. British Medical Bulletin 50, 124–38.
Sherman L.W., Strang H., and Woods D.J. (2000) Recidivism patterns in the Canberra Reintegrative Shaming Experiment (RISE). Canberra, Australia : Centre for Restorative Justice, Research School of Social Sciences, Australian National University.
Shinar D. and Compton R.P. (1995) Victim impact panels : Their impact on DWI recidivism. Alcohol, Drugs and Driving 11, 73–87.
Shkolnikov V., McKee M., and Leon D.A. (2001) Changes in life expectancy in Russia in the mid–1990s. The Lancet 357, 917–921.
Shkolnikov V.M and Nemtsov A. (1997) The anti–alcohol campaign and variations in Russian mortality. In : Bobadilla J.L., Costello C.A., and Mitchell F. (eds.) Premature Death in the New Independent States, pp. 239–61. Washington, DC : National Academy Press.
Shope J.T. (2007) Graduated driver licensing : Review of evaluation results since 2002. Journal of Safety Research 38, 165–75.
Shope J.T. and Molnar L.J. (2003) Graduated driver licensing in the United States : Evaluation results from the early programs. Journal of Safety Research 34, 63–9.
Shope J.T., Copeland L.A., Maharg R., and Dielman T.E. (1996a) Effectiveness of a high school alcohol misuse prevention program. Alcoholism : Clinical and Experimental Research 20, 791–8.
Shope J.T., Copeland L.A., Marcoux B.C., and Kamp M.E. (1996b) Effectiveness of a school–based substance abuse prevention program. Journal of Drug Education 26, 323–37.
Shope J.T., Dielman T.E., Butchart A.T., Campanelli P.C., and Kloska D.D. (1992) An elementary school–based alcohol misuse program : A follow–up evaluation. Journal of Studies on Alcohol 53, 106–21.
Shope J.T., Kloska D.D., Dielman T.E., and Maharg R. (1994) Longitudinal evaluation of an enhanced Alcohol Misuse Prevention Study (AMPS) curriculum for grades six–eight. Journal of School Health 64, 160–6.
Shults R.A., Elder R.W., Sleet D.A., Nicholas J.L., Alao M.O., Carande–Kulis V.G., Zaza S., Sosin D.M., Thompson R.S., and the Task Force on Community Preventive Services (2001) Reviews of evidence regarding interventions to reduce alcohol–impaired driving. American Journal of Preventive Medicine 21, 66–88.

Shults R.A., Sleet D.A. Elder R.W., Ryan G.W., and Sehgal M. (2002) Association between state level drinking and driving countermeasures and self reported alcohol impaired driving. Injury Prevention 8, 106–10.

Sim M., Morgan E., and Batchelor J. (2005) The impact of enforcement on intoxication and alcohol related harm. Wellington, New Zealand : Accident Compensation Corporation.

Simpson H.M., Beirness D.J., Robertson R.D., Mayhew D.R. and Hedlund J.H. (2004) Hard core drinking drivers. Traffic Injury Prevention 5, 261–9.

Simpura J. (1995) Alcohol in Eastern Europe : market prospects, prevention puzzles. Addiction 90, 467–70.

Simpura J. (1998) Mediterranean mysteries : Mechanisms of declining alcohol consumption. Addiction 93, 1301–4.

Simpura J. and Karlsson T. (2001) Trends in drinking patterns among adult population in 15 European countries, 1950 to 2000 : A review. Nordic Studies on Alcohol and Drugs 15 (English Suppl.), 31–53.

Simpura J., Levin B., and Mustonen H. (1997) Russian drinking in the 1990s : Patterns and trends in international comparison. In : Simpura J. and Levin B. (eds.) Demystifying Russian Drinking : Comparative Studies from the 1990s, pp. 79–107. Helsinki, Finland: STAKES.

Singh A. (1993) Evaluation of four films on drinking and driving known as 'One for the Road' series. Journal of Traffic Medicine 21, 65–72.

Single E. (1993) Public drinking. In : Galanter M. (ed.) Recent Developments in Alcoholism : Vol. 11 : Ten Years of Progress, pp. 143–52. New York, NY : Plenum Press.

Single E. and McKenzie D. (1992) The epidemiology of impaired driving stemming from licensed establishments. Presented at 18th Annual Alcohol Epidemiology Symposium, Toronto, 1–5 June.

Single E. and Wortley S. (1993) Drinking in various settings as it relates to demographic variables and level of consumption : Findings from a national survey in Canada. Journal of Studies on Alcohol 54, 590–9.

Single E., Beaubrun M., Mauffret M., Minoletti A., Moskalewicz J., Moukolo A., Plange N.K., Saxena S., Stockwell T., Sulkunen P., Suwaki H., Hoshigoe K., and Weiss S. (1997) Public drinking, problems and prevention measures in twelve countries : Results of the WHO project on public drinking. Contemporary Drug Problems 24, 425–48.

Single E., Robson L., Rehm J., and Xie X. (1999) Morbidity and mortality attributable to alcohol, tobacco, and illicit drug use in Canada. American Journal of Public Health 89, 385–90.

Single E., Robson L., Xie X., and Rehm J.(1998) The economic costs of alcohol, tobacco and illicit drugs in Canada, 1992. Addiction 93, 991–1006.

Singletary K.W. and Gapstur S.M. (2001) Alcohol and breast cancer : Review of epidemiologic and experimental evidence and potential mechanisms. Journal of the American Medical Association 286, 2143–51.

Sivarajasingam V., Matthews K., and Shepherd J. (2006) Price of beer and violence–related injury in England and Wales. Injury 37, 388–94.

Skager R. (2007) Replacing ineffective early alcohol/drug education in the United States with age–appropriate adolescent programmes and assistance to problematic users. Drug and Alcohol Review 26, 577–84.

Skara S. and Sussman S.(2003) A review of 25 long–term adolescent tobacco and other drug use prevention program evaluations.Preventive Medicine 37, 451–74.

Skog O.–J. (1985) The collectivity of drinking cultures : A theory of the distribution of alcohol consumption. British Journal of Addiction 80, 83–99.

Skog O.–J. (1988) Effect of introducing a new light beer in Norway : Substitution or addition? British Journal of Addiction 83, 665–8.

Skog O.–J. (1991a) Alcohol and suicide : Durkheim revisited. Acta Sociologica 34, 193–206.

Skog O.–J. (1991b) Drinking and the distribution of alcohol consumption. In : Pittman D.J. and Raskin H. (eds.) White Society, Culture, and Drinking Patterns Reexamined, pp. 135–56. New Brunswick, NJ : Alcohol Research Documentation.

Skog O.–J. (1996) Public health consequences of the J–curve hypothesis of alcohol problems. Addiction 91, 325–37.

Skog O.J. (1999) The prevention paradox revisited. Addiction, 94, 751–7.

Skog O.–J. (2000) An experimental study of a change from over–the–counter to self–service sales of alcoholic beverages in monopoly outlets. Journal of Studies on Alcohol 61, 95–100.

Skog O.–J. (2001a) Alcohol consumption and mortality rates from traffic accidents, accidental falls, and other accidents in 14 European countries. Addiction 96 (Suppl. 1), 49–58S.

Skog O.–J. (2001b) Commentary on Gmel and Rehm's interpretation of the theory of collectivity in drinking culture. Drug and Alcohol Review 20, 325–31.

Skog O.–J. and Bjørk E. (1988) Alkohol og voldskriminalitet : En analyse av utviklingen i Norge 1931–1982 (Alcohol and violent crimes: An analysis of the 1931–1982 trends in Norway). Oslo, Norway : SIFO.

Skog O.–J. and Melberg H.O. (2006) Becker's rational addiction theory : An empirical test with price elasticities for distilled spirits in Denmark 1911–31. Addiction 101, 1444–50.

Slater M.D., Kelly K.J., Edwards R.W., Thurman P.J., Plested B.A., Keefe T.J., Lawrence F.R., and Henry K.L. (2006) Combining in–school and community–based media efforts : Reducing marijuana and alcohol intake among younger adolescents. Health Education Research 21, 157–67.

Slater M.D., Rouner D., Murphy K., Beauvais F., Van Leuven J.K., and Domenech–Rodriguez M.M. (1996) Adolescents counterarguing of TV beer advertisements : Evidence for effectiveness of alcohol education and critical viewing discussions. Journal of Drug Education 26, 143–58.

Sloan F.A., Reilly B.A., and Schenzler C. (1994a) Effects of prices, civil and criminal sanctions and law enforcement on alcohol–related mortality. Journal of Studies on Alcohol 55, 454–65.

Sloan F.A., Reilly B.A., and Schenzler C.M. (1994b) Tort liability versus other approaches for deterring careless driving. International Review of Law and Economics 14, 53–71.

Sloan F.A., Stout E.M., Whetten–Goldstein K., and Liang L. (2000) Drinkers, drivers, and bartenders : Balancing private choices and public accountability. Chicago, IL : University of Chicago Press.

Smart R.G. (1996a) Behavioral and social consequences related to the consumption of different beverage types. Journal of Studies on Alcohol 57, 77–84.

Smart R.G. (1996b) Happy hour experiment in North America. Contemporary Drug Problems 23, 291–300.

Smart R.G. and Adlaf E.M. (1986) Banning happy hours : The impact on drinking and impaired driving charges in Ontario, Canada. Journal of Studies on Alcohol 47, 256–8.

Smart R.G. and Cutler R.E. (1976) The alcohol advertising ban in British Colombia : Problems and effects on beverage consumption. British Journal of Addiction 71, 13–21.

Smart R.G. and Mann R.E. (2000) The impact of programs for high–risk drinkers on population levels of alcohol problems. Addiction 95, 37–52.

Smith C.A., Wolynetz M.S. and Wiggins T.R.I. (1976) Drinking drivers in Canada : A national roadside survey of the blood alcohol concentrations in nighttime Canadian drivers. Ottawa, Canada : Transport Canada, Road and Motor Vehicle Traffic Safety Branch.

Smith D.I. (1986a) Comparison of patrons of hotels with early opening and standard hours. The International Journal of the Addictions 21, 155–63.

Smith D.I. (1986b) Effect on non–traffic accident hospital admissions of lowering the drinking age in two Australian states. Contemporary Drug Problems 13, 621–39.

Smith D.I. and Burvill P. (1986) Effect on traffic safety of lowering the drinking age in three Australian states. Journal of Drug Issues 16, 183–98.

Smith D.I. and Burvill P. (1987) Effect on juvenile crime of lowering the drinking age in three Australian states. Addiction 82, 181–8.

Smith L. and Foxcroft D. (2007) The effect of alcohol advertising and marketing on drinking behaviour in young people : A systematic review. London, UK : Alcohol Education and Research Council.

Smith R., Beaglehole R., Woodward D., and Drager N. (eds.) (2003) Global public goods for health : Health, economic and public health perspectives. Oxford, UK : Oxford University Press.

Smith S., Atkin C., and Roznowski J. (2006) Are "drink responsibly" alcohol campaigns strategically ambiguous? Health Communication 20, 1–111.

Smith W.R., Frazee S.G., and Davison E.L. (2000) Furthering the integration of routine activity and social disorganization theories : Small units of analysis and street robbery as a diffusion process. Criminology 38, 489–524.

Smith–Warner S.A., Spiegelman D., Yaun S.–S., Van den Brandt P.A., Folsom A.R., Goldbohm R.A., Graham S., Holmberg L., Howe G.R., Marshall J.R., Miller A.B., Potter J.D., Speizer F.E., Willett W.C., Wolk A., and Hunter D.J. (1998) Alcohol and breast cancer in women : A pooled analysis of cohort studies. Journal of the American Medical Association 279, 535–40.

Snow R.W. and Landrum J.W. (1986) Drinking locations and frequency of drunkenness among Mississippi DUI offenders. American Journal of Drug and Alcohol Abuse 12, 389–402.

Snyder L., Milici F., Slater M., Sun H., and Strizhakova Y. (2006) Effects of advertising exposure on drinking among youth. Archives of Pediatrics and Adolescent Medicine 160, 18–24.

Snyder L.B. and Blood D.J. (1992) Caution : Alcohol advertising and the Surgeon General's alcohol warning may have adverse effects on young adults. Journal of Applied

Communication Research 20, 37–53.

Solomon R. and Payne J. (1996) Alcohol liability in Canada and Australia : Sell, serve and be sued. TheTort Law Review 4, 188–241.

Spaite D.W., Meislin H.W., Valenzuela T.D., Criss E.A., Smith R., and Nelson A. (1990) Banning alcohol in a major college stadium : Impact on the incidence and patterns of injury and illness. Journal of American College Health 39, 125–8.

Spoth R., Randall K.G., Shin C., and Redmond C. (2005) Randomized study of combined universal family and school prevention interventions : Patterns of long–term effects on initiation, regular use, and weekly drunkenness. Psychology of Addictive Behaviors 19, 372–81.

Spoth R., Redmond C., and Lepper H. (1999) Alcohol initiatiation outcomes of universal family–bocused prevention interventions : One– and two–year follow–ups of a controlled study. Journal of Studies on Alcohol 13, 103–11.

Spoth R., Redmond C., and Shin C. (2001) Randomized trial of brief family interventions for general populations : Adolescent substance use outcomes four years following baseline. Journal of Consulting and Clinical Psychology 69, 627–42.

Spoth R., Redmond C., Shin C., and Azevedo K. (2004) Brief family intervention effects on adolescent substance initiation school–level growth curve analyses 6 years following baseline. Journal of Consulting and Clinical Psychology 72, 535–42.

Spoth R., Redmond C., Trudeau L., and Shin C. (2002) Longitudinal substance initiation outcomes for a universal prevention intervention combining family and school programs. Psychology of Addictive Behavior 16, 129–34.

Stacy A., Zogg J., Ungar M., and Dent C. (2004) Exposure to televised alcohol ads and subsequent adolescent alcohol use. American Journal of Health Behavior 28, 498–509.

Steffian G. (1999) Correction of normative misperception : An alcohol abuse prevention program. Journal of Drug Education 29, 115–38.

Stenius K. and Babor T.F. (in press) The alcohol industry and public interest science. Addiction.

Stenius K., Storbjörk J., and Romelsjö A. (2005) Decentralisation and integration of addiction treatment : Does it make any difference? A preliminary study in Stockholm county. Paper presented at the 31st Annual Alcohol Epidemiology Symposium of the Kettil Bruun Society for Social and Epidemiological Research on Alcohol (KBS), Riverside, California, June.

Stevenson M., Palamara P., Rooke M., Richardson K., Baker M., and Baumwol J. (2001) Drink and drug driving among university students : What's the skipper to do? Australian and New Zealand Journal of Public Health 2, 511–13.

Stewart D.W. and Rice R. (1995) Non–traditional media and promotions in the marketing of alcoholic beverages. In : Martin, S. E. and Mail, P. (eds.) The Effects of the Mass Media on the Use and Abuse of Alcohol, pp. 209–38. Bethesda, MD : U.S. Dept of Health and Human Services.

Stewart K. (1999) Strategies to reduce underage alcohol use : Typology and brief overview. Washington, DC : Office of Juvenile Justice and Delinquency Prevention.

Stewart L. (1993) Police enforcement of liquor licensing laws : The U.K. experience. Auckland, New Zealand : Alcohol and Public Health Research Unit ; School of Medicine,

University of Auckland.
Stewart L. and Casswell S. (1993) Media advocacy for alcohol policy support : Results from the New Zealand Community Action Project. Health Promotion International 8, 167–75.
Stewart L., Casswell S., and Duignan P. (1993) Using evaluation resourcesin a community action project : Formative evaluation of public health input into the implementation of the New Zealand Sale of Liquor Act. Contemporary Drug Problems 20, 681–704.
Stewart L., Casswell S., and Thomson A. (1997) Promoting public health in liquor licensing : Perceptions of the role of alcohol community workers. Contemporary Drug Problems 24, 1–37.
Stockwell T. (1997) Regulation of the licensed drinking environment : A major opportunity for crime prevention. In : Homel R. (ed.) Policing for Prevention : Reducing Crime, Public Intoxication and Injury, Vol. 7, pp. 7–33. Monsey, NY : Criminal Justice Press.
Stockwell T. (2001a) Editor's introduction to prevention of alcohol problems. In : Heather N., Peters T.J., and Stockwell T. (eds.) Handbook of Alcohol Dependence and Alcohol-Related Problems, pp. 680–3. Chichester, UK : John Wiley and Sons.
Stockwell T. (2001b) Harm reduction, drinking patterns and the NHMRC Drinking Guidelines. Drug and Alcohol Review 20, 121–9.
Stockwell T. and Chikritzhs T. (2009) Do relaxed trading hours for bars and clubs mean more relaxed drinking? : A review of international research on the impacts of changes to permitted hours of drinking. Crime Prevention and Community Safety : An International Journal 11, 171–88.
Stockwell T. and Crosbie D. (2001) Supply and demand for alcohol in Australia : Relationships between industry structures, regulation and the marketplace. International Journal of Drug Policy 12, 139–52.
Stockwell T. and Gruenewald P.J. (2004) Controls on the physical availability of alcohol. In : Heather N. and Stockwell T. (eds.) The essential handbook of treatment and prevention of alcohol problems, pp. 213–33. Chichester, UK : Wiley and Sons.
Stockwell T., Gruenewald P., Toumbourou J., and Loxley W. (eds) (2005) Preventing harmful substance use : The evidence base for policy and practice. New York, NY : John Wiley.
Stockwell T., Lang E., and Rydon P. (1993) High risk drinking settings : The association of serving and promotional practices with harmful drinking. Addiction 88, 1519–26.
Stockwell, T., Hawks, D., Lang, E., and Rydon, P. (1996) Unravelling the preventive paradox for acute alcohol problems. Drug and Alcohol Review 15, 7–15.
Stout E.M., Sloan F.A., Liang L., and Davies H.H. (2000) Reducing harmful alcohol-related behaviors : Effective regulatory methods. Journal of Studies on Alcohol 61, 402–12.
Stout R.L., Rose J.S., Speare M.C., Buka S.L., Laforge R.G., Campbell M.K., and Waters W.J. (1993) Sustaining interventions in communities : The Rhode Islandcommunity-based prevention trial. In : Greenfield T.K. and Zimmerman R. (eds.) Experiences with Community Action Projects : New Research in the Prevention of Alcohol and Other Drug Problems, pp. 253–61. Rockville, MD : US Department of Health and Human Services.
Suh I., Shaten B.J., Cutler J.A., and Kuller L.H.(1992) Alcohol-use and mortality from coronary heart-disease : The role of high-density lipoprotein cholesterol. Annals of Internal Medicine 116, 881–7.

Sulkunen P. (1997) Logics of prevention : Mundane speech and expert discourse on alcohol policy. In : Sulkunen P., Holmwood J., Radner H., andSchulze G. (eds.) Constructing the New Consumer Society, pp 256–76. New York, NY : St. Martins Press.

Sulkunen P., Sutton C., Togerstedt C., and Warpenius K. (eds.)(2000) Broken spirits : Power and ideas in Nordic alcohol control. NAD Publication No. 39. Helsinki, Finland : Nordic Council for Alcohol and Drug Research.

Sutton C. and Nylander J. (1999) Alcohol policy strategies and public health policy at an EU–level : The case of alcopops. Nordisk alkohol – & narkotikatidskrift [Nordic Studies on Alcohol and Drugs] 16 (English suppl.), 74–91.

Sutton M. and Godfrey C. (1995) A grouped data regression approach to estimating economic and social influences on individual drinking behaviour. Health Economics 4, 237–47.

Sweedler B. And Stewart K.G. (2009) Worldwide trends in alcohol and drug impaired driving. In : Verster J.C., Pandi–Perumal S.R., Ramaekers J.G., and de Gier J.J. (eds.) Drugs, Driving, and Traffic Safety, pp. 23–41. Basel, Switzerland : Birkhäuser.

Sweedler B.M. (2000) The worldwide decline in drinking and driving : Has it continued? In : Proceedings of the 15th International Conference on Alcohol, Drugs and Traffic Safety. Stockholm, Sweden : ICADTS. Available at : http://www.ntsb.gov/speeches/s000501.htm (accessed 13 July 2009).

Szabo G. (1997a) Alcohol and susceptibility to tuberculosis. Alcohol Health & Research World 21, 39–41.

Szabo G. (1997b) Alcohol's contribution to compromised immunity. Alcohol Health & Research World 21, 30–8.

Taylor B., Rehm J., Trinidad Caldera Aburto J., Bejarano J., Cayetano C., Kerr–Correa F., Piazza Ferrand M., Gmel G., Graham K., Greenfield T.K., Laranjiera R., Lima M.C., Magri R., Monteiro M.G., Medina Mora M.E., Munné M., Romero M.P., Tucci A.M., and Wilsnack S. (2007). Alcohol, Gender, Culture and Harms in the Americas : PAHO Multicentric Study Final Report. Washington, D.C. : Pan American Health Organization.

Television New Zealand (2008) The twin powers. Sunday, 5 October.

Tesler T.E. and Malone R.E. (2008) Corporate philanthropy, lobbying, and public health policy.American Journal of Public Health 98, 2123–32.

Thamarangsi T. (2008) Alcohol policy process in Thailand. (Doctoral dissertation.) Auckland, New Zealand : Massey University.

Thombs D.L., Dodd V., Pokorny S.B., Omli M.R., O'Mara R., Webb M.C., Lacaci D.M., and Werch C.E. (2008) Drink specials and the intoxication levels of patrons exiting college bars. American Journal of Health Behavior 32, 411–19.

Thombs D.L., O'Mara R., Dodd V., Hou W., Merves M., Weiler R.M., Pokorny S.B., Goldberger B.A., Reingle J., and Werch C.E. (2009) A field study of bar–sponsored drink specials and their associations with patron intoxication. Journal of Studies on Alcohol and Drugs 70, 206–14.

Thomson A., Bradley E., Casswell S., and Wyllie A. (1997) A qualitative investigation of the responses of in treatment and recovering heavy drinkers to alcohol advertising on New Zealand television. Contemporary Drug Problems 24, 133–46.

Thorsen T. (1990) Hundrede års alkoholmisbrug : Alkoholforbrug og alkoholproblemer i Danmark (Hundred years of alcohol abuse : Alcohol consumption and alcohol related problems in Denmark). Copenhagen, Denmark : Alkohol – og Narkotikarådet.

Tigerstedt C. (1990) The European Community and alcohol policy. Contemporary Drug Problems 17, 461–79.

Tigerstedt C. (2000) Discipline and public health. In : Sulkunen P., Sutton C., Tigerstedt C., and Warpenius K. (eds.) Broken Spirits : Power and Ideas in Nordic Alcohol Control, pp. 93–112. NAD Publication No. 39. Helsinki, Finland : Nordic Council for Alcohol and Drug Research.

Timko C., Moos R.H., Finney J.W., and Lesar M.D. (2000) Long–term outcomes of alcohol use disorders : Comparing untreated individuals with those in Alcoholics Anonymous and formal treatment. Journal of Studies on Alcohol 61, 529–38.

Timmerman M.A., Geller E.S., Glindemann K.E., and Fournier A.K. (2003) Do the designated drivers of college students stay sober? Journal of Safety Research 34, 127–33.

Tin S.T., Ameratunga S., Robinson E., Crengle S., Schaaf D., and Watson P. (2008) Drink driving and the patterns and context of drinking among New Zealand adolescents. Acta Paediatrica 97, 1433–7.

Tippetts A.S., Voas R.B., Fell J.C., and Nichols J. (2005) A meta–analysis of .08 BAC laws in 19 jurisdictions in the United States. Accident Analysis & Prevention 37, 149–61.

Tobler N.S. (1992) Prevention programs can work : Research findings. Journal of Addictive Diseases 11, 1–28.

Tobler N.S., Roona M.R., Ochshorn P., Marshall D.G., Streke A.V., and Stackpole K.M. (2000) School–based adolescent drug prevention programs : 1998 meta–analysis. Journal of Primary Prevention 20, 275–336.

Toomey T.L., Erickson D.J., Lenk K.M., Kilian G.R., Perry C.L., and Wagenaar A.C. (2008) A randomized trial to evaluate a management training program to prevent illegal alcohol sales, Addiction 103, 405–13.

Toomey T.L., Kilian G.R., Gehan J.P., Perry C.L., Jones–Webb R., and Wagenaar A.C. (1998) Qualitative assessment of training programs for alcohol servers and establishment managers. Public Health Reports 113, 162–9.

Toomey T.L., Wagenaar A.C., Gehan J.P., Kilian G., and Perry C.L. (2001) Project ARM : Alcohol risk management to prevent sales to underage and intoxicated patrons. Health Education and Behavior 28, 186–99.

Toomey T.L., Williams C.L., Perry C.L., Murray D.M., Dudovitz B., and Veblen–Mortenson S. (1996) An alcohol primary prevention program for parents of 7th graders : The Amazing Alternatives! Home program. Journal of Child and Adolescent Substance Use 5, 35–53.

Treisman D. (2008) Pricing death : The political economy of Russia's alcohol crisis. Los Angeles, CA : UCLA, Political Science Department. Available at : http://www.sscnet.ucla.edu/polisci/faculty/treisman/Mortal.pdf (accessed 9 July 2009).

Treno A.J. and Holder H.D. (1997) Community mobilization, organizing, and media advocacy : A discussion of methodological issues. Evaluation Review 21, 166–90.

Treno A.J., Alaniz M.L., and Gruenewald P.J. (2000) The use of drinking places by gender, age and ethnic groups : An analysis of routine drinking activities. Addiction 95, 537–51.

Treno A.J., Breed L., Holder H.D., Roeper P., Thomas B.A., and Gruenewald P.J. (1996) Evaluation of media advocacy efforts within a community trail to reduce alcohol–involved injury : Preliminary newspaper results. Evaluation Review 20, 404–23.

Treno A.J., Grube J., and Martin S.E. (2003) Alcohol availability as a predictor of youth drinking and driving : A hierarchical analysis of survey and archival data. Alcoholism : Clinical and Experimental Research 27, 835–40.

Treno A.J., Gruenewald P.J., and Ponicki W.R. (1997) The contribution of drinking patterns to the relative risk of injury in six communities : a self–report based probability approach. Journal of Studies on Alcohol 58, 372–81.

Treno A.J., Gruenewald P.J., Lee J.P., and Remer L.G. (2007a) The Sacramento neighborhood alcohol prevention project : Outcomes from a community prevention trial. Journal of Studies on Alcohol and Drugs 68, 197–207.

Treno A.J., Johnson F.W., Remer L.G., and Gruenewald P.J. (2007b) The impact of outlet densities on alcohol–related crashes : A spatial panel approach. Accident Analysis & Prevention 39, 894–901.

Treno A.J., Nephew T.M., Ponicki W.R., and Gruenewald P.J. (1993) Alcohol beverage price spectra : Opportunities for substitution. Alcoholism : Clinical and Experimental Research 17, 675–80.

Treno A.J., Ponicki W.R., Remer L.G., and Gruenewald P.J. (2008) Alcohol outlets, youth drinking, and self–reported ease of access to alcohol : A constraints and opportunities approach. Alcoholism : Clinical and Experimental Research 32, 1372–9.

Trolldal B. (2005a) The privatization of wine sales in Quebec in 1978 and 1983 to 1984. Alcoholism : Clinical and Experimental Research 29, 410–16.

Trolldal B. (2005b) An investigation of the effect of privatization of retail sales of alcohol on consumption and traffic accidents in Alberta, Canada. Addiction 100, 662–71.

Trolldal B. (2005c) Availability and sales of alcohol infour Canadian provinces : A time–series analysis. Contemporary Drug Problems 32, 343–72.

Trolldal B. and Ponicki W.R. (2005) Alcohol price elasticities in control and license states in the United States, 1982–99. Addiction 100, 1158–65.

Truong K.D. and Sturm R. (2007) Alcohol outlets and problem drinking among adults in California. Journal of Studies on Alcohol and Drugs 68, 923–33.

Truong K.D. and Sturm R. (2009) Alcohol environments and disparities in exposure associated with adolescent drinking in California. American Journal of Public Health 99, 264–70.

Tumwesigye N.M. and Kasirye R. (2005) Gender and the major consequences of alcohol consumption in Uganda. In : Obot I.S. and Room R. (eds.) Alcohol, Gender and Drinking Problems : Perspectives from Low and Middle Income Countries, pp. 189–208. Geneva, Switzerland : World Health Organization.

Turner S.C. (1997) Effects of peer alcohol abuse education on college students' drinking behavior. Dissertation Abstracts International 57, 4276A.

Ugland T. (2002) Policy re–categorization and integration : Europeanization of Nordic alcohol control policies. Oslo, Norway : Arena.

Uhl A. (2007) How to camouflage ethical questions in addiction research. In : Fountain J. and Korf D (eds.) Drugs in Society : European Perspectives. pp. 116–30. Oxford, UK : Radcliffe.

United Breweries (2006–7) UB Annual report. Delhi, India.

Urbano–Márquez A. and Fernández–Solà J. (1996) Musculo–skeletal problems in alcohol abuse. In : Peters T.J. (ed.) Alcohol misuse : A European perspective, pp.123-44. Amsterdam, the Netherlands : Harwood Academic Publishers.

Usdan S., Moore C., Schumacher J., and Talbott L. (2005) Drinking locations prior to impaired driving among college students : Implications for prevention. Journal of American College Health 54, 69-75.

Valde K.S. and Fitch K.L. (2004) Desire and sacrifice : Seeking compliance in designated driver talk. Western Journal of Communication 68, 121-50.

Valencia-Martín J.L., Galán I., and Rodríguez-Artalejo F. (2008) The joint association of average volume of alcohol and binge drinking with hazardous driving behaviour and traffic crashes. Addiction 103, 749-57.

Van den Bulck J. and Beullens K. (2005) Television and music video exposure and adolescent alcohol use while going out. Alcohol & Alcoholism 40, 249-53.

Van Hoof J., Van Noordenburg M., and De Jong M. (2008) Happy hours and other alcohol discounts in cafes : Prevalence and effects on underage adolescents. Journal of Public Health Policy 29, 340-52.

VandenBos G.R. (2007) APA dictionary of psychology. Washington, D.C : American Psy-chological Association.

Vartiainien E., Jousilahti P., Alfthan G., Sundvall J., Pietinen P., and Puska P. (2000) Cardiovascular risk factor changes in Finland, 1972-1997. International Journal of Epidemiology 29, 49-56.

Victorian Government (2008) Victoria's alcohol action plan, 2008-2013. Melbourne, Australia : Victorian Government.

Vingilis E., McLeod A.I., Seeley J., Mann R., Beirness D., and Compton C. (2005) Road safety impact of extended drinking hours in Ontario. Accident Analysis & Prevention 37, 549-56.

Vingilis E., McLeod A.I., Stoduto G., Seeley J., and Mann R.E. (2007) Impact of extended drinking hours in Ontario on motor-vehicle collision and non-motor-vehicle collision injuries. Journal of Studies on Alcohol and Drugs 68, 905-11.

Viser V. (1999) Geist for sale : A neoconsciousness turn through advertising in contemporary consumer culture. Dialectical Anthropology 24, 107-24.

Voas R.B. (2008) A new look at NHTSA's evaluation of the 1984 Charlottesville Sobriety Checkpoint Program : Implications for current checkpoint issues. Traffic Injury Prevention 9, 22-30.

Voas R.B. and DeYoung D. J.(2002) Vehicle action : Effective policy for controlling drunk and other high-risk drivers? Accident Analysis & Prevention 34, 263-70.

Voas R.B. and Marques P.R. (2003) Barriers to interlock implementation. Traffic Injury Prevention 4, 183-7.

Voas R.B. and Tippetts A.S. (1999) Relationship of alcohol safety laws to drinking drivers in fatal crashes. Washington, DC : National Highway Traffic Safety Administration.

Voas R.B., Blackman K.O., Tippetts A.S., and Marques P.R. (2002) Evaluation of a program to motivate impaired driving offenders to install ignition interlocks. Accident Analysis and Prevention 34, 449-55.

Voas R.B., Fell J., McKnight A., and Sweedler B. (2004) Controlling impaired driving through vehicle programs : An overview. Traffic Injury Prevention 5, 292-8.

Voas R.B., Holder H.D., and Gruenewald P.J. (1997) The effect of drinking and driving interventions on alcohol–involved traffic crashes within a comprehensive community trial. Addiction 92 (Suppl.), 221–36S.

Voas R.B., Romano E., Tippetts A., and Furr–Holden C. (2006) Drinking status and fatal crashes : Which drinkers contribute most to the problem? Journal of Studies on Alcohol 67, 722–9.

Voas R.B., Tippetts A.S., and Fell J.C. (2003) Assessing the effectiveness of minimum legal drinking age and zero tolerance laws in the United States. Accident Analysis & Prevention 35, 579–87.

Wagenaar A.C. (1981) Effects of the raised legal drinking age on motor vehicle accidents in Michigan. HSRI Research Review 11, 1–8.

Wagenaar A.C. (1986) Preventing highway crashes by raising the legal minimum age for drinking: The Michigan experience 6 years later. Journal of Safety Research 17, 101–9.

Wagenaar A.C. (1993) Research affects public policy : The case of the legal drinking age in the United States. Addiction 88 (Suppl.), 75–81S.

Wagenaar A.C. and Holder H.D. (1991) Effects of alcoholic beverage server liability on traffic crash injuries. Alcoholism : Clinical and Experimental Research 15, 942–7.

Wagenaar A.C. and Holder H.D. (1995) Changes in alcohol consumption resulting from the elimination of retail wine monopolies : Results from five US states. Journal of Studies on Alcohol 56, 566–72.

Wagenaar A.C. and Langley J.D. (1995) Alcohol licensing system changes and alcohol consumption : Introduction of wine into New Zealand grocery stores. Addiction 90, 773–83.

Wagenaar A.C. and Maldonado–Molina M. (2007) Effects of drivers' license suspension policies on alcohol–related crash involvement : Long–term follow–up in forty–six states. Alcoholism : Clinical and Experimental Research 31, 1399–1406.

Wagenaar A.C. and Maybee R.G. (1986) Legal minimum drinking age in Texas : Effects of an increase from 18 to 19. Journal of Safety Research 17, 165–78.

Wagenaar A.C. and Toomey T.L. (2002) Effects of minimum drinking age laws : Review and analyses of the literature from 1960 to 2000. Journal of Studies on Alcohol 63, S206–25.

Wagenaar A.C. and Wolfson M. (1994) Enforcement of the legal minimum drinking age in the United States. Journal of Public Health Policy 15, 37–53.

Wagenaar A.C. and Wolfson M. (1995) Deterring sales and provision of alcohol to minors : A study of enforcement in 295 counties in four states. Public Health Reports 110, 419–27.

Wagenaar A.C., Finnegan J.R., Wolfson M., Anstine P.S., Williams C.L., and Perry C.L. (1993) Where and how adolescents obtain alcoholic beverages. Public Health Reports 108, 459–64.

Wagenaar A.C., Gehan J.P., Jones–Webb R., Wolfson M., Toomey T.L., Forster J.L., and Murray D.M. (1998) Communities Mobilizing for Change on Alcohol : Experiences and outcomes from a randomized community trial. Minneapolis, MN : University of Minnesota.

Wagenaar A.C., Maldonado–Molina M.M., and Wagenaar B.H. (2009a) Effects of alcohol tax increases on alcohol-related disease mortality in Alaska : Time-series analyses from 1976 to 2004. American Journal of Public Health 99: 1464 - 70.

Wagenaar A.C., Maldonado-Molina M.M., Erickson D.J., Linan, M., Tobler A.L., and Komro K.A. (2007a) General deterrence effectsof U.S. statutory DUI fine and jail penalties : Long-term follow-up in 32 states. Accident Analysis and Prevention 39, 982-94.

Wagenaar A.C., Maldonado-Molina M.M., Linan, M., Tobler A.L., and Komro K.A. (2007b) Effects of legal BAC limits on fatal crash involvement : analyses of 28 states from 1976 through 2002. Journal of Safety Research 38, 493-9.

Wagenaar A.C., Murray D.M., and Toomey T.L. (2000a) Communities Mobilizing for Change on Alcohol (CMCA) : Effects of a randomized trial on arrests and traffic crashes. Addiction 95, 209-17.

Wagenaar A.C., Murray D.M., Gehan J.P., Wolfson M., Forster J.L., Toomey T.L., Perry C.L., and Jones-Webb R. (2000b) Communities mobilizing for change on alcohol : Outcomes from a randomized community trial. Journal of Studies on Alcohol 61, 85-94.

Wagenaar A.C., O'Malley P.M., and LaFond C. (2001) Very low legal BAC limits for young drivers : Effects on drinking, driving, and driving-after-drinking behaviors in 30 states. American Journal of Public Health 91, 801-4.

Wagenaar A.C., Salois M.J., and Komro K.A. (2009b) Effects of beverage alcohol price and tax levels on drinking : A meta-analysis of 1003 estimates from 112 studies. Addiction 104, 179-90.

Wagenaar A.C., Toomey T.L., Murray D.M., Short B.J., Wolfson M., and Jones-Webb R. (1996) Sources of alcohol for underage drinkers. Journal of Studies on Alcohol 57, 325-33.

Waiters E., Treno A., and Grube J. (2001) Alcohol advertising and youth : A focus-group analysis of what young people find appealing in alcohol advertising. Contemporary Drug Problems 28, 695-718.

Wallack L. (1983) Mass media campaigns in a hostile environment : Advertising as anti-health education. Journal of Alcohol & Drug Education 28, 51-63.

Wallack L. (1990) Social marketing and media advocacy : Two approaches to health promotion. World Health Forum 11, 143-54.

Wallack L. and DeJong W. (1995) Mass media and public health : Moving the focus from the individual to the environment. In : Martin, S. (ed.) The Effects of the Mass Media on the Use and Abuse of Alcohol, pp. 253-68. Research Monograph No. 28. Bethesda, MD : National Institute on Alcohol Abuse and Alcoholism.

Wallack L. and Dorfman L. (1992) Television news, hegemony and health [letter]. American Journal of Public Health 82, 125-6.

Wallin E. and Andréasson S. (2005) Effects of a community action program on problems related to alcohol consumption at licensed premises. In : Stockwell T., Gruenewald P., Toumbourou J., and Loxley W. (eds.) Preventing Harmful Substance Use : The Evidence Base for Policy and Practice. New York, NY : John Wiley and Sons.

Wallin E., Gripenberg J. and Andréasson S. (2002) Too drunk for a beer? : A study of overserving in Stockholm. Addiction 97, 901-7.

Wallin E., Gripenberg J., and Andréasson S. (2005) Overserving at licensed premises in

Stockholm : Effects of a community action program. Journal of Studies in Alcohol 66, 806–15.

Wallin E., Lindewald B., and Andréasson S. (2004) Institutionalization of a community action program targeting licensed premises in Stockholm, Sweden. Evaluation Review 28, 396–419.

Wallin E., Norström T., and Andréasson S. (2003) Alcohol prevention targeting licensed premises: A study of effects on violence. Journal of Studies on Alcohol 64, 270–7.

Walsh D.C., Hingson R.W., Merrigan D.M., Levenson S.M., Cupples L.A., Heeren T., Coffman G.A., Becker C.A., Barker T.A., Hamilton S.K., McGuire T.G., and Kelly C.A. (1991) A randomized trial of treatment options for alcohol–abusing workers. The New England Journal of Medicine 325, 775–81.

Walsh G.W., Bondy S.J., and Rehm J. (1998) Review of Canadian low–risk drinking guidelines and their effectiveness. Canadian Journal of Public Health 89, 241–7.

Walters S.T., Vader A.M., and Harris T.R. (2007) A controlled trial of web–based feedback for heavy drinking college students. Prevention Science 8, 83–8.

Walsh P. (2005) Diageo 2005 preliminary results. Presentation slides and speech transcript. Available at : http://www.diageo.com/NR/rdonlyres/4DA6C679–AC5E–4F90–8E93–AB213FFCD958/0/PaulWalshInterviewTranscript.pdf (accessed 2 November 2005).

Warburton A.L. and Shepherd J.P. (2000) Effectiveness of toughened glassware in terms of reducing injury in bars: a randomized controlled trial. Injury Prevention 6, 36–40.

Warburton A.L. and Shepherd J.P. (2006) Tackling alcohol related violence in city centres : Effect of emergency medicine and police intervention. Emergency Medical Journal 23, 12–17.

Watson B. and Freeman J. (2007) Perceptions and experiences of random breath testing in queensland and the self–reported deterrent impact on drunk driving. Traffic Injury Prevention 8, 11–19

Watson B.C. and Neilson A.L. (2008) An evaluation of the 'Skipper' designated driver program : Preliminary results. Paper presented at the Australasian College of Road Safety Conference on High Risk Road Users, Brisbane, 18–19 September. Available at : http://www.acrs.org.au/srcfiles/Watson.pdf (accessed 13 July 2009).

Webb R. (2006) Excise taxation : Developments since the mid–1990s. Parliamentary Library Research Brief No 15. Canberra, Australia : Parliament of Australia. Available at : www.aph.gov.au/library/pubs/rb/2005–06/06rb15.pdf (accessed 9 July 2009).

Wechsler H. (1996) Alcohol and the American college campus : A report from the Harvard School of Public Health. Change 28, 20–25 and 60.

Wechsler H. and Nelson T.F. (2008) What we have learned from the Harvard School of Public Health College Alcohol Stud y: Focusing attention on college student alcohol consumption and the environmental conditions that promote it. Journal of Studies on Alcohol and Drugs 69, 481–90.

Wechsler H., Nelson T.F., Lee J.E., Seibring M., Lewis C., and Keeling, R.P. (2003) Perception and reality: A national evaluation of social norms marketing interventions to reduce college students' heavy alcohol use. Journal of Studies on Alcohol 64, 484–94.

Wechsler H., Seibrikng M., Liu I.C., and Ahl L. (2004) Colleges respond to student binge drinking : Reducing student demand or limiting access. Journal of American College Health 52, 159–68.

Weisner C. (2001) The provision of services for alcohol problems : A community perspective for understanding access. Journal of Behavioral Health Services and Research 28, 130–42.

Weisner C., Conell C., Hunkeler E.M., Rice D., McLellan A.T., Hu T.W., Fireman B., and Moore C. (2000) Drinking patterns and problems of the "stably insured" : A study of the membership of a health maintenance organization. Journal of Studies on Alcohol 61, 121–9.

Weitzman E.R., Folkman A., Folkman K.L., and Wechsler H. (2003) The relationship of alcohol outlet density to heavy and frequent drinking and drinking–related problems among college students at eight universities. Health & Place 9, 1–6.

Wells S. and Graham K. (1999) The frequency of third party involvement in incidents of barroom aggression. Contemporary Drug Problems 26, 457–80.

Wells S., Graham K., and Purcell J. (2009) Policy implications of the widespread practice of 'pre–drinking' or 'pre–gaming' before going to public drinking establishments : Are current prevention strategies backfiring? Addiction 104, 4–9.

Wells S., Graham K., and West P. (1998) 'The good, the bad, and the ugly' : Responses by security staff to aggressive incidents in public drinking settings. Journal of Drug Issues 28, 817–36.

Wells S., Graham K., and West P. (2000) Alcohol–related aggression in the general population. Journal of Studies on Alcohol 61, 626–32.

Wells–Parker E. (2000) Assessment and screening of impaired driving offenders : An analysis of underlying hypotheses as a guide for development of validation strategies. In : Proceedings of the 15th International Conference on Alcohol, Drugs, and Traffic Safety, pp. 575–94. Stockholm, Sweden : Ekom Press.

Wells–Parker E., Bangert–Drowns R., McMillen R., and Williams M. (1995) Final results from a meta–analysis of remedial interventions with drink/drive offenders. Addiction 90, 907–26.

Werch C.E., Lepper J.M., Pappas D.M., and Castellon–Vogel E.A.(1994) Use of theoretical models in funded college drug prevention programs. Journal of College Student Development 35, 359–63.

West S.L. and O'Neal K.K. (2004) Project D.A.R.E. outcome effectiveness revisited. American Journal of Public Health 94, 1027–9.

Wheeler D.R., Rogers E.M., Tonigan J.S., and Woodall W.G. (2004) Effectiveness of customized Victim Impact Panels on first–time DWI offender inmates. Accident Analysis & Prevention 36, 29–35.

Whetten–Goldstein K., Sloan F.A., Stout E.M., and Liang L. (2000) Civil liability, criminal law, and other policies and alcohol–related motor vehicle fatalities in the United States, 1984–1995. Accident Analysis and Prevention 32, 723–33.

White D. and Pitts M. (1998) Educating young people about drugs : A systematic review. Addiction 93, 1475–87.

White S. (1996) Russia goes dry : Alcohol, state and society. Cambridge, MA : Cambridge UP.

Whitlock E.P., Polen M.R., Green C.A., Orlean T., and Klein J. (2004) Behavioral counseling interventions in primary care to reduce risky/harmful alcohol use by adults : A summary of the evidence for the US Preventive Services Task Force. The Annals of Internal Medicine 140, 557–68.

Wilks J., Vardanega A.T., and Callan V.J. (1992) Effect of television advertising of alcohol on alcohol consumption and intentions to drive. Drug & Alcohol Review 11, 15–21.

Witheridge J. (ed) (2003) Worldwide brewing alliance : Global social responsibility initiatives. London, UK : British Beer and Pub Association.

WHO Expert Committee on Problems Related to Alcohol Consumption (2007) WHO expert committee on problems related to alcohol consumption : Second report. WHO Technical Report Series 944. Geneva, Switzerland : WHO.

WHO. See World Health Organization.

Wiers R.W., van de Luitgaarden J., vand den Wildenberg E., and Smulders F.T.Y. (2005) Challenging implicit and explicit alcohol-related cognitions in young heavy drinkers. Addiction 100, 806–19.

Wiggers J.H., Jauncey M., Considine R.J., Daly J., Kingsland M., Purss K., Burrows S., Nicholas C., and Waites R.J. (2004) Strategies and outcomes in translating alcohol harm reduction research into practice : The alcohol linking program. Drug and Alcohol Review 23, 355–64.

Wilkinson C. and Room R. (2009) Warning labels on alcohol containers and advertisements : International experience and evidence on effects. Drug and Alcohol Review, in press.

Williams A.F. (2008) Licensing age and teenage driver crashes : A review of the evidence. Arlington, VA : Institute for Highway Safety.

Williams A.F., Ferguson S.A., and Cammisa M.X. (2000) Self-reported drinking and driving practices and attitudes in four countries and perceptions of enforcement. Arlington, VA : Insurance Institute for Highway Safety.

Williams A.F., McCartt A., and Ferguson S. (2007) Hardcore drinking drivers and other contributors to the alcohol-impaired driving problem : need for a comprehensive approach. Traffic Injury Prevention 8, 1–10.

Williams C.L., Perry C.L., Dudovitz B., Veblen-Mortenson S., Anstine P.S., Komro K.A., and Toomey T.L. (1995) A home-based prevention program for sixth-grade alcohol use : Results from Project Northland. Journal of Primary Prevention 16, 125–47.

Williams J., Chaloupka F.J., and Weschler H. (2005) Are there differential effects of price and policy on college students' drinking intensity? Contemporary Economic Policy 23, 78–80.

Willis C., Lybrand S., and Bellamy N. (2004) Alcohol ignition interlock programmes for reducing drink driving recidivism. Cochrane Database of Systematic Reviews, Issue 4. Art. No. CD004168. DOI : 10.1002/14651858.CD004168.pub2.

Willis J. (2001) Alcohol in East Africa, 1850–1999. Durham, UK : Durham University, History Department.

Wilsnack R.W., Wilsnack S.C., and Obot I.S. (2005) Why study gender, alcohol and culture? In : Obot I.S. and Room R. (eds.) Alcohol, Gender and Drinking Problems : Perspectives from Low and Middle Income Countries, pp. 1–24. Geneva, Switzerland : World Health Organization.

Windle M. (1996) Effect of parental drinking on adolescents. Alcohol Health and Research

World 20, 181–4.
Wines M. (2000) An ailing Russia lives a tough life that's getting shorter. The New York Times, New York, NY, December 3.
Winlow S. (2001) Badfellas : Crime, tradition and new masculinities. Oxford : Berg.
Winlow S., Hobbs D., Lister S., and Hadfield P. (2001) Get ready to duck : Bouncers and the realities of ethnographic research on violent groups. British Journal of Criminology 41, 536–48.
Wood E., Shakeshaft A., Gilmour S., and Sanson–Fisher R. (2006) A systematic review of school–based studies involving alcohol and the community. Australian & New Zealand Journal of Public Health 30, 541–9.
Woodall W.G., Kunitz S.J., Zhao H., Wheeler D.R., Westerberg V., and Davis J. (2004) The prevention paradox, traffic safety, and driving–while–intoxicated treatment. American Journal of Preventive Medicine 27, 106–11.
World Bank Group (2000) World Bank Note on Alcoholic Beverages. Washington, DC : World Bank Group.
World Bank (2000) Note on alcohol beverages. Washington, DC : World Bank.
World Health Organization (1992a) International Statistical Classification of Diseases and Related Health Problems – 10th Revision (ICD 10). Tabular List. Geneva, Switzerland : WHO.
World Health Organization (1992b) The ICD–10 classification of mental and behavioural disorders : Clinical descriptions and diagnostic guidelines. Geneva, Switzerland : World Health Organization.
World Health Organization (1993) Programme on substance abuse : Assessing the standards of care in substance abuse treatment. Geneva, Switzerland : WHO.
World Health Organization (1998) The world health report 1998 : Life in the 21stcentury : A vision for all. Geneva, Switzerland : World Health Organization.
World Health Organization (1999) Global Status Report on Alcohol. Geneva, Switzerland : WHO.
World Health Organization (2000) The world health report 2000 – health systems : Improving performance. Geneva, Switzerland : WHO.
World Health Organization (2001a) The International Classification of Functioning, Disability and Health. Geneva, Switzerland : WHO.
World Health Organization (2001b) Global Status Report on Alcohol. Geneva, Switzerland : WHO.
World Health Organization (2002a) The world mental health (WMH2000) initiative. Geneva, Switzerland : Assessment, Classification, and Epidemiology Group, WHO.
World Health Organization (2002b) The World Health Report 2002 : Reducing risks, promoting healthy life. Geneva, Switzerland : WHO.
World Health Organization (2004) Global status report : Alcohol policy. Geneva, Switzerland : WHO. Available at : http://www.who.int/substance_abuse/publications/en/Alcohol%20Policy%20Report.pdf (accessed 6 July 2009).
World Health Organization (2009a) About WHO Framework Convention on Tobacco Control. Available at : http://www.who.int/fctc/about/en/index.html (accessed 6 July 2009).
World Health Organization (2009b) Parties to the WHO Framework Convention on Tobacco

Control. Available at : http://www.who.int/fctc/signatories_parties/en/index.html (accessed 24 June 2009).

World Trade Organization (2008) The 128 countries that had signed GATT by 1994. Available at : http://www.wto.org/english/thewto_e/gattmem_e.htm (accessed 27 October 2008).

World Trade Organization (2009) Members and observers. Available at : http://www.wto.org/english/thewto_e/whatis_e/tif_e/org6_e.htm (accessed 24 June 2009).

Wortley R. (2001) A classification of techniques for controlling situational precipitators of crime. Security 14, 63-82.

WTO. See World Trade Organization.

Wyllie A., Waa A., and Zhang J.F. (1996) Alcohol and moderation advertising expenditure and exposure: 1996. Auckland, New Zealand : University of Auckland.

Wyllie A., Zhang J.F., and Casswell S. (1998a) Positive responses to televised beer advertisements associated with drinking and problems reported by 18 to 29 year olds. Addiction 93, 749–60.

Wyllie A., Zhang J.F., and Casswell S. (1998b) Responses to televised alcohol advertisements associated with drinking behaviour of 10–17 year-olds. Addiction 93, 361–71.

Young D. (1993) Alcohol advertising bans and alcohol abuse : Comment. Journal of Health Economics 12, 213–28.

Young D.J. and Bielinska-Kwapisz A. (2002) Alcohol taxes and beverage prices. National Tax Journal 55, 57–88.

Young D.J. and Bielinska-Kwapisz A. (2006) Alcohol prices, consumption, and traffic fatalities. Southern Economic Journal 72, 690–703.

Young D.J. and Likens T.W. (2000) Alcohol regulation and auto fatalities. International Review of Law & Economics 20, 107–26.

Younger S.D. (1993) Estimating tax incidence in Ghana : An exercise using household data. Cornell Food and Nutrition Policy Program Working Papers No 48. Ithaca, NY : Cornell University. Available at : http://www.cfnpp.cornell.edu/images/wp48.pdf (accessed 9 July 2009).

Younger S.D. and Sahn D.E. (1999) Fiscal incidence in Africa : Microeconomic evidence. Cornell Food and Nutrition Policy Program Working Papers No 91. Ithaca, NY : Cornell University. Available at : http://www.cfnpp.cornell.edu/images/wp91.pdf (accessed 9 July 2009).

Yu Q., Scribner R., Carlin B.P., Theall K., Simonsen N., Ghosh-Dastidar B., Cohen D.A., and Mason K. (2008) Multilevel spatio-temporal dual changepoint models for relating alcohol outlet destruction and changes in neighbourhood rates of assaultive violence. Geospatial Health 2, 161–72.

Zador P.L. (1991) Alcohol-related relative risk of fatal driver injuries in relation to driver age and sex. Journal of Studies on Alcohol 52, 302–10.

Zador P.L., Krawchuk S.A., and Voas R.B. (2000) Alcohol-related relative risk of driver fatalities and driver involvement in fatal crashes in relation to driver age and gender : An update using 1996 data. Journal of Studies on Alcohol 61, 387–95.

Zakhari S. (1997) Alcohol and the cardiovascular system : Molecular mechanisms for beneficial and harmful action. Alcohol Health and Research World 21, 21–9.

Zaridze D., Brennan P., Boreham J., Boroda A., Karpov R., Lazarev A., Konobeevekaya

I., Igitov V. Terechova T., Boffetta P., and Peta R. (2009) Alcohol and cause-specific mortality in Russia : A retrospective case-control study of 49557 adult deaths. The Lancet 373, 2201-14.

Zeigler D.W. (2006) International trade agreements challenge tobacco and alcohol control policies. Drug and Alcohol Review 25, 567-79.

Zeigler D.W. (2009) The alcohol industry and trade agreements : A preliminary assessment. Addiction 104 Suppl 1, 13-36.

Zhang J-F. (2004) Alcohol advertising in China. Presentation to Asia Pacific NGO Meeting on Alcohol Policy. Auckland, New Zealand, 24-25 September.

Zielenziger M. (2000) Year-ending parties pour drunks onto trains of Japan. The Hartford Courant, Hartford, CT, December 28.

Zimmerman R. (1997) Social marketing strategies for campus prevention of alcohol and other drug problems. Newton, MA : Higher Education Center for Alcohol and other Drug Prevention.

Zwarun L. (2006) Ten years and one master settlement agreement later : The nature and frequency of alcohol and tobacco promotion in televised sport, 2000 through 2002. American Journal of Public Health 96, 1492-7.

Zwarun L. and Farrar K. (2005) Doing what they say, saying what they mean : Self-regulatory compliance and depictions of drinking in alcohol commercials in televised sports. Mass Communication and Society 8, 347-71.

Zwarun L., Linz D., Metzger M., and Kunkel D. (2006) Effects of showing risk in beer commercials to young drinkers. Journal of Broadcasting & Electronic Media 50, 52-77.

Zwerling C. and Jones M.P. (1999) Evaluation of the effectiveness of low blood alcohol concentration laws for younger drivers. American Journal of Preventive Medicine 16 (Suppl. 1), 76-80.

용어사전[1)]

• **가격비탄력**(Price inelastic) : 가격에서 비율의 변화가 소비된 알코올 양(양적 수요)의 비율 변화보다 클 때를 의미한다.

• **가격탄력**(Price elastic) : 가격의 변동에 따른 소비된 알코올 양의 변동비율을 말하며, 흔히 가격변동비율보다 소비량변동비율이 클 때를 의미한다.

• **가중운전면허취소**(Graduated driver licensing) : 운전제한을 받은 자가 혈중알코올농도(BAC) 테스트에서 양성판정을 받았다면 면허취소와 함께 운전자격을 영구히 박탈하는 면허체계를 말한다.

• **건강신념모델**(Health belief model) : 1950년대에 개발된 이론모형으로 개인의 건강행동위험에 대한 인식의 상태는 세가지 요소에 의해 영향을 받는다. ① 건강에 대한 관심이나 흥미를 포함한 일반적인 건강의 가치, ② 특별한 건강위협에 대한 민감한 구체적인 건강신념, ③ 건강문제의 결과에 대한 신념

• **경고문구**(Warning labels) : 주류의 용기나 포장 외면에 인쇄된 건강측면에서의 알코올의 유해한 효과에 대하여 음주자들에게 경고하는 메시지를 말한다.

• **공공광고사업**(Public Service Announcements) : 특정한 대중에게 중요한 정보를 마련하여 유익을 주기 위하여 비정부기관, 보건관련 기관 및 대중매체 기관에 의해 기획된 메시지로, 알코올사업에 적용이 될 때에는 '책임있는 음주', '음주상태에서의 운전의 위험'과 관련된 제목으로 다루고 있다.

• **규범교육**(Normative education) : 학령기 학생들에게 알코올사용에 대한 의도된 정보를 제공하기 위하여 설계된 교육으로 강의, 토론, 그리고 연습 등의 방법으로 이루어지며, 이러한 교육은 주로 학생들에게 과대평가되기 쉬운 면이 있다. 이러한 정보는 인지된 규범을 확인하거나 또래 압력을 감소시키기 위하여 교육된다.

• **능력부여모델**(empowerment model) : 전문가의 의견이나 외부자원에 의지하지 않고, 그들 스스로의 지식과 경험, 그리고 지역자원을 사용하는 등 문제해결에 가장 큰 영향을 미칠 수 있는 능력을 부여하면서 문제를 해결하려는 전략을 말한다.

• **대응광고**(Counter-advertising) : 음주의 위험과 부정적인 결과에 대한 광고형태로 전달하는 활동을 말하며, 알코올소비에서 주류광고의 효과와 균형을 맞추기 위하여 활용된다. 이는 인쇄와 방송광고 매체를 통하며, 공공서비스와 경고문 같은 형태를 취할 수도 있다.

• **면허제도**(Licensing system) : 알코올성 음료의 판매 및 분배를 통제하기 위해 자격을 갖춘 사람에게 중앙 혹은 지방 정부가 면허를 부여하는 체계를 말한다. 마시는 주류(맥주, 와인, 증류주)의 종류, 판매장소(도·소매 판매점, 선술집, 바, 수퍼마켓)에 따라서 판매시간과 판매장소 등 고객과 연령대에 대한 규제와 목적이 다르다.

---

1) 대부분의 용어설명은 Babor *et al.*(1994), Keller *et al.*(1982), Vanden Bos(2007), and Wikipedia를 참조하였음

- **매개요인**(Mediator) : 위험요소(예 ; 알코올소비)와 건강(또는 사회적) 문제(예 ; 우발적인 사고)를 일으키는 매개요인을 말한다. 이것은 문제지표에 차이를 가져오며, 위험요인에 의해 매개요인의 차이를 가져오기도 한다.
- **메타분석 리뷰**(Meta-analytic reviews) : 여러 다른 연구들에서의 통계 분석 자료가 선택되고 재분석되었다. 이 접근은 대답해야 할 구체적인 질문이 있을 때와 최소한의 다른 결론들이 도출된 연관성이 있는 강력한 연구들이 있을 때 특히 유용하다.
- **무작위대조군실험**(Randomised control experiment) : 무작위 임상실험 참고
- **무작위대조군연구**(Randomised control study) : 무작위 임상실험 참고
- **무작위음주측정**(Random breath-testing) : 호흡에 포함되어 있는 알코올 농도를 기반으로 혈중알코올 수준을 평가하기 위하여 도로변에서 무작위로 선택된 운전자들을 단속하고 점검하는 방법으로, 일부 국가에서는 '강제 호기 측정'이라 부르기도 한다.
- **무작위임상실험**(Randomised clinical trial) : 연구의 참여자들이 무작위 선택과 배분에 의해 임상치료 그룹과 대조군 치료 혹은 플라시보 대상이 되도록 하는 임상실험 연구 설계를 말한다. 무작위추출방법은 선택적 편견과 체계적 편견을 제거하여 결과의 정확성을 높인다.
- **미디어활용능력교육**(Media literacy) : 사람들로 하여금 그들이 관찰하고 읽은 것에 대한 질문을 하도록 격려하여, 다양한 미디어에 있는 메시지를 평가하는 과정을 말한다. 알코올정책에 있어서 미디어활용능력교육은 알코올광고와 다른 영업 전략을 비판적으로 분석하도록 하여, 특히 젊은 사람들의 이해를 돕기 위한 수단을 제공해 준다. 이를 통해서 미디어 메시지에 내포되어 있는 알코올에 대한 눈가림과 속임수 등에 대해 매우 잘 지각할 수 있다.
- **바이러스성 마케팅**(Viral marketing) : 판매 활동을 목적으로 주로 인터넷이나 이메일에 의하여 '구어'를 다시 만들어 내는 기술을 말한다. 또한 바이러스성 마케팅은 이미 존재하고 있는 사회적 통신망을 이용하여 상표에 대한 인식을 증가시키고, 제품판매와 같은 다른 영업 목적들을 자기 재생 바이러스성 과정을 한 사람에게서 다른 사람에게로 전달하여 목적을 달성하는 영업기술이다. 바이러스성 마케팅은 비디오나 상호게임 및 문자 메세지의 형태를 가진다.
- **법정형량**(Mandatory jail sentences) : 음주운전으로 인해 기결수가 된 자들을 위한 법적인 최소형량을 말한다. 초범과 재범 모두에게 적용되는 의무적인 구치판결로, 이 판결의 원안은 음주운전의 처벌을 판사의 혼돈된 처사 아래 두는 대신 의무적인 판결을 하도록 하는 취지이다.
- **배급제도**(Rationing) : 개인에게 판매하는 알코올성 음료의 일정한 양을 정하는 제도를 말한다(주로 정부의 공시에 의해 결정된다). 알코올의 오남용을 제재하기 위한 방법인 정량제에 있어서 가장 주목할 만한 예는 스웨덴에서 1917년부터 1955년 사이에 실시되었던 알코올 유용성의 법적 통제 형태인 Bratt 할당시스템이다.
- **보편적 전략**(Universal strategy) : 고위험음주자들에게 뿐 아니라 전 인구집단에게 적용되는 예방 전략을 말하며, 대중매체캠페인에 자주 사용된다.
- **브렛 배당제**(Bratt rationing system) : 스웨덴의 의사의 이름을 딴 알코올 통제 정책의 한 형태로 1917년 스웨덴 법에 편입되었다. 성인 개인별 알코올 할당제를 시행함으로 증류주 오용을 저지하기 위하여 고안되었다. 이 제도는 1955년 폐지되었다.
- **사탕수수**(Sorghum) : 남아프리카에서 맥주를 만들기 위하여 사용하는 목초의 한 종류이다.

아프리카 당밀 맥주는 갈색과 분홍빛을 띤 음료로 신 과일 맛이 난다. 알코올의 함량은 1%에서 8%까지 다양하다.

- **세계보건기구**(World Health Organization, WHO) : UN 기관이 공중보건방법과 관련된 정책 연구를 통하여 회원 주(state)들의 건강을 보호하고 증진시키기 위하여 1948년에 설립하였다. 스위스의 제네바에 있는 세계보건기구에 더하여 일곱 개의 지역사무국이 있다. 세계보건기구의 정신보건 및 약물오남용국은 알코올의 유해한 사용을 감소시키기 위한 글로벌 전략을 개발하고 책임지는 곳이다.
- **소주**(Soju) : 쌀, 보리, 혹은 고구마로부터 증류되어 만들어진 한국의 술(최근에는 희석식 소주도 있음)
- **쇼주**(Shochu, 한국식 소주와 구별) : 25% 알코올을 함유한 저가의 일본식 증류주
- **수요의 가격탄력성**(Price elasticity of demand) : '탄력성'이라는 단어는 경제학자들에 의해 한 변수의 민감성이 또 다른 변수로 변화를 묘사하기 위하여 사용되었다. 수요의 가격탄력성은 알코올성 음료의 가격을 변동하기 위하여 수요의 민감성을 측정한다. 이것은 가격과 양적 수요에서의 비례변화를 비교하는 것과 관련이 있다. 이 관계는 비례나 계수의 형태로 표현된다.
- **시계열분석**(Time-series analysis) : 동일한 개인들이나 조직들에 대해서 오랜 시간동안 두 가지 이상의 변수에 대한 반복적인 측정을 통해 변수의 변화에 다른 변수들의 변화효과를 측정하는 통계적 방법을 말한다.
- **아라크**(Arrack, 증류주) : 전 세계 여러 지역에서 현지 식물의 발효 제품으로부터 증류한 술로 다양한 맛이 가미되어 있다. 야자의 수액이나 다른 주스들, 쌀과 당밀들은 말레이 제도나 인도에서 주로 사용되었다. 발칸에서는 포도와 다른 과일, 중동에서는 대추야자와 다른 식물들이 사용되었다.
- **아콰비트**(Aquavit, 증류주) : 캐러웨이 씨 향이 첨가된 스칸디나비안 식의 aqua vitae 또는 보드카
- **알코올 교육 프로그램**(Alcohol education programs) : 알코올의 위험에 대해 학생들에게 가르치기 위한 목적으로 실시되며, 궁극적으로는 미성년자의 음주를 예방하기 위해 학교에서 실시되는 교육 프로그램
- **알코올 급성중독**(Alcohol intoxication, 술 취함) : 인체 내에서 알코올에 의해 야기되는 심리적, 정신운동적 수행에서의 단기간 기능 장애상태
- **알코올의존증후군**(Alcohol dependence syndrome) : 알코올의존과 연계되어 적어도 3~6개의 증상이 함께 발생하는 것을 확인하기 위하여 정신학적 분류에서 사용되는 용어 : 내성의 증가, 금단 증상, 유해한 결과에도 불구하고 계속되는 음주, 알코올에 몰두함, 음주에 대한 통제능력 손상, 알코올에 대한 갈망
- **알코올중독**(Alcoholism) : 알코올에 신체적 의존상태에 있는 개인이 만성적으로 과다하게 음주를 하는 상태를 전통적으로 정의하는 말. 알코올의존증후군 참조(동의어)
- **알코팝**(Alcopops) : 비교적 새로운 형태의 알코올성 음료로 탄산포화, 인공색소, 단맛 및 다른 특성들에 의해 특정 지어진 음료이다. 알코팝의 더 형식적인 이름들은 '미리 섞어진 증류주', '가미된 알코올성 음료', '설계된 음료' 등이다. 대략 알코올 함량이 5%로 맥주보다 약간 높

으며 어린이와 청소년들에게 매우 유혹적이라는 점 때문에 알코팝 시장이 지탄을 받고 있다.

- **예방 패러독스**(Prevention paradox) : 인구집단 내의 대부분의 알코올관련문제들은 알코올중독자의 음주와 관련이 있는 것이 아니라, 알코올중독자들이 아닌 대다수의 '사회적' 음주자들과 관련이 있으므로, 인구집단을 대상으로 예방해야 한다는 개념을 의미한다.
- **우조**(Ouzo) : 캐러웨이(caraway) 오일 향이 첨가된 그리스 브랜디이다.
- **음주대체활동**(Alternatives to drinking) : 미성년자들에게 스포츠나 명상과 같은 대체활동을 제공하므로 미성년자 음주를 예방한다.
- **음주운전측정 장소**(Sobriety checkpoints) : 음주운전여부를 측정하고 단속하기 위해 설치된 도로변의 음주여부 측정장소를 말한다.
- **음주 패턴**(Drinking patterns) : 알코올성 음료의 종류와 양, 빈도, 음주 시간과 음주 기회의 배경을 포함한 일련의 음주행위들을 말한다.
- **의존**(Dependence) : 알코올의존증후군 참조
- **자연실험**(Natural experiment) : 다른 지역과 비교되지 않고 한 지역사회에서 시행된 정책 내용과 관련된 변화를 연구하는 것으로 비교할만한 지역사회가 존재하지는 않는다.
- **장애보정생존년수**(Disability Adjusted Life Years, DALYs) : 조기사망으로 인한 수명손실년수와 장애로 인한 장애년수를 합산한 기간을 말하며, 보건수준을 종합한 요약 지표이다.
- **저항기술훈련**(Resistance skills training) : 알코올이나 약물의 사용을 권유하는 동료들의 압력을 거절하는데 필요한 사회적, 언어적 기술을 제공하기 위하여 설계된 교실에서의 연습 훈련을 말한다.
- **전면판매금지**(Total ban on sales) : 모든 형태의 알코올성 음료의 판매를 금지하는 법이나 규정을 말하며, 종종 알코올 금주령으로 일컬어지기도 한다.
- **절제협회**(Temperance society) : 원래 교육, 정치적 옹호, 자선활동의 수단으로, 또한 치료와 예방프로그램의 확립을 위해 알코올성 음료를 금하거나 자제하는 일에 헌신하는 조직을 말한다.
- **정서교육**(Affective Education) : 자존감, 일반적인 사회적 기술, 가치 정화 또는 미성년 음주를 금하는 논리를 제공하는 프로그램
- **주류판매책임**(Dram shop liability) : 주류판매점과 주인과 종업원 모두에게 그들이 판매한 알코올성 음료로 인해 취한 자들에게나 혹은 그들에 의해 발생하는 상해에 대해서 법률적 책임을 부여하는 것을 말한다.
- **주류면허**(Liquor licensing) : 면허제도 참조
- **준 실험**(Quasi-experimental) : 진정한 실험을 가능하게 하기 위하여는 실험상 여건이 완전한 통제가 어려울 때 시행하는 실험연구로, 무작위할당이 어렵다. 그러므로 준 실험에 의한 결과는 완전실험에 의한 결과보다 인과성을 밝히기에 다소 부족한 점이 있다.
- **질병으로 인한 금주자 효과**(Sick-quitter effect) : 이미 질병으로 아파서 금주하는 사람들로 인해 금주자 그룹이 적당하게 술을 마시는 그룹보다 덜 건강하게 보이는 효과를 말한다.
- **집합적 연구**(Aggregate study) : 개개의 집합을 대표하는 요약된 집단수준의 연구결과 혹은 정보
- **책임음주**(Responsible drinking) : 적정한 음주를 말하며, 음주자의 건강을 상실하거나 타인에게 해를 주지 않은 정도에서의 책임질 수 있는 음주를 말한다(역자주 : 주로 주류회사들이

즐겨 사용하는 용어임).

- **치카**(Chicha) : 각종 주스로 만들어진 라틴 아메리카의 발효주로 대부분 옥수수 빛깔을 띠고 있다.
- **치부쿠**(Chibuku) : 남아프리카의 고유 알코올성 음료로 불투명한 맥주로 알려져 있다.
- **코크라네 리뷰**(Cochrane Reviews) : 사회적, 심리적 중재 뿐만 아니라 의학적인 치료의 효과와 적합성 여부에 대한 증거들을 연구하는 과학적인 문헌의 체계적인 고찰과 메타 분석을 말한다. 이러한 고찰은 의사들, 환자들, 정책수립자들 그리고 건강을 지키고 사회정책 결정에 관여하는 여러 다른 사람들의 선택들을 용이하게 하도록 고안되었다.
- **판매점 수**(Number of outlets) : 특정 지역에서 주류를 판매하는 업소판매점과 소매판매점의 수를 말한다.
- **판매자책임교육**(Responsible Beverage Service) : 알코올판매점의 경영자나 점원, 또는 판매자들에게 이미 취한 사람이나 미성년 고객들에게 불법판매를 피하는 방법 등을 훈련하는 교육 프로그램이다. 훈련은 주(state)별, 지역사회별, 그리고 알코올정책 수립 수준에 따라 이루어지며, 교육내용은 정책을 어겼을 때의 결과들(범죄, 시민으로서의 의무태만, 실직 등)과 정책을 잘 지킬 수 있도록 하는 필요한 기술 등의 내용을 포함하고 있다.
- **판매하는 날과 시간**(Hours and days of sale) : 업소판매점(on-premises)과 소매판매점(off-premises)에서 알코올성 음료의 법적 판매 가능한 주중의 날들과 하루의 시간들을 말한다.
- **Per Se 법**(Per se laws) : 성인 혹은 젊은 운전자들을 위해 혈중알코올농도의 규정을 명확하게 정의한 음주운전 규제법을 말한다.
- **폐해감소/폐해 최소화**(Harm reduction/Harm minimization) : 알코올의 사용을 감소시키지 않고 알코올 사용으로 인해 발생되는 폐해를 감소시키기 위하여 고안된 정책이나 프로그램(예 ; 만취한 사람들에게 무료 대리운전을 제공하는 프로그램)
- **폭음**(Binge drinking) : 주어진 일정 시간의 술자리에서 발생하는 과음의 양상을 말한다. 초기의 인구조사에서는 그 기간이 일반적으로 한번에 하루 혹은 이상의 음주로 정의하였으나, 요즈음에는 한 자리에서 표준 5잔 혹은 6잔 이상을 소비하는 것으로 정의된다.
- **풀큐**(Pulque, 용설란 주) : 멕시코의 고유한 알코올성 음료로, 용설란 선인장 주스로부터 발효 과정을 거처 만든 술(맥주와 비슷함)을 말한다.
- **피스코**(Pisco) : 남아공화국에서 만든 브랜디(칠리안주)이다.
- **행정적 면허취소**(Administrative license revocation, ALR) : 음주운전으로 인한 검거, 구속이나 유죄선고로 행정상 사법절차 없이 운전면허가 취소되는 것
- **혈중알코올농도 제로**(Zero tolerance) : 음주운전 위반에 있어서 주관적인 판단이 엄격한 결정권으로 행사될 수 있는 법률적이고 사법적인 권위로서 개개인의 과실이나 '정상 참작'이 없이 미리 결정된 처벌을 부과하는 것으로 강제적인 개념이다. 많은 나라들이 음주운전 위반에 '혈중알코올농도 제로'를 시행하고 있다.
- **혼란변수**(Confounding variables) : 본 조사에서 의도하지 않았던 변수들이 부분이나 전체의 실제와 상관없이 관심변수의 명백한 효과를 왜곡하는 현상을 혼란변수효과라고 하며, 이런 왜곡 현상은 전적으로 처음 설계 시부터 관련된 외부변수(혼란변수)에서 유래한다.

술, 일반상품이 아니다 값 23,000원

2013년 9월 26일 초판 인쇄
2013년 10월 2일 초판 발행

저 자 : Thomas Babor 외
역 자 : 한국알코올문제연구소
천 성 수 외
발행인 : 주 영 일
발행처 : **계 축 문 화 사**

판권소유

서울특별시 종로구 행촌동 209-41
우편번호 110-091
TEL : 735-2257 · 738-9746
FAX : 723-9025
E-mail : gyechuk@hanmail.net
홈페이지 : http://gyechuk.co.kr
1973. 10. 31 등록번호 제300-1973-8호
ISBN 978-89-5629-313-4 03510